대한민국 명문종가
100

대한민국 명문종가 100-1

발품으로 써내려간 20년간의 대기록

초판 1쇄 발행 2018년 9월 20일

지은이 이연자
펴낸이 김영곤 **펴낸곳** ㈜북이십일 21세기북스
기획위원 권무혁 **편집** 홍성광 김항열 **교정교열** 최태성
출판영업팀 최상호 **출판마케팅팀** 김홍선 최성환 나은경 송치헌 배상현 신혜진 조인선 한충희 최명열
홍보팀 이혜연 최수아 박혜림 문소라 전효은 염진아 김선아 **디자인** 씨디자인 **제작팀** 이영민
출판등록 2000년 5월 6일 제406-2003-061호
주소 (10881) 경기도 파주시 회동길 201(문발동)
대표전화 031-955-2100 팩스 031-955-2151 이메일 book21@book21.co.kr

㈜북이십일 경계를 허무는 콘텐츠 리더

21세기북스 채널에서 도서 정보와 다양한 영상자료, 이벤트를 만나세요!
페이스북 facebook.com/21cbooks 블로그 b.book21.com
인스타그램 instagram.com/book_twentyone 홈페이지 www.book21.com
서울대 가지 않아도 들을 수 있는 명강의! 〈서가명강〉
네이버 오디오클립, 팟빵, 팟캐스트에서 '서가명강'을 검색해보세요!

ISBN 978-89-509-7723-8 04380
978-89-509-7725-2 세트(전2권)

• 책값은 뒤표지에 있습니다.

• 잘못 만들어진 책은 구입하신 서점에서 교환해 드립니다.

대한민국
명문종가
100

1 이연자 지음

21세기북스

❖

현대문명의 소용돌이 속에서도

우리 옛것의 소중함을 지키고

과거와 현재의 경계에서 사람다움과 품격의 가치를

전하는 명문종가 분들에게 이 책을 바친다.

아울러 우리 문화를 가슴에 품은

우리의 벗들에게 감사의 인사를 전한다.

일러두기

이 책을 읽는 데 꼭 필요한 몇 가지 용어를 공유하고자 한다.
그럼으로써 종가에 대한 이해에 도움이 되었으면 한다.

종가(宗家) 한 문중에서 맏이로만 이어온 큰집을 의미한다. 하나의 성이 시작되는 시조로부터 대대로 맏아들로 이어져 오는 집을 대종가(大宗家)라 한다. 대종가에서 여럿으로 갈려나간 방계(傍系)의 집을 소종가(小宗家)라 한다. 보통 뚜렷한 업적이 있는 중시조(中始祖)를 중심으로 새로운 종가가 형성된다.

불천지위(不遷之位) 국가에 지대한 공을 세우거나 혹은 덕망이 높은 자를 나라에서 정하여 영구히 제사를 지낼 수 있도록 허락한 신위(불천위)를 말한다. 불천지위에는 세 가지 종류가 있다. 그중 국불천위(國不遷位)는 나라에서 특별히 정한 것으로 가장 권위가 높다. 국불천위는 임금의 교지를 통해 시호를 받은 2품 이상의 관리다. 향불천위(鄕不遷位)는 유학 발전에 큰 업적을 남기고 충절이 높은 분 중에서 유림의 엄격한 규정에 의해 결정한 신위다. 사불천위(私不遷位)는 자기 조상들 중에서 한 분을 지역 유림의 추인을 받는 형식으로 옹립한 신위다.

시호(諡號) 나라에 공헌했거나 덕망이 높은 자를 가려 그 행적에 따라 사후에 국왕이 내리는 이름을 가리킨다.

가훈(家訓) 각 종가들의 가치관과 사상이 담겨져 있는 것으로서 대대로 계승되어 왔다. 가장 오랫동안 부를 지키면서도 백성의 존경을 받아왔던 경주 최부잣집에 전해오는 육연(六然)에서도 특별한 가훈을 접할 수 있다. 첫째, 스스로 초연하게 처신하라. 둘째, 남에게 부드럽고 온화하게 대하라. 셋째, 일이 없을 때는 맑게 처신하라. 넷째, 일이 있을 때는 과단성 있게 처신하라. 다섯째, 뜻을 얻었어도 담담하게 처신하라. 여섯째, 뜻을 잃었어도 태연하게 처신하라.

종손(宗孫)과 종부(宗婦) 종손은 종가의 맏이로서 종가의 대를 이을 자손을 말한다. 또 종부는 종가의 맏며느리다. 이들은 자신보다 타인을 존중하는 덕목을 배우며 제사와 손님 접대의 책무를 지고 있다.

책을 펴내며

멀고도 긴 여정, 20년간의 종가탐방을 마무리하며

작은 연못이 거울처럼 펼쳐져
하늘과 구름이 함께 어리네.
묻나니 어찌 그같이 맑은가.
근원으로부터 끊임없이 내려오는 물이 있음일세.

송나라 주자의 『관서유감(觀西遺感)』의 "근원으로부터 끊임없이 내려오는 물이 있음일세(爲有源頭活水來)"의 마지막 부분에서 '활래정(活來亭)'이라는 이름을 따왔다는 이 대목을 읊조리며 강릉 선교장을 찾은 날은 더위와 물난리가 한창인 1999년 8월 초였다. 종가취재는 이렇게 시작됐다.

소박한 시작이지만 산천이 두 번이나 바뀌는 이토록 긴 여정이 될지는 상상조차 하지 못했다. 차문화에 각별한 관심을 가지고 있었던 젊은 시절, 요리 전문 월간지 『쿠켄』에서의 칼럼 제안이 여정의 출발점이다. 오롯한 전통 생활문화 음식, 교육, 예절, 가훈, 통과의례, 특히 다문화와 다례 등을 간직하고 있는 종가에서 과연 옛 문헌에 기록된 대로 실제 설·추석 차례에 차(茶)를 올리는지가 무척 궁금했다.

그 작은 호기심이 이끈 종가탐방은 망망대해를 헤매는 듯한 느낌이었다. 지금은 인터넷만 들어가도 자료를 쉽게 찾을 수 있지만, 당시에는 그 지역에서 정보를 직접 구해야 했다. 취재의 원칙은 고대광실(高臺廣室)도 아니고 품격을 갖춘 양반 가옥도 아닌, 사람이 살고 있어야 한다는 점을 원칙으로 여겼기에 종가를 찾는 일은 더욱 어려웠다. 자나 깨나 그 생각을 머리에 이고 있다가 어렵게 수소문해 종가를 찾게 되면, 바깥 사회에 대한 거부감과 부딪혔다. 오랜 세월만큼 단단한 종가의 빗장을 열고 가문마다 연륜이 쌓인 생활문화를 담아내는 작업은 그만큼 지난한 일이었다.

하지만 500여 질문지를 준비해 종손과 종부를 만나 취재하면서 강한 의지가 생겼다. 긴 종가의 역사와 함께 내밀한 문화들을 만나는 즐거움은 종가 취재에 힘을 실어주었다. 당시 종가는 외부인들의 출입을 반기지 않았다. 영화롭던 예전과는 달랐다. 그럼에도 불구하고 종가가 있는 곳이라면 무당이 굿당 찾아가듯 산간벽지라도 마다하지 않았다. 종가를 찾는 발걸음이 어느새 20여 회가 될 즈음, 책을 출간하자는 출판사의 제안이 왔다. 전국을 돌아 한 집 한 집 취재한 결과가 2001년을 시점으로 2012년까지 5권의 책으로 세상과 조우했다.

전통문화와 현대문명의 어울림이 연출한 감동

책이 나올 때마다 설렘으로 가득했다. 더욱이 5권에 수록된 글들과 미출간된 원고들을 모아 20년간 기록의 완결판 『대한민국 명문종가 100』 출간을 앞둔 지금 심경은 그 어떤 수사로도 형언하기 어렵다.

책을 한 권씩 낼 때마다 많은 일들을 경험했다. 첫 책이 나올 때부터 언론과 방송들도 우리 전통문화에 대한 높은 관심을 쏟아냈다. KBS의 「지금은 실버시대」에서 7년간 400여 회에 걸쳐 방송된 종가문화 프로그램에도 참여했다. 설, 추석 등 명절 때의 인터뷰와 특집방송도 헤아릴 수 없을 만큼 이어졌다. 대학 캠퍼스에서의 강좌는 물론 문화센터, 기업체 등에서의 수백 회 이상 강의도 그 기간에 이뤄졌다.

특히 2011년 한국의 종가문화를 알리는 광고모델 활동도 기억에 남는다. 당시 한국관광공사 사장인 이참 씨와 함께 촬영한 광고영상은 CNN을 통해 전 세계로 송출됐다. 또 남산 한옥마을에서 「이연자의 종가 이야기」 전시회가 하루 1000명이 넘는 관람객을 모으는 등 우리 문화의 뿌리를 찾는 운동에 큰 역할을 담당하게 된 것은 너무나도 가슴 벅찬 기억이다. 더욱이 이 내용이 그대로 번역되어 미국과 유럽 일대 등지에까지 알려져 지금껏 판매되고 있다. 대한민국을 뛰어넘어 전 세계에 우리 문화의 우수성을 알릴 수 있게 돼 보람차다.

종가문화가 유네스코 세계문화유산에 등재된 일도 반가운 일이다. 또한 지난 2월 9일 밤 평창동계올림픽 개막무대도 특별한 감흥을 느끼게 한다. 이 무대에는 반만년 우리 민족의 삶이 켜켜이 쌓인 이야기들이 한 축을 이루며 밤하늘을 영롱하게 수놓았다.

특히 달 항아리가 성화대에 그려짐으로써 휘영청 보름밤 축제에 보름달이 떠오르는 듯한 일대 장관이 연출됐다. 너무나 눈부신 형상화였다. 전통과 현대의 어울림을 이토록 멋지게 펼쳐낼 줄이야! 전통이 미래의 문화 척도에 밑거름이 된다는 사실에 감동받았다.

운명처럼 받아안은 종가탐방과 자부심

그윽한 묵향 같은 전국 종가들이 펼쳐내는 전통의 향연(饗宴). 그것이 21세기 초부터 우리 사회의 주요 관심사의 하나가 됐다. 분명한 건 종가의 면면을 속속들이 살피는 기나긴 여행에서 우리 문화의 정체성에 한발 가까이 다가갔다는 믿음이 생겨난 것이다. 우리가 기억하는 한 역사는 오늘의 삶을 조망하는 현재진행형이 된다는 사실을 체득하기도 했다.

방대한 분량의 이 책『대한민국 명문종가 100』은 우리 전통문화의 정화들을 목격하는 고색창연한 향연이다. 이 책에 소개된 100가문의 면면에는 우리 전통문화의 내밀한 진면목이 끝없이 펼쳐져 있다. 가히 전통문화의 보고를 품고 있는 '문화백과사전'이라 해도 과언이 아닐 것이다.

또한 전통을 지켰던 종갓집 사람들의 역사와 아름다운 서사도 만나게 된다. 고택 곳곳과 그 언저리에서 형형한 눈빛으로 소박한 흔적만 남은 종가를 지키고 있는 종손과 종부들의 모습. 그들의 당당함과 꼿꼿한 자존심을 접할 땐 묘한 감정이 들곤 했다. 쿵쾅거리는 현대문명의 파괴음을 견뎌내면서 자랑스런 역사와 세월을 받들고 있는 종손과 종부들의 모습을 보면서 숙연해진다.

사람다움과 품격의 가치를 전하는 종가 사람들과의 인연

『대한민국 명문종가 100』은 사람다움과 품격의 가치를 아름다운 옛이야기와 함께 우리 시대에 오롯이 전하고자 한다. 이 책은 내 인생 후반기의 모든 것을 담았다. 20년간의 대기록을 담은 이 책 출간이 임박했다는 소식에 설렘 가득하다. 굳게 닫힌 사당문을 열어주며 종가의 뿌리와 정체성을 설명해준 종손과 종부들에게 이 책을 바치고 싶다. 되돌아보면 솟을대문을 넘나들며 만났던 수많은 종갓집 분들에게 지면에서나마 예를 다해 큰절 올린다.

책을 내기까지 도와주신 여러분에게도 감사의 인사를 드린다. 긴 여정에서 장수 칼럼이 되도록 지면을 허락해주신『쿠켄』홍성철 전 사장님에게 감사의 말씀을 보낸다. 매월 함께 동행해 음식을 예쁘게 세팅해준『쿠켄』이

은숙 편집장과 글에 힘을 실어준 『쿠켄』 현 발행인이자 사진작가인 박태신 님에게도 깊은 감사를 드린다.

오랜 시간 묵묵히 일정을 함께하며 사진 촬영에 나섰던 윤종상 씨의 노고도 잊을 수 없다. 방대한 분량의 책 출간을 허락해주신 21세기북스의 김영곤 사장님에게도 깊은 감사의 말씀을 전한다. 20년 가가까운 인연을 이어오며 이 책의 출발점과 마무리 지점에서 힘을 보태준 권무혁 기획위원에게도 감사드린다. 힘겨운 일정에도 출간 작업에 성심을 다해준 홍성광 씨와 관계자분들에게도 감사의 인사를 보낸다. 무엇보다 긴 세월 묵묵히 지켜봐준 가족들에게 고맙다는 말을 전한다.

이 책은 20년간의 여정을 녹인 기록이다. 우리 문화에 대한 자부심과 열정을 남김없이 쏟아부었지만 혹 부족한 점이 있어 고견을 주신다면 흔쾌히 경청하고자 한다. 그리하여 우리의 아름다운 문화를 대한민국 모든 사람들과 함께 나누고 싶다. 그 길에서 전통이 오늘날에 전하는 묵직하고도 은은한 메시지와 감동으로 울려 우리 사회에 널리 공명 되기를 희망한다.

2018년 9월 한가위를 앞두고
우이동 삼각산 아래 소소당(巢巢堂)에서
이연자

대한민국 명문종가 100

1 – 차례

대한민국 명문종가 100

2 – 차례

1부

명문에 새겨진 역사 발자취를 찾아서

진보 이씨 퇴계 이황 종가

나주 정씨 월헌공파 다산 정약용 종가

안동 하회마을 풍산 류씨 종가 양진당·충효당

경주 김씨 추사 김정희 종가

해남 연동마을의 해남 윤씨 고산 윤선도 종가

봉화 닭실마을의 안동 권씨 충재 권벌 종가

논산 고정마을의 광산 김씨 사계 김장생 종가

논산 교촌마을의 파평 윤씨 노종파 명재 윤증 종가

서흥 김씨 한훤당 김굉필 종가

안동 김씨 정헌공파 해헌 김석규 종가

조선시대 지성사에 우뚝 선 대석학

진보 이씨 퇴계 이황 종가

종가의 사랑채, 추월한수정.

동방유학의 성현 퇴계 이황(退溪 李滉, 1501~1570) 선생은 나이 50세에 관직에서 물러나 토계(兎溪)라는 개울가에 한서암(寒棲庵)이란 작은 집을 짓고서 개울 이름, 토계를 '퇴계'로 고쳐 아호(雅號)로 삼았다. 그로부터 450여 년 동안 퇴계라는 아호는 '이황'이라는 본명보다 더 많이 불리어졌다. 또한 우리가 매일 1000짜리 지폐에서 만나뵐 수 있는 분이기도 하다. 장마가 기승을 부리던 2003년 7월 28일, 이날이 마침 퇴계 선생의 후취 권씨 부인의 불천지위(不遷之位) 제삿날이다. 부인의 영혼이라도 뵙기를 바라는 마음으로 안동시 도산면 토계리에 있는 선생의 종가를 찾았다.

종가는 쉽게 찾을 수 있었다. 안동 시내에서 도산서원 길로 접어들면 된다. 청량산으로 가는 35번 국도 초입에서 도산서원까지는 8.5킬로미터. 도산서원은 퇴계 선생이 생전에 도산서당을 짓고 유생을 교육하면서 학문을 연마하던 곳으로 학봉 김성일(鶴峯 金誠一), 서애 류성룡(西厓 柳成龍), 한강 정구(寒岡 鄭逑) 등 조선시대 인물사에 길이 빛나는 360여 명의 제자를 길러냈던 곳이다. 조선 말 흥선대원군의 서원철폐 때에도 훼철되지 않고 지켜졌던 건물이다. 종가로 가기 전에 서원부터 들렀다.

유학의 총본산 심장부였던 도산서원에서는 2002년 4월 이변이 일어났다. 428년 만에 처음으로 여성의 사당참배가 허락되었던 것이다. 그동안 서원 내에 있는 다른 건물은 누구에게나 볼 수 있도록 열려 있었지만 선생의 위패를 모신 상덕사(尙德祠)란 사당만은 어떤 경우에도 여성은 들어갈 수 없었던 곳이다.

'도산서원선비문화수련원' 자료부장 이동후 씨는 여성에게 사당참배를 허용할 수 없었던 이유는 경전을 공부하는 전교당 처마 현판에 새겨진 '색부

종가 왼쪽
넓은 대지에 있는
선생의
주옥 같은 시를
돌에 새겨 조성한
퇴계기념공원.

득입문(色不得入門)'이란 서원 내부의 오래된 규정 때문이라고 설명했다. 한문으로 색(色)이란 여성을 뜻하고 글자 그대로 여자는 출입을 금한다는 의미로 여겨왔다고 한다. 그런데 최근 들어 색의 의미를 여성 전체가 아닌 부정한 여인을 뜻하는 것으로 다시 풀이하면서 남녀가 평등한 시대의 흐름도 감안해 금녀의 빗장을 풀게 되었다는 설명이다. 2002년 개설한 '선비문화체험연수'에 참가한 전국 각지에서 모여든 여교사들은 비로소 예복을 갖추고 퇴계 선생의 위패를 친견할 수 있었다고 한다.

도산서원에 터를 잡다

퇴계 이황 선생이 도산서원에 터를 잡은 시기는 그의 나이 57세 때인 1557년이었다. 5년에 걸친 공사 끝에 61세 되는 해인 1561년에야 완공을 보게 되었다. 이때 지은 집은 선생의 공부방인 도산서당과 학생들의 기숙사인 농운정사 두 채뿐이었다.

선생이 세상을 떠나자 그의 제자들이 선생의 숭고한 정신을 이어가기 위해 도산서당 뒤편에 선생의 위패를 모시는 상덕사란 사당을 짓고 동재와 서재 등 여러 채의 건물을 지었고 그제서야 서원의 면모를 갖추게 되어 도산서원이 되었다. 도산서당(陶山書堂)이란 이름의 유래는 "서당 뒤편 산에 도자기 굽는 굴이 있어서 도산이라 하였다"고 전한다.

겨레의 스승 퇴계 선생의 교육이념이었던 도덕입국(道德立國)을 위해 차종손 이근필 씨는 2년 전 사단법인 '도산서원선비문화수련원'을 설립해 전국에 있는 교사들에게 '선비문화 체험연수'를 2박 3일 동안 무료로 실시하고 있다. 종가로 가는 5리 산길은 2년 전에 새로 다듬어졌다.

인격 완성을 위해 학문을 닦다

앞으로는 선생의 호가 된 시냇물 토계가 흐르고, 도산서원을 뒤로한 채 고고한 선비의 풍모인 양 종가는 인가도 없는 외진 곳에 있었다. 종가 중의 종가인 퇴계 선생 종가에 대한 글은 아껴두었던 부분이다. 스타란 언제나 늦게 무대에 오르는 법이라 했던가. 그만큼 소중히 다루고 싶었다.

여러 차례 이곳을 방문하긴 했지만 이날은 약간의 설렘까지 있었다. 버릇처럼 솟을대문을 바라본다. 열녀문이다. 퇴계 선생의 맏손부 권씨 부인의 정려(旌閭, 충신·효자·열녀 등을 표창하기 위해 그 동네 어귀에 세우는 문)다. 이런 열녀문 앞에서는 머리를 숙여 어찌 예를 표하지 않으리. 헌신적인 삶을 살다 간 분들에 대한 예우이다.

솟을대문을 들어서면 사랑채를 만나고 사랑채 뒤로 살림채인 안채, 안채 뒤 동북간에는 퇴계 선생과 두 부인을 모신 불천지위 사당채가 있다. 이 건물은 1929년에 옛 모습대로 다시 지은 건물이라 한다. 여느 종가와 구별되는 점은 오른쪽에 따로 솟을대문을 두고 있는 추월한수정(秋月寒水亭)이라는 정자이다. 종가 왼쪽 넓은 대지에는 선생의 주옥같은 시를 돌에 새겨 조성한 '퇴계기념공원'도 있었다.

종가에는 퇴계 선생의 15대 종손 이동은(취재 당시 95세) 씨와 16대 종손이 될 차종손 이근필(취재 당시 72세) 씨가 살고 있었다. 4년 전에 노종부가 세상을 떠났고 그보다 앞서 12년 전 차종부가 먼저 세상을 떠나 지금은 안주인 없이 도와주는 분들이 종가의 살림을 맡고 있다. 이 유서 깊은 집안 종부의 빈자리는 차종손 근필 씨의 아들 치억(취재 당시 29세) 씨가 혼인을 해야만 채워질 것이다. 이날은 퇴계 선생의 제자인 학봉 종가의 종부로 시집간 따님과 또 다른 명가로 시집간 따님이 선대 할머니 제사를 받들기 위해 친정에 와 있었었다.

퇴계 선생은 이곳에서 생애를 마감할 때까지 도산서당을 짓고 후학을 양성하며 학문을 닦는 일에 매진했다. 그동안 나라에서는 수십 차례 벼슬이 내려졌지만 이를 모두 사양했다고 한다. 선생이 닦는 학문은 '벼슬을 얻기 위한' 것이 아니라 '자신의 인격 완성을 위한' 것이기 때문이었다. 퇴계 선생의 이러한 정신세계가 바로 조선시대 지성사에 끼친 가장 큰 공로라는 것이 후세 사람들의 평가이다.

그런 선생이 세상을 떠나자 조정에서는 문순공(文純公)이란 시호(諡號)를 내리면서 선생의 인품을 사표로 삼고자 사당에 영구히 모셔 자손 만대로 제사를 지내도록 한 불천지위 교지를 내렸다. 불천지위 교지를 받으면 본인뿐만 아니라 그 부인들도 세상을 떠난 기일에 영원히 제사를 받게 되는 것은 물론이다.

흔히 조선시대에는 남존여비로 여자들은 아무 권리도 없이 의무만 강조되었던 것으로 알고 있지만 남편의 벼슬만큼 그 부인들도 정경부인 등의 칭호가 내려지고 세상을 떠나고서도 남편이 받는 예우를 함께 누릴 수 있었다. 첩이 아닌 이상은 초취부인은 물론 후취부인도 마찬가지다. 이런 예우 때문인지 전통사회에서는 명문가 종부로 시집가는 일이 '종부벼슬'이라 할 만큼 만인이 우러러보는 대단한 명예이기도 했다.

『삼강행실록』에 실린 퇴계의 맏손부

밤이 되자 큰제사 날인지라 문중 어른들이 속속 찾아들기 시작했다. 새하얀 모시 도포를 입고 추월한수정 대청마루에서 부채바람을 일렁이며 담소하는 풍경은 조선시대 선비들의 기로연(耆老宴)을 보는 듯했다.

백수를 바라보는 연세임에도 정정한 자세며 검버섯 하나 없이 깨끗한 피부를 가진 노종손은 대청마루에 걸려 있는 여러 현판의 뜻과 쓰게 된 내력을 자세하게 들려주었다. 특별 정려를 받은 권씨 할머니의 수백 년 전 이야기도 어제 일인 양 들려준다. 오래전에 초등학교 교장직에서 퇴임한 종손은 대학자의 후손다운 품격을 평생 일관해서인지 표현할 수 없는 기품이 흘렀다.

"권씨 할머니는 퇴계 할아버지가 그토록 아끼던 손자 셋 중 맏손자 안도(安道)의 부인이었습니다. 그런데 불행하게도 맏손자가 병고로 세상을 떠나자 일찍이 홀로 되셨답니다. 그 당시 열녀상은 남편을 따라 자결한 분에게 내려졌지만 우리 할머니는 자결이란 선택보다 남편의 몫까지 가문을 지키는 데 헌신을 하셨어요. 돌아가실 때까지 23년 동안 임진왜란 때 피난을 다니면서도 시조부인 퇴계 선생의 유품과 서적을 품고 다니면서 지극 정성으로 간직하셨답니다. 우리 가문의 큰 자랑입니다."

퇴계 선생의 맏손부 권씨 할머니는 그 당시는 종손의 대가 끊기면 양자를 들이는 관습이 없었음에도 시동생의 아들을 양자로 맞이해 남편의 대를 잇게 했다고 한다. 그 양자가 혼인을 하고 며느리를 맞이한 이튿날 고방 열쇠를 새 며느리에게 넘긴 뒤에 깨끗이 목욕하고 자리를 깔더니 한평생 살아온 한을 토하듯 피를 토하고 세상을 떠났다고 한다. 자신의 소임을 다하고 떠난 할머니의 죽음에 감동한 사돈이 조정에 장계를 올려 특별열녀비가 내려졌고 『삼강행실록』에도 올려졌다.

모든 예와 가도는 부부의 도에서 이루어진다

이날은 불천지위 제사가 있는 날인 만큼 대화는 자연스레 제사 이야기, 특히 400년 넘게 퇴계 선생과 함께 영원히 제사받는 주인공 후취부인 권씨 할머니에게로 옮겨졌다. 재혼을 한 부인, 즉 후취이면서 본부인과 함께 450여 년 동안 후손들로부터 기제사는 물론 명절 차례와 가을 시제까지 일 년에 4번의 제례를 받고 있는 영광스런 부인은 어떤 분일까?

퇴계 선생은 21세에 맞이한 첫 부인 김해 허씨 사이에서 두 아들을 얻었는데, 불행하게도 결혼 6년 만에 부인이 세상을 떠났다. 3년간 홀로 지내다 30세에 재혼을 하게 되는데 그 부인이 바로 명문가의 후손이지만 정신적으로 지체된 분으로 알려진 권씨 할머니다.

예조참판을 지낸 권주(權柱)의 손녀이며 참봉을 지낸 권질의 딸이었다. 하지만 꽃다운 소녀 시절에 집안에 참혹한 사건이 일어났다. 권씨는 신사년 무옥 때 숙부가 사형을 당하고 숙모는 관비로 끌려갔으며 아버지는 예안으로 귀양살이를 떠나는 참극에 충격을 받았다. 그로부터 정신을 회복하지 못한 채 평생을 정신지체로 살았던 것이다. 퇴계 선생은 비록 몰락한 가문일지라도 지조 있는 가풍을 흠모해 귀양살이를 하고 있는 권질에게 자주 문안을 다니곤 했다. 그때 부인의 아버지는 선생께 간곡한 부탁을 한다.

"모자라는 내 딸을 거두어주게나. 자네밖에 내 여식을 믿고 맡길 사람이

성리학의
대가이면서도
겸양의 미덕과
수신에 힘썼던
퇴계 이황.

없으니 자네가 처녀를 면케 하여 이 죄인의 원을 풀어주게나."

퇴계 선생은 거절하지 못하고 받아들였고, 그 부인과 혼인을 해 17년 동안 결혼생활을 했다. 그러나 정신적으로 문제가 있는 권씨 부인과의 생활이 행복할 수 없었음은 많은 일화에서 엿볼 수 있다. 선생의 상복을 알록달록한 천으로 꿰매기도 하고 제사상에 올려진 과자를 달라고 졸랐다는 일화들은 부인의 정신세계가 바르지 않았음을 짐작하게 하는 대목들이다. 재취의 행동거지를 보고 소박을 줘야 한다는 제자들의 청에 퇴계 선생은 이렇게 답했다고 한다.

"저 불쌍한 사람을 내가 거두지 않으면 누가 거둘 것인가?"

그러면서 근무지마다 그 부인과 함께 생활하면서 돌보았고, 권씨 부인이 먼저 세상을 뜨자 두 아들에게 비록 계모(繼母)이지만 상복을 입히고 시묘(侍墓, 무덤 옆에 움막을 짓고 3년을 지내는 일)를 하도록 지시할 만큼 남편의 도리를 다했다.

겉으로는 내색하지 않고 그저 도를 닦듯 산 세월이었겠지만 그 마음은 어떠했겠는가. 퇴계 선생이 제자인 이함형(李咸亨)에게 써준 '부부생활을 어떻게 지켜가야 하는지'에 대한 편지를 보면 자신의 결혼생활이 얼마나 참기 힘든 일이었는지, 그 마음의 한 자락을 엿볼 수 있다.

> 내가 일찍이 겪은 일을 말한다면, 나는 재혼을 했으면서도 참으로 불행했네. 그렇지만 나는 감히 댁을 박대하려는 마음을 가져본 적이 없었고 잘 대접하려고 수십 년 동안 갖은 노력을 다했네. 그 사이에 때로는 마음이 흔들리고 번거로워 참기 힘겹고 민망한 때도 있었지만 어떻게 정을 돌릴 수 있는가! 인간이 지켜야 할 중대한 인륜을 저버리고 혼자 계신 어머니와 나에게 맡긴 처부모에게 근심을 끼칠 수 있는가! 옛사람이 말했듯이 아비가 부부의 도를 그르치고서야 뒷날 자식의 부도덕을 어찌 바로잡을 수 있겠는가! 또 부부의 도를 실천하지 아니하고서 학문은 무엇 때문에 하는가. 군자의 도는 부부생활로부터 이루어지는 것을….(권오봉의 『퇴계 선생 일대기』에서 발췌)

'학문의 목적은 부부생활의 실천과 가정생활에서 찾고, 부부의 도리를 다함으로써 자식을 교육할 수 있으며 모든 예와 가도(家道)는 부부의 도에서 이루어진다'는 퇴계 선생의 부부학은 이혼을 밥 먹듯 하는 지금 세태에 귀감이 되는 구절이다.

유밀과가 오르지 않는 퇴계 이황 종가의 소박한 제상 차림.

제물은 혼자서 차릴 만큼 준비하라

12시부터 상차림 준비가 시작되서 밤 1시에 제사는 시작되었다. 안채 대청에는 제사를 모시기 위한 앙장(仰帳, 천장 위에 치는 휘장)을 쳤다. 바탕은 하얗고 테두리는 푸른색이었다. 퇴계 선생의 『성학십도(聖學十圖)』가 그려진 병풍을 치고 그 앞에 제상을 놓았다. 향상도 제상 앞에 놓여졌다. 『성학십도』는 선조 임금이 병풍으로 만들게 해 자신의 직무실에 펼쳐두고 제왕학으로 쓰던 내용이다.

이날 모신 후취부인 권씨 할머니의 제상 차림과 의례 순서는 모두 퇴계 선생의 불천위(不遷位)와 같다고 했다. 종가의 불천지위 제사 음식의 특징은 '물용유밀과(勿用油蜜菓)'라 하여 유과나 산자, 다식 등은 쓰지 않았다. 물론 기름에 구운 전도 없다. 나물 외에는 채소적이나 채소탕을 쓰지 않는 특징도 있었다.

제상에 오른 음식은 밥, 국, 국수, 탕, 적, 나물, 포, 쌈, 자반, 김치, 떡과 과일, 단술이 전부였다. 모두 12가지로 단출했다.

"제물은 혼자서 차릴 만큼만 준비해야 합니다. 제사 음식을 많이 장만하려면 힘들게 마련이고 그러면 일 년에 한 번 모시는 부모님 제사가 반갑지 않습니다. 퇴계 할아버지께서도 생전에 제사 음식에 대해 묻는 제자에게 '집집마다 형편이 다른데 어떻게 국가에서 정해둔 제물을 다 올릴 수 있겠는가. 항상 같게 차리지 않아도 된다. 다만 간소하지만 정갈하게 정성을 다하라'는 말씀을 하셨답니다."

차종손 이근 씨의 제례 음식에 대한 생각은 상당히 합리적이었다.

30여 명의 문중 사람들이 제사가 끝난 뒤 음복을 하며 서로의 안부를 묻고 이야기꽃을 피우는 모습에서 제사는 후손들의 우의를 다지게 하는 좋은 매개체라는 생각이 들었다. 그뿐만 아니라 엄격한 절차와 형식이 까다로워 보일 수 있으나 그것은 보이지 않는 정성을 담아내고 구체화시켜 주는 예법임을 비로소 깨닫게 된다.

설 차례에는 떡국과 과일, 포와 적이 전부다

종가에서는 정월차사와 유두차사, 그리고 시제와 기제사 등 일 년에 수십 차례 제사를 모신다. 정월에는 떡국과 과일과 포와 적을 놓고 간단한 차례를 사당에서 모시고, 유두절에는 밀을 수확했으니 국수와 수박과 포를 놓고 사당에서 천신제(薦新祭)를 지낸다. 그러나 추석 차례는 지내지 않는다. 양력으로 10월 셋째 일요일을 기해 시제(時祭)를 모시기 때문이다.

일반적으로 시제는 묘소에서 모시는 것으로 알려져 있지만 이 종가에서는 사랑채 대청에서 모신다. 이는 퇴계 선생이 남긴 유훈이 있기 때문이다.

선생의 행장을 보면 9월은 본래 시제의 달이라 했다. 그리고 묘에 가서 제례를 지내는 것은 속된 풍습이고 재궁(齋宮, 제례를 지내는 곳)에서 지내는 것이 바른 법이라 했다. 재궁이 없는 곳은 부득이 여러 산소 아래에서 지낼 수밖에 도리가 없다고 가르쳤다.

퇴계 선생 산소는 종가와는 1킬로미터 거리에 있기 때문에 재궁이 따로 없다. 재궁 대신 종가의 사랑채에서 시제를 모시는데 다만 선생의 산소에 가서 술을 한 잔 따른 후 그 술잔을 그대로 들고 와서 술을 따라놓고 시제를 모시고 있다.

유밀과가 오르지 않는 소박한 제상 차림

제수는 네 줄로 진설된다. 먼저 식어도 관계없는 과일과 포, 좌반 나물, 식혜, 김치 등을 올린다. 신주 앞으로 1열 오른쪽에는 밥그릇을 놓고 그 옆에 수저그릇을, 그다음은 국을 놓았고, 그 사이에 술잔을, 국그릇 옆으로 떡을 놓았다.

여름이라 빨리 쉬지 않는 하얀 기주떡을 본편으로 하고 그 위에 당귀잎을 가루 내 쌀에 섞어 찐 푸른색 당귀떡과 소나무 껍질로 만든 갈색의 송기송편, 진쑥색 절편과 분홍의 진달래 화전, 대추와 밤채를 고명으로 한 잡과편과 주악 등 일곱 가지 떡으로 색을 맞추어 올렸다. 떡 옆에는 편청이라 하여 꿀을 올린다. 떡은 칠십 평생 떡만 괴어 올리는 문중 할머니의 솜씨인데 떡이 아니라 예술품을 보는 듯했다.

두 번째 면줄에는 삶은 국수 위에 쇠고기볶음과 달걀 지단, 구운 김을 고명으로 올렸다. 국물은 붓지 않았다. 이어서 닭탕, 쇠고기탕을 놓았고, 가운데 적틀에는 고등어, 가오리, 상어, 방어, 쇠고기 등을 올린 후 위에는 닭 한 마리를 놓았다. 모두 날고기로 제사에 올려지는 날고기는 혈식군자(血食君子)를 뜻한다. 적 옆에 간장을 올리고 그다음은 방어탕과 조개탕, 홍합탕이 오른다. 탕은 모두 다섯인데 신주로부터 오른쪽으로 우모린개〔羽毛鱗〕 순서로 놓는다. 우모린개란 날개 있는 닭과 털이 있는 쇠고기, 비늘이 있는 물고기, 바다 밑에 사는 조개류를 말한다. 탕은 부와 다시마와 재료들을 한데 넣고 끓여서 각각 나누어 담았다.

세 번째 줄에는 자반이라 하여 굴비 한 마리를 놓았고, 그 옆에 촛대가 있다. 이어 천녑삼이 올랐으며 뿌리나물 도라지, 줄기나물 고사리, 잎나물 미나리를 한 그릇에 담아 올렸다. 그 옆에 간장과 나박김치가 놓여졌으며 촛대가 있고 식혜가 끝줄에 놓인다. 4열에는 신주의 오른쪽부터 밤과 곶감 대신 시과(時果, 계절에 따라 나는 과일)인 밀감을 놓았다. 이어서 참외, 포도, 배, 대추 순으로 올렸다. 포도 위에 대구포 한 마리를 놓았는데 이는 윗대 종부 한 분이 제주로부터 왼쪽에 커다란 포를 올렸다가 종부의 치맛자락에 걸려 포가 떨어지는 바람에 얌전치 못하다는 이유로 이후부터는 과줄 가운데에 포를 올린다 했다. 과일의 순서는 조동율서(棗東栗西)가 되는 것이다. 술은 종부가 있을 때는 집에서 담갔지만 지금은 청주를 사서 쓴다. 진설은 두 분을 모시는 합설(合設)이 아니라 할머니 혼자 모시는 단설(單設)이다. 단설은 주자가례 준칙을 지켰던 퇴계 선생의 유훈이기도 하다.

진보 이씨 퇴계 이황 종가의 불천지위 제사 순서

퇴계 이황 선생의 후취 권씨 부인의 불천지위 제사는 밤 1시에 시작되었다.

출주(出主) 차종손이 촛불을 든 제관들을 앞세우고 사당에 가서 오늘이 기일임을 고하는 축을 읽고 신주를 모셔온다.

참신(參神) 신주를 대청에 모신 후 신독문을 열고 참례자 모두 두 번 절한다. 신주가 아닌 신위일 때는 분향강신(焚香降神) 후에 참신을 하지만 신주를 출주해 모시면 참신부터 한다.

분향강신(焚香降神), 진찬(進饌), 헌(初獻), 독축(讀祝)

노종손은 향을 피우고 집사가 따라주는 술잔을 모사에 세 번 나누어 부어 혼백을 모신다. 종손 혼자 두 번 절하고 비로소 떡과 적, 탕과 밥, 국을 상 위에 올린다. 종손은 집사의 도움을 받아 첫 잔의 술을 올린 후 축관은 제주를 향해 앉아 축을 읽는다. '할머님의 기일이 다시 돌아왔으니 그 은혜를 생각하고 사모하는 마음으로 후손들이 조촐하게나마 음식을 준비했으니 많이 흠향하시라'는 내용을 축관이 읽으면 종손은 혼자 두 번 절하고 물러난다.

아헌(亞獻), 종헌(終獻), 첨작(添酌)

두 번째 술을 올리는 아헌관은 퇴계 선생의 둘째 손자 순도(純道) 집안의 종손이다. 세 번째 종헌은 셋째 손자 영도(詠道)집안의 종손이 술잔을 올렸다. 후손들이 골고루 할머니께 술잔을 올리도록 배려한 것이다.

삽시정저(揷匙正箸)

종헌 후에는 종손이 메그릇 뚜껑에 술을 부어 첨작을 하고 숟가락은 메의 중앙에 꽂고 젓가락을 가지런히 고른 뒤 시접 위에 올려놓는 삽시정저 순서다.

1

2

3

4

5

6

합문(闔門), 계문(啓門)

문을 닫고 밖으로 나가거나 병풍으로 제상을 감싼다. 이때 제주와 참석자들은 무릎을 꿇고 머리를 숙인 채로 아홉 수저 먹을 동안 기다린다. 다시 문을 열고 들어가는 계문의 신호는 축문을 읽는 분의 헛기침 소리다.

진다(進茶), 철시복반(徹匙復飯)

차 대신 숭늉을 올렸으며 이때 참석자들은 공수한 채 국궁의 예를 취한다. 그런 후 밥을 한 수저 떠서 숭늉 그릇에 말고 수저와 저분은 시접그릇에 놓고 메그릇의 뚜껑을 덮는 것이다.

사신(辭神), 철상(撤床), 음복(飮福)

다음으로는 영혼을 전송하는 절차인 사신의 순서다. 제관 이하 참석자 모두 두 번 절한 뒤 축관이 축문을 불사르고 신주를 다시 사당으로 모시고 음복하는 것으로 제사는 끝난다. 여자는 제사에 직접 참여하지 않고 신을 맞이할 때와 보낼 때 큰절 4배씩을 한다. 4대 봉제사일 때는 종부가 두 번째 술잔을 올리는 아헌을 한다고 한다.

翩翩飛鳥息我庭梅有烈
其芳惠然其來爰止爰
棲樂爾家室華之旣榮
有蕡其實

嘉慶十八年癸酉七月十四日洌水翁書于茶山東菴

余謫居康津之越數年洪夫人寄敝裙六幅歲久

四帖以遺二子用其餘爲小障以遺女兒

18년간의
유배생활을 견뎌낸
위대한 사상가

나주 정씨 월헌공파
다산 정약용 종가

노을빛 비단 치마폭에 담은 「매화병 제도」(부분).

한잔의 차로 18년간 고독한 유배생활의 시련을 견뎌낸 다산 정약용(茶山 丁若鏞, 1762~1836) 선생의 종가를 찾아간 날엔 뜻밖에도 향기로운 차를 다리고 있었다. 경기도 안양에서 아파트 생활을 하고 있는 다산의 6대 종손 정해경(취재 당시 78세) 씨와 차종손 정호영(취재 당시 50세, 전 EBS 교육실장) 씨 부인 이유정(취재 당시 45세) 씨, 아들 우원(취재 당시 16세)과 딸 우진(취재 당시 14세) 3대가 햇살 바른 거실에서 도란도란 이야기꽃을 피우며 소박하고 정겨운 찻자리를 펼치고 있었다. 다산이 강진 유배에서 오랫동안 꿈꾸었던 그 가족 차회를 후손들은 생활 속에서 실천하며 정신을 풍요롭게 하고 있었다.

翩翩飛鳥 훨훨 날아온 새가
息我庭梅 내 집 뜰 매화에서 쉬는구나.
有烈其芳 그윽한 그 향기가 짙기도 하여
惠然其來 즐거이 놀려고 찾아왔구나.
爰止爰棲 여기에 머물고 깃들어 지내며
樂爾家室 집안을 즐겁게 하여라.
華之既榮 꽃이 이제 활짝 다 피었으니
有蕡其實 열매도 주렁주렁 많이 달리겠네.

위 시는 다산이 유배지 강진에서 가족을 그리워하며 그린 「매화병제도(梅花屛題圖)」다. 시구를 읊조리며 연둣빛 새싹들이 마음을 들뜨게 하는 화창한 봄날, 남양주시 조안면 능내리에 있는 다산의 생가를 찾았다. 다산이 태어나고 유년기를 보낸 고택 안채에는 「매화병제도」의 시구가 한 폭의 수채화에

다산 종가의 풍경.

깔린 배경음악인 양 잔잔히 흘러나왔다. 마침 취재 때가 다산 선생의 171번째 제사가 있는 날이니 이보다 마음을 더 울리는 시구도 없을 듯싶다.

따뜻한 가족 사랑이 엿보이는 작품

「매화병제도」에는 애틋한 사연이 담겼다. 다산이 천주학에 연루돼 강진으로 유배된 지 13년 되던 1813년 어느 봄날, 집 떠난 남편이 그리워 아내가 보낸 노을빛 비단 치맛자락에 꽃망울이 피어난 매화 가지를 그리고, 그 가지 위에 두 마리의 새를 내려 앉혔다. 아랫부분엔 행서체로 시를 썼고, 그 바로 옆에 작은 글씨로 '내가 강진서 귀양 산 지 여러 해가 지난 후에 부인이 낡아 헤진 여섯 폭의 치마를 부쳐 왔다. 세월이 오래되어 붉은빛이 바랬기에 이를 잘라 네 첩으로 만들어 두 아들에게 주었다. 그 나머지를 이용하여 작은 가리개를 만들어 딸에게 보낸다'는 연유를 꼼꼼히 적었다. 철학사상의 거봉 다산 선생의 따뜻한 가족 사랑이 엿보이는 4대 명작 가운데 하나로 평가받는 작품으로 고려대학교 박물관에 소장돼 있다.

다산은 열다섯 되던 해 한 살 위인 풍산 홍씨에게 장가를 들었다. 부부는 금실 좋게 아들·딸 낳고 60년을 살았다. 그리고 회혼날인 음력 2월 22일 아침 부인이 지켜보는 가운데 굴곡 많은 생애를 마감했던 것이다. 그때가 양력으로는 4월 7일이었고 다산의 나이 75세였다. 하늘이 짝지어준 예사롭지 않은 부부의 인연이 살아서는 그렇게 끝났다.

… 소나무 그늘진 곳에 내 정자 있고 배꽃 뜰 가득한 곳 바로 내 집이라네….

유배지에서 다산이 꿈에도 그리던 생가 여유당은 지금 사람의 훈기가 없다. 빈집 안채 뒤뜰엔 배꽃이 아니라 매화 꽃비가 바람에 휘날리고 있었다. 불후의 명작을 탄생시킨 사랑채엔 그 옛적 다산이 손님을 맞아 차를 대접하는 찻자리 풍경만 그려져 있다. 집 뒤 낮은 언덕 양지 바른 곳에는 다산이 세상을 떠난 2년 후에 뒤따라온 홍씨 부인과 나란히 누워 발치로 감돌아 흐르는 강물을 지켜보며 잠들어 있다. 묘소는 경기도 기념물 제17호로 지정됐다.

유교, 천주교식이 절충된 다산의 제례

이날 아침 10시, 묘소 앞에서 지내는 묘제는 평생을 다산 연구에 바친 다산연구소 이사장 박석무(취재 당시 66세) 씨가 주관했다. 사당 문도사(文度公)에서 모시는 기일 제례는 문중 사람과 종손이 준비했다. 차(茶)를 좋아해 호를 다산으로 취한 차인의 제사인 만큼 차도 오르지 않을까 기대하면서 묘제와 사당 제사를 지켜봤다. 하지만 아무 곳에도 차는 올라오지 않았다. 종친회 부회장 정해민(취재 당시 73세) 씨에게 차를 올리지 않는 이유에 대해 들었다.

"우리 집안 제사에는 차를 올리지 않습니다. 선조들이 행하지 않던 일을 저희 마음대로 올릴 수가 없었습니다. 봄, 가을 다산문화행사 때 차인들이 차를 올리고 있기도 하고요."

기제사는 보통 4대로 끝난다. 그러나 종가에서는 4대 중에 어른 한 분이 생존해 있기 때문에 다산의 제사를 '기제사'라 했다. 문도공(文度公)이라는 시호를 받았으니 문중회의를 거쳐 다음부터는 영원히 지내는 불천지위(不遷之位)로 모실 생각이며, 제상에 차를 올리는 것도 검토해보겠다고 했다.

유학자이자 천주교 세례를 받은 다산의 제사 형식은 일반 제사와 다를 바 없었다. 홍씨 부인과 합설(合設)로, 순서는 종손 정해경 씨가 분향강신을 한 후 술을 올리고 축을 읽어 제삿날임을 고한다. 술잔을 올릴 때마다 두 번의 절로 예를 표한다. 제수품은 밥과 국, 국수와 떡, 탕 세 가지와 적 네 가지, 전 세 가지를 올렸다. 다섯 가지 나물과 나박김치, 포와 식혜도 있었다. 대추, 밤, 곶감, 배 순으로 과일이 올려졌고 유밀과도 있었다. 그러나 신주나 지방 대신 영정을 놓고 지내는 모습은 유교식이 아니라 천주교 예법에 따랐다. 제수품은 이 마을에서 오랫동안 살고 있는 문중 어른 정해운 씨가 준비했다.

다산 유적지에는 생가 건물 여유당, 영정을 모신 문도사, 다산 묘 외에도 기념관과 문화관, 문화의 거리 등을 조성해 시대를 초월한 세계인의 스승 다산 정약용을 기리는 다양한 행사가 펼쳐지고 있다. 매년 10월 중순엔 경기도 남양주시 주최로 헌다례 및 들차회가 열린다. 문예경진대회, 시서화풍류전, 체험한마당 인형극, 마당극, 풍류학교 등을 연다. 실학박물관도 9월에 완공되면 볼거리는 더해질 것이다.

우리 집 선조라는 사실이 자랑스러워

제사 다음 날, 다산의 6대 종손 정해경 씨가 살고 있는 안양의 아파트 종가를 찾았다. 때마침 부활절로 가족 나들이를 하고 돌아와서 차 한잔을 마시려던 참이라며 아들 호영 씨가 반가이 맞이해주었다. 후덕한 인상만으로도 천상 종부상인 이유정 씨, 잘생긴 아들과 총명해 뵈는 딸, 어진 부모님이 함께 한 다산 종가의 가족 차회 풍경은 정겹고 따뜻했다.

"이 차 한잔 들어보십시오. 강진에서 보내온 차입니다."

종부가 우려서 분청 찻잔에 담아내는 차를 한 모금 마셨더니 해 넘긴 차 같지 않게 향기와 맛이 그대로였다.

"강진군수를 지냈던 윤동환 씨가 다신계 계원들의 후손들이 만든 차를 해마다 보내주십니다. 그분은 다산의 18제자 중 막내 제자인 윤종진의 직계 후손이거든요. 작년엔 우리가 그 댁에 가서 신세를 졌고, 그 댁 아드님도 우리 집에서 학원을 다니며 한 달 동안 생활했던 적이 있습니다."

다산이 유배가 풀려 강진 땅을 떠나올 때 18명 제자들과 교분을 유지하기 위해 만든 모임이 바로 우리나라 최초의 다신계(茶信契, 차로 맺은 계)다. 옆에서 종부가 말을 거든다.

"지난여름 우리 가족 3대가 다산 할아버지의 유배지 일대를 답사하고 왔습니다. 그 후 우리 아들 우원이의 성적이 부쩍 올랐답니다."

중학생인 우원이에게 그 까닭을 물어봤다.

"교과서에 나오는 분이 우리 집 선조라는 사실을 알고부터는 무척 자랑스러웠습니다. 그때부터 행동거지와 말하는 것을 조심하게 됐어요. 공부도

다산 종가의 차회 풍경.

열심히 해서 할아버지의 후손으로서 부끄럽지 않도록 해야겠다는 생각이 들었습니다."

할아버지께서도 한 말씀 덧붙인다.

"아이들이 부담스러워 할까 봐 어렸을 적엔 집안 내력을 말하지 않았습니다. 크면 절로 알게 될 거라고 생각했는데 철이 드나 봅니다."

다산 유적을 복원하기 위해 지은 집, 여유당

종손 정해경 씨는 양수리 다산의 생가에서 살지 않게 된 내력을 들려줬다.

"저희 부친 때까지 살았던 옛집은 1925년 큰 홍수 때 떠내려갔습니다. 이후 작은 초가를 짓고 살다가 제가 어렸을 적에 서울로 옮겨 살게 됐습니다. 주변이 산과 강뿐이니 농사지을 땅이 없어 생활이 아주 궁핍했습니다."

현재의 여유당은 다산 유적을 복원하기 위해 1975년에 남양주시에서 지은 것이라 했다.

"집이 유실되면서 다산 선조의 중요한 유품이 다 떠내려갔습니다. 위험을 무릅쓰고 건져낸 유물은 일찍부터 다산의 위대함을 알아차린 일본인들이 종가를 드나들면서 샅샅이 뒤지는 바람에 당시 학자로 유명했던 정인보 선생 집에 숨겨두었습니다. 그런데 그 사실까지 알아차린 일본인들이 압수해 갔습니다."

그래서인지 종가에는 다산의 문집 하나 남아 있지 않았다. 거실 한쪽에는 다산 관련 현대 서적들을 꽂아둔 책장 하나가 놓여 있을 뿐이다. 그러나 지금은 쓸일 없는 손때 묻은 다듬잇돌과 다듬잇방망이가 눈길을 끌었다.

"10여 년 전 돌아가신 시어머니께서 선대 할머니 때부터 물려받은 것으로 소중히 여겨 이사 오면서 그것만 가져왔습니다. 제가 직장을 다니느라 어머님의 음식 솜씨를 배우지 못한 것이 후회됩니다. 참으로 음식 솜씨가 좋았던 분이셨는데…."

이사 오기 전에는 영등포에서 살았는데 한옥이었다고 한다. 그때 오셨더라면 제법 종가다운 모습을 보여줄 수 있었을 거라며 변변치 않지만 다산 종가라는 사실 때문에 취재 의뢰가 많이 있었는데 지금까지 한 번도 응한 사실이 없다며 쑥스러워 했다.

"굴곡 많은 시대 상황 때문에 아버님뿐 아니라 저희대까지도 참으로 어

현재의 여유당은
다산 유적을
복원하기 위해
1975년에
남양주시에서
지은 것이다.

문도사에
다산 선생의 영정을
모셔두고
기제사를 지낸다.

려운 삶을 살았습니다. 열심히 노력한 덕분에 지금의 아파트로 넓혀 아버님을 편히 모실 수 있어 만족하고 있습니다."

성실함이 묻어나는 차종손이 말했다. 아파트 현관에 걸어둔 '다례'라는 붓글씨가 의미심장해 보였다.

"해인사 주지를 하셨던 일타스님이 써주신 겁니다. 차 한잔 속에도 사람의 도리가 있고, 예가 있으며, 의리가 녹아 있음을 일찍부터 간파한 다산 선조의 차정신을 '다례'라는 이 글에서 되새기게 됩니다."

종가의 상징은 제사인데 제사는 어떤 형식으로 지내는지 물었다.

"저희는 세례를 받은 신자여서 천주교회에서 봉제사를 모시고 있습니다. 앞으로는 설, 추석만이라도 다산 선조께서 좋아하셨던 차 한잔을 올려 집에서 차례를 모실까 생각하고 있습니다."

조상이 내린 고택이 아닐지라도 부지런함과 검소함을 좌우명으로 삼았던 다산의 정신세계를 닮은 가족 3대가 오순도순 살아가는 소박한 모습이 아름답게 비쳐졌다.

편지로 자녀 교육에 힘쓴 다산

다산은 유배지에서 생가로 돌아온 몇 년 후 회갑을 맞아 자신의 회고록인 「자찬묘지명(自撰墓誌銘)」을 썼다.

> '… 이 무덤은 열수 정용의 묘다. 나의 본 이름은 약용이요, 자는 미용(美庸) 또 송보(頌甫)라고 했으며 호는 다산(茶山), 삼미(三眉)이고 당호는 여유(與猶)이다. 여유당은 겨울 내를 건너고 이웃이 두렵다는 의미를 따서 지었다. 아버지 이름은 재원(載遠)이며 진주목사까지 지냈다. 어머니는 해남 윤씨로 한강변의 마현리에서 넷째 아들로 태어났다. …' 정씨의 본은 압해(押海)로 고려 말에 배천에서 살다가 조선왕조가 세워질 무렵부터 서울에서 살았다고 한다. 맨 처음 벼슬을 한 선조는 승문원 교리를 지낸 자급으로 이후 9대에 걸쳐 홍문관 벼슬을 한 명문가였다. 그러다 세상이 어긋나서 다산의 5대조 정시윤 때 마현에 이사 와서 살았다는 내력과 자신의 지난 세월도 꼼꼼하게 기록해두었다.

다산은 부인 홍씨 사이에 여섯 아들과 딸 셋을 두었지만 어렸을 때 병으로 많은 자식을 잃었다. 남은 두 아들에게는 유배된 강진에서도 훈계하는 편지를 보내면서 자녀교육에 심혈을 기울인다.

“지금 내가 죄인이 되어 너희에게 아직은 시골에 숨어 살게 하였다만 앞으로는 오직 서울에서 10리 안에서만 살아야 한다. 또 만약 집안의 힘이 쇠락하여 서울 한복판으로 깊이 들어갈 수 없다면 잠시 서울 근교에 살면서 과일과 채소를 심어 생활을 유지하다가 재산이 조금 불어나면 바로 도시 복판으로 들어가도 늦지는 않다”는 글을 보내 유배살이를 하는 아버지로 인해 벼슬길이 막혀버린 아들에게 용기를 북돋아준다. 그리고 먼저 문명세계를 떠나지 말 것, 독서에 힘쓸 것, 재물은 나눠 줄 것, 근(勤)·검(儉) 이 두 글자를 유산으로 삼을 것 등을 가훈으로 남겨주었다. 두 아들 중 큰아들 학연(學淵, 1783~1859)은 당대에 이름을 떨친 시인이 됐고, 둘째 아들 학유(學游, 1786~1855)는 「농가월령가」를 지은 학자가 됐다.

18년간의 유배생활을 했음에도 다산의 업적은 헤아릴 수 없이 많다. 정치기구의 전면적 개혁과 지방 행정의 쇄신, 토지에 대한 농민의 공평한 혜택, 노비제도의 폐지 등을 주장한 사상가이자 탁월한 과학자였다. 한강에 배를 연결해 만든 배다리를 설치했고, 훗날 가장 완벽한 구조로 평가받는 수원의 화성을 설계해 축조했다. 이때 거중기와 녹로, 유형거 등을 개발해 공사경비를 절감하는 데 큰 공을 세운다. 그는 조선 후기의 실학자 성호 이익(星湖 李瀷, 1681~1763)을 잇는 실학의 체계를 집대성했다. 정치, 경제, 문학, 철학, 지리, 의학, 교육학, 군사학, 자연과학 등 모든 분야에 걸쳐 500여 권에 달하는 방대한 책을 저술했다. 그뿐만 아니라 ‘나는 본시 조선 사람이니 조선의 시를 달게 지으리라’는 주체적 사관을 가짐으로써 더욱 돋보이는 인물이었다. 또한 중국의 육안차나 몽정차보다 동국의 우리 차가 우수하다고 노래한 대표적인 차인이었다.

스님에게 차를 구걸한 다산

다산의 나이 40세 되던 1801년 2월에 천주교 박해사건으로 셋째 형 약전은 사형을 당하고 다산은 그해 10월에 있은 ‘황사영 사건’으로 강진에서 유배생활을 하게 된다. 그때의 외롭고 적막했던 심정을 친구 윤희영에게 보내는 편지에는 다음과 같이 썼다.

> 7년 동안 유배생활에 문을 닫고 칩거하니 날씨는 춥고 먹을 것, 입을 것 어느 것 하나 제대로 된 것이 없는데 노비들까지도 외면하고 이야기하는 법이 없다

오. 그래서 낮에는 하늘과 구름뿐이고 밤에는 벌레소리와 댓잎 스치는 소리뿐이라오.

주막에 붙은 방 한 칸으로 주거를 제한 받은 유배 초기의 생활은 실의와 고난의 아픈 세월이었다. 그러다 어느 정도 시간이 흐르자 다산의 사람됨과 높은 학문을 눈치챈 마을 주민들이 자녀들을 다산에게 보내 가르침을 청했다. 다산은 자신의 골방을 사의제(四宜齋)라 짓고 교육을 시작했다. 손병조, 황상, 황취, 황지초가 바로 그 당시 제자들이다.

다산이 강진읍에서 생활을 한 지 3년째 되던 어느 날 이웃에 있는 백련사 주지 혜장선사가 만나보기를 청했다. 행동이 자유롭지 못했던 다산은 유배 4년 만에 혜장선사를 만나기 위해 백련사로 간다. 두 사람은 단 한 번의 만남으로 스승과 제자의 연을 맺는다. 다산은 이때 혜장보다 열 살이나 위였다. 혜장은 다산에게 차를, 다산은 혜장에게 『주역』을 가르치면서 유배지에서의 외로움을 다소나마 삭힐 수 있었다. 두 사람 사이에서 일어난 일화 중에 미소가 번지는 대목이 저 유명한 걸명소(乞茗疏), 차를 구걸하는 글이다.

강진의 다산 초당 마당 가운데 있는, 차를 달여 마시던 돌.

…는 요즘 차만 탐식하는 사람이 되었습니다. 겸하여 차를 약으로 마신다오. 글은 육우의 다경까지도 완전히 이해하게 되었으며 병든 몸은 누에인 양 노동의 칠완차(七碗茶)를 들이킨다오. 비록 몸은 쇠퇴했으나 정기가 부족하여도 차인 기모경의 말은 잊지 않으며 막힌 것을 삭이고 헌데를 다 낫게 한다 하여 이찬황의 차 마시는 버릇이 생겼소이다. … 산에 나무도 하지 못할 깊은 병이 들어 애오라지 차를 얻고자 할 뿐이오. 듣건대 고해의 다리를 건너려면 명산의 고액인 차를 가장 중히 여기니 이름난 산의 고액이며 풀 중의 영약으로 으뜸인 차가 제일이오. 목마르게 바라노니 부디 선물을 아끼지 말기 바라오.

차 한 봉지를 얻기 위해 임금에게나 올리는 소(疏)의 형식을 빌려 보낸, 다소 장난기 어린 글이긴 하지만 차를 비는 간절한 마음이 엿보인다.

차로 신의를 잇는 '다신계'

다산은 강진읍에서 7년간 생활을 하다 만덕산 서쪽에 있는 다산으로 이사하여 초당을 짓고 본격적인 차생활에 들어간다. 이때 혜장의 소개로 차의 달인 초의(草衣)선사도 만나고, 이곳 산 이름 다산을 자호(自號)를 삼는다. 초당 뒤에 손수 샘물을 파서 물을 긷고 마당 가운데 넓은 돌을 놓아 그 위에서 차를 달여 마시곤 했다. 초당 뒤편 바위에는 정석(丁石)이라는 두 글자를 새겨 자신의 거처를 후세에 알렸다. 다산은 언제 배웠는지 차 만드는 방법을 알고 있었고, 주민들에게 제다법을 가르치기도 했다. 선생이 사용했던 다구는 여러 가지 화덕 외에 차솥과 차냄비, 다병, 다연, 다종(茶鐘)과 다관(茶罐) 등이 있다.

다산이 일군 독창적인 차문화가 있다. '다신계'다. 1818년 8월 그믐날 선생의 해배 소식을 들은 제자들이 한자리에 모여서 다신계 절목을 만든다.

'사람이 귀하다는 것은 신의가 있기 때문이다. 만약 떼 지어 모여 서로 즐기다가도 흩어진 뒤에 서로 잊어버린다면 이는 금수의 짓이다. 우리들 여남은 사람은 1808년 봄부터 오늘에 이르기까지 형이나 동생처럼 모여서 글공부를 하였다. 이제 스승은 북녘으로 돌아가고 우리들은 별처럼 흩어져 만약에 망연히 서로를 잊고 신의의 도리로 생각지 않게 된다면 이 또한 방정맞지 않을쏜가. 사람마다 돈 한 냥을 두 해 동안 낸 것이 이자가 생겨 지금은 그 돈이 35냥이 되었다. 스승은 서촌에 있는 몇 구역의 밭을 다신계라는 계물의 이름을 지어 묵혀둠으로써 훗날 신의를 꾀하는 밑천으로 삼게 하셨다. 그 조례와 전토의 결부 수효를 소상히 적는다'는 내용에다 계원 18명의 이름을 쓰고 약조 편을 만들었다.

이 '다신계'는 세계적으로도 그 유례를 찾아볼 수 없는 우리의 아름다운 음다 풍속으로 자랑할 만하다. 더욱 놀라운 것은 누대를 이어 그 후손들이 지금도 강진 귤동에서 차를 만들어 스승의 후손에게 보내면서 그 옛적 스승과의 약조를 지키고 있다는 것이다. 차를 좋아해 차시 47편을 남겼던 다산 선생의 차사랑은 종가의 소소한 일상에서 마시는 한잔의 차에서 더욱 빛을 발하고 있었다.

임진왜란의 영웅,
서애 류성룡 선생의 위명

안동 하회마을 풍산 류씨 종가 양진당·충효당

종가(宗家) 하면 안동 하회(河回)마을의 서애 류성룡(西厓 柳成龍, 1542~1607) 선생의 종택을 가장 먼저 떠올리게 된다. 서애 선생의 종택 충효당(忠孝堂)에 가보면 골목 하나를 사이에 두고 양진당(養眞堂)이라는 또 하나의 고택이 서 있다. 충효당과 양진당은 건물이 아름답고 오래되어 모두 보물로 지정되어 있다. 언뜻 보면 같은 집으로 생각되지만 두 종가의 건물이다.

양진당은 풍산 류씨가 이곳에 터 잡고 살아온 지 600년 된 대종가로 서애 선생의 형님이 되는 겸암 류운룡(謙庵 柳雲龍, 1539~1601) 선생의 종택이다. 반면 충효당은 서애 선생의 종택으로, 양진당이 큰집이고 충효당은 작은집으로 의좋은 형제분이 나란히 살았던 곳이다.

조선 영조 때 이중환(李重煥)이 지은 지리책『택리지』에서는 사람이 살 만한 곳의 입지 조건으로 지리(地理), 생리(生利), 인심(人心), 산수(山水) 네 가지를 들었는데, 이런 조건을 두루 갖춘 복된 땅으로 기록된 곳이 바로 안동 하회마을이다. 이런 길지를 천문지리에 밝은 옛 선비들이 그냥 지나칠 리 만무했다.

조선 초에 공조전서(工曹典書)를 지냈던 풍산 류씨 7대조인 류종혜(柳從惠) 선생이 하회마을 뒤편에 있는 화산(花山)을 100여 회나 오르내리면서 왕궁을 고르듯 길한 집터를 찾았는데 그곳이 지금의 양진당 터다. 그 덕분인지 문신이며 청백리로 사표(師表)가 되고 있는 겸암 류운룡 선생, 임진왜란 때 명재상으로 명성을 떨쳤던 서애 류성룡 선생 등 큰 인물이 많이 배출되었다. 양진당이 터를 잡은 하회마을은 600년 동안 풍산 류씨의 집성촌을 이루면서 현재에 이르고 있다.

하회는 강물이 마을을 휘감아 흐른다 해 '물돌이동'이라 했다. 마을을 중심으로 화산, 남산, 원지산이 병풍처럼 둘러싸고 있으며, 남쪽으로만 흐르던

풍산 류씨 대종택인 양진당의 사랑채 '입암고택'은 국가에서 보물로 지정한 고택답게 기와지붕 골골마다 '기와솔'이 피어 있다.

낙동강이 하회에 이르러 동북 방향으로 큰 원을 그리며 산을 휘감으면서 마을을 얼싸안고 흐른다. 휘돌아 나가는 강물, 기암절벽, 끝없이 펼쳐진 모래밭, 울창한 만송정 등 뛰어난 자연 경관에 유구한 전통까지 간직한 마을은 한 폭의 동양화를 보는 듯 아름답다.

옷으로 부끄러움을 가리는 것에서부터 예가 시작된다

하회탈을 쓰고 양반을 조롱하는 놀이로도 유명한 이곳은 지난 1999년 4월 영국의 엘리자베스 여왕이 다녀간 이후 외국에까지 널리 알려져 국제적인 관광 명승지로 각광받고 있는 곳이다. 더불어 하회마을은 이 시대 마지막 남은 우리의 전통 생활문화의 잣대로 자리 잡고 있다.

"세상이 이르치 좋게 바까버렸는데 뭣에 쓸라고 애려운 시절 이야기를 듣고 싶어 하는지 모르겠제"라며 자리를 고쳐 앉아 손님 접대의 예를 갖추는 풍산 류씨 16대 종부 김명규(취재 당시 86세) 할머니.

그의 첫 대면에서 대갓집 마나님의 기품이 배어 있음을 느낄 수 있었다.

백발의 성근 머리를 곱게 빗어 은비녀로 단아하게 쪽 찐 모습과 수십 년 된 옷이라지만 고풍스럽기만 한 양단 미색 저고리에 연옥색 치마를 단아하게 차려입은 자태, 유난히 두툼한 귓불이 종부로서의 덕행과 위엄을 한층 돋보이게 했다.

양장은 어깨가 자꾸 뒤로 밀리는 것 같아 평생 한복만 입는다는 종부에게 한복의 올바른 차림새를 물어보았다. 옷 한 벌로 사철을 나야 하는 어려운 시절도 아닌데 한겨울에 속이 훤히 비치는 여름 옷을 입고 다니는 모습은 예가 아니라 했다. 또한 사람의 기본 생활을 '의·식·주'라 하여 먹는 것보다 입는 것을 앞자리에 놓아둔 것은 옷을 입어 부끄러움을 가리는 것에서부터 예(禮)가 시작되기 때문이라고 했다.

종부가 시집올 때만 해도 위아래가 같은 색의 한복은 입지 않았으며 겨울에는 솜저고리, 여름에도 안동포 겹저고리를 입어 속살이 내비치는 일은 없었다고 한다. 음양의 이치에 따라 저고리가 미색이면 자주 치마를 받쳐 입었다. 자주색 고름은 남편이 있음을 상징했고, 저고리 소매 끝에 남색 끝동을 달아 아들이 있음을 의미하는 등 옷으로 자신의 위치를 간접적으로 표현했다고 한다.

70년 동안 종가를 지켜온 종부의 절개

종부는 70년 전인 열일곱 살에 안동에서 멀지 않은 선산 고아면 원호리에서 양진당 종부로 시집왔다고 한다. 그때의 혼인 풍습은 집안끼리 혼사를 결정하는 것이었고, 특히 풍산 류씨 대종부 자리는 한 나라의 국모나 다름없어 문중회를 열어 엄격한 심사를 거친 후 통과시키는 혼사였다. 열일곱의 신부와 열여섯의 신랑은 서로의 얼굴도 모른 채 혼례청에 나갔는데 신부는 낭자머리에 고개를 들 수 없어 대례청에서도 신랑 얼굴을 볼 수 없었다. "신랑이 키가 크고 인물이 좋다"는 주위의 수군거림을 듣고서야 마음이 놓였다고 한다. 신부보다 한 살 아래였던 어린 신랑은 양진당 16대 종손이 된 류한수(1985년 작고) 씨였다.

종부는 아직도 혼례의 정표로 받았던 함과 혼서지(婚書紙)를 소중히 간직하고 있다. 주칠을 한 오동나무 함 속에는 혼서지와 혼수 예물로 청홍색의 치맛감이 들어 있었다. 남녀가 결합한다는 의미에서 청색 치마는 홍색 종이에 싸 청색 실로 동심결(同心結)을 맺고, 홍색 치마는 청색 종이에 홍색 실로 동심결을 맺었다. 그 외의 것은 아무것도 들어 있지 않았다고 한다.

함과 함께 보내온 혼서지는 지금의 혼인 서약서 같은 것으로 육례를 갖추어 혼인을 했다는 증거인 동시에 일부종사의 절개를 상징하는 것이다. 이 혼서지는 여자가 일생 동안 보관했다가 죽은 뒤에는 관 속에 넣어 가는 것이 우리의 풍속 가운데 하나다. 노종부는 혼서지는 아무나 보여주는 것이 아니지만 젊은 사람이 고리타분한 옛 풍습을 알고자 하는 생각이 기특하다며 빛바랜 누런 종이 봉투를 내보인다. 덕분에 70년 된 귀한 혼서지를 보는 행운을 안게 되었다.

충효당 류성룡 선생의 14대 종손 류영하(취재 당시 73세) 씨. 도포와 갓을 쓴 차림에서 종손의 위엄이 서려 있다.

생전의 남편은 별호가 호랑이였다. 기품이 세고 급해 명령대로 해야지 안 하면 난리가 났다고 한다.

“나만큼 영감한테 겁을 많이 먹은 사람도 많지 않을 거구먼. 우는 것도 한두 번이 아니고.”

여자의 순종이 전통적인 유가의 가치관이라 배운 종부는 ‘안사람이 남편의 성정에 맞춰 살아야지 잘잘못을 밝히려 들면 가정이 편할 날이 없다’는 생각으로 살아왔다고 했다.

“화가 나면 혼자 참아야지. 입 안 떼면 되는기라.”

종부는 돌아가신 종손과의 사이에 4남 4녀를 두었다. 1남 1녀는 어릴 때 병으로 잃었다. 3남 3녀는 혼인해 모두 분가해 나갔고 현재는 노령의 종부 혼자 문중 사람의 시중을 받으며 종택을 지키고 있다.

양진당 사당에는 특이하게도 사당이 두 개 있다. 강원도 관찰사를 지냈던 겸암, 서애 선생의 아버지 입암 류중영 선생의 불천위(不遷位)를 모신 사당과 그의 아들 겸암 류운룡 선생의 불천위와 종손으로부터 4대를 모신 사당이다. 부자를 한 사당에 모실 수 없다 하여 류운룡 선생을 별묘로 모셨기 때문이다.

불천위 두 분과 종손 위로 4대까지 일 년에 12번의 기일 제사는 아직도 종부의 지휘로 이루어진다. 17대 종손 상붕(취재 당시 51세) 씨는 직장 때문에 울산에서 생활을 하지만 제사 때는 종가에 와서 종손의 소임을 다하고 있다.

충효당과 양진당 모두 안채의 건물이 높아 툇마루에서 아래로 내려다보면 어느 위치에 있든 시야가 탁 트여 숲과 산이 잘 보이게끔 설계되어 있다. 구중궁궐 같은 높은 담을 일생 동안 벗어나지 못하는 여인들의 숨막힘을 담장 안에서라도 풀어낼 수 있도록 배려한 설계인지도 모른다. 충효당은 보물 제414호로 350년이 넘은 목재 건물이지만 손상되지 않고 원형이 잘 보존되어 있다.

청렴하기로 소문난 서애 선생이 이렇게 큰 집에 살았을 리 없다는 생각이 들어 조심스레 질문을 해보았나. 그랬더니 이 집은 선생이 돌아가신 후에 선생의 청렴한 인품을 추모하는 제자들이 힘을 모아 지은 집이라는 설명을 쉽게 들을 수 있었다. 충효당은 사랑채, 안채, 사당이 입 '구(口)'자 형으로 위치한 2층 구조다. 기둥 높이가 자그마치 열석 자로 다락으로 불리는 2층은 살림살이를 보관하며 베틀을 두어 앉아서 베를 짤 수 있도록 한 공간이었다. 특이한 것은 부엌문이 없다는 것이다. 장독도 부엌 가까이에 둔 것으로 보아 일하는 사람들이 발빠르게 움직이려면 문을 여닫는 것조차 번거로운 일로 여겼던 때문인지, 아니면 다른 배려가 있는지는 자세히 알 수 없었다.

충효당에는 류성룡 선생의 13대 종부 박필술(취재 당시 83세) 할머니와 14대 종손 류영하(취재 당시 73세), 최소희(취재 당시 71세) 씨가 화목하게 살고 있다. 고부간의 나이 차이가 열두 살밖에 안 나지만 의가 좋기로 소문이

종부의 삶을 『명가의 내훈』이란 저서로 엮은 충효당 종부 박필술(왼쪽) 할머니. 녹차를 좋아해 찾아온 손님에게 차를 대접하고 있다.

나 있다. 서로가 문중에 본보기가 되어야 하는 처지이고 보니 무엇이든 서로 양보하고 상대를 먼저 배려한 것이 비결이라 한다. 그렇게 수십 년을 살아서인지 고부간이 아니라 자매같이 정다워 보였다. 고부간의 정겨운 내기판 윷놀이가 보는 사람까지 훈훈하게 한다.

경주 최부잣집 따님으로 충효당 14대 종부가 된 최소희 할머니. 제물을 정성껏 담고 있다.

시어머니 박필술 씨는 호조판서를 지낸 무안 박씨로 동해안 바닷가 영덕에서 전실에 두 자녀가 있는 13대 종손에게 스무 살에 시집을 갔다. 종가의 종부 자리는 잠시도 비워둘 수가 없고, 종손은 처녀장가를 들어야 종가 살림을 맡기는 것이 문중의 법도였다. 그러한 종부의 삶을 『명가의 내훈』이란 책으로 엮어 유명해진 분이 바로 시어머니 박필술 할머니다.

14대 종부 최소희 씨는 12대 만석꾼을 자랑하는 경주 교동 최씨 종가의 둘째 딸로 스무 살에 충효당으로 시집왔다.

"내가 시집올 때만 해도 이 마을이 지금 규모의 몇 배가 되었지. 52년 전 음력 열여드렛날이었는데… 어제가 바로 혼인 기념일이네. 신행 온 지 3일 만에 사당 조상에게 인사드리고 큰머리에 원삼 족두리 쓰고 문중에 인사를 다니는데 꼬박 일주일이 걸렸으니… 집집마다 곶감, 대추를 주는데 엄청난 양이었거든. 지금도 70여 가구가 우리 문중 사람들이지."

큰제사 때마다 참석하는 문중 사람들은 100여 명에 달했다. 종부는 시집을 오자마자 종손의 직장을 따라 서울에서 20년을 지냈다. 그러다가 시아버지가 돌아가신 후 종손이 종가를 지키기 위해 충효당으로 내려오게 되면서 30년이 넘도록 지금껏 시어머니를 모시고 살고 있다. 시어머니는 남편보다 아들, 며느리와 더 오래 살아온 셈이다.

종부는 종손과의 사이에 4남매를 두었다. 자식들과 손자에게 조상을 구체적으로 가르치지는 않는다. 그저 조상이 훌륭한 분임을 상기시키면서 그분의 후손이라는 긍지와 자부심을 심어준다. 스스로도 서애 선생의 종부라는 자부심 하나로 평생을 살아왔다고 한다. 종부는 큰며느리가 종가를 지킬 각

오가 되어 있다는 뜻을 알고 그렇게 흐뭇할 수가 없었다고 한다. 세월이 세월인 만큼 자신의 대에서 끝나려나 생각했다가 며느리가 선뜻 오겠다고 하니 그렇게 고마울 수가 없고 조상 볼 면목이 선다고 말했다.

이순신과 권율을 발탁한 탁월한 안목

조선시대 명재상 서애 류성룡 선생은 어릴 때부터 총명함과 기개가 남달랐다고 한다. 형인 겸암 선생과 함께 퇴계 이황 선생의 문하에서 수학했는데 퇴계 선생의 총애를 한 몸에 받았다. 명종 19년(1564)에 사마시(司馬試)를 거쳐 도승지, 예조판서, 우의정, 좌의정 등을 지냈다. 임진왜란이 일어나자 군을 총괄하는 도체찰사와 영의정을 맡으면서 난국을 탁월하게 수습하면서 명재상으로서의 위명을 천하에 떨쳤다. 임진왜란 후 탄핵을 받아 관직을 삭탈당하게 되자 귀향해 많은 저서를 남기기도 했다.

임진왜란에서 정읍현감으로 있던 충무공 이순신 장군을 자그마치 7계단이나 끌어올려 전라우도 수군절도사로 임명하고, 또 문신 출신 권율 선생을 기용한 서애 선생의 깊은 안목과 과단성은 400년이 지난 지금까지도 높이 평가되고 있다.

사랑채 뒷마당에 서애 선생의 유물을 전시하고 있는 영모각에는 임진왜란의 전황을 가장 객관성 있게 적었다는 국보 제132호인 『징비록(懲毖錄)』과 『전원전교』, 『난후잡록』, 『당장의 서죽선』, 『당장서첩』, 『신종록』, 『상례고증』 등 많은 문집이 잘 보존되어 있다. 명나라 제독 이여송이 손수 시를 써준 부채며 서애 선생이 전쟁터에서 입었다는 갑옷, 투구, 허리띠 등도 소장돼 있다. 그중에서 특히 눈길을 끄는 것이 있는데 서애 선생이 생전에 신었다는 가죽신이다. 신발의 길이는 무

서애 류성룡 선생의 큰 체구를 짐작케하게 하는 37센티미터의 가죽신. 충효당 뒤켠에 마련된 영모각에 전시되어 있다.

려 37센티미터로 키가 2미터가 넘어야 신을 수 있는 크기다. 유물관에 전시된 갑옷 등으로 미루어보면 서애 선생의 체격이 예사롭지 않았음을 알 수 있다. 또한 요즘의 병적부 같은 기록을 통해서도 임진왜란 당시의 일부 군인들이 요즘 사람들의 상상을 초월하는 평균 2미터 이상의 큰 키였음을 짐작하게 한다.

소화의 명약, 안동식혜

충효당을 방문한 날에 마침 이웃에 사는 출가한 종부의 딸네들이 여럿 와 있었다. 명절을 앞두고 노종부들이 힘에 부쳐 음식 장만이 힘들 것을 염려해서인지 친정에서 배워서 만든 엿이며 약과 등 명절 음식과 소문난 안동식혜를 가지고 왔다.

안동의 대표음식인 식혜는 일반 식혜와는 전혀 다르다. 엿기름을 삭혀 끓이지 않았기 때문인지 음식을 소화시키는 데도 놀라운 효과가 있다는 안동식혜를, 충효당 노종부는 어르신네 밥상에 반드시 올렸다고 한다. 후식으로 마시면 소화제를 찾는 일이 없었으며 감기에는 약보다 빠른 효과가 있다고 했다.

안동식혜는 이렇게 만들어진다. 찜솥에 베 보자기를 깔고 불려놓은 찹쌀 1되를 30분간 찌다가 뚜껑을 열어 물을 한 번 뿌린다. 다시 김을 내 찹쌀이 고슬고슬 고루 퍼지게 한다. 엿기름 한 되 반에 엿기름의 다섯 배 정도 따뜻한 물을 붓고 1시간쯤 담가 충분히 우려낸 후 체에 바쳐 꼭 짠다. 진한 국물을 받아내고 건더기는 거른다. 체에 걸러 받아둔 진한 엿기름물을 그대로 두어 앙금을 가라앉힌 다음 맑은 윗물만 따라 생강 250그램을 강판에 갈아 즙을 내어 섞는다. 무는 반 개를 채 썬다. 고운 고춧가루 2큰술을 결이 고운 헝겊에 싸서 엿기름물에 넣어 고춧물이 발갛게 물들게 한다. 찜통에 엿기름물을 담은 후 불에 올려 따뜻하게 데워서 찹쌀 고두밥이 식기 전에 엿기름물을 붓는다. 설탕을 조금 넣어 단맛을 낸다. 손가락을 넣어보아 뜨겁다는 느낌이 들면 채 썬 무를 넣어 뚜껑을 덮고 따뜻한 곳에 찜통이 식지 않게 두었다가 하룻밤을 삭힌다. 밥알이 위로 떠오르면 뚜껑을 열어 위아래로 휘저어 뚜껑을 열어둔 채 1시간을 더 삭힌다. 이는 엿기름 냄새를 없애고 밥알을 고루 삭히기 위해서다. 완전히 삭힌 식혜는 다른 그릇으로 옮겨 식힌 다음 먹을 때 배채와 잣 밤채를 넣는다.

신라시대부터 전해온 네모꼴의 전통약과

안동 지역을 대표하는 식혜. 엿기름을 삭혀 끓이지 않는 것이 특징인 안동식혜는 음식을 소화시키는 명약으로도 알려져 있다.

고려약과라 부르는 네모꼴의 약과.

제상 과줄에 빠지지 않고 오르는 약과를 만드는 방법은 어디나 비슷한데 모양은 다르다. 서울은 다양한 문양의 약과 틀에 찍어 튀기는 데 반해 경상도는 음식의 모양보다 쓰임에 뜻을 둔 듯 사각 모양이 주류를 이룬다. 네모꼴의 약과를 고려약과라 부른다. 신라 음식이었던 네모진 약과는 고려로 이어졌고 신라권의 경상도는 네모꼴의 전통 약과를 변함없이 이어오고 있는 것으로 보인다.

밀가루에 소금과 참기름을 넣고 체에 내린 다음 꿀과 정종, 생강즙을 넣어 고르게 반죽해 먹기 좋은 크기로 밀어 자른다. 가운데에 대꼬치로 구멍을 몇 개씩 낸 다음 은근한 불에 서서히 온도를 높이면서 노랗게 튀겨내 조청에 담아 단맛을 배게 한 다음 호박씨나 밤채 등을 고명으로 뿌려 멋을 냈다.

큰살림을 하는 이 댁 역시 동치미 맛이 일품이다. 땅 속 깊이 묻어둔 오지 항아리에서 떠 온 동치미의 맛은 속이 다 시원하다. 맑고 담백한 이 맛은 무 맛 때문이라 한다. 가을 서리가 내린 풍산지방의 무 맛은 유난히 달다. 청각과 마늘, 생강 외에는 양념이라곤 넣지 않았다는데 그렇게 시원할 수가 없다. 굵은 소금과 산수 좋은 이곳의 물맛, 또 종가의 수백 년 된 김칫독 맛이 한데 어우러진 동치미 맛은 맛 중의 맛이었다.

양진당의 불천위를
모신 사당. 설 차례와
중구절 차례는 이
사당에서 모신다.

양진당과 충효당의 추석 차례는 추석인 8월 보름이 아니라 음력으로 9월 9일인 중구절(中九節)에 모신다. 추석에는 새 곡식(新穀)이 여물지 않아 새 곡식이 익는 중구절이어야 제대로 천신(薦新)이 되기 때문이라는 설명이다. 대신 추석에는 묘소를 찾아가 풀을 베는 것으로 끝난다.

종가의 추석 차례를 보기 위해 지난 음력 9월 9일 안동 하회마을을 또 찾았다. 대종가인 양진당 차례는 오전 11시가 넘어서 시작됐다. 아랫대 후손들의 제례를 다 지낸 후에 대종가에 모여 차례를 모시는 것이다. 이렇게 해야 후손들이 많이 참배할 수 있다는 것이다.

양진당 안채에는 문중 부인들이 노종부의 지휘로 제상을 차리고 있었다. 두 분의 불천위와 종손으로부터 4대를 모시자면 열두 상의 상차림이다. 이 많은 차림을 위해서는 제물이 간소해야 했다. 한 분의 상마다 올려진 제물은 떡, 적, 포, 탕, 나박김치, 갖가지 햇과일과 종부가 직접 담근 술 등이었다. 가짓수로는 7가지였다. 기제사 때 오르는 밥과 국, 나물이 빠진 것이다.

제례 순서도 간단했다. 제례는 사당에서 모신다. 먼저 제물을 차려둔다. 제주를 돕는 집사가 신주문을 열면 종손이 분향강신(焚香降神)한 후 제주 이하 참석자 모두 두 번 절한다. 다시 종손이 신주마다 술을 올리고 숟가락과

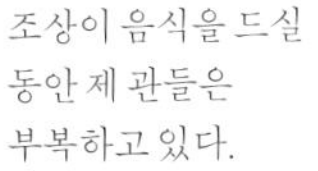
조상이 음식을 드실 동안 제관들은 부복하고 있다.

사당에 차려진
차례상차림. 갖가지
햇과일이 올려져 있다.

중구절에 쓰여진
모사 그릇. 조상의
혼백을 상징하는
모사는 그릇에
모래를 담고 그
위에 띠를 꽂는 것이
일반적인데, 양진당
제사에는 유기
그릇에 솔잎을 담아
모사를 상징했다.

차례를 마치고 나면 제물을 나눠 먹으며
조상의 음덕을 기린다.

젓가락을 손잡이가 신주로부터 오른편에 가도록 시접 위에 가지런히 올린다. 이것을 삽시정저(插匙正箸)라 했다. 제주 이하 참석자는 꿇어앉아 '조상님 덕분으로 새로운 곡식을 수확하게 되었으니 많이 잡수시라'는 뜻에서 모두 부복한다. 다음은 집사가 수저를 거두고 제주 이하 참석자 모두 절을 두 번 한다. 이것으로 추석 차례는 끝나는 것이다. 이렇게 간단한 차례를 두고 무축단작(無祝單爵)이라 했다. 철상을 하고 모두 음복한다. 이날 제주는 풍산 류씨 17대 종손 류상붕(취재 당시 51세) 씨였다.

종가의 차례에서 특징으로 보이는 것은 분향강신 때 쓰이는 모사 그릇이었다. 대개 모사는 그릇에 모래를 담아 그 위에 띠를 꽂았으나 양진당 제사에는 오래전부터 유기 대접에 솔잎을 담아 모사를 상징한다고 한다. 또 적으로 오른 고기는 모두 날것이었다. 혈식군자(血食君子)라 하여 군자는 익히지 않은 음식을 올린다는 뜻으로 보인다.

▲ 차례상에 술안주로 올려지는 적. 적으로 올린 고기는 모두 날것이었다.

▼ 강신의 예를 올리고 있는 양진당의 17대 종손 류상붕 씨. 술잔을 솔잎을 담은 그릇에 세 번 나누어 부어 땅의 신에게 오늘이 중구일 차를 모신다는 것을 알리고 있다.

가슴속의 맑고 드높은 뜻, 문자향 서권기
경주 김씨 추사 김정희 종가

1700년대 중반에 지은 53칸을 반으로 줄여 1970년대에 복원한 추사 고택.

大烹豆腐瓜薑菜 대팽두부과강채
최고의 반찬은 두부 오이 생강과 나물
高會夫妻兒女孫 고회부처아여손
최고의 모임은 부부와 아들딸과 손자

조선시대의 탁월한 서예가이자 당대 최고의 금석학자였던 추사 김정희(秋史 金正喜, 1786~1856) 선생이 남긴 명시 「대팽두부」다. 71세, 생을 마감하는 그해 마지막 명품인 대련 시구 옆에 작은 글씨로 다음과 같이 적고 있다.

> 이것은 촌 늙은이의 제일가는 즐거움이다. 비록 허리춤에 말(斗)만 한 큰 황금 도장을 차고 밥상 앞에 시중드는 여인이 수백 명 있다 하더라도 이런 맛을 누릴 수 있는 사람이 몇이나 될까.

생을 마칠 때쯤에서 되돌아보면 부귀영화도 한낱 물거품 같은 것, 평범하게 살다가 가는 것이 가장 큰 행복이라는 의미가 담긴 글이다. 이 작품은 선생이 태어난 충남 예산군 신암면 용궁리에 있는 고택 안방에 걸려 있다.

추사 서거 150주년을 맞이한 날, 종가 사람들은 추사 묘역에서 조촐한 가을 시제를 모시고 있었다. 선생의 6대 종손 김광호(취재 당시 51세) 씨와 그 아들 진택(취재 당시 21세) 군 등 문중 어른들이 참석한 제사상에는 흔히 오르는 떡 대신 가래떡이 올랐고, 익히지 않은 적(炙)과 두 가지 나물 등 소박한 제물이 눈길을 끌었다.

다선삼매(茶禪三昧)의 경지에 도달한 해동 제일의 문장가로 칭송받은 선생의 제상에 그토록 좋아했던 차가 오르지 않았던 점이 못내 아쉬웠다.

늦가을 정취를 더해주는 촉촉한 가랑비도 천하의 명필로 한 시대를 풍미했던 선생의 제사시간엔 피해주었다. 어린 시절 뛰어놀던 바로 그 언덕에 포근히 잠들어 있는 추사 묘는 첫 부인 한산 이씨, 두 번째 부인 예안 이씨 3위가 합장돼 있었다. 오른편에는 대숲이, 왼편과 뒤로는 우람하고 기품 있는 소나무들이 서 있어 선비의 기상을 말해주고 묘 앞으로는 석상과 망주석 한 쌍이 마주하고 있다. 1937년에 세운 묘비에서 선생의 다채로운 이력을 살필 수 있었다.

낮 1시에 시작된 시제 제수품목을 살펴보면 앞줄에 밥과 국, 시접이 모두 세 개씩 놓였다. 두 부인과 함께 흠향하기 때문이다. 그 뒤로 두 번째 줄에는 국수와 잔대를 놓았고, 명태를 아래에 놓고 그 위에 쇠고기와 간, 닭 한 마리를 익히지 않고 올린 적 틀이 놓였다. 시루떡 대신 가래떡을 우물 '정(井)' 자로 담아 올린 모습도 이채롭다. 어탕·육탕·소탕이 있었고, 네 번째 열에는 육포와 명태 한 마리가 올려졌다. 그 옆으로 숙주나물과 무나물을 한 그릇에 담아 올렸다. 세 가지 나물이 아니라 두 가지 나물을 올린 것도 흔치 않은 일이다. 생채라 하여 무와 숙주를 소금 간을 해 올렸으며, 조기 한 마리와 나박

가래떡이 오른
이색적인 가을 시제
상차림.

김치, 식혜도 있었다. 마지막 과줄에는 제주로부터 왼편으로 대추, 감, 사과, 배, 밤 순이다. 서쪽에 대추, 동쪽에 밤을 놓아 조율시이(棗栗柿梨)의 제상 차림이었다.

제사 순서는 기제사에 준해 석 잔의 술을 올렸다. 첫 술잔은 종손 김광호 씨가, 두 번째는 문중 어른 김기홍(취재 당시 76세) 씨가, 세 번째 종헌관은 김정기 씨였다. 김중호 씨가 대축을 읽었고 김찬기 씨와 김기준 씨가 집사를 했다. 추사 선생이 그토록 좋아했던 차 한 잔을 어떻게 올리는지 지켜봤지만 끝내 차는 오르지 않았다. 시제 음식은 종손의 어머니 조정자(취재 당시 73세) 할머니의 지시로 묘를 관리하는 댁에서 정갈하게 준비했다.

이날 점심으로 떡국을 먹었는데 문중 어른 김정기 씨는 "제사에 가래떡을 올리도록 한 것은 선조 할아버지들께서 미래를 내다보는 현명한 판단인 것 같습니다. 조상이 흠향했던 그 가래떡을 썰어서 이렇게 떡국을 끓이면 참석자 모두 식사 대용으로 음복할 수 있기 때문이지요. 요즘 제사상에 오른 시루떡을 누가 좋아 합니까?"라고 말했다. 낯설어 보였던 가래떡의 실용성 해설에 공감이 갔다.

추사 선생의 시제에 차를 올리지 않은 이유

유홍준 전 문화재청장은 자신의 책 『완당평전』에서 "세상에는 추사 김정희 선생을 모르는 사람도 없지만 아는 사람도 없다"라고 적고 있다. 추사를 총체적 인간상 속에서 밝혀내려는 시도가 적었다는 풀이다. 추사의 작품세계를 말하는 사람은 많아도 그 종가에 대해 말한 사람은 찾아보기 힘들었다. 추사 생가엔 그 후손들이 살고 있지 않으며 과문해서인지 종손이나 후손들에 대한 글은 어디에도 찾아볼 수 없었다. 종손과의 연결이 쉬울 리가 없었다.

차의 종가를 찾는 사람에겐 『동다송(東茶頌)』을 지은 초의선사와 동갑으로, 또 지긋한 벗으로 조선 후기 차문화를 주도했던 추사 선생 종가에 남다른 관심이 쏠린 것은 당연하다. 선생의 제례에 그토록 좋아했던 차를 올리는지, 그 후손들은 차생활을 하는지 등등 종손을 만나면 물어볼 게 많았다. 수소문 끝에 과천문화원장 최종수 씨가 종손의 연락처를 알려주었고 이날 시제가 있음을 알게 됐다. 종손은 전화 통화에서 단서를 붙였다. 자연스레 찍히는 사진은 어쩔 수 없어도 종손으로서 특별한 취재는 사양하겠다는 것이었다.

직접 만나본 종손은 경기도 부천에서 사업을 한다고 했다. 노모와 함께 봉제사를 지내는 아파트 종가라며 웃었다. "방송이나 신문 등 많은 취재원이

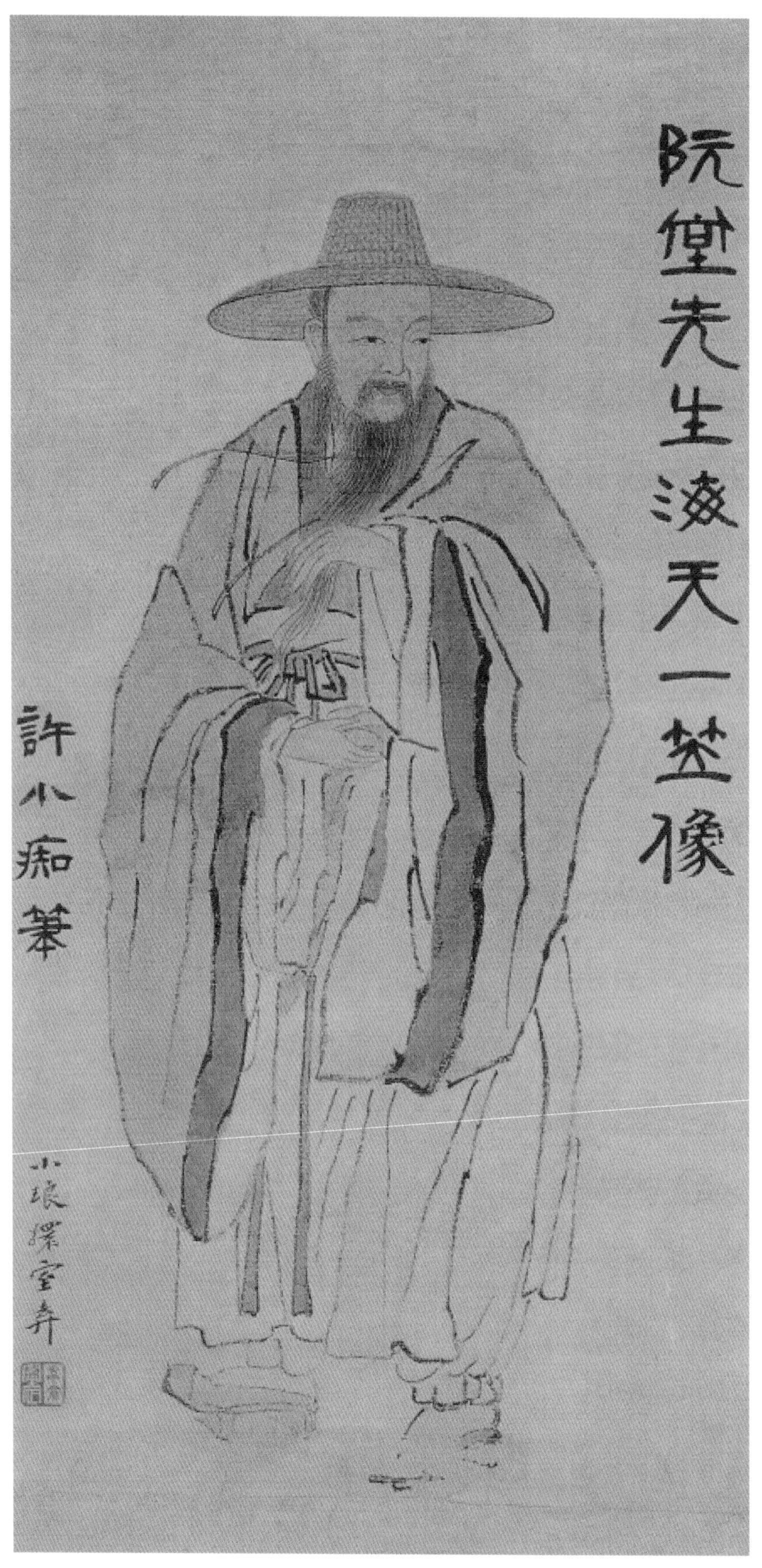

제자 허소치가 그린
추사의 모습.

할아버지의 명성으로 저를 찾았지만 한 번도 응한 일이 없었습니다. 후손으로 당연한 도리인 조상의 제사를 정성껏 받들면 됐지 언론에 나설 일이 뭐 있겠습니까? 나보다는 집안 어르신들께서 더 많이 알고 계시니 그 어른들께 여쭤보는 것이 좋겠습니다"라며 추사 선생의 생부 종손인 김기홍 씨를 소개해 주며 말을 아꼈다.

"제사에는 엄격한 규범이 있습니다. 그 규범에 따라 조금씩 차이가 있겠지만 우리 집안 제사에는 차를 올린다는 기록이 없습니다. 기제사뿐 아니라 설·추석 다례(茶禮)도 마찬가지고요. 국을 내리고 차를 올린다는 제사 순서를 적은 「홀기(笏記)」를 보기는 했으나 우리 가문에서는 숭늉을 올리고 있습니다. 선대께서 행하지 않은 일을 할아버지께서 좋아하셨다 하여 함부로 올릴 수는 없지요. 잘못하면 오히려 조상을 욕되게 하는 것과 같습니다. 제사가 끝난 후에 할아버지 묘 앞에 차 한 잔 올리는 것은 무방합니다."

차를 올리지 않은 이유를 설명해준 분도 김기홍 씨였다.

"우리 집안은 대대로 자손이 귀합니다. 추사 할아버지도 큰아버지 밑으로 양자를 갔었고 혼인 후 5년 만에 세상을 떠난 초취부인과 재취부인 예안 이씨 사이에 소생이 없었습니다. 그때부터 5대까지는 양자를 들였어요. 5대손인 영기 씨도 양자로 오셨지만 다행히 지금의 종손을 두었고, 그 종손이 아들을 얻었으니 종가의 맥은 이제 적장자로 잘 이어갈 겁니다."

김기홍 씨는 종손의 소임은 조상 받드는 일과 대 이을 자식을 두는 일인데 종손은 그 두 가지 일을 성심껏 해내고 있어 문중에서도 고맙게 여긴다고 했다.

종손에게 고택에 살지 않는 까닭을 물었다. "할아버지대까지는 고택에서 살았지만 교직에 몸담았던 선친의 임지에 따라 서울에서 생활을 했습니다. 어른들 말씀을 들어보면 당시엔 먹고사는 일이 어려워 거금이 드는 고택 보수가 힘들었고, 퇴락해가는 고택은 어떤 곡절로 다른 사람 손으로 넘어갔다고 했습니다. 그래도 뜻있는 분들은 먼 길 마다 않고 퇴락한 고택을 찾았고, 그때 마침 박정희 전 대통령의 측근이 이곳을 다녀간 후 대통령께 건의를 해서 1976년 충청남도에서 지방문화재 제43호로 지정을 했었고 고택을 매수해 복원사업에 들어간 것으로 알고 있습니다. 훤칠한 키에 시원시원한 목소리로 설명하는 종손은 태어날 때부터 종손의 자질을 지닌 분이라는 생각이 문득 들었다.

지난 9월 과천시민회관에서 열렸던 「추사 글씨 귀향전」에서 1930년도로 추정되는 고택의 모습을 사진으로 볼 수 있었다. 매우 낡아 보이는 솟을대

돌기둥 위에 나무를
꽂아 해의 그림자를
보고 시간을
측정했던 해시계.

문 앞에서 두루마기를 갖춰 입고 서 있는 사람들이 종가 사람들이 아닌가 싶다. 묘소 사진도 있었는데 비석 대신 나무푯말 하나가 세워져 있을 뿐 상석은 물론 아무 장식도 없었다. 쓸쓸해 보이는 이 사진 속에서 우리는 그동안 잊고 있었던 참담한 세월들을 다시 떠올리게 된다. 종가 건물은 다행히 일제강점기와 6·25전쟁, 4·19, 5·16 등을 잘 버텨왔기 때문에 지금의 번듯한 모습으로 다시 태어나 한국 최고 예술가의 향취를 느끼며, 고향을 잃어가는 사람들에겐 안식처가 되어 고마운 일이다.

종손은 종가에서 할 일은 가을 시제를 차려드리는 것 외에 고택에서의 행사는 없다고 했다. 후손들 대신 국가에서 고택을 관리해주니 고맙지만 걱정되는 것은 목조 건물은 사람이 살아야 오래가는 법인데 빈집인 채로 두고 있는 것이 마음에 걸린다고 했다. 고택관리소장 우동환 씨는 "고택과 주변 유적 등은 예산군에서 세계의 문화유적지로 거듭나기 위해 여러 사업을 펼치고 있다"고 설명해주었다. 문중과 종가에서도 많은 땅을 내놓으면서 성역화 작업을 돕고 있다. 이곳에서는 매년 10월 10일쯤 '추사문화제'를 열어 선생의 숭고한 예술세계를 계승하고 있다.

주련으로 에워싼 문자향 서권기의 종가

추사 고택은 선생의 증조부이며 영조의 부마인 월성위 김한신(月城尉 金漢藎)이 1700년대 중반에 지었다는 53칸 건물을 반으로 줄여 1970년대에 복원했는데 선생의 글씨와 그림처럼 단아하다. 서예의 대가를 배출한 종가답게 사랑채, 안채, 행랑채까지 그 건물에 해당되는 글귀를 주련(柱聯)과 현판으로 걸었다. 선생의 다양한 사상을 엿볼 수 있는 글씨를 꼼꼼히 살피다 보면 문자향 서권기(文字香 書卷氣)에 취해 한나절은 가버릴 것 같았다.

사랑채 현판으로 걸어둔 '죽로지실(竹爐之室)'이 눈에 띈다. 차향을 즐기며 정담을 나누던 고절한 선비의 거처에 퍽이나 어울리는 당호다. 또한 대련으로 걸어둔 '정좌처다반향초(靜坐處茶半香初) 조용한 가운데 혼자 앉아 차를 마심에 그 향기는 처음과 같고, 묘용시수류화개(妙用時水流花開) 물은 저절로 흐르고 꽃은 저만치 홀로 피니 이 경지가 바로 다선삼매가 아니던가'에서는 차향이 물씬 난다. 선생이 사용했던 붓과 벼루, 염주, 낙관도 사랑채 방에 남아 있다.

불멸의 문인화로 칭송받고 있는 「세한도」에 얽힌 사제 간의 의리는 이기주의가 난무하는 이 시대에 사표가 되는 명작이다. 마당에 서 있는 해시계는 작은 돌기둥 상부 구멍에 나무를 꽂아 해의 그림자를 보고 시간을 측정했던 것이다. 여기에 새겨진 석년(石年)이란 글씨는 선생의 친필이다. 문을 나서면 추사가 마셨던 우물 석정(石井)이 남아 있다.

종가라고 부르려면 반드시 사당이 있어야 한다. 고택 맨 위편에는 추사의 영정을 모셔둔 영당이 사당 구실을 하며 아래로 굽어보고 있다. 후손들이 고택에 살고 있었다면 추사 선생의 생활 면모를 좀 더 생생하게 느낄 수 있었을 것이라는 아쉬움이 남는다.

종가를 나와 북서쪽으로 500미터쯤 가면 흰 소나무가 「세한도」의 소나무처럼 우뚝 서 있다. 추사가 25세 때 연경에서 돌아오면서 구해 와 고조부 김흥경(金興慶)의 묘소 앞에 심은 것이다. 회칠을 해놓은 것처럼 새하얀 껍질을 두른 채 고절하다. 또한 선생의 증조모인 화순옹주(영조의 차녀)의 정려문도 여기에 있다. 남편 월성위가 38세로 세상을 떠나자 14일간 식음을 전폐하고 남편을 따라 세상을 하직한 화순옹주는 조선왕실에서 나온 유일한 열녀라고 한다. 추사 선생은 이 집에서 태어나 어린 시절을 보냈고 장성한 후에는 서울 본가에 살면서 이곳에 자주 내려와 사색과 서화에 몰두했다고 한다.

추사가 사랑한 작은 금강산

종가를 제대로 살피려면 고택 입구에서 왼쪽으로 난 숲속 오솔길을 따라 15분쯤 걸어올라 추사 집안의 개인 사찰 화암사(華巖寺)를 찾아야 한다. 절 입구에는 200여 년 된 느티나무 두 그루가 객을 반긴다.

선생은 이 나무 그늘 아래를 쉼터라고 기록하고 있다. 쉼터에서 올려다보면 대웅전 뒤 우뚝 솟은 검은 바위산 풍광이 너무나 아름다워 '작은 금강산'이라고도 했다. 그 대웅전은 불에 타 없어졌지만 요사채를 지나 병풍바위를 구경했다. 놀랍게도 입구에서 보던 모습과는 전혀 다른 감탄스런 비경이 숨어 있다. 대웅전 자리에 수북이 쌓인 검붉은 단풍과 거뭇한 바위절벽의 이끼가 어울린 한 폭의 동양화였다. 여기다 바위를 올려다보면 비바람에 마모돼 흐릿하긴 하나 '천축고선생댁'이란 글씨가 나타나고 그 옆으로는 시경(詩境)이란 두 글자가 보인다. '천축(天竺)'은 서역의 인도를 말하고 '고선생(古先生)'은 부처를 유교식으로 표현한 말로, 불교 사찰을 유교식으로 번역하면 '천축고선생댁'이 된다.

이곳 오석산 화암사는 추사 선생의 정신세계를 지배했던 불교에 심취할 수 있었고, 그 때문에 불경을 들고 다니며 읽었다고 한다. 제주도 유배지에

추사 집안의 개인
사찰 뒤편 바위에
흐릿하게 새겨진
'천축고선생댁'.

있을 때 화암사의 중건을 지시하면서 '무량수각', '시경루' 등 현판을 써서 보낼 만큼 애정을 가진 사찰이었다. 화암사의 장독 옆에는 맑은 물이 솟는 작은 우물이 있는데 이 우물물로 차를 달이면 그 맛이 천하일품이라며 명천(茗泉)이라 불렀다.

종가의 주소 신암면 용궁리라는 지명이 말해주듯 터 잡은 이곳은 용이 물고 있는 여의주가 있는 명당자리임에 틀림없다. 시서화선차(詩書畵禪茶)는 물론 학문에도 뛰어난 위대한 인물 추사 김정희 선생의 탄생지이지 때문이다.

제자에게 선물한 국보 「세한도」

2006년은 추사 선생이 서거한 지 150주년을 기념하는 대대적인 전시회가 돋보였던 한 해였다. 특히 9월 29일부터 11월 8일까지 과천시민회관에서 열렸던 「추사 글씨 귀향전」은 의미가 컸다. 지난 7월 4일 유명을 달리한 일본인 후지츠카 아키와오(藤塚明直, 1912~2006)와 그의 아버지 후지츠카 치카시(藤塚鄰, 1879~1948)가 소장했던 추사 친필 26점을 비롯한 추사 관련 자료 2600여 점을 기증받아 선보이는 역사적인 기념전이었다. 후지츠카 치카시는 1936년 4월 도쿄대학에서 「이조에 있어서 청조 문화의 이입과 김완당」이란 논문으로 박사학위를 받았다. 당시 연구를 위해 수집한 자료 모두를 1940년 일본으로 가지고 갔다가 이번에 돌려보낸 것이다.

후지츠카가 소장했던 추사 작품 중 백미로 손꼽히는 「세한도」는 해방 직전에 서예가 소전 손재형(素田 孫在馨, 1903~1981)이 일본에 가서 찾아온 일화는 너무도 유명하다. 그 어마어마한 국보를 아무 대가 없이 내놓았기 때문이다.

천지가 백설로 덥힌 한 채의 서옥(書屋)과 송백의 그 외롭고 쓸쓸한 분위기를 자아내는 「세한도」는 유배지 제주도 대정현에서 지낼 때 중국어 통역관이자 제자였던 우선 이상적(藕船 李尙迪, 1804~1865)이 자신을 잊지 않고 대해주던 고마움을 전하려 한 작품이다. 권력과 이익에 좌우되는 세상 인심과 그 가운데서도 스승을 잊지 않고 위험을 무릅쓰고 중국 베이징〔燕京〕에서 귀중한 책을 구해 절해고도에 유배 중인 자신에게 보내주는 극진한 정성의 답례로 그렸던 문인화의 대표 작품으로 국보 180호로 지정돼 있다.

그 선생에 그 제자였을까? 추사에게 「세한도」를 받은 이상적은 이듬해 다시 중국 베이징에 가게 되었고 옛 친구인 오찬의 잔치에서 「세한도」를 내

보였다. 이때 자리를 함께했던 청나라 문사 16인은 이 그림을 감상하고는 「세한도」의 높은 품격과 사제 간의 깊은 정에 감격하여 저마다 이를 기리는 시문을 남기기도 했다. 국보 「세한도」는 지금 개인이 소장하고 있는 것으로 알려져 있다.

'밥은 굶어도 차는 굶을 수 없다'는 차인 김정희

추사와 차에 얽힌 얘기는 그의 글씨만큼이나 유명하다. 24세 때 청나라의 서울 연경에 가 당대의 석학 옹방강, 완원에게 승설차를 대접받고 평생 차 마니아가 되어버린다. 그래서 승설학인(勝雪學人), 고다암(苦茶庵), 고다노인(苦茶老人), 다반향초(茶半香初) 등 차호를 즐겨 쓰기도 했다.

다산, 권돈인, 자하와 같은 사대부는 물론 같은 해에 태어난 초의선사와는 차로 맺은 절친한 관계였다. 언젠가 초의가 만든 차를 맛본 추사는 차를 빨리 보내달라고 채근하는 글을 짓기도 하고, 차를 중간에 가로채기까지 할 정도였다. 유배지에서 풀려 과지초당에서 생활하던 추사 선생은 초의선사에게 보고 싶다는 사연과 함께 차를 보내달라고 조르는 내용의 편지도 남아 있다.

일본에서 귀환한 작품 중 제자 이상적에게 보낸 두 편의 편지에도 차를 나눠달라는 대목이 보인다. "먹고 있던 차가 다 떨어져 달리 빌릴 곳이 없고 또 누구에게 말할 수도 없습니다. … 있든 없든 서로 도움을 주는 일은 또한 혹자의 부득이함일 것입니다. 그래서 무릅쓰고 부탁드리오니 살펴주시기 바랍니다" 또 다른 편지에서는 "마침 스님에게 얻은 차가 있어 조금 나누어 보냅니다. 근래 동쪽으로 온 것들은 더욱이 먹을 수가 없으니 시음해보시기 바랍니다."

차를 끓이며 시상을 얻었고 차를 마시며 귀양살이의 시름을 달랬다. 「명선(茗禪)」, 「차삼매(茶三昧)」, 「죽로지실(竹爐之室)」, 「일로향실(一爐香室)」, 「다로경권(茶爐經卷)」 등 차와 관련된 불후의 명작이 많다. 추사는 승설, 몽정 등 중국의 명차만 좋아한 것은 아니다. 오히려 우리 차의 맛에 심취해 입이 마르도록 예찬했다. 그의 예술세계와 학문세계에서 차향이 풍기는 것은 그만큼 차의 맛과 멋을 알았기 때문일 것이다.

천하명필의 절절한 망부곡

1990년 7월에 새로이 발견된 추사 선생 한글 편지 두 편은 제주 유배 시에 부인에게 보낸 편지임이 밝혀져 화제가 됐다. 편지 내용에는 당시 선생의 가문에서 만들었던 여러 가지 음식 이야기가 나온다. 유배지에서 고생하는 남편을 위해 부인 예안 이씨가 정성을 다해 만들어 보냈는데 7개월이나 걸려 당도한 음식이 마른반찬 외에는 상해서 먹을 수가 없다는 내용을 편지에 담았다. 당시 사대부가의 일상음식은 어떤 것이었는지 편지 내용을 살펴본다.

> 여기 지내는 모양은 항상 별다른 일 없으니 모질고 참는 일을 어찌 다 이르며 먹는 것도 그 모양 그대로니 그리저리 견디어가야 하겠지요. 일껏 하여 보낸 찬품은 마른 것 외에는 다 상하여 먹을 수가 없습니다. 약식과 인절미가 아깝습니다. 쉽게 온다 하더라도 성히 오기 어려운데 일곱 달 만에도 오고 쉬워야 두어 달 만에 오는 것이 어찌 성히 오기를 바라겠습니까. 김치는 워낙 소금을 많이 친 것이라 맛이 변하기는 했으나 그래도 김치에 주린 입이라 참고 먹습니다. 새우젓만 맛이 변하고 조기젓과 장복기가 별로 맛이 변하지 않았으니 이상한 일입니다. 미어와 산포는 괜찮습니다. 어란 같은 것은 그쪽에서 구하기 쉽거든 얻어 보내주시오. 산채는 더러 있나 보입니다만 여기 사람은 전혀 먹지 아니하니 괴이한 풍속입니다. 고사리, 두릅 등속은 있어 더러 얻어먹고 있습니다.

또 의복을 만들어 보냈는데 오고 가는데 시간이 걸려 겨울옷이 여름에 당도해 입지 못한다는 말도 썼다.

임금의 종척 가문으로 태어나 호사를 누렸던 추사 선생이 당쟁의 회오리에 말려 9년간 제주에 유배가 된다. 그 유배 2년 동안에 30여 년간 정분 있게 지냈던 부인이 안타깝게도 세상을 떴다. 이때 애통한 심정을 드러낸 시는 보는 이로 하여금 심금을 울리게 하는 명작이다.

> 어떻게 월로(月老)에게 하소를 하여
> 서로가 내승에 바꿔 태어나
> 천리에 나 죽고 그대 살아서
> 이 마음 이 설움을 알게 했으면….

지금까지 밝혀진 한글 편지 40여 편 중 38편이 부인에게 보낸 것이어서 금석학의 대가요, 추사체의 주인공으로 학문, 예술 면에 걸친 거인도 가정에서는 보통사람에 지나지 않았다는 사실을 엿볼 수 있었다. 무엇보다 명문세가의 자손으로 그가 집을 떠나거나 혹은 부인이 출타하는 등 서로 떨어져 지내게 되면 부인에게 편지를 썼다는 사실로 미루어 그가 얼마나 부인을 공경했는지를 알 수 있다. 선생의 편지로 하여금 우리가 옛날 선비에 대해 갖고 있는 인식이 편견임을 일깨워주기도 한다. 유학자라면 으레 부부유별에 충실하여 부인을 낮추어 보고 어깨에 힘만 주는 것으로 알고 있는 요즘의 상식이 잘못임을 보여주는 종가였다.

어초은사당

푸른 비 내리는
녹우당에서 이어온
350년의 차맥

해남 연동마을의 해남 윤씨
고산 윤선도 종가

오두막집 낮은 울은 공들여 세워 좋은 것 같고
거친 차와 현미밥은 기다리지 않았어도 내오누나.
끝내 기대함이 소원하여 아직도 마음에 들지 않음은
오랫동안 회상했던 부용동의 내 집 탓인 것을.

『고산유고집』에 남긴 차시(茶詩)의 한 구절이다.

고등학교 때 수없이 외워야 했던 「오우가」와 「어부사시사」 등 자연의 아름다움을 노래한 고산 선생. 차는 조선시대 선비들에게는 필수 덕목이었다. 은둔생활에서 차는 지우지정(知友知情)이었다. 선비들은 차를 마시며 심신을 수련했고 득도(得道)하고자 했던 것이다. 차는 깨달음을 주고 정의를 실천하게 하는 신성한 마실 거리로 생각하여 세계 어느 나라보다도 높은 정신문화를 차생활을 통해 이루었다.

고산의 외손(外孫)으로 녹우당 별당에서 태어난 다산 정약용도 『동다기(東茶記)』를 지을 만큼 유명한 차인이다. 종가에서 멀지 않은 강진에서 18년간의 유배생활을 하는 동안 적적하고 외로울 때면 차를 벗하여 자호(自號)도 다산으로 지었다. 한잔 차로 마음을 가다듬곤 하면서 500여 편이 넘는 엄청난 저서를 남긴 선비 차인의 대표라 할 수 있다.

차가 선비들의 사유를 돕는 마실 거리라는 것은 신라·고려·조선시대에 걸쳐 명문 대가들의 수많은 차시에서도 나타나 있다. 하지만 어쩐 일인지 고산 선생은 차에 대한 시를 남기지 않았다. 차시는 『고산문집』에 기록되어 있는 앞의 시가 지금까지 유일하다.

『고산문집』에서는 차에 대한 글을 찾을 수는 없었지만 선생이 만년에 은둔생활을 했던 전라남도 해남반도의 땅끝에서 뱃길로 28킬로미터 떨어진 보

종손 윤형식 씨와 종부 김은수 씨가 고산 선생의 사당에 차를 올리고 예를 드린다. 종가는 설, 추석에도 차를 의례물로 올려 차례를 모신다고 한다.

길도 부용동(芙蓉洞)에서는 차와 관련된 유적이 곳곳에 남아 있다. 차바위, 차밭골, 차샘, 차부엌 등등. 그리고 차밭골에는 나이를 알 수 없는 차나무가 지금도 자라고 있다. 차가 선생의 일상이었음을 짐작할 수 있는 흔적들이 300년이 지난 오늘도 그 자리에 옛 모습 그대로 있다.

21세기로 이어진 고산 선생의 차맥

한여름 땡볕이 기승을 부리던 2000년 7월 2일, 고산 선생의 종가를 찾아 어둑한 새벽길을 나섰다. 해가 긴 여름이라야 멀고 먼 땅끝마을 해남을 당일로 다녀올 수 있어서다. 쉬지 않고 달렸는데 7시간이 걸려서야 해남의 연동마을 고산 선생의 종가에 도착했다.

연꽃마을이라 했지만 연꽃이 피는 연못은 보이지 않았고 종가 들머리에 넓게 자리 잡은 푸른 차밭이 먼저 눈에 들어왔다. 종가에 들어서니 집안 곳곳에서는 짙은 차향이 풍기고 있었다. 14대 종손 윤형식(취재 당시 66세) 씨와

조선시대 선비들의 필수 덕목인 다도(茶道). 차를 통해 깨달음을 얻고 심신을 수련한 고산 선생의 후예답게 종손과 종부는 일상에서 늘 차와 함께한다. 시원한 모시옷 차림의 한복을 입고 소나무 차상에서 여름 차를 즐기는 두 분의 정겨운 모습이다.

종부 김은수(취재 당시 62세) 씨에게 고산 선생이 그러했던 것처럼 차는 생활이었다. 게다가 방문객에게 직접 우리 고유의 차문화를 알리고 있었다.

종손은 서울에서 대학을 마치고 직장생활을 하다 20년 전 종손의 소임을 다하기 위해 낙향했다. 손수 농사를 지으며 종가에 머물게 되자 종가를 찾아오는 손님이 많아졌다. 이곳을 찾는 대부분의 사람은 전통문화를 접하고자 하는 예술가, 문학인, 학자들이었다. 이런 손님들에게는 우리 차를 대접하면 의미 있는 마실 거리가 되었다. 그는 이왕이면 종가를 찾는 모든 사람에게 전통문화가 고스란히 녹아 있는 차를 내놓아 우리 차의 우수성을 알려야겠다고 생각했다. 그는 또 내친김에 차나무를 키워 직접 차를 만들어서 대접하고 싶은 의욕이 생겼다고 한다. 마침 종가가 있는 연동은 차나무가 자라기에 알맞은 기후와 토질이 조성돼 있기도 했다.

차밭을 만들고 대청에 차실을 꾸미는 일에는 종손보다 종부가 더 적극적이었다. 종손은 그런 종부가 내심 고맙게 생각됐다. 종부는 종가의 분주한 일상에서도 차를 대하면 심신이 절로 편안해진다며 전해 교통사고로 허리를 다쳐 불편한 몸인데도 차 이야기로 몇 시간을 보냈다.

종가 들머리에
조성된 5만여 평의
차밭에서 수확한
차로 접빈객을
맞이하고 있다.

고산 종가는 사당이 세 개나 되는 드문 종가이다. 해남 윤씨 중시조 윤효정 선생의 불천위를 모신 사당.

종가에서는 접빈객에게 차만 대접하는 일만 하지는 않는다. 차를 마시는 자리에서 생활예절도 가르쳤다. 찻잔을 잡는 법이며 차를 마시는 자세까지 일러준다. 한여름에 맨발로 오는 여학생에게는 "간단한 덧버선이라도 가방에 준비했다가 신는 것이 보기에 좋지 않겠느냐"며 손님이 미안하지 않게 조심스럽게 말한다. 또 고개만 까닥하는 인사보다는 어른에게는 가벼운 절로 예를 차리는 것도 한국인의 자세가 될 거라며 종부는 종가의 법도대로 절을 가르친다.

종부는 집안일을 하는 틈틈이 해남의 주부들을 대상으로 종가의 내림음식, 생활예절, 행차를 교육하는 '초의보은차회' 회장직을 맡고 있다. 이 댁의 장녀 보숙(취재 당시 38세) 씨는 대학 시절 '청향다회'라는 대학 차회를 조직해 활동했을 정도로 차를 사랑하고, 종가를 끌어나갈 다음 종부 한경란(취재 당시 34세) 씨 역시 종가의 차생활을 이어갈 자세로 시어머니에게 차례를 전수받고 있었다. 고산 선생의 차맥은 면면히 흘러 후손들에 의해 21세기로 이어지고 있었다.

바람 불면 푸른 비가 내리는 녹우당

종가 뒤 산자락에 우거진 비자숲이 바람에 흔들릴 때마다 쏴 하며 푸른 비가 내리는 듯하다 해서 '녹우당(綠雨堂)'이란 당호를 가진 종가는 보기 드물게 사당이 세 개나 됐다. 해남 윤씨의 중시조인 어초은 윤효정(漁樵隱 尹孝貞, 1476~1543) 선생의 불천지위(不遷之位) 사당, 고산 사당(孤山祠堂), 추원당(追遠堂)이라 하여 종손으로부터 4대조를 모신 사당이다. 사당 하나에 4대 이상을 모시지 못하는 조선시대 법도에 따른 것이다. 그래서 영원히 제사를 모셔야 하는 불천지위의 사당을 별묘(別廟)라 하여 따로 모시고 있다.

녹우당은 호남지방 사대부의 대표적 건축양식으로 전라남도에 남아 있는 민가 가운데 가장 규모가 크고 오래된 건물이다. 입 '구(口)'자 집으로 설계된 종가는 세 사당을 비롯해 안채와 사랑채를 중심으로 일하는 사람들의 거처인 행랑채가 여러 동 있어 한때 국부(國富)로 불릴 만큼 대지주였던 종가의 살림살이를 잘 보여준다.

종가의 사랑채 녹우당은 효종 임금이 어린 시절에 모셨던 스승인 고산 선생을 위해 지어준 집이다. 고산 선생이 벼슬을 했을 당시에 지어졌기 때문에 원래 집은 경기도 수원에 있었다고 한다. 그러다가 고산 선생이 46세 되던 해에 고향으로 내려오면서 임금이 하사한 그 집을 조심스레 뜯어 이곳으로 가져와 다시 지었다 한다.

종가의 사랑채 녹우당. 효종 임금이 어릴 때 스승이었던 고산 선생을 위해 지어주었는데 원래는 경기도 수원에 있었다고 한다. 고산 선생이 이곳에 내려오게 되자 임금이 하사한 그 집을 조심스레 뜯어 이곳으로 가져와 다시 지었다.

▲고산 선생의 불천위를 모신 사당.

▶죽로지실(竹爐之室), 일로향실(一爐香室)의 편액들. 이들 편액에서 차향이 느껴진다. 다산 정약용, 추사 김정희, 초의선사 등 조선 후기 차인들은 녹우당에서 많은 시간을 보냈다고 한다. 녹우당 별당에서 태어난 다산 정약용 선생은 차가 좋아 호를 '다산'으로 지었다.

종가에서는 두 분의 불천위 제례와 4대 봉제사, 가을 시제, 설·추석 차례까지 합치면 일 년에 30여 차례 제례를 모신다. 일 년에 두세 번 제례도 번거로워하는 요즘 시대에서 보면 고개를 절레절레 흔들 만큼 끔찍한 일이지만 명문종가들은 이렇게 많은 제사를 지성껏 모시고 있다. 이 많은 제사를 지내려면 제전(祭田)이 많아야 한다. 그래서 양반의 품위는 재산 없이는 어림없는 일이다. 종가의 선조들은 일찍부터 가문의 명예를 오래 보존하는 방법으로 가법을 엄하게 정해놓았다.

"제사 지내기 위한 전답과 노비를 종손이 팔면 여러 자손이 소송을 제기해도 말 못 한다. 각처에 산재한 종가 소유의 전답과 대지도 종손이 팔려고 하면 말리고 그래도 어긴다면 관에 고발하여 막아라." 14대째 엄격하게 지켜지고 있는 고산 종가의 법규다.

이곳 해남 윤씨 종가는 한때 국부로 불릴 만큼 많은 가산을 지녔다. 종가의 땅을 거치지 않고서는 해남 땅을 다니지 못할 정도였고 전국에 산재한 땅도 많았다. 그 많은 기본 재산은 이곳에 터 잡은 윤효정 할아버지가 해남의 부자인 초계 정씨 집안의 외동딸에게 장가를 들면서 많은 재산을 상속받은 데에서 연유한다. 그 할머니가 시집올 때 가져온 놋 수저만 해도 두 말이나 되었고 그때의 놋 그릇들이 500년 넘게 이 댁 제기로 남아 있다.

그러나 해남에서 제일가는 가산을 가졌다고는 보여지지 않을 정도로 실제 종가 살림살이는 소박하고 검소했다. 종부는 아들 둘과 딸 둘을 키우면서 새 옷을 입히기보다 헌 옷을 얻어 입혔고 작은 옷은 아래로 물려 입혔다. 양말은 너무 기워 바닥에 못이 박힐 지경이었다고 한다.

"고산 할아버지도 50이 넘어서야 비단옷을 입었는데…." 근검절약이 몸에 밴 종가의 생활 신조다. 철저하게 근검절약하는 삶을 살았지만 가난한 사람들을 위해서는 많은 인정을 베풀었다. 주변의 여러 섬에서 나는 곡식들은 모두 섬 주민에게 나누어 주었고, 어려움에 처한 백성을 구하기 위해 곳간 문 열기를 주저하지 않았다. 세금을 내지 못해 감옥에 갇힌 백성을 위해 세 번이나 대납하고 옥문을 열어주었다 해서 '삼개옥문적선지가'로 불리고 있는 가문이다. 그런 인심 때문에 그 많은 변란에도 유물을 손상 없이 지킬 수 있었을 것이다.

남녀가 사용하는 크기가 다른 5백년 된 놋수저. 해남의 부자였던 초계 정씨 집안의 외동딸이 해남 윤씨 중시조 윤효정 할아버지께 시집오면서 가져온 것 중에서 놋수저만도 두 말이 되었다고 한다. 종가에서는 아직도 그때의 놋수저와 그때의 제기로 제사를 모신다고 한다.

시어머니에게 털어놓은 마당과부의 한, 『규한록』

고산 종가에서는 재산 보존뿐 아니라 선조들의 메모지까지 모아둘 정도로 선대들의 행적을 중요시했다. 국보로 지정된 공재 윤두서(恭齋 尹斗緖, 1668~1715)의 자화상, 고려시대의 것으로 보이는 「노비문서」와 「윤씨가전고화첩」, 「고산수적관계문서」 등이 보물로 지정돼 있으며, 종가 유물 4600여 점이 전시된 유물관이 종가 입구에 세워져 있다. 유물 중에는 고산 선생의 8대 종부 광주 이씨가 17세에 청상과부가 되어 살아온 한 맺힌 이야기를 기록한 『규한록(閨恨錄)』이 단연 눈길을 끌었다.

이씨 부인은 17세 되던 해에 한 살 아래인 해남 윤씨 종손 윤광호와 혼인을 했다. 신부집 마당에서 초례를 치르고 두 밤을 지낸 후 신랑은 본가로 돌아갔다가 다시 재행을 와서 하룻밤을 묵고는 돌아간 후 병을 얻게 되었다. 그러고는 그 길로 영영 남남이 되고 말았다. 불과 3일 밤을 같이한 부부의 인연이었다. 이렇게 신행을 하지 못하고 혼자가 되면 '마당과부'라는 애처로운 호칭이 붙는다. 이씨 부인이 마당과부가 된 것이다. 꽃가마 타고 원삼 족두리로 말 탄 신랑을 앞세워 신행을 해야 할 신부가 얼굴조차 희미한 남편의 부고를 받고 상복 차림으로 시가로 갔으니 그 참담함이 어떠했을지 짐작조차 할 수가 없다.

이씨 부인은 어쩌지 못하는 자신의 기구한 운명을 죽음으로써 마감하려 했다. 하지만 집안의 만류로 결국 그 뜻을 이루지 못한다. 그 후 죽음을 포기한 이씨 부인은 자신의 운명을 받아들이고 힘겨운 마당과부 생활을 꿋꿋하게 펼쳐나가기 시작했다. 기울어져 가는 가세를 바로 세우는 일, 대를 이을 양자를 들이는 일, 어려웠던 시기에 아랫사람을 부리는 일 등을 슬기롭게 대처하

아직도 집안에 큰일이 있으면 쓰이는 무쇠솥. 이 댁에서 내림 음식의 대표로 내세우는 감단자도 이 무쇠솥에서 만든다.

면서 43년간의 파란만장한 일생을 살았던 것이다. 종가에서는 지금도 이씨 부인을 두고 윤씨 가문의 보물 같은 할머니로 칭송하고 있다.

이 글은 두루마리 종이로 13미터, 200자 원고지 150매 분량에 달하는 한글 궁체로 쓴 장문의 편지글이다. 부인이 친정에 다니러 갔다가 시어머니께 올린 문안 편지였지만 편안한 문안 인사가 아니라 그동안 시집살이에서 느꼈던 애환들을 문학적인 자질로 격조 높은 언어와 솔직한 문장으로 풀어 적은 글이다. 그 시절 부인들로서는 드물게 당차고 용기 있게 자신의 생각을 적나라하게 표현한 것이다.

> 자부가 성정 고약하여 임자 없는 시댁이라 경히 여겨 과연 이리 원정을 아뢰옵는 바 아니오니 어머님께서도 증 내옵시어 불에 넣지 마옵시고 두 번이나 감하옵소서.

이 대목에서 시어머니가 읽다가 화가 나서 태우지 말고 끝까지, 그것도 두 번씩이나 읽어달라고 하는 내용이 예사롭지 않음을 짐작하게 한다.

조선 영조 때 사도세자의 빈이었던 혜경궁 홍씨가 남긴 『한중록(閑中錄)』이 여성의 손으로 이조 구중궁궐 안의 숨은 사연들을 파헤친 작품이라면, 『규한록』은 이조 사대부가에 묻힌 복잡하고 애절한 사연들을 직접 경험한 여성이 썼다는 점과, 그 당시 명문 집안의 언어와 생활규범을 문학적으로 승화시켜 써 내려간 점이 높이 평가받는 작품이다.

담백하지만 고명이 화려한 제례 음식

종부는 경상도 충무가 고향이다. 스물여섯 살 새내기 가정교사로 학교에서 교편을 잡고 있을 때 오빠의 중매로 스물여섯 살에 네 살 위인 종손과 혼인했다. 영·호남의 혼례인 셈이지만 양가의 혼인은 지역적인 것을 문제삼지 않았다. 종가에서는 윗대에도 영남 쪽에서 시집온 할머니가 많았으며 지역적인 편애가 그 당시에는 별로 없었던 것 같았다고 종손은 말한다.

층층시하에 폐백 절을 30여 차례나 하고 사당 차례까지 마친 새댁은 앞치마를 두르고 부엌에 들어서니 눈앞이 캄캄했다. 특히 음식의 간이 친정과는 전혀 달랐던 것이다. 경상도는 간이 센 편인 데 반해 종가의 음식은 담백하고 정갈했다. 또 친정은 맛 위주라면 종가는 사대부가의 음식답게 고명이 화려했다. 종부는 가정과 출신답게 노트를 부엌에 두고 일일이 '레시피'를 적어가며 종가 음식을 익히는 데 10년이 걸렸다고 한다. 일 년에도 수십 차례 제례 음식을 장만하면서 그래도 빨리 익힌 것 같다며 웃는다.

요즘은 전국에서 전통음식을 물어오고, 며느리나 딸에게 전수를 하려니까 시할머님 생각이 절로 난다고 했다. 귀한 손자며느리였지만 큰살림을 맡아 아랫사람을 부리려면 당찬 종부로 훈련돼야 한다며 엄격하게 가르치셨던 시할머님, 종부가 시집왔을 때 시어머니는 돌아가셨고 시할머님이 시어머니 대신이었던 그 시절, 그때 좀 더 열심히 익히고 꼼꼼히 메모해두었더라면…. 아이들과 씨름하느라 꼼꼼하게 배우지 못한 것이 두고두고 후회스럽다고 한다.

감태강정

호남지방에서는 파래 말린 것을 감태라 한다. 이 감태를 곱게 갈아 강정을 묻힐 엿물에 넣으면 바다 냄새가 살풋이 나는 쌀강정이 된다. 하얀 튀밥에 파란색 옷을 입어 색도 곱지만 맛도 독특했다. 폐백 음식으로 많이 쓰인다고 한다.

비자강정

녹우당 뒷산에 선조들이 심어둔 비자나무 500그루에서 가을이면 자줏빛 열매가 주렁주렁 열린다. 이 비자 열매로 강정을 만들면 열매의 향취와 쌉싸래한 맛이 독특하다. 비자나무는 특이하게도 나무 주위에 벌레 한 마리도 얼씬하지 않는다. 한방에서는 이 열매를 충을 없애는 특효약으로 쓴다.

종가에서는 대대로 해마다 비자 열매를 주워 와 씻지 않고 그대로 옹기 항아리에 넣어 일주일 정도 삭힌다. 비자를 물에 씻지 않는 것은 진한 향을 살리기 위해서다. 항아리에 넣어둔 비자는 껍질이 까맣게 삭혀진다. 삭혀진 껍질을 벗기면 땅콩 껍질 같은 알맹이만 남는다. 알맹이 비자는 햇볕에 일주일 정도 말려 흔들어 안에서 딸랑딸랑 소리가 나면 잘 마른 상태다. 또 한 번 더운 방에서 3일 정도 말려 뜨겁게 달군 프라이팬에 볶으면 누릇누릇해지고 이때 마른 행주로 비벼가며 껍질을 또 벗겨낸다. 완전히 껍질을 벗긴 비자는 조청이나 꿀을 발라서 볶은 통깨를 고물 묻히듯 묻혀 냉동실에 보관했다가 특별한 손님에게 선보이고 있는데, 비자강정 맛은 녹우당이 아니면 맛볼 곳이 없을 것이다.

감단자

가을철 익지 않은 감을 딴다. 감이 잠길 정도의 물을 붓고 가마솥에 3일 정도 은근한 불에 고면 3분의 1로 줄어들고 진액 상태가 된다. 곤 감은 탄닌 성분 때문에 까매진다. 이것을 체에 거르면 팥색이 되는데 이것 한 되와 체에 곱게 내린 찹쌀가루 한 되를 섞어 약한 불에 다시 곤다. 감은 끓으면서 묽어지므로 찹쌀가루를 조금씩 뿌려가며 고는데 이때 불 조절이 중요하다. 불기가 세면 타기만 하고 익지 않는다. 잘 고아진 감은 팥죽 농도가 되고 기포가 푹푹 올라오면 불을 아주 약하게 한 채 솥뚜껑을 약간 열어놓아 수증기를 빼낸다. 20분 정도 식힌 후 항아리에 담는다. 세 개의 소반을 준비해 파란색, 노란색 콩고물과 흑임자를 놓고 그 위에 감단자를 약 2~3센티미터 두께로 국자를 떠서 놓아 아래위로 고물을 묻힌다.

청암정에 깃든 영남 문필가들의 향취

봉화 닭실마을의 안동 권씨 충재 권벌 종가

종가는 대문부터 달랐다. 솟을대문은 여느 종가처럼 효자·열녀가 났음을 알리는 그런 문이 아니었다. 문의 위아래가 초승달처럼 휘어진 달을 의미하는 월문(月門)이었다. 전통적인 월문은 위아래가 모두 둥근 모양이지만 이 댁은 대문 위쪽만 둥근 모양이다. 자동차가 드나들 수 있도록 아랫부분은 없앴다는 것이 차종손 종목 씨의 설명이다. 달 속의 궁, 즉 장락궁(長樂宮)으로 가는 장락문의 형태였을 것이라며 권벌 선생이 도학에도 밝아 한차원 높은 생각으로 집을 지었을 것이라고 했다. 옛 선조들은 집이며, 나무며, 음식 하나에도 깊은 의미를 담았던 것이다.

월문을 들어서면 사랑채가 있고 중문을 들어서면 안채가 자리한 전형적인 영남 반가의 입 '구(口)'자 집이다. 사당은 보통 동북 방향에 위치하게 마련인데 이 댁은 특이하게도 서북쪽에 자리하고 있다. 사당 앞으로 멋없이 크게 지어진 유물관이 종가의 균형을 흩트려놓았지만 여기에는 충재 권벌(沖齋 權橃) 선생이 남긴 많은 보물급 유물이 보관되어 있다.

사당과 유물관 사이에는 근처 학교의 아이들이 소풍 올 정도로 넓은 잔디밭이 있다. 잔디밭 둘레에는 낮은 돌담이 둘러쳐져 있는데 돌담에는 문이 여럿 나 있다. 문을 열고 들어서자마자 보이는 작은 3칸 건물이 바로 서재인 '충재(沖齋)'다. 권벌 선생은 기묘사화(己卯士禍)를 피해 여기서 도학을 연구하며 마음을 닦았다. 책을 보다 머리를 식힐 양으로 지었을 청암정은 서재보다 두 배 정도 컸다. 충재 선생이 1526년 봄에 "자신의 집 서쪽에 재사를 짓고 다시 그 서쪽으로 6칸을 바위 위에 지어 주변에 물을 돌렸으며 이어서 동문 밖에 대를 쌓았다"라고 기록해둔 건물이다. 청암정은 아주 큰 거북바위 위에 올려 지었다.

정자 둘레에는 연못을 만들었고 정자에 오르려면 돌다리를 건너야 하도록 운치를 돋우었다. 연못 둘레에는 향나무, 느티나무, 단풍나무가 연못에 조화를 이루며 서 있다. 5년 전에 고사했다는 고사목이 아직도 생명을 포기하지 않은 듯 연못과 정자에 기대어 누워 있다. 정자 누마루에 오르면 2칸짜리 마루방을 또 하나 두었는데 본래는 마루방이 아니었고 온돌방이었다. 어느 날 과객이 "거북 등에 불을 때면 거북이 살 수 있겠는가" 해서 마루방으로 고쳤다 한다.

영남 문필가들의 사랑채, 청암정

정자에는 명필들의 편액이 즐비했다. 충재 선생의 친필 글씨와 퇴계 이황, 미수 허목(眉叟 許穆) 등의 글씨가 수없이 전시되어 있어 마치 조선시대 명필을 모은 전시장에 온 듯했다. 탁 트인 시야를 바라보면서 선비들의 기개를 붓끝에 담아 마음껏 일필휘지(一筆揮之)하는 모습이 그려졌다. 눈길을 끄는 '청암수석(青巖水石)'은 미문(美文)으로 유명한 미수 허목의 마지막 절필이라 했다. 퇴계 이황도 65세 때 이곳 청암정에 와서 다음과 같은 시 한 수를 남겼다.

> 내가 알기로는 공이 깊은 뜻을 품었는데
> 좋고 나쁜 운수가 번개처럼 지나가버렸네.
> 지금 정자가 기절한 바위 위에 서 있는데
> 못에서 피고 있는 연꽃은 옛 모습일세.
> 가득하게 보이는 연하(煙霞)는 본래의 즐거움이요
> 뜰에 자란 아름다운 난초가 남긴 바람이 향기로워
> 나같이 못난 사람으로 공의 거둬줌을 힘입어서
> 흰머리 날리며 글을 읊으니 그 회포 한이 없어라.

퇴계는 충재 선생보다 23년 연하였지만 학문적인 교류는 나이를 초월했다. 『택리지』로 유명한 이중환이 "정자는 못 복판 큰 돌 위에 있어 섬과 같으며 사방은 냇물이 고리처럼 둘러 제법 아늑한 경치가 있다"라고 한 것으로 보아 청암정은 아마 영남의 문필가들의 사랑채였던 모양이다.

정자는 50명은 족히 앉을 수 있는 규모다. 하지만 자세히 보니 마루 곳곳에 기름 자국이 있었다. 종손은 "간밤에 사람들이 와서 고기를 구워 먹은

초승달처럼 위쪽이 휘어진 월문. 아래쪽은 자동차가 드나들 수 있도록 없앴다 한다.

것 같다"며 "쪽문을 잠가두면 담을 넘고 들어와 기와를 깨기 때문에 이제는 아예 문을 열어둘 수밖에 없다"고 혀를 찼다. 잘 가꾸고 보존해야 할 문화유산이 이기주의로 망가져가고 있었다. 미약한 우리의 문화 수준을 보는 듯하여 씁쓸했다.

충재 선생의 유물관

1994년에 문을 연 유물관에는 후손들이 애지중지 지켜온 충재 선생의 발자취가 전시되어 있다. 예문관 검열로 있을 때의 「한원일기(翰苑日記)」나 1518년 부승지와 도승지를 할 때의 「승선일기(承宣日記)」 등 일기 일곱 권을 일괄해서 『충재일기(沖齋日記)』라 하는데 보물 제261호로 지정되어 있다. 이 일기들은 임진왜란 이전의 일기로 실록을 편찬하는 데 귀중한 자료로 이용되었다. 또 『근사록(近思錄)』은 고려시대인 1379년에 간행된 것으로 희귀할 뿐 아니라 권벌이 중종에게서 하사받아 늘 지니던 것으로 보물 제262호로 지정되어 있다. 군신 간의 정이 느껴지는 고서다. 중종이 충재 선생에게 내린 교지와 이 집안에서 자식들한테 나누어 준 재산을 기록한 『분재기(分財記)』,

종가의 사당.
일반적으로 사당은
동북쪽에 위치하기
마련인데 특이하게도
서북쪽에 자리 잡고
있다. 뒤편으로
야트막한 야산이,
앞으로는 잔디밭이
넓게 펼쳐져 있어
근처의 학교에서
소풍을 올 정도이다.

뒤로 보이는 건물이 거북바위 위에 세워진 정자 '청암정'이다. 앞에 보이는 3칸짜리 단아한 고택은 선생이 기묘사화를 피해 이곳에서 지낼 때 문자향(文字香)을 피웠던 서재다. 정자 둘레는 연못이어서 돌다리를 지나야 정자에 오를 수 있다. 돌다리를 건너고 있는 차종손 종목 씨.

『호적단자』와 함께 충재와 퇴계, 미수 등의 서첩과 글씨 등도 보물로 지정돼 있다.

성종 9년(1478)에 안동에 거주하는 권자겸(權自謙) 등 13명의 선비들 모임을 기록한 『우향계축(友鄕契軸)』은 조선 전기 때의 계 모임을 연구하는 귀중한 자료가 되고 있다. 놀랍게도 이분들의 후손들은 500여 년 동안 이 계를 그대로 유지하며 지금도 모임을 갖고 있었다.

또 유물마다 요즘의 사인 같은 수결(手决)이 있어 이채로웠다. 차종손 종목 씨는 "조선시대에 자신의 이름을 약자로 쓰는 '수결'이란 고유한 문화가 있었는데도 마치 서양에서만 '사인'이 있었던 것처럼 인식하는 것은 바로잡아야 할 것"이라는 지적도 덧붙였다.

시루떡을 제례상에 올리지 않는 사연

"열 손님은 혼자 치러도 한 제사는 혼자 지내지 못한다"는 옛말이 있다. 제례 음식은 큰제사, 작은 제사 할 것 없이 정성과 손이 많이 가는 것은 마찬가지다. 불천위와 4대 봉사를 합하면 기제사만 일 년에 11번이다. 여기다 설날·추석 차례, 가을에 산소에서 모시는 시제 등 헤아릴 수 없는 많은 제사를 63년

정자에는 충재 선생의 친필과 퇴계 이황, 미수 허목 등 조선 중 · 후기 명사들의 글씨로 가득하다. 현판에 씌어진 '청암수석(靑巖水石)'은 미수 허목 선생의 마지막 절필이다.

동안 받들어온 노종부 류한규 할머니는 '제례학'이 있다면 제일 먼저 학위를 수여해야 할 것 같다.

평생을 비녀를 빼본 일 없고 치마저고리를 벗어본 적 없는 조선시대 마지막 여인상을 보는 듯한 할머니다. 작은 체구에 자그마한 얼굴, 하얀 모시 적삼에 동정을 달아 예를 갖춘 모습에서 범접하지 못할 기품이 내비친다. 소녀의 수줍음 같은 잔잔한 미소에 배어난 주름살에서 아름다운 늙음을 엿볼 수 있었다.

종부는 안동 하회마을이 친정이다. 열일곱에 열여섯 신랑에게 시집와 5남 1녀를 낳아 키우면서 63년을 종가의 맥을 잇는 제사상 차림과 세월을 함께했다. 형편이 넉닉할 때는 넉넉한 대로, 어려울 때는 어려운 대로 차렸지만 일 년에 두 번 지내는 '불천위' 제례에는 문중 참관자만 100여 명이 넘어 식사 대접만도 예사롭지 않다.

이 댁 제례의 특징은 시루떡을 놓지 않는다는 것이다. 대신 동곳떡이라는 이 댁만의 독특한 떡을 올린다. 제례상의 기본인 시루떡을 올리지 않은 데에는 애달픈 사연이 있었다.

몇 대 종부 때의 일인지는 잘 모른다. 제례상에 올릴 시루떡이 제사를 올릴 시간까지도 익지 않자 종부가 떡시루 앞에서 목을 맸다는 것이다. 그 후부터 종가에서는 어떤 제례에도 시루떡을 올리지 않는다고 했다.

노종부는 이 얘기만은 언급을 하지 말아달라고 몇 번이고 당부했다. 그러나 명문종가에서 제례가 차지하는 비중이 어느 정도 중요한지를, 그리고 생명과도 바꿀 수 있는 제례임을 보여주는 이야기로 오히려 그 종부의 책임감은 후세 사람들에게 본보기가 되었으면 되었지 숨길 일은 아닌 것 같았다.

◀ 노종손 권정우 할아버지. 팔순의 노인답지 않게 정정해 보였다.

▶ 노종부 류한규 할머니. 안동 하회가 친정으로 열일곱에 시집와 5남 1녀를 낳았다. 평생 비녀를 빼본 일이 없고 한복을 벗어본 적이 없다는 단아한 풍모의 할머니는 조선시대 마지막 여인의 초상이었다.

사당에서 모시는 간소한 추석 차례

"내가 시집오던 시절에는 추석에 햇곡식을 수확하지 못하면 음력 9월 9일 중구절에 추석 차례를 지내기도 했지. 지금이야 세월이 좋아 추석이면 얼마든지 햇곡식과 햇과일을 구할 수 있지만…."

"우리 집이라고 추석에 올리는 제수가 다를 게 뭐 있겠어. 불천위 제례가 있어서 추석에도 국수만 빼고 제사상에 다 올리지. 우리는 밥을 지어 먹으면서 조상님께는 번거롭다고 간단하게 차리게 되면 죄송한 마음이 떠나지 않지. 그러나 적게 올려. 가짓수도 줄이고 양도 줄이는데 기제사와 달리 조상님께 올리는 술도 석 잔이 아니라 한 잔이야. 축문은 물론 없지."

추석 차례는 기제와 다르게 사당에서 제례를 모시기 때문에 차례상은 간단하게 차린다고 하지만 음식의 가짓수는 별로 빠지는 것이 없다.

밥과 국이 오르고 탕도 있고 김치도 있다. 삼색 나물도 있었다. 더위에 쉬지 않는 바람떡을 기본으로 하여 국화잎을 다져 넣은 화전이며 잣과 편이며 조악 등도 웃기떡으로 올렸다. 술 안주로 쓰는 갖가지 적은 생고기를 썼다. 윗대부터 행해왔기 때문에 생고기를 놓는 특별한 이유는 모른다고 했다. 밤, 대추, 곶감은 기본적인 생과일이고, 여기에다 집안에서 수확하는 과일은 다 오른다. 유과며 약과 등도 올린다. 마실 거리로 식혜도 올린다.

차종부 손숙(취재 당시 56세) 씨가 더위를 무릅쓰고 추석 차례 음식을 만들어주었다.

차례상 차림, 제사의 기본이 되는
밥과 국, 생선, 나물 등이 차려져 있다.
독특한 것은 김이 제상에 오른다는
사실이다.

종부의 손맛이 깃든 오색 꽃강정

종가의 오색 꽃강정은 450여 년 세세연년 녹아내린 종부들의 내림손맛이다. 음력 3월에 있는 불천위 제사 때 모여 음식을 마련하는 풍습에서 시작된 꽃강정 만들기는 지금도 불천위 제례에는 빠지지 않고 올리는 종가 제수의 특과이다.

이 댁에서 만드는 한과는 크게 세 종류다. 치자, 흑임자(검은깨), 자하초, 껍질 벗긴 깨 등으로 곱게 물들인 오색 강정과 넓적하게 튀겨 만든 산과 및 약과가 그것이다. 정성스레 온힘을 기울여 만든 오색 강정은 제수용으로 쓰일 때뿐만 아니라 집을 찾는 손님상에 오르면 명문대가의 기품을 흠씬 풍기며 손님들의 감탄을 자아내곤 했다고 한다.

하지만 추석 때는 날씨가 더워 강정이 쉬 눅고 엿이 늘어져 만들기가 어렵다고 했다. 간곡한 부탁으로 유과 만드는 전 과정을 어렵게 볼 수 있었다. 안동 권씨 문중의 안주인 18명이 3일 동안 모여 만든 유과였다.

강정은 여러 사람의 손이 필요하다. 강정을 만들 때는 각자의 할 일이 있다. 기름 솥만을 맡는 사람, 튀겨진 강정을 엿물에 담그는 일, 엿물 위에 고물을 묻히는 일, 고물 위에 꽃 장식을 하는 일 등 여러 손이 한 손처럼 움직여야 바삭바삭하고 입안에서 살살 녹는 강정이 된다.

강정 만드는 방법

찹쌀을 씻어 물에 담근다. 도중에 물을 갈아주지 말고 곰팡이가 끼도록 그대로 둔다. 이는 쌀이 곱게 빻아지게 하기 위해서다. 찹쌀이 삭으면 깨끗이 씻어 건져 빻아 체에 내린다. 보송해진 찹쌀가루 3분의 1되에 소줏잔으로 식용유 한 잔과 소주 한 잔을 찹쌀가루에 넣어 경단 반죽 정도의 농도가 될 때까지 치댄다.

찜통에 젖은 보를 깔고 반죽 덩어리를 뚝뚝 떼어서 찐다. 찌는 도중 숟가락으로 뒤집어가며 골고루 익힌다. 찐 떡을 넓은 그릇에 쏟아붓고 꽈리가 일도록 세차게 치댄다. 반죽이 방망이에 실처럼 따라 올라오는 상태가 되면 충분하다.

안반에 녹말가루를 뿌리고 치댄 떡을 놓은 후 다시 위에 녹말가루를 뿌리고 손으로 고루 편다. 두께 0.5센티미터로 얇게 민 다음 원하는 크기로 자른다. 뜨거운 방바닥에 종이를 깔고 썬 것을 붙지 않게 뒤적여가며 3일 정도 말린다. 바람을 쏘이면 겉이 말라서 갈라지므로 바깥에서 말리면 안 된다. 이것을 옹기 단지에 솔잎을 깔고 켜켜이 놓아 단지를 뜨거운 방 이불 속에 두면 솔잎의 습기를 강정이 먹고 녹녹해진다.

녹녹해진 강정은 섭씨 110~120도 정도의 낮은 온도에 넣어 부풀 때까지 뒤적이면서 튀긴다. 뜨거운 기름에 넣으면 갑자기 확 부풀어올라 모양이 없다. 큰 것은 뒤틀리지 않도록 기름에 잠긴 채로 네 귀를 주걱으로 눌러 반듯하게 모양을 잡으면서 튀겨 건진다. 다시 섭씨 150도 정도의 높은 기름에 넣어 튀기면 겉이 단단해진다. 튀긴 강정은 종이 위에 놓아 기름을 빼야 담백하고 가볍다. 기름 뺀 강정을 묽은 엿물에 넣었다가 건져 갖가지 고물을 묻힌다.

자연색으로 살리는 오색 강정

종가의 오색 강정은 자연색으로 만든다. 먼저 쌀을 뻥튀기에 튀겨 곱게 가루 낸다. 자화초라는 약재를 구해 식용유에 담그면 붉게 우러난다. 우려낸 자화로 가루에 물들인다. 연하게 우린 물로 분홍색을 만든다. 노란색은 치자 우린 물이다. 검은색은 껍질 벗긴 검은깨를 쓴다. 흰색은 껍질 벗긴 흰깨를 쓴다. 이렇게 다섯 가지 빛깔의 고물은 누에고치처럼 튀겨진 강정을 엿물에 넣었다가 오색 고물에 묻힌다.

다음은 찰벼를 뜨겁게 달군 솥에 기름 없이 튀긴다. 튀겨신 찰벼는 하얀

고부간에 손발이 잘 맞아 지금까지 오색 강정 만드는 데 큰 실패가 없었다. 이제 며느리 손숙 씨가 마을 부녀회 회원들과 함께 내림음식의 비법을 전승하고 있다. 지난 1992년부터는 종갓댁과 마을 부녀회가 협의, 닭실마을 유과를 소량이나마 주문생산해 농가 소득에도 보탬을 주고 있었다. 종갓댁의 유과는 닭실마을 부녀자들의 단합을 일궈내는 '두레'의 상징이 되고 있었다.

차례상에 차려졌던 음식을 비벼서 나누어 먹는 모습이 정겹다. 보통 제사를 지내고 나면 제사에 참석한 모든 사람이 이렇게 먹는 밥과 국, 반찬을 일일이 챙길 수 없기 때문이다.

▲(왼쪽) 강정은 만드는 과정이 길고 복잡해 철저히 분업화해야 만들 수 있다. 강정 바탕을 튀기는 과정이다. 낮은 온도의 기름에서 천천히 주걱으로 눌러가며 튀긴다. 누르지 않으면 강정 바탕이 울툭불툭해진다.

▶(오른쪽) 기름에 튀겨낸 강정에 조청을 묻힌 뒤 곱게 가루낸 튀밥을 묻힌다. 가루에 치자, 자화 우린 물을 들여 강정에 묻히면 오색 강정이 된다.

▼오색 강정 위에 찰벼를 튀겨 하얀 꽃잎을 만들고 그 속에 대추 조각으로 꽃심을 수놓듯 심는다.

기름에 튀기고 있는 약과.

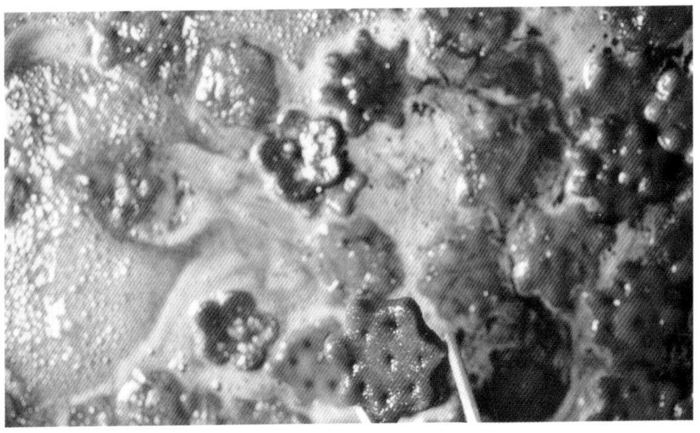

꽃모양이 된다. 껍질은 튀겨지면서 저절로 떨어져 나간다. 오색 고물 옷을 입은 강정 위에 부분적으로 조청을 바르고 찰벼 튀긴 것을 세 개 정도 놓고 그 사이에 대추나 흑임자로 꽃심을 만든다. 이렇게 만든 강정은 '매화강정'이라 한다. 제기에 담을 때는 넓은 모양의 강정은 아래로 담고 그 위로 오색 강정을 색 맞추어 꼬치에 끼워 올린다.

웬만한 정성 가지고는 어림없는 작업이었다. 생명처럼 받드는 제례가 없었으면 이런 음식이 전수되지 못했을 것이다. 이외에도 약과며 타래과 등 네 가지 조과(造菓)가 불천위 제례상의 꽃으로 올려지고 있었다.

현대 문명사회로 이어지는 우리 예법의 향기

논산 고정마을의 광산 김씨 사계 김장생 종가

통과의례니 전통예절 등을 말하면 요즘 사람들은 우선 고루하다는 생각을 한다. 그러나 일생을 두고 통과의례를 다 치러야만 더욱 사람다워지는 모습을 갖추게 된다. 시대가 아무리 변한다 해도 이런 의식은 사라지지 않을 것이다. 지금도 그 형식이나 표현의 차이가 있을 뿐 아이가 태어나면 돌 치레를 하고 20세 성인이 되면 성년례를 갖는다. 또 남녀가 만나 혼인례의 관문을 통과해 가정을 이루고, 61세가 되면 자손들이 회갑연회를 열어 장수를 기원한다. 생명이 다하면 슬픔을 나타내는 상례를 치르고 후손들은 제례를 드린다. 알게 모르게 치러야만 하는 이런 생활예절 모두가 통과의례에 속한다.

이런 의례문화의 기본예절은 절〔拜〕이다. 절에는 우리 민족의 독특한 인사법인 우리의 정체성이 배어 있는 기층문화의 향기가 스며 있다. 21세기는 문화민족의 세기가 될 것이라 한다. 문화의 세기에 우리가 세계에 내세울 것은 과연 무엇일까. 단연 통과의 의례기본이 되는 절일 것이다. 400년 전 통과의례를 예학으로 집대성한 사계 김장생(沙溪 金長生, 1548~1631) 선생의 예를 지켜가는 광산 김씨 종택에서 저물어가는 20세기 문화를 다시 조명해본다.

대전에서 국도를 따라 논산으로 가다 보면 연산역으로 통하는 사거리가 나온다. 여기서 논산으로 2킬로미터가량 더 가면 왼쪽에 연산정보고교의 안내 표지판이 보인다. 표지판 조금 못 미쳐 신호등이 있는 삼거리에서 P턴을 해 왼쪽 농로를 따라 2킬로미터가량 들어가면 막다른 길 옆에 고풍스런 기와집이 고즈넉이 앉아 있다. 이곳이 바로 우리나라 예학(禮學)의 종장(宗長)으로 숭상받는 사계 김장생 선생의 재실과 사당이 있는 고택이다.

일제로부터 사당을 지키다

언뜻 보아서는 명성이 자자했던 대학자 댁의 종택이라고 하기에 의외로 소박하지만 솟을대문에 붙여진 붉은 편액의 효자문이 예학을 지켜가는 가문임을 한눈에 보여준다. 효자문은 사계 선생의 6세손인 김재경이 계모를 친어머니 이상으로 극진히 모신 그 효성을 기려 나라에서 내린 것이라 한다.

이 댁이 다른 종가와 다른 점은 정원이 안마당에 있지 않고 대문 입구에 조성돼 있다는 것이다. 대문을 사이에 두고 작은 공원처럼 꾸며져 있는 정원에는 선비의 지조와 절개를 상징하는 소나무, 매화나무, 회나무 등과 키 작은 관상수들이 군데군데 심어져 있다.

정원에는 또 각제비(却祭碑)라는 색다른 비석 하나가 서 있다. 일제강점기 때 우리의 정신을 말살하려는 의도로 일인(日人)들이 이름 있는 종가를 찾아 사당에 제례를 지내는 일이 있었다. 하지만 사계 선생 문중에서는 이를 거부하고 끝내 제례를 드리지 못하게 해 조상을 지켰다고 한다. 이를 자랑하는 기념비가 바로 각제비로서 예문다운 자존심이 강하게 서려 있는 비석이다. 한편 대문 왼쪽 행랑채가 자리했던 곳에는 주차장이 마련되어 있다. 종택을 찾는 사람들의 편의를 배려한 것이다.

종택은 뒷동산의 묘역과 사당, 또 고즈넉이 앉아 있는 고택만으로도 고적해 보였다. 마을에서 외따로 떨어져 있기도 하지만 사계 선생의 13대 종부

광산 김씨 가문을 일으킨 허씨 부인의 열녀비각이다. 이 비각은 조선시대의 화려하고 독특한 건축양식의 일면을 보여주고 있다.

인 홍용기(취재 당시 76세) 할머니가 막내아들과 함께 큰 집안을 지키고 있었다. 종부와 하룻밤을 같이 지내면서 집안의 내력과 종부의 분주한 하루 일과를 지켜보면서 외롭다는 생각조차 가질 겨를이 없겠구나 싶었다.

온기가 느껴지는 염수재

대문에 들어서면 마당을 둘러싼 네 채의 기와집이 있는데 정면으로 보이는 집이 사계 선생의 재실(齋室)인 염수재(念修齋)다. 염수재는 사계 선생의 기일 제례를 모시는 곳으로 세간에서는 좀처럼 보기 힘든 색 바랜 백지병풍(글과 그림이 없는 병풍)과 좌면지(座面紙, 제상 위에 까는 유지)가 있다. 거울같이 맑게 닦여져 있는 유기 제기들 중에는 한 손으로 들기조차 무거운 사계 선생의 수저와 조금 가벼운 부인의 수저가 있다. 메 그릇도 사계 선생의 것은 키가 낮고 넓이가 넓은 대신 부인의 것은 봉분처럼 높으면서 둘레가 작아 남녀의 다른 모습을 상징했다. 술을 따스하게 데워 올리도록 한, 손잡이가 옆으로 달린 냄비 같은 주전자도 이채로웠다. 유기 제기로는 보기 드물게 빠진 것 없이 잘 보존돼 있었다.

재실 한쪽에 세워둔 사람 키를 가릴 만한 종이 문짝은 남녀의 구별이 엄격했던 예전에 여인들이 재실을 드나들면서 외간남자와 얼굴을 마주하지 못하게 가리는 '내외문'이라는 종부의 설명이 흥미로웠다.

염수재의 물건들에서 온기가 느껴졌다. 돌아서면 변하는 유기를 감당할 수 없어 스테인리스 스틸 그릇으로 바꾼 다른 몇몇 종가에 비해 빛나게 닦여진 황금빛 제기에서 '제례는 효의 근본'이라 일깨워준 사계 선생의 종가다운 면모를 어렵지 않게 엿볼 수 있었다. 하지만 가슴 한편 저렇게 깨끗하게 제기를 간수하자면 종부의 손마디는 얼마나 굵어졌을까 마음이 아렸다.

염수재 앞마당은 돌을 열 '십(十)'자로 놓아 가운뎃길은 제사를 지낼 때 제관이 다니도록 표시해두었다. 제관이 아닌 사람이 지날 때는 머리와 허리를 약간 숙여 예를 표해야 한다. 재실 앞마당에는 마루 높이의 불돌이 서 있다. 전기가 없던 시절 제례 때는 불돌 위에 화톳불을 피웠다고 한다. 재실 뒤편에는 불천위(不遷位)인 사계 선생 내외분과 4대의 위패가 모셔진 사당이 있다.

▲ 조선시대 각종 의례서에서는 "제사 때는 글이나 그림이 없는 깨끗한 백지병풍을 사용하라"고 기록하고 있으나 실제로 백지병풍을 사용하는 댁은 흔치않다. 그러나 사계 선생의 종가에서는 예학자를 배출한 집안답게 백지병풍이 대대로 전해져오고 있었다.

▼ 사계 선생의 재실 염수재. 앞마당에는 돌로 열 '십(十)'자의 길을 만들었다. 제사 때 제주만 다니는 길을 표시한 것이라 한다.

사당 입구에는 나이를 알 수 없는 백일홍 한 쌍이 마주 서 있다. 백일홍의 또 다른 이름은 자미수다. 하늘의 중심은 자미원이듯 가정의 중심은 사당이라는 상징성을 선조들은 백일홍에 담았을 것이다. 사당 뒤편에는 사계 선생을 비롯한 선조들의 묘역이 충청남도 문화재로 지정돼 성역화되어 있다.

38년째 염수재를 지키고 있는 종부

종부는 조선 중종 때 제자백가(諸子百家)에 통달한 문신 홍가신(洪可臣, 1541~1615)을 선조로 둔 남양 홍씨 출신이다. 법도 있는 가문에서 총명하고 예문에 밝은 규수로 성장했는데 예문으로 내로라하는 사계 선생 집안에서 참한 규수를 그냥 두지 않았다. 매파를 넣어 통혼을 하게 되었고, 종부는 신랑의 얼굴도 모른 채 충남 서천에서 이곳 논산군 연산면 고정리로 19세 때 시집을 오게 되었다. 그러고는 2남 3녀를 낳았고 염수재를 지킨 지는 올해로 꼬박 38년째가 된다.

1987년에 84세로 세상을 떠난 시어머니는 후사가 없었다. 13대 종손을 이은 양자 선중 씨는 한국전쟁 당시 행방불명되었고 남편 길중 씨가 다시 양자로 와 종손이 됐으나 5년 전 76세를 일기로 세상을 떠난 후 종부는 종택을 숙명처럼 지켜야 했다. 사계 선생의 불천위 제례를 제외하고 일 년에 13회의

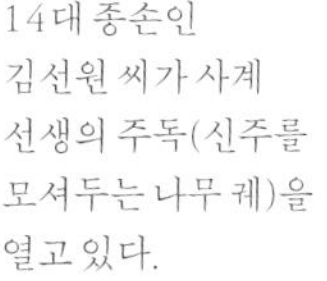

14대 종손인 김선원 씨가 사계 선생의 주독(신주를 모셔두는 나무 궤)을 열고 있다.

임금이 직접 내린
사당 열쇠를 아직은
종부가 간수하고
있다.
종부의 권한을
지키고 있는 셈이다.

제례와 종택 살림이 지금까지는 종부의 지휘로 이루어지고 있다. 직장 때문에 논산에서 살고 있는 14대 종손 선원(취재 당시 54세) 씨가 하루가 멀다 하고 종가를 찾아 어머니의 일을 돕지만 임금이 직접 내린 사당 열쇠를 여전히 종부가 간수하고 있어 종부의 권한을 지키고 있는 셈이다.

호랑이도 감동한 허씨 부인의 정절

종부의 눈가에는 오랜 세월 동안의 힘든 농사일과 대소사의 많은 집안일을 도맡아 꾸리느라 골 깊은 주름이 많다. 그러나 여인의 귀로는 보기 드물게 커다란 복귀와 팔순이 가까운 노인으로는 믿어지지 않을 정도로 검은 머리에 은비녀로 단아하게 쪽 찐 모습은 양반가 마님다운 기품이 서려 있었다. 무엇보다 수백 년을 입으로 전해 내려오고 있는 집안의 내력을 바로 어제일인 양 거침없이 떠올리는 총기는 이틀 동안을 함께하면서 물었던 질문에 한 번도 기억나지 않는다는 말을 한 적이 없다는 사실이 너무도 놀라웠다. 종부는 쉴 새없이 재미나는 옛이야기를 들려주었는데 가장 신명나게 이야기한 대목이 바로 허씨 할머니의 열녀문 내력이었다.

"허씨 할머니는 태조 때 대사헌을 지낸 허응의 딸로 어린 나이에 김씨 문중으로 시집을 왔는데 열일곱 되던 해에 그만 남편이 죽고 만 거야. 그런데

마을 입구에 세워진 홍살문. 대대로 높은 벼슬을 한 선비들을 많이 배출한 마을임을 알리고 있다.

그때 아이를 갖고 있었다는구먼. 당시 만 해도 고려 말이라 개가가 가능해 친정 부모가 재혼을 시키려 하자 밤길을 홀로 시가를 향해 걸었다는 거야. 그러다가 지금의 천안 부근 어딘가에서 탈진해 쓰러져 있었는데 어디선가에서 나타난 호랑이가 업어 연산까지 데려왔대. 그래서 그 동네 이름이 호계촌이라고 하지. 처음엔 시아버지도 젊은 며느리가 안타까워 집안에 들이지 않았는데 아침에 나가보니 허씨 할머니가 앉아 있던 자리에서 따뜻한 기운이 돌더라는 거야. 그제서야 집안에 들여 며느리로 대접을 했다지."

안채 뒤 돌담 곁에 가지런히 서 있는 장독들.

그 허씨 부인이 낳은 유복자인 철산(鐵山) 선생이 후에 사헌부 감찰이 되고 그의 아들 국광(國光)은 좌의정을 지냈으며 『경국대전(經國大典)』을 편찬했다. 또 대사헌을 지낸 김계위, 예학의 거두 김장생, 김장생의 아들이자 학자이며 정치가인 김집, 김반 등 조선시대 정치·사상계에 수많은 인물이 배출되면서 명문가로 발돋움하게 되었다.

허씨 부인의 이러한 사연과 정절은 조정에 알려지게 되었고 명예로운 열녀문이 내려졌다. 사후에는 정경부인 시호(諡號)까지 받았다. 허씨 부인의 열녀문은 종가로 들어오는 논길 중간에 있다. 가문을 융성하게 일으킨 허씨 부인의 제례는 지금도 문중에서 극진히 모셔지고 있다. 허씨 할머니의 7대손이 사계 선생이니 그때 허씨 할머니가 개가를 했더라면 김씨 가문은 문을 닫았을 것이고 우리나라 예학은 빛을 보지 못하고 단절되었을지도 모르는 일이 아닌가.

예절의 꽃은 절이다

종부는 예학자의 후손답게 예의범절에 관한 한 소신이 뚜렷했다. 종부는 현대의 인사법에 퍽 불만이 많다. 지나는 걸음으로 "안녕하세요" 하며 그저 고개만 꾸벅거리는 인사법이 도대체 어느 나라에서 온 것인지 모르겠다며 혀를 찬다. 오랜만에 친인척을 만났을 때에는 절로 인사를 드려야 위아래의 분별이 있고 사람의 도리가 있어 보인다며 절의 중요성을 강조했다.

한국전례연구원
김득중 원장이
소장하고 있는
『사계전서』.
펼쳐진 면은
「가례집람」의 한
대목으로 절하는
모습이 그림으로
나와 있다.

또 인품은 첫인사에서 느낄 수 있다고 한다. 수천 년을 지켜오던 우리의 정중하고 아름다운 인사법은 어디로 가고 국적 불명의 '꾸벅' 인사가 생겨났는지 모르겠다며 안타까워한다. 대감님(할머니는 사계 선생을 꼭 대감님이라 불렀다)이 쓴 예법 책에도 절하는 모습을 그림으로 그려놓았고 설명도 있다는 말은 들었지만 아직 보지는 못했다고 한다. 그런데 사계 선생의 예서를 한 번도 보지 못했다던 종부의 절하는 모습이 400년 전에 사계 선생이 그림으로 그려둔 절 모습 그대로였다. 참으로 경이로운 일이 아닐 수 없었다.

종부는 극진한 정성과 예를 다한 큰절과 부드럽고 단아한 평절, 자애로운 자태의 답배 등을 보여주었다. 노인의 절이라고는 도무지 믿어지지 않을 정도로 너무나 부드럽고 고왔다. 마치 무용수가 춤을 추는 듯했다. 절도 많이 하면 저렇게 아름다울 수 있구나 싶었다. 일 년 13번의 제사와 매달 초하루와 보름, 설날과 추석, 동지와 한식, 단오 등 많은 제례에서 다져진 절은 아무나 흉내 낼 수 없는 원숙한 배례였다.

종부는 시집와서 시어른께 아침·저녁 문안도 절로써 드렸지, 입인사는 하지 않았단다. 어른이 외출해 들어오면 절로써 편안하심을 물었고, 남편의 생일이나 부인의 생일, 새해를 맞았을 때 또는 먼길을 떠나도 서로가 절을 하면서 안녕을 빌었다. 동기간에도 오랜만에 만나면 절로써 반가움을 표했다. 우리나라는 슬플 때나 기쁠 때나 먼저 절을 하고 말을 하는 정중한 인사가 이루어지는 절의 나라였던 것이다.

영남학파와 쌍벽을 이룬 대유학자의 가문

사계 선생의 자는 희원(希元)으로 대사헌 계휘(繼輝)의 아들이다. 그는 1578년(선조 11년)에 6품직에 오르고 창릉(昌陵)과 순릉(順陵) 참봉직을 거쳐 1592년 임진왜란 때 명나라 군사의 군량 조달에 공을 세운다. 1609년(광해군 1년)에는 회양(淮陽), 철원(鐵原)의 부사를 지내다 계축옥사에 연루되어 곤욕을 치르게 된다. 하지만 무혐의로 누명을 벗게 되고, 그 이후로 관직을 사퇴하고 학문 연구에 전념한다.

1623년 인조반정으로 복귀하여 여러 관직을 거치다 형조참판에 임명됐으나 은퇴하여 향리에서 교육에 전심하게 된다. 송익필의 문하에서 예학을 전수받았고 율곡의 문하에서 성리학을 배웠다. 특히 예론을 깊이 연구했고 이를 아들 집(集)에게 계승시켜 조선 예학의 태두로 예학파의 주류를 형성했다. 문하에 송시열(宋時烈, 1607~1689), 송준길(宋浚吉, 1606~1672) 등의 유학자를 배출해 서인(西人)을 중심으로 한 기호학파(畿湖學波)를 구축해 조선 유학계에 영남학파와 쌍벽을 이루었다.

종택에서 멀지 않은 곳에는 사계 선생이 강론했던 돈암서원이 문화재로 지정돼 있다. 특히 성균관 문묘에는 '동국 18현'이라 하여 추앙받는 유학자 18명을 배향하고 있는데 이 가운데 광산 김씨 일문에는 김장생 선생과 그의 아들 집(集)이 배향되는 영광을 누리고 있다.

400년 전, 여자들도 무릎을 꿇고 절하다

사계 선생의 『사계전서』 51권 중 「가례집람」은 가례에 관한 설을 모은 책으로 조선조 17대 효종 10년(1659)에 사계 선생이 엮어 숙종 11년에 간행되었다. 「가례집람」 도설 권지 7편에는 통과의례 때 입는 옷, 상차림, 규범 등을 그림으로 실어 알아보기 쉽게 정리했다.

이 책에서 설명하고 있는 그림에서 가장 주목해볼 만한 것은 여자들의 절하는 방법이다. 400년 전에 이미 여자들도 무릎을 꿇고 절한다는 것을 분명하게 보여주고 있다. 여자들이 꿇어앉아 절하면 일본 절이라는 주장은 이 배례도를 보면 전혀 근거가 없음을 알 수 있다. 꿇어앉아 절하는 방법은 현대의 양장 차림에도 불편함이 없다. 한복을 입어야 절할 수 있고 온돌방이어야 절한다는 생각도 잘못임을 분명히 지적하고 있다. 변해가는 세월을 예측하고 그려놓은 듯한 여자들의 절하는 모습은 사계 선생의 큰 업적으로 예학자들은 평가하고 있다.

20세기의 끝자락에서 고리타분하게만 느껴지는 절에 대해 이렇듯 길게 이야기한 것은 21세기를 맞고 있는 우리가 세계에 내세울 만한 것 중 하나가 단연 통과의례의 기본이 되는 절이기 때문일 것이다.

종부가 제사 때 하는 큰절

1. 오른손을 왼손 위로 올려 공수한다.
2. 공수한 손은 어깨높이로 올린다.
3. 고개를 숙여 공수한 손등에 닿게 한다.
4. 무릎을 굽히면서 책상다리를 한다(이때 바지나 짧은 스커트 차림에는 무릎을 꿇는다).
5. 책상다리를 한 후 손은 바닥에 가깝도록 하고 머리는 손에 닿을 듯 숙인다. 목만 떨구지 말고 어깨를 숙여야 한다.

종부의 평절

무릎은 옆으로 꿇고 손을 바닥에 짚는다.
양장일 때는 두 무릎을 꿇는다.

절은 동작별로 나누어져 있다. 절하기 전에 두 손을 맞잡아 공손한 자세를 취하는 차수도, 서서 간략하게 인사하는 읍례도와 절하는 동작을 그린 배례도다. 큰절과 평절의 쓰임새도 자세하게 설명해두었다.

절하기 전에 손을 맞잡는 차수도(叉修圖)

남자는 왼손을 오른손 위에 올려 깍지 끼고 여자는 오른손을 왼손 위로 올려 맞잡는다. 맞잡은 두 손은 남녀 모두 배꼽 부위에 올린다.

간단하게 공경을 표하는 방법인 지읍도(祗揖圖)

인사할 상대의 나이에 따라 부모 연배가 되면 맞잡은 손을 눈높이로 올렸다 내리고 형뻘이면 공수한 손을 입높이로 올렸다 내린다. 답배는 가슴 높이로 손을 올렸다 내리면 된다. 이것을 상·중·하로 구분지었다. 조선시대 여자들은 출입이 자유롭지 않아 사계 선생은 여자들의 모습을 따로 설명하지 않았지만 현대 예절에서는 여자의 경우 두 손을 맞잡은 자세에서 허리를 약간 굽히면 남자들의 읍례와 같은 예에 속하는 것으로 이것을 굴신례라 한다.

절하는 기본 동작 전배도(展拜圖)

남자의 큰절은 맞잡은 손을 눈높이로 올렸다 내린 뒤 조금 뒤로 물러가서 다시 한 번 손을 올렸다가 곧 몸을 구부려 맞잡은 손을 바닥에 놓는다. 왼발을 먼저 꿇고 오른발을 꿇어 왼쪽과 나란히 하고 머리를 천천히 구부려 이마가 손등에 닿게 한다. 일어날 때는 오른발을 먼저 일으키고 맞잡은 손을 바닥에서 떼어 오른쪽 무릎 위에 올려놓으면서 왼발을 세우고 일어난다. 일어나는 동작에서 손을 무릎 위에 얹고 일어서는 것은 사계 선생의 독창적인 방법이다.

서서 하는 인사 읍례도(揖禮圖)

서서 간단히 맞잡은 손을 올렸다 내리는 동작을 말한다.

절의 동작을 설명한 배례도(拜禮圖)

계수, 돈수, 고두, 숙배, 흉례, 공수 등 6가지 절을 소개하고 절의 쓰임새를 설명하고 있다.

- 계수배(稽首拜) 남자의 큰절로, 머리를 구부려 이마가 손등에 닿게 하여 엎드려 조금 있다가 천천히 일어난다.

종손이 제사 때 하는 큰절

1. 왼손을 오른손 위에 올려 공수하고 대상을 향해 선다.
2. 공수한 손을 눈높이로 올려 읍한다.
3. 공수한 손은 바닥에 놓고 두 무릎을 꿇는다.
4. 머리를 손등에 닿게 하고 잠시 머무른다.
5. 오른쪽 무릎을 먼저 세우고 공수한 손을 무릎에 올린다.
6. 왼무릎을 세워 일어서서 공수하고 본래의 자세로 선다.

- 돈수배(頓首拜) 남자들의 평절로 바닥에 놓여진 손등에 이마가 닿자마자 바로 일어난다.
- 고두배(叩頭拜) 손을 나누어 땅을 짚고 머리로 네 번 땅을 치듯 한다. 신하가 임금에게 하는 절이다.
- 숙배(肅拜) 맞잡은 손을 이마에 대고 양 무릎을 꿇고 허리를 곧게 굽히며 머리가 땅에 닿지 않게 한다. 배례 중에서 가장 가벼운 것으로 군중(軍中)에서 이런 숙배를 하고 있다. 부인의 절에서도 이 숙배를 바른 절로 한다고 했다. 사계 선생 그림의 설명은 여자의 큰절은 두 손을 이마에 대고 무릎을 굽히고 머리는 깊이 숙이지 않고 절한다. 평절은 맞잡은 두 손을 풀면서 무릎을 꿇고 바닥에 두 손을 대고 절을 한다는 것도 명시했다.
- 흉례(凶禮) 상례의 절을 의미하고, 공수법은 남자의 경우 오른손이 왼손 위로 가게 한다.

백의정승의 청렴한 인품이 깃든 제사 가풍

논산 교촌마을의 파평 윤씨 노종파 명재 윤증 종가

제사상에 떡을 올리지 않는 종가가 있다. 기제사는 물론 설 차례도 양력으로 지내는 종가다. 간장 맛이 하도 좋아 간장독을 '꿀독'이라 부르는 이 댁은 조선시대 왕비를 가장 많이 배출한 파평 윤씨 노종파(魯宗派) 명재 윤증(明齋 尹拯, 1629~1714) 선생의 종가다.

윤증 선생은 조선 숙종 때 학자였으며 소론의 영수(領袖)다. 노론과의 치열한 당쟁으로 권력에 혐오를 느낀 그는 벼슬을 마다하고 고향에서 후학 양성에만 힘쓴 선비였다. 이 댁의 제상이 이처럼 단출한 것은 선생의 후손에 대한 사랑과 선생의 가르침을 올바로 지켜나가는 후손들이 함께 만들어낸 가풍이다. 생활이 어려워 조상의 제상을 제대로 차리지 못할 후손을 위해 선생은 "제상에 떡을 올려 낭비하지 말 것이며, 일거리가 많은 화려한 유밀과며 기름이 들어가는 전도 올리지 말라"는 가르침과 함께 "제물을 장만할 때는 종이로 입을 봉하고 침이 튀지 않게 정성을 다해 차려라"는 유언을 남겼다.

천문학에 밝았던 그의 9대 후손은 제삿날을 양력으로 정했다. 그래서 설 차례도 양력으로 지낸다. 기제사를 모시는 시간도 한밤중이 아니라 저녁에 지낸다. 유서 깊은 대종가에서 이런 혁신은 보기 드문 일이었다. 또한 종부의 손맛이 녹아 있는 간장 맛으로 전국 종가 음식 품평에서 일등을 차지한 바 있다.

윤증 선생은 조선 숙종 때 소론의 수장이었던 인물이다. 이때는 조선 500년 기간 중 가장 정치적으로 혼란스런 시기였다. 치열한 당쟁으로 영조 때에 이르러서는 사도세자가 뒤주에 갇혀 죽는 참혹한 사태까지 벌어지고 말았다.

학문을 하던 선비들이 정치 일선에 나선지라 서로의 학문적 대립으로 노론과 소론으로 갈라지기 전부터 퇴계 선생을 비롯한 영남학파는 남인으로,

충남 논산시 노성면 유봉영당에 모셔져 있는 윤증 선생 초상화. 공손하게 두 손을 맞잡고 무릎을 꿇은 자세에서 예를 숭상한 선생의 생활 신조를 엿볼 수 있게 한다.

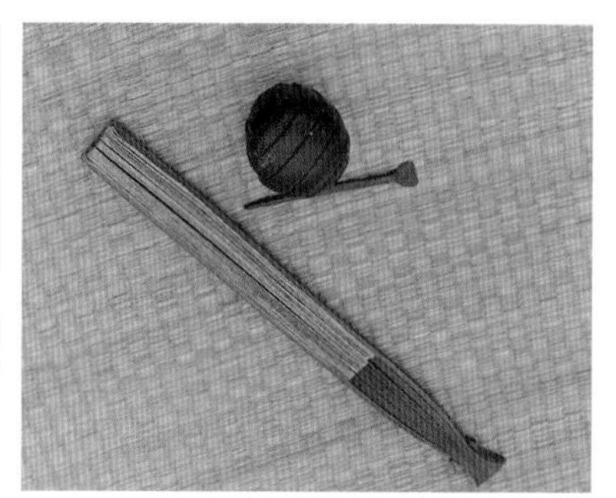

◀ 천문학에 밝은 명재 선생이 300여 년 전 대나무로 만든 지구 모양.

▲ 명재 선생의 당혜.

▶ 선생의 상투관과 부채. 위 유물들은 중요민속자료 제22호로 지정되어 있다.

율곡 선생을 필두로 한 기호학파는 서인으로 분파되었다. 또 서인에서 노론과 소론이 나뉘었는데, 이 네 파를 두고 '사색당파(四色黨派)'라 했다. 이 당파 싸움은 조선 말기까지 엎치락뒤치락하다가 마지막에는 노론 독주시대가 이어졌다.

벼슬길을 부끄럽게 생각한 대쪽 선비

선생은 아버지의 벗이자 노론의 수장이었던 우암 송시열 선생 문하에서 수학했다. 그러나 집권층이었던 노론의 불합리한 정치를 비판하면서 선생과 제자 사이는 멀어졌고 급기야 노론과 소론으로 갈라졌던 것이다. 『한국인명대사전』에는 윤증 선생의 아버지가 별세하자 우암 선생에게 묘갈명(墓碣銘)을 지어줄 것을 부탁했는데, 어떤 연유인지 우암의 문하에 있었던 박세채(朴世采)가 지은 행장(行狀)을 그대로 인용한 뒤에 야유하는 뜻의 글을 보내 이때부터 두 가문은 지금까지 혼인을 하지 않을 정도로 벽을 쌓았다고 적고 있다.

선생은 대대로 성리학자 가문에서 가학(家學)으로 성장했다. 효종 말년에는 학업과 행실이 타의 모범이 되어 벼슬길에 추천되어 관직에 올랐다. 36세 때에는 사헌부 지평에 제수되었으나 치열한 당쟁에 혐오를 느끼고 이때부터 모든 관직을 사양하고 고향에 머물면서 후학 양성에만 힘쓰게 된다.

숙종이 등극하자 그의 청백한 인품과 문장을 높이 평가하여 조정에서 우의정 자리를 권했지만 그는 단호하게 거절했다. 부귀영화를 누릴 수 있는 벼슬길을 오히려 부끄럽게 생각한 대쪽 같은 선비의 기질을 그대로 지켰던 것이다. 박세채가 출사를 권할 때 그는 벼슬길에 나가지 못하는 『삼대 명분론(名分論)』을 내세웠다.

오늘날 조정에 나간다면 나라에 보탬이 되어야 하는데 지금은 그때가 아니다.

종가 옆에 있는 노성향교. 극심했던 당쟁에 혐오를 느껴 정치 일선에서 물러나 이곳에서 후학 양성에만 몰두한 소론의 영수 윤증 선생의 학문적 향기를 엿볼 수 있는 곳이다.

서인과 남인의 원한이 해소되지 않으면 안 되고, 노론의 세도가 변하지 않으면 안 되고, 왕실의 외척을 배격하지 않으면 안 되는데 지금은 그때가 아니다.

군왕과 한 번도 대면하지 않고 정승 벼슬이 내려진 것은 그 유례가 없는 일로 이런 윤증 선생을 두고 사람들은 백의정승(白衣政丞)이라 부르는 데 전혀 주저하지 않는다.

그의 학문적 근간은 예학에 있다. 유교의 예설을 단순한 의례에서 벗어나 학문적인 방향으로 전개하면서 우리나라 풍속에 맞는 예를 정립하여 보편화시키고자 한 인물이었다. 그가 85세의 일기로 세상을 떠나 나라에서는 벼슬에 나가지 않았지만 그의 충정심과 사려 깊은 이론을 높이 평가해 문성공(文成公)이라는 시호를 내렸다. 종가 곁에 있는 노성향교(魯城鄕校)가 이런 선생의 일생을 말없이 대변하고 있다.

'아름다운 고가'로 선정될 만큼 멋스러운 종가 고택. 규모는 작지만 짜임새 있는 구조로 전혀 불편함이 없도록 만들었다. 사랑채 앞으로 네모난 연못을 만들어 그 안에 작은 동산을 꾸몄다.

아름다운 고택, 연못에 그림자를 드리우다

지난 1999년 모 방송국에서는 '전국의 종가 10집'을 선정해 건축미와 기능성을 평가했는데 강릉의 선교장 다음으로 윤증 선생 고택이 '아름다운 고가'로 선정됐다고 한다. 충남 논산시 노성면 교촌리에 있는 윤증 선생 종가는 위세 있는 양반 가문 하면 흔히 떠오르는 99칸의 큰 집이 아니다. 양반 댁을 상징하는 솟을대문도 없다. 갑오농민전쟁 때 피해를 입어 불에 타버렸다고 한다. 선조를 모시는 사당과 남자들의 거처인 사랑채, 주부들의 공간인 안채, 대문 곁의 행랑채, 살림기구를 보관하는 광채로 나뉘어 있을 뿐이다.

그러나 'ㄷ'자로 앉힌 안채를 꼼꼼히 살펴보면 볼수록 그 짜임새에 절로 감탄사가 나온다. 높은 천장 사이로 다락을 만들어 기물을 보관하고, 우물마루 대청 위에 선반을 설치하여 일상적으로 사용하는 상이나 음식을 올려놓을 수 있도록 했다. 옛집치고는 안방과 대청이 무척 넓었다. 대청은 제청으로 쓰이는데 제사를 모실 때는 많은 후손이 모이기 편하게 설계한 것으로 보인다. 마루 북쪽 전면은 벽이 아니라 바라지창이다. 문을 열면 제단처럼 높은 장독대가 정면으로 보인다. 옹기종기 앉아 있는 배부른 항아리에 간장을 담글 땐

안채의 대청마루 바라지창을 열면 제단처럼 높은 장독대가 보인다. 장맛이 좋아 '꿀독'이라 부르는 전덕간장이 익어간다.

옹기종기 앉아 있는 배부른 항아리에 간장을 담글 때 여자 버선을 오려 붙인다고 한다. 여자들의 발길이 가는 곳마다 꿀맛 같은 장맛이 나도록 염원하는 마음에서다.

여자 버선을 오려 붙인다고 한다. 여자들의 발길이 가는 곳마다 꿀맛 같은 장맛이 나도록 염원하는 마음에서다.

작은 방도 여럿 딸려 있어서 3대가 생활해도 불편함이 없어 보였다. 안채 대문을 가로지른 벽 하나도 다른 곳에는 볼 수 없는 풍경이다. 이 벽에는 재미있게도 '내외벽'이라는 이름이 붙여졌다. 남녀가 유별한 조선시대에 문을 열었을 때 안채의 내부가 훤히 들여다보이지 않게 하기 위해서다. 안채를 보호하듯 높이 앉은 사랑채는 튼튼한 화강암으로 쌓아 올린 2층 축대 위에 있어 멀리 마을이 내려다보이고 앞뜰 정원의 키 큰 나무가 사랑채를 가리지 않았다.

사랑채 앞으로는 네모난 넓은 연못을 만들고 가운데에 작은 동산을 꾸몄다. 연못 둘레에는 고목이 된 백일홍 두 그루가 서 있고 갖가지 정원수도 잘 정리돼 있어 주인의 애정을 느낄 수 있었다. 잠깐 동안 이 아름다운 정원에 꽃이 만발했을 때를 상상해본다. 무릉도원(武陵桃源)이 따로 없을 듯했다.

▲양반 댁의 위상을 상징하듯 튼튼한 화강암으로 축대를 쌓은 사랑채 전경.

▼사랑채 앞 연못에 만든 작은 동산.

연못 곁에는 석간수의 우물이 있는데 물맛이 아주 좋다고 한다. 이 물이 넘쳐 연못으로 흐르게 연결한 설계도 참 지혜로워 보였다. 종가는 중요민속자료 제190호로 지정돼 있다.

제례박사가 된 노종부의 내력

종가에는 63년째 종가 안주인으로 있는 윤증 선생의 11대 종부 양창호(취재 당시 82세) 할머니와 일 년 전에 종손과 사별한 차종부 신정숙(취재 당시 56세) 씨가 지키고 있었다. 3000여 평이 된다는 넓은 집안이 반들반들 윤이 나게 가꾸어져 있는 것을 보니 종부들의 부지런함을 한눈에 알 수 있었다. 볕 바른 안채 넓은 대청에 앉아 종가의 내력을 들었다.

양력으로 차례를 모신다는 차례상이 가장 궁금했다. 노종부는 추운 날씨임에도 차례상을 차려주었다. 소론 댁의 소박한 상차림에 덧붙이는 설명도 있었다. 대청에 놓여져 있는 가로 99센티미터, 세로 68센티미터로 제사상치고는 작아 보이는 상 위에 올려진 차례 음식은 놀랍게도 너무나 간단했다. 신주(神主)에는 부부가 함께 모셔져 있다.

신주 앞에는 떡국 두 그릇, 가운데는 수저를 담은 시접이 놓이고 그 앞으로 술잔 두 개가 놓였다. 신주 쪽에서 볼 때 오른편에 식혜를 건지만 담아 그 위에 북어를 잘게 찢어 고명으로 올렸다. 그 옆으로 간장 한 종지, 그 옆으로 나박김치 한 보시기가 있다. 마지막 줄에는 오른편에 북어 두 마리를 머리와 꼬리를 자르고 엇갈리게 놓았고 그 위에 오징어 두 마리도 거두절미(去頭截尾)하여 엇갈리게 올려 담았다.

과일은 대추, 밤, 곶감이 전부였다. 이날 밤이 준비되지 않아 감자를 밤 대신 올렸는데 이 댁의 가풍에서는 꼭 무엇을 올려야 된다는 기준을 크게 따지지 않았다. 감자도 종자이고 밤도 종자이므로 종가에서 직접 농사지은 것이면 된다고 한다. 제물 때문에 제사를 기피하는 지금 시대에 참으로 따르고 싶은 상차림이다. 이 정도 음식으로 차례상을 차린다면 누가 제사 지내기를 피할까 싶었다.

한결같이 지켜온 간단한 제상 차림

노종부는 이렇게 간단한 제상 차림을 할 수 있게 해주신 조상님께 감사하다고 한다.

"우리 조상님들은 참으로 훌륭하셨어요. 앞을 내다보는 혜안이 있으셨지요. 차례상뿐 아니라 조상님이 돌아가신 날 지내는 기일 제사상도 너무 간단해요. 제사 당일날 준비해도 늦지 않아요. 밥과 고기와 무를 넣어 끓인 국과 어적(魚炙), 계적(鷄炙), 육적(肉炙)을 올립니다. 세 가지 적이 없으면 두 가지라도 형편껏 올립니다. 잎나물 도라지, 고사리, 미나리 세 가지 나물을 올리지요. 미나리는 사철나물이고, 고사리는 줄기나물이며 도라지는 뿌리나물로 모두가 가문의 뿌리를 상징하는 뜻이 담겨져 있어요. 어탕, 육탕, 소탕의 세 가지 탕도 다 의미가 있어요. 어탕(魚湯)은 바닷고기지요. 네발짐승으로 육탕(肉湯)이 오릅니다. 그다음은 무와 두부를 넣은 소탕(蔬湯)을 올립니다. 조상에게 자연이 내린 음식을 골고루 맛보게 하기 위한 것이지요. 포는 어포(魚脯), 육포(肉脯), 문어포(文魚脯) 세 가지를 올립니다.

그다음으로 나박김치와 간장과 새우젓과 식혜를 올리는데 식혜는 건지만 그릇에 담고 그 위에 육포를 잘라 고명으로 올려요. 과일은 밤, 대추, 감,

▲ 넓은 집안을 윤이 나도록 정성껏 가꾸어가고 있는 노종부 양창호 할머니와 차종부 신정숙 씨.

▶ 오랜 세월 동안 수많은 제사를 모셔오고 있는 양창호 할머니는 제례 박사였다. 종부다운 해박한 지식으로 차례 음식의 의미를 자세하게 설명해주었다.

배, 사과 다섯 가지로 홀수로 올려요. 과일 놓는 순서는 대추, 밤, 배, 곶감 순서로 놓지요. 우리 집은 소론이기에 조율이시(棗栗梨柿)로 놓지요. 그러나 음식 준비에는 한치의 소홀함도 용납되지 않았어요.

우리 시조부께서는 제삿날 3일 전부터는 고기를 잡숫지 않았고, 나쁜 말도 삼가고, 크게 떠들고 웃지도 않았어요. 경건한 마음으로 조상을 모셔야 한다고 하셨지요…. 음식을 만들 때 말을 하게 되면 침이 튈 것을 염려해 입에 창호지를 물고 음식을 하라 일렀어요.

향은 향나무를 깎아 태우는 목향을 써야 하는데 지금은 시중에서 파는 자루향을 써요. 남자들은 옥색 도포를 입고 여자들은 옥색 치마저고리에 검은 족두리를 꼭 씁니다. 제사에는 여자들도 참석하는데 술은 올리지 않고 절만 네 번 해요. 남자가 두 번이니 여자는 네 번을 해야 돼요. 술은 올리지 않아요. 또한 살아생전 볼 수 있었던 어른의 제사는 반드시 곡을 하지요. 뵙지 않은 조상에게는 곡을 하지 않지요."

평생을 수없이 많은 제사를 모신 노종부는 말 그대로 제례박사였다.

메주콩은 반드시 우리 콩이어야 한다

우리 집 간장은 이 지구상에서 최고의 맛일 게야. 갓 지은 고슬고슬한 쌀밥에 우리 집 전덕간장을 넣고 쓱쓱 비벼 먹으면 다른 반찬이 없어도 맛나게 밥 한 그릇을 먹을 수 있거든.

노종부가 내세우는 간장 맛은 과연 일품이었다. 간장색은 검었지만 탁

◀ 조상을 모신 사당.

▶ 단출하면서도 정성이 느껴지는 제사상. 제사를 앞둔 3일 전부터는 고기 반찬은 물론 나쁜 말도 삼가야 했고, 떠들거나 웃지도 않았다 한다. 음식을 장만할 때는 침이 튈 것을 염려해 입에 창호지를 물고 만들었을 정도라고 한다.

하지 않았다. 짜지 않고 달콤했다. 잘 맛든 게장맛 같았다. 이렇게 맛있는 간장으로 음식을 만든다면 솜씨가 없어도 음식 맛은 일품일 수밖에 없겠다는 생각이 들었다.

종가의 간장 담그는 비법은 참으로 특이했다. 음력 10월에 메주콩을 삶아 메주를 만든다. 이때 메주콩은 반드시 우리 콩이어야 제맛이 난다고 강조했다. 메주 크기는 가로 15센티미터, 세로 20센티미터 정도로 직사각형으로 만든다. 마루에 짚을 깔고 메주를 늘어놓아 일주일 정도 말린다. 다음은 짚으로 동여매 40일 정도 처마 밑에 매달아두었다가 메주를 내려 마루 한편에 짚 한 켜, 메주 한 켜씩 놓고 비닐을 덮는다. 비닐에는 공기 구멍을 만들어야 습기가 생기지 않는다. 한 달 정도 지나서 열어보면 메주 전체에 곰팡이가 피어 있다. 이를 다시 딱딱해질 정도로 햇볕에 말린다. 말려진 메주는 물에 씻지 않고 솔로 박박 닦는다.

항아리에 메주를 차곡차곡 담고서 물과 소금을 일대일로 잡아 소금이 녹으면 메주가 잠길 정도로만 붓는다. 메주를 넣은 항아리 속에 빈 공간은 메주를 잘게 쪼개 메운다. 항아리 맨 위에도 웃소금을 덮는다. 까만 비닐로 항아리를 덮은 다음 그 위에 뚜껑을 덮는다. 간장을 뜰 때까지는 절대 열어보지 말아야 한다.

일반적으로 장을 담근 다음에는 볕을 쬔다. 바람이 장 단지와 통해야 하고 곰팡이가 바람을 타고 들어와야 하는데, 종갓집의 간장독은 담근 이후 장

물맛이 좋아 장맛이
좋은 우물.

을 뜰 때까지 열지 않는 게 특징이다.

보통은 장을 담근 지 40일 정도면 간장을 뜬다. 파평 윤씨 종가의 전덕 간장은 6개월 정도가 지난 추석 무렵에 간장을 뜬다. 항아리를 열어보면 소금이 새카만 강정처럼 딱딱해져 있다. 이 소금은 꺼내 버리고 메주를 한쪽으로 치우면 간장이 술처럼 푹 올라온다. 용수를 박아 속간장을 퍼내 팔팔 끓여 뜨거울 때 다시 항아리에 붓는다. 간장을 뜨고 난 후에 메주는 버린다. 단맛이 간장으로 다 빠져나와 된장 맛이 없기 때문이다.

종가에서는 두 식구가 전부인 지금도 메주콩을 3가마니씩 삶는다. 종가의 간장은 음식 간을 맞추는 양념의 역할을 넘어서 배탈이 나거나 소화가 안 될 때 약으로 먹기도 한다. 시집간 딸들은 물론 소문을 듣고 간장을 얻으러 오는 사람이 많아 한 해도 거르지 않고 지금도 메주콩을 삶는다.

간장이 맛을 결정한다

1998년 추석 때 모 방송국에서 음식 잘하는 종갓집 여섯 곳을 선정해 맛자랑 품평회를 방송한 적이 있었다. 여기서 내로라하는 여러 종가를 제치고 이곳 종가의 떡선과 궁중 떡볶이가 당당히 1등을 차지했다. 1등의 비결은 물론 간

◀ 싱싱한 청어에 칼집을 넣어 살짝 소금 간을 한 다음 전덕간장으로 만든 양념장을 고루 끼얹어 숯불에 구운 청어구이.

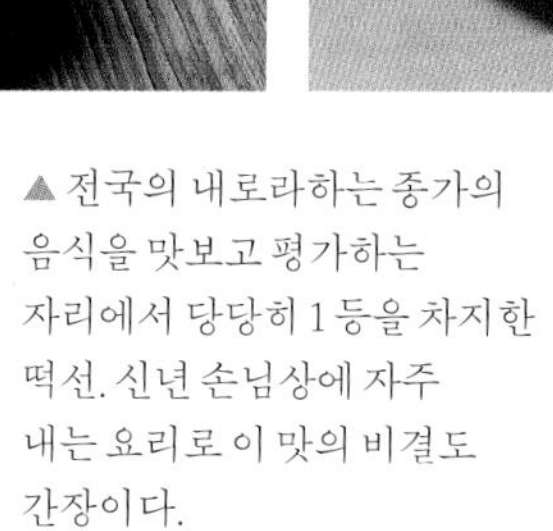

▲ 전국의 내로라하는 종가의 음식을 맛보고 평가하는 자리에서 당당히 1등을 차지한 떡선. 신년 손님상에 자주 내는 요리로 이 맛의 비결도 간장이다.

▶ 설 차례상에 반드시 오르는 장김치. 간장 맛 때문인지 칼칼하면서도 시원한 맛을 내는 별미 중에 별미다.

장 맛 때문이었다. 해묵은 쌀로 가래떡을 뽑아 냉동실에 보관했다가 손님 접대로 내놓는 것이 이 종가의 대표적인 음식이다.

떡선은 가래떡, 곱게 간 쇠고기, 석이버섯과 달걀, 양념간장을 준비하면 된다. 가래떡을 5센티미터 정도의 길이로 잘라 반으로 가른다. 어슷하게 칼집 넣은 가래떡에 볶은 쇠고기, 석이버섯, 달걀 지단으로 소를 넣는다. 소 넣은 가래떡을 찜통에 살짝 쪄서 식기 전에 양념장에 찍어 먹으면 그 맛이 일품이다. 설날 손님상을 화려하게 할 만한 음식이다.

간장으로 양념한 청어구이도 종가의 별미다. 싱싱한 청어에 칼집을 넣어 살짝 소금 간을 한다. 전덕간장에 갖은 양념을 해 절인 청어에 고루 끼얹어 양념이 고루 배게 한 후 숯불에 석쇠를 놓고 구우면 구수한 청어구이가 탄생한다.

설 차례상에 반드시 오르는 장김치도 간장 맛 때문인지 칼칼하고 시원한 별미였다. 무는 나박썰기하고 배추 속대는 무 크기로 썬다.

배도 무 크기로 썬다. 갓, 미나리도 씻어 다른 재료 크기로 썬다. 석이버섯은 불려서 가늘게 채로 썬다. 실고추, 마늘, 생강, 간장을 준비해둔다. 미나리와 실파만 빼고 모든 재료는 항아리에 담고 간을 맞추어 놓은 장국을 붓는다. 나중에 미나리와 파를 넣고 하루 정도 익혀서 먹는다. 간단하면서도 김치에 식상한 사람들의 입맛을 돋우어준다.

500년 넘게 이어온 사제간의 의리

서흥 김씨 한훤당 김굉필 종가

불천위 제사를 모시는 제청으로 쓰이는 종가의 사랑채.

530년 전 선조 할아버지들끼리 맺었던 스승과 제자의 인연을 지금껏 이어오는 집안이 있다. 조선시대 영남 오현(五賢)의 수장으로 일컫는 한훤당 김굉필(寒暄堂 金宏弼, 1454~1504) 선생 종가다.

한훤당은 스승인 점필재 김종직(岾畢齋 金宗直, 1431~1492)에게 『소학』을 배워 평생을 실천했고, 갑자사화 때는 그의 제자라는 이유만으로 사약을 받아 51세로 생을 마감했다. 사후에는 그의 죽음을 안타깝게 여긴 제자 정암 조광조로 인해 누명을 벗고 우의정에 추서됐다.

스승 때문에 목숨을 잃고 제자에게서 명예를 회복한 사제 간의 지순한 인연으로 선생은 지금껏 성균관 문묘에 조선시대 인물로는 첫 자리에 배향돼 있다. 경북 달성군 현풍면 못골에 자리 잡은 한훤당 선생의 후손들은 고령군 상림동에 있는 스승의 후손과 혼인도 하고 어려울 때 먼저 달려가 힘이 되어주는 교분을 500년 넘게 이어오고 있었다. 사제지간의 정이나 의리가 퇴색해버린 지금 참으로 아름다운 이야기가 아닐 수 없다.

한훤당 김굉필 선생은 본관이 황해도 서흥(瑞興)으로, 아버지는 유(紐), 어머니는 청주 한씨다. 선대는 신라 마지막 왕이었던 경순왕의 넷째 아들의 후손으로 고려 때 전쟁에 큰 공을 세우고 서흥군으로 봉해지면서 본관으로 삼았다고 한다. 고려가 망하고 증조인 중곤(中坤)이 조선조에 참의공 벼슬을 함으로써 한훤당의 출생지는 서울 정릉동(지금의 정동)이 되었다. 증조부가 현풍 곽씨 부인과 혼인하면서 후에 그 할머니의 친정인 현풍으로 옮겨 가 지금의 종가가 자리 잡게 된 것이다.

청소년기의 한훤당은 매우 호방하여 남의 눈치에 거리낌이 없었고, 옳지 못한 일은 그냥 넘기지 않았으며, 의리를 중시했다고 한다. 열아홉 살 때 경남 합천군 야로현에 있는 순천 박씨와 혼인하면서 선생의 인생은 전환점을 맞게 된다. 선생은 처가의 경치 좋은 곳에 작은 서재를 짓고 '한훤당'이란 당호를 붙였는데, 이것이 후에 그의 아호가 됐다. 여기서 그는 많은 책을 읽고 현풍과 처가인 야로 등지를 오가며 그곳의 학자들과 교류하며 견문을 넓혔다.

운명을 결정짓는 스승을 만나다

스물한 살 때 그의 운명을 결정짓는 스승과의 만남이 이루어진다. 당시 함양군수로 부임해 있던 점필재 김종직의 문하생이 된 것이다. 김종직은 고려 말의 정몽주에게서 비롯되어 길재, 그의 부친 김숙자로 내려온 유학의 도통을 이어받은 영림의 사림학파로, 학문과 문장이 뛰어나 그를 따르는 문인들이 많았다. 김종직은 한훤당을 제자로 얻게 된 즐거움에 다음과 같은 시를 썼다.

궁벽한 곳에서 무슨 다행으로 이 사람을 만났는고.
주구를 가져와서 찬란한 잔치 베풀도다.
좋이 가서 다시 한이부를 찾게나.
나는 쇠하고 썩어 생각하는 바를 다 가르칠 수 없다네.

또 제지가 쓴 시를 읽고 감동하여 격려의 시를 쓰기도 했다.

그대의 시 솜씨 보니 옥에서 연기를 뿜는 듯
손 맞이하는 걸상 지금 달아맬 필요가 없겠구나.
은나라 반경편(盤庚篇) 가지고 어렵게 연구하지 말고
한 치 맑은 천연(天淵)을 반드시 알아두게나.

이렇게 스승은 똑똑한 제자를 얻은 기쁨을, 제자는 훌륭한 스승을 모시게 된 감사함을 시로 나누며 정겨운 풍경을 연출했다.

제자라는 이유로 목숨을 내놓다

김종직은 진실로 학문에 뜻을 둔다면 『소학』부터 배워야 한다며 책을 손수 주며 앞날의 대성을 격려했다. 이에 김굉필은 서른이 넘도록 스승이 추천한 『소학』 연구에 몰두하여 사람들이 국가의 일을 물으면 "소학동자가 어찌 대의를 알겠느냐"라며 나서지 않고 한결같이 자기 몸을 닦고 다스리는 데 온힘을 다했다.

김종직 선생과의 인연은 이렇게 시작해 그의 수제자로서 조선조 유학의 정통을 잇는 영광을 누리게 된다. 스물일곱에 생원시에 합격한 한훤당은 마흔한 살 때 경상 감사의 추천을 받아 남부참봉으로 벼슬길에 오르게 된다. 그 뒤 사헌부 감찰 등을 거쳐 형조 좌랑으로 임명된다. 이때 죄인들의 상소를 바르고 공정하게 처리해 한 사람도 이의를 다는 사람이 없었다고 한다.

선생의 나이 마흔일곱 살 때 스승 김종직이 쓴 조의제문(弔義帝文)이 사초(史草)에 실린 것을 트집 잡아 연산군 4년에 이극돈, 유자광 등에 의해 무오사화가 일어난다. 이 잔혹한 당쟁으로 김종직은 부관참시를 당하고 이와 관련하여 한훤당은 김종직의 문도로서 '붕당을 맺어 서로 칭찬하고 혹은 나라의 정치를 비난하고 시국을 비방했다'는 죄목으로 곤장 80대를 맞고 평안도 희천군에 유배되었다. 6년간의 짧은 관직생활은 이렇게 끝을 맺었다.

이 유배생활에서 또 한 번의 운명적인 만남이 이루어진다. 정암 조광조를 만난 것이다. 조광조는 이때 아버지의 관직을 따라 희천에 있었다. 조광조의 아버지는 아들의 스승을 찾다가 비록 죄인이지만 고매한 학문이 널리 알려진 한훤당 선생에게 아들을 보냈다. 이곳에서 4년 동안 조광조는 선생에게 배운 『소학』의 원칙주의를 도입해 후에 조선 성리학의 정치적 절정을 이룬다.

선생의 나이 쉰한 살 되던 해인 갑자년 9월, 사화가 재차 일어나서 무오당인에게 죄를 더 주도록 명해져 10월 1일 사약을 받아 죽음을 맞게 된다. 죄명은 연산의 어머니 윤씨의 폐비에 찬성했다는 것이지만 이유는 단 하나, 김종직의 제자라는 것이었다.

선생이 억울하게 죽고 나서 중종반정이 일어난다. 연산군을 쫓아내고 임금 자리에 앉은 중종은 젊은 학자들을 등용시켜 자신의 정치 세력으로 삼았다. 그 선두에 선생의 직계 제자인 조광조가 있었다. 선생의 억울함은 당연히 풀리고 명예는 회복된다. 그리고 우의정으로 추정되어 문경(文敬)이란 시호를 하사받는다.

스승 때문에 목숨을 버렸고, 제자로 하여금 명예를 회복한 사제지간의 도리는 아름다운 이야기로 역사의 한 자락에 남아 있었다.

모두가 탐내는 명당에 자리 잡은 종택

아카시아 꽃향기가 5월의 훈풍에 떠다니는 5월 10일, 500여 년 동안 선조의 스승댁과 깊은 정을 이어온다는 이야기를 듣고 싶어 유서 깊은 종가를 찾았다. 구마고속도로에서 현풍 입체교차로를 지나 오른쪽으로 돌아가다 보면 오른쪽에 널따란 연못이 눈에 들어온다. 이 못 때문에 마을 이름이 못골로 불렸다.

못 끝자락을 끼고 오른쪽으로 돌아 100여 미터 가면 현풍 곽씨 12정려각이 있다. 여기서 또 오른쪽으로 가면 '소학세향(小學歲鄕)'이라고 쓰인 커다란 빗돌과 마주하게 된다. '학문의 근간을 『소학』에 두었고 그 내용을 생활 속에 실천했다'는 선생의 고향임을 알게 한다.

종가는 빗돌을 돌아 300미터 거리에 있었다. 들머리에는 실버들이 늘어진 아름다운 연못이 또 하나 있다. 종가의 지형이 나비처럼 생겼다 하여 나비가 살려면 물이 있어야 후손이 번성할 것이라는 지관의 말에 따라 종가에서 만든 연못이다. 솟을대문 앞에는 은행나무 한 그루가 시원한 그늘을 만든다. 은행을 다섯 말이나 딸 수 있다는 300년 된 고목으로, 종가의 역사와 함께 보호수로 지정되어 있다.

종택은 모든 지관이 탐을 내는 명당 중에 명당자리였다. 아쉽게도 한국전쟁 때 300년 된 고택이 불타버렸지만, 지금은 옛 모습 그대로 복원되었다. 큰 인물이 났음을 상징하는 홍살문의 솟을대문을 들어서면 바로 안채가 보이고, 왼편은 사랑채와 안채를 가리는 내외벽이 있어 이채롭다. 안채 뒤로는 한훤당 선생의 불천위(不遷位, 영원히 제사 지내는 신주)와 4대를 모신 사당이 있다. 곳간채 등 일곱 채의 건물이 튼실하게 자리하고 있다.

'소학세가'라 쓰인 편액이 걸린 사랑채로 들어가는 작은 쪽문은 한국전쟁 때 불타지 않고 유일하게 남아 있었다고 하는데, 그 쪽문은 담이 쓰러져 수리에 들어갔다. 이 사랑채는 사랑채 구실보다는 불천위 제사를 모시는 제청(祭廳)으로 쓰인다. 사랑채 앞뜰에는 청백리를 상징하듯 청솔나무와 대나

19대 종손
김병의 할아버지와
종부 김정희 할머니.

무가 푸른 기색을 뽐내고 있다. 후원과 안채 앞뜰에는 모란, 작약, 국화, 매화 등 군자를 상징하는 나무들이 심어져 있어 기품 있는 종손의 취향을 엿볼 수 있었다.

종가에는 컴퓨터를 배우고 있다는, 현대와 전통의 사고를 고루 갖춘 19세 종손 김병의(취재 당시 82세) 할아버지와 종부 김정희(취재 당시 81세) 할머니가 살고 있다. 3남 4녀의 자녀들은 모두 출가해 분가했고, 친딸이나 다름없다는 젊은 여인이 살림을 맡고 있었다.

선조의 스승과 500년의 교분을 쌓다

종손이 거처하는 방문 위에는 일본의 한 여자대학에 소장되어 있다는 선생의 몇 안 되는 친필 '오애(吾愛)'라는 글씨가 사진으로 걸려 있다. 선생의 명성과는 달리 두 번의 사화와 한국전쟁 때문에 남아 있는 유물이 없다고 한다.

"생각해보세요. 역적 누명을 쓰고 사약을 받았으니 무엇인들 온전히 남았겠어요. 당시 사회 분위기에서는 구족을 멸하지 않은 것만으로도 다행이라고 봐야 할 것입니다."

선생은 사약을 받고 이레 동안 저잣거리에 매달려 있었는데, 세 아들이 밤을 도와 선생의 시신을 거두었다. 부인은 후손들에게 미칠 화를 면하기 위해 집안에 있는 모든 유품을 불살라 전해오는 것이 없다고 한다.

스승이었던 점필재 선생과의 교분을 물었다. 바로 며칠 전에도 점필재 선생의 종손이 다녀갔다고 한다.

"그 문중과는 혼인도 많이 했어요. 혼인보다 더한 인연이 또 있겠습니까? 그 댁 지금 종부도 우리 집안에서 시집갔고, 바로 윗대 종부도 우리 집안 사람이지요. 그 문중의 족보를 보면 그 윗대에도 우리 집안과 혼인이 많았어요. 전통사회에서는 혼인이 개인의 일이라기보다는 가문과 가문 간의 관계를 맺는 것으로 생각했기 때문이지요. 또 자녀를 둠으로써 혈연으로 유대가 돈독하니 관향만 달랐지 한 집안이나 마찬가지입니다. 지금의 그 댁 종손은 우리 집안의 외손이지요.

차가 없던 시절에는 50리 길을 걸어와서 놀다 가곤 했어요. 할아버지의 위패가 모셔진 도동서원(道東書院) 향사 때도 빠지지 않고 참석합니다. 경남 고령에 종가가 있는데, 그 댁에 가야 좋은 이야기가 많지 우리 집은 남은 것이 없으니…."

선조의 선생님 댁을 먼저 취재하라는 속뜻이 담겨 있었다. 종가에서도 점필재 선생 댁 일이라면 빠지지 않아, 작년에 점필재 선생의 기념비를 세울 때도 참석해 축하드렸다고 한다.

"선생의 명예를 회복시킨 조광조 선생 댁은 경기도에 있어서 자주 왕래는 못 하지만 이따금씩 소식을 묻곤 하지요."

피를 섞은 집안도 한 세대가 지나면 남남인 것을 500여 년이 넘은 선조의 인연을 소중히 여겨 지금도 그 댁 일이라면 먼저 나서는 의리가 경외스럽기만 했다.

도동서원, 성리학의 도를 품다

'성리학의 도가 동쪽으로 왔다'는 자부심 넘치는 의미가 이름에 담겨 있는 도동서원을 보기 위해 종손과 함께 나섰다. 종가에서 25리나 떨어진 경북 달성군 구지면 도동리에 있었다. 현풍에서 도동리로 넘어가는 다람재에서 내려다보면 낙동강 줄기가 휘돌아 마을을 감싼 듯한 도동마을과 고풍스런 서원이 우뚝하게 눈에 들어온다. 서원은 500미터 높이의 대니산(戴尼山) 끝자락에 자리하고 있다.

이 산은 나라에서 하사받은 것으로 한훤당 선생과 그 선친을 비롯한 문중 묘소가 있다고 한다. 종손은 윗대가 돌아갔을 때 삼년상 내내 초하루 보름날 흰 갓을 쓰고 종가에서 이곳까지 왕복 네 시간에 걸쳐 걸어 다니며 묘소를

사진으로만 보관하고 있는 김굉필 선생의 친필 사진.

보살폈다고 한다. 한훤당 선생도 선친이 돌아가시고 시묘를 살았고 그 아들, 손자 3대가 시묘를 살았던 자리에 '정수암'이란 작은 풀집을 지어 기념해놓았다. 지금은 길이 잘 포장되어 있었다.

다람재를 넘어서면 한훤당 선생의 외증손이자 뛰어난 예학자인 한강 정구(寒岡 鄭逑, 1543~1620)가 심었다는 은행나무가 늙은 가지를 잔뜩 드리운 채 서원 앞마당에 서 있다. 은행나무 그늘에서 다리쉼을 하고 있자면 4단의 석축 위에 시원스럽게 나래를 편 이층 누각이 눈에 들어온다. 서원의 정문인 수월루(水月樓)다. 이 누각 아래가 서원으로 들어가는 정문이지만 석축의 돌장식까지 잘라 가는 불청객 때문에 문은 늘 닫혀 있다. 서원을 들어가려면 지금은 관리사로 쓰이는 전사청(典祀廳)으로 가야 한다.

수월루 안쪽에는 강당으로 들어가는 또 하나의 문을 거쳐야 한다. 주인을 부른다는 환주문(喚主門)이다. 갓 쓴 유생이라면 반드시 고개를 숙여야만 들어설 수 있는 작은 문이다. 문턱 자리에는 꽃봉오리를 새긴 돌을 박아 잠시 머물게 했다.

이 문을 들어서면 마주 보이는 건물이 중정당(中正堂)이다. 큰 강당에 비하면 이 문은 너무나 작아 건물의 장식품같이 아름다웠다. 중정당 양옆으로는 기숙사인 동재·서재가 있다. 환주문에서 중정당에 이르는 흙마당 가운데는 납작하게 다듬은 돌을 깔아 한 사람이 지날 만한 돌길을 만들었다. 그 돌길과 만나는 축대의 중앙에는 돌거북의 머리가 툭 튀어나와 있다. 양쪽의 송곳니가 비죽이 나온 길게 찢어진 입을 악물고 이맛살을 잔뜩 찌푸리며 인상을 쓴 모습이 사나워 보이기보다 웃는 것처럼 보였다. 중정당 건물 옆으로 동쪽에는 제사 준비를 하는 전사청이 있고 서쪽에는 목판본을 보관하는 장판각이 있다.

아름다운 조각보를 깁듯이 쌓아 올리다

강당에 오르려면 일곱 단으로 쌓인 돌계단을 올라야 한다. 그 높은 기단을 밋밋하지 않게 같은 질감의 돌로 장식했는데, 그 정성과 기교가 너무나 감탄스러워 자리를 뜰 수가 없었다. 물고기와 여의주를 물고 머리만 내밀고 있는 용 네 마리가 있는가 하면, 다람쥐를 닮은 작은 짐승이 꽃송이를 옆에 두고 오르내리는 모습이 조각된 돌도 박혀 있다.

돌의 모양새에 따라 조각보를 깁듯이 하나하나 짜맞추어 쌓아 올린 솜씨는 높은 미감과 극진한 정성 없이는 어림없어 보였다. 햇빛이 비추는 조명에 따라 담묵을 풀어놓은 듯 농도가 달라 보이는 돌 색의 아름다움도 눈을 황홀하게 했다. 미술품을 보는 안목이 전혀 없는 눈에도 감탄이 나올 만큼 조화로운 저 예술품을 만든 선조들께 존경을 보내지 않을 수가 없었다. 반대로 장식 하나 없이 수십 층 높이로 밋밋하게 쌓아 올린 우리 아파트와 비교되기도 했다.

아름다운 돌단 위에 앉은 강당은 가운데 세 칸짜리 대청이 있어 여름에는 시원하게 글을 읽을 수 있게 했고, 좌우로 온돌방을 들여 겨울 강의를 받을 수 있게 했다. 지금도 여름에는 방학을 맞은 학생들이 와서 『소학』이며 예절을 배우고 간다.

이 건물은 한훤당 선생이 세상을 비린 100년 뒤인 1605년에 완공되었다. 흙담과 함께 보물 제350호로 지정되어 있다. 진흙과 막돌 사이에 암키와와 수막새로 장식해 음·양의 조화를 이룬 담은 보기 드문 보물이라 한다.

환주문을 들어서면 마주 보이는 건물이 중정당이다. 서원 건축이 갖추어야 할 건축 규모를 완벽히 갖춘, 조선 중기를 대표하는 서원으로 평가되고 있다.

중정당 뒤편 사당으로 오르는 다섯 단 축대에는 모란과 작약 같은 우리

꽃나무를 심었고 사당을 상징하는 백일홍 두 그루도 음·양으로 심어져 있었다. 내삼문을 들어서면 사당이다. 봄·가을 향사를 드릴 때나 초하루 보름의 차례가 아니면 문을 열지 않는데, 이날은 종손의 배려로 사당 내부를 볼 수 있는 영광을 누렸다. 가운데 한훤당 선생의 위패를 모셨고, 동편에는 서원 건립을 추진했던 한강 정구의 위패를 모셔두었다. 동서 벽에는 사당을 지을 때 그렸을 것이라는 단아한 그림 두 점이 눈길을 끌었다.

종손은 사당 안의 퇴색된 단청이 마음에 걸리는 것 같았다. "이 단청은 사당을 지었던 당시의 것이라 자연 물감을 써서 색이 고상하고 품위가 있어요. 새롭게 단청을 하려 해도 지금은 화학 물감이라 잘못하면 격이 떨어질 것 같아 아직은 그대로 두고 있어요."

제발 그냥 그대로 오래오래 두었으면 싶다.

도동서원은 1865년 흥선대원군의 서원철폐 때에도 살아남은 47개 서원 가운데 하나로 병산서원, 도산서원, 옥산서원, 소수서원과 더불어 5대 서원으로 꼽힌다. 서원 건축이 갖추어야 할 건축 규모를 완벽히 갖추고 있는, 조선 중기를 대표하는 서원으로 평가되고 있다.

시원한 장국수와 20일간 숙성한 스무주

종부 건강이 좋지 않아 밥 준비를 못했다며 내놓은 장국수는 경상도 음식의 담백한 특징을 맛볼 수 있었다. 왕멸치와 다시마로 시원한 장국을 만들었고, 채 썬 양파와 풋고추는 마늘과 국간장으로 간을 해 볶았다. 김과 황백지단, 오이생채를 색 맞추어 고명으로 올린 장국수는 기름기가 없어 깔끔하고 시원했다.

국수 맛도 맛이려니와 대청에서 바라지창을 열고 후원에서 불어오는 시원한 바람으로 이른 더위를 식히며 장국수를 먹는 맛은 종가가 아니고서는 느낄 수 없는 특별한 맛이었다.

큰 제사에 반드시 올린다는 육포는 나뭇잎처럼 모양을 냈다. 육포 위에 호박씨와 대추로 국화꽃 모양을 만든 종부의 섬세한 솜씨가 돋보였다. 그뿐 아니라 장미꽃 모양으로 오린 오징어도 꽃같이 예뻤다. 찹쌀풀을 발라 통깨로 모양을 낸 김부각도 큰 제사에 오르는 제수품이다.

종가는 일 년에 기제(忌祭)와 설·추석 차례를 15번이나 지내고 있었다. 이때마다 쓰이는 제주(祭酒)는 국화주를 쓴다. 정원에 심은 싱싱한 국화꽃을 가을에 따서 말려 12월에 술을 담근다.

먼저 찹쌀 세 되로 흰죽을 끓였다가 차게 식혀 누룩가루 세 되와 섞어 사흘 정도 삭힌다. 다시 찹쌀 한 말로 고두밥을 쪄서 삭혀진 누룩과 섞은 뒤 국화 열 송이와 솔잎을 섞어 숙성시켰다가 제사 때마다 제주로 쓴다고 한다. 이 국화주는 겨울에 20일 동안 숙성시킨다 하여 일명 '스무주'라고도 한다. 군에서는 토속주로 지정하겠다고 나섰지만 조상의 제사상에 올리는 술을 함부로 할 수 없다며 종손은 응하지 않았다.

수백 년 유서 깊은 종가에 남겨진 유물로는 뒤주 위에 올려놓은 백자 주병이었다. 모란이 그려진 이 청하백자 주병은 61년 전 종부가 시집올 때 담가왔던 폐백 음식 단지로, 그 모진 전쟁도 피해 노종부의 옛 기억을 더듬게 했다.

98세 종부의 아름다운 죽음과 전통상례

안동 김씨 정헌공파 해헌 김석규 종가

안동 해헌 김석규 종가의 고택.

2003년 2월 7일 조선 말 선비였던 안동 김씨 해헌 김석규(海軒 金石圭, 1865~1944) 종가에서 98세로 생애를 마친 이종규 종부의 전통상례를 어렵사리 취재할 수 있었다. 열다섯 살에 꽃가마를 타고 시집와서 꽃상여를 타고 떠나기까지 한 세기를 살다 간 아름다운 죽음. 2월의 쌀쌀한 날씨와 표표히 내리는 눈발 속에 전통예법대로 치러진 상례는 가는 이의 길을 애도하는 장엄한 분위기 속에 진행되었다.

천수를 누리고 떠나신 어머님의 장례를 치르느라 여념이 없는 상주에게 이것저것 여쭤보는 것도 예가 아니어서 2월의 전통상례 취재 이후 낙엽이 지는 늦가을 11월에 다시 찾은 그곳에서 종가를 지키며 살고 있는 단아한 두 내외를 만날 수 있었다.

종손 김의동(취재 당시 74세) 씨는 놀랍게도 18년 동안이나 생식으로 연명한 도인 같은 생활을 하고 있었다. 피부는 티끌 하나 없이 맑고, 골깊은 주름은 찾아볼 수도 없었다. 군살은 더더욱 없었다. 다이어트에 촉각을 곤두세우는 이 땅의 많은 여성에게 솔깃한 이야기가 될 것도 같다. 이뿐 아니라 연말 연시 주당들이 귀를 기울일 만한 향긋한 '오가피주'도 가양주로 전해오고 있다.

독립유공자 후손임을 긍지로 느끼는 15세 신부 이윤옥(취재 당시 73세) 종부와 16세 신랑이 혼례를 치른 지 내년이면 어언 60년, 기와솔〔瓦松〕이 피어난 사랑채 툇마루에 앉아 함께한 세월을 회상하는 노부부의 모습은 늦가을 햇살을 머금은 온화한 낙엽을 닮은 듯했다.

손자의 품에서 운명한 98세 노종부

2003년 음력 1월, 설을 지난 지 일주일 만에 안동에 사는 지인한테서 연락이 왔다. 안동 김씨 후손집 종부가 98세로 세상을 떠났는데 전통상례를 행한다는 것이었다. 솔깃한 전갈이었다. 종갓집에서 치러지는 상례를 취재하기 위해 4년이 넘게 수소문을 했지만 뜻을 이루지 못한 터였다. 죽음이란 예기치 못하는 일이기도 하려니와 까다로운 예법을 지켜가며 전통상례를 치르는 집이 지금은 흔하지 않기 때문이다.

부랴부랴 준비를 하고, 함박눈이 내려 앞을 분간하기 힘든 위험한 밤길을 달려 경북에서도 제일 북쪽에 위치한 경북 봉화군 명호면 도천리에 있는 종가를 찾았다. 서울에서 출발한 지 7시간 만인 새벽 3시에야 겨우 도착할 수 있었다. 사랑채 마루에 차려진 빈소에는 교의가 놓여졌고 그 앞에 자리를 깐 다음 제상이 놓여졌다. 제상 앞에는 향탁을 놓았고 그 위에는 향합과 향로가 있었다. 향탁 앞에는 모사그릇이 놓여졌고 혼백(魂帛)과 고인의 사진이 교의 위에 있었다. 생전에 뵙지 못한 분이지만 영혼이라도 뵙기를 청하여 차 한 잔을 다려 올리고 네 번 절했다. 그런 후 굴건제복(屈巾祭服)으로 상복(喪服)을 갖춘 상주들에게 문상(問喪)의 예를 취하고 찾아온 목적을 말했다. 돌아가신 분의 큰손자 김세현(취재 당시 52세) 씨가 문상객을 맞이했다.

"설을 지내고 집이 추워서 제가 사는 서울로 모셔갔지요. 98세라는 연세가 믿어지지 않을 정도로 정신도 맑았고 걸음도 반듯했어요. 할머님의 장수 비결은 당신에게 무척 엄격한 데서 비롯된 것이 아니었나 싶습니다. 음식은 소식을 했고, 몸은 언제나 단정히 했습니다. 벽에 기대거나 낮잠을 주무시는 일이 없었어요.

늘 『규방가사집』을 읽고 붓글씨를 쓰셨습니다. 우리 마을뿐 아니라 인근 마을에서도 혼서나 예를 갖춘 사돈서를 부탁받을 만큼 글씨가 좋았고 예의범절에 밝으셨습니다. 돌아가시는 날 아침 식탁에 앉아서 요구르트 하나를 잡수신 후 저를 부르시더니 제 품에 편안히 안겨 그대로 운명하셨습니다. 손자 품에서 돌아가신 셈이지요."

꽃상여로 보내드리다

예로부터 수를 다하고 세상을 떠나면 호상(好喪)이라 했다. 그래서일까, 곡소리 대신 할머니의 육성으로 녹음된 할머니가 지은 가사가 빈소 가득 울려 퍼지고 있었다. 다음 날 아침 8시 종가의 솟을대문 앞에서 발인제(發靷祭)를 행했다. 집을 떠나기 전 마지막 음식을 받으며 자손들과 이별하는 의식이 바로 발인제다. 의식은 축관이 술을 따라 올리고 무릎을 꿇고 축문을 읽는 것으로 시작되었다.

"꽃상여로 모시게 되었사오니 곧 무덤으로 가옵니다. 보내는 예를 베푸오니 이제 영원한 이별이옵니다"라는 내용의 축문이다. 상주와 고인을 보내는 지인들이 모두 곡하고 절을 했다. 상여를 메고 갈 상두꾼에게 음식을 먹게 한 다음 장지로 향했다.

장지로 떠나는 의식을 출상(出喪)이라 한다. 조기(弔旗)를 앞세우고 땅속에 묻을 때 관을 닦기 위해 준비한 삼베 헝겊인 공포(功布)와 누구의 장례 행렬인가를 나타내는 명정(銘旌)도 뒤따랐다. 혼백을 모신 요여(腰輿)와 증손자 도년(취재 당시 19세) 군은 단아한 할머니의 사진을 모시고 따랐다. 그다음에는 18명의 상두꾼에 의해 꽃상여가 옮겨졌다. 큰아드님 뒤로 열 명의 아들과 네 명의 딸, 그리고 손자·손녀·증손까지 직계 자손만도 40여 명이 되었다. 그 외 복을 입은 사람과 조객의 순서로 출발했다. 여자들은 장지에 따라가지 않는 법이라 동구 밖에서 상여가 보이지 않을 때까지 곡하며 전송을 한다.

간다 나는 간다.
북망고개로 나는 간다.
이제 가면 언제 오나.
기약 없는 길이로세.

상두꾼들의 구슬픈 소리가 빈 들녘에 울려 퍼지는 가운데 하늘에서는 함박눈이 소리 없이 내리고 있었다. 진성 이씨 후예인 15세 어린 신부 이종규는 꽃가마를 타고 종가로 시집을 왔다. 그리고 83년 동안 굴절 많은 세태에도 굴하지 않고 전통의 생활 풍습을 한 치의 오차도 없이 지키면서 많은 자손들을 올바르게 가르쳤으며, 안살림을 지혜롭게 꾸려 집안을 화목하게 만들었다. 이제 그 고귀한 삶을 마감하고 영원한 안식처로 떠나가는 것이다.

장지는 집에서 2킬로미터 거리인 뒷동산이다. 장지에는 관이 들어갈 정도의 크기로 미리 땅을 파두었다. 이것을 천광(穿壙)이라 한다. 상여가 도착하자 혼백은 준비한 교의(交椅)에 모셔졌다. 그 앞으로 간단한 제물을 진설하고 장지로 찾아온 문상객을 맞이했다. 꽃상여를 해체한 다음 공포를 펴고 관을 닦은 다음 하관(下官)을 했다. 하관 후에는 지관(地官)이 패철로 방향을 확인하고 명정을 정돈해서 관 위를 덮었다. 유인진성이씨지구(孺人眞城李氏之柩)라는 글이 새겨진 명정이다. 이때 상주들은 두 번 절하고 곡하면서 관 위에 흙을 덮는 취토(聚土)를 했다. 광중을 흙으로 다 채우고 난 후 평토제(平土祭)를 지낸 후 상두꾼들은 상여를 불태웠다. 상주들이 혼백을 모시고 집으로 돌아오는 것으로 출상의 절차는 끝이 났다.

전통상례의 예법은 이후에도 이어지는데 장지에서 혼백과 신주를 다시 집으로 모셔오는 것을 반혼(返魂)이라 하고 장례를 치른 날에 지내는 고인의 첫 번째 정식 제사를 초우제(初虞祭)라 한다. 초우제를 지내고 처음으로 맞은 유일(柔日)날 아침에 재우제(再虞祭)를 지낸다. 재우제를 지낸 다음 날 삼우제(三虞祭)를 지낸다. 삼우가 끝난 후 3개월이 지나서 강일을 당하면 무시로 하던 곡을 거치는 졸곡제(卒哭祭)를 지낸다. 일반적으로 이때 탈상을 한다. 해헌 종가에서도 졸곡탈상을 했는데 종손이 생식을 하기 때문에 3년상을 다 채우기가 어려웠다는 설명이다.

하지만 전통상례의 예법은 윗대 조상 신주 곁에 새 신주를 모시는 부제(祔祭)가 있고, 일 년이 지나면 소상(小祥)이라 한다. 또 일 년 후에 대상(大

장지로 떠나는 의식 출상은 조기(弔旗)를 앞세우고 땅 속에 묻을 때 관을 닦기 위해 준비한 삼베 헝겊인 공포(功布)와 누구의 장례 행렬인가를 나타내는 명정(銘旌)도 뒤따른다. 여자들은 장지에 따라가지 않고 동구 밖에서 상여가 보이지 않을 때까지 곡하며 전송한다.

祥)이 있다. 대상을 지내고 한 달 후에는 상주가 술을 마시고 고기를 먹을 수 있으며 비로소 상복을 벗는 담제(禫祭)가 있다. 담제를 지낸 다음 달에 날을 정해 지내는 의례가 바로 상례의 마지막 의례인 길제(吉祭)이다. 길제란 5조대 신주를 묘소 옆에 묻고, 그 자리에 한 대씩 위로 올라가는 의식을 말한다. 길제를 지내야만 모든 상장례는 끝난다. 이후부터는 돌아가신 날 제사를 지내는 것이다.

11월에 다시 찾은 뜻 높은 선비가 '살 만한 곳'은?

뒤엔 산, 앞엔 물 있는 한 구역 열린 곳.
하객이 줄 잇고 또 술잔 드리는 곳.
붉은 여뀌 흰 마름 서로 비춰 있고
비둘기 울고 제비 새끼 날아오는 곳.
저녁 바람 버들 흔들어 그림 그리고
여러 밤 장맛비에 물이끼 푸르른 곳.
소요유 즐기는 뜻 높은 선비 깊숙이 숨어 노닐 수 있고
시인 묵객들 자주 찾는 곳이리.

『해헌공유고집(海軒公遺稿集)』에 있는 김석규 선생의 「살 만한 집」이란 시다. 종가에 터 잡고 그 감회를 적은 시구처럼 황우산, 문명산, 청량산 세 산과 낙동강의 발원지가 되는 강줄기와 춘양천이 만나 수려한 풍광을 이루는 곳이다. 뜻 높은 선비가 정한 집터이니 명당이 아닐 수 없다.

솟을대문에 들어섰다. 뜰에 피어난 늦가을의 청초한 들국화 한 무리가 객을 반겼다. 앞서 왔던 2월의 상례 풍경과는 또 다른 풍광이 종가 마당에 펼쳐졌다. 추수한 밤과 무 등은 앞마당 흙더미 속에 짚을 깔고 묻어두었다. 툇마루 한쪽에는 대추가 흑자주색으로 익어가고, 분이 보얗게 오른 곶감도 처마 밑에 매달려 있다. 일 년 동안 치러질 수많은 제사에 쓰일 제물들이다. 아무리 때깔 좋은 과일이라 해도 사서 쓰는 것보다 볼품없어도 정성을 다해 직접 갈무리한 음식을 조상님께 올리는 것이 후손의 도리임을 깨닫게 한다.

사랑채 오른쪽에 안채 대문이 있다. 남녀의 내외법이 엄격한 시절, 법도 있는 가문에서나 볼 수 있는 사랑채와 안채의 공간을 분리하기 위한 것이다. 안채는 며느리 이정임(취재 당시 49세) 씨의 지휘로 대대적으로 보수를 하고

있었다. 외형은 옛집 그대로 두고서 실내는 살기 편하도록 고치는 중이다. 온돌은 보일러로 대치했고, 불을 지펴서 밥해 먹던 재래식 부엌에는 싱크대와 가스레인지가 들어섰다.

화장실도 실내에 앉혔다. 문화재로 지정받으라는 전갈이 왔지만 지정이 되면 주인 마음대로 고칠 수 없는 제약 때문에 거절하고 차종손이 경비를 마련해 보수 중이라 했다. 디딜방아가 있었던 헛간채, 고방채 등은 옛 모습 그대로 둔다 했다. 아쉽게도 사당이 없다. 일제강점기 때 없앴다고 한다. 어지러운 시대에 잘못하다가 조상의 신주가 봉변을 당할 수도 있어 신주는 모두 무덤 옆에 묻고 제사 때는 지방(紙榜)으로 대신한다고 했다.

18년 생식으로 심장병을 고치다

사랑채 툇마루에서 종손을 만났다. 생활한복 차림이지만 품격이 느껴지는 종손과 종부 앞에서 우리는 평절로 인사를 했다.

"우리 집은 종가가 아니지요. 종가라면 불천지위(不遷之位, 영원히 지내는 제사)를 지내거나 성씨가 비롯된 대종가여야 하는데 보잘것없는 우리 집을 찾은 것은 잘못입니다."

청렴결백의 표상인 김계행(金係行, 1431~1517) 선생의 후손으로 6대째 맏이로만 전해오는 맏집이지 결코 종가는 아니라는 것이다. 하지만 아무리 고색창연한 종갓집이라 해도 사람이 살지 않으면 건물로서 가치는 있을지언정 삶의 향기는 찾을 수가 없다. 짧다고는 하나 180여 년 넘게 선조들의 삶을 지켜가는 모습을 더 귀하게 여긴다 했다. 특히 전통상례를 치르는 집이 드문 터에 지난 2월 세상을 떠난 할머니 상례는 사라져가는 전통상례의 모습을 남길 수 있는 흔치 않은 일이어서 다시 찾았노라고 인사를 드렸다.

먼저 신선 같은 피부를 가진 생식의 비법부터 물었다.

"50대 말쯤 되었어요. 감기를 자주 앓아 한의원을 찾았더니 심장병이라 했어요. 그 병에 가장 좋은 것은 식이요법이라 했는데 들어보니 어려울 것이 없겠다 싶어 그때부터 시작해 18여 년이 흘렀습니다. 그래서인지 심장병은 물론 감기 몸살 같은 잔병치레 없이 지냈습니다. 그런데 생식을 하고부터는 다른 음식은 먹고 싶은 생각이 없어졌어요."

종손이 먹는 생식은 집에서 키운 곡류로 만든 것이다. 율무, 현미, 검정콩, 찹쌀, 멥쌀, 수수 등 일곱 가지를 깨끗이 씻어 말린 다음 그대로 방앗간에서 가루로 만들어 온다. 여기다 솔잎을 넣는데 반드시 춘분(春分)과 추분(秋

分) 때 따서 말린 솔잎을 가루로 만들어 섞는다. 이를 어른 수저로 3순갈 정도를 마시기 편한 양의 생수에 타서 하루 세 번 먹는다. 곁들이는 반찬은 채소와 과일은 기본이고 육회나 생선회 등을 날것으로 먹는다. 기본 영양소는 갖춘 식단이라 했다.

봉화선주로 자리매김하다

"제가 16세 때 돌아가신 증조부님께서는 사람들을 불러 시회를 즐기는 일을 낙으로 여겨셨어요. 선비가 학문을 하는 목적은 벼슬길에 나아가 언젠가 세상을 경영하며 스스로 학문을 통해 새긴 뜻을 펼치고자 함이지요. 한데 나라를 빼앗겼으니 그 울분이 오죽했겠습니까. 그 때문에 찾는 손님들로 사랑채는 늘 북적댔어요. 집안이 제법 넉넉한 탓도 있었겠지요. 그러자니 손님 접대를 위한 주안상을 마련해야 했는데 그때마다 인근의 산에서 채취한 오가피(五加皮)나무 껍질을 이용해 술을 빚어 상에 올렸던 것입니다. 오가피는 예로부터 약재로 쓰여 그것으로 술을 담그면 술을 마시고도 뒤끝이 깨끗해 칭송을 받았던 모양입니다. 제사 때 제주(祭酒)로 쓰는 것은 물론입니다."

수많은 제사에 쓰이는 제주로, 또는 사랑방 손님을 위해 만들었던 종부의 내림솜씨가 주당들의 입소문으로 세상에 알려져 이제는 '봉화선주(奉化仙酒)'로 자리매김되었다. 지난 1996년 농림수산부장관의 추천으로 제조면허를

◀ 현미, 찹쌀, 콩 등 일곱 가지 곡식에 춘분과 추분에 따다가 말린 솔잎가루 낸 것을 생수에 타서 하루 세 번 먹는다.

▶ 18년 동안 생식을 해왔다는 종손 김의동 씨. 내년이면 회혼을 맞는 종부 이윤옥 씨와의 부부애도 남다르다.

받기에 이르렀고, 민속주를 되살리는 차원에서 종부의 손끝으로 빚어졌던 술이 정부의 지원을 받아 지금은 현대식으로 빚어지고 있다.

옛날 같으면 글 하는 선비 집에서 술장사를 한다는 것은 상상도 할 수 없는 일이라 했다. 하지만 외화를 낭비하는 양주 수입을 조금이라도 줄이자면 질 좋은 우리의 토속주가 많이 생겨야겠다고 판단해 돌아가신 어머님에게 그 비법을 배웠다고 한다. 종손 자신도 생식을 하기 전에는 애주가였기에 오가피주에 대한 애착은 더 깊을 수밖에 없다.

항함 효능이 있는 오가피주

오가피주의 주원료는 오가피다. 그 때문에 종가의 문전옥답에도 집뒤 텃밭에도 온통 오가피나무이다. 오가피주를 제대로 빚으려면 먼저 오가피나무를 무공해로 직접 키우는 일부터 시작해야 하기 때문이다. 오가피주에 들어가는 재료는 멥쌀과 누룩 양조용수와 오가피 껍질과 열매와 잎이다. 그리고 꿀과 계피, 솔잎 등도 함께 넣는다.

먼저 고두밥을 쪄서 식힌 다음 오가피 삶은 물에 고두밥을 누룩과 함께 섞어 발효조에서 20일간 발효시킨다. 그런 다음 증류 과정을 거쳐서 정류된 술에 오가피, 솔잎, 계피, 꿀 등을 넣어 100일 정도 숙성시킨다. 그 후에 40도 정도의 알코올 도수를 맞춘다. 여과기를 통해 맑은 오가피술을 얻어낸다. 술이 빨리 취하고 마신 뒤 부작용이 전혀 없는 것이 오가피주의 특징이라 했다.

오가피의 효능은 스트레스로 인한 중추신경흥분 대사촉진과 근육강화는 물론 항암 해독작용까지 있다는 효능을 현대의학에서 밝혀냈다고 한다. 또한 300여 년 전에 쓰여진 안동 장씨 부인의 한글 요리서 『음식디미방』에는 오가피주를 빚어 마시면 중풍과 불임증에 효능이 있다고 적혀 있다.

안동 김씨 해헌 종가의 전통상례

『해헌공유고집(海軒公遺稿集)』에 기록된 내용을 바탕으로 우리 전통상례를 정리했다.

1. 임종(臨終) 운명(殞命) 또는 초종(初終)이라고도 하는 죽음을 맞는 때를 말한다.

2. 초혼(招魂) 숨을 거두면 망자의 속적삼을 들고 지붕 위에 올라가 고인의 이름을 세 번 불러 영혼을 불러들이는 의식이다. 그 옷은 다시 시신 위에 덮는다. 이때부터 곡을 한다.

3. 수시(收屍) 주검을 갈무리하는 절차이다. 숨이 끊어지면 먼저 눈을 감기고 깨끗한 솜으로 입과 귀와 코를 막고 머리를 반듯하게 괸다. 손발을 주물러 펴서 가지런히 하고 백지로 묶는다. 얼굴도 백지로 덮는다. 고인을 칠성판 위에 눕히고 흰 홑이불을 덮는다.

4. 발상(發喪) 상난 것을 발표하는 것이다. 이때 상주(喪主)와 주부(主婦)를 세운다. 한편 호상(護喪)을 정해 부고를 내고 치상(治喪)을 준비하고 빈소를 차린다.

5. 염습(殮襲) 향이 나는 물로 시신을 닦고 수의를 입힌 뒤 몸을 묶는다. 그런 다음 작은 이불로 싸고 묶는 의식을 소렴(小殮)이라 하고, 큰이불로 싸고 또 한 번 묶는 순서를 대렴(大殮)이라 한다. 그런 후 고인을 관으로 옮기는 입관(入官) 절차가 끝나면 안치한 후 병풍으로 가린다.

6. 성복(成服) 입관 절차가 모두 끝나면 이제 고인의 죽음을 인정하는 상주들이 상복을 갖춘 후 성복제를 지내고 문상을 받는다.

7. 치장(治葬) 묘자리 땅을 고르고 토지신에게 사토제(祠土祭)를 지낸 후 땅을 파기 시작하여 광중(壙中)을 만든다. 구덩이를 다 파고 나면 석회에 모래를 섞어 발라서 관이 들어갈 정도 크기로 만드는데 이를 천광(穿壙)이라 한다.

8. 천구(遷柩) 영구(靈柩)를 상여로 옮기는 의식이다.

9. 발인(發靷) 영구를 운반하여 장지까지 가는 것을 말한다. 이를 발인제라 하기도 한다.

10. 출상(出喪) 발인제를 마치면 상두꾼들이 상여를 메고 장지로 떠나는데 이를 운구(運柩)라고도 한다. 묘소로 가는 도중에 노제(路祭)를 지내기도 하는데, 이는 고인의 친지와 제자가 제문을 준비해와 술 한잔을 올리면서 석별의 정을 나누는 의식이다.

11. 설전(設奠) 상여가 묘소에 이르기 전에 혼백을 모실 천막과 병풍을 치고 제상을 놓고 간단한 제수를 차린 후 조문을 받을 준비를 하는 순서이다.

12. 하관(下官) 관을 묘혈중(墓穴中)에 넣는 일이다. 이때 상주들은 곡을 거치고 하관하는 것을 살펴본다. 혹 다른 물건이 떨어지거나

人 眞城李氏之柩

영구가 비뚤어지지 않는가를 살피고 흙과 회로 관 사이를 채운다.

13. 성분(成墳) 구덩이를 채우고 봉분을 만드는 일이다. 그런 다음 신주(神主)를 쓴다. 신주가 완성되면 축관이 신주를 받들어 영좌에 모시고 혼백은 상자에 넣어서 그 뒤에 놓는다. 이어 향을 피우고 주인 이하 모두 두 번 절하고 곡한다. 이어 제물을 올리고 성분제를 지낸 후 혼백과 신주를 모시고 집으로 돌아온다.

14. 반혼(反魂) 상주가 혼백을 모시고 돌아가는 것을 말한다. 집에 도착하면 여자 상주들이 대문 밖에서 기다리다 슬피 곡하여 혼백을 맞아 빈소에 모신다. 이것을 반곡(反哭)이라 하기도 한다.

15. 초우(初虞) 장를 지내 날 집으로 돌아와 처음으로 지내는 제례이다.

16. 재우(再虞) 장례 다음 첫 유일(柔日, 乙, 丁, 巳, 辛, 亥日)에 해당되는 아침에 지내는 제례이다. 장례일이 강일(剛日)이면 다음 날이 되고 장례일이 유일(柔日)이면 이틀 뒤가 된다.

17. 삼우(三虞) 장례 후 첫 강일(剛日, 甲, 丙, 戊, 庚, 壬午)날 아침에 지내는데 대개 장례 후 3일 내지 4일 만에 강일이 돌아온다. 삼우제를 지내고 묘소에 가서 떼를 잘 입혔는지를 살펴본다.

18. 졸곡(卒哭) 삼우가 끝난 후 3개월이 지난 강일(剛日, 甲, 丙, 戊, 庚, 壬午)날 아침에 지내는 제사로 이날 이후부터는 무시로 곡하지 않고 아침·저녁 음식을 올릴 때만 곡을 한다.

19. 소상(小祥) 돌아가신 일주기를 맞는 날 아침에 지내는 제사이다.

20. 대상(大祥) 운명 후 만 2년이 되는 날 새벽에 지내는 제사이다. 이날 이후는 상복을 벗고 소복으로 갈아입어 탈상(脫喪)이라고도 한다.

21. 담제(祭) 대상 뒤 3개월 만의 정일(丁日) 또는 해일(亥日)에 지내는 제례로서 소복도 벗고 평상복으로 입는다.

22. 길제(吉祭) 담제를 지낸 다음 달 정일이나 해일이 되는 날에 지낸다. 사당에서 5대조 신주를 내보내고 새로운 신주를 모시는 의식과, 또 새로운 제주 이름을 새겨야 하는 의식 모두를 길제라 한다. 4대조 이상 제사를 모시지 못하기 때문에 이루어지는 의식이 길제이다. 이로써 상중 제례의 모든 의식은 끝나고 일 년에 한 번 돌아가신 날 제례를 드린다.

2부

고택에 서려 있는 유현한 향취와 품격

전주 이씨 종가 강릉 선교장

경주 양동마을의 월성 손씨 종가

안동 운곡동의 영천 이씨 농암 이현보 종가

남원 호곡마을의 죽산 박씨 충현공파 종가

아산 외암마을의 예안 이씨 문정공파 종가

영양 두들마을의 재령 이씨 석계 이시명 종가

안동 군자마을의 광산 김씨 예안파 종가

해주 오씨 추탄공파 추탄 오윤겸 종가

광산 김씨 문숙공파 김선봉 종가

영광 입석마을의 영월 신씨 종가

선비들의 멋과 서정 가득한 아름다운 고택

전주 이씨 종가 강릉 선교장

선교장(船橋莊)을 지키고 있는 종부 성기희 선생은 오랜만에 차려본 차상이라면서 5~6명이 앉을 수 있는 둥근 상 위에 젊은 시절 직접 수놓았다는 하얀 무명 상보를 깔았다. 그러고는 송화, 콩, 흑임자, 오미자 등 색색의 다식과 여름 냄새 물씬 풍기는 새하얀 바람떡을 구절판에 담아 상 위에 차려놓았다. 사방이 탁 트인 누마루 한편으로 가서는 지난밤에 사람을 시켜 모시주머니에 싼 녹차를 연꽃송이에 넣어두었다며 꽃송이에서 차를 꺼낸다. 원래 꽃을 따서는 안 된다고 했지만 사진을 찍기 위해 부탁을 드렸다. 꽃잎을 열면서 차를 꺼내는 순간, 연꽃 향은 한순간 코를 황홀하게 했다.

연꽃에서 꺼낸 차를 은다관에 넣고 섭씨 80도 정도로 식힌 찻물을 부어 1분 30초가량 우렸다. 우려진 차를 먼저 음미잔(飮味盞, 맛보는 잔)에 따라주었다. 조선 왕가를 상징하는 배꽃무늬 모양의 은잔탁과 손안에 잡힐 듯한 작은 은찻잔에 담긴 푸른 차를 한 모금 마시는 순간, 입안에 감도는 향기는 참으로 아름다웠다. 종부는 나쁜 사람들 때문에 좀처럼 물건을 공개할 수 없어 내놓지 않았다고 한다. 그동안 많은 사람이 이 차기를 보기 위해 찾았지만 오늘 처음으로 꺼냈다고 한다. 다관의 몸통은 통통하면서 단아해 귀품이 넘쳐났다. 뚜껑 손잡이는 연꽃송이로 조각해 앉혔다. 이 은다관은 왕가가 아니고서는 좀처럼 쓸 수 없는 귀한 물건이었다. 은비녀 하나만으로도 장가를 들 수 있던 어려운 시절에 차를 우리기 위한 다관을 은으로 만들었다는 것만으로도 만석꾼의 부를 짐작하게 했다.

활래정의 연꽃차는 조선시대 마지막 선비들의 멋과 서정이 녹아 있는 풍류차다. 종부 성기희 선생은 시할아버지와 시아버지를 모시면서 이곳 활래정의 차회를 수없이 보아왔다. 특히 연꽃이 피는 여름철이면 시할아버님께서

연꽃이 만발한 활래정에서 성기희 선생(맨 왼쪽)과 고숙정(가운데) 씨를 회장으로 한 동포차회 회원들이 종부가 달인 연꽃차를 즐기고 있다.

는 외로운 선비들을 초대해 연꽃차회를 자주 열었다.

선비들의 멋과 서정이 녹아 있는 연꽃차

연꽃은 낮이면 활짝 벌렸던 꽃송이를 저녁이면 닫았다가 다시 아침이면 꽃잎을 여는 생태를 가졌다. 선대께서는 아랫사람들을 시켜 작은 모시주머니를 만들게 해 그 주머니에 차를 넣어 꽃잎을 오므리는 저녁에 꽃심에 놓아두면 차를 품은 연꽃이 밤새 별과 달빛 이슬을 맞으면서 연꽃의 성분과 향기를 수렴성이 강한 차에 배게 했다.

연꽃이 꽃잎을 여는 아침에 주머니를 꺼내 차동(茶童)에게 차를 달이게 하고 연못 안 작은 동산에 심어둔 솔바람 소리, 연잎에 떨어지는 빗소리를 즐기면서 시를 짓기도 하고 그림을 그리는 모습이 하도 멋스러워 아직도 잊혀지지 않는다고 했다. 어른께서는 연꽃의 향기보다 꽃 중의 군자라는 연꽃의 지조를 더 사랑하셨다고 했다. 어른들이 돌아가신 1974년 이후부터 성기희 선생은 재직하고 있던 관동대학 학생들과 강릉 부인들을 초대해 연꽃차회를 열기 시작했다.

400여 평의 활래정 연못에 가득한 연으로 연꽃차뿐 아니라 꽃이 지면 연잎감주와 연잎주를 만들었다. 잎이 지는 가을에는 연실떡을 했다. 연근을 거두어 잘게 썰어 말렸다가 연근정과를 만들어 일 년 내내 다담상이나 주안상에 올리고 차례상에도 올린다. 특히 연잎감주는 여름철의 상비약으로, 더위에 지친 손님을 위한 접대용으로 그만이다. 꽃이 진 다음 연의 모든 성분이

◀ 좀처럼 선보이지 않은 180년 된 은차기 일습. 단아하게 생긴 은 다관은 뚜껑 손잡이가 연꽃 문양이어서 연꽃차와는 더욱 조화를 이룬다.

▶ 차를 담은 모시주머니를 연꽃이 잎을 오므리는 밤에 넣었다가 아침에 차를 우리면 그윽한 연향이 일품이다. 꽃송이를 따서는 안 된다고 하는 성기희 선생에게 간청해 연꽃차를 송이째 땄다. 차 만드는 과정을 보기 위해서다.

푸른 연잎에 모였을 때 연잎감주를 만드는 방법은 다음과 같다.

우선 찹쌀을 찐 다음 엿기름물에 찹쌀을 버무린다. 버무려진 찹쌀과 엿기름물을 가지고 연못으로 들어가서는 연잎을 깨끗이 닦은 다음, 찹쌀과 엿물을 한 공기 정도씩 연잎에 담는다. 국물이 흐르지 않도록 연잎을 동여맨다. 이것을 아침에 담아두면 하루 종일 태양의 열기로 찹쌀이 곱게 삭게 되는데, 저녁에 삭혀진 찹쌀과 엿물을 끓이면 훌륭한 연잎감주가 만들어진다.

연잎감주를 손님에게 낼 때는 연꽃 모양의 유리그릇에 푸른 연잎을 깔고 그 위에 감주를 담아 잣 고명을 띄워 낸다. 맑은 유리잔에 푸른 연잎이 비치고 그 위에 노르스름한 감주를 담아 잣을 띄워 시원하게 마신다는 것은 상상만으로도 음식이 아니라 예술품을 마시는 듯하다. 정성은 물론이거니와 멋과 음식의 효능까지 감안한 선교장 종부들의 지혜가 놀랍기만 했다. 연잎감주는 연잎의 성분인 방향제와 해독, 방부제 역할을 하고 있어 즐겨 마시게 되면 소화가 잘될 뿐 아니라 여름 배탈 걱정이 없다고 했다.

선교장의 안채 찬방에는 영국의 본차이나, 일본식 초밥그릇, 중국의 청화백자 접시 등 구하기 어려운 100여 년 된 세계 각국의 그릇들이 가득하다. 성 선생은 음식도 옷처럼 그릇과 조화를 이루어야 제맛을 느낄 수 있다는 조상들의 입맛에 따라 서양식 요리는 서양식 접시에 담았다고 한다.

또한 같은 음식을 두 번 상에 올려서는 안 되었다고 한다. 시어른께서는 특히 생선요리를 즐겨 드셨는데 상 위에 오르는 생선은 뼈나 가시가 없도록 요리해야 했다. 어른이 잡수실 때 가시 때문에 음식에 손이 가는 일이 없어야 하기 때문이다.

성 선생은 때를 가리지 않고 찾아오는 손님 접대로 언제나 긴장해 있어

▲ 처음으로 공개된 180년 전의 야외용 은차기. 뱃놀이를 위해 선상 차회에 쓰이던 희귀한 이동식 차함과 함 속에 들어가도록 만든 우린 차를 데워 먹는 입구가 좁은 커다란 차주전자, 고체 알코올을 넣어 차를 끓여 먹을 수 있게 한 이동식 화로, 다식함 등은 조선시대 귀족들의 차풍을 엿보게 한다.

▼ 조선 왕가를 상징하는 배꽃 문양의 은찻잔에 모싯빛 연꽃차가 향기를 풍긴다.

야 했다. 은가락지 하나만 있어도 장가를 들 수 있는 시절에 9첩 은반상기가 100벌이나 되었고 그에 따르는 은신선로도 100여 개가 넘었다니 선교장의 음식문화 수준을 짐작하게 했다. 시할머니께서는 "음식을 만들 때는 예술품을 창조하듯 하라"는 것과 "정성된 마음과 제철의 재료, 음식에 맞는 그릇으로 삼위일체가 되어야 한다"는 내훈을 남겼다고 한다.

귀족사회의 차실 원형을 엿볼 수 있는 활래정

선교장의 수많은 건물 중에서 단연 눈길을 끄는 활래정은 조선시대 귀족들 차풍습의 단면과 차실의 원형을 엿볼 수 있는 귀중한 자료다. 오은거사 이후(鰲隱居士 李垕, 1773~1832)가 활래정을 지은 시기는 조선 후기였다. 이시기는 바로 근세의 대표적인 차인(茶人) 다산 정약용(茶山 丁若鏞), 추사 김정희(秋史 金正喜), 우리 차의 경전이라 부르는 『동다송(東茶頌)』을 지은 초의(草衣)선사 등이 차 한잔으로 청교를 맺던 차문화 전성기였다. 당시만 해도 서울에서는 멀기만 한 험준한 대관령을 넘어 이곳 활래정을 추사가 다녀갔다. '홍엽산거(紅葉山居)'라고 쓴 편액과 병풍, 추사가 남긴 차시 등을 보면 활래정 주인 오은과의 관계를 짐작하게 한다.

오은은 오은(鰲隱)이란 글자의 뜻에서 느낄 수 있듯 벼슬길에 나가지 않고 장원에 묻혀 풍류의 생활을 즐겼다. 그 때문에 선교장 앞뜰에 연못을 파고 서울 창덕궁 후원의 부용정(芙蓉亭)과 흡사한 모습의 다정을 만들었다. 마루가 연못 안으로 들어가 돌기둥으로 받쳐놓은 누(樓) 형식이고, 건물 일부가 물 가운데에 떠 있는 듯한 모양이다. 장지문을 닫으면 두 개가 되는 온돌방이 차와 술을 마시는 누마루와 합쳐서 'ㄴ'자 형인 활래정은 온돌방과 누마루를 연결하는 복도 옆에 한 평 남짓한 방을 만들어 찻물을 끓이고 차를 우려내는 차실을 만들어두었다. 이 때문에 활래정은 '부속 차실'을 둔 독특한 조선시대 건축양식이라고 할 수 있다.

활래정에서는 '부속 차실'에서 우려진 차를 차동(茶童)이 차상에 차려 내오면 주인은 그것을 손님에게 대접하며 시와 서화를 중심으로 한 풍류를 즐기게 되는 셈이다. 요즘 빈번한 한·중·일 행차법(行茶法)에서 쟁점이 되는, 주인이 손님을 차상 앞에 모시고 앉아서 차를 끓이는 전 과정을 보여주는 것이 바람직한 것인가, 이런 행차법이 과연 어느 나라 식이냐 하는 문제에 대한 해답을 이 활래정 차실에서 찾아볼 수 있을지도 모른다.

활래정 행랑의 유물관에 전시되어 공개된 종가의 유물들.

선교장에서 전해오는 차 그릇은 모두가 소중한 것들이다. 야외 찻자리나 뱃놀이를 위해 선상 차회에 쓰이던 희귀한 이동식 차 그릇을 담는 함과, 함에 꼭 맞는 은제 차기세트는 가볍고 작아서 편하게 가지고 다닐 수 있게 만들어졌다. 이동식 작은 화로는 고체 알코올을 넣도록 되어 있고, 차를 우려 담는 입구가 좁은 커다란 사각 차병, 그 차를 현장에서 데워 먹는 차관, 차식을 담는 은제 다식함 등 모두가 은으로 만들어졌다. 그 외에도 분청차관, 청자차관, 청자차완, 백자 차종, 차탁과 차반 등은 선교장 주인들의 손때 묻은 차기들이다. 일부 차기들은 한동안 선교장 내 전시관에 진열되었으나 도난의 위험 때문에 지금은 깊이 감추어버렸다.

족제비가 잡아준 천하의 명당, 선교장

조선시대 귀족들의 생활문화를 고스란히 간직하고 있는 선교장을 풀이하면 '배다리'라는 뜻이 된다. 옛날에는 경포 호수가 오죽헌에서 강릉대학으로 가는 길목까지 30리에 달하는 커다란 호수였다고 한다. 배로 호수를 건너다니다 보니 이곳을 '배다리'라 했고 종택도 선교장으로 부르게 되었다.

선교장의 시조는 효령대군(태종 이방원의 둘째 아들)의 5대손인 완풍 부원군 이경이다. 영의정 벼슬까지 지낸 이경은 인조반정 이후 충북 음성에

조선시대 차실의 원형을 그대로 볼 수 있는 활래정. 이 차실의 특징은 작은 차부엌이 따로 있다는 것이다. 손님이 있는 자리에서 차를 우리지 않고 차부엌에서 차를 만들도록 한 귀족 차풍을 엿볼 수 있는 유일한 곳이다. 정자에는 온돌방이 있어 겨울 차실로 쓸 수 있다. 여름에는 마루 끝에 앉아 연못의 연꽃을 즐기면서 차를 마실 수 있는 사계절 차실이다.

이내번이 족제비 떼를 쫓다가 터를 잡았다는 선교장 전경. 선교장은 모 방송국에서 전국의 종가 10집을 선정해 구조와 건축미 등을 비교했는데, 거기서 첫째로 뽑힌 가옥이다.

터를 잡았는데 가세가 기울자 부원군의 5대손인 무경 이내번(茂卿 李乃蕃, 1703~1781)이 모친과 함께 강릉 외가(안동 권씨)에 임시로 거처하게 되었다. 점차 살림을 일구어 형편이 나아지자 넓은 집터를 구하던 어느 날, 집안에 족제비 몇 마리가 줄지어 나타났다. 이상한 생각이 들어 족제비 떼를 좇다가 멈춘 곳이 지금의 선교장 터라는 것이다.

이곳에 집터를 잡은 무경 이내번의 손자 오은은 그 이후부터 해마다 농사가 풍년이었고 나날이 번창해갔다. 영동은 물론 강원도 일대의 땅 상당 부분이 이씨 집의 소유로 '만석꾼'으로 불렸으며 지금까지 9대째 240여 년 동안 완풍 종가를 이루어왔다. 지금도 족제비의 은혜에 보답하기 위해 뒷산에 족제비 먹이를 갖다 놓고 있다.

선교장의 상징적 건물은 활래정과 더불어 사랑채 열화당(悅話堂)을 꼽을 수 있다. 열화당은 도연명의 「귀거래사」에서 "세상과 더불어 나를 잊자. 다시 벼슬을 어찌 구할 것인가. 친척들의 정다운 이야기를 즐겨 듣고 거문고와 책을 즐기며 우수를 쓸어버리자"라는 대목에서 열화(悅話)라는 두 글자를 따 안채에 연이어 열화당을 짓고, 세 형제가 늘 여기에 모여 형제애를 다짐하는 사랑채로 삼았다.

1965년 중요민속문화재 제5호로 지정되었으며 15년 전부터는 일반인에게 입장료 1000원을 받고 개방하고 있다. 1990년 초 강릉시의 문화관광육성

‘선교유거(仙嶠幽居)’ 라는 현판이 걸린 사랑채의 솟을대문. 계단 없이 경사진 출입구가 특이하다.

정책에 힘입어 도로도 뚫리고 널찍한 주차장도 만들어졌다. 현재 각 행랑은 민속 유물들을 전시하는 전시방으로 이용되고 있다. 또한 선교장은 『용비어천가』, 『고려사』 같은 귀중본을 비롯한 수천 권의 고문서와 고서화, 그리고 고서적을 소장하고 있기도 하다. 현재 선교장은 차남 이강백(취재 당시 53세) 씨가 1992년 서울에서 귀향해 관리하고 있는 중이다.

명문가 인텔리 여성이 종부 수업을 받다

종가 안주인으로서 집안을 다스리는 일은 여전히 종부 성기희 선생의 몫이다. 성 선생은 창녕 성씨 출신으로 성삼문을 비롯해 많은 유학자를 배출한 실학자 가문에서 태어났다. 여자도 학문을 익혀야 한다는 개화된 사고를 가진 친정아버지의 교육열 덕분에 경기여고를 거쳐 여의전을 다닌 인텔리 여성이다. 당시 완풍 종가는 서울에 집을 두고 있어서 남자들은 그곳에서 머물렀다고 한다. 그 때문에 종부의 친정과는 서로 알고 지내는 사이로 아버지끼리 사돈맺기를 약속하게 되었고, 그는 스무 살 때 그해 개관된 반도호텔에서 약혼식을 하게 되었다. 그리고 스물한 살 때인 1941년 12월, 네 살 위인 선교장 8대 종손이 될 이기재 씨와 혼인했다.

그 시대에는 드물게 드레스를 입고 현대식 혼인식을 치르고 경주로 신혼여행을 떠났다. 여행에서 돌아온 보름 후에 강릉 시댁으로 신행을 갔다. 시어른과 시조부께 폐백을 드리고 사당 차례까지 마친 후부터 종부는 종부가 갖추어야 될 덕목을 익히기 시작한다. 걸음걸이, 말솜씨, 집안 간의 호칭, 옷 입음새, 상차림, 접빈예절, 일 년에 몇 차례 지내는 제사, 심지어 눈길 두는 것까지 함부로 해서는 안 되는 생활예절 전반에 걸친 철저한 교육이 시작되었다.

현대교육을 받은 종부에게 가장 힘든 것은 하인을 부르는 호칭 문제였다. 부모뻘 되는 노인에게 존칭어를 쓰지 못하고 '해라'로 한다든가, 명절 때 앉아서 세배를 받아야 하는 것은 민망한 일들이었다. 스무 살 이전의 시동생에게는 '도련님'으로 부르다가 스무 살 성인이 되면 혼인을 하지 않아도 '서방님'으로 고쳐 불러야 했고, 시누이는 '작은아씨'라 했고 남편에게는 '여보'라는 호칭을 썼으며 남편은 일심동체로 동등하기 때문에 존칭어를 쓰지 않았다. 그는 남편을 '아빠'라 부르는 요즘 세태를 나무라고 있다.

또 옷 색깔로 신분을 철저히 구분했다. 새댁들은 진분홍 치마, 노랑 저고리 등 화색을 입는다. 며느리를 본 시어머니는 남색 치마, 연옥색 저고리 등 잔잔한 색을 입었다. 한복 저고리의 치렁치렁하게 긴 옷고름은 춤추는 무용수나 다는 것으로 치부되었고, 사대부가의 여인들 옷은 고름이 좁고 짧고 단아한 것으로 엄격하게 구별되었다.

요즘 눈물고름이라고 해서 옷고름 밑에 또 하나의 고름을 늘어뜨리는 것은 정상적인 한복 매무새가 아니라는 것이 종부의 설명이다. 또 일을 할 때 지고리 소매 끝을 걷는 것은 상스러운 일이었다. 소매 끝을 걷는다는 것은 싸

◀ 안채와 연결된 별당. 주인이 가족들과 생활할 수 있는 안채에 연결된 거처다.

▶ 최근에 복원된 사당은 대나무 숲속에 자리하고 있다.

움판에서나 있을 수 있는 일이라는 이유에서이다. 종부는 세 아들과 두 딸의 교육을 위해 서른넷 되는 해 서울 살림을 할 때까지 14년간 종가의 가풍을 철저히 익혔다.

종부는 "의식이 넉넉한 집안에서는 사람을 보는 측도가 달라 예절과 절제된 언행에서 기품을 찾는 것이다"라고 했다.

차문화를 전파하는 팔순의 종부

그의 서울생활은 종가에서 다져진 정신력으로 자녀들을 키우면서 직장생활까지 이어졌다. 틈틈이 대학 공부도 마쳤다. 선교장을 지키기 위해 1974년 강릉으로 내려가기 전까지 이화여대, 건국대, 국민대 등에서 복식과 예절을 가르쳤다. 강릉에서는 관동대학 가정과 교수로 정년퇴임할 때까지 재직했다. 종손과는 지난 1980년 사별했다.

대부분 종부들이 가법을 따르며 운명에 순응하며 살아온 데 반해 성 선생은 독립된 자기 일을 가졌으며 또한 종부의 위치도 굳건히 지킨 능력 있는 여성이었다. 무릎관절로 인해 지팡이에 몸을 의지하는 것 외에는 아직도 팔순 노인으로 보이지 않을 정도로 당당한 기품과 절제된 언행으로 명문가 종부의 풍모를 엄격히 지키고 있었다. 차문화에도 관심이 높아 중국과 국교가 이루어지기 전인 1989년 차문화 교류 사절단으로 중국의 차 산지를 두루 다니기도 한 진짜 차인이다.

종부는 요즘 연꽃차를 즐기기 위해 무분별하게 꽃송이를 따서 차를 넣는 풍속을 나무랐다. 연꽃은 연밭에 있을 때 살아 있는 향기와 연꽃의 질긴 생명력이 있다고 했다. 꽃송이를 따면 꽃의 생명만 앗아갔지 남아 있는 향기는 죽은 향이나 다름없다는 것이다. 차생활은 차의 정신에 있는 것이지 차 자리에 있는 것이 아니라는 말도 후배 차인들에게 덧붙이는 것을 빼먹지 않았다.

영국 왕세자도 감탄한 종가의 품격

경주 양동마을의 월성 손씨 종가

이 유서 깊은 고택은 경북 경주시 강동면 양동리에 있다. 경주에서 포항 가는 국도를 따라 22킬로미터쯤 가다 보면 안강마을의 표지판이 나온다. 표지판을 지나고도 한참 달리면 기다란 동해남부선 철길이 보인다. 좀 더 가면 양동마을로 가는 U턴을 따라 차를 우회전하고 농로를 따라 1킬로미터쯤 가다 보면 왼편에 양동초등학교가 있다. 이 마을의 풍경과는 어울리지 않은 교회도 하나 있다. 여기서부터 양동마을은 시작된다.

이곳은 놀랍게도 넓은 대지를 차지한 집성촌이 아니라 숨을 몰아쉬고 올라야 하는 가파른 언덕바지에 마을을 이루고 있다. 그것도 오두막의 초가가 아니라 고색창연한 기와집들이 가장 높은 곳에 있다는 점이 특징이다. 초가집들도 기와집 사이에 섞여 그 집에 살았던 사람의 신분 차이를 느끼게도 하지만 아무튼 산동네에 양반댁이 즐비하다는 사실은 의외였다. 종택으로 가는 길은 아직도 흙길이고 숨이 가파른 언덕바지 가장 높은 곳에 자리 잡고 있었다.

이 넓은 안강평야의 기름진 대지를 두고 하필이면 후미진 산기슭에 집을 지었을까 궁금해진다. 우리나라 양반들의 생활과 주거양식이 그대로 보존돼 있는 대표적인 마을로는 안동의 하회마을과 이곳 양동마을을 친다. 두 마을의 대비되는 특징은 하회마을이 강물이 휘돌아가는 강마을이라면 양동마을은 산을 의지한 산마을이라는 점이다. 하회마을이 물 위에 뜬 연꽃 모양을 한 '연화부수(蓮花浮水)'형의 길지라면 이곳은 마치 한문으로 말 '물(勿)'자 형국의 명당이라 할 수 있다. 마을을 앉힌 설창산에서 흘러내리는 능선과 골짜기가 한자의 말 '물(勿)'자를 거꾸로 놓은 것 같은 형상이어서 붙여진 이름이다. 마을은 '물'자형이 만드는 네 골짜기, 즉 두동골, 물봉골, 안골, 장태골을

산마을 가장 높은 곳에 자리해 멀리 안강평야를 내려다보고 앉은 종가의 전경.

중심으로 능선 위로 퍼져 올라가며 형성되어 있다.

명당 중에 명당이라는 이 산마을은 월성 손씨와 여강 이씨가 집성촌을 이루고 있다. 요즘은 아파트 내부가 생활하기에 편리한지, 팔았을 때 차액이 얼마인지를 셈해보고 집을 선택하는 데 반해 옛 선비들은 자손만대의 안녕을 위해 집터를 정했다. 성인이 출생한다는 공식의 집터는 마을 앞으로 안산이 있어야 하고 좌우로는 청룡·백호의 모양새를 갖춘 산이 있어야 하며 또한 바람을 막아주는 높지 않은 뒷산도 있어야 했다. 이 마을은 그런 공식에 딱 맞아떨어지는 곳이다. 우선 마을 앞으로 안락천(安樂川)이 흐르고 앞산이 마을을 가려주고 있다. 또 좌우의 산들도 마을을 보호하는 수호신처럼 우뚝 서 있는 천혜의 입지 조건을 자랑한다.

백성들의 존경을 한 몸에 받은 우재 손중돈

월성 손씨가 이곳에 터 잡게 되었을 때 풍수가는 뒷산 문장봉(文章峰)의 정기를 받아 세 사람의 출중한 인물이 날 길지(吉地)라고 말했다. 그 예언대로 종가에서는 조선 초기에 영남 유림의 사표가 되는 우재 손중돈(愚齋 孫仲

사랑채 당호인 서백당 누마루에서 시어머니와 남편에게 드릴 매화차를 달이는 종부.

暾, 1463~1529) 선생과 우재 선생의 생질이자 동방 5현으로 추모하는 회재 이언적(晦齋 李彦迪, 1491~1533) 선생이 태어났다. 앞으로 또 한 사람의 존경받는 인물이 날 것을 기대하고 있다.

월성 손씨가 양동에 살게 된 것은 조선 세조 때 '이시애(李施愛)의 난'을 평정한 공로로 공신(功臣)의 호와 양민공(襄敏公)이란 시호(諡號)를 받은 손소(孫昭, 1433~1484) 선생 때부터다. 양민공은 경북 청송에 살았는데 이 마을의 토족인 풍덕 유씨(豊德 柳氏) 집안으로 장가를 들면서 이곳에 자리 잡게 되었다. 아들 다섯과 두 딸을 두었는데 둘째 아들인 우재 손중돈 선생이 종가에서 자랑스러워하는 인물이 됐다.

우재 선생은 27세의 젊은 나이에 대과에 급제했고 상주목사로 있을 때는 고을 사람들 편에서 많은 일을 해 주민들이 선생이 살아 있을 때 생사당(生祠堂)을 지을 만큼 존경받은 관리였다. 세자빈객과 도승지, 관찰사 등 벼슬을 지냈는데 노년에는 종가에서 후학을 가르치다 67세로 세상을 떠났다. 선생의 정신을 높이 기려 중종 임금은 청백리로 삼았고 경절공(景節公)이란 시호를 내렸다. 제사를 영원히 지내면서 그의 정신을 본받으라는 불천위(不遷位)도 내렸다.

1. 25대 종손 손성훈 씨와 종부 조원길 씨.
2. 종손 손성훈 씨의 평절. 머리를 조금 더 숙이면 큰절이 된다고 한다.
3. 종부 조원길 씨의 제사 때 드리는 큰절. 책상다리로 앉았고 오른손이 왼손 위로 가게 하고, 머리는 손등에 가깝도록 깊이 숙였다.
4. 종부의 평절. 다리를 옆으로 비스듬히 꿇고 두 손은 무릎 옆의 바닥을 살짝 짚었다. 이 절은 경주나 안동지방에서 많이 볼 수 있다.
5. 국보 제283호로 지정된 『통감속편(通鑑續編)』, 옥으로 만든 연적(硯滴), 산호 갓끈.

종가에는 선생의 서책과 유품도 남아 있는데 그중 서지학적으로 희귀본이며 국보 제283호로 지정된 『통감속편(通鑑續編)』이 있다. 아버지 양민공의 영정, 중국에 사신으로 다녀오면서 중국 황제가 선물했다는 옥으로 만든 연적(硯滴)과 산호 갓끈 등 보물급의 문화유산도 귀중하게 보관하고 있다. 종가를 찾은 날은 운 좋게도 문화재 전문위원들이 도록을 만들기 위해 촬영을 하고 있어 귀한 서책을 볼 수 있는 영광을 누렸다.

사업과 중·고등학생인 1남 1녀의 자녀들 교육 때문에 대구에 거처를 두고 있는 25대 종손 손성훈(취재 당시 46세) 씨와 종부 조원길(취재 당시 45세) 씨는 일주일이 멀다 하고 종가를 오가지만 종가를 지키는 것은 시어머니 이정희 할머니다.

매화잎으로 차를 달이고, 백일홍 꽃잎으로 화전을 부치다

지난 1992년 영국의 찰스 왕세자와 지금은 고인이 된 다이애나 비가 방문해 오랜 세월 잘 보존해온 목조 건물에 감탄했다고 하는 월성 손씨 종가는 국내외에서 매스컴의 조명을 받고 있다. 엘리자베스 여왕이 하회 류씨 종가를 다녀가는 등 영국 왕실 가족들이 우리나라에 방문할 때마다 유서 깊은 종가를 찾는 이유를 우리는 예사롭게 보아 넘겨서는 안 된다.

보통 들보는 직선이지만 자연친화적인 느낌을 살려 굽은 나무를 사용한 안채. 향나무로 만든 반닫이와 제사 때 각상을 차려 내는 독상이 선반에 가지런히 놓여 있다.

500년이 넘은 가정집 목조 건물로는 보기 드문 월성 손씨 종택은 아랫마을이 훤히 내려다보이는 높은 곳에 안채와 사랑채를 이은 입 '구(口)'자 형의 단아한 집이다. 사랑채와 안채가 뚝 떨

어져 있어 사랑채의 위엄을 보이기보다는 안채와 잇대어 사랑채를 두어 금슬 좋은 부부를 대하는 것같이 정겨워 보였다. 햇살이 적은 입 '구'자 형의 단점을 보완하기 위해 안방과 대청을 높여놓은 건축의 기법도 돋보였다. 타원형으로 굽은 나무를 구해 대들보를 삼은 것도 이 건물의 특징이다.

본채 앞에는 여러 개의 방이 달려 있는 일자형의 집을 앉혀 종택을 찾는 접빈객과 친척들이 언제든 묵고 갈 수 있도록 배려했으며 그 아래쪽으로 하인들이 사는 초가를 지었다. 사랑채를 비켜 동편에는 종가를 상징하는 사당이 있다. 사당의 둥근 기둥과 단청칠은 사당의 성스러움과 경건함을 더해준다. 종가는 아버지와 아들이 불천위를 받은 몇 안 되는 영광스런 집안이다. 그러나 한 사당에 두 분의 불천위는 모시지 못한다는 규범에 따라 아버지인 양민공을 모시고 아들인 우재 선생은 동강서원에 모셨다. 사당 안마당에는 배롱나무 한 쌍이 서 있었다. 일명 백일홍이라고도 하는 이 나무가 피우는 꽃잎으로 화전을 부쳐 제사에 올리는 것도 종가에서만 볼 수 있는 특색 있는 내림음식이다.

◀ 장독대와 디딜방아가 있는 초가.

▲ 고목이 된 백일홍 나뭇가지에 봄을 알리는 산수유가 노란 꽃망울을 단 채 걸려 있는 사당. 사당 건물은 둥근 기둥과 단청칠을 해 성스러운 분위기를 더하고 있다.

▼ 물에 불려 찜통에 푹 찐 후 방망이로 자근자근 두드린 대구 보푸라기. 촉촉하고 부드러워 입안에서 사르르 녹는다.

사당을 들어가는 입구 정원은 4월 초가 되면 꽃세상이 된다. 설한풍을 이겨내고 눈 같은 꽃을 피우는 백매화는 물론 선비의 정신을 상징하는 대나무는 사당 뒤에 푸르게 서 있다. 푸르디푸른 단추국화 잎새와 가을에 맺은 노란 치자가 그대로 달려 있는 치자나무, 우뚝하게 키 큰 자목련 한 그루와 백목련 한 그루도 꽃피울 준

◀ 설한풍을 이겨내고 눈 같은 꽃잎을 피워내는 향 짙은 백매화. 꽃잎이 다섯 장으로 지금은 보기 드문 전통 매화다.

▶ 종택을 지을 때 기념수로 심은 향나무. 어쩌다 가지치기할 때면 그 가지를 자손들이 나누어서 집안의 소품을 만들어 대물림한다고 한다.

비를 하고 있었다. 산수유는 망울을 맺고 있었고 수선화 푸르른 잎새도 꿋꿋함을 자랑했다. 영산홍도 꽃피울 채비에 분주하다. 그뿐만 아니다. 안채 뒤뜰에는 푸른 소나무 밭이 있고 감나무 한 그루도 심어져 있어 그 감을 따서 곶감을 만들어 제상에 올린다.

종택을 지을 때 기념수로 심었다는 향나무 한 그루가 장정의 두 발로도 모자랄 우람한 덩치와 튼튼한 가지로 버팀목처럼 서 있다. 키만 크는 향나무의 생리에 비해 키보다 가지를 무성하게 뻗어내는 특징이 있어 지방문화재 제8호로 지정돼 있다. 이 향나무는 종가의 수많은 제사에 분향(焚香)용으로 쓰이고 있다. 몇 년에 한 번씩 가지치기를 할 때면 그 가지를 자손들이 나누어서 집안의 소품을 만들어 대물림하면서 영광스런 조상을 가진 긍지를 갖는다고 했다. 종가에도 향나무 가지로 만든 반닫이가 자랑스럽게 대청나무 마루 한편에 자리하고 있었다.

대구포 활용법으로 종가의 융통성을 엿보다

손씨 종가의 음식은 종가답게 제례 음식을 활용한 것이다. 종가의 제상에는 일반적으로 올리는 북어포 대신 커다란 대구포를 올리는데 제사를 지낸 후 대구포는 전혀 다른 음식으로 바뀌어져 밥 반찬이나 주안상에 오른다. 대구포를 이용한 세 가지 음식은 단연 주목거리다.

대구포는 토막 내 물에 12시간 불린다. 짠맛을 없애고 찜통에 푹 쪄서 살이 익어 부드러워지면 대구포를 면보에 싸서 방망이로 자근자근 두드린다.

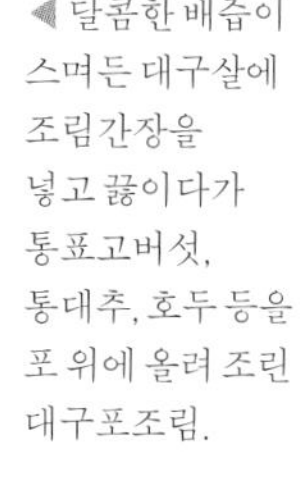

◀ 달콤한 배즙이 스며든 대구살에 조림간장을 넣고 끓이다가 통표고버섯, 통대추, 호두 등을 포 위에 올려 조린 대구포조림.

▶ 불린 건해삼과 전복, 게맛살, 데친 문어, 그리고 미나리 등을 썰어 삼색으로 담고 새우살 완자를 둘레에 담은 대구해물신선로.

▼ 손님 접대용으로 작설차와 잘 어울리는 다식. 젊은 종부는 궁중음식은 물론 다식과 꽃차 만드는 데에도 일가견이 있다.

이렇게 두드리면 수분이 빠지면서 솜털 같은 보푸라기가 인다. 여기다 흰 설탕과 참기름을 넣고 잣을 통째 넣어 조물조물 무친다. 북어로 만든 마른 보푸라기는 제때에 먹지 않으면 금방 말라 살이 딱딱하지만 전통적인 기법으로 만든 이 댁의 보푸라기는 촉촉하고 부드러워 입안에 넣으면 사르르 녹는다. 위가 약한 환자들이나 노인들의 밑반찬으로 그만이다. 종부는 시어른이 살아계실 때는 빠뜨리지 않고 상에 올렸다고 한다.

마른 대구포는 먹기 좋은 크기로 잘라 하루 정도 물에 담가 짠맛을 없앤다. 짠맛을 없앤 대구포는 배즙을 갈아 한 시간 정도 담가놓는다. 달콤한 배즙이 대구살에 스며들어 찌든 짠맛을 완전히 없앨 뿐 아니라 본래의 고기 맛을 살려준다. 진간장에 물엿과 생강, 마늘즙을 넣고 청주도 넣는다. 삼삼하게 만든 조림간장을 대구포에 끼얹어 뚜껑을 덮고 은근한 불에 졸이다가 국물이 절반쯤 졸아들면 채 썬 석이버섯과 실백, 통표고버섯, 통밤, 통대추, 호두, 은행 등을 포 위에 보기 좋게 얹고 수저로 국물을 퍼부어가며 윤기가 나도록 졸인다. 파채는 마지막에 넣는다.

대구포를 불려서 짠맛을 빼고 다시마와 무를 넣어 끓인다. 잣을 믹서에 갈아 국물에 섞는다. 일인용 신선로 바닥에 무를 깐다. 불려진 건해삼은 신선로 크기로 썰고 전복도 칼집을 넣어 같은 크기로 썬다. 게 맛살과 데친 문어와 죽순, 미나리, 달걀 황백지단 모두를 신선로 크기로 썰어 색색이 둘러 담고 새우살 완자를 만들어 둘레에 담는다. 녹색의 은행도 보기 좋게 담고 잣국물을 부어 끓인다.

제사상에 올려졌던 대구포를 활용해 만들어내는 종갓집의 음식에서, 손님을 많이 치르는 종가의 융통성을 볼 수 있었다. 내림음식 외에도 젊은 종부의 음식솜씨는 특출하다. 대학에서 가정과를 전공해서인지 궁중음식은 물론 사대부가의 기품 있는 음식을 재현하는 데 깊은 관심을 가지고 있었다.

형형색색의 다식과 향기 좋은 꽃차

특히 전통다식 만들기에는 일가견이 있다. 다식은 제례에 오르기 때문에 일년에도 여러 차례 찍어야 하고 제례 음식은 종부의 손으로 만들어야지 시중에서 구입한 다식을 올릴 수 없다는 생각에 직접 만들어왔다. 손님 접대용으로 작설차와 잘 어울리는 것도 다식이고, 외국에서 오는 손님들에게 전통음식을 선보일 수 있는 맛과 화려함을 겸비한 것도 다식이다. 종부가 만드는 다

▲ 길제를 위해 500여 명의 문중 사람들이 사당 앞마당에 모였다.
◀ 신주에 봉사자 이름을 바꾸기 위해 사당에서 신주를 모셔내고 있다.
▶ 길제의 제사 상차림.

초상이 나서 출상을 하고 처음 지내는 제사를 초우제(初虞祭)라 한다. 다음은 재우제(再虞祭), 그다음이 삼우제(三虞祭)로 지금은 이 삼우제로 탈상을 하는 경우가 많다. 그러나 전통상례에서는 졸곡제(卒哭祭)까지 울음을 그치지 않았고 졸곡제가 끝나면 부제(祔祭)가 있다. 일 년 만에 지내는 소상(小祥)이 있고 대상(大祥) 때는 상복을 벗고 흰옷으로 갈아입는다. 그다음은 평상복으로 갈아입는 담제를 지내고 상중제례의 마지막 길제 날은 화복으로 갈아입는다. 이 때문에 종부 조원길 씨는 화려하기 그지없는 화복을 입고 신주에게 4배로 절하여 제례를 모셨다.

식은 제례용과 접대용이 다르다. 제례용은 네모나고 크며 수복강녕의 글자가 새겨진 것을 쓰며, 차와 함께 내는 것은 한입에 들어갈 만한 작은 다식판에서 찍어낸다. 접대용은 나비와 꽃, 물고기 등의 문양을 쓴다.

다식뿐 아니다. 꽃차도 잘 만든다. 이른봄부터 피어나는 매화차를 비롯해 백목련 꽃잎으로 우려내는 목련차, 여름에는 연꽃차를 만든다. 산수유도 차가 되고 단추국화도 차가 된다. 꽃차를 만들 때는 꽃의 수술만 떼면 독성이 없어 마음놓고 마실 수 있는데 물론 맛보다 향기가 꽃차의 생명이라 했다. 특히 사군자에 드는 매화차를 즐기는데 홍매보다 꽃잎이 다섯인 백매라야 전통 매화에 속한다고 귀띔한다. 종부는 설, 추석에 지내는 제례를 차례(茶禮)라 부르는 뜻을 찾아 차공부를 하고 있다고 했다.

사당이 있는 종가에서만 치를 수 있는 길제

1998년 9월 27일날 치러진 길제(吉祭)는 지금은 전국 어디에서도 쉽게 볼 수 없는 의례다. 길제란 돌아가신 부모를 사당에 모시는 의례다. 부모를 사당에 모시게 되면 제일 윗대인 5대조 할아버지는 새로 들어오는 후손을 위해 자리를 내주어야 한다. 새로 들어가고 또 자리를 떠야 하는 이 의식을 길제라 한다. 그리고 지금까지 제주였던 부모가 돌아가셨으니 아들이 제주가 되어 제주가 바뀌었다는 것을 알리는 중요한 의식이다. 이 의례는 사당이 있는 종가에서만 치를 수 있다. 한 세대에 한 번 있는 의례이기 때문에 종가에서도 쉽

184

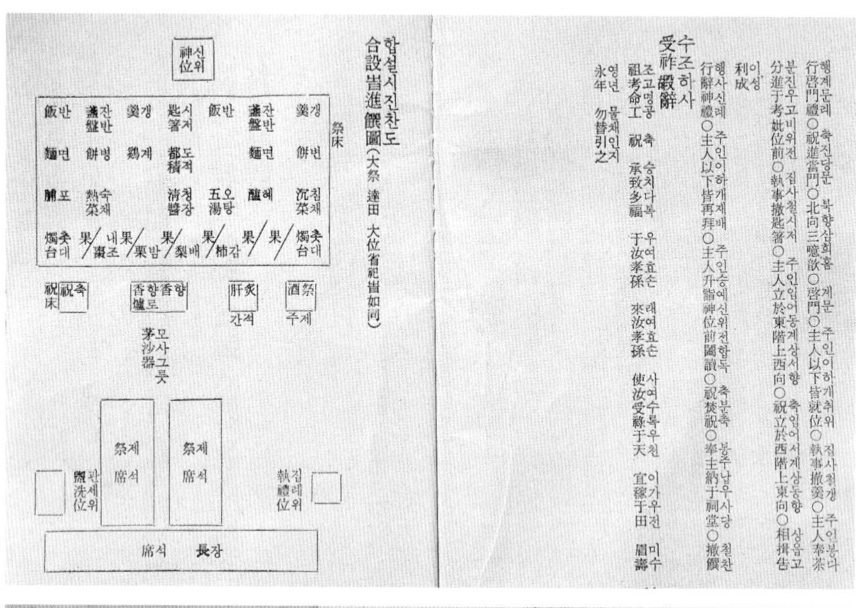
合設峕進饌圖(大祭 達田 大位省祀峕如同)

行啓門禮○祝進當門○北向三噫歆○啓門○主人以下皆就位○執事撤羹○主人奉茶分進于考妣位前○執事撤匙箸○主人立於東階上西向○祝立於西階上東向○相揖告利成

行辭神禮○主人以下皆再拜○主人升詣神位前闔讀○祝焚祝○奉主納于祠堂○撤饌

受胙嘏辭

祖考命工 祝 承致多福 于汝孝孫 來汝孝孫 使汝受祿于天 宜稼于田 眉壽永年 勿替引之

종가에서 대대로 내려오는 제사상의 진찬도(進饌圖)와 제사 순서를 적은 「홀기(笏記)」.

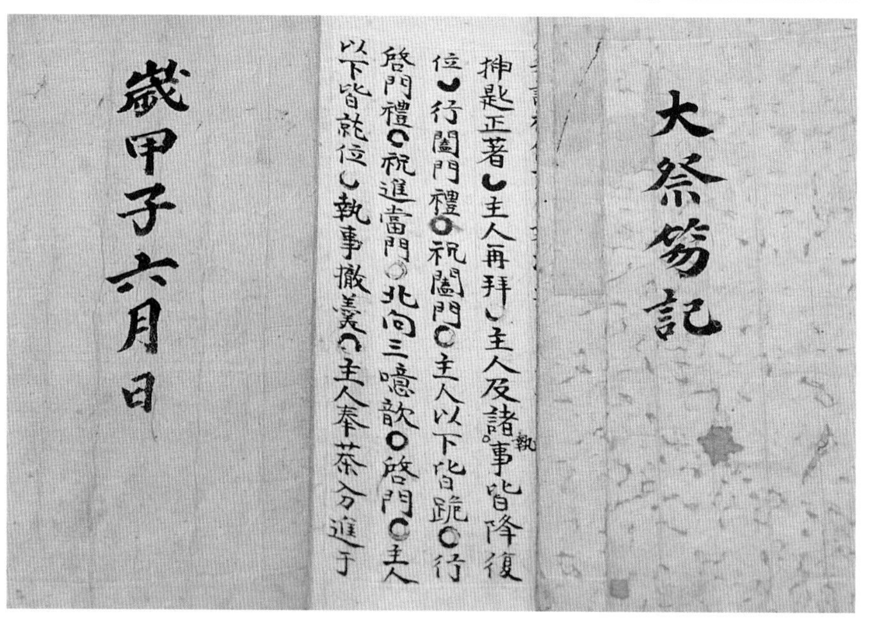
大祭笏記

揷匙正著○主人再拜○主人及諸執事皆降復位○行闔門禮○祝闔門○主人以下皆跪○行啓門禮○祝進當門○北向三噫歆○啓門○主人以下皆就位○執事撤羹○主人奉茶分進于

歲甲子六月日

종가의 「대제홀기」에는 "국(羹)을 내리고 차(茶)를 올려라"는 글자가 또렷이 보이지만 차를 올리지 않고 물을 올린다고 한다.

게 볼 수 있는 모습이 아니다. 사당이 있더라도 의식을 내놓고 행하는 집안은 드물다.

이날 500여 명의 문중 사람이 지켜보는 가운데 엄숙하면서도 장엄하게 행해진 길제에 눈길을 끈 것은 종부의 옷차림이었다. 이 댁 종가에는 200여 년 전부터 내려오는 종가만의 의례를 기록해둔 예절책이 있다. 이곳의 의례는 이 예절책에 준하고 있다. 여기서 길제에는 종손과 종부가 혼례복을 입는다는 것이다. 사당의 조상은 물론 문중 사람들 앞에서 대를 이어 조상을 성심껏 모실 것과 문중의 대들보 격인 종손의 위엄을 대례복으로써 차별화해 보여주는 것이다.

이날 종손은 관복을 미처 준비하지 못해 도포와 갓을 썼고, 종부는 옥색 치마저고리의 제례복에 화려한 수가 놓인 활옷을 입고 큰 머리에 화관을 썼다. 길제의 의식은 사당에서 신주를 모셔내는 것과 신주를 고쳐 쓰는 것과 5대조가 사당을 영원히 떠나가는 의식, 새 신주가 사당에 들어가는 의식 등으로 모두가 기제사에 준해서 지냈다. 종부가 무리를 하면서도 활옷을 고증해 준비한 것은 사라져가는 가정의례를 복원해 다음 세대에 전하고 싶어서였다고 했다.

전통을 지켜나가려 애쓰는 종갓집이 있는 이상 우리의 생활문화는 지켜질 것이다. 조상을 숭배하고 집안의 화목을 보여주는 우리만의 이런 의식은 세계에 내놓아도 빛나는 우리만의 자랑이라 할 수 있을 것이다.

탈속한 대시인을 배출한 대종가의 길제

안동 운곡동의 영천 이씨 농암 이현보 종가

보랏빛 들국화가 담장 없는 고택을 가려주듯 해맑게 피어 있는 영천 이씨 종가 긍구당 앞마당에는 이 가문에서는 가장 큰 행사인 길제에 참석하기 위해 전국에서 모여든 문중 어른들의 도포자락이 펄럭였다.

16대 종손 이용구 씨가 지난 1998년 91세로 세상을 떠나 삼년상인 대상(大祥) 담제(譚祭)를 지낸 후 신주가 사당으로 들어가는 큰 의식을 치르는 날이다. 지금까지 후손들로부터 제사를 받아온 5대조 할아버지 는 새로 들어오는 후손을 위해 자리를 내주고 물러나는 체천(遞遷)의식을 통해 영혼이나마 자신이 살았던 집, 사당에서 이제는 영원히 떠나 본인의 무덤 곁에 신주가 묻히게 되는 것이다. 이날 사당에서는 마지막으로 제례를 받게 되는 것이다. 그리고 일 년에 한 번씩 가을에 자신의 무덤에서 지내는 세일사(歲一祀)만 받게 된다.

사당에서 떠난 5대조 자리에는 그 아랫대인 증조할아버지, 증조할아버지 자리에는 할아버지, 할아버지 자리에는 아버지 신주가 모셔진다. 그리고 지금까지 제주였던 부모가 돌아가셨으니 그 아들이 제주가 된다는 것을 신주에 다시 새기게 되는 개제주(改題主)도 해야 한다. 이런 의식들이 모두 길제에 포함된다. 길제의 길(吉)이란 자손이 있어 조상을 섬길 수 있다는 의미에서 슬픈 제사가 아니라 길하다는 뜻이 담겨져 있다. 이 댁의 길제는 돌아가신 종손의 아버지가 행한 이후 75년 만이었다.

길제의 제주는 17대 종손인 이성원(취재 당시 47세) 씨다. 신주에 이름을 바꾸는 의식은 하루 전에 해두었다. 이날은 불천위인 농암 선생의 신주를 포함한 여섯 분의 신주마다 제물을 올리고 제주가 바뀌었다는 고유제를 올리는 것이다. 그 때문에 많은 문중 사람들이 참석해 한 대가 바뀌는 소중한 의식을 지켜보았다. 제례는 기제사에 준했다.

▲ 경상북도 유형문화재 제32호로 지정된 긍구당. 누마루 위에는 길제의 식순과 순서에 따른 역할 분담을 글로 써 알린다.

▼ 사당 전경.

▲17대 종손 이성원 씨. 갓을 쓴 하얀 모시 도포 차림으로 길제를 이끌었다.

▼종부의 큰절. 종부는 신주마다 큰절 네 번씩을 올리고 가문의 영화를 위해 힘쓰겠다는 무언의 약속을 한다.

길제 때 종부가 화려한 혼례복을 입는 이유

이날 200여 명의 문중 사람이 지켜보는 가운데 엄숙하면서도 장엄하게 행해진 길제에서 가장 눈길을 끈 것은 단연 혼례 때 입는 원삼 족두리 차림으로 참석한 종부 이원정(취재 당시 42세) 씨다. 종가의 안살림을 책임지고 있는 주부인 종부에게 두 번째 술잔을 올리게 하는 순서였다.

종부는 두 시녀의 부축을 받으며 사당으로 들어왔다. 엄숙하던 사당 안이 종부의 옷차림으로 인해 갑자기 환해졌다. 종부는 여섯 분의 신주마다 술을 올리고 신주마다 네 번씩 절을 했다. 모두 24번의 큰절을 했다. 앞으로 사당에 계신 선조들의 제물을 정성껏 준비하며 가문의 영예를 위해 힘쓰겠다는 무언의 약속이다.

종부가 길제 때 혼례복을 입는 것은 초상이 난 이후 이날부터는 화려한 옷을 입어도 무방하다는 뜻이다. 상례의 시작은 삼베로 만든 상복을 입는 일부터다. 삼년상을 치를 때까지 상복을 입어야 한다. 삼년상이 지나면 흰옷 차림으로 있다가 흰옷을 벗는 담제를 지낸 이후부터는 화복(華服)을 입는다는 예서에 준한 것이다.

종부 이원정 씨가 길제 때 두 번째 술잔을 올리기 위해 문중 사람들이 지켜보는 가운데 사당으로 들어서고 있다.

화려한 원삼 족두리
차림을 한 종부.
사당에 안치된
조상은 물론 문중의
사람들 앞에서
위엄을 대례복으로
차별화하여
보여주고 있다.

또한 사당의 조상은 물론 문중 사람들 앞에서 대를 이어 조상을 성심껏 모실 것을 맹세하고 문중의 대들보 격인 종손과 종부의 위엄을 제례복으로 차별화해 보여주는 것이다. 종손은 예복으로 하얀 모시 도포와 갓을 썼다.

어느 댁 종부는 시집을 가자마자 시할아버지가 돌아가셔서 상복을 입기 시작해 시할머니, 시아버지, 시어머니까지 연이어 돌아가시는 바람에 12년 동안 줄곧 상복으로 지냈다고 한다. 어린 마음에 색깔이 있는 옷이 너무 입고 싶어 밤에 몰래 입었다가 문중의 법도를 어겼다고 쫓겨날 뻔한 일도 있었다고 한다.

사람이 죽으면 삼일장으로 끝나고 마는 요즈음 세태에서 볼 때, 이러한 전통적인 상례와 엄격한 제례 풍습이 이해하기 어려운 측면도 있을 것으로 보인다.

날고기가 올라간 이색적인 제상

이날 제물은 제상이 비좁도록 풍성했다. 불천위 제상을 비롯해 여섯 상 위에는 음식이 가득했다. 제물은 일반 제례 음식과 크게 다르지 않았지만 제례 음식의 진수인 적(炙)은 모두 익히지 않고 날것으로 쓰는 것이 이색적으로 보였다. 혈식군자(血食君子)라 하여 군자는 날것을 올린다는 뜻이다. 또 식혜를 엿기름에 삭히지 않고 밥을 둥근 접시에 담아 다시마로 고명을 올린 것도 색다른 모습이었다.

신주로부터 맨 앞줄에는 밥과 국이 놓였고 수저와 술잔이 놓였다. 콩시루편 위에 적과 편, 조악, 화전, 흑임자고물을 묻힌 깨구리편을 웃기떡으로 소담하게 쌓아 올렸다. 편청이라 하여 꿀을 놓았고 편적이라는 배추전도 놓여졌다.

두 번째 줄에는 메국수라 하여 밀가루에 콩가루를 섞어 칼국수를 만들어 건지만 담고 그 위에는 다시마를 고명으로 올렸다. 적은 명태를 적받침으로 깔고 고등어, 방어, 상어, 조기, 쇠고기 순서로 쌓아 올렸다. 적에 들어간 고기들은 모두 날것으로 꼬치에 꿰었다. 맨 위에는 온마리 닭을 약간 익혀서 배가 위로 오도록 놓았다. 적을 가운데에 두고 양옆으로는 다섯 가지 탕을 놓았다. 탕은 문어, 명태, 방어, 상어, 홍합, 쇠고기를 넣어 따로 끓였다. 각각의 그릇에 담아 생선탕 세 그릇은 동쪽에, 고기탕은 서쪽에 놓아 어동육서(魚東肉西)로 자리를 정했다.

세 번째 줄에는 메좌반이라 하여 방어 두 접시를 놓았는데 역시 날것이

1

2

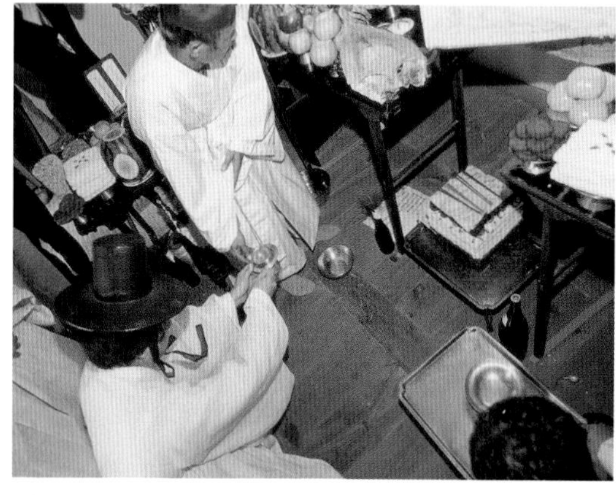

3

4

1. 문중 여인네들이 만든 제사 음식을 사당까지 옮겨 진설하는 것은 남자들의 몫이다.
2. 제상이 비좁도록 차려진 풍성한 음식들. 혈식군자(血食君子)라 하여 생고기를 올렸다. 콩시루편 위에 적과 편, 조악, 화전, 흑임자고물을 묻힌 깨구리편을 웃기떡으로 썼다.
3. 제주인 종손은 정결한 몸으로 조상을 모셔야 하므로 손을 씻는 관세를 하고 있다. 사당 안으로 들어가 헌인 첫 잔의 술을 올리고 큰절 두배를 했다.
4. 사당 마당에 있던 제관들은 초헌한 다음 축문을 읽을 동안 꿇어앉아 몸을 굽히고 조용히 예를 드린다.

1

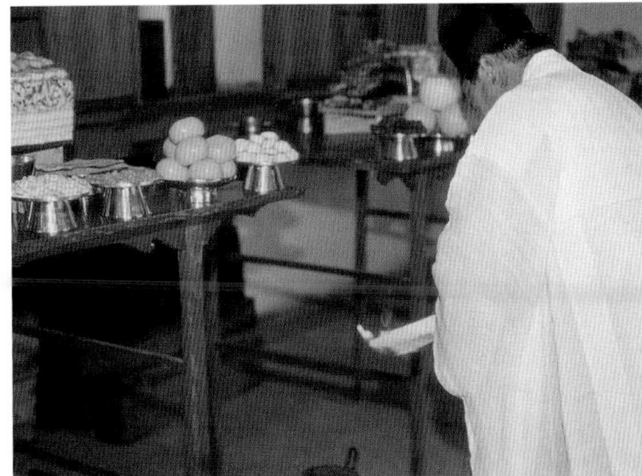

2

3

4

1. 사당 마당 섬돌 위에서 예가 밝은 문중 사람이 제례순서인 「홀기」를 읽고 있다.
2. 제사가 끝나고 축문을 태운다.
3. 종가의 길제에는 강신 때 쓰이는 모사가 없고 퇴주기가 모사를 대신한다.
4. 길제 후 문중 제관들이 음복하고 있다.

종가의 상징 궁구당 전경. 농암 선생은 이곳에서 태어났다고 한다.

다. 그 옆으로 청장을 놓았다. 나물은 다섯 가지로 각각의 그릇에 따로 담았다. 재료는 삶은 배추(숙주), 무, 도라지, 고사리, 토란 대를 썼다. 식혜도 올려졌고 물김치도 올렸다. 마지막 줄에는 과일이 있었다. 서쪽으로 밤, 감, 땅콩과 호두를 올리고 가운데는 시절 과일로 수박을 놓았다. 사과와 배는 아래위만 잘라놓았다. 대추는 살짝 삶아 집청과 설탕을 넣어 졸인 다음 깨를 묻혀 담았다. 조동율서(棗東栗西)로 올린다 했다. 대구포가 과일 줄 동쪽 끝에 놓여진 것도 여느 집과 달랐다. 술은 집에서 담가 올리기도 하는데 이날은 정종을 썼다.

이렇게 가짓수가 많은 갖가지 음식들을 정갈하게 장만하는 제수품이 이어져왔기 때문에 우리의 전통음식이 보존될 수 있었을 것이다. 종가의 길제를 지켜보면서 죽고 나서도 조상을 이렇게 극진히 모시는 민족이 지구상에서 또 있을까 싶었다. 엄숙하게 장례를 치르고 또 3년 동안 빈소에서 아침·저녁으로 따뜻한 식사를 올린다. 소상, 대상을 거쳐 담제, 길제까지 9번의 큰제사를 지내고 나면 사당에 모시고 4대에 걸쳐 최소한 120년 동안은 살아 있는 한 일 년에 몇 번씩이나 제사를 올리는 민족이었기에 우리가 문화민족으로서 자리 잡을 수 있지 않았을까도 생각해보았다. 그 제례 속에 우리의 음식문화, 복식문화, 규범문화가 고스란히 살아 있기 때문이다.

농암 선생의
초상화가 봉인되어
있는 분강서원.

귀머거리 바위를 호로 삼은 탈속한 정신세계

긍구당은 영천 이씨가 안동에 입향했던 때 지어진 고택이다. 고택의 원래 자리는 경북 안동군 도산면 분천동에 있었는데 안동댐 수몰로 사당과 함께 1975년에 이곳으로 옮겨졌다. 지금도 안동지방에서는 부내종가로 더 알려져 있을 만큼 분천동 시절의 긍구당은 유명했다. 긍구당에서 농암 선생이 태어났다고 하니 고택의 나이는 미루어 짐작된다.

이곳에서 1100여 미터 떨어져 있는 분강서원(汾江書院)에는 농암 이현보 선생의 초상화가 봉안되어 있다. 농암 선생이 46세 때 부모에게 효도하기 위해 지었다는 '날을 아낀다'는 의미를 가진 애일당(愛日堂)도 긍구당에서 멀지 않은 곳에 이전돼 있다. 종가의 안채는 경북 안동시 옥정동에 옮겨져 종손이 살고 있다. 길원여고에서 한문을 가르치는 종손 성원 씨는 흩어져 있는 종가의 유적을 한곳으로 모아 복원하기 위해 도산면 가송리 올미재에 터를 닦고 있는 중이며 '농암선생유적복원사업후원회'를 만들어 활발히 활동하고 있다.

효심이 극진했던 농암 선생이 색동옷을 입고 춤을 추어 부모님을 즐겁게 했다는 「화산양로연회도」. 남녀가 유별하여 여자들은 지붕이 있는 실내에 앉아 각자 상을 받고 있고, 남자들은 풍광이 좋은 야외에서 천막을 치고 상을 받고 있다. 신분을 초월해 각자 상을 받고 음악과 무용을 즐기고 있는 모습에서 잊혀져가는 식탁문화를 비롯, 480년 전의 생활상을 관찰할 수 있는 아주 귀한 그림이다.

퇴계 선생이 고향 선배로 존경해 마지않았던 그가 세상을 떠났을 때 죽음을 애도하는 글과 행적을 지어 바치기도 한 학자이자 대시인인 농암 선생은 그의 사후에 나라에서 내린 효절공(孝節公)이란 시호가 말해주듯 효심이 극진했다.

풍년 9월 하늘 아래
노인들을 청내로 모셨네.
서리서리 백발들이 손잡은 주변
단풍 국화가 가득하네.
나누어 수작하는 자리
내·외청에 음악이 이어지네.
색동옷 입고 술잔 앞에 춤추는 사람 괴이하다 하지 마라.
태수 양친이 또한 자리에 계심이다.

농암 선생이 안동부사 시절에 경로 잔치를 치르고 남긴 「화산양로연(花山養老燕)」이라는 약 480년 전의 시다. 화산은 옛 안동의 이름. 농암 선생은 여기서 부모님을 즐겁게 하기 위해 색동옷을 입고 춤을 추었다고 전하고 있다.

그가 남긴 「화산양로연」은 보물로 지정될 만큼 귀한 자료이다. 「화산양로연회도」에는 단풍이 붉게 물든 풍광 좋은 야외에 천막을 치고 남녀 천민을 구별하지 않고 노인들을 초청했다는 점이 주목된다. 엄격한 신분사회였던 그 당시 사회 분위기로 보아 분명 획기적인 일이다.

그림에 남자는 야외에서 천막을 치고 자연을 감상할 수 있는 자리에 연회석이 마련됐고, 여자들이 앉아 있는 곳은 실내인 듯 지붕이 보인다. 시녀들이 음식을 나르고 화롯불에 탕을 데우는 모습 등이 자세히 그려져 있다.

식탁문화가 발달된 지금의 주부들이 눈여겨보아야 될 것은 남녀를 가리지 않고 개개인이 음식을 따로 받고 있는 모습이다. 상다리의 높이에서 신분을 구별한 듯도 보이지만 분명히 독상을 받고 있다.

고향의 부내 절벽에 물 부딪히는 소리가 하도 시끄러워서 그 바위를 차라리 '귀머거리 바위'라고 해서 '농암'이라고 이름짓고 자신의 호로 삼았다는 그의 탈속한 정신세계는 유명한 「어부가」의 발문에 붙여 쓴 퇴계 선생의 글이 대변하고 있다.

농암 선생이 경상도
관찰사로 봉직할 1537년
당시 집무 모습. 보물
제872호로 지정돼 있다.

농암 이 선생은 벼슬을 버리고 분강가로 염퇴했다. 부귀를 뜬구름처럼 여기고 회포를 물외(物外)에 붙였다. 때로 조각배를 타고 물안개 낀 강 위에서 즐겁게 읊조리거나 낚시바위 위를 배회하며 물새와 고기를 벗하여 망기지락(忘機知樂)했으니, 그 강호지락(江湖之樂)의 진을 터득한 것이다. … 바라보면 그 아름다움은 신선과 같았다. 아, 선생은 이미 그 진락을 얻은 것이다.

『강과 달과 배와 술과 시가 있는 풍경』이라 제목을 붙인 '강호문학연구소'에서 펴낸 도록에서 농암 선생의 시세계를 엿볼 수 있었다.

教旨
高麗忠臣輸誠輔
祚功臣嘉靖大夫
中樞院事都評議
使賛成事右政丞

충절과 청백의 기품이 서려 있는 곳
남원 호곡마을의 죽산 박씨 충현공파 종가

고려에서부터 조선 말에 이르기까지 서민들의 선망의 대상이었던 양반(兩班)은 일반적으로 과거에 합격해 국가에서 치르는 행사에 참석하는 현직 관료들을 총칭하는 말이라는 것이 사전적 의미다. 그러나 벼슬자리만으로는 존경받는 양반이 되지 못한다. 양반의 칭호에 걸맞은 행동과 생활을 해야 했다.

존경받는 양반이 되기 위해서는 나라에 충성하고 부모에 효도하며 여자는 절개를 지켜야 하는 등 국가가 도덕의 기본이 되는 큰 줄기로 정해놓은 3강(三綱)의 준칙에 모범을 보여야 했다. 또한 조상의 제례를 정성껏 모시고 손님 접대에 한치의 소홀함이 없어야 했다. 살림이 옹색한 양반가의 부인들은 머리를 잘라 팔아서라도 손님 접대의 주안상을 마련해야만 했고, 조상의 제사상을 풍성하게 차려 이웃에 나누며 집안의 건재함을 과시해야 했다. 지금도 4대 봉제사를 지내고 있음을 은근히 내세우는 것은 조선시대에 신분에 따라 제사를 모시는 차등을 두었는데 양반가만이 4대를 제사 지낼 수 있도록 법으로 정해놓았기 때문이다.

현직에 벼슬이 없더라도 양반 가문으로 추앙을 받는 또 다른 경우는 당대를 대표하는 저명한 학자를 조상으로 모시거나 그 조상과 계보 관계가 명확한 성씨들이다. 같은 성씨로 한 마을에 대대로 집성촌을 이루며 사는 문중을 내세우는 것도 양반의 반열에 들어가기 때문이다.

가장 확실하게 양반 가문임을 증명하는 것은 조선시대 국가기관인 예조(禮曹)에서 내리는 교지를 받아 영원히 제사를 모시는 사당과 효자, 열녀 교지를 받아 마을 입구에 비각이 세워진 가문이 되는 경우이다. 남원의 죽산 박

충신, 효자, 열녀가 이 집에서 났음을 알리는 삼강문이 우뚝한 종가 전경.

씨 대종가는 이런 조건을 두루 갖춘 명문가다.

고색창연한 집들 사이로 흐르는 세월

이도령과 춘향의 고을 남원은 5월 초에 열리는 춘향제로 축제 분위기였다. 광한루 주변은 벚꽃이 만발해 꽃비가 내렸고 지리산에서 발원해 흘러 내려오는 요천의 푸른 냇물은 춘향의 절개를 더욱 푸르게 하는 듯했다.

남원에서 죽산 박씨 종가를 찾아가려면 일단 광한루에서 구례로 가는 19번 국도를 따라가야 한다. 그리고 국도의 오른편에 수지면으로 들어가는 안내표지문에서 우회전하여 다리를 건너 2차선 산길을 굽어 돌아가면 된다. 산수유와 개나리가 지천으로 피어 있는 나지막한 골짜기마다 작은 마을들이 이어져 있다. 사람의 향기가 풍기는 마을과 봄동산에 피어 있는 꽃을 구경하며 12킬로미터쯤 달리면 오른편에 수지초등학교가 나온다. 학교를 지나지 않고 좌회전을 해 좁다란 농로로 접어들어 30미터쯤 가다 보면 야산 낮은 언덕에 고색창연한 기와집이 여러 채 있다. 여기가 바로 남원에서 길지(吉地)로 알려진 죽산 박씨 집성촌이다.

종가의 작은집인 몽심재(夢心齋) 앞에서 주차를 하고 몇 걸음 옮기면 삼강문(三綱門)이라 쓰인 커다란 편액이 걸려 있는 종가의 솟을대문이 발길을 멈추게 한다. 3칸짜리 대문에는 충신과 효자, 열녀가 이 집에서 났음을 알리는 내력을 빼곡히 적은 붉은 편액이 붙어 있다. 조선시대 양반의 법도를 성실하게 지켜온 집안임을 한눈에 알게 한다.

대문을 들어서면 2층 높이로 지반을 돋우어 높이 세운 사랑채가 한눈에 들어오고 사랑채보다 조금 더 높은 곳에 안채가 있다. 안채 뒤에는 제단같이 만든 장독대가 있다. 큰살림임을 한눈에 알게 하는 커다란 장독들이 세월의 이끼를 안은 채 빈 항아리 그대로 있다. 동편에는 종가의 혈맥 같은 사당이 있는데, 사당 뒤를 둘러싼 무성한 대밭에는 대나무 열매를 찾아 봉황이 날아들듯 영롱한 분위기를 자아내고 있었다.

한결같이 지켜온 종가살림 58년

주인도 없는 텅 빈집을 한 바퀴 돌고 있는데 돌담 사이 쪽문으로 마을에 출타를 했던 종부가 인기척을 듣고 들어왔다. 허리는 굽었지만 얼굴에는 저승꽃보다 맑은 미소가 가득한 유순렬(취재 당시 76세) 할머니가 딸을 반기듯 정겹게 맞아주었다. 종손 박환진(취재 당시 75세) 씨는 토지구획 정리 일로 잠시 집을 비웠다며 양지바른 쪽마루로 안내하며 걸터앉게 했다. 마루에 앉은 채 종부는 58년의 종가생활을 재미있고 자상하게 들려주었다.

전남 곡성의 문화 유씨 종가가 친정이라는 종부는 열여덟 살 때 한 살 연하인 열일곱 살의 신랑을 친정 마당에 차려진 혼례청에서 처음 만났다. 신랑은 자손이 없는 이곳 종가에 열네 살 때 양자로 왔다고 했다. 종가에서는 종가를 이을 후손을 빨리 보기 위해 가문이 좋은 종부집과 혼사를 치른 것이다.

종가 건물과 잇대어 있는 몽심재. 박문수 선생의 충절을 기리기 위해 후손이 지었다고 한다.

3일 만에 친정에서 해준 혼수를 싣고 종가로 시집와 원삼 족두리의 의례복을 갖춰 시부모께 폐백을 드렸다. 친정에서 가져온 제물을 사당에 차리고 문중 사람들의 부축을 받으며 조상님께 일부종사하겠다는 무언의 언약으로 사당 차례를 올렸다.

'삼강문(三綱門)'
이란 글씨가 선명한
대문. 충신, 효자,
열녀가 났음을
알리는 세부 내력을
빼곡히 적어놓았다.

안채 뒤의 장독대. 큰살림임을 한눈에 알게 하는 커다란 장독에는 세월의 이끼가 묻어 있다.

그로부터 종가살이는 시작되었다. 병든 시어머니와 시아버지를 모시는 데 가장 큰 걱정은 음식 만드는 일이었다고 한다. 시어머니께는 어려워 묻지도 못하고 가슴앓이 생활은 당연한 수순이었다.

친정어머니는 자식 아홉을 낳았으나 병으로 잃고 두 아들과 딸 하나만 키웠는데, 외동딸이 된 종부를 귀하게만 여겨 부엌일이며 바느질 등 집안일은 하나도 가르치지 않았던 것이다. 이렇게 키운 딸을 대종가의 종부로 시집을 보내놓고 어머니의 걱정은 어떠했을까. 시집와서 3년 만에 처음 친정에 갔는데, "이것이 시집에서 일을 못해 쫓겨오지 않을까, 아는 것이 없어 고생은 또 얼마나 될꼬" 하며 매일같이 딸이 사는 곳을 바라보면서 눈물지었다던 어머니의 말씀에 모녀가 통곡을 했다고 한다.

종부가 지금 생각해도 아찔했던 일은 시어머니가 제사에 올릴 북어 껍질을 벗기라 했는데 잘게 찢어 보푸라기를 만들어놓았던 일이다.

"시어머니가 보시고는 '어쩔 거냐, 한 마리뿐인 북어를 이렇게 해놓았으니 제사상에는 무엇을 올리냐! 다시 살 곳도 없는데…' 하시니 얼매나 겁이 났겠소. 허지만 크게 꾸지람을 하거나 시집살이를 시키지는 않으셨소. 한번은 도토리묵을 허래요. 우리 친정에서는 도토리묵을 하지 않았는데 무서워서 시어머니께 물어볼 수도 없잖아요. 도토리를 맷돌에 갈아 칡가루를 가라앉혀야 하는데 물인 줄 알고 휘휘 손으로 저어 다 따라버렸으니 아무것도 남지 않았지요. 겁은 났지만 시어머니께 뽀도시(간신히) 물어본께요. '어쩔 거냐. 이렇게 몰라서 골이 얼매나 아파겄냐' 하시며 등을 토닥이면서 가르쳐주셨소."

문득 떠올려보니 엊그제 일인 양 눈앞에 스쳐 지나가는 듯 종부는 생생하게 옛이야기를 들려주었다. 몸이 불편해 누워서도 자상하게 부엌일을 가르쳐주시던 시어머니는 3년 만에 돌아가셨다. 스물하나의 어린 종부는 이때부터 지금까지 일 년에 15번의 제사와 종가의 일들을 주관하고 4남 4녀를 낳아 뒷바라지하느라 하루도 편할 날이 없었다. 지금은 자녀들 모두 출가시켜 분가시키고 종손과 종부가 큰집을 지키고 있었다.

송암 선생의 불천지위를 모신 사당. 선비의 지조를 상징하는 대숲이 사당을 둘러싸고 있다.

제사를 삶의 윤활유로 여기다

노종부는 많은 제사를 혼자 감당할 수 없어 불천위 제사만 종가에서 지내고 4대 봉제사는 서울에 사는 큰아들네서 지내고 있다고 했다. 직장을 가진 아들네가 매번 먼길을 오르내릴 수 없다고 여긴 종손의 용단이었다. 그래서 제사 때가 되면 매번 종손이 서울에 올라가 제주 노릇을 하고 돌아오곤 한다. 큰아들 정근(취재 당시 50세) 씨, 며느리 양칠례(취재 당시 48세) 씨에게 전화로 제사에 대한 질문을 하자 며느리 양씨는 "나는 특별한 신을 섬기는 종교가 없어서인지 제사를 모시는 것을 조상종교라 생각합니다. 어떤 종교이든 일주일에 한 번씩은 집을 비우고 가야 하는데 제사가 아무리 많아도 일주일에 한 번은 아니니 더 편하지 않습니까?"라고 말했다.

제사 때마다 제물을 장만하는 데 힘들지 않느냐는 물음에 "서울에 사는 형제들에게 제사 음식을 한 가지씩 분담을 시킵니다. 동서들이 모두 직장을

58년 동안 종가를 지킨 종손과 종부. 열일곱, 열여덟 나이에 혼인하여 지금까지 화목한 가정을 이루고 있다.

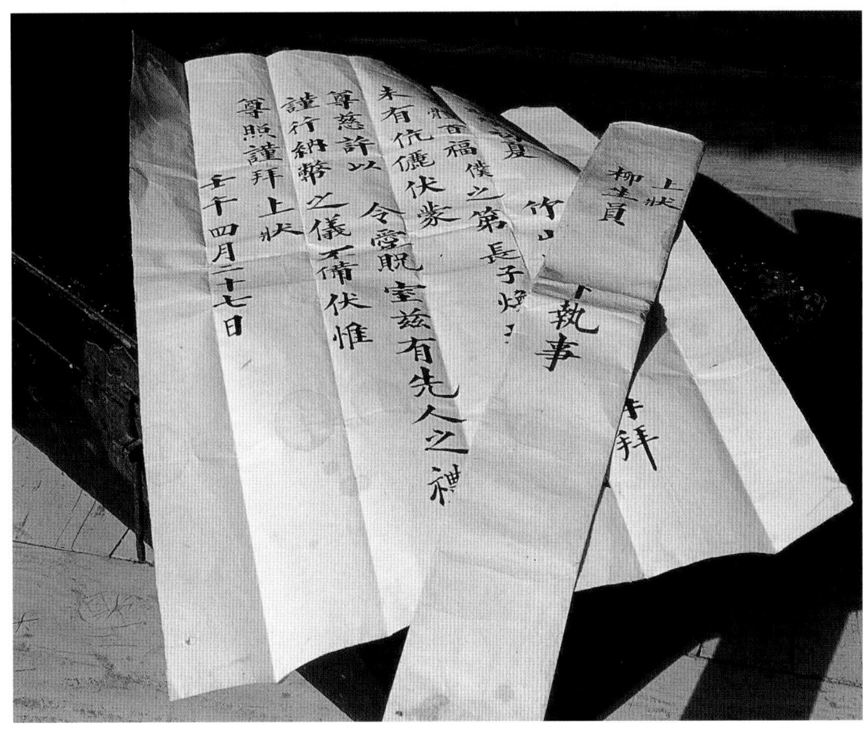

종손이 장가를 갈 때 썼던 함. 이 함은 종손의 6대조 할아버지 때부터 썼다고 한다. 특별한 장식 없이 소박하게 만들어진 함에서 청백리를 자랑하는 종가의 가훈을 엿볼 수 있다. 이동하기 쉽게 가벼운 오동나무로 만들어졌다.

갖고 있어 일찍 모이기가 힘들지만 각각 한 가지쯤은 책임을 지우니까 자신이 만든 음식이 조상님께 올려진다는 생각 때문인지 제사에 빠지지 않고 참석하는 좋은 점이 있습니다"라고 했다. 제사 때문에라도 일 년에 10번 형제들이 모이니 끈끈한 가족애로 뭉치게 된다고 덧붙이는 걸 잊지 않았다.

"자주 얼굴을 보고 음식을 나누니까 형제간의 우애는 말할 것도 없죠. 어린아이들에게 친척의 의미와 촌수가 무엇인지 아주 자연스럽게 가르칠 수 있어요."

제사를 삶의 윤활유로 생각하는 지혜로운 차종부가 있는 이상 종가는 계속 이어질 것이라는 믿음을 가질 수 있었다.

충현공이 두문동에 들어가 은둔할 때 도토리와 솔가루로 연명했다는 기록 때문에 이 댁의 제사상에는 송화다식과 묵이 꼭 오른다.

대쪽 같은 선비정신을 끝까지 지킨 송암 박문수

고려 말 최고 종합교육기관인 국자감의 수장이었던 송암 박문수(松菴 朴門壽, 1342~?) 선생은 포은 정몽주(圃隱 鄭夢周, 1338~1392), 목은 이색(牧隱 李穡, 1328~1396)과 함께 국가의 중대한 일을 논할 만큼 권력의 핵심에 있었다. 충의와 절개를 목숨처럼 여겼던 세 사람을 두고 당시 사람들이 삼로(三老)라 불렀을 정도로 존경받는 인물들이었다.

고려왕실이 무너지고 조선왕조가 개국되면서 송암 선생에게 좌의정 벼슬을 내리고 새로운 왕조를 위해 일할 것을 권했지만 그는 두 임금을 섬길 수 없다고 일언지하에 거절했다. 그는 대쪽 같은 선비정신으로 조선 건국을 반대하던 고려 선비 72명과 함께 두문동(杜門洞)에 들어가 초근목피로 연명하면서 끝끝내 충절을 지켰다.

당시 조선왕조에서는 새 왕조를 인정하지 않는 고려의 선비가 살고 있던 지금의 경기도 개풍군 광덕면 광덕산 두문동에 불을 지르는 일대 만행을 저지르게 된다. 이 참사로 불에 탔는지, 매를 맞아 횡사했는지 선생의 흔적조차 찾을 수 없어 돌아가신 날도 모른다고 한다. 영조 때에 이르러서야 고려 충신들의 원혼을 달래기 위한 사면조치가 내려졌는데, 이때 송암 선생을 우의정에 추서하고 충현공이란 시호(諡號)와 불천위(不遷位) 교지가 내려지게 된다. 그렇게 해서 후손들은 선생의 사당을 짓고 제사를 모시게 되었고, 선생이 관직에 있을 때 보여준 청렴함을 본받아 가훈을 청백(淸白)으로 삼고 있다.

제사를 모실 때 술은 중요한 제물 중의 하나다. 술잔이 낮은 것이 연대가 오래된 것이고, 잔대가 높은 것일수록 후대의 것이라고 한다.

종가가 이곳에 터 잡은 것은 충현공의 손자 박자양(朴子良)이 전라도 관찰사로 부임하면서부터다. 종택을 싸고 있는 나지막한 안산 언덕에는 송암이라는 충현공의 호에 걸맞은 소나무와 대나무를 심어 마을 입구까지 숲을 이루고 있다.

허벅지 살을 약으로 쓰고 자결한 열녀

"나의 5대조 할아버지께서는 젊어서부터 불치병을 앓았는데 젊은 부인이 정성을 다해 약을 써도 효험이 없자 자신의 허벅지 살을 떼어서 남편에게 약으로 썼답니다. 또 숨이 끊어지려 하자 손가락을 깨물어 수혈을 하고 여러 번 살려내 주위 사람들을 놀라게 했는데 남편은 끝내 숨을 거두고 말았답니다. 부인은 남편의 영정 옆에서 눕지도 않고 지키고 있다가 한 달 만에 떠나는 출상 하루 전날 자결을 했대요. 목을 매거나 약을 먹은 흔적이 없어 살펴보았더니 남편이 숨을 거둔 그날부터 한 달 동안이나 굶었더랍니다. 남편을 따라 하나뿐인 목숨을 끊는다는 것은 쉽지 않은 일이지요. 조선시대에는 남편이 죽으면 문밖 출입을 삼가고 분단장을 하지 않는 것은 물론 하늘을 똑바로 쳐다

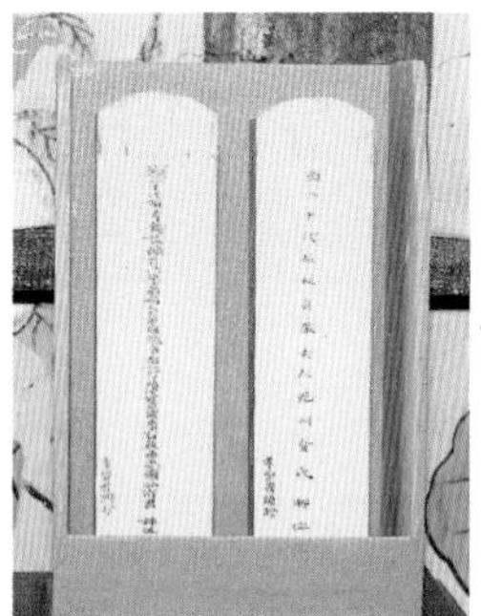

1. 제사를 모실 때 하는 큰절을 보여주는 종손.
2. 평절을 선보이는 종손.
3. 제사 때 하는 큰절을 보여주는 종부. 이 큰절은 시집왔을 때 시부모께 올리는 현구고례 때와 부모의 수연례 때에서나 하는 아주 귀한 절이라 한다.
4. 그 외에는 모두 평절로 한다. 종부의 평절.
5. 사당 안 교의에 모셔진 충현공의 신주.

◀ 목향을 담아둔 향갑과 향로. 향로 뚜껑에 배꽃 문양이 새겨져 있어 왕가로부터 하사받은 것으로 추정된다.

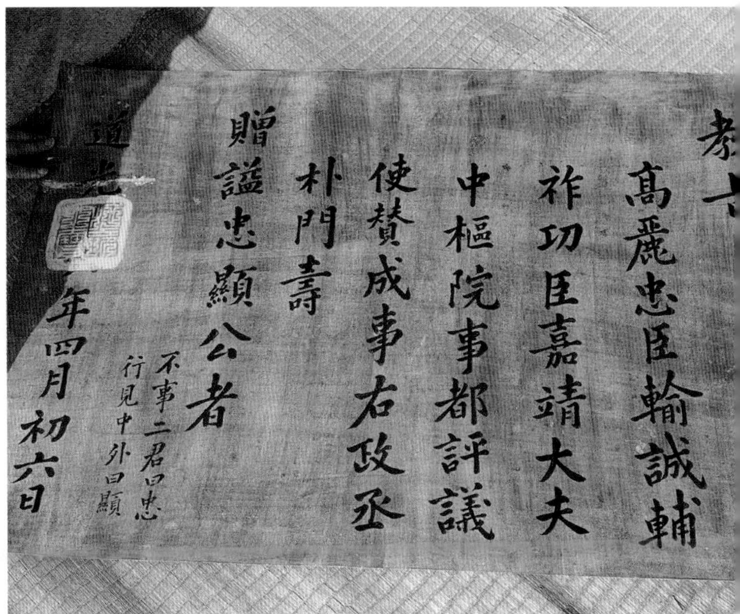

▶ 나라에서 부모와 남편을 극진히 모신 이 가문의 효자와 열녀에게 내렸다는 교지. 종손은 후세에 귀감이 되는 이 교지를 소중히 간직하고 있다.

보지 않은 것이 양반가 부인들의 덕목이지요."

그 후 열녀의 소문은 조정에까지 알려져 열녀 교지가 내려졌다.

아버지의 대소변을 맛보며 건강을 살핀 효자

"나의 고조부께서는 아버지가 중풍으로 몸을 쓰지 못하자 9년간 대소변을 받아냈답니다. 뒷시중을 드는 것도 예사롭지 않을 텐데 대소변을 맛보면서 약을 지어드렸으니 지금은 상상도 할 수 없는 일이지요. 그뿐만 아니라 아버지가 한겨울에 생선회를 드시고 싶어 하셨는데 남원 장을 다 다녀도 생선을 못 구하자 얼음을 깨고 하루 종일 낚싯대를 드리웠대요. 하지만 그 겨울에 고기를 잡을 수 있겠소? 허탈한 마음으로 돌아오는데 길섶에 커다란 자라가 올라와 있었다지 뭡니까. 그놈을 잡아다가 푹 고와드렸대요. 하늘이 효심을 알고 내려준 고기라는 말이 전해지고 있어요. 극진히 모셨던 아버지가 돌아가시자 묘 옆에 띠집을 짓고 시묘살이를 하는데 밤에는 호랑이가 내려와 지키며 산짐승들의 피해를 막아주었대요."

지극한 효심이 널리 퍼져 남원 향교의 유생들이 나라에 효자상을 추천하는 입안 문서를 올렸고 예조에서는 이를 검토한 후 효자상으로 교지가 내려졌다. 종손은 「전설의 고향」에 나올 법한 이 이야기를 오래된 일들이 아닌 오늘의 일처럼 상세히 기억하고 있었다.

종손은 시묘살이를 이렇게 풀고 있다.

다식 만드는 방법을
가르치는 종부.

"사람이 세상에 태어나 3년은 부모 품에서 보살핌을 받아야 스스로 먹고 홀로 걸을 수 있듯 3년 동안 묘 곁에서 눈이 오면 쓸고 비가 오면 봉분이 무너질까 보살피는 것은 낳아주고 길러준 부모의 은혜에 대한 최소한의 보답이라 할 수 있지요."

충현공의 절개를 상징하는 송화다식과 도토리묵

이곳 종가의 내림음식은 송화다식과 도토리묵, 고사리다. 충현공이 절개를 지키며 산속에서 은둔생활을 할 때 연명했던 음식으로 제사상에 빠지지 않고 올리고 있다. 노종부는 송화를 채취해 꽃가루를 얻는 방법과 솔꽃의 쓰임도 자상하게 알려준다.

해마다 5월 초가 되면 종가 주변에 심어져 있는 소나무에서는 솔꽃이 핀다. 솔꽃은 재미있게도 수꽃과 암꽃이 따로 꽃을 피우는데 암꽃은 가지 끝에 매달려 붉은색으로 피고, 수꽃은 노란 송화로 피어난다. 수꽃의 노란 송화가 활짝 피면 가루가 날아가 암꽃에 붙어 솔방울로 자라게 되는데 꽃이 피기 전 봉오리를 따야 한다. 봉오리를 따 와 멍석을 펴고 볕에 하루 정도 말리면 봉오리가 터진다. 넓은 그릇에 물을 담고 송화를 털면 가벼운 꽃가루는 물에 뜨는데 이때 한지를 물 위에 가만히 덮으면 꽃가루가 한지에 묻어난다. 한지를 바람이 불지 않는 실내에 하루 정도 말리면 송화를 얻을 수 있다. 이렇게 채취한 송화를 꿀이나 조청으로 반죽해 다식판에 찍으면 완성된다.

종가 뒷산에는 떡갈나무가 많다. 가을에 떨어진 도토리를 주워 볕에 말리는데, 햇볕에 말려야 껍질이 잘 벗겨진다. 도토리는 절구에 찧어 껍질을 벗기고 물에 담가 여러 번 우려내 떫은맛을 없앤다. 떫은맛을 우려낸 도토리를 맷돌에 갈면 앙금이 가라앉는다. 윗물을 버리고 앙금을 말리면 묵가루가 된다. 묵을 만들려면 도토리 가루와 물을 1 대 3의 비율로 섞어 풀을 쑤듯이 끓여 엉기게 한 후 상자나 적당한 그릇에 담아 식히면 묵이 된다. 제상에는 네모지게 만들어 그대로 올렸다가 먹기 좋은 크기로 썰어 양념간장에 무쳐 낸다.

집성촌 돌담이 아름다운 제례의 본산

아산 외암마을의 예안 이씨 문정공파 종가

종가의 특징은 솟을대문에 잇대어 지어진 행랑채를 둘러싼 돌담이다. 행랑채 창문이 지나는 사람들에게 휑하니 노출되지 않게 고샅처럼 막돌로 쌓아둔 돌담이다. 돌담 앞에 놓여진 낮은 통나무 다리 아래로 흐르는 실개천에서 물장난하는 아이들, 고가를 지키는 당산나무 푸른 그늘 평상에는 마을 할머니들이 모여 앉아 갈무리할 마늘을 다듬고 있었다.

또 원두막에는 논일을 보다 잠깐 낮잠을 즐기는 농부들의 모습이 보이고 문전옥답(門前沃畓)에는 어린 벼가 여름의 뜨거운 햇살을 받고 커가고 있었다. 중후한 본채의 기와집 곁에는 지금은 보기조차 힘든 초가지붕에 올라가고 있는 박넝쿨 등 참판댁의 풍광은 농촌의 여름 풍경을 그려놓은 한 폭의 그림같이 정겨웠다.

솟을대문을 들어서면 왼쪽으로 살짝 비켜 앉은 사랑채가 있다. 사랑채는 큰사랑과 작은사랑으로 꾸며져 있었다. 사랑채 대청마루 분합문(分閤門) 너머로 피어 있는 찔레꽃이 사랑채의 고졸한 분위기를 한층 돋운다. 오른편으로 돌아가면 안채로 들어가는 중문이 있다. 중문을 거쳐야만 안채가 나온다.

안채는 두 칸짜리 대청을 중심으로 왼쪽으로 부엌, 안방, 제사를 지내는 대청, 윗방, 골방이 차 로 있고, 오른쪽으로는 건넌방에 연이어 큰방 부엌과 마주 보고 있는 작은 부엌이 있고 다시 머릿방이 있다. 안채의 특징은 대청 앞뒤로 길게 달린 분합문이다. 제사를 모실 때 조상이 식사를 편안히 할 수 있도록 문을 닫는 순서인 합문(闔門)을 할 때 쓰인다고 한다.

또 뒤편 분합문은 뒤뜰에 제단처럼 쌓아둔 장독을 마주 볼 수 있도록 했으며 추운 겨울날 마루를 거쳐 장독에 드나들 수 있도록 편리하게 설계되어 있었다. 또 건넌방 앞에는 툇마루가, 안방 앞과 대청 뒤로는 마루를 놓아 구

돌담으로 둘러싸여
한적하고 운치가
돋보이는 고택.
대문에는 충남
무형문화재
제11호로 지정된
연엽주 술병을
올려놓은 돌상이
예안 이씨 종가임을
알려주고 있다.

석구석 생활의 편의를 세심하게 배려한 흔적이 역력했다. 부엌에 간단한 싱크대를 놓아둔 것 외에는 아직도 옛 모습 그대로였다.

18세기 건물에서 21세기 삶을 살다

네모난 흙마당과 넓은 터에 심어놓은 갖가지 과일나무, 가지, 호박 등의 채소들, 앵두나무 그늘이 드리워진 우물도 정감이 넘쳐 보였다. 하지만 아파트 생활에 젖어버린 방문객의 눈에는 여전히 아랫사람을 거느리지 않고서는 불편하기 짝이 없어 보이는 생활구조임에는 틀림없어 보였다. 그런데도 이곳의 젊은 세대들은 한마디 불평없이 활기 넘치게 생활하는 모습이었다. 한편으로는 대견스럽기도 하고 또 마음이 따뜻해지는 것을 느낄 수 있었다. 18세기 건물에서 21세기 삶을 살아가는 종가의 가족들을 보면서 우리의 전통 생활문화를 좀더 보존할 수 있겠구나 하는 안도의 숨을 내쉴 수 있었다.

고택은 종손의 조부인 '퇴호 이정렬(退湖 李貞烈)' 공의 벼슬이 참판이었기 때문에 '이 참판' 댁으로 불리고 있다. 이 참판은 학문이 깊고 청렴한 선비정신을 올곧게 지킨 인물로 규장각 직학사(直學士)를 지낼 때도 주위의 눈치를 살피지 않고 옳은 말을 서슴지 않았다 한다. 또 일본이 국정을 장악한 조선 말에 판서자리를 제수받았지만 이를 끝내 사양하고 참판을 고집했다. 선생의 기개를 높이 산 고종 황제는 세손이었던 이은 씨의 교육을 선생에게 맡겼다 한다. 이 참판의 고택 역시 낙선재와 같은 집을 지으라고 고종이 직접 은전을 하사한 내력을 갖고 있다.

돌담이 아름다운 외암리 예안 이씨 집성촌

마을 전체가 돌담으로 이어진 듯한 외암마을은 전남 승주의 낙안읍성 마을과 함께 돌담이 아름다운 민속마을로 이름이 높다. 광덕산과 설화산에 둘러싸인 아담한 이 마을의 돌담을 합하면 길이가 5000미터나 된다고 한다.

초가와 기와로 어우러진 60여 호의 집들은 대부분 예안 이씨 사람들이 살고 있다. 예안 이씨가 이곳에 자리 잡게 된 것은 조선 명종 때 장사랑(將仕郎) 벼슬을 지냈던 이정(李珽) 선생 때부터다. 그러나 이 가문을 길이 빛낸 사람은 이정 선생의 6대손인 외암 이간(巍巖 李柬, 1677~1727) 선생이다.

이간 선생은 강문팔학사(江門八學士)의 한 분이며 우암 송시열(尤庵 宋時

고택을 둘러싸고 있는 정겨운 돌담.

烈, 1607~1680) 선생의 제자로 호가 외암이다. 선생의 아호를 따서 이 지역을 외암리로 부르는 것만으로도 그 인품을 짐작하게 한다.

종가에서 20여 분 걸어 올라가면 풍광 좋은 강당리가 나오는데 외암 선생이 후학을 가르쳤던 관선재(觀善齋)가 거기에 있다. 지금은 절의 모습을 갖추고 스님이 지키고 있는데 대원군이 서원철폐를 명령할 당시 건물을 보호하기 위해 절로 위장한 것이라 한다. 이곳에는 『외암문집』 판각 301매가 보관돼 있다. 종가의 유물과 민속용구 1000여 점은 온양민속박물관에 기탁, 전시되고 있다.

대문을 닫게 만드는 무례한 방문객들

종가를 방문한 날은 2000년 현충일이었다. 휴일이어서인지 민속마을을 찾는 관람객이 많았다. 종가는 이 마을에서 대표라 할 수 있는 큰집답게 대문을 활짝 열어놓았고 누구든 마음만 먹으면 들어가 볼 수 있도록 되어 있었다.

사랑채에서 종가의 내력을 취재하고 있는데 모 대학 건축과 교수가 학생들을 인솔하고 불쑥 들어왔다. 주인에게 인사를 드리기 전인데도 학생들은 흩어져 방안을 기웃거리고 관심이 가는 부분을 만져보기도 했다.

교수는 마당에 서서 집의 건축구조를 학생들에게 보여주기 위해 왔노라고 했다. 다른 집들은 문들이 닫혀 있어 들어가 볼 수 없었는데 열려 있는 대문이라 들어왔다는 것이다.

종손은 "당신이 대학교수이면 학교에서 공문을 작성해 귀댁을 방문하겠다는 내용을 먼저 보내야 지도자로서의 태도이지 않겠느냐. 아무 연락도 없이 불쑥 찾아와 집을 보겠다니 당신들이 무단으로 찾아와 보는 것까지 일일이 설명하며 안내를 할 의무가 없다. 필요하거든 정중한 방문의 예를 갖추고 오라. 최고의 지성인인 대학교수가 무례한 방문을 하게 되면 우리는 어떻게 고택을 지키며 살겠느냐"고 했다.

마을의 집들이 문을 잠가둘 수밖에 없는 것도 무단으로 남의 집에 찾아와 안채·바깥채 할 것 없이 기웃거리며 닫혀 있는 문까지 마음대로 열어보는 것이 예사이기 때문이라는 게 종손의 설명이다. 게다가 색다른 물건이 있으면 집어 가는 얌체족들 때문에 대문을 열어놓고 살 수가 없다고 했다. 종손은 마을 길 곳곳에 분리형 쓰레기통을 비치해두고 있는데도 길거리에 담배꽁초는 물론 음료수 병들이 나뒹굴고 있다며 민속마을로 지정된 이후 조용했던 마을이 오히려 황폐해지고 있다고 언짢아했다.

"나이 어린 사람은 철이 없다고 칩시다. 그러나 최고 학부의 학생들을 교육시키는 사람들마저 자질이 저것밖에 안 돼서야 우리가 어찌 문화국민이라 할 수 있겠어요. 1988년 정부가 민속마을로 지정할 때 '전통 건조물 보존지구'로 함께 지정되어 건축에 관심 있는 외국인들이 많이 찾아와요. 외국인들의 경우는 대문에서부터 선글라스를 벗고 몸가짐을 단정히 하면서 주인을 찾아 깍듯한 예를 갖춥니다. 담배 한 대라도 예물을 들고 와요. 그런데 공자님이 부러워했다는 동이족의 예절은 어디로 갔는지…. 학교에서 단체로 올 때도 사전에 공문 한 장 없고 전화조차 없이 막무가내로 들어옵니다. 인솔 교사들조차 미안한 생각을 안 해요. 입장료 내는 박물관에 들어오듯 합니다. 그렇다고 시에서 주민들의 피해를 걱정해주는 것도 아니고…."

종손의 이야기를 들으면서 우리의 무심한 행동이 다른 사람에게 얼마나 큰 피해를 줄지에 대한 생각은 잠시 잊고 살았던 것은 아닌지 반성해보았다. 공공시설이나 남의 집을 방문할 때에 갖추어야 할 예절은 초등학교에서부터 필수로 가르쳐 몸에 배도록 하는 것이 급선무라는 생각이 들었다. 찾는 사람은 한 사람이지만 하루에도 수십 차례 주인을 찾아 질문하고 들여다보고 횡하니 나가버리는 방문객을 피하기 위해 도둑 걱정 없던 농촌에서 대문을 잠

가야 하는 어처구니없는 생활을 강요할 자격은 그 누구에게도 없다는 답답한 생각이 스쳐 지나갔다.

조상의 신주와 사진을 함께 모신 사당. 이득선 씨가 의관을 갖추고 조상을 뵙고 있다.

제사상에 연엽주가 오르기까지

양반의 삶을 흔히 봉제사(奉祭祀)와 접빈객(接賓客)으로 그 특징을 요약하고 있다. 제사를 받드는 그 정성이 거대한 종택을 유지하게 하고, 손님을 기꺼이 맞는 전통이 집을 개방하는 너그러움으로 발전했던 것이다.

종가의 봉사손(奉祀孫, 제사를 모시는 제주)은 이득선(취재 당시 60세) 씨다. 이씨는 종가의 둘째 아들이다. 종손이 6·25 때 좌익으로 몰려 매를 맞고 병을 얻어 목숨을 잃게 된 이후로 스물일곱의 젊은 나이에 혼자가 된 형수 김봉진(취재 당시 76세) 할머니가 부모님을 모시게 되자 이씨는 한양공대 토목과 조교직을 버리고 30년 전 고향으로 낙향했다. 그는 부인 최황옥(취재 당시 58세) 여사와의 사이에 3남 2녀를 두었는데 형님이 후손 없이 세상을 뜨자 큰아들 준종(취재 당시 32세) 씨를 형님 앞으로 양자를 보냈다. 30년간 종손 노릇을 했지만 종손이라 말하지 않고 형님 대신 제사를 모시기 때문에 봉사손이라 겸양을 했다. 그러나 종가를 이어가는 이씨는 엄격한 의미에서 종손이다.

종손은 체계적인 교육을 받은 이답게 제사의 근원을 이렇게 설명하고 있다.

"조상의 제사를 모실 때는 사당이 있는 집에서는 사당 안에 모셔진 신주(神主)를 안채 대청으로 모셔와 제사를 모시지요. 그러나 사당이 없는 집안에서는 임시로 신을 모신다고 해 '신위(神位)'라는 글을 종이에 써서 제사를 모셔요. 아주 예전에는 제주(祭主)가 손자를 안고 제사를 지냈다는 기록이 보입니다. 이는 제사 '제(祭)'자의 시원에서 비롯된 것으로 이를 시동신상(尸童神像)이라고도 하지요. 『예기(禮記)』「곡례(曲禮)」 편에는 '군자는 손자를 안으며 아들은 안지 않는다'라고 했어요. 손자는 할아버지의 시동을 할 수 있으나 아들은 아버지의 시동을 할 수 없다는 것이지요. 제사가 조금 더 발전된 후에는 조상의 초상화를 그려놓고 제사를 지냈지만 털끝 하나도 틀리게 그리면 신이 오지 않는다고 해 그리지 않게 되었어요. 그 후로는 사람이 세상을 뜨면 육신은 땅에 묻히지만 그 혼은 떠돌지 말고 나무에 깃들기를 바란다는 뜻으로 나무를 깎아 '신주(神主)'를 만들어 집으로 가지고 와 집안에 있는 사당에 모셔두게 됐습니다. 그래서 사당을 가묘(家廟)라 하지요.

제사의 의례물도 처음에는 헌수(獻水)라 하여 물을 올렸어요. 지금도 제사상에 올리지는 않지만 헌수병을 놓아둔 흔적이 남아 있습니다. 다음에는 차(茶)를 올렸어요. 차는 4500년 전 신농이 70가지 풀을 먹고 독을 풀었다는 기록과 같이 식물의 제왕으로 불리지요. 설과 추석을 '차례 지낸다'는 말로 지금까지 남아 있지요. 우리 집에서도 선조들은 차를 올렸지만 지금은 올리지 않습니다. 제사 지내는 순서를 적은 「홀기(笏記)」에도 '국을 내리고 차를 올려라'는 글귀가 있지만 숭늉을 올리고 있습니다. 제사의 의례물로 자리 잡은 술을 올리게 된 것은 그 후의 일입니다. 우리 집의 연엽주도 제사에 올리는 의례주로서 이어져온 것입니다."

종손은 종가의 상징인 제례를 깊이 연구해 이론적으로 해박한 지식을 갖추고 있었다.

술향기를 맡고 자신의 후손을 확인하다

종가에 전해 내려오는 연엽주는 약주(藥酒)다. 마셔서 취하는 술이 아니라 소화가 잘되며 피를 청정하게 해 성인병을 예방하는 약주라 했다. 연엽주가 약주가 되는 것은 술을 담그는 재료가 모두 약용으로 쓰이며 만드는 사람의 정성 또한 약이 되기 때문이다.

연엽주를 전승하고 있는 이득선 씨와 부인 최황옥 씨가 차를 나누고 있다.

연엽주는 사람이 먹는 술이 아니라 신(神)께 바치는 술로 이 댁의 가양주로 이어져왔다. 제사를 모실 때 의례물로 올리는 술은 세 번을 올리게 된다. 초헌(初獻), 아헌(亞獻), 종헌(終獻) 때마다 다른 술을 올리는 것이 종가의 법도였다. 조상들은 제상에 올리는 술향기를 맡고 자신의 후손임을 확인하는 것이라 한다. 그 때문에 종손의 어머니께서는 갖가지 술을 담그는 일에 늘 분주하셨다고 한다.

누대로 전해져온 이 댁의 의례주가 세간에 소문이 난 것은 고종 황제 즉위 초부터다. 당시 가뭄이 심하자 기근으로 허기진 백성들은 배고픔을 해결하라는 상소문을 올렸다. 산더미같이 쌓인 상소문을 접한 고종은 백성이 굶는데 임금이 쌀밥을 먹어서는 안 된다며 잡곡밥을 먹게 되었다. 잡곡밥에 익숙하지 않았던 임금이 식사를 적게 들자 측근에서는 회의를 열었다. 그리고 옥체를 보존하는 약주를 드셔야 한다며 전국에 유명한 약주 이름을 적어 올리라는 방을 붙였다.

이때 올라온 약주 이름의 가짓수는 120개나 되었다. 두견주, 국화주, 송화주 등 전국에 내로라하는 술 이름은 모두 진상되었는데 그 많은 이름 중 참판댁의 연엽주가 채택된 것이다. 종가에서는 왕이 드실 술을 만들자니 그 정

1 2

3

1. 연엽주의 재료인 찹쌀과 멥쌀, 누룩, 솔잎, 연잎, 감초.

2. 먼저 멥쌀 한 말, 찹쌀 세 되를 씻어 하룻밤 담가둔다. 하룻밤이 지나면 시루에 솔잎을 깔고 고두밥을 찐다.

3. 고두밥을 고루 펴서 식힌다.

성이 하늘에 닿을 지경이었다. 밤 12시, 즉 하늘의 기가 가장 성한 시간에 그릇을 받혀 이슬을 받았다. 술을 담그는 날도 길일로 잡았다. 술독을 놓아두는 방향도 엄격하게 규제했다. 그달과 그날의 일진을 보아 술을 담근다. 술을 담근 날은 목욕 재계하는 것은 물론이고 술을 담글 때는 침이라도 튈세라 입에 창호지를 물고서 일했다. 선조께서는 가정백과사전 격인 『치농(治農)』이란 책을 남겼는데 여기에는 쌀 일곱 합과 찹쌀 반 합을 섞어 하룻밤 물에 담갔다가 고두밥을 찌고 아침 이슬을 한 공기 정도 받아 누룩과 섞어 연잎에 싸서 반양 반음에 놓아둔 후 일주일쯤 지나 베 헝겊에 짜는 것으로 되어 있다.

참판댁 약지통, 동치미

연엽주 외에도 돌담 사이에서 돋아나는 돌나물을 뜯어 담근 물김치도 이 댁의 맛 자랑에 들어간다. 찹쌀 풀을 끓여 마늘과 파, 고춧가루를 넣고 국물을 만든다. 돌나물을 깨끗이 씻어 물기를 빼고 준비해둔 찹쌀 풀에 섞어 하루 정도 삭히면 별미 물김치가 된다. 또 가을이면 떫은 감을 고추장에 박았다가 밑반찬으로 내놓는다.

이 집의 특미는 아무래도 참판댁 약지통이라 부르던 동치미다. 겨울에

224

4. 식힌 고두밥과 누룩을 잘 비벼 섞는다. 술 만들 때 가장 중요한 것은 누룩이 얼마나 좋은가에 달려 있다.
5. 종가의 뒷산인 설화산에서 내려오는 석간수 한 말을 끓여 식히고 누룩과 섞은 고두밥에 물을 부어 술밥을 만든다.
6. 짚을 태워 낸 연기에 술독을 훈증 · 소독한다.
7. 독에 연잎을 깔고 술밥을 담고 다시 연잎을 깔고 술밥을 담는 일을 반복한다.
8. 독을 채운 술밥 위에는 벌레와 세균 등이 침입하지 않게 누룩을 덮는다.
9. 주독을 정화시키는 감초를 넣고 단단히 봉하여 3일 동안은 29도 고온에서 발효시켰다가 18도 정도로 온도를 낮추어 7일 정도 숙성시킨 후 술을 뜬다.

담근 동치미 항아리를 폭포 아래에 두어, 얼리고 녹히고 해 시원하게 보관했다가 두통이나 복통에 마시면 씻은 듯 나을 정도로 효과가 탁월했다고 한다.

연엽주는 어떻게 담글까?

종가에서 가주로 전해오는 연엽주는 오래전 무형문화재 제11호로 지정되었지만 시판을 하게 된 것은 5년 전이다. 아들의 대학 등록금을 마련하지 못해 도움이 될까 해서 국세청에 신고를 했다고 한다. 종손은 술을 팔면서도 마음이 편치 않았다. 제례에 올리는 술을 돈을 받고 판다는 것이 조상을 욕되게 하는 것 같았기 때문이다. 예전 같으면 참판댁에서 술장사를 한다는 것은 상상도 할 수 없는 일이지 않겠느냐고 한다. 제전(祭田)으로 남아 있는 농사로는 자식들 교육이 어려워 도움이 될까 했지만 소문을 듣고 찾아와 한두 병 사 가는 정도이지 경제적으로 큰 도움이 되지는 못한다고 한다.

한때 임금의 약주로 명성을 날렸던 연엽주 만드는 법을 알아보자. 연엽주의 재료인 찹쌀과 멥쌀, 누룩, 솔잎, 넓은 연잎, 감초를 준비한다.

먼저 멥쌀 한 말, 찹쌀 세 되를 씻어 하룻밤 담가둔다. 하룻밤이 지나면 시루에 솔잎을 깔고 고두밥을 찐다. 고두밥을 고루 펴서 차게 식힌다. 식힌 고두밥과 누룩을 잘 비벼 섞는다.

술을 담글 때 가장 중요한 것은 누룩이 얼마나 좋은가에 달려 있다. 종가의 뒷산인 설화산에서 내려오는 석간수 한 말을 끓여 식히고, 누룩과 섞인 고두밥에 물을 부어 술밥을 만든다. 옹기 독에 짚을 태워 연기로 훈증·소독한 후 독에 방석만 한 연잎을 깔고 술밥을 담고, 다시 연잎을 깔고 술밥을 담는 일을 반복한다. 독을 채운 술밥 위에는 벌레와 세균 등이 침입하지 않게 누룩을 덮는다. 마지막으로 주독(酒毒)을 정화시키는 감초를 넣고 단단히 봉하여 처음에는 29도 정도의 고온에서 3일 정도 발효시키고 다시 18도 정도의 온도에서 7일 정도 숙성시켜 술독에 용수를 박아 맑은 술을 뜬다. 연엽주는 그윽한 향기와 새콤한 맛이 특징이다.

傳家寶帖
貞夫人安東張氏實記
閨壼是議方
鶴髮帖

영양 두들마을의 재령 이씨 석계 이시명 종가

한글로 쓴 최초의 요리책 『음식디미방』의 산실

안동 장씨 부인이 일흔이 넘은 나이에 썼다는 동서고금의 희귀 요리서 『음식디미방(飮食知味方)』을 펼쳐 들면 경외롭기까지 하다. 340년 전 한 가정에서 만들어 먹었던 먹거리 146가지가 소개되어 있고 생경한 요리 재료들이 많다. 곰발바닥, 멧돼지, 참새, 자라, 누런 개, 꿩 등으로 지금은 일상적인 요리가 아닌 것과 다식, 약과, 앵두편 등 흔히 접할 수 있는 전통음식도 있다.

특히 눈에 띄는 것은 가양주도 51가지나 된다는 것이다. 그 시대는 가문의 체통을 지키는 중요한 일 중 하나가 손님 접대용으로 좋은 술을 담그는 일이었다. 이화주, 사시주, 칠일주, 절주, 하절주 등 계절감이 살아 있는 술과 감향주, 죽엽주, 유화주, 향온주 등 향취와 멋스러움을 느끼게 하는 풍류주도 있다.

술 빚는 방법뿐 아니라 술독 보관이나 술 빚을 때의 주의점도 소상히 적어 오랜 세월 경험을 통해 축적된 삶의 지혜를 가르치고 있다. 요리뿐 아니라 냉장고가 없었던 시절이어서 파나 마늘, 나물을 제철이 아닌 때에 움에서 기르는 방법도 알려주고 있다.

육류 특유의 냄새를 없애는 지혜도 있다. 생선을 말릴 때는 내장과 핏기를 말끔히 없애고 소금을 친 다음 널빤지 사이에 질러두었다가 판판해지면 발에 널어 말린다. 이때 밑에서 불을 피워 연기를 쐬면 벌레가 꾀지 않는다고 쓰여 있다. 독특한 것은 많은 양념 중에 고춧가루가 보이지 않는다는 점이다. 이는 고추가 우리나라에 들어온 시기가 임진왜란 이후이긴 하지만 민간에 널리 알려지기까지는 많은 시간이 걸렸음을 말해주고 있다. 대신 천초와 후추, 겨자, 파 등의 향신료가 많이 사용되고 있다.

아시아 여성 최초로 조리책을 쓰다

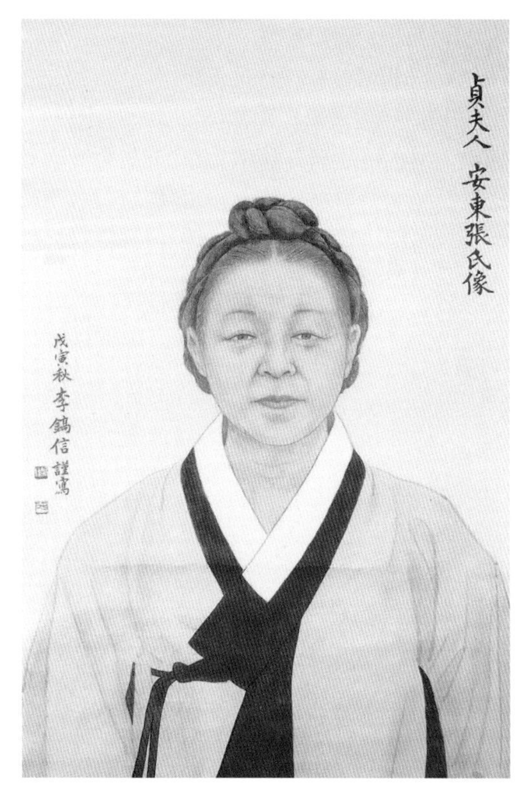

1999년 11월, 신사임당에 이어 여자로서는 두 번째로 '이달의 문화인물'로 선정된 장씨 부인의 초상화.

『음식디미방』은 '음식의 맛을 아는 법'이란 뜻이다. 『음식디미방』은 장씨 부인이 직접 쓴 책의 제목이지만 책의 표지에는 『규곤시의방(閨壼是議方)』이라고 적혀 있다. 부인의 부군인 석계 선생이나 자손들이 훗날 책의 격식이나 체통을 갖추고자 덧붙인 제목으로 보인다.

우리나라 식품사의 권위자였던 한양대학교 이성우(1928~1992) 교수는 「조선시대 조리서 분석적 연구」라는 논문에서 『음식디미방』에 대해 이렇게 쓰고 있다.

"경북 영양군의 산간 벽지에 사는 한 가정주부의 손에 의해 중국 문헌과는 관계없이 예로부터 전해 내려오거나 스스로 개발한 요리법을 그대로 기록해놓음으로써 후손들에게 전통적인 자기 집의 요리법을 전승해주려 하고 있다. 아시아에서 여성에 의해 쓰인 가장 오래된 조리책으로 세계 음식문화사에 특별한 의의가 있다."

즉 우리 음식의 변천 과정을 연구할 수 있는 자료로서의 가치를 높게 평가하고 있다. 장씨 부인은 "이 책은 이리 눈이 어두운데 간신히 썼으니 이 뜻을 잘 알아 이대로 시행하라. 딸자식은 이 책을 베껴 가되 가져갈 생각을 말며 부디 상하지 않게 간수하라"는 당부의 글을 책 뒤표지 안쪽 면에 써놓았다. '딸에게 주는 요리서'라는 부제가 있어야 인기 요리책이 되는 지금과는 사뭇 다르다. '딸은 출가외인'이라는 유교사회의 단면을 보는 듯하다. 이 책은 조선 왕조 궁중음식 기능보유자인 황혜성 교수가 2000년 11월, 『다시 보고 배우는 음식디미방』이란 제목으로 발간했다.

가난한 백성을 위해 늘 대문과 고방문을 열다

민속자료로 지정된 장씨 부인의 발자취가 남아 있는 종택은 안동에서 승용차로 1시간 거리에 있는 경상북도 영양군 석보면 원리에 있다. 마을 들머리에는 화매천이란 내가 흐르고 나지막한 산들이 병풍처럼 둘러쳐진 평화스런 마을이다. 이곳은 두들마을이라고도 불렸는데 시냇물이 산태극, 물태극으로 굽

장씨 부인이 남긴 유품들. 자작시가 적힌 『학발첩』과 『전가보첩』, 『음식디미방』의 다른 이름인 『규곤시의방』도 보인다.

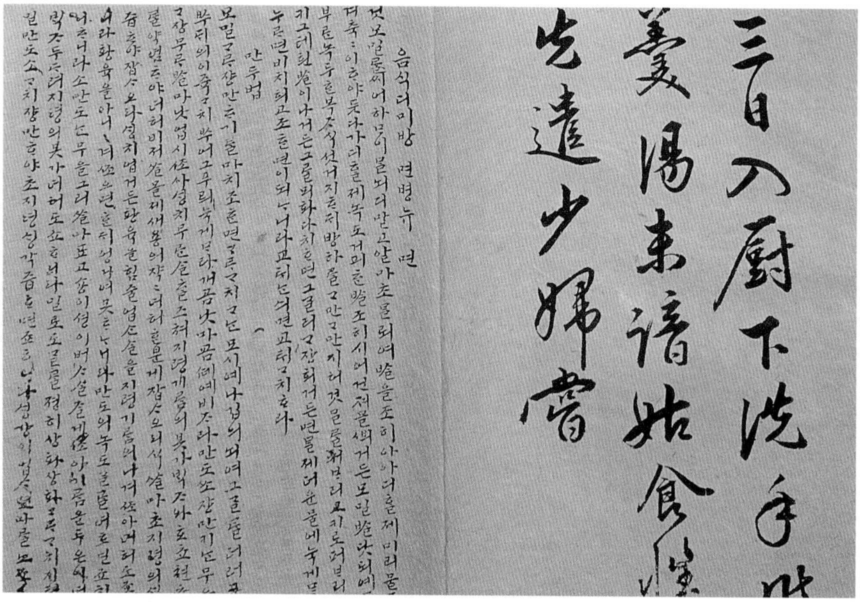

146가지의 음식 만드는 법을 비롯해 이 책을 쓴 이유를 밝히며 잘 간수하라는 당부의 글이 적힌 『음식디미방』.

이돌아 시냇물이 산과 맞닿은 언덕머리에 자리했다 하여 두들이란 이름이 붙여졌다 한다. 지대가 높아서인지 시야가 탁 트여 풍광이 좋은 곳에 고택이 자리하고 있는데, 서리가 기와지붕 처마에 내려앉아 고즈넉해 보였다.

고택은 장씨 부인의 부군이며 대학자였던 석계 이시명(石溪 李時明, 1590~1674) 선생과 장씨 부인이 노후에 살았던 곳이다. 일자형의 홑처마 맞배지붕으로 정면 5칸과 측면 1칸의 사랑채와 정면 5칸, 측면 1칸인 안채만 남아 있다. 평소 100여 명의 식객이 드나들었다는 집으로는 믿어지지 않을 정도로 소박했다. 당시의 규모는 이보다 컸지만 350여 년 동안 수많은 변란으로 소실되어 지금과 같은 모습이 되었을 것이라 했다. 입신 출세를 위한 과거시험 공부보다는 고매한 뜻을 가진 학문의 길로 매진해 후진을 키우려는 청빈한 선비정신을 중하게 여겼던 학자 집안이었으니 덩치 큰 집에서 위엄과 허세를 부리는 양반 댁과는 사뭇 다른 모습이었던 것이다. 서민들의 어려움을 함께 고민하고 가난한 이웃을 위해 대문과 고방문을 열고 살았다니 재물이 모아질 일도 없었을 것이다.

고택은 지난 1990년 경상북도 민속자료로 지정되었고, 이후 종손이 담과 잇대어 종가를 새로 지어 사당을 모시고 있다. 고택과 종가는 종손의 숙부 이병균(李秉鈞) 씨 내외가 돌보고 있었다. 머지않아 고택과 석계 선생이 후학을 지도했던 석천서당(石川書堂) 등은 문화관광의 명소로 떠오를 예정이다. 문화관광부가 지난 1994년 고택의 주변 일대를 시범 문화마을로 지정한 이후, 유물관을 짓는 등 문화마을 조성 마무리 작업이 한창이다. 이외에도 예절관을 지어 학생들에게 장씨 부인의 가르침과 문화유산을 가진 민족으로 자

▲ 장씨 부인의 부군이며 대학자였던 석계 이시명 선생이 후학을 지도했던 석천서당.

▼ 석천서당에는 장씨 부인의 일곱 아들이 남긴 여러 책의 목판본이 소장되어 있다.

긍심을 갖도록 교육할 계획이다. 고택 옆에는 장씨 부인의 일곱 아들 중 넷째 아들의 후손인 소설가 이문열 씨가 자신의 생가 곁에 문학관을 짓고 있다. 이문열 씨는 1997년, 장씨 할머니를 모델로 『선택』이란 소설을 쓴 바 있다.

전직 교사 출신 종부의 바지런한 삶

사업 때문에 대구에 살지만 설과 추석, 시제 때는 종가에서 한 달씩 머물며 제례를 받드는 13대 종손 이돈(취재 당시 61세) 씨와 종부 조귀분(취재 당시 51세) 씨. 종가를 찾은 날은 둘째 딸 혼인날이 얼마 남지 않은 터라 잔치 분위기로 화기로워 보였다. 종손은 슬하에 1남 3녀를 두었는데 아들과 큰딸은 혼인시켜 분가했고 막내딸은 서울에서 대학을 다니고 있어 적적하겠다 싶었는데, "종손의 회갑이 작년이었는데 회갑 잔치 대신 여행을 떠나자고 했지만 아직도 가지 못했다"며 종부는 분주한 종가의 생활상을 내비쳤다. 조상을 기리는 갖가지 기념회며 찾아오는 친인척의 뒷바라지, 또 일 년에 15번에 이르는 제례 준비만으로도 여느 주부의 일상과는 달라 보였다. 종가의 제례는 사

사로운 집안의 제례와 달라 문중에서 참석하는 수백 명의 손님을 제례와 함께 치르는 셈이다. 종손은 부인에게 늘 미안하고 안쓰러운 모양인지 "논두렁 정기라도 타고나야 종부 자리에 앉는다고 하지 않소" 하며 농담을 건넨다.

종부는 오십 줄로는 믿어지지 않을 정도로 고운 자태와 잔잔한 목소리의 기품을 지녔다. 경희대학교 가정과를 나와 교직생활을 했던 종부는 종손이 첫 부인과 사별 후 잠시도 비워둘 수 없는 종부 자리에 시집오면서 교직생활을 그만두고 종부 자리로 옮겨 앉았다.

집안은 종부의 모습만큼 깔끔하게 정돈돼 있었다. 종손과 14대 종손이 될 아들이 제사 때 입는 제복(祭服)은 빳빳하게 풀을 먹여 칼날같이 다려두고 새하얀 동정을 달아 언제라도 꺼내 입을 수 있도록 준비해놓고 있었다. 제복과 함께 머리에 쓰는 갓을 넣는 갓통은 종부가 직접 디자인해 만든 지함이었다. 수백 년 내려온 유기 제기를 거울같이 닦아 귀중하게 보관하는 등 제사에 관한 일은 다른 사람에게 맡기지 않는다. 조상을 받드는 일에는 무슨 일이 있어도 종부의 정성이 있어야 조상에 대한 예를 다하는 것이라는 생각 때문이다.

종부는 제사 때마다 제물을 구입하는 과정부터 만드는 법 등을 꼼꼼하

◀350년 된 종가 전경. 시냇물이 산태극, 물태극으로 굽이돌아 산과 맞닿은 언덕 머리에 자리했다.

▲10년 전 종손이 고택의 담과 잇대어 종가를 새로이 짓고 사당을 모셨다.

▼재령 이씨 13대 종손 이돈 씨와 종부 조귀분 씨. 훌륭한 조상들의 행적을 오늘에 되살리는 데 결정적인 공헌을 했다.

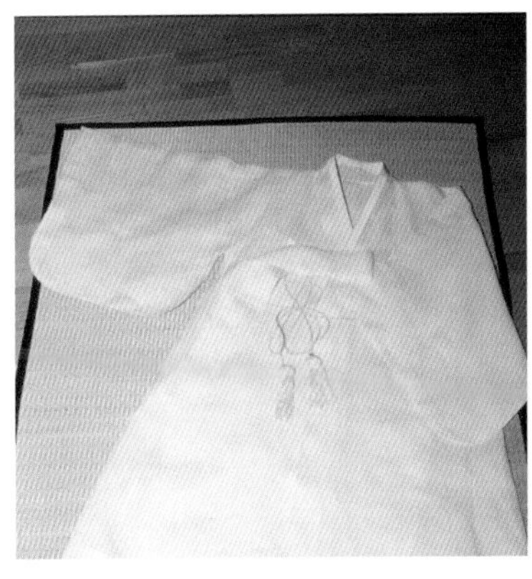

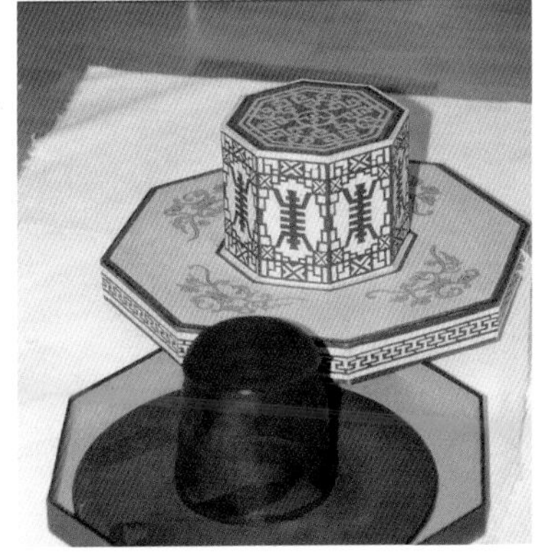

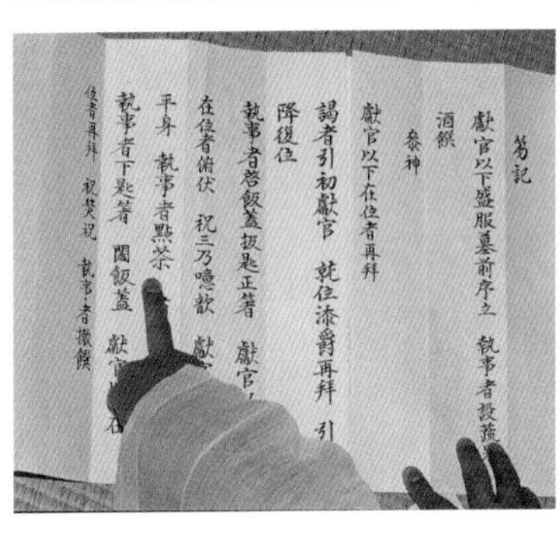

笏記
獻官以下盛服墓前序立 執事者設蔬
酒饌
參神
獻官以下在位者再拜
謁者引初獻官 就位添爵再拜 引
降復位
執事者啓飯蓋扱匙正箸 獻官
在位者俯伏 祝三乃噫歆 獻
平身 執事者點茶
執事者下匙箸 闔飯蓋 獻官
位者再拜 祝焚祝 執事者撤饌

1. 제사 때 입는 제복, 모시 도포. 풀을 빳빳하게 먹인 정성에서 종부의 세심함을 엿볼 수 있다.
2. 제례 때 쓰는 갓은 종부가 직접 디자인한 지함에 보관하고 있다.
3. 종부의 평절. 오른 무릎을 세우고 두 손은 바닥을 짚었다. 여자의 절은 지방이나 가문마다 조금씩 달라 그 시비를 가리지 않는다.
4. 왼손을 오른손 위에 올려 공수하고 공손한 자세로 평절을 하는 종손.
5. 종손의 큰절. 일반적으로 남자의 경우 길사(吉事)에는 왼손이 오른손 위로 올라가고, 흉사(凶事, 상례의 졸곡 때까지)에는 오른손이 위로 가야 한다.
6. 종부가 제사 때 올리는 큰절. 오른손을 왼손 위에 올려 여자 공수법 그대로를 보여주고 있다. 제사 절이라 머리가 손등에 닿도록 숙였다.
7. 제사 순서를 적은 「홀기(笏記)」에는 "점다(點茶)를 한다"고 적혀 있지만 지금은 차를 올리지 않고 대신 숭늉을 올리고 있다고 한다.

◀ 송화와 검은깨, 청태콩으로 만든 다식. 옛날에는 다식을 기와 두 장을 이용해 만들었다고 하는데 오늘날 오븐의 원리와 같다.

▶ 더덕에 찹쌀가루를 묻혀 튀긴 다음 꿀을 곁들여 먹는 섭산삼. 『음식디미방』에 나오는 방법 그대로 만들었다.

게 기록하고 있다. 며느리에게 전할 노트라 하는데 종부가 기록한 그 노트도 수백 년이 흐른 후엔 『음식디미방』처럼 한 시대의 풍경을 담은 귀중한 자료가 될 것 같았다.

시대는 변해도 음식 만드는 정성은 여전하다

책으로 음식 만드는 법을 대대로 잇게 한 집안의 음식을 종부에게 부탁했다. 종부는 『음식디미방』을 집중 연구한 황혜성 교수가 선을 보여야 한다며 극구 사양했지만 대대로 내려오는 음식을 종부가 직접 재현해 보여주는 것도 의미 있는 일이라는 간곡한 부탁으로 제례 때 올리는 다식이며 종손이 즐겨 하는 조개탕과 명절 음식으로 좋을 섭산삼을 만들어주었다.

섭산삼은 더덕 100그램을 준비해 껍질을 벗기고 길이로 반 갈라놓은 다음 방망이로 자근자근 두드려 편다. 소금물에 담가 쓴맛을 우려내고 건져 물기를 없앤다. 찹쌀가루 한 컵을 준비해 손질한 더덕 결 사이사이에 고루 묻도록 손으로 꾹꾹 누르면서 묻힌 후 튀김 기름에 튀긴다. 더덕을 그릇에 담고 꿀을 곁들여 내면 섭산삼이 완성된다.

다음은 종손이 즐겨 하는 조개탕. 먼저 모시조개 400그램을 준비하여 해감을 토하게 하고 깨끗이 씻어 준비한 다음 냄비에 물 8컵을 붓고 끓인다. 물이 끓기 시작하여 조개 입이 벌어지면 불을 줄이고 위에 뜨는 거품을 걷어낸

종손이 특히 좋아한다는 조개탕. 『음식디미방』 원본에는 부추를 넣는다는 말이 없지만 부추를 넣으면 조개의 비릿한 냄새를 없앨 수 있다고 한다.

다. 마늘 한 쪽을 저며 썰어 넣고 소금 한 큰술과 술 두 작은술을 넣고 한소끔 끓인 다음 상에 낼 때 부추를 넣으면 색도 곱고 부추의 향이 조개의 비릿한 맛을 없애준다고 한다.

다식은 또 어떻게 만들까? 종부는 송화와 검은깨, 청태콩의 가루에 꿀을 섞어 반죽해 다식판에 찍었지만, 『음식디미방』의 방식은 아니다. 당시에는 지금과는 확연히 달라서 밀가루와 참기름, 꿀을 가지고 만들었다. 원문에 나와 있는 방법을 소개하면 먼저 밀가루를 기름을 두르지 않은 팬에 볶은 다음 식혀 꿀로 반죽해 다식판에 찍어 굽는다. 구울 때는 수키와 위에 깨끗한 모래를 깔고 종이를 덮은 다음 그 위에 다식을 나란히 놓고 암키와로 덮어서 기와 위아래에 달군 숯을 놓아 서서히 굽는다고 했다. 마치 지금의 오븐에 과자를 굽는 식이다.

훌륭한 조상은 훌륭한 후손이 만든다

이 댁에 와보면 "훌륭한 조상은 훌륭한 후손이 만든다"는 말을 실감하게 된다. 종손 이돈 씨는 장씨 부인의 예술혼과 현모양처로서의 자질을 현대에 새롭게 조명할 수 있는 계기를 만든 훌륭한 후손이다. 할머니가 남기셨던 유물

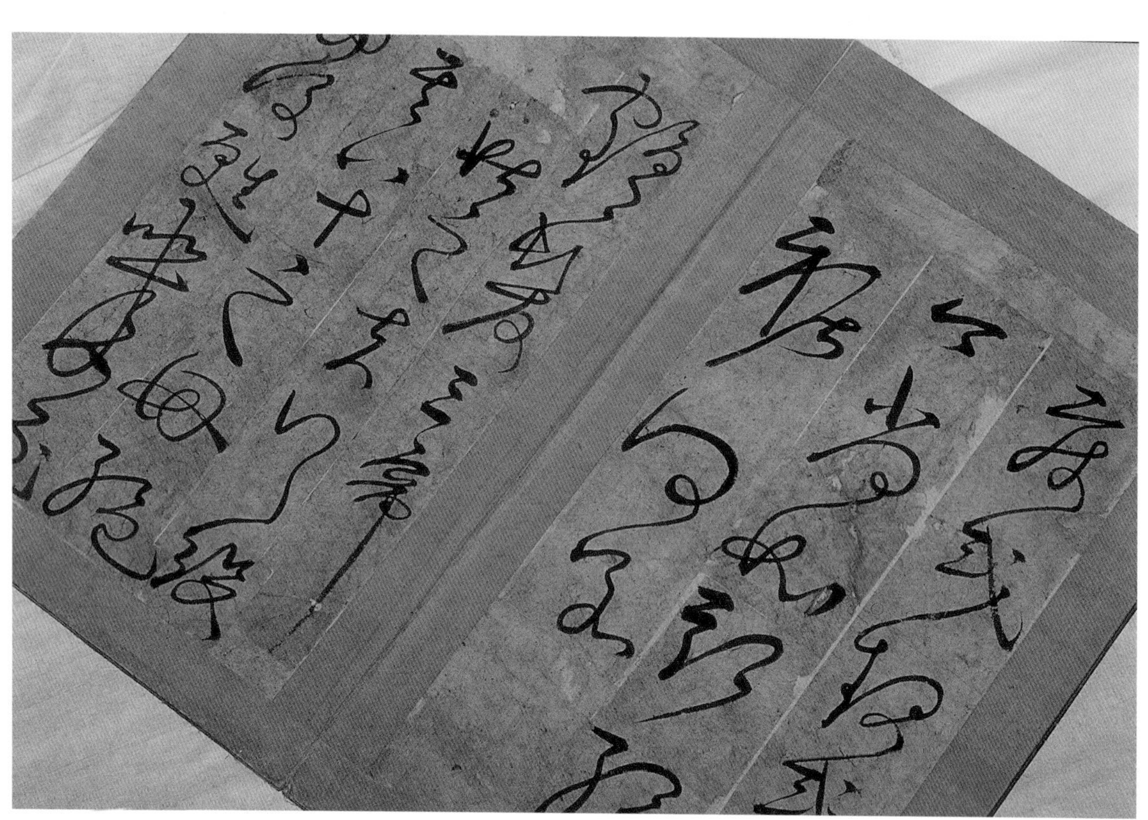

장씨 부인이 열 살 때 지었다는 「학발시」의 일부. 팔순이 넘은 이웃의 할머니가 아들을 군대에 보냈다는 이야기를 전해 듣고 얼마나 상심이 클까 하는 마음에 지었다는 시. 초서체의 글씨에서 힘이 느껴진다.

30여 점을 되찾았고 종가를 다시 지었다. 할머니가 문화인물로 선정되기까지 할머니를 추모하는 사업에 혼신을 다했다.

재령 이씨 석계 종파 12대 종손인 종손의 부친은 사상 문제로 집을 떠나 지금까지 행방이 묘연하다. 종손이 초등학교 3학년 때 집을 떠났으니 집안 살림이 어떠했을까는 짐작이 가고도 남는다. 거기다 전쟁까지 겹쳤으니 집안의 유물을 간수할 만한 여력은 전혀 없었다. 게다가 고려대학교 정외과에 입학했으나 부친의 사상 때문에 다니지 못해 경북대학교 의대에 진학했다가 학비 문제로 다시 수학과로 전과했다. 빠듯한 살림에 의대 공부는 무리였다.

"졸업 후 교단에 서게 됐어요. 첫 봉급을 탔는데 월급봉투를 어느 분에게 갖다드려야 할지 참으로 막막했습니다. 어머니에게 드리자니 할머니가 섭섭해하실 것 같고 할머니를 드리자니 어머님에게 죄송하고 아내는 이해할 것으로 믿었지만 역시 미안한 마음이 들었습니다. 생각 끝에 할머니께 드렸는데 지금 생각해도 잘한 것 같습니다" 하며 어려웠던 시절을 떠올렸다.

종손은 월급쟁이로는 기울어가는 집안을 바로 세우기가 어렵다고 판단하여 5년간의 교직생활을 그만두고 사업을 시작했다. 대학자를 낸 가문의 영광을 오늘에 살리기 위해서는 무엇보다 경제적으로 자립해야 한다고 믿었기 때문이다. 1972년 '동영물산'이란 회사를 설립해 핸드백 등 피혁제품을 일본으로 수출했다. 조상의 음덕인지 500만 달러 수출로 수출탑을 받는 등 사업에 성공했다. 그는 사업 성공의 비결을 '신용과 노력'이라 말한다. 사업을 해온 지난 30년 동안 조금의 여유만 생겨도 집안의 유품을 찾아 나섰다. 장씨 할머니의 『음식디미방』을 책자로 만들어 무료로 배부하여 지금 사람들이 공부할 수 있도록 길을 열어주었고, 기념휘호대회와 시비를 세우는 등 기념사업에 전념했다. 종손의 이런 집념 어린 노력은 정부에서 선정한 114명의 문화인물 중 여자로서는 신사임당에 이어 두 번째로 추천돼 가문에 영광을 안겨주었다.

안동댐 옆에 조성된 공원에 세워진 장씨 부인 시비. 비석에는 자신의 몸을 올바로 하는 것이 '효'임을 강조하고 있다.

종손은 앞으로 막내딸을 출가시키면 영양의 종택으로 내려가 조상을 기리는 기념사업에 더욱 매진할 생각이라고 한다.

자녀교육에 힘써 정부인 교지를 받다

만년에 장씨 부인에게 내려진 정부인 교지. 셋째 아들 갈암 현일을 이조판서로 키운 공덕이다.

정부인 장씨는 퇴계 이황의 학통을 이어받은 영남의 대학자 경당 장흥효(敬堂 張興孝)의 외동딸로 태어났다. 어릴 때부터 하나를 배우면 둘을 아는 총명과 영민함으로 부친의 기대와 사랑을 독차지했다. 열두 살 때 쓴 것으로 전해지는 자작시 「학발시(鶴髮詩)」의 초서에서 느껴지는 힘이나, 여인들이 즐겨 그리던 꽃과 새 등의 그림이 아닌 민화풍의 호랑이를 그린 점에서 예능적 자질이 예사롭지 않음을 드러내기도 했다.

더욱이 「학발시」는 이웃의 팔순이 넘은 할머니가 자식을 군에 보냈다는 이야기를 듣고 그 할머니의 심정을 헤아려 지은 것으로 신분의 구별이 엄격했던 당시에는 생각조차 할 수 없는 일이었다. 노비를 천대하지 않고 사랑으로 감싸고, 가난한 이웃의 아픔을 함께 한 장씨 부인의 고운 마음씨는 문집 곳곳에 남아 있다. 부모를 공경하는 마음 또한 남달라 열 살 때 지은 작품이 전해지는 효행시 「경신음(敬身吟)」에서는 '효'가 자신의 몸을 바로 하는 것임을 강조하고 있다.

身是父母身 이 내 몸이야 부모님의 몸이온데
臻蝍璘此身 어찌 이 몸을 공경치 않으랴.
此身如可辱 이 내 몸이 욕을 먹는다면
及是辱親身 그건 바로 어버이 몸이 욕됨이네.

천부적인 학문의 자질을 접어두고 혼인할 나이가 되자 시 짓고 글씨 쓰는 일은 여자로서 반드시 해야 할 일은 아니라며 여자의 덕목으로 갖추어야 할 바느질을 배우고 음식을 익혀 열아홉 살 때 부친의 제자였고 대유학자였던 석계 이시명(石溪 李時明)의 부인이 되었다. 이때 석계 선생은 이미 1남 1녀의 자녀를 두고 부인과 사별한 뒤였다. 장씨 부인은 출가한 64년 동안 공경과 성의로 시부모를 모시고 남편을 받들며 7남 3녀를 훌륭하게 길러내 한 집안에 3대에 걸쳐 사불천위(四不遷位, 큰 공훈으로 사당에 영구히 모시는 것을 나라에서 허락한 신주)를 모시게 된 영광을 안게 되었다.

미래의 희망을 자녀교육으로 여긴 장씨 부인은 공부에 필수적인 종이를 얻기 위해 닥나무를 심었고 훌륭한 선생을 찾아 수십릿길을 마다하지 않았다. 이러한 그의 공덕은 헛되지 않아 만년에 셋째 아들인 갈암 이현일(葛醴

李玄逸)이 이조판서에 올랐다. 전례에 따라 장씨 부인에게는 정부인의 교지가 내려졌다.

1680년 7월 7일 고택인 석보촌에서 향년 83세로 세상을 마쳤다. 장씨 부인은 갔지만 고택 곳곳에 서려 있는 그녀의 정기는 훌륭한 후손들에 의해 더욱 빛을 발하고 있었다.

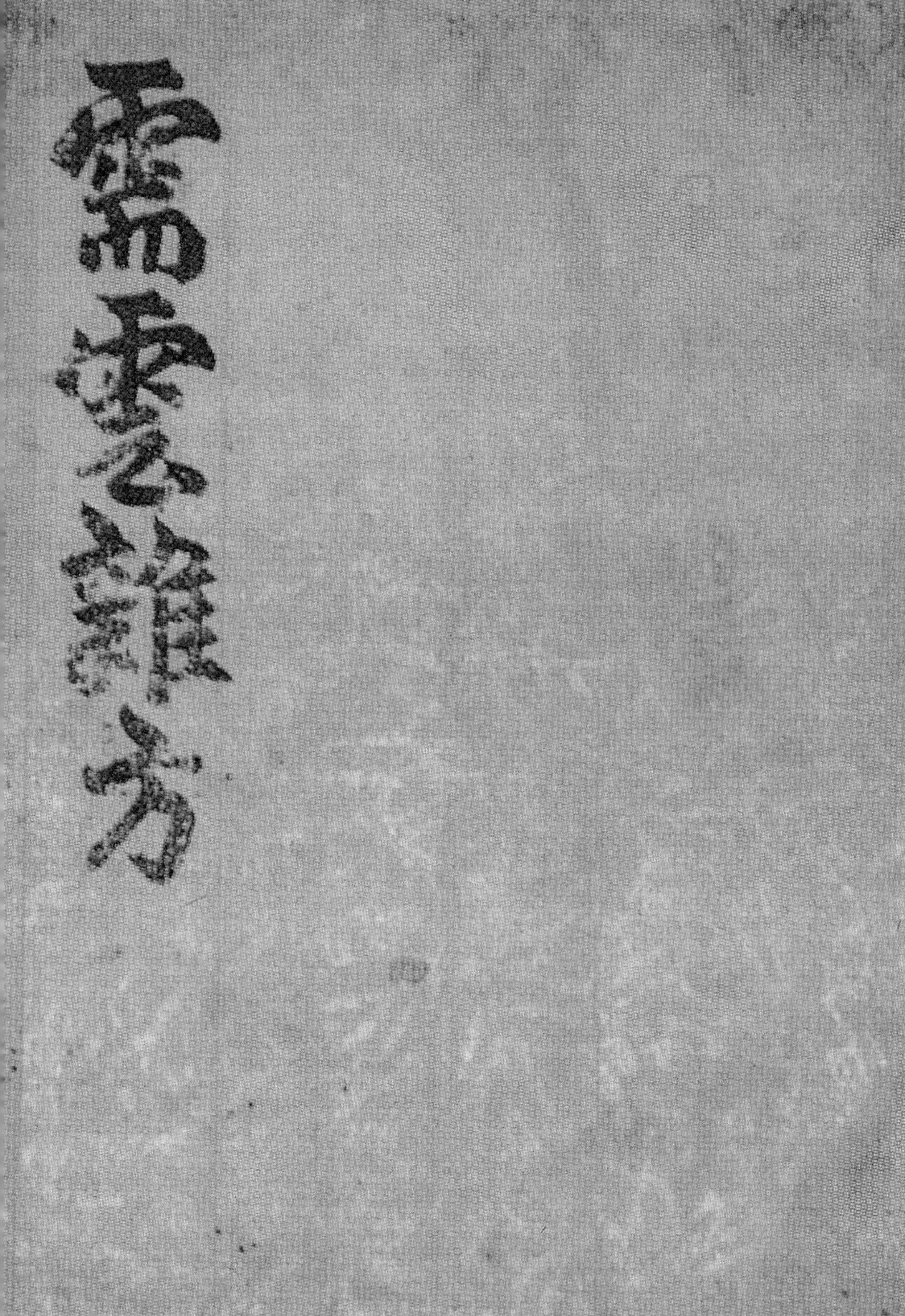
需雲雜方

천년의 음식 역사가 기록된 『수운잡방』의 산실
안동 군자마을의 광산 김씨 예안파 종가

『수운잡방』은 참으로 귀하디귀한 희귀서다. 이제까지 우리나라 최고(最古)의 요리서로 알려진 허균(許筠, 1569~1618)의 『도문대작(屠門大嚼)』보다 70년이나 앞선 책으로 무엇보다 기초 요리서로 가치가 높다.

『수운잡방』은 안동대학교에 재직 중이었던 윤숙경 교수가 1986년에 안동문화연구소에 논문을 발표함으로써 알려졌다. 윤 교수는 1998년에 이를 번역해 『수운잡방 주찬』이란 책으로 펴내기도 했다.

이 책은 우리나라에 고추가 들어오기 전에 쓰였다는 점에서 고춧가루를 넣지 않은 김치의 원형을 살펴볼 수 있는 문헌이다. 당시 김치는 고추 대신 여러 향신료를 넣어 만들었고 산초, 참기름, 간장, 초, 마늘즙, 생강, 후추 등이 재료로 쓰였다. 고추는 이수광(李睟光, 1563~1620)이 1613년에 쓴 『지봉유설(芝峰類說)』에 처음 등장한다.

중국의 가장 오래된 요리서인 『제민요술』에는 김치를 '침저(沈菹)'라 했는데 이 책에는 '침채(沈菜)'로 기록되어 있다. 김치를 한문으로 '침채'라 표현했다는 사실은 순수한 우리말을 한자로 표기한 구체적 사례를 발견할 수 있다는 점에서 주목되는 대목이다.

그런데 놀랍게도 경상도 지방에서는 이 책에 나와 있는 방법과 똑같이 동치미를 담그고 있었다. "정이월에 무를 깨끗이 씻어서 껍질을 벗기고, 큰 것은 갈라 토막 내어 조각으로 만들어서 독에 담는다. 깨끗한 물에 소금을 조금 넣고 소쿠라지게 끓여서 차게 식으면 무 한 동이마다 물 세 동이씩을 부어 두었다가 익으면 쓴다"고 했다. 동치미는 신라 때부터 먹던 음식으로 알려져 있어 1000년 전의 요리 방법이 그대로 이어오고 있음을 알 수 있다.

『수운잡방』에 소개된 지금도 친근한 음식들

『수운잡방』의 산실인 탁청정에서 종부 박도현씨가 『수운잡방』을 펼쳐 보고 있다.

이 밖에 『수운잡방』에 나와 있는 음식 몇 가지를 소개한다.

'과동개채침법(過冬芥菜沈法, 겨울 나는 갓김치)'은 "동아와 순무 및 순무 줄기는 껍질을 벗기고 크기가 큰 채소처럼 도독도독 썰어서 물이 새지 않는 독에 담는다. 담을 때 소금을 살짝 뿌리고 채소를 넣고 해서 독이 찰 때까지 넣는다. 채소를 넣을 때마다 참기름을 적당히 넣고 겨자가루를 성긴 체에 쳐서 넣는다. 또 가지를 쪼개서 같이 넣어도 좋다"라고 해 갓김치에 겨자가루와 참기름이 고춧가루 대신 양념으로 들어가는, 오늘날과는 전혀 다른 요리법이다.

'향과저(香瓜菹, 향기 나는 오이김치)'는 지금의 오이지와 비슷했다. "어린 오이를 골라 물로 씻지 않고 수건으로 닦아 잠시 햇볕을 쪼인 후 칼로 위아래 끝을 잘라내고 세 가닥으로 쪼개서 둔다. 생강, 마늘, 후추, 향유유(香薷油) 한 숟가락, 간장 한 숟가락을 섞어 지져서 오이 쪼갠 것에 넣는다. 물이 새지 않은 항아리를 물기 없이 바짝 말려서 먼저 소를 넣은 오이를 담고, 간장에 기름을 섞어 조려서 뜨거울 때 항아리에 부었다가 다음 날 쓴다. 이것을 먹으면 열을 다스리고 위장을 편안하게 하고 이뇨작용을 하며 구취를 없앤다."

『수운잡방』은 이렇듯 음식의 효능까지 자상하게 덧붙여놓았을 뿐 아니라 두부와 엿, 더덕좌반 등 지금도 친근한 음식 이름을 기록하고 있다. 창포초, 목통초, 사철초, 고리초 등 시적인 이름의 식초 만드는 법도 자세하게 소개하고 있다. 이외에도 안동식혜로 유명한 어식해법(魚食醢法)도 알기 쉽게 설명됐다. 이 책은 지금 예안파 설월당 김부윤(雪月堂 金富倫)의 14대 종손 김영탁 씨가 소장하고 있다.

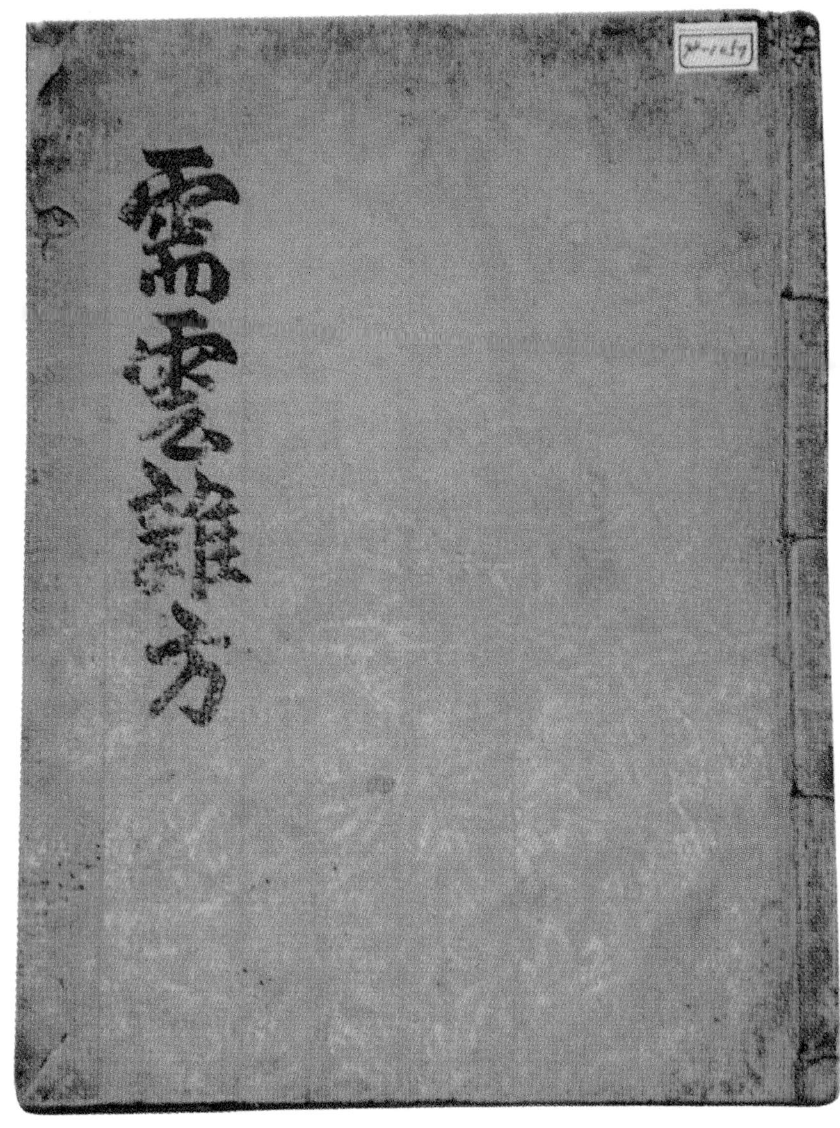

광산 김씨 예안파
설월당 김부윤의
14대 종손 김영탁
씨가 소장하고 있는
『수운잡방』.

500여 년 세월 동안 『수운잡방』을 손상 없이 보관해온 설월당 김부윤의 종택.

조선시대 양반댁에 초대받다

지난 2000년 11월 3일, 『수운잡방』의 산실이었던 오천 군자리 종가의 넓은 뜰에서는 손님맞이 다과상 준비로 대종손 김준식(취재 당시 63세) 씨와 종부 박도현(취재 당시 61세) 씨의 손길이 분주하게 움직이고 있었다. 다음 날 안동대학교에서 열리는 '오천 군자리 전통문화 선양 심포지엄'을 위해 서울에서 내려온다고 하는 초청연사들의 손님맞이 때문이었다. 간단한 다과상을 준비하고 있다는 겸손으로 종부는 못내 촬영을 꺼려했지만, 종가의 큰일은 제례와 손님맞이라는 것을 상기하게 되자 다과상에 관심이 가지 않을 수 없었다.

손님이 도착하기 전에 먼저 음식을 살펴보았다.

구절판에는 대추조림과 육포, 잣, 은행꽂이, 밤조림과 인삼정과, 호두튀김을 정갈하게 담았다. 붉은 목판에는 흑임자다식, 송화다식, 푸른 콩가루에

▲ (왼쪽) 약과.
(오른쪽) 흑임자와 송화, 푸른 콩가루에 가루차를 넣어 만든 삼색 다식.

▼ (왼쪽) 대추조림과 육포, 잣, 은행꽂이, 밤조림, 인삼정과, 호두튀김 등을 맛깔스럽게 담은 구절판.
(오른쪽) 쇠족을 푹 고아 만든 족편. 겨울철 별미다.

광산 김씨 예안파의 거목들이 살았던 열한 채의 아름다운 옛집들이 모여 있는 안동 군자리 오천유적지.

가루차를 넣은 삼색 다식이 곱게 담겨져 있었다. 다식에 대한 내용이 나오는 최초의 문헌이 『수운잡방』인 만큼 이 댁은 의례상이나 다과상에는 다식을 빼놓지 않는다고 한다.

녹두고물을 입힌 인절미와 밤채, 대추채를 화려하게 수놓은 단자, 쑥송편과 송기송편과 흑임자경단도 소반에 담겨져 있었다. 생강을 다져 넣어 칼칼한 맛을 낸 정과와 종가가 내세우는 화려하기 그지없는 '족편'은 늦가을에 딱 알맞은 음식이었다.

모두가 손품이 많이 드는 음식들이라 종부는 밤잠을 설쳤을 것이다. 늦가을 고옥의 고즈넉한 풍경에 수백 년 내림손맛으로 만들어진 전통음식과 따뜻한 녹차로 준비한 다과상 차림에서 조선시대 양반 댁에 초대받은 느낌으로 잠시나마 스스로가 고귀한 신분인 된 듯했다. 어두운 새벽길을 달려온 보람이 있었다.

사당 앞에 선 종손 김준식 씨. 단칸 맞배지붕으로 구조가 조선 초기 궤방집인 것이 큰 특징이다. 사당에는 입향조 농수 김효로 선생과 선생의 증손으로 이조판서를 지낸 근시재 김해 선생 두 분이 모셔져 있다.

종가에서 누대로 전해온 족편 만들기

종가에서 누대로 전해온 족편 만들기를 종부 박씨는 자세하게 일러주었다. 두 개의 커다란 접시에 담은 족편은 30명 손님이 충분히 먹을 수 있는 양이다. 이 정도 분량을 만들려면 쇠족 1킬로그램짜리 두 개를 준비한다. 손질이 잘된 쇠족은 잠길 정도로 물을 붓고 몇 시간 담가 핏물을 뺀다. 핏물 뺀 쇠족을 냄비에 넣고 물을 넉넉히 부어 삶는다. 끓어오르면 거품을 가끔 걷어내면서 약한 불에서 서서히 끓인다. 쇠족이 끓을 동안 족편에 넣을 고명을 만든다. 달걀 여섯 개를 황백으로 나눠 지단을 부쳐, 식으면 굵게 채 썬다. 석이버섯은 따뜻한 물에 담가 부드러워지면 깨끗이 씻어 도톰하게 채를 썬다. 실고추도 3센티미터 길이로 끊어놓는다. 은행을 준비하고 잣, 껍질 벗긴 볶은 깨도 준비한다. 국간장도 챙긴다.

쇠족은 골수가 쉽게 빠질 정도까지 끓이다가 그릇에 조금 떠서 찬물에 굳혀본다. 이 방법이 족편의 농도를 알아보는 데 정확하다. 일반적으로 닭고

탁청정의 전경. 탁청정은 명필 한석봉 선생의 현판이 유명하다. 영남의 개인 정자로는 그 규모가 가장 크고 구조가 우아하다는 평을 받고 있다.

기나 다른 고기를 넣기도 하고 한천을 섞어 굳히는 데 반해 이곳 종가에서는 쇠족만으로 만들기 때문에 이런 방법으로 확인할 수밖에 없다. 굳혀질 성도의 농도이면 불을 끄고 쇠족을 건져내고 육수에 떠 있는 기름기를 말끔히 거둔다. 기름기가 없어야 고소하고 부드럽다. 뼈는 추려내고 살은 다진 다음 육수에 다져둔 고깃살을 넣고 다진 마늘, 국간장으로 간한다. 그리고 준비된 고명을 넣어 고루 섞이도록 휘저어 식기 전에 두께 3~4센티미터 정도의 네모난 쟁반에 물을 고루 묻히고 부어 굳힌다.

이렇게 만든 족편은 색이 깨끗해 고명의 색상이 살아 화려하다. 족편이 잘 굳으면 거꾸로 엎어서 먹기 좋게 썬다. 족편은 크게 잘라 냉장고에 넣어두면 오랫동안 먹을 수 있다. 족편은 날씨가 추운 겨울철에 제격인 음식으로 초간장과 어울린다. 국간장에 식초와 마늘, 파를 다져 넣고 실고추를 잘게 썰어 넣어 색을 낸다. 이곳 종가의 족편은 안동지방에서 알아주는 별미다.

종가의 유물관. 교지, 호구 단자, 토지문서, 분재기, 혼서 등 고문서 2000점과 고서 2500여 권이 보관돼 있다.

마을 이름 '군자리'의 특별한 유래

안동에서 퇴계로를 따라 도산서원 쪽으로 20분 정도 달리다 보면 오른편에 '오천유적지'라는 팻말이 크게 보이고 입구에는 '군자리(君子里)'라고 쓴 빗돌이 있다. 빗돌을 따라 조금 들어가면 광산 김씨 예안파의 거목들이 살았던 열한 채의 아름다운 옛집들이 안동댐 수몰로 1974년에 이곳으로 옮겨 와 그림같이 앉아 있다.

본래 이 집들의 자리는 지금의 자리에서 2킬로미터 떨어진 곳에 있었다. 『택리지』를 지은 이중환은 "안동 예안에 살고 싶어라"라고 말할 정도로 아름다운 곳이기도 하지만 풍수지리학상 대단한 명당이었다.

이곳의 옛 지명인 예안현 외내에 광산 김씨가 터잡은 것은 농수 김효로 선생 때부터다. 그는 조선 성종 때 생원시에 합격했지만 어지러운 세파를 멀리하고 산수 좋은 이곳에서 집을 짓고 마음을 닦으며 오로지 학문에만 정진했다. 그의 사후에 퇴계 선생이 학덕을 칭송하는 글을 비석에 새길 정도로 문장가로 숭상받은 인물이었다. 그는 두 아들이 있었는데 큰아들 운암공 김연

동서로 세운
침락정의 일각대문.
이렇게 예쁜 반달
뒷문도 있다.

(雲巖公 金緣)은 문과에 급제하여 강원도 관찰사를 지냈으며, 『수운잡방』을 지은 둘째 아들 탁청정 김유(濯淸亭 金綏)는 형이 관직에 나가자 형 대신 부모님을 극진히 모신 효자였다고 전한다. 그 후로 자손들이 학문에 정진해 벼슬길에 오르면서 집안은 번창했다.

또한 주변에 벌족한 집안과 혼사를 맺으면서 영남의 명문 사림으로 우뚝하게 자리 잡게 되었다. 그러나 550여 년 동안 관직에 나가기보다는 글 읽는 선비이기를 원해 군자를 일곱 명이나 배출시킨 이 가문을 두고 이곳 사람들은 "예안리 외내에 사는 사람은 군자 아닌 사람이 없다" 하여 '군자마을'로 지칭하게 되었다고 한다.

선비의 서정이 녹아 있는 종갓집들

오천유적지에 있는 열한 채의 옛집들은 단순한 종갓집이 아니었다. 입향조로부터 그의 후손들 취향에 맞게 지어 독특한 건축미를 갖추고 있었다. 종가를 상징하는 별묘인 사당을 비롯해 봉제사와 손님을 대접하기 위해 음식을 준비하는 건물인 주사(廚舍), 제기를 보관하는 제기고(祭器庫), 종택인 후조당(後彫堂) 등 종가의 기본적인 건물들은 물론 한석봉의 빼어난 글씨가 걸린 탁청정은 개인 정자로는 보기 드물게 규모가 크고 웅장한 자태를 자랑한다. 탁청정 누마루에는 퇴계, 금계, 청풍자, 임어은 등 기라성 같은 학자들의 글씨가 즐비하다.

이들 고옥은 지은 지가 오래되고 독특한 건축기법으로 모두 문화재로 지정돼 있다. 이외에도 선비들의 아취와 서정이 녹아 있는 읍청정, 설월당, 낙운정, 침락정, 계암정 등 일곱 채의 정자가 있다.

이곳 정자에서 종가의 걸출한 후손들이 지은 명작들이 지금 종가의 유물관에 보관돼 있다. 이 유물들은 예안리에서 이곳으로 옮기기 위해 대종택을 해체하는 과정에서 대들보와 지붕 사이의 빈 공간에서 발견되었다. 입향조의 증조부부터 대대손손에 이르기까지 500년에 걸친 고문서가 고스란히 나온 것이다. 여기에는 교지, 호구(戶口) 단자, 토지 문서, 분재기, 혼서 등 고문서 2000점과 고서 2500여 권이 들어 있었다. 이 고문서들은 보물로 지정돼 있다.

이 건물에는 사람이 살지 않았다. 제례를 모실 때와 손님들이 왔을 때 쓰인다고 한다. 종손 김준식 씨는 앞으로 문중 사람들과 의논해 이 아름다운 집들을 문화공간으로 활용할 계획이라 했다.

국란의 위기에 더욱 빛을 발한 명가
해주 오씨 추탄공파 추탄 오윤겸 종가

종가의 설맞이 풍경을 담기 위해 경기도 용인시 모현면 오산리 본동마을을 찾았다.

황금돼지해라며 떠들썩했던 정해년이 저물고 풍요와 희망과 기회의 해, 무자년(戊子年)이 밝아올 때였다. 쥐 중에서도 향기가 난다는 사향쥐, 그 쥐 해의 문을 활짝 여는 설날 아침에 흩어진 친지들이 모여 고운 옷 갈아입고 정성껏 마련한 차례상 앞에 머리를 조아렸다. 무사히 보낸 한 해에 감사하고 새해 소망을 빌며 추모의 예를 올리는 것이다. 각박한 세상에 오롯한 내 편이 되어주는 건 그래도 나를 있게 한 조상님과 넉넉한 품으로 반기는 가족이 있어 귀성·귀경길이 아무리 더디어도 고향에서 설을 보낸다.

우리 모두의 고향, 종가의 설맞이 풍경을 담기 위해 경기도 용인시 모현면 오산리 본동마을을 찾았다. 이곳은 해주 오씨 추탄공파 후손들이 모여 사는 집성촌으로 마을 깊숙이 조선 인조 때 청백리에 녹선된 영의정 추탄 오윤겸(楸灘 吳允謙, 1559~1636) 선생 종가가 있다. 뒷동산엔 선조들의 묘소가 있고, 해주 오씨 시조단과 보물로 지정된 임란 때의 일을 기록한 일기인 「쇄미록」, 「추탄집」에서는 조선 관리의 올곧은 정신을 만날 수 있다. 조선시대 정승, 대제학은 물론 오세훈 전 서울시장까지 배출한 명문가다. 서울과 인접한 곳이긴 하나 마을 들머리에 서 있는 해묵은 은행나무에 앉은 까치가 목청을 돋우며 손님을 맞이하는, 고요하기 그지없는 산골마을에서 370여 년간 해맞이를 했던 종가의 차례상과 설 이야기를 듣고 왔다.

"오산리는 해주 오씨들이 이곳에 살게 되면서 생긴 지명입니다. 옛 종가는 보수가 어려울 만큼 낡아 묘역 가까운 이곳에 1991년도에 다시 지었습니다. 재실 유덕재(維德齋)와 추탄 할아버지 신주를 모신 사당, 종가 건물은 유서 깊은 고택이 아니지만 우리 가문이 이 지역에 터를 잡은 건 대략 560년 전

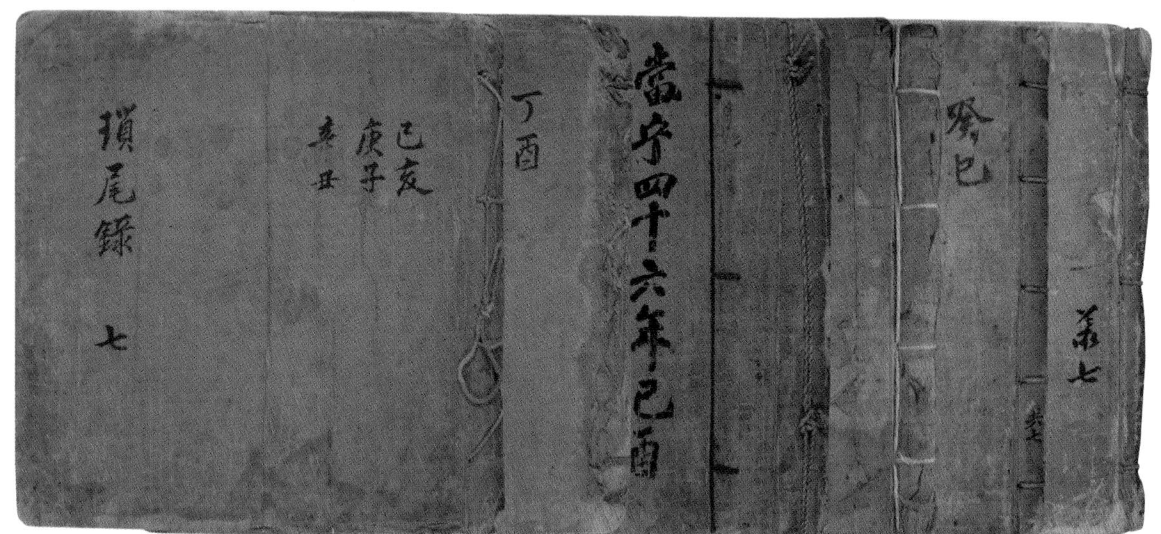

이라는 기록이 「경기도지」에도 나와 있습니다."

임진왜란 때의 일을 소상히 기록해 보물로 지정된 「쇄미록」.

종손의 운명에 기꺼이 순응하는 종손

종가에서 만난 추탄 선생의 12대손 오문한(취재 당시 45세) 씨는 젊은 종손이다. 일곱 살 때 큰 할아버지 댁으로 양자를 와서 종손 수업을 철저히 받아서인지 보학과 제례에도 무척 밝았다. 친화력 있는 인상으로 집안어른들을 아우르며 문중 일을 도맡아 중심 역할을 하고 있었다. 그가 내민 명함에도 추탄공 '종손'이라 적혀 있다. 해주 오씨 가문의 수많은 인새 중에 뽑힌 인물이니 종손의 자질은 이미 검증된 셈이다.

"대학을 졸업하고 직장생활을 잠깐 했습니다. 하지만 종가 일이라는 게 생각처럼 녹녹하지 않아요. 경조사를 챙기고, 고문서를 정리해 문집을 발간하고 1년에 17여 회에 이르는 제례 모시는 것만으로도 눈코 뜰 새 없이 바쁩니다. 여기에 종가가 나아가야 할 방향 모색을 위해 뿌리회 등의 모임에도 참석해 귀를 기울여야 하지요."

다행히 종중 임야를 팔아서 청담동에 건물을 사두었는데 거기서 나오는 수입으로 문중을 운영하고 종손도 월급을 받고 있어 경제적으로 문제는 없다고 한다. 경기도 시흥에서 아파트 생활을 하고 있지만 종가와 종중 사무실로 출근하는 종손이다. 종손으로서 애환을 물어봤다.

"마음 편히 받아들이고 있습니다. 저는 참 복이 많은 사람이지요. 어릴 때부터 어른들께 좋은 훈계를 많이 받으며 자랄 수 있었으니까요." 종손의 삶에 대해 그는 기꺼이 운명에 순응한다며 편안한 미소를 보여줬다.

기일 제사에는 일곱 가지 과일이 오른다

"기제사와 설·추석 차례 음식은 차별이 있습니다. 돌아가신 날 새벽 자시에 모시는 기일 제사에는 과일이 일곱 가지 오릅니다. 명절 차례에는 다섯 가지만 올리지요. 밥 대신 떡국을 올리고, 술은 한 잔을 드리지만 안주는 세 가지를 올립니다. 축문도 읽지 않습니다. 그래서 설·추석 차례는 무축단헌(無祝單獻)이라 합니다."

설 차례상을 보여줄 수 없겠느냐는 부탁을 들어준 종손은 이날 고맙게도 재실의 제상 위에 설 차례 음식을 실제와 똑같이 준비해주었다.

학덕이 매우 높았거나 국가에 큰 공을 세워 시호를 받았을 때 나라에서 주어지는 것이 영원히 제사를 모시도록 허락해준 불천지위(不遷之位)다. 그 영예로운 제사를 372년 동안 받아온 추탄 오윤겸 선생의 설 차례상 앞줄엔 떡국 세 그릇과 술잔 세 개가 놓여졌다. 신주로부터 오른쪽 시접 그릇에는 수저가 세 벌 담겨 있다. 초취부인 경주 이씨와 재취부인 덕수 이씨도 함께 식사를 해야 하기 때문이다. 두 번째 줄엔 세 가지 탕을 놓았고, 세 번째 줄에는 세 가지 전과 그 옆으로 육적, 계적, 어적을 차례대로 한 그릇에 담아 올렸다. 네 번째 줄에는 거두절미한 명태포와 육포를 한 그릇에 담았고 나박김치와 식혜도 올렸다. 다섯 번째 줄엔 제주로부터 왼편으로 밤, 배, 약과, 사과, 대추 등 다섯 가지 과일을 올려 조율이시(棗栗梨柿)가 아니라 홍동백서(紅東白西)의 규범으로 제상이 차려졌다.

수저그릇이 신주로부터 오른편에 놓였던 게 여느 집과 달랐고, 태양떡국이라 하여 떡국떡 모양을 해처럼 둥글게 썰어 떡국 한 그릇을 먹으면 나이 한 살을 더 먹는다는 의미를 담았다.

60년간 종부가 아닌 종부살이를 한 사연

종손의 노모 정인영(취재 당시 83세) 할머니와 종부 임영민(취재 당시 41세) 씨가 차례 음식을 준비했다. 차례상에 반드시 올리는 찹쌀, 흑임자, 송화다식이 빠졌다며 못내 아쉬워하는 할머니는 종부가 아니면서 종부살이를 60년 동안

했던 사연을 들려줬다.

"우리 친정은 개성이에요. 당시엔 자유롭게 내왕하던 때였습니다. 집안끼리 혼사 이야기가 오갔고 스물둘에 얼굴도 보지 못한 스물네 살의 신랑에게 시집을 왔지요. 시아버님은 종가댁 5형제 중 막내 아드님이셨고, 남편은 외아들이어서 종가살림을 하리라곤 생각하지 못했지요."

그러나 시집을 와서 보니 종갓집 큰집이 서울 살림을 하는 바람에 솜씨좋고 마음씨 고운 할머니가 종가의 제례 등 큰일을 도맡게 되었다. 그뿐 아니라 일곱 자녀 중 막내아들 문환 씨를 큰댁으로 양자로 보내면서 종부가 아닌 종부살이를 60여 년간 했다. 지금도 종가에서 생활하고 있었다.

팔순의 할머니는 얼굴에 어두운 그늘을 찾기 어렵고 목소리가 카랑카랑했다. 요즘 젊은이들은 상상만으로도 버거워하는 일을 60여 년 계속해오면서도 어려운 일은 기억 하나 나지 않는다면서 손사래를 쳤다. 오히려 자신보다 앞으로 종가 일을 꾸려나갈 며느리 걱정을 앞세운다. 할머니는 전통적인 삶에서 성장해 그 과정을 그대로 이어왔기 때문에 힘은 들었지만 일이 어렵다는 생각을 하진 않았는데 자신이 세상을 떠나면 종가 일을 이어받을 며느리가 걱정이 된다고 했다. 지금도 제사 이틀 전부터 시장을 봐 오고 음식 만드는 일, 고임상 등 어려운 일을 며느리가 다 알아서 한다며 대견해했다.

종가의 설 준비는 보름 전에 상하지 않는 음식부터 시작한다고 했다. 제일 먼저 엿을 고기 위해 쌀 한 말, 엿기름 한 되, 엿기름의 일곱 배 되는 물을 준비한다. 엿기름에 물을 부어 바락바락 주물러서 찌꺼기는 버리고 앙금까지 그대로 밥에 부어 고루 섞은 후 은근한 불에서 7시간 정도 삭힌다. 밥알이 동동 뜨면 한 번 끓인 후 베보자기에 꼭 짜낸 다음 졸이면 엿이 된다.

"엿을 고을 때는 가랑잎으로 달이면 불 조절이 잘되지요. 엿은 절대 끓어 넘치면 안 되고 타지 않게 지켜 서서 잘 저어야 하기 때문에 보통 정성으로는 고을 수가 없어요. 또 엿을 켤 때 오랫동안 잡아당기다 보면 굳어져서 힘들지요. 엿을 켜는 중앙에 화롯불을 피워 열기를 가해야 합니다."

엿이 다 되기 전에 조청을 떠두었다가 강정과 다식 등을 만든다. 따뜻한 가래떡을 조청에 찍어 먹으면 그 맛이 일품이라 했다. 내림음식에 대해 궁금해하자 냉이무침과 도토리묵무침을 손쉽게 만들어주었다.

"설날 음식은 기름지고 텁텁하잖아요. 제사상에 나물이 오르지 않기 때문에 나물 대신 냉이무침을 올리면 다들 좋아해요."

예전엔 얼음이 풀리는 3월이 돼야 양지바른 곳에서 냉이를 캘 수 있었지만 요즘은 시절이 좋아 아무 때고 구할 수 있으니 너무 좋다고 했다. 냉이를 다듬어 데친 다음 물기를 꼭 짜서 고추장, 파, 마늘, 참기름, 깨소금을 넣고 조물조물 무치면 된다. 도토리나무가 종가 뒷산에 지천이다. 가을에 주워 가루를 만들어뒀다가 풀처럼 쑤면 된다고 한다. 정인영 할머니의 요리 설명은 아주 쉬웠지만 수십 년 손맛을 따라 한다고 그 맛이 그대로 살아날지, 음식은 정성이라고 누누이 당부하는 할머니의 말씀이 만고의 진리라는 생각을 깊이 새겼다.

설날을 가족 화합의 축제로 만들다

이날 추탄공파 종중회장 오영환(취재 당시 80세) 씨를 비롯해 해주 오씨 대동종친회 사무국장 오재만(취재 당시 77세) 씨 등 10여 명의 문중 어른들과 종손의 누이들이 참석해 종가의 세밑 풍경은 훈훈했다. 사당에 차려졌던 음식을 안방에서 나눠 먹으며 서로의 안부를 묻고 어린 시절 설날의 추억으로 이야기꽃을 피웠다.

"우리 어렸을 적 설날은 축제였어요. 차례를 모신 다음 세찬으로 떡국을

가족 화합의 축제라 불러도 좋은 설날.

먹고, 나이를 한 살 더 먹은 친지들은 종가에 모여 장유유서로 세배를 나누면서 집안의 화목과 한 해의 결심을 다잡았지요."

아직도 이 마을을 떠나지 못하는 문중 어른이 설날의 추억을 꺼내놓자 종손 오문환 씨는 세배 때문에 민망했던 일을 떠올린다.

"어렸을 적 머리가 하얗게 센 할아버지께 세배를 드리면 종손이라 하여 맞절을 해서 당황했던 일도 있습니다. 어른들께서 오씨 성을 가진 사람 외에는 절대로 세배를 하면 안 된다는 말씀도 하셨습니다. 오씨들만 사는 마을에서 성이 다른 사람들은 모두 아랫사람들이기 때문에 그랬던 것 같습니다."

한 해 소망을 담은 연날리기, 제기차기, 자치기 등 민속놀이로 즐거웠던 어린 시절을 되새기자 종손의 누이들은 설빔을 입고 기운찬 널뛰기로 행복했던 추억에 얼굴이 상기된다. 정월 한 달 내내 윷가락 소리가 끊이지 않으면서 가족 공동체의 따뜻한 정을 확인하고 그 어려운 세월을 헤쳐나가는 힘을 주고받았던 그때 그 시절의 설이 '설다웠다'고 입을 모았다. 이제 이 산골 마을에도 개발 붐으로 집성촌이 해체되어 오씨는 여섯 집 정도만 남았다.

종중회장 오영환 옹은 "새해에는 더욱 힘찬 계획을 세우고 있습니다. 유물관을 지어 흩어져 있는 유물을 한곳에 모을 겁니다. 종가 주변을 성역화해서 누구라도 이곳에 오면 전통의 생활문화를 체험할 수 있도록 할 것입니다."

종중 임야 일부를 매각한 돈으로 구입한 건물 임대수입으로 묘역 성역화 사업과 문중 자녀들에게 장학금도 주고 매년 5월 어버이날에는 어르신들을 모셔서 음식을 대접하고 용돈을 드린다고 했다.

이제부터 시행되는 호주제 폐지에 대해 어떻게 생각하느냐고 묻자 대종회 사무국장 오재만 씨는 목청을 돋운다.

"호주제가 없어지고 동성동본 금혼이 폐지되면 9촌 당숙과 혼인이 성립된다는 이야기입니다. 당숙이라면 한솥밥을 먹는 가족인데 당숙과 같이 산다는 것은 금수와 같은 짓이지요. 이뿐입니까. 애완견도 족보 있는 건 그 값을 매길 수 없죠. 강아지도 족보로 가치를 인정하는 세상에 호주제도가 없어지면 스스로의 정체성을 잃게 되니 족보 있는 강아지 신세보다 못하게 되는 거죠."

호주를 중심으로 가족제도가 이뤄진 전통사회의 관습이 몸에 밴 종가 사람들로서는 새로운 제도에 대한 적응이 쉽지 않을 것이다.

종가의 재실을 지나 높은 계단을 오르면 해주 오씨 시조 오인유(吳仁裕)의 사적비와 15기의 단비가 좌우로 배열돼 있는 시조단이 있다.

"음력 3월 15일은 시조제례가 있습니다. 우리 문중에서 가장 큰 행사지요. 시조 오인유 선조께서는 지절과 덕망, 학식을 두루 갖춘 송나라의 학사로 고려에 귀화해 해주에 터를 잡았습니다. 고려 성종 때 검교 군기감을 지냈으며 태묘와 국자감을 세우고 과거제도를 설립해 면학의 기풍을 고취시킨 보필 중신입니다. 시조 할아버지 이후 31개 파로 갈라졌는데 이날은 3,000여 명이 모여 성대한 제례를 모십니다. 그때 꼭 오세요."

대동종친회 사무국장 오재만 씨에게 가문의 내력을 들으며 종가 오른편 마을을 끼고 호젓한 산길을 올랐다. 경기도 문화재 제104호로 지정된 추탄 오윤겸과 그 부인 경주 이씨 묘를 중심으로 좌우 산기슭에는 부친 오희문과 조부 오경민, 아들과 손자까지 가족묘가 장대히 늘어서 있다.

추탄공 일가의 묘역.

추탄 선조 묘역에는 사적비가 없습니다. 영의정까지 오른 분이지만 비석을 세우지 말라는 유훈을 남기셨기 때문이지요. 비석 없는 할아버지의 묘를 그냥 두고 볼 수 없어 1987년에 사적비를 세웠습니다.

묘소 입구에 우뚝한 비석이 바로 오윤겸 선생의 행적을 새긴 사적비다. 그 옆으로 있는 넓은 연못이 이채롭다고 하자 종손 문환 씨는 "풍수지리학상 묫자리가 거북이같이 생겨 거북은 물이 필요하다 해서 입구에 연못을 파두었다"고 설명해주었다.

오씨 문중의 종훈은 '겸양(謙讓)'과 '숭조정신(崇祖精神)'이다. 그래서인지 종손도, 문중 어른들도 질문을 하면 서로에게 그 답을 양보하는 미덕으로 명문가의 품격을 보여주었다.

시조단과 묘소, 재실, 종가가 있는 이곳에 유물관이 갖춰지면 전통 생활문화를 체험할 수 있는 관광자원으로도 손색이 없을 것 같았다.

공자의 삼계에서 선비의 삶을 찾다

2월 4일은 봄을 알리는 입춘이다. 그래서인지 추탄의 시문집을 모아둔 『추탄문집』에서 봄기운이 물씬 느껴지는 「입춘시」 한 수가 눈에 띈다.

一年今日卽爲春 일 년에 오늘이 곧 봄의 시작이다.
天地中間盡是春 하늘과 땅 사이가 모두 봄일세.
閑來淨掃朝暄坐 한가로이 소제하고 아침에 앉아 있자니
人道君邊別有春 사람들이 말하기를 그대 곁에는 따로 봄이 있다고 하네.

이외에도 추탄 선생의 행적을 입증하는 귀한 그림 한 점이 있다. 선생의 나이 23세 때 한성시라는 초시에 합격했을 때 합격자는 모두 200명이었는데 49년이 지난 71세 봄 모임을 가졌을 때는 12명뿐이었다. 이 중 한 분이 삼척부사로 부임을 하게 되자 이를 기념하기 위해 그린 그림이 바로 「임오사마방회지도(壬午司馬榜會之圖)」이다. 지금에도 뜻있는 모임에는 사진을 찍어 남긴다. 그런데 그 사진이 이 그림처럼 370년 후에도 그대로일지…. 참으로 귀하고 의미 있는 한 점의 그림을 볼 수 있다.

종가의 자랑 「쇄미록(瑣尾錄)」은 추탄 선생의 부친이 임진왜란 전후의 생활상을 일기로 남긴 보물이다. 또한 그의 손자 오도일(吳道一)이 쓴 「서파집(西坡集)」 등 문집과 많은 서화첩을 소장하고 있어 명문가의 면모를 그대로

추탄 선생이
과거에 합격한 후 49년이
지나
부사로 부임하는
동기생의
송별연 자리를 그린
「임오사마방회지도」.

보여준다.

해주 오씨들의 31개 파 중 중요한 파로 자리매김한 추탄공 오윤겸 선생은 조선 명종 14년에 태어나 인조 14년에 78세로 세상을 떠난 이름난 재상이다. 어머니 이씨가 삼태성이 품속으로 들어오는 태몽을 꾸고 선생을 잉태했다고 한다.

선생이 벼슬길에 들어선 건 38세 때, 별시문과에 급제하고부터다. 이때 시관으로 있었던 아계 이산해가 "오늘 이 시대에 다시 참된 선비를 볼 수 있도다"면서 선생의 인품을 칭송했고 임금께 천거해 영릉 참봉에 임명된다. 이후 여러 요직을 두루 거쳐 70세에 영의정에 오른 당대의 거목이다. 한때 스승인 성혼이 모함을 받아 사직도 했으며 정인홍을 탄핵하다가 좌천되기도 한 부침도 있었다. 광해군 9년에 검지중추부사로서 회답사가 되어 임진왜란 때 일본으로 끌려간 포로 320여 명을 데려오고 일본과의 국교를 재개시키는 외교력을 보이기도 했다.

그 후 폐모론을 반대하다 탄핵을 받기도 했으며, 등극사로 명나라에 다녀오는 업적도 있다. 인조반정 후 서인이 분열될 때 노·서의 영수가 되어 대사헌 사조판서를 지냈고, 이괄의 난 때는 왕을 공주에 호종하고, 정묘호란에는 왕세자와 함께 강화에 피신하기도 했다. 특히 인재 등용을 공정히 하는 명재상으로 이름을 떨쳤다.

선생은 말과 행동이 같아 청백리로서 일생을 조심하며 살았는데 그의 삶에서 도덕적 잣대는 공자의 삼계(三戒)에 두었다. 여색을 멀리하는 색(色)과 남을 시기 질투하지 않은 투(鬪), 늙어 욕심내지 않는 득(得)이 생활 신조였다. 세상을 떠나면서 남긴 유언 또한 선비답다.

"내가 거룩하고 밝은 임금을 만났어도 세도를 만회하지 못했고 나라에는 공이 없고 몸에는 덕이 없었다. 그러므로 비석을 세우거나 남에게 만장을 청구하는 일을 하지 말라."

국란의 위기에 가문을 빛낸 명현들

해주 오씨 가문에서는 조선조에 문과 급제자를 98명이나 배출했다. 영의정 오윤겸을 비롯해 오명항(吳命恒)은 우의정을, 오도일(吳道一) 등 대제학도 세 사람이다. 오윤겸의 현손인 오도일은 한때 주청부사로 청나라에 다녀왔고 문장이 뛰어나 『서파집』이란 문집을 남겼다.

또한 중종 때 사조판서 오결은 선조 때 8문장의 한 사람으로 꼽혔으며 청백리 오상은 임진왜란 당시 남원성을 사수했다. 전라 방어사를 지낸 오정방, 성리학의 대가인 오천민 등이 조선 전반기 해주 오씨 가문을 빛낸 명현들이다. 이중 오응정 장군 일가는 임진왜란과 병자호란의 국란에 3대가 순국해 오씨삼장오충(吳氏三歲五忠)으로 이름나 있다.

해주 오씨들의 충혼은 일제 암흑기에 숱한 우국 열사와 선각자를 배출하기도 했다. 구한말 의병장 오인수와 오상열은 일신회를 조직해 을사오적을 암살하기 위해 활약하다 체포돼 5년의 유배형을 받았다. 3·1운동 당시 민족대표 33인의 한 사람인 오세창, 상하이 임시정부 의정원 의원 등을 지냈던 오익포 등은 암울했던 시대를 의롭게 살다간 오씨 가문의 인물들이다.

금목서 향기 묻어나는 격조 높은 정원

광산 김씨 문숙공파 김선봉 종가

“금목서(金木犀) 향기를 맡으려면 빨리 오셔야 합니다. 지금 지고 나면 보름 후에나 다시 핍니다.” 광산 김씨 문숙공파 김선봉(金善鳳, 1742~?) 선생의 9대 종손 김재기(취재 당시 71세) 씨와 종부 이영자(취재 당시 68세) 씨는 한 번도 만난 적 없는 사람들에게도 자신들이 키운 꽃향기를 나누고 싶어 했다. 사람의 향기가 묻어나는 초대의 말에 전남 보성군 득량면 오봉리 초암마을을 찾았다. 초암산 자락에 기대어 앉은 종가는 잘 가꾼 수백 종류의 나무와 꽃, 잔디를 갖춘 고담한 정원에 에워싸여 있었다. 개인의 정원으로는 나라 안에서도 으뜸이라는 평가를 받고 있는 종가의 뜰은 자연의 풍경뿐만 아니라 조상의 묘소를 정성껏 가꾸는 종손의 효심이 담긴 삶의 터전이기도 했다. 식혜에 금목서 꽃잎을 띄워 다담상에 올리는 종부의 지혜와 조상이 남긴 넓은 정원을 화합된 가족의 마음으로 가꾸고 있어 종가의 가치가 더해졌다.

광주에서 종손을 만나 그의 안내로 녹차 밭이 즐비한 보성을 지나 율포해수욕장에 들렀다. 전어 축제의 열기가 아직 살아 있는 갯가 횟집에서 전어회무침으로 점심을 먹었다. 청정지역에서 갓 잡아 올린 전어는 집 나간 며느리도 돌아온다는 소문대로 비린 맛이 전혀 없고 고소하고 달았다.

종손은 득량만 둘레길도 안내해주었다. 맨발로 걷는 길, 자전거 타는 길, 가을 바람에 고개짓하는 코스모스 길, 갯벌에서 먹이를 찾고 있는 갈매기 떼와 가을 정취를 한층 돋워주는 억새풀 길도 있었다. 무엇보다 황금 들녘과 쪽빛 바다의 대칭은 한 폭의 동양화를 보는 듯 아름다웠다.

“개발이 되지 않아 애태우던 주민들도 이제는 청정지역을 그대로 보존하는 데 의미를 두자고 합니다. 넓은 들녘에선 쌀이 나고 갯벌에서 꼬막을 잡고, 노 저어 나가면 싱싱한 생선을 구할 수 있으니 사람 살기에 이만한 환경을 갖춘 곳은 쉽지 않을 겁니다."

꼿꼿한 선비의 향취가 느껴지는 종손은 광주은행 감사직을 은퇴하고 정원 가꾸는 데 하루를 보낸다고 했다. 그는 문화적인 지식이 풍부해 발길 닿은 곳마다 고향 마을의 유래를 들려주어 지적 자양분을 얻을 수 있게도 했다.

자연과 동화된 집과 정원

광산 김씨 문숙공파 김선봉 선생의 종가 초암재(草岩齋)는 쪽빛 바다를 바라볼 수 있는 나직한 둔덕 위에 있었다. 숲에 가려 집이 잘 보이지 않지만 종손의 안내로 대문에 들어서면 보는 이의 눈과 마음을 단번에 사로잡는 풍경이 펼쳐진다. 푸르게 깔린 잔디 융단 위로 조아린 소나무, 쭉쭉 뻗은 대나무를 울타리 삼아 조촐하게 앉혀진 2칸 겹집의 사랑채, 안채는 이미 자연과 동화되어 집 따로, 정원 따로가 아니었다. 선비가 사는 집이 바로 이런 모습이구나, 찬탄이 절로 나왔다.

"저희 할아버지 때부터 가꾸어온 정원입니다. 할아버지께서는 청빈을 제일로 삼아 빛깔이 요란한 화초는 금기시했습니다. 그보다는 늘 송죽이 푸른 가운데 매화며 국화향이 그윽한 정원을 가꾸었지요."

그의 말대로 눈앞에 펼쳐진 종가의 후원 풍경은 허세를 부리지 않았다. 인공의 표시를 최대한 보이지 않게 담장 바깥의 경치와 그대로 이어지게 했다. 나무의 전지도 자연의 모습을 최대한 살렸다.

종가는 고택의 후원에서 선현들의 유택까지 고운 잔디길이 500여 미터나 이어진다. 길 옆으로는 소나무, 대나무와 같은 기품 있는 수목으로 큰 틀을 잡으면서 기와요초가 만발한 선경을 펼쳐 보인다. 쪽빛 연못과 석가산은 만들지 않았지만 크고 작은 돌확마다 너울거리는 연잎이 고아하다. 그릇에 연을 키우는 것도 선조들이 즐기던 아취였다고 한다.

종손의 감각이 돋보이는 건 쉼터에 있었다. 후원을 거닐다 앉아보라고 권하는 자연석 의자에 앉으면 멀리 득량천과 예당천이 돌아 흐르고 시원하게 펼쳐진 황금 들판 너머로 오봉산과 고흥 팔영산까지 시야에 들어오는 풍광들이 일품이었다.

종가에는 정원사가 따로 없다. 종손과 그 아우들이 틈만 나면 잔디를 깎

종가 대문에
들어서면 보는 이의
눈과 마음을 단번에
사로잡는 풍경이
펼쳐진다.

고 나무를 전지하고 어루만진다. 종가의 정원은 단순한 정원이 아니라 3대에 걸쳐 전해오는 문화유산이기 때문에 조상을 섬기듯 나무를 그렇게 섬기고 있었다.

"이 나무가 바로 금목서입니다. 할아버지 때 심어진 나무여서 각별히 정성을 쏟고 있습니다. 서리가 내리면 노란색 꽃이 피기 시작하지요. 꽃이 질 때쯤이면 초록색 콩알만 한 열매가 맺혀 있다가 다음 해 꽃이 필 즈음에는 빨갛게 익어 꽃과 열매가 마주 본다 하여 실화상봉수(實花相逢樹)라 합니다. 흰 꽃이 피는 은목서도 있어요."

꽃이 귀한 초겨울 달콤한 향기를 선물하는 상록관목인 금목서는 잎이 동백처럼 생겼고 황금빛 꽃에서 향수를 원료로 채취한다. 꽃과 잎을 말려서 꽃차로 즐기고 향신료로 쓴다고 한다. 종부가 만든 식혜에 노랗게 떠다니는 장식이 바로 금목서 꽃이었음을 뒤늦게 알았다.

산 자와 죽은 자가 함께하는 집

종가 정원의 가치는 이 가문의 정체성을 보여주는 묘역에 있었다. 종손이 효심을 다해 관리하는 뒷동산 묘역에는 고조할아버지 내외분부터 종손의 부모님까지 4대조가 잠들어 있다. 묘 앞에는 그 흔한 상석이나 망주석 하나 없이 깔끔하게 단장된 초록빛 봉분과 봉분을 둘러싼 나무로 치장돼 있었다. 일 년에 12번 잔디를 깎아 잡풀이 자랄 틈을 주지 않는다.

"앞으로는 봉분을 없애고 평묘를 만들어 그 앞에 작은 표지석을 세울 계획입니다. 종가에서 앞장서서 장묘문화에 혁신을 일으키지 않으면 얼마 못 가서 국토 전체가 묘역으로 둘러싸일 겁니다."

종손은 장묘문화에도 관심이 많다. "이곳은 제가 여덟 살 때 세상을 떠난 어머니 무덤입니다. 스물여덟 나이에 두 동생과 저를 두고 떠나셨으니 눈인들 제대로 감으셨겠습니까."

다행히 새로 오신 어머니의 정성으로 이만큼 성장할 수 있었다는 종손은 두 어머니의 은혜에 감사하는 마음으로 무덤에 풀을 깎고 주위를 단장하고 있다. 동생들도 일주일에 서너 차례 와서 정원을 다듬는 낙으로 형제간의

종가 후원에서 선현들의 유택까지 이어지는 500여 미터의 길에는 융단처럼 고운 잔디가 깔려 있다.

우의가 더욱 돈돈해진다고 했다.

종가에는 사당이 없다. 묘소가 바로 사당이다. 종손은 외출을 하거나 집안에 경조사가 있으면 묘 앞에서 절을 하며 음덕을 기린다.

270년 전에 터를 닦다

"전남 장흥에서 이곳에 터를 닦은 입향조는 저의 8대조이신 선자 봉자 할아버지입니다. 그로부터 270여 년 동안 이사를 한 번도 안 한 거지요. 저 어렸을 적까지도 행랑채, 별채 등 모두 네 채가 있었습니다."

그러다 종손대에 와서 식구가 줄어들고 고택의 관리가 어려워 2채는 헐어버렸다고 한다. 외풍 심한 옛집 대신 새어머니를 위해 종손은 고택 옆에 현대식으로 집 한 채를 지어드렸다. 키워주신 은혜에 감사하는 마음을 담은 큰아들의 정성으로 새어머니는 82세까지 장수를 했다.

사랑채와 안채는 120년 된 고옥이라 문화재로 등록을 하도록 주위에서 권하지만 종부는 말린다. 문화재로 지정이 되면 못 하나도 제대로 치지 못하고 내 집을 내 마음대로 고칠 수 없기 때문이다.

종가는 자손이 귀했다고 한다. 8대조 할아버지로부터 5대에 걸쳐 독자로 내려왔다. 그러다 고조할아버지께서 아들 다섯 분을 두게 되었다. 할아버지는 몸이 약한 장자에게 집안을 계승시키지 않고 세자 책봉을 하듯 다섯 아

할아버지께서 가꾸어오신 정원을 그대로 가꾸는 것이 도리라 생각한다는 이 댁 사람들은 이 넓은 정원과 선현의 유택을 다른 사람 손을 빌리지 않고 가족이 힘을 합쳐 가꾸었다. 은퇴 후 집안을 돌보느라 더 바쁘게 사는 종손 김재기 씨.

들 중 가장 영특한 넷째 아들에게 가계를 잇게 했다.

“성균관 문묘에 예학자로 배향돼 계시는 사계 김장생 선생과 그 아들 김집 선생은 광산 김씨 가문의 자랑이지요. 저희도 그 할아버지의 자손임을 자랑스레 여기며 행동거지 하나에도 조심을 합니다.”

종손에게 가훈을 물었다. 그는 수시로 바뀌긴 하지만 할아버지께서 읽어주신 율곡의『격몽요결』머리글을 가훈처럼 잘 새기도록 일러준다.

“사람이 이 세상에 태어나서 사람다운 사람이 되려면 누구나 학문을 닦아야 한다. 이른바 학문이란 것을 어렵게 생각하지 말라, 그것은 조금도 이상스럽고 별난 것이 아니다. 어버이가 자식을 사랑으로 대하는 것도 학문이고, 자식이 어버이를 공경하고 효도하는 것도 학문이다. 백성 된 사람이 국가에 충성하는 것, 부부 사이에 서로 존경하고 사랑하되 각기 지켜야 할 본분에 구별이 있는 것도 학문이다. 형제간에 서로 살뜰한 우애를 지니고 젊은이가 어른을 받들어 모시는 것도 학문이다. 친구를 사귐에 있어서 두터운 믿음으로 대하는 것도 학문이다.”

종손이 32세, 종부가 29세 때 중매로 혼인을 해 딸 셋과 아들 둘을 얻었다. 큰 사위는 변호사, 둘째 사위는 판사, 셋째는 의사로 일하고 있으며 아들 며느리 모두 사회의 일꾼으로 잘 지내고 있는 것 모두 조상님의 음덕으로 여기며 조상이 남긴 집과 묘역과 정원을 가꾸고 있었다.

종가는 제사도 한날에 모신다. 종손의 할아버지 제삿날 4대를 함께 모신다. 종손대에 제사혁명을 일으키지 않으면 아들 며느리가 힘들기 때문이다.

종가에는 가냘픈 몸매에도 강인함이 엿보이는 이영자 종부를 비롯해 후덕한 인상으로 친화력이 있어 보이는 맏며느리 염지혜(취재 당시 29세) 씨와 작은 며느리 최미랑(취재 당시 28세) 씨가 사이 좋게 시어머니 일을 거들고 있었다. 한 집에서 살지는 않지만 집안에 경조사가 있으면 달려와 일손을 거드는 신세대 며느리들이 대견하다며 시어머니는 칭찬을 아끼지 않았다.

음식에 타고난 자질을 지닌 종부

“1974년에 율무로 20가지 요리를 만들어 전국 요리경연대회에 참석한 일이 있었습니다. 그때 최고상인 국무총리상을 받은 일이 있는데 별 자랑거리도 아닌데 우리 영감이 말을 했네요.”

종부의 취미는 음식 만들기다. 그냥 음식이 아니라 남다른 지혜로 저장법을 개발해내고 한 가지 재료로 수십 가지 음식을 창작해내는 타고난 자질이 있었다. 젊은 시절 지금은 고인이 된 황혜성 선생께 궁중요리를 배웠다. 세월이 흘러 지금은 그 따님인 한복려 선생에게 궁중요리를 다시 배우고 있다. 이번에는 혼자가 아니라 맏며느리와 함께 일주일에 한 번 요리를 배우는 열정이 아직도 남았다.

요리뿐 아니라 다도 사범증까지 갖춘 종부는 차와 요리를 젊은이들에게 가르치기도 하고 집안에 혼인이 있으면 폐백 음식도 만들어 선물하기도 한다.

종부의 아이디어 돋보이는 음식 솜씨

봉제사 접빈객으로 종부의 삶은 이어진다. 그 때문에 음식을 어떻게 저장해야 하는지, 어쩌면 오래 보관할 수 있는지, 불시에 찾아오는 손님을 위해 고민한다. 손이 많이 가는 갈비찜과 전복찜 같은 것은 먹기 좋게 미리 익혀두었다가 은박지에 하나씩 싸서 냉동실에 얼려두면 필요할 때 해동시켜 상차림을 쉽게 할 수 있다는 지혜도 생겼다.

식혜를 삭혀 냉동실에 보관했다가 상에 낼 때는 정원에 피어 있는 꽃잎을 띄운다. 정원에는 사계절 내내 아름다운 꽃들이 피고 지기 때문에 꽃으로 음식 만드는 건 어렵지 않다. 봄에는 매화, 수선화, 목련, 진달래 등의 꽃이 독성이 없다. 여름에는 꽃술에 독성이 있을 수 있어 먹는 꽃인지 알아보고 사용한다. 서리 내린 늦가을에 피는 꽃은 독성이 없다. 국화를 말려두었다가 꽃차를 내기도 하고 국화전을 구워 계절 감각을 나타내기도 한다. 맨드라미를 바짝 말려 믹서에 갈아두면 붉은색을 내는 요리에 잘 활용할 수 있다.

종가에는 나쁜 사람들이 많이 기웃거린다. 얼마 전에는 제사 때 생선을 구워 올리는 놋화로를 잃어버렸다. 하는 수 없이 화로를 다시 맞춰 사용하고 있었는데 조상의 숨결이 담긴 수백 년 된 화로가 종부는 잊히지 않았다. 그러다 며칠 전 고물상에서 종가의 화로를 발견한 것이다. 어찌나 반갑던지 돈은 달라는 대로 다 주고 다시 화로를 찾아왔다며 종부는 숯불을 피워 전어구이를 맛나게 구워주었다.

다식으로 좋은 과편과 양갱

종부는 후원에 있는 살구, 앵두, 포도 등을 따다가 양갱을 만든다. 앵두와 살구를 씻은 후 각각 다른 냄비에 물을 자작하게 붓고 설탕과 소금도 조금 넣어 과육이 무르도록 끓인 후 체에 밭쳐 씨와 껍질을 걸러낸다. 과일즙 4에 설탕 1의 비율로 냄비에 넣어 주걱으로 바닥에 눌어붙지 않도록 고루 저으며 조리다가 물에 녹두녹말 3큰술 푼 것을 다시 한 번 조린다. 과일즙이 주걱으로 들어 올렸을 때 뚝뚝 떨어질 정도로 되직해지면 그릇이나 둥근 얼음 틀에서 부어 굳혀 모양을 잡는다. 이렇게 정원에서 나는 여러 가지 과일로 과편을 만들어놓는데 과편은 만들기 쉬우면서도 새콤달콤한 맛이 일품이다.

▲ 종가에는 손님이 수시로 드나들기 때문에 음식을 어떻게 저장해야 하는지, 어찌하면 오래 보관할 수 있는지를 가지고 종부는 늘 고민한다. 오랜 세월 시행착오 끝에 탄생한 갈비찜과 전복찜. 손이 많이 가는 이 음식이 은박지에 싸여 냉동고에 가득 자리하고 있어 불시에 손님이 찾아와도 금세 진수성찬으로 가득한 상을 차려낸다.

▶ (위) 종부는 식혜도 그냥 내지 않는다. 제철 과일을 자그맣게 썰어 띄우고 여기에 향을 더하기 위해 후원에 가득한 노란색의 금목서 꽃을 올렸다. 맛에 반하고 향에 취한다. 종부는 제철 꽃을 이용해 차도 우리고 갈무리해두었다가 음식에 색을 줄 때 활용한다.

▶ (아래) 이 철에 먹지 않으면 서운한 전어구이. 이 화로를 잃어버려 속을 끓였는데 얼마 전 고물상에서 우연히 발견했다. 조상의 숨결이 담긴 수백 년 된 화로를 찾아 얼마나 다행인지. 옆에서 종부의 사연을 듣고 있자니 저것을 잃어버리고 얼마나 속타했는지 느껴졌다.

다도 사범 자격까지 갖춘 종부가 다식으로 수시로 내는 양갱과 과편. 후원에 있는 유실수에서 수확한 과일을 이렇게 색도 곱고 모양도 예쁜 음식으로 변신시켰다. 하얀 색에 파란 띠를 두른 이 접시는 종부가 시집올 때 혼수로 해 온 것이다.

사르르 입안에서 녹는 가루차 양갱도 가르쳐주었다. 가루차 1작은술, 한천 10그램, 물 1컵, 설탕 반 컵, 소금 1/3작은술을 준비한다. 한천은 씻은 뒤 물에 불렸다가 물기를 꼭 짠다. 냄비에 물을 붓고 불린 한천과 설탕과 소금을 넣고 설탕이 녹을 때까지 끓인다. 가루차에 1/4컵의 물을 붓고 곱게 풀어놓는다. 한천을 충분히 끓인 후에 불을 끄고 가루차를 섞는다. 더 이상 끓이면 가루차가 탁해지기 때문에 그냥 섞기만 하면 색이 곱다. 여기에 잣이나 삶은 밤을 넣으면 가루차 밤 양갱이 된다. 종부는 여기에 아이디어를 더해 한 가지 색으로만 양갱을 만들지 않고 여러 가지 과일즙과 가루차 양갱, 팥 양갱 등을 만들어 틀에 굳힐 때 약간의 시차를 두고 부어 층층이 고운 색이 나는 여러 가지 맛을 한꺼번에 볼 수 있는 양갱을 만든다. 종부의 요리 아이디어가 돋보이는 대목이다.

5월에 채취한 송화가루와 집에서 키우는 벌꿀을 섞어 송화밀수를 만들고 가을에는 은행과 비자를 따서 강정을 만든다.

가문의 흥망성쇠를 같이한 혼불 같은 불씨

영광 입석마을의 영월 신씨 종가

충격이었다. 당시 대학 졸업반 여대생인 조카에게 이 글을 먼저 읽게 했다. 젊은 세대들의 반응이 궁금해서였다. 머리말을 읽고 난 조카는 "이모! 가가례라는 글뜻이 뭐꼬? 그리고 제사가 뭐하는 건데?" 그 말에 할 말을 잃었다. 2000년 2월 5일 설 차례에 맞춰 어렵게 취재를 한 필자는 신세대 조카의 이러한 반응에 어깨 힘이 쭉빠졌다.

조카에게 긴 설명을 했다. 이모가 쓰고 있는 종가댁 이야기는 사라져가는 우리의 전통 생활문화를 기록으로 남기고자 하는 것이며, 이 글을 통해 우리 민족의 긍지를 조금이나마 찾고자 하는 것이라는 것을….

'종가(宗家)'는 곧 '제사'를 의미하며 제사는 또한 우리 민족의 뿌리이자 정체성이라는 것과 '효'의 연장으로서 이어가고 있다는 것도 이해시켜야 했다.

지난 1995년 말 유네스코가 서울 종로구 훈정동에 있는 종묘를 '세계문화유산'으로 지정해 세계인들의 부러움을 사고 있다는 것도 덧붙여야 했다. '가가례'를 모르는 것은 한문교육을 제대로 받지 않은 세대라는 사실을 감안해서 이해한다 하더라도, 이 땅에 태어난 우리가 수천 년을 하루같이 이어온 '제사'라는 단어 자체를 모른다고 하는 것은 우리의 정체성을 흔들어버리는 심각한 문제가 아닐 수 없었다. 하지만 안타깝게도 이것이 현실이었다.

영월 신씨 종가를 찾아 어두운 새벽길을 나설 때는 진눈깨비로 한 치 앞이 보이지 않았다. 큰눈이 올 거라는 일기예보로 사진 촬영을 걱정했는데 제사를 모실 저녁이 되자 하늘은 시리도록 푸른 쪽빛으로 변했고 별빛은 초롱

500년 동안
꺼뜨리지 않은
종가의 불씨.

초롱 빛났다. 종가의 효자문이 상징하듯 종손의 지극한 효심을 하늘도 아는 듯했다.

가족을 끈끈하게 이어주는 즐거운 제삿날

"제사를 올리는 것은 자손 된 도리를 하는 하늘의 이치인 것인디, 뭐 땀시 남에게 내놓고 보여줄 것이당가. 제사는 가가례인디."

처음 영월 신씨 종손은 제사는 제상에 올려지는 음식의 종류나 지내는 순서가 집집마다 다를 수 있는데, 세상 사람들에게 공개했다가 오히려 조상에게 불효가 될 수도 있다면서 제사 취재를 완강히 거절했다. 그러나 '제사'가 무엇이며 어떤 의미를 갖는지에 대해 점점 잊고 있는 요즈음의 세태를 꼬집으며 간청하자, 지난 1999년 12월 16일 밤 종손의 선친 제사를 취재할 수 있도록 특별히 배려해주었다.

"세상에 이런 집도 있었구나!"

과학 문명이 발달하여 편한 것만 추구하는 이 시대에 종가 가족들이 밤을 지새워 제사를 지내면서 조상이 그리워 눈물까지 흘리는 것을 지켜보면서 카메라 플래시를 터뜨리기가 정말 죄송했다. 500년 유구한 세월 동안 혼불같이 지켜온 불씨도, 불씨를 담았던 화로도 이 가문의 구심점인 제사를 위해 존재하는구나 싶어 숙연해졌다. 돌아가신 부모님의 기일을 정겹게 맞이하는 후손이 있어 이 댁 조상들은 영원히 살아 있는 것 같았다

어쩌면 신세대들은 「전설의 고향」 같은 이야기로 들릴지 모르겠지만 신씨 종가의 생활풍습은 우리가 지키고 계승해야 할 순수하고 자랑스러운 문화유산으로 여겨졌다.

저녁 무렵이 되자 전주에서, 광주에서, 멀리 울산에서까지 가족들이 속속 모여들었다. 종가의 안마당에는 떡시루에서 풍기는 떡 냄새와 부침개의 구수한 기름 냄새로 가득했다. 여자들은 부엌에서 제물 마련에 분주했고, 남자들은 집 안팎을 쓸고 닦았다. 어른께 절로 인사드리는 청바지의 신세대도 있었고, 사랑채에서는 자손들이 삼삼오오로 모여 돌아가신 선친의 행적을 회상하는 담소가 퍽이나 정겨워 보였다. 마치 집안 잔치에 온 것 같았다.

밤 10시, 안채 안방에 잇대어 있는 청사(廳祀, 제사 지내는 대청)에는 병풍을 둘렀고 병풍 앞에는 교의(交椅, 신주를 올려놓는 의자)를 놓았다. 교의 앞으로 제상(祭床, 제수를 진열해놓는 상)이, 제상 앞 가운데는 향탁(香卓, 향로와 향합을 올리는 상)이 놓여졌다. 향탁 옆으로는 술병과 축판(祝板, 축문을 올

려놓는 판자)을, 그 앞으로 모사기(茅沙器, 모래와 띠풀을 담은 그릇)를 놓았다. 퇴주기(退酒器, 술을 버리는 그릇)도 놓이고, 제상 양옆으로 고기적과 생선적을 데워 올릴 500년 된 무쇠 화로도 놓였다.

종부를 비롯한 여자 참례자들은 혹여 먼지라도 들어갈까, 머리카락이라도 빠질까 신경을 쓰며 정성을 다해 제물을 제기에 담았다. 종가의 제기는 독특했다. 제기마다 뚜껑이 있었다. 나무로 만든 제기는 38개였는데, 모두가 옛날부터 써오던 것이었다.

제기 안에 음식이 들어가야 하므로 과일은 껍질을 깎아 먹기 좋게 썰었다. 고기적과 생선적도 뚜껑 있는 제기에 담았다. 국과 밥을 뺀 모든 음식을 미리 담아 제상에 차려두는 것이 그다음의 일이다.

제상을 차릴 때는 엄연히 순서가 있기 마련이다. 먼저 신주 앞으로 첫째 줄에는 술잔과 밥과 국과 수저를 놓는다. 그리고 둘째 줄에는 떡과 생선적과 육적을, 셋째 줄에는 탕과 부침개를, 넷째 줄에는 포와 나물, 식혜 등을 올린다. 다섯째 줄에는 과일을 놓는데 신주의 오른편에서부터 대추, 밤, 배, 감 순으로 놓고 그 옆으로 유밀과를 놓았다. 밥을 지을 쌀은 일일이 손으로 가려 짓고 국과 함께 올리고 뚜껑을 덮어둔다. 신위 앞으로는 생전에 담아 먹었던 반상기에 반찬을 담아 올린다.

그리고 제상 앞으로 새하얀 앙장(仰帳, 제상 앞에 치는 커튼)을 치고 불을 끈다. 그 사이 참례자들은 잠깐 눈을 붙이기도 하고 정담을 나누며 제사를 기다린다.

출주에서 음복까지

다음 날 새벽 4시. 아직도 깜깜한 밤인데 제주와 남자들은 하얀 두루마기, 여자들은 흰 치마저고리를 갈아입었다. 집사자들은 촛대에 불을 밝혔다. 종손의 두 아들 중 작은아들은 등불을 들고 앞장서고, 종손 뒤에는 큰아들이 따르고 참석자 모두 뒤따라 행렬을 이루며 불과 100여 미터 떨어진 동북쪽의 사당으로 신주를 모시러 갔다.

사당은 출입문이 3개였다. 가운데 문으로 종손만 들어갔고 나머지 사람들은 오른편 문으로 들어갔다. 큰아들이 제사를 모실 신주 앞으로 가서 불을 밝히자 종손은 분향하고 꿇어앉아 오늘이 기일임을 알리는 고사(告辭)를 올렸다. “감히 신주를 청사로 모셔가기를 청합니다”라고 말하는 종손의 고사는 마치 살아 있는 사람에게 말하는 듯했다. 신주는 장손이 모시고 종손이 뒤따

▲(왼쪽) 묘소를 찾아 오늘이 기일임을 알리는 인사를 드린다.
▲(오른쪽) 병풍이 쳐지고 교의와 제상, 향탁이 제자리를 찾으면 제상 위에 국과 밥을 뺀 모든 음식을 미리 담아 차려둔다. 제기에 뚜껑을 덮고 제상 앞으로 새하얀 양장을 치고 불을 끈다.
▼(왼쪽) 다음 날 새벽 4시. 사당에 가 오늘이 기일임을 고하고 신주를 모셔 오는데 이를 출주라 한다. 종손의 큰아들인 장손이 신주를 모시고 그 뒤를 종손 이하 참석자가 모두 따른다.
▼(오른쪽) 덮어두었던 제기의 뚜껑을 모두 벗기고 본격적인 제사를 시작한다.

▲ (왼쪽) 장손이 신주의 독문을 연다.
▲ (오른쪽) 초헌 후 안주로 올린 적을 500년 된 화로에 데운다.

▼ 합문. 조용히 식사를 드시라는 뜻에서 문을 닫고 참례자들은 밖으로 나온다. 여자들은 안방에서 굴신례를 한다.

르게 되어 있는데, 이를 출주(出主)라 한다. 이때 신주는 제상이 차려져 있는 대청에 와서 교의에 모신다.

집사(執事, 옆에서 도와주는 사람)들은 덮어두었던 제기 뚜껑을 모두 열었다. 본격적인 제사가 시작된 것이다. 장손은 신주함의 뚜껑을 열었다. 신주에는 아버지와 어머니가 모셔져 있었는데, 두 분을 모신다 하여 이를 합설(合設)이라 한다. 그 반대로 한 분을 모실 경우를 각설(脚設) 또는 단설(單設)이라 한다.

참신(參神, 합동 참배) 종손 이하 참가자 모두 절한다. 남자는 두 번 절하고 여자는 네 번 절한다. 일반적으로 강신분향 다음에 신을 맞이하는 참신을 하지만, 사당이 있는 종가에서는 신주를 모셔오기 때문에 참신을 먼저 한다.

강신분향(降神焚香, 신 모시기) 종손은 꿇어앉고 왼쪽 집사는 향로 뚜껑을 연다. 오른쪽 집사가 향을 종손에게 주면 제주는 가루향을 세 번 향로에 넣는다. 향을 피워 하늘에 계실지 모르는 영혼이 강림하시기를 청하는 예다.

강신뇌주(降神酹酒, 땅에 계시는 백을 모시는 절차) 왼쪽 집사가 신위 앞에 놓여진 술잔을 내리고 오른쪽 집사는 잔에 술을 따라 종손에게 준다. 종손은 술잔을 받아 모래와 띠풀이 담긴 모사(茅沙) 그릇에 세 번 나누어 붓는다. 집사는 잔을 받아 신주 앞에 둔다.

초헌(初獻, 첫 잔 드리기) 종손은 나아가 꿇어앉고 왼쪽 집사가 신주 앞에 놓여진 잔을 내려 술을 따라 종손에게 주면 종손은 잔을 잠깐 들었다가 왼편 집사에게 준다. 집사는 잔을 신주 앞에 놓는다. 집사자는 오른편 화로에 올려진 생선적과 왼편 화로에 올려진 고기적을 제기에 올려 안주로 올린다.

삽시정저(揷匙正箸, 수저 올리기) 양쪽 집사는 숟가락을 메의 중앙에 꽂고 젓가락을 가지런히 고른 뒤 저분은 시접 그릇에 올려놓는다.

독축(讀祝, 축문 읽기) 참석자 모두 꿇어앉고 종손의 숙부(叔父)가 축을 읽는다. 축을 읽은 다음 종손은 곡을 하기 시작한다. 곡은 부모님 제사에만 한다. 생전에 불효했던 일들을 빌고 사모하는 마음으로 종손이 먼저 곡하면 참례자 모두 따라 곡을 한다(일반인들은 믿어지지 않을 정도로 10분이 넘게 눈물을 흘리며 곡을 했다). 종손만 두 번 절한다.

아헌(亞獻, 두 번째 잔 드리기) 주부는 집사가 따라주는 잔을 올리고 양쪽 집사는 적을 화로에 데워 올린다. 주부와 참례한 여자 모두 네 번 절한다.

종헌(終獻, 끝잔 드리기) 참석자 중 연세가 많은 분이 술을 올린다. 화로에 데워진 고기적과 생선적을 집사가 올린다.

첨작(添酌, 술을 권해드림) 집사는 술병을 들고 술잔에 가득히 따른다.

합문(闔門, 문 닫고 기다리기) 신이 안심하고 음식을 드시도록 앙장을 내리고 모두 밖에 나가 5분여 기다린다.

개문(開門, 문 열기) 다시 문을 열고 들어가는 개문의 신호는 축을 읽은 숙부의 헛기침을 시작으로 앙장을 걷고 들어가 종손은 꿇어앉고 집사는 국을 내리고 물을 올리는 순서로 이어간다(영월 신씨의 제사 예법들이 기록된 「홀기」에는 '진다(進茶)'라 했지만 차 대신 물을 올렸다). 메를 물 그릇에 세 번 떠 넣는다. 이때 종손과 참석자 모두 굴신례를 취한다. 그다음 수저를 내리고 메 그릇의 뚜껑을 덮는다.

사신(辭神, 신과의 작별인사) 참석자 모두 절한다. 남자는 두 번 절하고 여자는 네 번 절한다.

납주(納主, 신주 들여 모시기) 신주 문을 닫고 신주를 사당에 다시 모신다. 종손은 두 번 절하고 사당을 나와 신을 대문까지 전송하고 들어온다.

철찬(撤饌) 제상 위의 제수를 내린다.

음복(飮福) 참여한 자손들이 제수를 나누어 먹으며 조상의 음덕을 기린다.

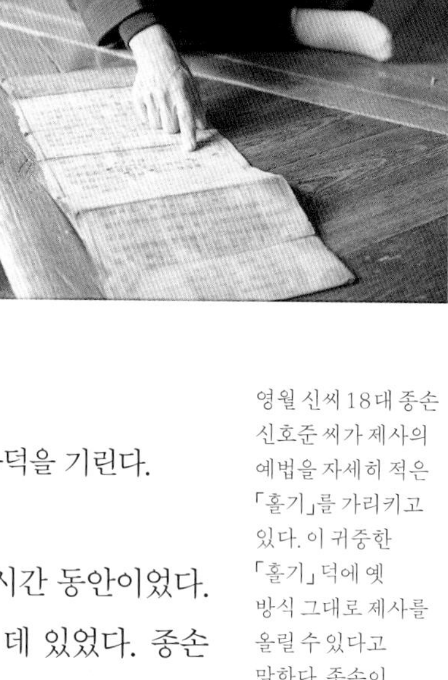

영월 신씨 18대 종손 신호준 씨가 제사의 예법을 자세히 적은 「홀기」를 가리키고 있다. 이 귀중한 「홀기」 덕에 옛 방식 그대로 제사를 올릴 수 있다고 말한다. 종손이 손으로 가리키는 대목은 '진다(進茶)' 순서인데 차 대신 물을 올리고 있다고 한다.

첫닭이 우는 시각에 시작해 여명이 밝아올 때까지 꼭 1시간 동안이었다. 영월 신씨 종가의 제례 특징 중 하나는 축문을 태우지 않는 데 있었다. 종손은 "독축을 했기 때문에 축문은 태우지 않고 후손들에게 참고로 물려준다"고 했다. 모아둔 축문은 한 권의 책이 될 만한 부피였다.

종손은 '제사는 정성'이라는 말을 누누이 했다. 형편이 어려운데 빌려서 차리는 것도 불효요, 넉넉한 집안에서 초라하게 차리는 것도 불효라는 것이다.

제수음식에 곁들이는 상큼한 집장

제상에 필수로 올리는 떡은 세 가지였다. 선친이 좋아하셨다는 쑥 인절미와 팥 껍질을 벗기고 하얀 고물을 만들어 찧은 시루떡, 그 위에 얹는 화전이 그것이다. 떡과 함께 중요한 제수는 적인데 이 댁은 민어, 병어, 조기, 낙지, 상어 등 갖가지 생선을 꼬치에 끼워 기름에 굽지 않고 시루에 쪘다. 돼지고기, 쇠고기, 닭고기 세 가지의 육적은 500년 된 화로에서 구워 올렸다. 호박, 당근, 고구마, 두부 등 다섯 가지 전과 죽순, 고사리, 도라지, 시금치, 무 등 다

◀ 제상에 필수적으로 올리는 떡. 쑥 인절미와 시루떡을 놓고 그 위에 화전을 올렸다.

▶ 떡과 함께 중요한 제수인 적. 민어, 병어, 조기, 낙지 등 갖가지 생선을 꼬치에 끼워 기름에 굽지 않고 시루에 찐다. 제상 양옆으로 무쇠 화로를 두었다가 고기적과 생선적을 데워 올린다.

섯 가지 나물을 올렸다. 닭, 쇠고기, 두부, 명태, 조개 등 다섯 탕에 문어포, 조기포도 올렸다. 그 외에 식혜, 대추, 밤, 배, 김, 은행, 잣, 사과, 밀감, 포도, 참외 등 과일을 올렸으며 산자, 타래과 등의 유밀과도 오른다.

밥상에 반찬인 집장도 올렸는데 집장 만드는 법도 특이했다. 집장은 먼저 메주콩을 불려 물을 넉넉히 부어 삶는다. 가을에 메주 끓일 때 그 물을 쓰면 맛이 특별하다고 하지만 메주를 쑤지 않을 때는 콩을 삶아 콩물을 만든다. 찹쌀을 빻아 가루를 만들어 풀처럼 되직하게 쑨다. 무를 납작하게 깍둑썰어 소금으로 간을 해 잠깐 절인다. 고춧잎도 소금으로 간을 해 절인다. 메줏가루에 찹쌀풀과 콩 삶은 물을 섞어 되직하게 만든 다음 무도 물기를 빼고 넣는다. 고춧잎도 물기를 빼고 넣는다. 고춧가루는 붉은 빛이 돌도록 넣어 고루 섞는다. 소금으로 저어가며 간한 다음 봉해두었다가 4~5일 동안 따뜻한 곳에서 삭히면 새콤달콤한 맛이 난다. 제사 음식을 먹을 때 집장을 곁들이면 상큼한 입맛을 느끼게 한다.

불씨를 꺼뜨리지 않기 위해 수백 년을 종종걸음

영월 신씨가 영광에 정착하게 된 것은 조선조 초기였다. 조선조 제2대 정종(定宗, 재위 1398~1400) 때 광주목사로 부임한 신보안(辛保安)에게는 두 아들이 있었는데 둘째 아들 사구(斯龜)를 당시 영광부윤으로 있던 청주 한씨 집안에 장가보냈다. 그때 그 둘째 아들이 처가의 고향에 자리를 잡게 되었는데 그곳이 바로 지금의 종택이다. 그리고 집터를 잡을 당시 부엌 아궁이에 한씨 부인이 지펴낸 그 불씨가 지금의 종손까지 18대를 이어 꺼뜨리지 않고 보존해

종가에서 가장
귀중하게 받들어
모시는 사당.

오고 있다.

그동안 수많은 변란을 거치면서 생명처럼 지켜온 불씨는 무엇을 의미할까. 이 의문은 종부 안애순(취재 당시 64세) 씨의 이야기에서 자연스레 풀린다.

불씨는 집안의 생명력과도 같은 것이었다. 성냥이나 기름이 없던 시절 불을 꺼뜨려 이웃에 불씨를 얻으러 가는 것은 집안의 수치였다. 해가 진 다음 불씨를 이웃에 나눠 주면 살림이 간다고 하여 누구나 거절하기 일쑤였으니 불씨를 담아두는 화로를 소중하게 다루지 않을 수가 없었다. 하찮은 집안에서도 불씨를 꺼뜨리는 일은 있을 수 없는 일인데 하물며 명문가에서의 불씨는 가문의 흥망성쇠를 뜻하기도 했다. 이처럼 옛 생활양식에서는 불씨 없이는 지탱하기가 어려웠고 그토록 긴요하게 쓰이다 보니 소중하게 다뤄져 대대로 이어진 것이었다.

종부 안씨가 신씨 가문의 소중한 불씨를 접한 것은 시집올 때 시댁에서 보낸 함 속에서였다. 함 속에는 불씨를 상징하는 숯과 곡식이 든 주머니가 들어 있었다. 불씨는 불씨의 역할을 뛰어넘어 가문의 상징성을 담았다. 살림을 불같이 일구라는 무언의 뜻과 함께 불은 자손 번영의 기원도 담겨 있다. "불씨를 잘 간직해야지, 불씨를 꺼뜨리고 남의 집에 빌리러 가는 것은 곡식을 얻으러 가는 것보다 더 수치스럽게 생각해야 한다"며 시집온 새댁에게 불씨 단속을 가훈으로 내린 시어머니의 가르침을 종부는 잘 지켜온 것이다.

후덕한 인심으로 소문난 종가 사랑채에는 손님이 끊일 날이 없다. 수십 차례의 제례 등 큰살림을 꾸려가는 종부는 불씨를 지키는 일에 조금의 소홀함도 없었다.

집안일을 돌보는 사람들의 식사까지 하루에도 여러 차례 불을 지펴야 하는데, 부엌 아궁이에서 활활 타는 불길이 잦아들면 불씨를 찾아 화로로 옮겨 잿더미에 묻어두었다가 꼭두새벽에 일어나 화로에서 밤을 지낸 불씨를 부엌으로 옮겨 다시 불을 지피는 방식으로 불씨를 지켜왔다. 종부는 매끼 불씨를 안고 종종걸음을 쳐야만 했던 시절이 그래도 좋았다며 지난 40여 년 세월을 회상했다.

종부는 선대로부터 한 개의 주 화로와 네 개의 보조 화로를 받았다고 한다. 다섯 개의 화로는 각각의 쓰임새가 다르다. 두 개의 작은 화로는 제사를 모실 때 적을 굽는 용도로 사용된다. 나머지 세 개의 화로는 불씨의 쓰임에 따라 부엌의 불씨를 담아 안방으로, 안방의 불씨는 부엌으로 옮겨다니는 데 사용되는데, 지금은 오랜 세월의 풍상을 이기지 못해 종가에서 소중하게 보관하고 있다고 한다.

500년 동안 신씨 종가를 지켰던 화로의 불씨도 시대의 흐름에 따라 성냥과 라이터 등 불을 피우기 편리한 기구가 등장하고부터는 제자리를 잃었다. 3년 전만 해도 조왕신을 모신 재래식 부엌에서 무쇠솥을 걸고 장작불을 지펴 밥을 짓던 아궁이가 현대식으로 고쳐지면서 가스레인지에 밀려 더 이상 불씨의 쓰임새가 없어지고 만 것이다. 집안일을 도왔던 사람들도 직장을 찾아 도시로 떠났다. 불씨를 간수하던 종부가 건강이 좋지 않아 재래식 부엌에 더 이상 드나들 수 없게 되자 신씨는 몇 번의 망설임 끝에 3년 전 편리한 현대식 부엌으로 개조했다. 500년 동안 신씨 가문의 상징으로 또 긍지로 지켜져왔던 불씨의 전통도 문명의 이기 앞에서는 더 이상 버티지 못한 것이다.

효자 교지가
편액으로 걸려 있는
3칸짜리 솟을대문.

예사롭지 않은 명문가임을 보여주는 솟을대문

신씨 종가의 3칸짜리 솟을대문은 예사롭지 않은 명문가임을 보여준다. 솟을대문 위에는 부모님의 변을 맛보면서까지 건강을 챙겼던 선조의 효심이 나라에 알려져 효자 교지가 내려졌고 그 교지는 편액으로 종가의 대문 위에 걸렸다. 대문 기둥에 걸어둔 주련의 글씨는 종가가 이곳에 살게 된 내력을 알게 해준다. 대문을 들어서면 사랑채가 나오고 사랑채 넓은 정원에는 갖가지 정원수가 종손의 손길로 잘 정리돼 있다.

사랑채 처마 밑 축담에는 돌확을 놓아 손을 씻거나 세수를 하도록 만들어 사랑방 손님은 안채 출입을 못하도록 했다. 사랑채를 지나면 넓은 마당의 안채가 나온다. 사랑채보다 오래된 안채에는 종부가 살림을 관장할 수 있도록 안방과 기제사를 모시는 청사(廳祀)와 마루, 부엌을 연결해놓았다. 안채의 위쪽인 동북 방향에는 종가에서 가장 귀중하게 받들어 모시는 사당 등 3100여 년이 넘은 11채의 소담한 고옥이 2500평의 집터에 자리해 있다. 말을 세워두었던 하마(下馬) 자리에는 주차장이 들어서 세월의 변화를 느끼게 했다.

사랑채 앞마당에는 조경학자가 연구 자료로 쓸 만큼 전통적 양식을 그대로 표방한 정원이 있다. 하늘, 땅, 사람을 상징하는 원(圓), 방(方), 각(角)으로 꾸며진 정원에는 선대가 터를 잡으면서 심어둔 동백나무가 나이를 잊은 듯 푸른 잎새와 설한풍에도 붉은 꽃을 피우고 있었다.

이 집의 동백꽃은 신기하게도 사철 내내 꽃을 피운다. 그래서 신씨 가문의 절개를 상징하는 꽃이 됐다. 수많은 제례에서 강신(降神, 신을 부르는 의식)을 할 때 사용할 향을 마련하기 위해 선대가 심어두었다는 늙은 향나무도 세월의 풍상을 이겨낸 채 서 있었다. 과연 제례에 근본을 둔 종가다웠다. 종가는 1989년에 영광군의 문화유적 민속자료 제26호로 지정되었다.

일 년에 40여 차례나 되는 많은 제사를 모시는 종손은 제사 예법에 조예가 깊었다. 제례를 모실 때 일반인들이 혼란스러워하는 몇 가지를 지적해주었다.

요즘은 제사를 조상이 살아 계셨던 날에 모시는 예가 많다. 조상이 돌아가신 날 첫닭이 울기 전에 지내는 옛 풍습을 따르지 못하고 직장 때문에 시간을 당겨 모시다 보니 조상이 살아 있는 입제(入祭)날 모시게 되는 것이다. 조선시대의 여러 의례서에도 조상이 돌아간 날 해가 진 후 지내는 것으로 기록하고 있다. 새벽에 지낼 형편이 되지 못하면 돌아가신 날 저녁 해가 지고 난 뒤 모셔야 한다고 지적한 것이다.

▲ 사랑채 앞마당의 정원, 하늘, 땅, 사람을 상징하는 원, 방, 각으로 꾸며져 조경학자가 연구 자료로 쓸 만큼 전통적인 양식으로 꾸며져 있다.

▼ 사계절 꽃피는 종가의 동백. 설한풍이나 무더운 여름에도 꽃을 피워 영월 신씨의 절개를 상징하는 꽃이 됐다.

또 신위를 제상에 올리는 것은 불효라 했다. 보통 사당이 있는 종가에서는 사당에 모셔진 신주를 교의(交椅)에 모시지만, 사당이 없는 집은 임시로 만든 신위를 병풍에 붙이거나 신위함을 제상에 올리는 경우가 있는데, 이는 조상으로 하여금 제상에 앉아 음식을 들게 하는 것을 의미하므로 불경이라 했다. 교의가 없을 때는 제상보다 조금 높게 책이나 작은 상 위에 신위를 모시는 것이 조상을 바로 모시는 일이라는 지적이었다.

또 술잔을 향 위에서 세 번 돌리는 것은 의미가 없는 일이라고 했다. 향로(香爐)에 재를 담고 숯불을 묻어두었다가 가루향이나 목향을 태워 하늘에 계실지 모를 조상의 혼을 모시고자 함이지 술잔을 돌리기 위해 향을 피우지 않는다고 했다. 유교에서는 사람이 죽으면 몸은 땅에 묻어 백(魄)이 되고 혼(魂)은 하늘에 있다고 생각해 제례를 모실 때 분향강신(焚香降神)하는 것이라 했다.

주부가 숟가락을 메 위에 꽂고 젓가락을 가지런히 골라 시접 위에 올리는 것을 삽시정저(揷匙正箸)라 한다. 이때 젓가락을 뚝, 뚝, 뚝 소리 내어 올리는 것도 수선스러운 일이라 했다. 젓가락을 소리나지 않게 나란히 정리해 시접 위에 올리되 손잡이가 신위의 오른쪽으로 향하도록 놓아야 바른 예법이라 했다.

3부

장구한 세월에 드리운 전통의 숨결

일선 김씨 문충공 김종직 종가

경주 이씨 익재공파 청하공 종가

은진 송씨 우암 송시열 종가

전주 이씨 광평대군 종가

의성 김씨 심산 김창숙 종가

의령 남씨 충장공 남이흥 종가

의성 김씨 지촌 김방걸 종가

장흥 고씨 제봉 고경명 종가

보성 선씨 영흥공 종가

경주 이씨 국당파 초려 이유태 종가

배움이 넉넉하면 목민군이 된다

일선 김씨 문충공 김종직 종가

뒤로는 화개산 앞으로는 접무봉을 바라보아 마치 한 송이 꽃심에 들어앉은 듯한 종가.

531년 전 처음으로 관영 차밭을 만들어 백성들의 차세금을 탕감해준 성리학자 점필재 김종직(佔畢齋 金宗直, 1431~1492) 선생이 차밭을 조성한 뒤 읊조렸던 차시(茶詩)다.

> 성군의 수를 위해 좋은 차 바치려 하나.
> 신라 때 종자를 오랫동안 찾지 못해
> 두류산 기슭에서 지금 만약 딴다면
> 우리 백성 조금이라도 즐겁고 편하리라.
> 대숲 밖 언덕 위의 거친 들판
> 자영 오자(紫英 烏觜, 찻잎의 다른 이름)가 얼마나 귀여운가.
> 백성들의 염원을 이룰 수만 있다면
> 곡식 농사 얽매일 필요가 있겠는가.

차의 달 5월에 경남 고령군 쌍림면 가곡마을에 있는 점필재 선생의 종가를 찾았다. 마침 종가에는 조상의 인품이 그대로 느껴지는 17대 종손 김병식(취재 당시 70세) 씨와 다시 태어나도 종부가 되겠다는 김태문(취재 당시 72세) 씨가 집 뒤뜰의 연둣빛 새싹을 틔운 어린 차나무를 보살피고 있었다.

자연이 연출한 자리치고는 절묘했다. 안채 대청에 앉으면 바라보이는 앞산이 나비가 춤추는 모양이라 해서 접무봉(蝶舞峰)이라 한다. 지조와 청백의 상징인 대숲이 우거진 집 뒤의 산은 화개산(花開山)으로, 한 송이 꽃심에 종가가 앉아 있는 형국이다. 종가를 여러 곳 다니다 보면 풍수지리에는 전혀 문외한이 보아도 놀라고 감탄할 자리에 종가가 자리를 잡고 있다. 이런 곳에 삶의 둥지를 튼 사람들이 어찌 나쁜 마음을 가질 수 있으며, 어찌 욕심과 탐

욕이 생기겠는가!

차나무를 키워 제사에 차를 올리다

그러기에 종가를 찾으면 제일 먼저 생각나는 게 차 한잔이다. 나이테를 그대로 드러내는 사랑채 툇마루에 걸터앉은 채 앞산의 풍광을 조망하며 마시는 차맛도 좋을 것이고, 수백 년 걸레질로 반들거리는 안채 마루에 정좌해 앉아 바라지창으로 들어오는 후원의 바람을 즐기면서 마시는 여름차 한잔도 행복할 것이다. 길들여진 노란 기름장판의 온돌방에서 따뜻한 한잔의 겨울차는 심신을 무르녹여 줄 것이다.

경북 도교육위원을 지낸 종손이 이런 나의 속내를 알아차린 듯 차 이야

함양다원 기념비를 둘러보며 조상의 뜻을 기리는 종손 김병식 씨.

기를 꺼낸다.

"일찍이 아버지가 세상을 하세하시는 바람에 열여섯에 종가 살림을 맡았어요. 그러니 무슨 경황으로 차를 즐길 여유가 있었겠어요. 4년 전 할아버지가 만들었다는 관영 차밭에 기념비를 세우면서 차에 관심을 갖게 되었어요. 그때부터 해마다 차나무 묘목을 구해다 텃밭에 심어 정성을 기울여 보지만, 겨울을 넘기지 못합니다. 올 겨울에는 비닐하우스를 만들어서라도 차나무를 살려볼 요량입니다. 2~3년 뒤에 오세요. 그때 내 손으로 만든 차 한잔을 대접할 테니."

그렇다면 혹시 제사상에는 차를 올리는지 물었다.

"윗대로부터 전해오는 제사 지내는 순서를 적은 「홀기」에는 국을 내리고 차를 올려야 한다는 철갱봉다(撤羹奉茶)가 기록되어 있어요. 하지만 제 기억으로는 선대께서도 차 대신 숭늉을 올린 것 같아요. 할아버지 문집을 연구하면서 관영 차밭을 만드셨다는 사실을 알았지만 제 손으로 차나무를 키우지 않으니 올릴 수가 없었어요. 남의 손으로 만들어진 차는 올리고 싶지 않아요. 정성껏 물 주어 내 손으로 키운 차나무로 차를 만들게 되면 설, 추석은 물론 불천지위 제사 때도 꼭 올릴 것입니다."

180센티미터는 되어 보이는 장대한 키에 경상도 특유의 무뚝뚝한 말투지만, 푸근하고 편안한 느낌이 들도록 대화를 풀어가는 멋쟁이 종손이었다. 아마도 종가를 찾는 수많은 사람들을 접하면서 내방객이 무엇을 알고 싶어하는지를 헤아리고 배려한 데서 비롯된 것이리라 생각되었다.

생명의 탄생을 축복하는 금줄

"장한 우리 며느리 자랑 좀 해야겠어요. 딸 셋을 낳고 나이 마흔이 넘어 지난밤에 손주를 낳았어요. 우리 며느리 효성이 참으로 지극해요. 요즘은 아이 둘 낳기도 싫어하는데…. 종부로서의 의무를 위해 얼마나 애를 썼겠습니까. 모두가 조상의 은공이지요."

아들 김진규(취재 당시 43세) 씨의 직장 때문에 서울에 살고 있는 며느리 김향기(취재 당시 42세) 씨의 득남에 종부는 얼굴에 화색을 띠며 금줄을 안채 대문에 높이 걸고 있었다. 80여 가구가 일선 김씨의 집성촌으로 이 마을 구심점인 종가의 경사를 문중에 알리려고 금줄을 치는 것이다. 금줄을 만드는

종가의 경사를
알리는
금줄이 안채 대문에
걸려 있다.

새끼줄의 짚은 쌀을 열매 맺게 하는 줄기이므로 힘이 있다는 의미로 사용되었고, 새끼줄 사이에 끼운 고추는 아들임을 나타냈다. 그리고 숯은 잡귀가 가장 무서워하는 불을 상징한 것이라 한다. 그 가운데 무명 타래실을 걸어두었는데 이는 아기의 수명장수를 비는 뜻을 담고 있다. 한 생명의 탄생을 이처럼 의미 있게 축복하는 나라가 세계 어디에 있을까?

다시 태어나도 종부가 되겠다

55년 전 열일곱 꽃다운 신부는 열다섯 어린 신랑과 혼인을 했다. 신부는 성균관 문묘에 조선시대의 인물로는 첫 자리에 배향되어 있는 한훤당 김굉필 집안의 따님이다. 그 한훤당의 스승이 바로 점필재였으니, 두 가문의 혼인은 500년을 이어온 사제간의 지중한 인연이었다. 그때 시댁에서 보내온 혼서지(婚書紙)와 두 쪽을 내어 거기다 오랫동안 해로하라는 의미로 누에고치를 감은 뽕나무 가지, 또 촘촘히 박힌 좁쌀처럼 재물이 융성하기를 기원하는 좁쌀대와 아들을 낳으라는 의미로 붉은 고추를 넣은 함을 종부는 보석보다 더 귀하게 간직하고 있었다.

"이 혼서지를 저승 갈 때 관에 넣어 가야 남편을 다시 만난답니다. 다시 태어나도 이 댁의 종부가 되어 종부 노릇을 더 잘해보고 싶어요."

종가의 장손이라는 이유 하나로 시집오겠다는 여자가 없어 노총각으로 늙어가는 이 시대에 종부의 말은 놀랍기까지 했다. 종가를 찾는 수많은 손님들, 일 년에 수십 번의 제사 등 말만 들어도 고개가 저어지는 종부생활을 다시 하고 싶다는 저 힘은 어디에서 나올까? 육신의 고달픔보다 훌륭한 조상의 후예로서 품위 있게 살겠다는 자긍심에서 비롯된 것임을 느낄 수 있었다. 그 정신이 바로 한국인의 선비정신이 아닐까? 그래서인지 세 따님들 모두 종갓집 며느리로 출가시켰다고 한다.

다시 태어나도 종부가 되겠다는 김태문 할머니.

토굴을 파고 종가의 유물들을 지켜오다

훌륭한 조상의 후예라는 자긍심은 여러 환란 속에서도 조상이 물려주신 유물들을 소중히 지켜냈다. 한국전쟁 때는 집 뒤 대나무숲에 토굴을 파 큰 독을 묻고 거기에 사당의 신주와 유물들을 묻어 지켰다. 선생의 향취가 느껴지는 친필 『당후일기(堂后日記)』는 500년이 넘은 일기책으로는 믿어지지 않을 정도로 깨끗했다. 성종 임금이 하사한 유리 주병과 매화옥벼루, 상아홀, 일기 등은 연대가 깊어 보물로 지정하기 위해 심사에 들어갔다고 한다.

이 밖에도 선생의 깊은 학문을 짐작할 수 있는 높이 20센티미터, 너비 5밀리미터의 대나무 조각에 사서삼경(四書三經)을 빼곡히 적은 구경(九經) 전통과 갓끈 등도 흔히 볼 수 없는 귀한 자료였다. 또 나라에서 내린 50여 통의 교지(敎旨)도 있었다.

"점필재 할아버지께서 화를 당하신 뒤 일가가 적몰당했는데, 정부인 문씨 할머니는 운봉현에 유배되고 아들 숭년(嵩年)이 열세 살 어린 나이 덕에 다행히 화를 면하고 합천군에 안치되었답니다. 그 할아버지의 아드님이 고령으로 장가들면서 이 자리에 터를 잡아 살게 된 것이 350년이 넘었습니다."

성종 임금이 하사한 유리 주병.

안채 8칸, 사랑채 5칸, 중사랑 3칸, 광 4칸, 대문간채와 사당채 등이 종가를 이루고 있다. 몇 차례 보수하기는 했지만 한국전쟁의 폭격도 비켜 간 건물들은 옛 모습을 그대로 지니고 있었다.

대나무 조각에 사서삼경을 빼곡히 적은 구경 전통.

◀ 나라에서 임금이 내린 50여 통의 교지들.

▶ (위) 성종 임금이 하사한 매화옥벼루와 상아홀.

▶ (아래) 점필재 선생이 친필로 기록한『당후일기』.

알뜰한 종부의 내림솜씨 모시·송기송편

딸들과 나들이 간 백화점에서도, 종손과 함께 간 여행지에서도 종부의 관심사는 손님의 주안상에 올릴 안줏거리다.

이날도 제사 때마다 오르는 대구·오징어·명태 포에 물을 살짝 뿜어 부드럽게 기계로 눌러왔다면서 집에서 담근 대추술과 함께 내놓았다. 이른 봄에는 가죽나물을 뜯어 찹쌀풀에 고춧가루와 소금을 넣어 부각을 만들어 안주로 낸다.

여자들 간식으로는 집 뒤에 있는 소나무에서 떨어지는 송화를 모아 꿀을 넣어 반죽해 무늬 고운 다식판에 찍어낸다. 철마다 옷감의 재료인 모시잎을 살짝 삶아 찹쌀과 멥쌀을 섞은 쌀과 함께 가루를 내서 반죽해 밤소를 넣고 참기름으로 버무린 뒤, 시루에 쪄내 별미로 내놓는다. 집 뒤 지천으로 있는 소나무 가지에 물이 오르면 속껍질을 벗겨 말린 후 부드럽게 삶아 다진다. 다진 솔껍질을 찹쌀과 멥쌀가루를 섞어 반죽하여 소를 넣어 송편을 빚는다. 이 송기송편을 먹으면 가슴 가득 솔 향기가 머문다.

손이 많이 가는 이런 음식을 아직도 새색시가 설레는 마음으로 배우는 음식같이 즐겁게 만들어 종가를 찾는 손님상에 올린다. 이날도 대추씨를 뺀 다음 설탕에 졸여낸 대추며 물엿에 곶감을 졸여낸 곶감정과 등 미리 장만해 둔 종부의 솜씨가 한 상 가득 차려졌다.

정성이 아니고서는
만들지 못하는
송화다식, 대추초,
인삼정과, 가죽부각,
김부각.

"제 집을 찾는 분들을 그냥 보낼 수는 없지요. 무어라도 먹여서 보내야 제 마음이 흡족해요. 내일도 손님이 서른 명쯤 온다기에 팥떡을 하려고 준비해두었어요."

안채 마당 한편에 큰 무쇠솥이 세 개나 걸려 있었다. 그 솥의 온기가 식는 날이 많지 않다는 종가는 아직도 대갓집의 향취가 남아 있는 듯했다. 칠순이 넘은 나이로는 보이지 않는 밝고 따뜻한 종부의 표정에서 전통의 한국 여인상을 느낄 수 있었다.

생전에 백성들이 사당을 세울 만큼 존경을 받다

본관은 일선이며 호가 점필재인 김종직 선생은 조선 초기의 문신이며 대학자로 영남학파의 종조(宗祖)였다. 선생은 세종 13년 6월에 부친 강호 김숙자(江湖 金淑滋)와 모친 밀양 박씨의 5남으로 경남 밀양에서 출생했다. 고려 말의 대유학자 야은 길재에게서 유학을 배운 아버지의 학문을 이어받아 영남 땅에 굵은 유학의 맥 하나를 이루어놓았다.

그의 학풍은 뒷날에 크게 두 갈래로 나뉘어 이어지게 되었는데, 퇴계 이황에게 물려져 안동에 있는 도산서원을 중심으로 하여 경상 좌도로 한 갈래

김종직 선생
불천위가 모셔진
종가의 사당.

가 뻗어갔고, 남명 조식에게 물려져 지리산 기슭인 산청군 시천면에 있는 산천재를 핵으로 한 경상 우도에 또 한 갈래가 흘러가 영남 선비정신의 근원이 되었다. 그 밖에도 선생의 문하에서는 김굉필, 정일두, 조광조 같은 꿋꿋한 선비들이 많이 나왔다.

학풍뿐만 아니라 선생은 민본정치를 제일로 삼아 함양군수로 재임할 때는 백성들의 차세(茶稅)를 감면키 위해 관영 차밭을 조성하기도 하고, 짚으로 잇고 있던 함양성 누각을 기와로 바꿔 백성들의 부역을 덜어주기도 했다. 군민들은 그 고마움에 선생의 생전에 생사당(生祀堂)을 세웠다. 59세 때까지 형조판서 지중추부사 등을 역임하고 고향인 밀양으로 귀향하니 왕이 쌀 70석과 노비와 전답을 하사했다. 관직에 있을 때는 『동국여지승람』 55권을 증수하는 데 총재관 역할도 했으며 『점필재집』, 『당후일기』, 『두류산기행』 같은 빼어난 저서를 여럿 남기고 62세의 일기로 세상을 떴다. 시호는 문충공(文忠公)이다.

그러나 높은 벼슬과 깊은 학문에도 불구하고 훈구파들의 대립으로 순탄한 일생을 보내지 못했다. 선생은 생전에 『조의제문(弔義帝文)』을 지은 바 있었는데, 제자 김일손이 사관으로 있으면서 사초에 넣은 것이 화근이 되어 일어난 무오사화(戊午士禍) 때는 무덤을 파헤쳐 시신의 목을 베는 형별인 부관참시를 당하기도 했다. 그 일로 많은 문집이 불탔고 선생의 문도 33명도 모두

함양다원 기념비 앞에 점필재 선생께 햇차 한 잔을 올렸다.

참화를 입기도 했다. 밀양군 부북면에는 선생의 위패를 모신 예림서원이 있고 선산의 금호서원 등 여러 서원에는 선생의 학문과 치덕을 흠모하는 후인들이 해마다 제향을 모시고 있다.

백성들이 사 온 쌀 한 말과 차 한 홉

마흔한 살 때 늙으신 어머니를 모시기 위해 사직서를 내자, 선생을 무척 아꼈던 성종은 고향인 밀양과 가까운 함양군수로 발령을 내려 관직에 머물게 했다. 함양군수로 부임한 점필재 선생은 먼저 백성들의 세금을 살펴보던 중, 차 한 잎 나지 않는 이곳에 차세가 가중하게 매겨져 군민들이 크게 고통을 받고 있는 것을 알았다.

그때부터 군민들의 차세를 덜어주기 위해 차나무가 자라는 곳을 백방으로 물어 지리산 계곡에 있는 엄천사(嚴川寺) 북쪽 대나무밭에서 차나무를 발견하고 대규모 차밭인 함양다원(咸陽茶園)을 만들었다. 함양다원을 만들게 된 경위는 『점필재집』「다원이수병서」에 잘 나타나 있다.

> 상공(上供)하는 차가 본군에서는 나지도 않는데 해마다 백성들에게 부과하여 백성들은 값을 가지고 전라도에 가서 쌀 한 말(率米一斗)과 차 한 홉(得茶一合)의 비율로 사 온다. 내가 처음 이 고을에 부임해 와서 그 폐단을 알고는 백성들을 몰아치지 않고 관에서 구해 상납하였다. 내 일찍이 삼국사를 읽다가 신라 때 당나라에서 차 종자를 얻어다가 지리산에 심게 했다는 기록을 보았는데, 이 고을이 그 아래 있으니 어찌 신라 때의 것이 남아 있지 않으랴 생각하고 나이 많은 이를 만날 때마다 물어보았다. 그리하여 과연 엄천사 북쪽 대나무 숲속에서 차나무 몇 그루를 얻었다. 나는 몹시 기뻐서 곧 그곳에다 다원을 설치하고 근방에 있는 백성들의 밭을 사서 관전으로 보상해주었다.

백성을 사랑하는 선생의 마음으로 조성된 다원은 몇 해 안 가 차나무가 잘 번식하여 다원 안에 가득 찼다. 그리고 4~5년이 지나자 넉넉히 상공할 수량을 충당할 수 있었다.

선생이 조성한 함양다원은 지금처럼 농민들이 기호 음료로 마시기 위해 만든 것이 아니라, 차 세금에 시달리는 민폐를 덜어주기 위해 관에서 직접 차밭을 조성했다는 점이 주목할 만하다. 그 차밭은 함양군 휴천면 대천리 절골 마을에 있었으며 지난 1985년 한 기자가 그 차밭을 찾아냈다. 함양다원은 종가에서 차로 한 시간 거리에 있었다.

함양 입체교차로에서 16킬로미터 지점에 있는 신라 때 지어졌다는 엄천사는 250여 년 전에 폐사되고 주춧돌만 여기저기 흩어져 있었다. 엄천사 주변에 심었다는 차나무는 한 그루도 찾을 수 없고 절터로 보이는 곳에는 뾰족 지붕의 교회와 진양 강씨들의 재실이 들어서 있었다. 그리고 그 절터 건너편에는 1998년 함양군에서 관영 다원이 있었던 자리를 기념하기 위해 높이 3미터의 기념비를 세워두었다. 그 비석 둘레 100여 평에 200여 그루의 차나무가 자라고 있었다.

군자가 배움이 넉넉하면 벼슬에 나가 목민군이 된다는 유가사상을 실천한 선생의 그 흔적 앞에 햇차 한잔을 올리고 돌아왔다.

빛나는 문장으로 고려의 이름을 지켜낸 명가

경주 이씨 익재공파 청하공 종가

익재 선생 영정의 모사본. 700여 년 전에 그려진 원본은 보물로 지정되어 있다.

온 국민을 붉은 열기와 기쁨의 함성으로 몰아넣었던 2002 한일월드컵. 이때만큼 '코리아'라는 이름이 어른·아이 할 것 없이 온 나라 사람들에게 정겹게 불린 적도 없을 듯하다.

코리아의 유래가 된 '고려'라는 이름이 지금으로부터 650년 전에 자칫 없어질 뻔했다는 사실을 아는 이는 드물다. 그리고 그 이름이 한 학자가 죽음을 무릅쓰고 걸출한 문장력으로 글을 쓴 데 힘입어 지켜졌다는 사실 역시 역사의 뒷자락에 살짝 숨겨져 있다. 그 학자가 바로 '조선 3000년에 제일의 문장가'라는 칭송을 받는 고려 말의 학자이자 정치가였던 익재 이제현(益齋 李齊賢, 1287~1367) 선생이다.

55년간의 공직생활에서 지금의 국무총리 격인 재상을 네 번이나 역임했으며 일곱 임금을 보필했던 선생의 종가를 찾았다.

선생의 유택은 북녘땅이 된 황해도 공민왕의 묘정에 배향되어 있어 찾아볼 수가 없다. 그래서 익재 선생의 영정이 모셔져 있는 경주시 안강읍에 자리 잡은 종가를 찾았다. 관향인 이곳의 종가에서는 선생의 9세손 청와 이경한(淸窩 李景漢) 공의 불천지위를 모시고 있다. 익재의 22세손이자 청하공 13세 종손인 이상천(취재 당시 67세) 씨와 종부 류효순(취재 당시 64세) 씨가 서원과 종가를 돌보며 한 치의 오차 없이 전통제례를 잇고 있었다.

종가가 자리한 안강 뜰은 10년 전만 해도 곡창 지대로 유명했지만, 지금은 전통과 현대가 뚜렷이 대비되는 마을로 바뀌었다. 강동과 강북으로 가르는 국도가 놓여지면서부터다. 강동쪽은 그린벨트가 풀려 아파트가 높이 솟아

도시와 다를 바 없지만, 강북쪽은 아직도 넓은 평야와 먹기와지붕의 한옥들이 즐비하다.

두 임금을 섬길 수 없다며 경주로 낙향

경주 이씨 익재공파가 경주에 뿌리내린 것은 익재 선생의 고손자 이지대(李之帶) 선생 때부터다. 지금의 서울시장 같은 한성부판윤이란 벼슬을 했으나, 세조가 왕위를 찬탈하기 위해 단종을 폐하자 두 임금을 섬길 수 없다며 벼슬을 버리고 경주시 소정마을로 낙향한 것이다. 막냇손자인 이형림(李亨林)이 멀지 않은 이곳으로 분가하면서 터 잡은 이래로 400년이 넘게 집성촌을 이루며 살고 있다.

종가가 긍지로 내세우는 청하공은 이형림의 증손이다. 무과에 급제해 선조 때 이괄의 난을 평정한 공으로 나라에서 영원히 제사 지내며 기리도록 불천위 교지를 내린 인물이다. 그 후손도 줄지어 크고 작은 벼슬을 해 근동에서는 알아주는 집성촌으로, 한때는 150여 호가 넘게 살았다고 한다. 하지만 아쉽게도 지금은 환갑 맞은 노인이 이 마을 최연소자일 정도로 젊은 사람들을 구경조차 할 수 없는 실버타운이 되었다.

400여 년 동안 이 마을의 구심점으로 우뚝했던 종가의 옛집은 20년 전 농지 정리로 허물어지고, 간신히 뼈대만 추려서 가까운 이곳에 정침, 사랑채,

종가의 불천위 사당에서 익재 선생의 목판본을 보여주는 종손 이상천 씨.

동·서채로 옛집의 형식만 갖춘 채 소박하게 지었다. 하지만 불천위 위패를 모신 사당채만은 옛 모습 그대로 옮겨놓아 유서 깊은 명문가의 품위를 지키고 있다.

종가에서 만난 종손 이씨는 장대한 키에 소탈하고 시원한 인상으로 친근하게 손님을 맞이해주었다. 공직에 있다가 퇴직했지만 종가 일이 직장생활만큼 바쁘다고 한다. 안동 하회 류씨 집안에서 시집온 종부와는 스물세 살에 혼인해 4남매를 두었다.

한 치의 오차도 없이 제사를 지내다

종가에서 4킬로미터 떨어진 곳에는 월성 손씨와 여강 이씨의 집성촌인 양동마을이 있다. 이렇게 조선시대 세도가들이 모여 사는 마을이라, 가문마다 조상의 관행을 엄하게 지켜 내리는 가법이 있다. 가법이란 대체로 관혼상제의 의례에 준하게 되는데, 그 의례를 한 치의 오차도 없이 지켜내리는 집이 아직도 이곳에서는 제대로 된 양반 후손으로 대접받는다. 그래서 유교문화의 본산지라는 안동보다 더 고집이 센 전통을 지키고 있다는 소리도 듣는다. 이런 이유로 이 지역의 가가례(家家禮)가 구체적으로 어떻게 다른지가 가장 궁금했다.

종손은 아직도 600년 전통이 고스란히 지켜지고 있는 것은 제사와 상 라했다. 특히 불천위 제사를 모시는 몇 안 되는 문중들의 자긍심은 아주 대단해 털끝만큼만 틀려도 아무개 문중은 가문의 법통을 깬다는 비난을 받는다고 한다. 그러기에 제사 시간도 한밤중인 자시(子時)를 어김없이 지켜야 하고, 제물의 가짓수는 물론이고 놓는 위치며 제물의 높이까지 조금도 오차가 있어서도 안 된다.

종손이 익재 선생의 영정 앞에 차 한 잔을 올리고 있다.

"우리 집은 제수 진설 때 마른 술안주인 포(脯)를 신주로부터 넷째 줄 오른편에 올리는데, 다른 문중은 포를 왼편에 놓아 차별을 둡니다. 또 세 잔의 술을 올린 다음 조상이 편히 식사를 하라는 뜻으로 합문(闔門)을 하는 과정에서도 우리 집은 제관들이 서서 읍을 합니다. 이는 청하공 할아버지가 무관 벼슬을 했기 때문에 칼을 바닥에 놓지 않는다는 것이 그 이유가 되어 전해오는 가풍입니다. 그런데 문관 벼슬을 했던 다른 문중은 합문 때 머리를 숙이고 꿇어앉아 있지요. 이런 작은 행동 하나에도 가문의 특성이 나타나고 있습니다."

불천위 제사와 4대 봉제사 때마다 멀리서 찾아오는 친척들을 위해 제사 시간을 저녁시간으로 옮겨볼까도 생각했지만 아직은 어림없는 일이라 했다.

"무엇보다 구강서원에서 모시는 봄·가을 제향 때는 잠자리가 편치 않은 서원에서 재계(齋戒)하는 마음으로 하룻밤을 자야 합니다. 그뿐 아니라 유건(儒巾)과 도포(道袍)를 갖추지 않으면 참석할 수가 없어요. 이는 주변에 있는 여러 서원에서도 마찬가지입니다. 우리는 하룻밤 자는 것으로 간소화한 편인데 다른 서원에서는 반드시 이틀 밤을 자야 한다는 곳도 있습니다. 특히 여자들의 참석은 어림없는 일이며 제향을 모시기 전에는 함부로 사당 문을 열어서는 안 된다는 원칙들이 있어요."

종손은 남녀가 평등한 지금 시대에 여자라 해서 제사에 참여시키지 않는 것은 시대를 거스르는 일이라 했다. 또 찾아오는 후손들은 모두 그 할아버지의 핏줄인데 양복이라도 단정하기만 하면 참배를 시키는 것이 옳지 않겠느냐고 했다. 무엇보다 종손 시대에서 아름다운 우리 전통을 편리하게 다듬어서 다음 세대에 물려주어야 할 텐데 500년 전의 예법을 곧이곧대로 지키려고만 하니 답답하다고 했다.

고려시대 영당이 구강서원으로

종가에서 2킬로미터 떨어진 곳에 익재 선생의 영정과 위패가 모셔진 구강서원이 자리 잡고 있다. 서원 뒤쪽으로는 어래산(漁來山)을 등지고 늙은 소나무가 둘러서 있다. 고기가 내려오는 산이라면 거북이도 살지 않겠느냐는 뜻으로 서원 이름을 구강(龜岡)으로 지었을 것이다. 예전에는 서원 앞에 거북이가 살 수 있는 연못이 있었는데, 일제강점기 때 논으로 메워버렸다고 한다. 서원 앞에는 나이를 알 길 없는 늙은 향나무 한 그루와 버드나무 한 그루가 서 있는 것도 다른 서원에서는 볼 수 없는 일이다.

종손은 서원 앞에 다시 연못을 파고 익재 선생의 신도비를 세울 계획도 세워놓고 있다. 이 서원은 고려 공민왕 때 익재 선생의 영정을 모셨던 영당

익재 선생의 높은
학문을 따르고자
영남의 선비들이
세운 구강서원.

(影堂) 자리였다고 한다. 1686년 숙종 12년에 선생의 높은 학문을 따르고자 했던 영남의 선비들이 영당 자리에 서원을 세웠다. 그때의 것으로 보이는 영당의 현판이 귀하게 보관되어 있어 이를 입증하고 있다.

서원은 대원군의 철폐령으로 훼철되었다가 1904년 지방 유림에 의해 복원되었는데, 강당을 중심으로 동재, 서재 등과 내·외삼문을 이어주는 토담이 아름다웠다.

영정과 위패를 모신 사당 문시사(文示祀)에는 제기를 보관하는 고사와 익재 선생의 목판본을 보관하는 경각이 있다. 서원은 지방문화재로 지정되어 있으며 해마다 음력 2월과 8월에 경주 유림에서 제향을 모시고 있다. 익재 선생의 영정과 위패는 이곳뿐 아니라 전국 13개 서원과 영당에 배향되어 추앙받고 있다.

그 나라는 그 나라 사람에게

호가 익재이며 경주가 본관인 선생은 검교정승(檢校政丞)의 벼슬에 있었던 아버지 동암 이진(東庵 李瑱)의 아들로 고려 충렬왕 13년에 개성에서 태어났다. 어릴 때부터 자세가 의젓하고 문장이 뛰어나 열다섯 살 때 성균시에 장원을 하고, 이어 병과에도 급제할 만큼 천재적인 자질을 타고났다. 이때 시험관이었던 권국재는 선생의 자품에 반해 사위로 삼았다. 스물여덟 살 때는 충선왕의 부름을 받고 원나라의 수도 연경(지금의 베이징)으로 가 대학자들과 시문을 논하면서 학문세계를 넓혔다.

그 무렵 고려는 원나라의 내정 간섭이 심해 국왕의 자리까지 마음대로 주무르던 시절이었다. 고려의 세자를 원나라 수도에 불러다 몽골식 교육을 주입시키는가 하면 몽골족 공주를 세자비로 삼게 했다. 원은 이에 그치지 않고 고려의 귀족 집안 딸들 수만 명을 몽골로 데리고 가 원나라의 고관대작과 혼인시키는 혼인 정책을 폈다.

이런 어려운 시기에 익재 선생은 지혜롭게 국정을 끌어나갔다. 충숙왕 10년인 1323년 원나라가 고려 사대주의자의 주청을 받아 고려의 국호를 없애고 정동성(征東省)을 설치하려 하자 원나라 정부에 상소를 보내 이를 철회시켰다. 이것이 고려를 지켰던 명문장「항소극론」이다.

『중용』에 말하기를 무릇 천하가 국가를 다스림에 9경(九經)이 있으나 행하는 바는 하나라 했습니다. 끊어진 세(世)를 이어주고, 폐하게 된 나라를 일으켜주며, 어지러우면 다스려지게 해주고, 위태로우면 붙들어주며, 그쪽에 보내는 물품은 후히 하는 것이 제후를 품어주는 것입니다. …『중용』의 글은 후세에 가르침을 드리운 것으로 빈말이 아닙니다. 지금 아무런 이유도 없이 400년의 왕업을 하루아침에 폐절(廢絶)해서 사직으로 하여금 주인이 없게 하고 집안으로 하여금 제사를 끊어지게 하려 하면 이치로 따지더라도 될 일이 아닙니다. 더구나 지역이 멀고 언어가 같지 않으니『중용』에서 가르치는 말씀을 미루어 '나라는 그 나라로 두고 사람은 그 사람으로' 살게 해주시오.

해박한 지식과 정연한 논리, 물 흐르는 듯하면서 강한 의지를 담고 있는 명문장에 원나라 집권자도 설복을 당해 우리는 잃어버릴 뻔했던 국호를 지킬 수 있었다.

공민왕 16년에 81세를 일기로 세상을 떠날 때까지 선생은 빛나는 문장으로 고려를 지켰던 충신이었다. 시호는 문충공이었고 공민왕 묘소에 배향되었다. 후학들은 선생의 학문을 다음과 같이 평했다.

조선 말의 선비 김택영(金澤榮)은 "공묘청준(工妙清俊)하고 만상(萬象)이 구비되어 조선 3000년에 제일의 대가"라고 회고한다. 세종 때의 문신 서거정(徐居正)은 "고려의 이규보 등 큰 문인이 많았으나 아직 다 미치지 못함이 있다. 오직 익재만이 중체를 갖추니 그 법도는 삼엄하다"며 익재만이 대문장가라 할 수 있다고 했다.

선생의 묘지명을 쓴 목은 이색(牧隱 李穡)은 "도덕의 으뜸이요, 문장의 조종이다"며 찬사를 아끼지 않았다.『익재집』발문에서 서애 류성룡(西崖 柳成龍)은 "영세불후(永世不朽)의 세 가지가 덕(德), 공(功), 언(言)인데 이 모두를 겸비한 분은 고려 500년을 통해 오직 익재 한 분이며 그가 남긴 글은 북두와 같고 교옥(喬嶽)과 같다"고 했다.

중국 차보다 우리 작설차가 우수함을 시로 표현하다

고려 말 조선 초 선비치고 익재 선생의 문하생이 아닌 사람이 없다고 할 정도로 시(詩)·서(書)·화(畵)에 뛰어났다. 특히 민간가요 17수를 한시 칠언절구로 번역한『익재난고(益齋亂藁)』「소악부」는 고려가요 연구에 귀중한 자료가 된다.

작설차의 우수성을 노래한 익재 선생의 후손답게 차를 즐기는 종손 이상천 씨와 종부 류효순 씨.

익재 선생의 유물관 내부.

차에 얽힌 시도 여러 수 있는데, 그 가운데 「송광(松廣) 화상이 햇차를 보내준 은혜에 붓 가는 대로 적어 방장실에 붙임」이라는 긴 제목의 시에는 중국의 운용차나 소동파의 월토차보다 우리 작설차가 월등하다고 말하고 있다. 햇차의 신선함과 차의 빛깔, 물 끓이는 소리 등도 표현해 그 당시 차생활을 이해하도록 하고 있다. 특히 술 마신 뒤 차를 마시면 정신이 맑아진다며 차의 효능까지 적고 있다. 이뿐 아니라 『묘련사석지조기』를 지어 신라 화랑의 차생활을 엿볼 수 있게 했다.

종손은 할아버지가 차를 좋아하셨다는 글을 읽었지만 선대가 올리지 않았던 차를 함부로 올릴 수 없었다며, 이날 종가의 유물관에 보관되어 있는 선생의 영정 앞에 종부가 차를 우리고 종손이 햇차 한 잔을 올렸다. 익재 선생은 아마도 600년 만에 차맛을 보았을 것이다.

익재 선생의 영정은 보물로 지정되었기 때문에 중앙박물관에 소장되어 있는 것을 똑같이 모사한 것이다. 숙종 때 것으로 이 영정도 지방문화재로 지정되어 있다. 날카로우면서도 잔잔한 눈매며 유난히 풍요로운 수염이 깊은 인상을 준다. 본래의 영정은 1319년 원나라의 화가 진여감(陳如鑑)이 그렸다. 영정에는 "학문은 충만하고, 도는 융성하고, 글은 풍요로우며, 마음속에 지닌 것은 오직 충이요, 정사에 임하면 공"이라 쓴 찬(贊)도 있다. 충선왕을 따라 원나라에 머물 때 왕의 명으로 그려진 이 영정은 고려시대의 희소한 유품으로 원나라의 화풍을 전하는 중요한 자료가 되고 있다. 유물관에는 익재 선생의 『효행록』, 『익재집』, 『역옹패설』, 『익재난고』 등의 목판본 일부가 문화재로 지정되어 있다. 이 유물은 본래 구강서원에 보관되어 있었는데 도난이 우려되어 종가에 유물관을 짓고 전시해두었지만 안심이 되지 않는다고 한다. 최근 인근 종갓집에서도 유물을 도둑맞았다는 소리를 듣고 집을 비울 수도, 잠을 편히 잘 수도 없다고 했다.

종가의 내림음식, 방울증편과 가자미튀김

다과상을 차려야 하는 일은 종부의 일상이다. 다과상은 대체로 계절음식으로 차려지는데, 사철 마실 거리로는 수정과를 꼽는다. 시원달콤한 맛도 맛이려니와 생강과 계피가 몸에 이로운 약재이고 고명으로 넣은 곶감말이 역시 건강식이기 때문이다. 수정과를 끓일 때는 제사 때 쓰고 남은 대추를 넣으면 단맛과 소화를 돕도록 하는 데도 좋고, 제사 음식의 재활용까지 일석이조 효과

종가의 특미
가자미튀김.

◀ 갈색 수정과와
함께 내는 새하얀
방울증편.

▶ 된장을 되직하게
끓여 쌈을 싸 먹는 데
그만인 콩잎김치.

를 노릴 수 있다.

다식은 여름에 빨리 상하지 않으면서 간단한 요기가 되는 방울증편을 즐겨 낸다. 새하얀 증편을 얼음 띄운 갈색 수정과와 함께 내면 색의 조화는 물론이려니와 품위가 돋보이는 다과상이 된다. 안동 하회 류씨 파종가에서 스무 살 때 시집온 종부 류씨는 같은 경북권인데도 음식이 친정과 무척 달랐다고 한다.

친정에서는 먹어본 일이 없는 콩잎김치가 대표적이다. 논두렁에 심어둔 어린 콩잎을 따서 찹쌀풀이나 밀가루풀을 끓여 된장을 살짝 풀어 간을 하고, 마늘과 풋고추를 다져 넣어 양념한 다음 켜켜로 묶어둔 절이지 않은 어린 콩잎에 국물을 부어 2~3일 삭힌다. 삭힌 콩잎은 풋고추를 다져 넣고 되직하게 끓인 된장을 양념해 쌈을 싸 먹으면 여름 밑반찬으로 이보다 좋을 순 없다고 한다.

가을에는 누렇게 익은 콩잎을 따서 씻은 다음 소금물에 삭힌다. 며칠을 삭힌 콩잎에 김장김치 양념을 버무려 담근 뒤 땅 속에 묻어두면 일 년 밑반찬 걱정은 안 해도 된다. 다른 지방에서는 버리는 콩잎을 이렇게 반찬으로 만들면 섬유질이 많아 변비에도 좋다고 한다.

종가는 포항이 가까워 육고기보다 생선을 즐겨 먹는다. 이날 점심상에 오른 가자미튀김은 특미였다. 뼈째 먹을 수 있어 칼슘 걱정은 없을 것 같았다. 뼈가 연한 가자미 새끼를 바짝 말린 후 먹기 좋은 크기로 썰어 기름에 튀긴다. 진간장과 고추장, 고춧가루, 물엿, 청주, 생강을 섞어 끓여 걸쭉하게 양념장을 만든 다음 튀겨둔 가자미를 무쳐 낸다. 상에 올릴 때는 통깨를 뿌린다.

시집가는 딸에게 주는 아버지의 깊은 정

은진 송씨 우암 송시열 종가

칼날 같은 비판으로 정국을 이끌었던 정치가로, 또 강직하고 냉철하기 그지없는 선비정신으로 추앙받던 우암 송시열(尤庵 宋時烈, 1607~1689) 선생. 이 분도 딸에 대한 애틋한 사랑만은 여느 아버지와 다를 바가 없었던 모양이다.

사랑하는 딸이 살아가면서 겪게 될 일들을 지혜롭게 대처할 수 있도록 20가지 항목을 한글로 적어 시집가는 딸에게 준 것이다. 그 책이 바로 『계녀서(戒女書)』다.

아파트 열쇠, 자동차 열쇠 따위가 행복의 잣대가 되어가는 지금의 혼례 풍속에서 『계녀서』라는 책 한 권이 뜻하는 바가 무엇인지 새겨보면, 행복의 척도는 물질이 아니라 자기 앞에 놓인 어떤 상황이라도 최선을 다해 극복할 수 있는 정신 무장이라는 답이 절로 보인다.

청주시 중심가. 충북도청을 끼고 100여 미터 거리에 있는 우암 선생 종가는 여느 종가처럼 솟을대문이 있는 것도 아니고 기와솔이 피어 있는 수백 년 된 전통 한옥도 아니었다. 50여 년 전에 지어진 양옥으로 길 하나를 건너면 백화점이 있는, 청주시에서 가장 번화한 곳에 자리 잡고 있다.

종가는 본래 우암 선생의 묘소가 있는 충북 괴산군 청천면에 있었는데, 60여 년 전 이곳으로 옮겨 왔다고 한다. 높다란 건물들에 둘러싸인 도심 속의 종가는 대문을 열고 마당으로 한 발짝 들어서기만 하면 마치 오래된 고옥에 온 듯 차분하고 기품이 넘치는 분위기였다. 붉은 열매를 매단 산수유나무가 푸른 하늘을 이고 있고, 가시가 성성한 찔레나무와 말라버린 포도넝쿨이 그대로인 고샅 같은 마당을 지나면 왼쪽에 작은 별채가 있다.

이 별채에는 본래 신주를 모셨는데, 도둑이 드나들어 신주를 해칠까 봐 지금은 안채에 모셨다고 13세 종손 송영달(취재 당시 80세) 씨는 말한다.

새벽마다 조상 앞에서 스스로를 경계하다

종가에는 선비정신의 초상으로 추앙받고 있는 우암 선생의 뜻을 그대로 이어받는 듯한 종손과 잔잔한 주름에서 기품이 느껴지는 종부 김용순(취재 당시 75세) 할머니가 막내아들 부부와 함께 살고 있다. 종부는 우암의 스승인 광산김씨 사계 김장생의 후손으로 열여덟에 혼인해 슬하에 7남매를 두고 다복한 가정을 꾸려오고 있다.

현관에 들어서면 왼쪽 들머리 방에 우암 선생 양위 분의 신주를 모셨고, 오른쪽에는 서재가 있다. 그 서재 곁의 마룻방에는 종손으로부터 4대조 신주가 모셔져 있어 실내 두 개의 방은 바로 사당이나 다름없는 가묘(家廟)인 셈이다. 가묘 내부는 전통 한옥 사당과 같은 양식을 갖추고 있다. 신주를 모신 신독 앞으로 제상이 놓였고, 제상 앞으로 향로가 놓여진 향탁이 있다. 종손은 매일 새벽 의복을 단정히 하고 사당에 절로써 인사를 올린다.

"조상 앞에서 거짓 마음은 있을 수 없지요. 사당에 들어서면 해이해진 정신이 긴장되고 스스로를 경계하게 됩니다. 가장이 올바른 마음으로 도리를 다하면 그 자손이 보고 배우지 않겠습니까?"

'예가 다스려지면 정치도 다스려지고 예가 문란해지면 정치도 문란해

슬하에 일곱 남매를 두고 다복한 가정을 꾸려온 종손 송영달 옹과 종부 김용순 할머니.

진다'는 우암 선생의 예치사상을 이어가기 위해 평생 보학(譜學)을 한 덕분인지, 종손은 성리학과 예학에 무척 밝았다. 서재에는 가문을 대표하는 곧을 '직(直)'자가 걸려 있었다.

"하늘이 해를 비추고 비를 내리는 소임도 곧을 '직(直)'이요, 땅에서는 그 하늘의 은혜로 만물을 생산하는 것도 직이며, 성인이 만사에 대응하는 원리도 바로 직일 뿐이지요. 직은 곧고 정직한 것을 말합니다. 자연과 성인의 이치가 그러하니 사람도 스스로의 본분을 지키는 일이 바로 '직'이라는 뜻입니다. 『계녀서』에 담긴 뜻도 모두 직이라 할 수 있습니다."

그래서 선비는 스스로를 다스리는 일에 게을리해서는 안 되고 인격을 팔아서도 안 되며 조상을 욕보이는 행위를 해서는 안 된다고 했다.

제사는 정성과 청결과 조심이 으뜸

종가의 설 차례상에는 어떤 음식이 오르는지, 그 의례는 어떠한지 궁금했다.

"우리 집 법도가 다 옳다고는 할 수 없으나 선대로부터 행하는 일이니 참고가 될는지 모르겠어요. 우선 제사를 알려면 가가례(家家禮)의 뜻부터 알아야 합니다. 흔히 제사 예법을 가가례라 하지 않습니까? 가가례란 시대에 따라 분열되는 각 학파의 예법을 말하는 것으로 흔히 기호학파, 영남학파, 노론, 소론 등을 말합니다. 그 학파의 예법인 가가례를 두고 옳고 그르다고 말할 수 없지만, 그 가가례의 예를 제대로 알지 못하고 잘못 전해지면 본받을 것이 못 되고 질서가 없어집니다. 예문을 모르고 지내는 제사는 어지러운 제사가 예법이 될 것이고 그렇게 되면 조상에게 민망한 일이지요."

현재 우리가 지키고 있는 제사는 설·추석 양대 명절의 차사(茶祀)와, 돌아가신 날 지내는 기제, 가을에 묘에서 모시는 시제 등이 있다. 종손은 이런 제사법은 분명히 구별되어야 하며, 그때마다 의례와 제물이 조금씩 다르다는 것을 알아야 한다고 한다. 제사를 모시는 장소 역시 달라서 설·추석 차례는 사당에서 모셔야 하고, 기제사는 신주를 모셔 내와 정침(正寢, 제사를 지내는 안채의 방)에서 모시는 것이 전례(典禮)에 맞는 일이라 했다. 사당이 따로 없는 집은 신주 대신 지방(紙榜)을 써서 거실에서 모셔도 무방하다고 했다.

또한 종손은 할아버지께서 따님에게 내린 『계녀서』에서 제사는 '정성과 청결과 조심'이 으뜸이라 하셨기 때문에 제물을 많이 장만하는 허례허식은 하지 않는다고 했다.

설 차사는 술이 한잔 오르기 때문에 술안주인 전과 시절 음식으로 떡국

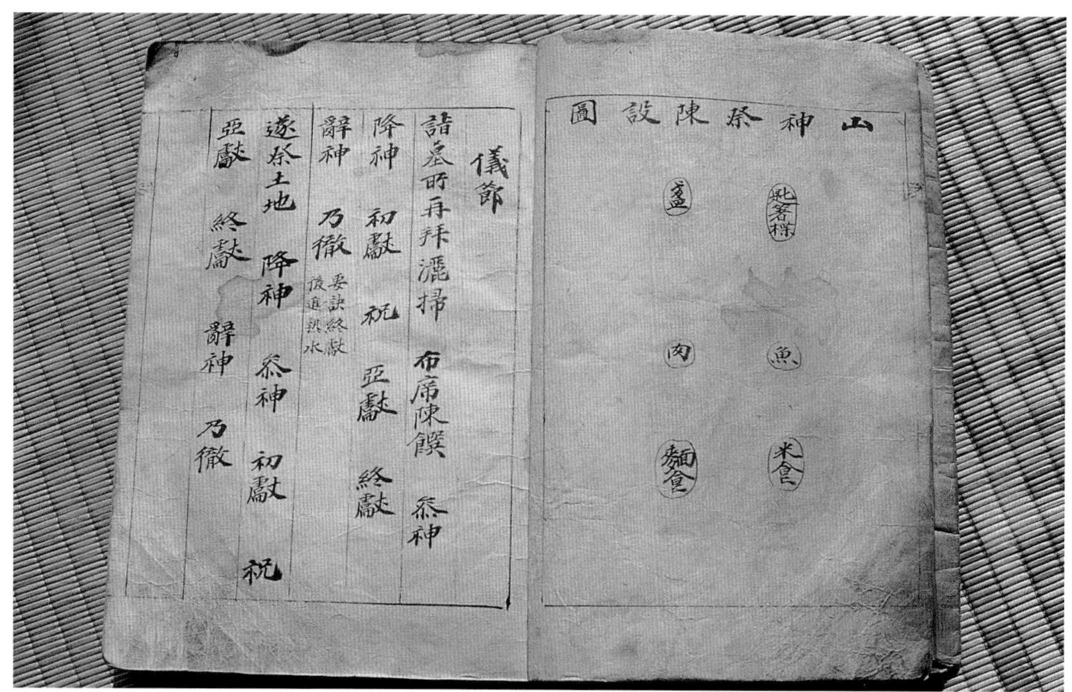
山神祭陳設圖
盞
匙箸楪
肉
魚
麵食
米食

儀節
詣墓所再拜灑掃 布席陳饌 祭神
降神 初獻 祝 亞獻 終獻
辭神 乃徹 要訣終獻後進熟水
遂祭土地 降神 祭神 初獻 祝
亞獻 終獻 辭神 乃徹

은진 송씨 가문의 가가례가 담겨 있는 『참제록』. 산신제 진설도와 의례 순서가 보인다.

한 그릇, 과일 정도면 된다고 했다. 과일은 짝수로 쓰기 때문에 두 가지 아니면 네 가지라 했고, 전은 누루미전, 어전, 육전, 수육을 올리지만 두 가지 전을 기본으로 삼는다고 했다. 아직도 정월 보름에는 약밥, 3월 삼진날은 쑥떡, 6월 유두 때는 수단 등의 절식을 준비해 사당에 고한다. 종가의 특징은 신주 한 분마다 상차림을 하는 단설(單設)이다. 병풍도 깨끗한 백지 병풍으로 쓰고 설 차사는 낮제사라 촛불을 켜지 않는다.

차례 지내는 시간은 아침 8~9시 정도라 했다. 아침 일찍 일어나서 주변을 청소하고 깨끗한 옷으로 갈아입는다. 종손은 도포를 입고 복건을 쓴다. 종부는 옥색 치마저고리를 입고 검은 족두리를 쓴다. 그 외의 참제자들은 그다지 화려하지 않은 옷으로 입으면 된다.

차례 순서를 정리하면 ① 봉주(奉主) ② 참신 ③ 분향 ④ 강신(降神) ⑤ 헌작(獻爵) ⑥ 삽시정저(揷匙正箸) ⑦ 유식(侑食) ⑧ 낙시저(落匙箸) ⑨ 사신(辭神) ⑩ 납주(納主) ⑪ 철상(撤床) ⑫ 음복(飮福) 순이다. 거실에서 지방을 써서 제사를 모시게 되면 납주 대신 지방을 태우면 된다.

종가의 차례상 차림 음식은 모두 다섯 가지였고, 차례 순서는 열두 가지로 차례상의 음식 가짓수보다 의례 순서가 많다. 제사는 제물이 아니라 조상이 계신 듯 공경스런 마음과 절도 있는 예가 중요하다는 것을 말하고 있다.

고춧가루, 파, 마늘, 후추가 들어가는 제사 음식

종가의 제사 음식에는 파, 마늘, 후추, 고춧가루 등 양념이 가리지 않고 들어간다.

"시할머니께서 제사 음식도 양념을 고루 넣어야 조상이 맛있게 음감할 것이라며, 제사 음식이라 하여 특별히 양념을 가리지 말라고 하셨어요. 조상을 산 사람과 다르게 생각지 말고 먼 길을 다녀오시는 어른을 대하듯 편하게 음식을 하라 일러주셨어요. 산 사람 음식과 제사 음식을 특별히 구별하는 것은 사사로운 일이라고 하셨지요. 신이 음감할 음식이라 하여 까다롭게 만들면 정성이 줄어든다는 것이었습니다. 그래서 나박김치의 경우도 마늘과 생강, 파, 고춧가루 등 양념을 고루 넣습니다."

제사 음식에 향신료를 넣으면 귀신이 음감하지 않는다는 것은 속설임을 말해주고 있다.

시집가는 딸을 위해 쓴 『계녀서』

> 맹자가 말씀하시기를 남자가 갓을 쓰게 되면 아버지께 절을 하고, 여자가 시집을 가게 되면 어머니께 절을 한다고 하시었으니, 여자의 행실은 아버지가 가르칠 일이 아니로되, 너의 나이가 비녀를 꽂기에 이르렀고 행실이 높은 집으로 출가하니 마지못하여 대강 적어서 주는 것이니 아버지의 말이 선후가 맞지 않고 소략하다고 말고 힘써서 행하도록 하여라.

『계녀서』의 머리글이다. 남자가 갓을 쓴다는 것은 관례(冠禮)를 행했던 것으로 지금의 성인식을 뜻한다. 여자가 비녀를 꽂는다는 것은 여자의 성인 의식인 계례(笄禮)를 말한다. 문벌이 있는 조선시대 양반 가문에서는 남자 나이 15세에서 20세가 되면 관례를 행하고, 여자는 15세에 계 를 행하는 예법이 성행했다. 머리글에서 보면 우암 선생도 맏따님의 혼 에 앞서 계례 의식을 행하면서 내렸던 글이 『계녀서』로 보인다.

① 부모 섬기는 도리로 시작하여 ② 남편 섬기는 도리 ③ 시부모 섬기는 도리 ④ 형제 화목 ⑤ 친척과 화목하게 지내는 도리 ⑥ 자식 가르치는 도리 ⑦ 제사 받드는 도리 ⑧ 손님 대접하는 도리 ⑨ 투기하지 않는 도리 ⑩ 말을 조심하는 도리 ⑪ 재물을 절약하는 도리 ⑫ 일을 부지런히 하는 도리 ⑬ 환자 돌보는 도리 ⑭ 의복 음식 만드는 도리 ⑮ 노비 거느리는 도리 ⑯ 꾸고 받

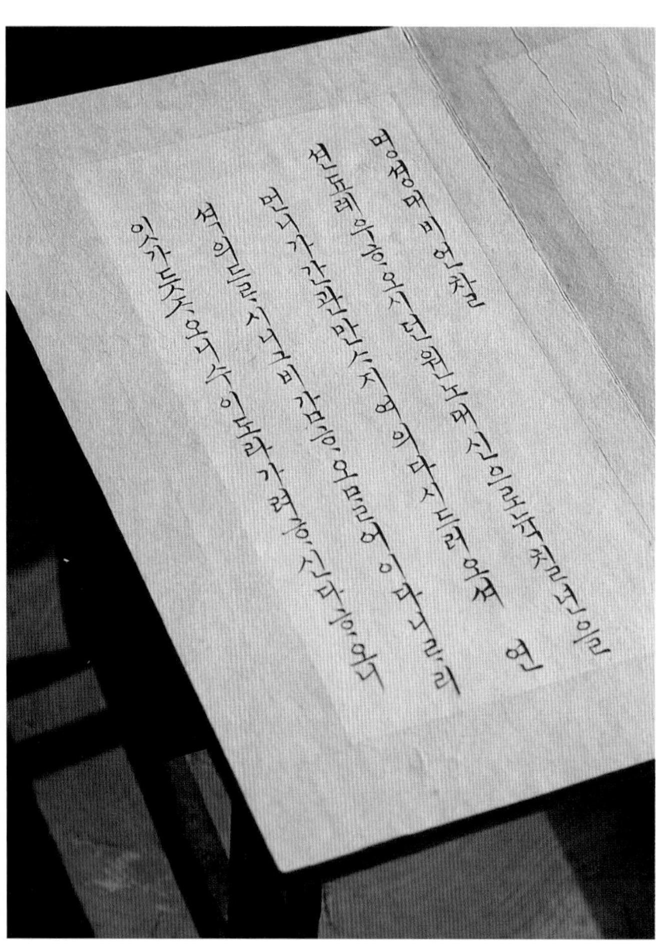

현종비이며 숙종의 어머니였던 명성대비의 언찰. 숙종이 어려운 때를 당했으니 입궐해 달라는 간곡한 내용이 적혀 있다.

는 도리 ⑰ 팔고 사는 도리 ⑱ 비손하는 도리 ⑲ 귀천을 구별하지 않는 도리 ⑳ 옛사람의 착한 행실 본받을 도리 등 20가지 조항을 세세하게 설명해두었다.

『계녀서』를 살펴보면 당시 여자의 권리도 엿볼 수 있다. 자녀교육은 물론 경제권과 노비 다루는 것, 제사에 참여하는 일 등 가정사 모든 권한은 여자들에게 있었음을 알 수 있으며, 조선시대 여인들을 칠거지악에 묶여 남자들의 예속물로 폄하한 것은 편견임을 알 수 있다.

당대 최고의 예학자였던 우암 선생이 여자의 도리 중에 일곱 번째로 치는 제사 받드는 조항을 보자.

"제사는 정성으로 정결하게 하며 조심하는 것이 으뜸이니 제수 장만할 때 걱정을 하지 말고, 하인도 꾸짖지 말고, 소리 내어 하하 웃지 말고, 겉으로 나타내 근심하지 말고, 없는 것을 구차하게 얻지 말며, 제물에 티끌이 들어가게 하지 말고, 먼저 먹지 말고, 어린아이가 먹겠다고 보채더라도 주지 말고,

우암 선생이
성리학을 강론하며
후학을 양성하던
남간정사.

많이 장만하면 자연 불결하니 쓸 만큼 장만하고, 혹 제사에 부족할 것 같으면 일 년 동안 드는 제사를 생각해 제사를 거르지 말고, 풍족하고 박함이 너무 뚜렷하지 않게 하라. 오히려 제물을 많이 장만하면 성의가 없어 불결할 수 있다."

또한 청결과 정성을 다하면 신이 흠향(歆饗)하여 후손들에게 복을 내리고, 그렇게 하지 않으면 재화(災禍)가 있을 것이라는 경계의 말도 있다.

제사상을 푸짐하게 차려야 자손이 복을 받는다고 믿고 수만 원짜리 제물을 인터넷으로 주문해 차리는 것은 아무런 의미가 없다는 것을 일깨워주는 대목이기도 하다.

당시 대학자의 자식교육은 어떠했는지 살펴보자. 선생은 효종, 현종, 숙종 세 임금의 교육을 맡은 빈사(賓師)의 벼슬에 있을 때도 제왕의 올바른 자질과 역량을 기르는 데 혼신의 노력을 했으며 백성들에게는 민족의 정기와 주체성 확립을 주창했던 분이다.

> 딸자식은 어머니가 가르치고 아들자식은 아버지가 가르친다 하거니와 아들자식도 글을 배우기 전에 어머니에게 있으니, 너무 때리지 말고, 글 배울 때도 순서 없이 권하지 말고, 하루 세 번씩 권하여 읽히고, 잡된 장난을 못 하게 하고, 어른이 보는 데서 드러눕지 말게 하고, 세수를 일찍 하게 하고, 친구와 언약했다고 하거든 시행하도록 하여 신뢰감을 키우도록 하고, 일가 제사에 참여하게 하고, 온갖 행실을 옛사람의 일로 배우게 하고, 15세가 넘거든 아버지에게 전하여 잘 가르치라.

또한 "어려서 가르치지 못하고 늦게서야 가르치려 하면 안 되니, 일찍 가르쳐야 문호를 보존하고 내 몸에 욕이 되지 않는다"며 교육도 때가 있음을 강조했다.

> 자식은 어머니를 닮은 이가 많으니 열 달을 어머니 뱃속에 들어 있으니 어머니를 닮고, 10세 전에 어머니의 말을 들었으니 어찌 아니 가르치고 착한 자식이 있겠는가. 행여나 병이날까 하여 놀게 하고 편케 하는 것은 자식을 속이는 것이니 부디 잘 가르치라.

아이들이 공공장소에서 떠들고 뛰어다녀도 기가 꺾일까 봐 나무라지 않는 지금의 젊은 어머니들이 한번쯤 새겨들어야 할 대목이다.

우암 선생은 가정 경제의 치밀한 관리까지 딸에게 일러주어 그 당시 가정 관리는 여자들의 몫이었음을 보여주고 있다.

'재물을 절약하는 도리'에서는 "부질없는 허비를 말고 의복과 음식을 많이 하지 말 것"을 당부했다. 그러나 노비들의 약값이나 어려운 사람이 초상을 당하면 아끼지 말고 쓰라며, 어려운 이웃을 돌아볼 줄 아는 배려도 강조했다.

특히 '일을 부지런히 하는 도리'에서는 그 당시 양반 부인들도 베 짜고 장담그기 등 노동을 했음을 엿볼 수 있다. 주부들이 일을 지나치게 하여 병이 나도록 하는 것은 경계해야 하지만, 책 읽을 틈이 없을 정도로 부지런히 일을 해야 그 집이 잘 보존되고, 게으르면 집안이 허덕이게 된다는 경고의 말도 새기도록 했다.

선생은 물물교환이나 매매의 법도도 자세히 언급하고 있다. '꾸고 받는 도리'에서는 부유한 집안이든 가난한 집안이든 남들에게 빌릴 일이 있지만, 꾸거나 빚을 내면 다시 꾸어서라도 즉시 갚아야 한다며 약속과 신용을 중시하라고 일렀다.

특히 '팔고 사는 도리'에서는 만약 남이 질병이나 기근으로 절박하여 물건을 반값만 내고 사라고 해도 값은 값대로 제대로 주고 사라고 했다. 남의 약점을 이용하여 부당한 이익을 추구하면 반드시 좋지 않은 결과가 있을 거라는 말로 도덕적이면서도 합리적인 거래 방법을 딸에게 일러주고 있는 것이다.

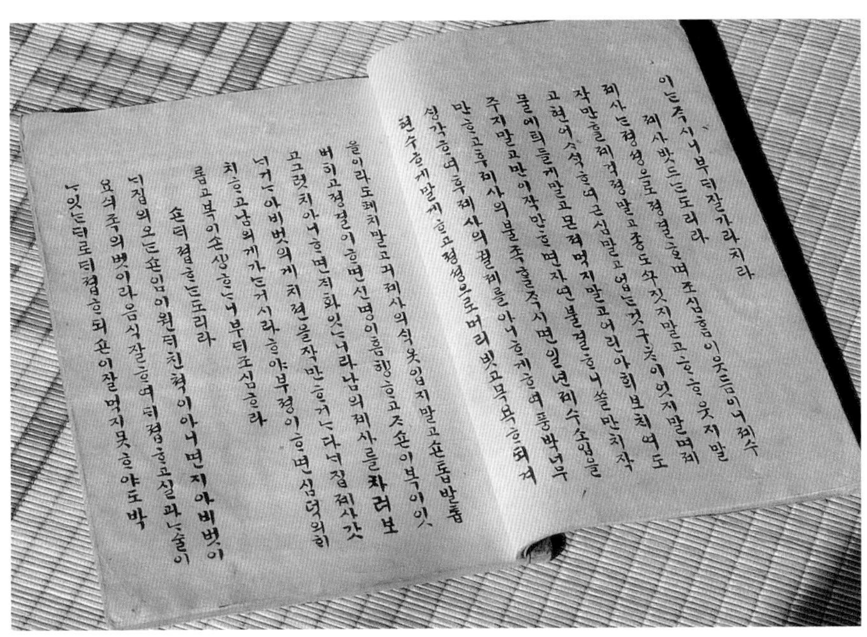

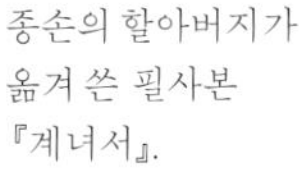

종손의 할아버지가 옮겨 쓴 필사본 『계녀서』.

가정의 근본은 부부 화합임을 누구보다 잘 아는 선생은 '남편 섬기는 도리'에서 "여자는 일생을 남편을 우러러보며 살아야 한다. 남편의 뜻을 어기지 말 것이며, 서로가 친밀하게 공경하는 것이 지극한 도리다. 잠시도 마음을 놓지 말고 높은 손님 대접하듯 하면 남편도 그와 같이 대할 것이니 부디 이 뜻을 어기지 말라" 했다. 종가의 따님들은 시집갈 때 이 『계녀서』를 병풍에 써서 가지고 간다. 이 『계녀서』는 우암 선생 따님의 시댁이었던 권씨 문중에 전해져 오던 것을 100여 년 전 종손의 할아버지께서 옮겨 쓴 필사본으로 종가에 보관되어 있다.

세자가 직접 효종대왕의 밀서를 가져오다

종가에는 우암 선생의 행적만큼 선생의 유물이 많이 있다. 생전에 사용하던 나무 책상이며, 지팡이, 목침 등과 수많은 교지 등이다.

교지 중에는 숙종의 어머니였던 명성대비의 언찰이 눈길을 끌었다. 숙종이 어려운 때를 당하자, 어머니인 명성대비에게 부탁해 선생을 대궐로 입궐해 달라는 간곡한 내용이 적혀 있다. 또한 효종대왕의 친필로 청나라 북벌 계획을 알리는 밀서도 있다. 워낙 은밀히 추진되었던 일이니만큼 이 밀서는 세자가 직접 가져왔다고 전한다.

선생이 사용했다는 높이 30센티미터, 폭 25센티미터, 길이 35센티미터 정도의 책상은 아래위와 양옆으로 홈을 파서 책장을 넘길 때 나무에 닿지 않게 해 책이 상하지 않도록 과학적으로 만들었다.

이 밖에도 종가에는 한 대가 바뀌면 제사를 위해 쓰이는 위토며 제기, 제사 절목, 제수 진설법 등을 기록해 법도에 어긋나지 않도록 한 『참제록(參祭錄)』을 만들어두었다. 이 참제록 여러 권은 종가의 법도를 알 수 있는 자료다.

정직을 가장 강조했던 조선조 예학의 거인

우암 선생은 조선왕조실록에 이름이 3000번이나 기록되어 있고, 성균관 문묘뿐 아니라 전국 42개 향교에 위패가 배향되어 있는 조선조 예학의 거인이다.

우암 선생은 선조 40년에 태어나 숙종 15년에 83세를 일기로 세상을 떠

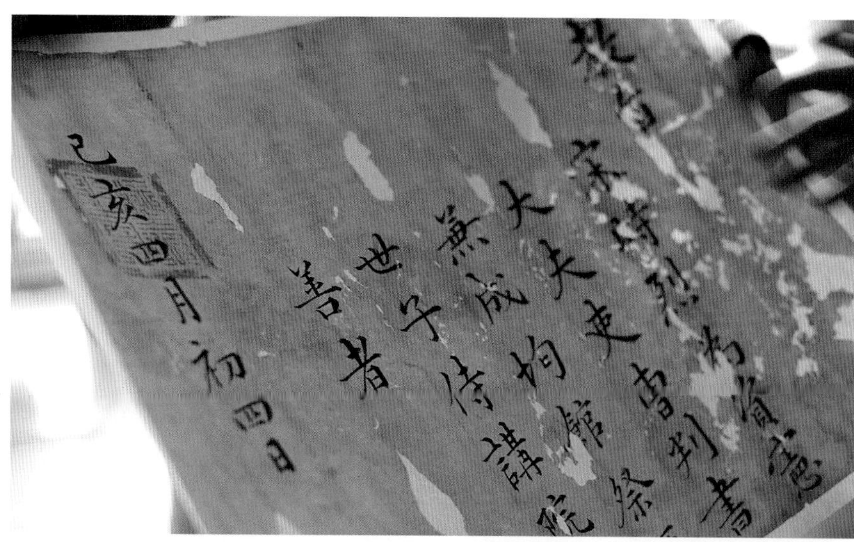

敎旨
宋時烈爲資憲
大夫吏曹判書
兼成均館祭
世子侍講院
善者
己亥四月初四日

자헌대부와
이조판서로 있던
선생께 세자 시강원
겸직을 명하는 교지.

우암 선생이
사용했던 나무 책상.

우암 선생의
발자취를 기리기
위해 만들어진
대전시 가양동의
우암사적공원.

난 당대의 학자이며, 북벌계획을 추진한 뛰어난 정치가로 알려져 있다.

본관은 은진으로 아버지 송갑조와 어머니 선산 곽씨 사이에 셋째 아들로, 외가인 충청도 옥천의 구룡촌에서 태어나 26세까지 그곳에서 살았으나 후에 대전 회덕의 송촌, 비래동, 소재 등지로 옮겨 살았다.

스물두 살 때 아버지를 여의고 삼년상을 마친 뒤에 사계 김장생의 문인이 된다. 그 후 인조 11년 생원시에 장원급제하여 경릉 참봉에 제수되었고, 이어 봉림대군의 사부가 되기도 했다. 병자호란 때는 왕을 모시고 남한산성에 들어갔으나, 성이 함락되고 소현세자와 봉림대군이 청에 볼모로 잡혀가자 낙향했다. 그뒤 여러 관직에 임명되었으나 부임하지 않았다. 선생은 평생 109차례나 나라에 부름을 받았으나 응한 것은 26차례라고 한다.

우암 선생은 '정직을 통해 기상을 기르는 일'을 가장 중요하게 여겨 정직의 실천을 가장 중요한 덕목으로 삼았다. 또한 강건하고 힘이 넘치는 문장으로 당대의 평판이 높았고 글씨에도 뛰어났다고 한다. 숙종 15년 장희빈이 낳은 아들의 세자 책봉을 반대하는 상소를 올렸다가 숙종의 노여움을 사서 제주로 유배되었으며, 국문을 받으러 서울로 압송되던 중 정읍에서 사약을 받고 세상을 떠났다.

비록 유배지에서 사약을 받았다 하더라도 선생은 조선 후기의 정신적 지주였음을 수많은 저서를 통해 후대 학자들은 평가하고 있다. 선생의 무덤은 충북 괴산 청천에 있으며, 경기도 여주에는 '대로사'라는 사당이 있다. 대전광역시 가양동에는 말년에 후학을 가르쳤던 '남간정사'와 손님을 접대하던 '기국정'을 유형문화재로 정하고, 우암사적공원을 만들어 일반인에게 개방하고 있다.

전주 이씨 광평대군 종가

한 울타리에 들어앉은 세계적인 가족묘 720기

고층 건물들에 둘러싸인 묘지.

참으로 놀라운 일이었다. 집터가 없어 아파트를 높이, 더 높이 올리는 서울 시내에 500여 년 동안 한 가문의 가족묘 720기가 장대하게 한곳에 자리하고 있었다. 그것도 한적한 산 속이 아니라 15층짜리 아파트가 줄지어 있고, 6차선 큰 도로, 고층 건물들이 울타리를 만들고 있는 곳이었다.

서울 강남구 수서동 산10번지 1호 광수산(光秀山) 남쪽 13만 평에 자리한 이 가족묘는 세종대왕의 다섯째 아들인 광평대군(廣平大君, 1425~1444)과 후손들이 잠들어 있는 곳이다. 이런 가족묘는 세계 어디에서도 볼 수 없는 고유한 우리 문화유산으로, 서울시가 유형문화재 제48호로 지정해두었다. 대종가는 이곳에서 선조의 묘역을 지키고 있었다.

양재대로에서 일원터널을 지나 수서역 쪽으로 가다 보면 '광평대군묘역'이라고 씌어 있는 표지판을 만날 수 있다. 문화재는 한적한 곳에 있어야 어울릴 듯한데, 6차선으로 시원스레 뻗은 도로에서 이런 표지판을 만난다는 것이 이채롭다. 표지판 맞은편에 아파트 단지가 있고 단지 끝자락에서 왼편으로 난 2차선 도로를 따라 조금 걸으면 광대한 묘역이 눈에 들어온다. 큰길에서는 높은 건물들에 가려 보이지 않는다.

이곳은 한때 정재계를 떠들썩하게 했던 '수서사건'의 현장이기도 하다. 1999년 무자비한 도시개발 때, 수많은 공직자가 뇌물수수 혐의로 관직을 박탈당한 수난의 현장이다. 이때 묘소를 싸안고 있는 안산과 묘소의 허리를 잘라 6차선 길이 나고, 종가도 서울도시공사개발에 수용되는 바람에 문중에서는 격렬하게 항의했지만 수난을 면치 못했다. 큰길이 생기자 이곳은 공기가 좋고 강남과 맞대어 있어 인기 있는 아파트촌이 되었다. 아파트를 중심으로

광평대군과 부인 신씨를 모신 쌍분.

이 지역은 번잡한 도시로 변해갔지만 여기서는 아직도 궁말(宮末)이나 궁촌(宮村)으로 불리고 있다. 세조 임금이 다녀간 곳이라 하여 붙여진 이름이다.

더 이상 후손들이 묻힐 수 없는 가족묘

묘역 입구에는 전통 가옥의 솟을대문 형식으로 지어진 정문이 있다. 이 문을 들어서면 오른쪽에 광평대군 19세 종손 이규명(취재 당시 51세) 씨 가족이 살고 있다. 문중회의를 여는 종회당(宗會堂)과 제사를 준비하는 숭모재(崇慕齋) 건물이 있고, 사당으로 오르는 외삼문(外三門)이 있다. 외삼문은 입구가 세 개인데, 이는 사당이나 신전에서만 볼 수 있는 법도 있는 대문이다. 가운데 문은 신문(神門)이라 하여 제사를 모시는 제주만이 드나들 수 있고, 오른쪽 문은 제주를 제외한 다른 사람들이 들어가는 문, 왼쪽 문은 나오는 문이다. 이 문을 들어서면 신주를 모신 정묘(正廟)로 들어가는 내삼문(內三門)이 있다.

사당 뒤로는 설·추석 차례를 모시는 도청(都廳)이 있고, 그 뒤로 광평대군과 부인 신씨를 모신 쌍분(雙墳)이 크게 보인다. 한 묘에 두 분이 모셔진 것이 아니라 똑같은 묘가 나란히 두 개 있는 것을 쌍분이라 한다. 그 옆으로는 태조의 일곱째아들인 무안대군 방번(撫安大君 芳蕃, 1381~1398) 내외의 묘가 있다. 세종의 명으로 광평대군은 무안대군의 제사를 받드는 봉사손(奉祀孫)이 되어 이곳에 이장되었다. 묘소 뒤로는 소나무가 울창하게 숲을 이루고 있다.

왕릉에서만 볼 수 있는 곡담(曲墻)을 두른 묘는 광평대군의 외아들인 영순군(永順君, 1444~1470)의 묘다. 이 곡담은 강보에 쌓였을 때 아버지를 여의고 스물여섯 젊은 나이로 세상을 떠난 조카가 안쓰러워 묘소의 격을 높여 각별히 관리하라는 세조 임금의 어명으로 쌓은 담이다. 세조 임금은 일찍이 과거에 급제한 영순군의 총명함을 귀히 여겼다고 전해진다.

광평대군의 묘소는 장대석으로 단을 쌓은 뒤에 봉분이 놓여 있다. 이런 양식은 세종대왕의 형인 양녕·효령 대군의 묘소에서는 볼 수 없는 특이한 것으로, 조선 초기 왕손 묘의 규모나 규범을 참고하는 데 귀중한 자료가 된다고 한다. 광평대군이 서른한 살 나이로 요절해 아버지 세종대왕 시대에 이 묘가 만들어졌기 때문이다.

봉분 앞으로는 돌로 만든 장명등(長明燈)이 서 있고, 그 앞으로 문인석(文人石)이 마주 서 있다. 광평대군이 학문에 출중했기에 무인석(武人石)은 세우지 않고 문인석만 세웠다고 한다. 문인석 옆에는 광평대군의 내력과 치적을 기리는 신도비(神道碑)가 서 있다. 오랜 세월 비바람에 닳고 닳아 글씨를

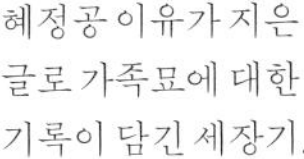
혜정공 이유가 지은 글로 가족묘에 대한 기록이 담긴 세장기.

읽기는 어려웠지만, 닳기 전에 탁본한 글에 의하면 중종 때 학자인 손암 심의겸(巽庵 沈義謙, 1535~1587)이 광평대군을 칭송하는 비문을 지었고, 비석 둘레에 쓰인 전서체(篆書體)의 글씨는 박염(朴簾)의 솜씨라 한다.

그 아래에 눈길을 끄는 것은 가족묘에 관한 기록이 담긴 비석이다. '광주치서광수산이씨세장기(廣州治西光秀山李氏世葬記)'라는 이 비는 숙종 때 북한산성을 축조했고 영의정을 지냈던 혜정공 이유(惠定公 李濡, 1645~1721)가 지은 글이다. 선대의 무덤이 오래되어 마모되면 찾을 길이 없다며 소재며 위치를 자세하게 적어 건립한 것으로, 가족 묘소로서의 오랜 세월과 광대한 면모를 알려주는 중요한 자료이다. 후손들은 이런 보기 드문 비석을 대단한 긍지를 가지고 정성으로 관리하고 있었다. 이 묘역에는 종손 외에는 더 이상 후손들이 묻힐 수 없도록 지난 1970년 문중회의를 열어 정해두었다.

장엄하고 극진한 왕손의 제례의식

진달래 꽃망울이 한창인 지난 4월 8일 정오, 1000여 명의 전주 이씨 광평대군 문중이 모여 이곳 사당에서 선조제를 모셨다. 무안대군 내외와 광평대군 내외, 그 아들 영순군 내외의 신주가 모셔진 사당에서 해마다 음력으로 3월 15일 낮에 선조제를 지내고 있다. 예전에는 밤 12시에 제사를 모셨지만, 문중 사람들이 많이 참석해 밤을 지새우는 번거로움 때문에 지금은 낮제사를 모신다고 한다. 이날 조상들께 첫 잔을 올릴 제주는 당연히 종손이다. 두 번째 잔을 올릴 아헌관 세 분, 세 번째 올릴 종헌관 세 분은 문중회의에서 결정되어 그때그때 바뀌기도 하지만, 초헌관은 영원히 종손이다.

제례는 12시 5분에 시작되었다. 본래 정오에 모셔야 하지만, 이날이 세종대왕의 제삿날이기도 해서 영릉 제사보다 5분 늦게 시작했다. 제사 모시기 20분 전부터 너른 사당뜰 가득 멀리서 또는 가까이서 참석한 사람들이 따가운 햇살을 맞으며 질서 있게 자리해 앉았다. 이어 내삼문 밖에서 집사 두 사람이 동서로 청·홍 용등(龍燈)을 들고 길을 잡자, 축문이 들어 있는 축함(祝函)을 든 세 사람이 뒤따랐다. 그 뒤로 종손과 아헌관, 종헌관이 제례복인 옥색 도포를 입고 유건을 쓰고 엄숙하게 들어왔다. 뒤따라 제사 순서를 읽을 집례자, 동서 집사 등 23명의 제집사들도 제복을 입고 줄지어 들어오는 모습이 장관이었다.

제례는 사당 서쪽에서 「홀기」 순서에 따라 사당에 들어가기 전 손을 씻는 '관세'로부터 시작됐다. 그로부터 신독을 열고 향을 피워 신을 모시고 모

첫 잔을 올릴 제주는 광평대군의 19세 종손인 이규명 씨다.

사기에 술을 따라 강신 후 참석자 모두 절한다. 그러고는 국을 올리고 적을 준비하는 진찬 순서가 이어졌다.

제주가 첫 잔을 올린 다음 안주로 육적을 먼저 데워 올렸다. 사당 밖에서 준비한 적을 세 제집사들이 눈높이로 들고 계단을 오를 때마다 두 발을 합보하는 극진한 예는 왕손의 제례의식이 아니고는 보기 힘든 풍경이었다. 이어 밥 뚜껑을 열어 놓고 축문을 읽는다. 두 번째 잔도 첫 잔 순서와 같았다.

세 번째 잔을 올린 다음, 제주가 첨잔은 하고 수저를 밥그릇에 꽂고 젓가락을 잘 갖추어 시접 위에 올린다. 이어 사당문을 닫아 합문하고 밥을 아홉 수저 뜰 정도 기다렸다가 문을 연 뒤, 국을 내리고 물을 올린 다음 집사는 수저를 내려 시접에 놓고 뚜껑을 덮는다. 참석자 모두 신을 보내는 사신(辭神)절을 두 번 했다. 그리고 축을 태우는 순서는 일반 제례와 크게 다르지 않았지만, 한 분마다 일일이 축을 읽고 적을 데워 올려 한 시간쯤 걸렸다. 마지막으로 자리를 비켜서 작은 상에 음복상을 차리고 조상에게 복을 비는 축을 읽은 후 제주와 축관이 마주 보고 제사를 무사히 치렀음을 뜻하는 이성(利成)이란 인사를 한다.

이날 종부 이명자(취재 당시 44세) 씨도 제례복인 옥색 치마저고리를 단정하게 차려입고 차종손 준표(취재 당시 대모 초등학교 3년) 군과 함께 자리했다. 일반 제사에는 종부가 두 번째 잔을 올리지만, 선조 제사라 종부는 한쪽에서 적을 데워 올렸다. 준표 군은 맨 앞줄에서 의젓한 모습으로 끝까지 어른들과 함께했다.

일반 제사보다 더 소박한 제례 음식

왕손의 제사는 흔히 볼 수 없는지라, 제물에도 큰 관심을 갖고 지켜보았다. 하지만 엄숙한 제례의식과는 달리 제물은 별다른 것이 없었다. 오히려 일반 제사보다 더 검소하다는 데서 제사의 진정한 의미를 살필 수 있었다. 조상의 벼슬이 조금만 높아도 제물을 그저 높다랗게 쌓아 올리며 높은 신분을 내세우는 풍습들이 별 의미가 없다는 것을 새삼 느낄 수 있었다.

1

2

3

4

5

6

1. 제수를 진설하기 위해 집사들이 한지에 싼 제물을 사당으로 옮기고 있다.
2. 먼저 집사 두 사람이 동서양에서 청 · 홍의 용등을 들고 길을 잡았다.
3. 그 뒤로 축함을 든 사람이 따르고 이어 종손과 아헌관, 종헌관 등 23명의 사람들이 들어섰다.
4. 사당에 들어가기 전에 손을 씻는 관세로부터 제례의식이 시작되었다.
5. 전국에서 몰려든 1000여 명의 문중 사람들이 경건하게 제례의식을 치르는 모습이 장관이었다.
6. 차종손 준표 군도 의젓한 모습으로 제례에 참여했다.

하지만 아무리 검소하다고 해도 세 분 내외의 제상을 차려야 하므로 제물 준비하기가 힘들었으리라는 것은 불 보듯 훤했다. 한 분의 제사를 모시는 것보다 열 사람 손님 접대가 편하다는 말은 괜한 말이 아니다. 제물은 정성으로 만들어야 하기 때문이다. 이 많은 제물은 모두 종부 이씨가 하루 전부터 손수 준비한 것이다. 제물은 깨끗한 한지에 싸여 교자상으로 사당에 옮겨졌다. 집사가 식지 않는 과일부터 진설하기 시작했다. 제주로부터 왼쪽부터 밤, 배, 곶감, 산자, 사과, 대추 순으로 여섯 가지를 먼저 올렸다. 홍동백서(紅東白西)였다.

다음은 침채줄이라 하여 명태포를 먼저 담고 대구포와 육포를 제기 하나에 담아 놓았다. 고사리, 시금치, 숙주, 도라지 네 가지 나물을 한 접시에 담은 것도 소박해 보였다. 무나물만 다른 그릇에 담아 올렸다.

그 옆으로 나박김치가 놓였고, 식혜는 건지만 담고 어포를 모양 좋게 오려서 고명으로 놓았다. 자반이라 하여 새우에 물기를 빼고 그 위에 굴비는 뼈를 발라 담았다.

탕줄에는 숭어를 토막 내어 달걀 을 노릇노릇하게 입혀 어탕으로 하고, 소탕으로 먹음직스러운 두부탕을 올렸다. 고기탕도 건지만 담았다. 녹두빈자전 위에 처녑전과 간전을 한 접시에 담아 올린 것은 일반 제례 음식과 달라 보였다.

정성스레 준비한 제물은 일일이 한지로 봉해 사인교에 올려 사당으로 옮겼다.

다음에는 국수를 건지만 담고 달걀 지단을 고명으로 올렸다. 제사 음식의 중심이 되는 적은 숭어 한 마리를 구워 머리는 신주로부터 왼쪽이 되게 놓았다. 이 생선 꼬리에는 길이 20센티미터, 너비 2센티미터 한지 세 장을 앞뒤로 아코디언 모양으로 접어서 싸릿가지에 끼워 달았는데, 이것을 적사지(炙絲紙)라 한다. 생선에서 흘러나온 기름 등을 스며들게 하기 위한 것이다.

새로운 시대의 종부상을 보여주는 종부 이영자 씨와 차종손 준표 군.

그리고 그 옆으로 육적(肉炙)인 쇠고기 산적을 놓았고, 그 옆으로 닭 한 마리를 쪄서 등이 위로 가게 놓은 계적(鷄炙)을 올렸다. 편이라 하여 거피 낸 고명의 시루편에다 녹두 찰편을 담고, 그 위에는 찹쌀가루에 치자물을 들여 노란빛 고운 화전과 흰색 화전에, 대추를 꽃 모양으로 오려놓고 쑥잎으로 장식해 웃기떡으로 올렸다. 국은 탕국물을 놓았다.

이상의 제물은 어느 집이나 올리는 기본 제수품이다. 더 높이도 아니었고 흔히 올리는 부침개조차 없었다. 고운 피부와 맑은 미소에 여려 보이기만 하는 젊은 종부가 어떻게 이 많은 제물을 준비하는지, 일 년에 수십 차례 제사는 어떻게 모시는지, 그 많은 손님 접대는 어떻게 하는지 안쓰러워 보였다.

"스물다섯에 결혼했어요. 시집온 지 3년 만에 시어머니가 돌아가셨어요. 아무것도 모르는 저에게 힘이 되어준 것은 시어머니 계실 때 제수품의 가짓수와 만드는 방법을 적어둔 노트예요. 하지만 시어머니 손길에는 미치지 못합니다."

겸손하기까지 한 고운 종부의 이야기가 아름답게 들렸다.

"탕을 만들 때나 나박김치를 담글 때는 무를 반듯하게 썰어야 하고 목욕재계하여 정성을 다하라는 시어머니의 유훈을 마음에 새겨 실천하는 것이 정성이라 여깁니다."

한옥의 멋스러움과 현대식 편리함이 조화를 이루는 종가

수서 개발 때문에 1992년 종가가 헐려, 1999년에 200여 평 대지에 30칸의 종가가 다시 지어져 2002년에 입주했다.

광평대군 종가.
종가 뒤로는 바로
묘지가 이어진다.

"이 자리가 원래는 사당이 있던 자리였는데, 사당을 묘소 가까이 옮기고 종가를 짓게 되었습니다. 집 안은 살기 편리하도록 설계했지만 바깥 규모는 옛 왕가의 모습을 참고했습니다. 마당에서 3단의 기단을 만들어 건물을 높이고 우리나라 소나무를 구해 자재를 쓰면서 3년에 걸쳐 지었습니다."

아직도 마무리가 덜 됐다는 종손의 말이다. 밖에서 보면 규모 있는 전통 한옥이지만, 집 안으로 들어가면 소파가 놓인 널찍한 거실과 싱크대가 놓인 주방, 안방, 작은방, 실내 화장실 등 오늘날의 편리함을 갖춘 집 안 구조와 다를 바가 없었다. 하지만 아무리 현대식 구조라도 종가는 종가였다. 방 하나를 따로 마련해 제사를 모시는 곳으로 정갈하게 비워두고 4대조의 기제사를 모신다고 한다. 큰 집안의 웃어른답게 기품이 몸에 밴 태도로 사람을 맞는 종손은 대한손해보험협회 대구지부장이었다. 종가를 잠시도 비워둘 수 없어 먼 길을 출퇴근하다시피 한다.

종손의 의무가 대를 잇게 하는 것이 첫째여서 대학에 다니는 큰딸 아래로 두 딸을 더 낳고 10년 만에 아들을 얻었다는 종손은 늦게 얻은 아들이 어느새 훌쩍 자라 의젓한 모습을 보이니 든든한 모양이다. 준표 군은 평소 컴퓨터 게임을 즐기는 요즘 아이지만, 집 뒤뜰이 무덤이고 일 년에 수십 차례 지내는 제사를 보고 자라서인지 또래 아이들과는 분위기가 달라 보였다. 가정교육의 소중함이 보였다.

立春大吉
建陽多慶

의성 김씨 심산 김창숙 종가

자신과 두 아들을 독립운동에 바치다

돌담이 운치를 더해주는 심산 선생의 생가.

"무슨 들을 말이 있다고 멀리서 여기까지 찾아왔어요?"

사랑채 마루에 앉기를 권하는 심산 김창숙(心山 金昌淑, 1879~1962) 선생의 며느리 손응교 할머니는 구순을 바라보는 나이가 무색하리만치 형형한 눈빛이었고, 걸걸한 목소리가 힘있게 들렸다. 평생 정의를 위해 싸운 시아버지를 그림자처럼 따라다니며 뒷바라지를 해서인지 작은 체구지만 범접 못 할 기상이 묻어 있다.

"내 목소리가 남자 같지요? 내 나이 스물일곱 살 때입니다. 해방 직전이었어요. 우리 집안과는 의형제나 마찬가지였던 백범 김구(白凡 金九, 1876~1949) 선생이 남편의 유골을 가지고 왔어요. '찬기 동지를 잃어버리고 와서…' 라는 백범의 목소리가 어찌나 벼락 치는 소리 같은지 가슴이 무너졌어요. 그 충격으로 며칠 동안 목이 잠겨 소리가 나지 않더니 지금껏 이래요."

허구한 날 일본인들을 피해 다니느라 남편과 함께 산 날은 한 달도 채 안 되는데 날개도 제대로 펴지 못하고 이역만리에서 불귀의 객이 되다니…. 참말인가 싶어 아무도 없을 때는 유골함을 열어보기까지 했다고 한다. 아버지 김창숙의 뜻에 따라 상하이에서 독립운동을 하다가 서른 살 젊은 나이에 불귀의 객이 되어 돌아온 남편의 유골을 받아 든 종부의 비통함은 평생 풀리지 않은 한의 목소리로 남아 있었다. 추풍령을 넘어 처음 만나는 고을이 김천이라면 두 번째는 성주다. 지금은 달기로 소문난 참외의 고장쯤으로 알고 있지만, 조금만 거슬러 성주의 역사를 살펴보면 성산가락의 옛 터전으로 천연 석굴 등 그 영화의 자취가 곳곳에 남아 있는 고을이다. 이 유서 깊은 고을에 우리나라 최초의 대학 성균관의 초대 총장을 지냈던 심산 김창숙 선생의 종가가 있다.

선비의 꼿꼿한 지조가 묻어나는 소박한 종가

경북 성주군 대가면 칠봉동 사월리, 심산 선생의 생가에는 평생을 시아버지의 옥바라지와 병시중으로 보낸 며느리 손응교(취재 당시 85세) 할머니와 손자 김위(취재 당시 64세) 씨가 선비의 꼿꼿한 지조가 묻어나는 소박한 종가를 옛 모습 그대로 지키고 있었다.

심산 선생은 조선 선조 때 대사성(大司成)을 지낸 동강 김우옹(東岡 金宇顒, 1540~1603)의 13세 종손으로, 교육자로서뿐 아니라 민족과 국가의 불행한 운명 속에서 투쟁과 희생으로 일생을 마친 분이다. 독립운동을 하다 일제의 혹독한 고문으로 앉은뱅이가 되었고, 광복 후에는 남북 분단 반대에 앞장섰으며, 독재와 부패 추방 운동을 펼친 민주주의 수호자였다.

성주군청 옆에는 이 고장 인물로 자랑하는 심산의 기념관이 세워져 있다. 기념관에는 선생의 자취들을 담은 사진물과 서책 등을 전시해두었으며 선생의 투철한 조국애를 교육하는 강당으로도 쓰이고 있었다. 이곳에서 대가면 쪽으로 6킬로미터쯤 가다 보면 왼 에 '심산 김창숙의 생가'라는 표지판이 보인다. 표지판을 따라 1킬로미터쯤 들어가면 사방이 산으로 둘러싸인 아늑한 마을이 나타난다.

심산 선생의 손이 되고 발이 되었던 14세 종부 손응교 할머니와 15세 종손 김위 씨.

심산 선생의 꼿꼿한 지조가 묻어나는 소박하고 단출한 종가의 네 칸짜리 사랑채.

이 마을이 심산 선생의 13대조인 동강 김우옹이 태어나고 살았고, 아직도 후손들 20여 가구가 옛집을 지키며 정겹게 모여 살고 있는 곳이다. 이곳을 두고 다른 고을 사람들은 동강 선생과 같은 도학자가 태어났음을 기려서 사도실(思道室)이라는 애칭으로 부르기도 했다. 일곱 봉우리 산이 마치 마을을 감싼 듯하다 하여 칠봉리로도 불린다.

마을 어귀 가장 높은 곳에는 동강 선생의 위패를 모신 청천서원(晴川書院)이 있다. 조선 영조 때인 1729년에 동강의 학풍을 따르고자 했던 학자들이 세웠다가 고종 때 철폐된 것을 1992년에 복원한 것이다.

그 서원 발치쯤에 심산 선생이 태어나고 자랐다는 기와집 두 채가 돌담을 두른 채 가을 햇살을 고즈넉이 받고 있었다. 생가는 여느 종가에서 볼 수 있는 솟을대문이 우뚝한 것도 아니고, 하인들이 기거하던 행랑채도 없었다. 마치 선생의 맑은 인품이 그대로 드러나듯 소박하고 단출했다. 대문에 들어서면 4칸짜리 사랑채와 그 사랑채를 지나면 4칸짜리 안채가 있을 뿐이었다.

안채 마루와 방에도 대갓집에서 흔히 볼 수 있는 살림살이라곤 하나 없이 꼭 필요한 일용품뿐이었다. 안채 오른쪽에는 농기구를 넣어두는 창고 하나가 있었다. 이 두 채의 건물은 심산 선생이 태어났음을 기념해 '유형문화

동강 김우옹 선생과
심산 선생의 위패를
모신 종가의 사당.

재'로 지정해두었다.

종가 바로 곁에는 동강 선생과 심산 선생을 모신 사당이 있다. 이 사당과 동강 선생 때부터 교육장으로 쓰였던 성명서당(星明書堂)도 문화재로 지정되어 있다. 성명서당은 1910년 심산 선생이 성명학교로 고쳐 신교육을 했던 곳으로도 유명하다. 채색되지 않은 옛 모습을 그대로 간직한 사당에는 또 하나 귀한 것을 볼 수 있었는데, 불천위(不遷位, 영원히 제사 지내는 신주)로 모셔진 동강 할아버지의 행적을 적은 심산 선생의 글씨였다. 길이 25센티미터에 너비 6센티미터 크기의 신주에 104자의 글씨를 깨알같이 써두었다. 신필이 아니고서는 어림없는 작은 글씨였다. 직장 때문에 서울에서 살고 있다는 종손이 이날은 어머니를 뵈러 내려와 뜰에 무성한 잡초를 베고 있었다.

형무소에서 폐백을 올리다

종부의 삶은 근대사의 행간에 기록될 파란만장한 일생이었다. 경주 양동마을 월성 손씨 가문의 둘째딸로 태어나 열일곱 살 때 세 살 위인 심산 선생의 둘째 아들 찬기 씨와 혼인을 했다. 68년 전이다.

"우리 친정을 이해할 수가 없었어요. 어째서 남편은 독립운동을 하다가 붙들려 5년 집행유예 중이고 시아버지는 대전 형무소에 복역 중인 집안으로 날 시집 보낼 생각을 했는지…."

종부가 시아버지 심산을 처음 뵙게 된 것은 폐백을 올리는 자리였다. 그 자리가 바로 대전형무소였다. 독립운동을 하다 옥고를 치르게 된 심산은 꼿꼿한 성품으로 일제에 항거하다 모진 고문으로 앉은뱅이가 되어 있었다. 붉은 죄수복을 입고 간수에게 업혀 나온 시아버지께 며느리로서 첫 인사로 4배의 큰절을 올렸다. 절을 받은 선생이 한 말은 '아들·딸 낳고 잘살기 바란다'라는 덕담이 아니었다.

"우리 집안은 조국이 없기 때문에 조상도 없이 살고 있다. 나는 이렇지만 이 집안의 흥망은 너희에게 달렸으니 집안을 잘 보존해라."

이런 비장한 당부의 말씀을 받아들이기에는 너무 어린 열일곱 신부였다. 어린 신부는 당황한 나머지 그만 친정으로 발길을 돌리고 말았다. 하지만 친정 대문에 들어서자마자 아버지의 불호령이 떨어졌다.

"당장 나가라는 말씀이 그렇게 반가울 수가 없었어요. 나는 평범한 여자이기보다는 내 일을 갖고 싶은 꿈이 있었거든요. 그러니 이때다 싶어 집을 나갈 각오를 했지요."

그런데 조부께서 사랑채로 불러 손녀가 시집으로 돌아갈 수 있도록 타일렀다.

"심산은 조국을 위해 일하니 동강 종가를 보존하고 말고는 너한테 달렸다. 여자로서 부귀영화를 누리며 사는 것보다 나라를 올바르게 이끌고 정의롭게 살려는 독립운동가의 가문을 지켜나가는 것이 더 의미 있는 삶이 되지 않겠느냐."

시아버지에게 담배를 배우다

"아마 내 운명이었던 것 같아요. 시아버지가 다 돌아가시게 됐다는 연락이 급하게 와서 어쩔 수 없이 시댁으로 달려갔어요." 선생을 대구에 있는 큰 병원에 입원시키고 병약한 시어머니를 대신해서 시아버지의 대소변을 받아내기 시작한 것이 평생으로 이어졌다.

"독립운동 하느라 가산은 다 팔아 쓰고 집안에는 아무것도 없었어요. 제전(祭田) 몇 두락이 있었지만 농사를 지을 사람도 없었지요. 내가 시집왔을 때는 하인이 세 명이나 있었는데 해방된 후에 시아버지께서는 노비 신분을 풀어주어 자립할 수 있도록 내보냈어요. 그러니 끼니를 끓이지 못할 때도 많았어요."

누가 돈이나 고깃거리를 가져오면 그 사람의 됨됨이가 괜찮아야 먹지, 아니면 고기가 다 썩어도 먹지 않고 돌려보낸 시아버지였다고 한다.

"해방만 되면 마음 편히 지내지 않을까 했는데, 자유당 시절에는 더 분

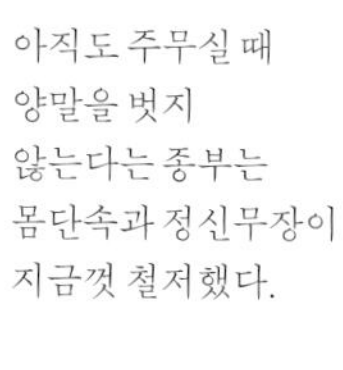

아직도 주무실 때 양말을 벗지 않는다는 종부는 몸단속과 정신무장이 지금껏 철저했다.

하고 억울한 일을 많이 겪었어요."

아이를 업고 독립운동 심부름도 많이 했던 종부는 해방 후 자유당 반독재 투쟁으로 일관하는 시아버지를 모시고 아버지 일굴도 보르는 남매를 키우면서 삯바느질로 생계를 이어갔다. 남편을 잃고 두 아이를 키우느라 고생하는 며느리가 안쓰러웠던 시아버지는 며느리에게 담배를 가르쳤다.

"시아버지께서는 담뱃불을 붙여달라 하시면서 나에게 담배 맛을 알게 해주셨어요."

그때부터 종부는 줄담배를 피우는 애연가가 됐다. 아쉬움은 있지만 후회는 하지 않는다고 한다. 하늘을 우러러 한 점 부끄럼 없이 산 종부는 심산 같은 어른이 계셨기 때문에 나라가 반이라도 있다고 생각해주었으면 좋겠다는 말도 잊지 않았다. 신문기자가 되고 싶다는 남다른 꿈을 가졌던 종부의 일생은 일제 탄압, 해방, 남북 분단, 한국전쟁, 4·19를 거치는 격동의 시대에 나라를 바로잡기 위해 투쟁으로 맞섰던 시아버지 심산의 그림자가 되면서 그 꿈은 날개를 접고 말았다.

"정치와 상업은 서로를 배신하지 않고서는 살 수가 없다"

집안의 그치지 않은 환란으로 아버지 없는 자식들에게 따뜻한 사랑의 눈길 한 번 주지 못했는데, 아들 위씨는 경기고를 나와 서울대 공대를, 딸 주씨는 경기여고를 다니다가 중퇴하고 어머니를 도와 오빠의 공부 뒷바라지를 하며 참하게 커주어 고맙다고 한다.

"우리 종손은 할아버지를 닮아서 어릴 때부터 기억력이 뛰어나 천재로 소문났어요. 살림이 어려워 경기고등학교 2학년 때부터 고학으로 서울대학교를 마쳤으니 보통 머리로는 어림없는 일이지요. 효성도 지극해 주말마다 내려와 어머니 곁에서 잠을 자곤 합니다."

이웃 할머니가 놀러 왔다가 종손 자랑부터 했다. 종손에게 할아버지에 대한 추억을 물었다.

"서울대학교 문리대 철학과에 가고 싶어 원서를 넣었는데, 할아버지께서 사람을 시켜 공대로 지원서를 바꿔 넣었어요. 정치와 상업은 절대 반대를 하셨어요. 기술을 익혀 능력껏 살아야 한다는 말씀이었습니다. 정치와 상업은 서로를 배신하지 않고서는 살 수가 없다는 것이 할아버지의 철학이었습니다."

할아버지 말씀대로 평생 직장생활을 하다 퇴직금을 받아 문중의 상징인 청천서원 복원에 썼다. 종부가 시아버지의 손이 되었다면 손자는 할아버지의 발이 되었다. 심산 선생이 독립운동을 위해 상하이에 머물러 있을 때 어머니가 세상을 떠났다. 외아들이었던 선생은 일본인들에게 쫓겨 상주 노릇을 할 수 없었다. 20년 만에 고향으로 돌아온 선생은 불효한 마음을 달래기 위해 어머니 무덤 옆에 초막을 짓고 시묘살이를 했다. 이때 할아버지를 여막(廬幕)까지 업고 가는 것은 손자의 몫이었다. 종손은 아버지에 대한 기억조차 갖지 못했지만 앉은뱅이가 된 할아버지를 업고 다니면서 근세사를 조망할 수 있었다고 한다.

일제에 항거하다 고문으로 앉은뱅이가 된 심산

김창숙 선생은 본관이 의성, 호는 심산이다. 자는 문좌(文佐), 별명을 우(愚)라 했다. 또 일제의 고문으로 앉은뱅이가 되자 별호를 벽옹(躄翁)이라고도 했다. 아버지 김호림과 어머니 인동 장씨의 1남 4녀 중 외아들로 태어난 그는 대학자 가문의 종손으로 얼마든지 편안한 삶을 누릴 수 있었지만 스스로 기구한 인생 행로를 선택했다.

갑오년 동학혁명이 일어날 즈음인 열여섯 살 때, 선생의 부친은 서당의 학도들을 불러 이제부터는 농부들과 함께 모내기를 해야 하며, 문벌과 신분 차이를 없애야 한다고 주장했다. 이때 선생은 어린 나이였지만 아버지 말씀에 크게 영향을 받고 선각자적인 지식인으로서 포부를 지니게 됐다고 한다.

심산 선생의 애국 행적은 을사조약 때 스승인 이승희와 함께 성주에서 서울에 와 이완용 등 오적을 참형에 처하라는 상소를 고종에게 올리면서부터

청천서원에 보관 중인 동강 선생의 목판본.

시작되었다. 일진회의 매국도당들이 한일합병론을 제창할 때는 「역적을 치지 않는 사람 또한 역적이다」라는 격문을 돌리고 동지를 규합하여 일간신문에 성토문을 보냈다가 8개월 간 옥고를 치르기도 했다.

1910년 국채 상환을 위해 모은 기금이 친일파의 손에 넘어가는 것을 거부하고 고향 동지들과 함께 사립 성명학교를 세워 교육에 임하기도 했다. 이해 8월 한일합병이 이루어지자 "선비로서 나라를 지키지 못하고 세상을 살아간다는 것은 치욕"이라며 술을 마시고 미치광이 짓으로 날을 보내다가 모친의 따뜻한 교훈으로 5년간 두문불출하며 독서에 매진했다. 그의 문학적 소양과 지적 수준은 이때 쌓은 것이며 후일 성균관 총장까지 이르게 된다.

1919년 3·1운동이 일어나고 전국 유림 대표들이 서명한 한국 독립을 호소, 유림단 진정서를 가지고 상하이로 건너가 파리에서 열리는 만국평화회의에 우송했다가 이듬해 제1차 유림단 사건으로 경찰에 체포되었다. 출옥한 후 다시 중국으로 가서 1921년 신채호 등과 『사민일보(四民日報)』를 발간해 독립정신을 고취시키기도 했다.

1925년에는 임시정부 의정원 부의장에 당선되어 활동하다가 상하이 주재 일본 영사관원에게 잡혀 본국으로 압송되어 14년형을 선고받는다. 이때 옥중에서 일본인들의 모진 고문으로 앉은뱅이가 된다. 그리고 큰아들 환기(취재 당시 20세)가 일본 경찰에 체포되어 고문 끝에 옥사했다는 소식을 듣고 병이 악화된다. 이후 대전 형무소에서 해방을 맞이했지만 둘째 아들 찬기마저 잃는 아픔을 겪는다. 두 아들을 모두 독립운동에 바친 것이다.

1946년에는 유교재단을 정비해 성균관대학을 설립하고 초대 학장으로

동강 선생의 위패를
모신 청천서원.
서원의 잔디, 정원석
하나에도
종부의 손길이
닿았다.

마을 어귀 가장 높은 곳에 자리 잡은 청천서원.

취임했다. 한국전쟁 뒤에는 대통령 이승만 하야 경고문 사건으로 부산형무소에 40일간 수감되었다. 1952년 부산에서 정치 파동이 일어나자 신익희, 조병옥 등과 반독재호헌 구국선언을 발표하여 테러를 당하기도 했다. 1953년에는 성균관대학교가 종합대학으로 승격하면서 초대 총장에 취임했다. 하지만 자유당 정권의 압력과 이에 결탁한 세력에 의해 모든 관직에서 사퇴하고, 일제 때 고문으로 얻은 지병으로 투병생활을 하다 84세로 파란만장한 생을 마감했다. 정부는 심산 선생의 장례를 사회장으로 지내고 묘역을 서울 수유리에 안치했다.

고달픈 심신에 살과 피가 된 육회와 된장찌개

"망명 다니실 때는 먹을 것이 없어 두부를 만들고 남은 비지에 소금을 넣고 먹으면서 허기를 면했다고 하셨어요. 그러니 먹는 것을 가지고 싱겁다 짜다는 말씀을 하신 적이 없어요."

◀ 심산 선생이 특히 즐겨 하셨다는 육회.

▶ 담백하고 구수한 된장찌개.

그러니 심산 선생에게는 즐겨 하시던 육회도 어쩌면 사치였을지도 모르겠다. 노종부는 오랜만에 만들어보는 육회라면서 즐거워했다. 고기를 다지는 솜씨도 아직 힘차 보였고 양념을 넣고 조물조물 무치는 모습도 젊어 보였다. 배 채를 썰 때도 옆에서 거들려는 사람이 무색할 정도로 곱게 썰었다. 어디에 저런 힘이 있을까 싶었다. 아직도 주무실 때 양말을 벗지 않는다는 아들의 귀띔으로 보아 젊어 혼자 되셨으니 몸단속과 정신무장이 철저했을 것이고, 아직도 그 무장은 해제되지 되지 않은 듯했다.

종부가 만든 육회는 고기를 다져 참기름과 설탕, 소금, 간장으로 간하고 마늘은 조금만 넣는다. 심산 선생은 마늘을 유난히 싫어하셨다고 한다. 대신 잣을 다져 넣었다. 양념이 잘 배도록 무친 고기를 채썬 배 위에 올리고 그 위에 잣가루를 뿌렸다. 심산 선생은 육회를 상에 올리면 반주를 드셨는데 석 잔 이상 마시는 것을 보지 못했다고 한다.

육회를 다지고 남은 힘줄 있는 고기를 따로 떼어놓았다가 된장찌개를 끓인다. 뚝배기에 풋고추를 썰어 넣고 애호박을 네모나게 썰고 두부도 네모나게 썰어 넣어 담백하게 끓인 된장찌개를 상 위에 올리면 다른 반찬은 찾지 않았다고 한다. 그 푸짐한 점심을 먹으면서 아마도 종부의 요리 솜씨를 맛보는 것은 우리가 마지막이 되지 않을까 싶었다.

의령 남씨 충장공 남이흥 종가

신분마저 초월해 의리를 지킨 장군가의 기백

서울대와 정신문화원 교수들이 선정한 한국의 명망 있는 종족 마을인 의령 남씨 집성촌인 도이리는 예절을 지키고 교육을 숭상하며 가문의 품격을 유지하고자 하는 남씨 일문의 노력을 엿볼 수 있다.

2000년 11월 우리나라에서 가장 장대한 서해대교가 개통되면서 충청남도 당진군 대호지면 도이리에 있는 의령 남씨들의 집성촌은 이제 서울의 이웃이 되었다. 400여 년간 의령 남씨들의 집성촌을 형성하고 있어 명망 있는 종족 마을로 학계의 연구 대상이 되었던 이 마을 사람들은 젖소를 키우고 농사를 지으며 평화로운 농촌 풍경 그대로인 채 소박한 삶을 살고 있다. 그러면서도 자신들의 정체성에 대해서는 강한 자부심을 가지고 있었다.

임진왜란 때 순국한 의천부원군 남유(南瑜, 1552~1598) 장군과 정묘호란 때 순절한 충장공 남이흥(忠壯公 南以興, 1576~1627) 장군의 후손들이기 때문이다. 나라 위해 아버지와 아들이 목숨을 바친 일은 흔치 않아 그분들의 신주를 모신 충장사(忠壯祠)와 나라에서 내린 정려각(旌閭閣)은 이 마을 사람들의 정신적인 지주가 되어 있다. 400여 년 정성스럽게 보관해온 갑옷받침, 인조가 충절에 보답하기 위해 내린 곤룡포 등 값진 문화재도 유물관에 보관되어 있다. 유물관에 보관되어 있는 갑옷받침에는 장군이 전장에서 흘린 핏자국과 화살구멍이 지금도 생생하다.

종가에는 14대 종손 남주현(취재 당시 53세) 씨와 부인 이경희(취재 당시 52세) 씨 부부, 노종부 한동현(취재 당시 80세) 할머니가 젖소를 키우며 조상의 봉제사를 모시고 있다. 2002년 3월 4일에는 이 마을의 가장 큰 행사인 남이흥 장군의 불천지위(不遷之位) 제사가 있어 엄숙미 넘치는 종갓집의 전통 제례와 제례 음식을 살펴볼 수 있었다. 경기도 평택시와 충남 당진군을 연결하는 연장 7310미터의 서해대교는 착공한 지 만 7년 만에 개통한 우리나라 최대의 다리다. 세계에서도 아홉 번째로 큰 다리라 하니 이 다리를 건널 때마다 우리의 국력에 뿌듯한 자긍심이 생기기도 한다.

충장공 남이흥 장군의 숨결을 느낄 수 있는 유물관.

학계의 연구 대상인 명망 있는 동족마을

서해대교가 생기면서 가장 혜택받은 지역이 바로 당진이다. 1950년대까지만 해도 당진에서 서울을 가려면 목선을 타고 8~10시간 족히 가야 했었고 그 이후 교통이 좀 나아졌다 해도 대교가 뚫리기 전까지는 남부터미널까지 2시간 거리였지만 이제는 강남을 기준으로 1시간이면 갈 수 있게 되었다.

서울과 한층 가까워진 당진. 당진군에서는 새로운 관광명소로 발돋움하기 위해 '해미읍성'을 비롯 '김대건 신부 탄생지', 신라 때의 절 '영랑사지', 국민관광지로 지정된 '삽교호' 등의 다양한 문화유적들을 발굴해 가꾸고 있다. 그중 청소년들에게 정신적인 자양분이 될 수 있는 도이리의 충장사(忠壯祠)는 당진군이 첫째로 내세우는 문화유적지다.

중국 산둥성에서 우는 닭울음소리가 들린다고 할 정도로 당진은 중국과의 뱃길이 가까워 신라 때는 당나라의 문물을 받아들이는 디딤돌 역할을 한 큰 항구도시였다. 당나라 '당(唐)'자가 붙여진 당진이라는 이름도 그때 지어졌다 한다. 하지만 지금은 낚시꾼들과 신선한 회를 찾는 한적한 포구로 남아

◀ 전국 각지에 살고 있는 문중 사람들이 모여 정성스레 제사를 준비하고 서로의 안부를 묻는다.

▶ 집안 어른이 제사의 축문을 쓰고 있다.

관광지로 소개되고 있다.

충장사는 당진읍에서 승용차로는 15분 거리다. 당진군청에서 615번 도로로 가다 고대면에서 좌회전하면 649번 도로를 만난다. 이 길로 가다 보면 정미면이 나오고 오른편으로 작은 길 하나가 있다. '충장사'라는 빗돌이 보인다. 그 빗돌을 쫓아 첫 번째 고개 하나를 넘으면 의령 남씨들의 집성촌인 도이리 마을이다.

복숭아와 오얏나무가 많아 도이리(桃李里)로 불려진 이곳은 서울대와 정신문화원 교수들이 선정한 한국의 대표적인 동족마을로 연구 대상이 되기도 했다. 그러나 안동의 하회마을과 같이 외형적으로는 초가지붕이나 기와지붕이 즐비한 마을이 아니다.

집들이 작은 골짝골짝마다 띄엄띄엄 흩어져 있는 특징을 가지고 있다. 그럼에도 종족마을의 대표로 선정된 것은 도이리 주민 중 의령 남씨의 비율이 절반 이상이라는 것과 반상관계가 사라진 오늘날에도 의령 남씨 가문은 특별히 마을의 모든 일에 구심점 역할을 하고 있다는 점을 들었다.

더욱 중요한 것은 이웃마을에서 남씨 문중의 문화적 우월성과 헤게모니를 인정하고 있기 때문이라 한다. 여기에는 예절을 지키고 교육을 숭상하며 가문의 품격을 유지하고자 하는 남씨 일문의 문화가 적극적으로 작용했다. 1641년 터 잡은 이래 지금까지 면면히 이어지고 있는 종가 고택과 충장공의 묘소, 사당, 정려, 유곡묘원 등이 종족마을의 특징을 뚜렷이 보여 주고 있는 것이다.

노비도 비석을 세워주다

남씨 일문의 구심점인 종가는 나지막한 산을 뒤로하고 앞으로는 조붓한 들과 바다가 잇대어 있는 양지바른 언덕에 자리하고 있다. 입구에는 고택보다 나이가 많다는 당산나무 한 그루가 종가를 지키듯 서 있고 충장공의 신도비가 종가임을 알려준다. 월요일인데도 제례에 참석하기 위해 멀리서 온 문중 사람들의 자동차가 줄지어 있었다.

충신의 절개를 상징하듯 청솔이 숲을 이루고 있는 종가의 뒷동산 양지바른 곳에 충장공의 묘소가 있다. 장군의 묘 곁에는 아버지 남유 장군의 묘도 함께 있다. 남유 장군은 임란의 전세가 악화되자 어머니 상중임에도 나주목사와 좌영장(左營將)을 겸직해 남해 노량진에서 이순신 장군과 함께 외적을 물리치다 47세로 순절했다.

한단 아래에는 충장공을 따라 자결한 부실(副室) 무덤과 주인을 따라 숨진 충복(忠僕)의 비석이 눈길을 끌었다. 계급사회였던 조선시대에 이런 무덤은 흔치 않다. 안내를 하던 종손은 "충장공께서는 화약고에 적을 유인해놓고 자신은 이미 적과 함께 죽을 각오를 하고서 따라온 두 노비에게는 노비 신분을 풀어줄 테니 화약고에 불을 지른 뒤 집으로 돌아가라고 했답니다. 그러나 두 노비는 돌아가지 않고 화약고에 불을 지른뒤 그 자리에서 주인을 따라 순직했다고 합니다. 얼마 전까지만 해도 충장공 제삿날 마당에 천막을 치고 제사를 지내 주었어요. 노비들의 제사에는 종가의 하인들이 제주(祭主)가 되었

종가 옆에는 심신을 단련할 수 있는 활터가 있다.

는데 시대가 이렇게 변하자 아무도 제주를 하지 않으려 해 제사는 폐하고 대신 비석을 세웠습니다"라고 말했다. 신분을 초월해 의리를 지켜가는 종가의 후덕한 인심으로 흔적 없이 사라질 뻔한 두 노복과 부실은 주인 곁에서 영원히 살아 있게 되었다. 이 묘소는 1971년 경기도 성남시에서 이곳으로 옮겨온 것이다.

충장공의 갑옷받침과 임금이 하사한 곤룡포

묘소 아래에는 충장공과 4대조 신주를 모신 사당 충장사가 있고 충장사 아래에는 충장공과 그 아버지 남유 장군의 정려각이 있다. 충장사와 정려각은 충장공의 아드님 때 지은 건물로 문화재로 지정돼 있지만 그 수명이 다해 문화재 관리국에서 보수를 위해 버팀목을 쳐두었다. 아마도 옛 건물 그대로를 볼 수 있는 것은 지금이 마지막이 아닌가 싶다. 돌계단을 내려오면 오른편에 유물관이 두 채 있는데 본래의 것은 통풍이 잘 되지 않아 그 아래에 다시 지어 유물들을 보관해두었다.

기골이 장대한 장군의 풍모를 짐작할 수 있는 장군의 옷과 임금이 하사했다는 곤룡포.

유물관 입구에는 이괄의 난을 평정한 일등 공신으로 나라에서 하사했다는 충장공의 생전 모습 그대로인 영정(影幀)이 있다. 장군의 갑옷받침인 녹피의 길이가 142센티미터로 기골이 장대한 충장공의 모습에서 1000명의 군사로 3만 대군과 맞서 싸웠던 장군의 기백이 살아 숨 쉬는 듯했다. 적과 함께 자폭했기 때문에 관에는 시신 대신 장군복을 넣었다. 그 장군복과 임금이 하사했다는 곤룡포 등은 복식사에 귀중한 자료가 되어 있다. 그뿐만 아니라 지금의 임명장 같은 교지, 순절공신록으로 내린 대호지면 일대의 소유권인 사패절목(賜牌節目) 등 종가에서 배출된 인물들의 공적과 서책 등이 전시되어 있다.

일본 음식은 절대로 올리지 않는다

유물관 맞은편에 종가 대문이 있다. 여느 종갓집과 같은 솟을대문이 아니라 안채로 들어가는 소박한 대문이었다. 사랑채와 솟을대문은 복원하지 못한 채였고 대문에 잇대어 지어진 건물은 예전에는 행랑채였지만 지금은 종회를 여는 사랑채 역할을 하고 있다. 'ㄷ'자 모양의 안채 마당은 아직도 흙마당 그대로인 채 옛 모습을 지키고 있었다.

안채에서는 제사 준비가 한창이다. 안방에서는 노종부의 지휘에 따라 문중 부인들이 전을 굽고 있었다. 수백 년 된 무쇠솥이 그대로 걸려 있는 재래식 부엌은 구수한 음식 냄새와 분주히 움직이는 사람의 향취로 잔칫집 분위기다.

충장공의 불천위 제사는 문중에서 가장 큰 제사인지라 제물은 후손들의 정성을 담아 모두 집에서 장만한다고 했다. 손이 많이 가는 음식이라 웬만한 집에서는 사서 쓰는 산자, 약과, 다식도 노종부의 손으로 며칠 전부터 준비해 두었고 제상에 올릴 술은 2주일 전에 미리 담아 숙성시켜 두었다.

"왜적에게 목숨을 잃은 선대들의 제례에는 일본인들의 기술로 만들어진 음식은 절대로 올리지 않아요. 재료부터 양념까지 이 마을에서 생산되는 것들로만 장만하려 합니다."

40년 넘게 제례 음식을 만들어온 노종부의 설명이다. 제사 시간이 가까워 오자 본격적인 제례 준비가 시작된다. 안채 대청에는 제사를 모시기 위한 장막 같은 새하얀 앙장(仰帳)을 치고 병풍을 둘러 제상을 놓았다. 향상도 제상 앞에 놓여졌다. 식어도 관계없는 제물을 먼저 차리는 것으로 제상이 준비된다.

전통과 예, 미가 살아 숨 쉬는 불천위 제사

제사는 정오에 시작되었다. 예전에는 밤 12시에 지냈지만 멀리서 참석하는 문중 사람들을 위해 돌아가신 날 낮에 모시기로 했다는 것이다. 종손 남주현

씨가 제관들을 앞세우고 사당에 가서 오늘이 기일임을 고하고 영정과 신주를 모셔 오는데 이를 출주(出主)라 한다. 청사초롱을 든 집사들이 길을 밝히고 문중의 가장 어른이 사당에 걸렸던 영정을, 종손은 신주를 모셨다. 그 뒤로 양산(日傘)을 든 집사들과 참례자 모두 뒤따랐다.

먼저 영정을 병풍 앞에 걸고 종손은 신주를 교의에 모신 다음 종손 이하 참례자 모두 참신의 예로 두 번 절했다. 신주가 아닌 신위일 때는 분향, 강신 후에 참신을 하지만 신주를 출주해 모시면 참신례부터 한다 했다. 제주는 자루향을 3자루 향로에 꽂고 두 번 절하여 분향의 예를 올린다. 강신의 차례, 제주는 집사가 따라 준 술잔을 모사에 세 번 나누어 부어 혼백을 모신다. 강신 후에도 제주는 혼자서 두 번 절한 후 비로소 메와 국을 상위에 올린다. 이후부터는 종가에서 예부터 전해오는 제례법에 따라 초헌, 독축, 아헌, 종헌, 첨작, 삽시정저, 합문, 계문, 헌다, 철시복반, 사신, 철상, 음복의 순으로 진행됐다.

이날 초헌관은 당연히 제주인 종손이었으며 아헌과 종헌은 문중 사람 중에 정했다. 가문에 따라 제주의 부인인 주부가 아헌을 하는 경우도 있으나 종가에는 종부가 아헌을 하는 일은 없었다고 한다. 숟가락은 메의 중앙에 꽂고 젓가락을 가지런히 고른 뒤 적 위에 올려놓는 삽시정저는 정성을 모아 음

종손이 신주를 교의에 모신다. 제주는 집사가 따라 준 술잔을 모사에 세 번 나누어 부어 혼백을 모신다.

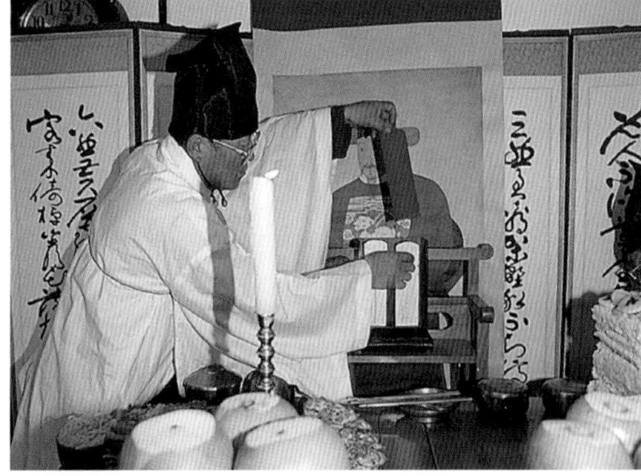

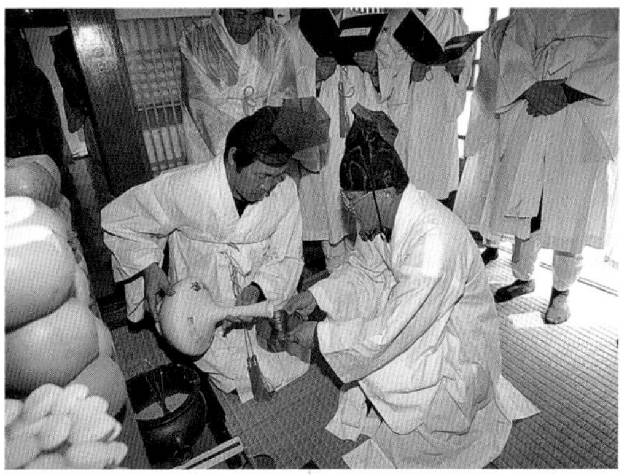

식을 준비했으니 맛있게 드시라는 뜻이다. 삽시정저 후에 합문, 즉 문을 닫고 잠시 나가 있는 이유는 간단하다. 산 사람도 음식을 먹을 때 다른 사람이 바라보고 있으면 음식이 잘 넘어가지 않는 것과 같은 이치다.

종손 남주현, 이경희 부부와 노종부 한동현 할머니.

충장공 불천위 제사는 안채 대청에서 치러지는 관계로 문을 닫고 밖으로 나가는 대신 제상 뒤에 처진 병풍을 'ㄷ'자 모양으로 만들어 제상을 감싸고 앞쪽은 걷어올린 앙장을 내리는 방식을 취했다. 이때 제주와 참석자들은 무릎을 꿇고 머리를 숙인 채로 아홉 수저 먹을 동안 기다렸다. 다시 문을 열고 들어가는 계문의 신호는 축문을 읽는 분의 헛기침이다. 지금은 노크 문화로 인해 사라져버린 헛기침의 미학이 제례에서는 고스란히 살아 있는 것이다.

제주의 헛기침 소리를 신호로 앙장을 다시 걷어 올리고 제상 뒤에 있는 병풍도 원래대로 한다. 헌다 순서에는 차 대신 숭늉을 올렸으며 이때 참석자들은 공수한 채 국궁의 예를 취한다. 철시복반은 밥을 한 수저 떠서 숭늉그릇에 말고 수저와 저분은 시접그릇에 놓고 메그릇의 뚜껑을 덮는 것이다. 다음으로는 영혼을 전송하는 절차인 사신의 순서다. 제관 이하 참석자 모두 두 번 절한 뒤 축문을 불사르고 신주를 다시 사당으로 모시게 된다.

종가 제사의 특징은 일반적으로 두 분 신위에 대한 메와 갱을 신주로부터 오른쪽에 한쌍, 왼쪽에 한쌍 나누어 놓도록 되어 있으나 오른쪽에 메 두 그릇을 놓았고 왼쪽에 갱 두 그릇이 놓여진 점이 차이가 있었다.

충장공의 제사 음식의 특징은 탕과 식혜를 올리지 않았고 대신 칠첩반상을 올린다는 점이다. 노종부가 시집온 후로 한 번도 탕을 올리지 않았는데 이는 문중 어른들이 제물을 간소화하기 위해 없앤 것으로 추측된다고 한다. 나박김치 대신 양념 넣은 배추김치가 올려진 것도 특징으로 보였다. 30여 명의 문중 사람들이 제사가 끝난 뒤 음복을 하며 서로의 안부를 묻고 이야기꽃을 피우는 모습에서 제사는 후손들의 우의를 다지게 하는 좋은 매개체라는 생각을 떠올리게 했다. 또한 지나친 형식주의로 지적될 수 있는 복잡한 제사의 절차도 사실은 엄숙하고 정결한 분위기 속에서 정성을 다해 조상을 영접하기 위한 예법임을 비로소 깨닫게 된다. 다시 말해 절차와 형식은 보이지 않는 정성을 담아내고 구체화시켜 주는 그릇인 것이다.

예술의 향취 가득한 '살아 숨 쉬는 박물관', 의성 김씨 지촌 김방걸 종가

임하댐으로 생긴 호수가 한눈에 내려다보이는 곳에 자리 잡은 의성 김씨 지촌 종가.

"350년 된 종가의 고택에서 가족과 함께 휴가를 보내세요."

밤이면 별이 손에 닿을 듯하고 반딧불이가 날아다니는 곳, 들리는 것이라곤 풀벌레 울음소리와 바람소리뿐. 이른 아침이면 아스라이 피어오른 호수의 물안개가 태고의 신비를 느끼게 한다.

낮에는 한가로이 낚싯대를 드리우고, 바구니 들고 나가 지천에 널린 산나물과 버섯을 캐고, 끼니마다 안동지방의 반가 음식을 맛볼 수 있다.
어스름 저녁 그 옛날 선비들이 글 읽던 서당에서 생활 예절을 배우고, 장작으로 아궁이에 불을 때는 온돌방에서 잠을 자면 조선시대로 돌아간 기분이 든다. 그뿐만 아니라 종가의 헛간에서 만나는 망태기와 낫, 디딜방아, 떡메, 삐걱거리며 매달린 문, 우물 '정(井)'자로 놓인 마루, 격자무늬 창문이나 장독대 같은 생활 공간 하나하나가 '살아 숨 쉬는 민속 박물관'으로 자녀들에게는 산 교육장, 어른들에게는 추억의 장이 되기도 한다.

경북 안동시 임동면 지례예술촌길 390 '지례예술촌(知禮藝術村)'이 그곳이다. 조선 숙종 때 임금의 잘못을 간하는 대사간이란 벼슬을 지낸 의성(義城) 김씨 지례파 지촌 김방걸(芝村 金邦杰, 1623~1695) 선생의 종가다.

그곳을 찾아 양반 마을로 알려진 안동으로 새벽길을 나섰다. TV 드라마 촬영장으로 유명해진 문경새재를 넘고, 예천과 풍산고을을 지나 안동에 도착한 시각은 서울에서 떠난 지 다섯 시간. 또다시 안동에서 영덕 방면으로 가는 34번 국도를 따라 20분쯤 달리면 수곡교가 나온다. 이 수곡교를 건너 오른으로 7분쯤 더가면 소박하지만 아름다운 이름을 가진 '박곡리'라는 작은 마을에 접어든다. 이 마을을 끝으로 험준하고 굽이진 산길을 15분쯤 오르내려도 종가는 보이지 않았다.

산 속의 외딴섬 같은 종가

길을 잘못 든 것은 아닐까 하는 생각이 들 때쯤 저 멀리 임하댐 호숫가에 종가가 모습을 드러냈다. 산수와 어우러진 종가의 모습은 마치 한 폭의 동양화 같았다. 도로 사정이 좋아진 지금도 '산 속의 외딴섬' 같은 이곳이 350여 년 전에는 어떠했을까? 무슨 사연으로 이런 궁벽진 산 속에 집을 지었을까? 그것도 벼슬과 문장이 출중한 선비의 집이었으니 궁금증은 종가가 가까워질수록 더해졌다. 서울 출발 여섯 시간 만에 종가에 다다랐다.

종가에는 지촌 선생의 12세 종손 김구직(취재 당시 81세) 옹을 모시고 차종손 김원길(취재 당시 60세) 씨와 부인 이순희(취재 당시 55세) 씨가 살고 있었다. 전망 좋은 행랑채로 차종손이 안내했다. 일행 네 명이 종손에게 절로써 인사를 하려니 비좁은 느낌이 들 정도로 방이 작았다. 하지만 사방에 열린 창문 너머로 푸른 호수가 시원했고, 솔향기 섞인 자연 그대로의 바람이 등줄기 땀을 서늘하게 식혀주었다.

"지금은 우리 집만 외따로 있지만, 그때는 일가친척들이 30여 호 모여 살았어요. 그분들은 이 깊은 산중에 남아야 할 이유가 없어 모두 떠났지만, 종가는 조상이 천년대계를 바라보고 정한 터라 함부로 옮길 수가 없잖아요. 다행히도 문화재여서 정부 지원을 받아 본래 자리에서 250미터쯤 올라온 이곳으로 건물을 옮기게 됐습니다."

임하댐 건설로 수몰 위기에 처한 종가가 이곳으로 옮기기 시작한 것은 1983년부터였다고 한다.

방 열일곱 개 대저택을 창작의 산실로 만들다

정부 지원 외에도 사비를 모두 털어 서까래, 주춧돌, 기왓장 하나까지 그대로 해체했다가 고스란히 복원하는 대공사는 터닦기부터 시작해 완공까지 4년이나 걸렸다.

"흩어져 있던 지산서당도 한자리에 모으니 방이 열일곱 개나 되는 대저택이 됐지요. 예전에야 한 집에 4대가 함께 살았고 아랫사람들도 많았으니 대갓집이라면 이 정도의 건물이 필요했겠지요. 하지만 현재 우리 가족은 아버님과 저희 내외밖에 이곳에 살 수가 없어요. 그러니 이 너른 집을 어떻게 사용할까 하는 고민을 하게 됐지요."

식구가 많아 옹기 항아리들이 많다. 여름에는 독을 씻어 햇볕에 바짝 말려야 한다.

차종손은 1남 2녀를 두었다. 아들은 일본으로 유학을 갔고 두 딸은 안동과 서울에서 학교와 직장생활을 하고 있다. 빈집으로 두면 금방 퇴락할 것이고 일반인들에게 무작정 개방하자니 고택이 훼손될까 봐 꺼림칙했다고 한다. 시집을 세 권이나 낸 '한국예술문화단체총연합회 안동지부장'답게 차종손은 예술가들을 위한 창작의 산실로 만들고자 결심하기에 이른 것이다. 속세를 등진 듯한 이곳이라면 예술인들의 창작 산실이 되기에 충분하다고 생각한 것이다.

교수직을 버리고 촌장이 되다

그에게 잘나가는 교수직을 버리면서까지 종가로 들어와 예술촌의 촌장이 되기까지는 또 다른 이유가 있었다. 종손으로서 집을 지켜야 한다는 사명감이었다.

"종손 없는 종갓집은 죽은 집이나 마찬가지입니다. 사람이 살면서 집도 돌보고 허물어진 곳도 보수해야 종가가 이어질 수 있지 않겠습니까."

그러기 위해서는 정부의 문화재 정책도 단순한 건축물 보존 외에 종손들이 실제 이곳에서 살면서 종가의 전통을 이어갈 수 있도록 지원 방향을 바꿔야 한다고 말했다.

종가를 예술촌으로 꾸며 창작의 산실로 만든 차종손 김원길 씨.

종손의 말대로 종가를 답사하다 보면 넓은 뜰과 아름다운 정원, 기품 있는 고옥들이 제 구실을 하지 못한 채 비어 있거나 노인들만 지키고 있을 뿐이어서 아깝다는 생각을 늘 해왔다. 문화재로 지정된 아름다운 종가로 소개받고 찾았다가 종손이 살지 않아 안타깝게도 되돌아온 일이 여러 차 였다. 젊은 종손들은 자녀들 교육과 직장을 좇아 도회지로 떠나고 관리인을 두거나, 그것조차 형편이 되지 않으면 빈집으로 퇴락해가고 있는 것이 현실이다. 이런 상황에서 종가가 예술인의 창작 공간으로 또는 전통생활 문화 체험의 장으로 활용되고 있다는 것은 참으로 다행한 일이다.

종가가 예술촌으로 거듭난 햇수는 12년째다. 그동안 나라 안에 내로라하는 시인 묵객이 이곳에 묵으면서 맑은 공기를 맘껏 마시며 작품 활동을 하고 갔다. 이어령, 이문열, 구상, 홍신자, 김용익, 유안진, 성춘복 등이다. 조병화 시인은 이곳을 방문하고 종가의 아름다운 풍광을 이렇게 읊조리고 있다.

"아, 이 맑은 물과 바람은 어디서 오는 걸까!"

궁궐을 방불케 하는 125칸 종가

높고 낮은 산들이 병풍처럼 둘러싼 종가는 임하호를 내려다보는 곳에 솟을대문을 달았다. 대문간 채에 들어서면 사랑채의 드넓은 마당과 만나게 된다. 노종손이 거처하는 큰사랑과 차종손의 작은사랑은 일직선으로 설계되어 있다.

사랑채 사이에 있는 중문간 채를 통해 안채로 들어가면 시원한 대청이 딸린 안채가 입 '구(口)'자 꼴로 앉아 있다. 넓은 대지에 비하면 다소 좁다는 느낌이 들었지만, 매서운 겨울 추위를 생각하면 오히려 지혜롭다는 생각이 든다. 단아한 여인처럼 차분한 건물이다.

안채의 천장 밑에
책을 보관하는
벽장이 있다.
바닥으로부터
올라오는 습기를
피해 이곳에
고서들을 보관하고
있다.

떡판 등 곳곳에서 옛
정취를 맛볼 수 있는,
살아 숨 쉬는 민속
박물관.

안채는 종부가 거처하는 방 외에는 모두 내빈객의 숙소로 쓰고 있다. 본채를 둘러싸고 있는 행랑채 일부는 현대식 식당으로 개조했다. 사랑채의 광은 수세식 화장실로 고쳤다. 본채 뒤 산기슭에 있는 조상의 신주를 모신 사당과 제사를 모시는 제청(祭廳), 제물을 장만하는 주사(廚舍) 등은 조상을 위한 종가의 상징적인 건물이다. 지금은 사당 외에는 모두 예술인들의 창작 공간으로 활용하고 있다.

안동 양반 가옥의 정형인 종가는 3000여 평의 대지에 경상북도 문화재 제46호로 지정된 건물 10동 125칸으로, 서울의 궁궐을 방불케 했다. 조선시대 건축법에는 왕실이 아니면 아흔아홉 칸을 넘지 못하지만 이 댁은 제청과 서당까지 한곳에 있으니 칸수가 많을 수밖에 없다.

차종손은 이 건물들과 자연 경관을 최대한 활용하기 위해 '지례아카데미아'라는 거창한 이름의 조감도를 만들어놓고 있다. 전통문화와 학문, 예술과 레저를 함께 즐길 수 있는 제대로 된 종합 예술촌으로 개발하겠다는 생각이다. 케이블카, 야외 음악당, 실내 공연연습장, 선착장도 설계해놓고 있다.

시인과 문인으로 유명한 학자 집안

종가가 이곳에 자리 잡은 햇수는 자그마치 336년이나 됐다고 한다. 영남학파를 대표하는 대유학자 학봉 김성일 선생의 맏형 약봉의 증손으로, 의성 김씨 지례파의 파종이 되는 지촌 김방걸 때부터다.

지촌은 일찍이 문과에 급제하여 1689년에는 임금에게 바른말을 간하는 대사간이란 높은 벼슬에 오른 인물이다. 하지만 당시는 조선시대를 대표하는 당쟁이 극에 이를 때였으므로 살얼음판 정국이었다. 장희빈의 간계로 숙종의 계비인 인현왕후 민씨가 폐출되는 사건도 이 시대에 일어났던 비극이다.

지촌은 임금을 바르게 모시는 대사간이란 직책에 있으면서 왕비를 폐하는 비극을 미리 막지 못한 책임감을 느끼고서 벼슬을 버리고 고향으로 내려왔다. 나라에서는 선생의 학덕을 높이 사 출사를 여러 번 권했지만, 선생은 더 이상 관직에 나가지 않고 고향인 내앞마을에서 40리 떨어진 이곳 지례촌에 정착했다. 골이 깊으니 물이 맑고 경관이 수려해 글을 읽으며 시상을 다듬기에는 더없이 좋은 곳이었다. 지촌은 노년을 후학 양성에 힘쓰면서 은둔처사로 살았지만, 그의 학문은 자손대에 이어져 의성 김씨 지례파라면 시인이나 학자가 많이 배출된 가계로 유명하다.

◀ 지촌 선생의 후학들이 선생을 가리며 지었다는 지산서당.

▶ 큰사랑과 작은사랑이 일직선으로 설계된 사랑채.

종가 생활문화를 체험하고 안동의 해학을 듣다

종가는 예술인들뿐 아니라 입소문으로 찾는 내방객이 일 년이면 1만 5000여 명이 된다고 한다. 이곳을 찾는 사람들은 대개 외국인들이나 어릴 때 외국으로 나간 교포 학생들이다. 영국 여왕이 하회 종가를 찾아 그 나라 고유한 문화를 챙겨 보듯 외국인들이 우리 전통생활에 더 많은 관심을 갖는다고 한다. 프랑스 대사 부부가 이곳을 다녀간 뒤 고마운 뜻으로 종손 내외를 대사관으로 초청한 일도 잊지 못할 일이라 한다. 이날도 고시생 몇 명과 독일 신부 내외가 쪽마루에 한가로이 앉아 소쩍새 소리를 들으며 책을 읽고 있었다. 매주 화·수요일에는 촌장과 함께 안동문화 탐방을 할 수 있고, 일요일에는 시문학 강좌도 열린다. 방학 때면 중·고등학생들을 대상으로 한자교실이 열리기도 한다.

종가의 생활 예절을 배우고 싶으면 노종손이 어릴 때 배웠던 일상의 예절을 가르쳐준다. 버선 신는 법, 대님 매는 법, 어른에게 절하는 법, 친족들의 호칭 예절, 놀이를 통한 문자 익히기 등이다. 노종손은 어릴 때부터 종손으로서 품위 있는 자질을 키우기 위해 앉고 서는 위치까지 엄격하게 훈련을 받았다.

이뿐 아니라 종가 둘레에 심어진 소나무의 솔꽃을 따서 송화다식 만드는 방법도 종부에게서 배울 수 있다. 그뿐만 아니라 봄이면 우리 전통 음식의 근본이라고 할 수 있는 장 담그기, 겨울이면 김장하는 법까지 배울 수 있다.

일 년에 열 번씩 지내는 제사 때 오면 안동지방의 제례 예법도 배울 수 있다. 낚시를 좋아하는 강태공들은 낚싯줄이 생기기 전의 고기 잡는 법 '사발묻지'를 경험할 수 있다. 쪽배를 타고 산 속의 풍광에 취하다 보면 무릉도원이 이곳일지도 모른다는 생각이 든다.

무엇보다 차를 좋아하는 이들이 오면 물맛에 반하고 만다. 이날 냉녹차로 물맛을 봤더니 차와 이처럼 궁합이 잘 맞는 물은 여태껏 처음이었다. 아무리 가물어도 일정한 양의 물이 자연스레 흘러 종가의 식수는 물론 목욕물도 산수로 해결한다.

차종손은 선대들이 묻혀 있는 산소에서 묘역에 대한 설명을 할 때마다 보람을 느낀다고 한다. 집 가까이 묘역을 두고 관리하는 것은 효의 연장이며, 그 묘역으로 하여 자신의 정체성을 확인하는 것이라는 설명을 하면 학생뿐 아니라 나이 든 사람들이 더 관심을 보인다고 한다. 특히 화장문화가 정착하려는 지금의 시점에서 앞으로는 조상의 묘도 문화재로 남게 될지 모를 일이기 때문이다.

또 예술촌을 찾는 사람들은 차종손이 구수한 입담으로 풀어놓는 재미있는 옛날이야기를 들을 수 있다. 특히 제사와 가난을 소재로 한 우스개가 많은데, 이는 전통 시대 사람들에겐 제사를 지낼 때 축문을 잘못 읽거나 지방을 틀리게 쓰거나 제수 진설을 잘못하는 등 제례상의 실수가 허물이 되고 웃음거리가 되기 때문이라 한다.

차종손은 이런 이야기 90편을 한데 묶어 『안동의 해학』이라는 책을 펴냈는데, 그 책을 읽노라면 완고한 양반 고장에서도 저런 우스갯소리를 하면서 살았구나 싶어 웃음이 절로 난다.

들고 날 때면 사당에 문안 인사를 올린다는 12세 종손 김구직 씨.

사실 이런 실수담은 제를 틀리게 하지 말라는 경계와 더불어 지나친 형식주의에 대한 냉소와 조롱을 담고 있다. 그 실수들이 관습과 형식을 그르친 것이지 효성이 없거나 모자라서는 아니라는 얘기다.

『주자가례』의 의례는 유학을 공부한 양반 사대부를 위한 것이지, 무지하고 가난한 민중을 위한 것은 아니지 않느냐는 것이다. 그 때문에 조상을 향한 애틋한 정신을 담아낼 수 있는 간소하고 실질적인 의례를 권장해야 효의 정신이 이어질 것이라는 개선안도 내놓았다. 종가가 계속 전통을 지키고 계승하려면 엄숙주의를 벗어나야 한다는 말도 덧붙였다.

이렇게 이야기가 있고 시가 있는 곳, 사랑채에서는 주인이 손님을 맞고 안채에서는 길손에게 따스한 식사를 대접하며 서당에서는 글 읽는 소리가 낭랑한 이곳, 옛날 양반들의 생활 풍속을 경험하면서 수려한 자연 풍광과 함께 정신을 맑게 가다듬으며 자신의 삶을 되돌아볼 수 있는 흔치 않은 곳이 아닐까 싶다.

남편의 따뜻한 시심에 반하다

고령의 시아버지를 모시고 4대 봉제사를 지내는 것만으로도 벅차 보이는 것이 종가 살림이다. 여기다 일 년에 1만 명이 넘는 접빈객을 대접하는 일까지 종부의 몫이니, 손에 물 마를 날이 없으리라 짐작되었다. 현대식 부엌으로 꾸민 행랑채에서 종부를 만났다. 아주머니 두 사람과 함께 점심 준비에 바쁜 종부는 생각보다 일에 찌든 모습이 아니었다. 고운 피부에 소탈한 분위기여서 수많은 손님이 마음 편히 드나들 수 있을 것 같았다.

소탈하고 친절한
차종부 이순희 씨.

◀ 임하호에서 잡아올린 준치로 만든 준치조림.

▶ 5월에 담갔다는 붉디붉은 산딸기술.

▼ 쌉싸래한 맛이 입맛을 돋우는 더덕장아찌와 곰취나물.

교직생활을 하다 스물일곱 살에 퇴계 집안에서 시집을 왔다고 한다. 안동 지역에서 당시 지촌 종부가 되는 일은 예사로운 집안으로는 어림없는 일이었을 것이다. 거기다 당사자인 신랑은 시인이자 선생님으로 일등 신랑감이 아닌가.

"중매였지만, 시를 쓰는 사람이라 따뜻한 마음씨가 좋았어요."

혼인해서 남편의 직장 때문에 딴살림을 하다가 15년 전 시어머니가 돌아가시자 종가의 13세 종부가 됐다. 주어진 환경에 적응하는 것이 종가를 슬기롭게 꾸려가는 비법이라는 것으로 종부는 말을 아꼈다.

종가의 내림음식은 건진국수다. 이 건진국수는 평양냉면만큼 안동에서는 명성이 자자한 음식이다. 보통 국수라면 밥 대신 가볍게 먹는 음식으로 여기지만, 건진국수를 대접받으면 특별한 손님이다. 기계로 뽑아낸 국수가 아니라 반죽을 숙련된 솜씨로 밀어야 하는, 제법 품이 많이 드는 음식이기 때문이다.

건진국수의 특징은 안반에다 밀가루와 콩가루를 4 대 1로 섞은 반죽을 홍두깨로 밀 때다. 종잇장처럼 얇게 밀어야 실같이 가늘게 썰 수 있기 때문이다. 썰어둔 국수는 뜨거운 물에 삶아 찬물에 헹궈 그릇에 담는다. 멸치로 맛을 낸 국물을 미리 준비했다가 차게 식혀 붓고 석이버섯과 쇠고기볶음, 호박볶음, 달걀 황백 지단으로 오색 고명을 만든다. 그 위에 양념장으로 간한다. 이날 종부가 바빠 건진국수 사진을 찍지 못하고 설명만 듣고 온 것이 못내 아쉬웠다.

점심상에 오른 더덕장아찌와 당귀뿌리장아찌의 쌉싸래한 맛이 입맛을 돋운다. 당귀뿌리를 씻어 살짝 말렸다가 양념한 고추장에 버무려두면 된다고 한다. 나물은 그 계절의 것을 상에 올린다. 이날은 곰취나물이 별미였다. 임하호에서 잡은 준치조림도 생선이 싱싱해서인지 비린 맛이 전혀 없었다. 지난 5월에 담갔다는 붉디붉은 산딸기술도 임하호에 달이 뜨면 생각날 듯한 술이었다.

역사에 새긴 의병장의 고결한 삶
장흥 고씨 제봉 고경명 종가

대나무가 우거진 종가의 사당.

광주시청에서 차로 20분 거리에 시민들의 발길이 잦은 호남의 대표적인 유적지가 있다. 임진왜란 때 장렬히 싸우다 순절한 다섯 분의 충절을 기리기 위해 선조 임금이 내린 사액사당(賜額祠堂) 포충사(褒忠祠)다. 이 다섯 분 가운데는 아버지와 두 아들이 포함되어 있다. 바로 충열공(忠烈公) 제봉 고경명(霽峯 高敬命, 1533~1592) 선생과 두 아들 종후(從厚), 인후(因厚)다.

이순(耳順)의 고령으로 의병 6000명을 일으켜 왜병을 몰아내다가 세 부자가 순절했고, 고경명 선생의 출가한 딸은 순직한 남편을 따라 스스로 목숨을 끊었으며, 두 동생도 전쟁터에서 목숨을 잃었다. 일가족 여섯 명이 나라를 위해 목숨을 잃은 가문인 것이다.

이런 가문으로 열여덟 꽃다운 나이에 시집와 70여 년 동안 조상의 제사를 모시고 종택을 지킨 종부가 있다. 장흥 고씨 고경명 종가의 16세 종부 기묘숙(취재 당시 86세) 할머니다. 큰 문중의 종갓집 며느리로 시집와 공부하러 나간 어린 신랑과 신혼의 단꿈을 즐길 새도 없이 층층시하 어른들을 모시며 훌륭하게 종부로서의 소임을 다한 일평생을 자서전으로 펴내 가문의 명성에 빛을 더했다.

기묘숙 종부가 자신의 삶과 철학을 담아 펴낸 명상록 『걸어온 길을 되돌아보며』(고봉학술원, 2000)는 인생의 석양길인 일흔에 글을 쓰기 시작해 아흔을 바라보는 나이에 펴냈다는 점에서 더욱 진한 감동을 준다. 또한 일제 치하와 해방, 한국전쟁, 근대화로 이어지는 격동의 시대를 살았던 그의 파란만장한 삶은 한 개인의 삶이라기보다는 어쩌면 한국 여인의 초상이라 할 수 있을 것이다.

「마상격문」으로 의병을 모으다

장흥 고씨 종가를 지켜온 종부 기묘숙 할머니.

"어머니 연세가 고령인지라 외부 사람을 만나려 하지 않아요. 책을 낸 뒤 언론에 시달려서인지 사람 만나기를 더 꺼려하십니다. 어쨌든 어머니를 설득해보겠습니다."

서강정보대학 식품영양과 교수로 있는 고명딸 대희(취재 당시 53세) 씨의 어려운 승낙을 받고 종가를 찾았다. 먼저 포충사부터 찾아보았다. 충효문이라 쓰인 건물로 들어서면 푸른 잔디가 드넓게 드러누

운 정원과 분수대가 시원하다. 정원 곳곳에는 선열들의 핏빛 같은 백일홍 꽃잎이 푸른 잔디밭에 떨어져 앉았다. 백일홍은 하늘의 중심인 자미원을 상징하는 나무라 하여 '자미수'라고 불리기도 한다. 옛사람들은 사람이 죽으면 그 혼이 자미원에 있는 별로 돌아간다 하여 규모를 갖춘 사당에는 어김없이 자미수를 심었다.

정면에는 고경명 선생의 영정과 위패가 모셔진 영당이 있다. 이 영당에는 선생과 함께 순절한 두 아들의 위패 외에 의병에 참가해 선생의 종사관으로 있던 유팽로(柳彭老)와 안영(安瑛)의 위패도 모셔져 참배객들의 분향을 받고 있다.

포충사 안의 옛 사당. 본래 모습을 그대로 간직하고 있다.

오른쪽 유물관에는 선생이 의병을 일으켜 전쟁터로 진군하던 모습이 담긴 그림 세 점이 걸려 있고, 그 유명한 「마상격문(馬上檄文)」이 친필로 보존되어 있다. 백성이 불안에 떨고 임금은 궁을 버리고 피난을 가야 하는 다급한 상황이었을 때, 의병대장으로 앞장선 선생은 의병을 모으기 위해 말 위에서 격문을 썼다. 이 격문은 임진년 실록 『연려실기술』에 기록되어 있다. 문장이 애절하고 절의와 뜻이 깊어 이 격문으로 수천 명의 의병이 일어났다 하여 제갈량의 「출사표」, 최치원의 「토황소격문」과 함께 3대 격문으로 애송되고 있다.

그렇게 모은 의병들의 사기는 더 높아 마침내 금산에까지 진군하여 격렬한 전투가 벌어진다. 하지만 이 전투에서 수많은 의병들이 희생되고 두 아들과 함께 선생도 장렬한 최후를 맞았다. 충남 금산의 '칠백의총'이란 무덤은 그때 전사했던 의병들의 시신을 수습하여 모신 곳이다.

임진왜란 때 나라를 위해 일가족 여섯 명이 목숨을 잃은 고경명 선생의 뜻을 기리기 위해 세워진 포충사의 홍살문.

충노의 이름을 비석에 새기다

전쟁이 끝나자 나라에서는 선생에게 의정부 좌찬성이란 벼슬을 추증하고 시호를 충렬(忠烈)이라 했다. 정문(旌門)과 사당을 세워 세 부자의 충절을 기리도록 하라는 임금의 령도 내려졌다. 사당 이름을 '포충'이라 짓고, 예를 관장하는 관리가 임금을 대신해 제사를 후히 지내 선생의 넋을 위로했다. 그 제사는 400년이 지난 지금도 종가 종부의 손으로 차려지고 있다.

본래 모습을 그대로 간직한 옛 사당은 소나무가 울창한 숲속에 있는데 일반인들은 들어갈 수가 없다. 사당 들머리에는 홍살문을 세웠다. 홍살문 앞에는 주인을 따라 싸우다가 목숨을 잃은 두 충복 봉이와 귀인을 기리는 비석이 있다. '충노봉이귀인지비(忠奴鳳伊貴仁之碑)'라는 이름을 자연석에 새겼다. 신분 차별이 심했던 전통 사회에서 노비의 죽음을 비석에 새겨 기념한다는 것은 보기 드문 일이다. 고씨 일문의 후덕함을 볼 수 있다. 사당 경내 건물로는 사당, 동재, 서재, 내·외삼문이 있다.

주인을 따라 싸우다가 목숨을 잃은 두 충복을 기리는 비석.

청빈한 선비의 정취를 느낄 수 있는 소박한 건물

종가는 포충사에서 700여 미터 떨어진 곳에 자리 잡고 있다. 종가 앞을 가로지르는 2차선 도로가 나 있고, 그 길섶에는 '앞촌'이라는 이 마을 옛 지명을 세워두었다. 들머리에 있는 승훈문(承訓門)은 선생의 부친인 맹영공을 모신 제각이다. 그 뒤에는 고씨 삼강문도 있다. 승훈문 사이 고샅으로 들면 잘 다듬어진 포충사와는 달리 옛집 그대로 보존되어 있는 종가를 만날 수 있다.

고택은 배포 큰 선비가 태어나고 살았던 집으로는 믿어지지 않을 정도로 소박하기 이를 데 없었다. 담에 잇대어 있는 솟을대문도 그랬고 대문을 들어서면 가로앉은 사랑채도 그랬다. 높이 쌓은 축대 위에 서 있는 권위적인 양반 댁이 아니라, 댓돌 하나 높이에 나지막이 앉혀 있어 청빈한 선비의 정취를 느낄 수 있는 집이었다.

소박하고 아름다운 장흥 고씨 종택의 솟을대문.

안채도 큰 대청이 없어 넓어 보이지 않았다. 일자로 나란히 방을 들였고

방과 방을 잇는 툇마루가 기능적으로 놓여 있다. 하지만 제사를 모시는 마룻방의 4분의 1을 차지하는 커다란 뒤주는 이 댁이 식솔이 많던 종갓집임을 알려주었다.

안채 부엌 옆 볕바른 곳에는 흔히 볼 수 없는 아름드리 장독이 키대로 앉아 있다. 곳간채며 헛간채, 돼지우리까지 옛 모습 그대로다. 종가의 상징인 사당도 대나무숲 울타리 속에 고즈넉이 앉아 있다. 사당에는 고경명 선생 내외와 선생의 큰아드님 내외, 그리고 4대조를 모셨다.

책을 벗 삼아 층층시하 시집살이를 견디다

노종부의 방은 아흔을 바라보는 할머니의 방으로는 믿어지지 않을 정도로 책이 수북이 쌓여 있었다. 앉은뱅이 책상 위에는 거울만 한 돋보기가 놓여 있다. 아직도 손에서 책을 놓고 있지 않음을 알 수 있었다. 생모시 깨끼옷을 단아하게 차려 입고 손님을 맞는 종부는 눈빛이 형형했다. 기품 있고 맑은 모습이어서 굴곡이 심한 삶을 살아온 분으로는 보이지 않았다.

늦었지만 출판을 축하한다는 인사를 건네자, 지난 2월 서울 성균관대학교 강당에서 있었던 출판기념회의 감회가 새로운 듯했다.

"그날따라 왜 그리 춘설이 많이 내렸는지… 감개 무량했어요. 내 호가 송설당(松雪堂)인데 그 호에 걸맞게 소복소복 하얀 눈이 끝없이 내려주어 영원히 잊지 못할 추억거리가 됐어요."

안채 부엌 옆 볕바른 곳에
자리 잡은 장독대.

송설당이란 호는 종부의 삶이 마치 '엄동설한의 백설에 시달리면서도 더욱 청정한 정기를 자랑하는 청송에 비길 수 있다' 하여 사촌오라비 기세훈 씨가 지어준 것이라 했다. 종부의 책을 보면 과연 그런 듯했다. 자신이 살아온 역정을 잔잔한 필치로 그린 명상록『걸어온 길을 되돌아보며』에는 애절한 삶의 이야기는 물론 세상을 바라보는 철학과 가족에 대한 뜨거운 애정을 엿볼 수 있었다.

종부는 1916년 12월 전남 광산군 임곡면 광곡리 너브실에서 행주 기씨인 아버지와 장흥 고씨 어머니 아래서 2녀 가운데 장녀로 태어났다. 살림도 넉넉했고 할아버지의 사랑도 각별했지만 유학자 가문인 탓에 신학문은 배우지 못했다. 그것이 평생 한으로 남아 지금껏 손에서 책을 놓지 못한다. 할아버지로부터 붓글씨며『소학』등 문안 편지 쓸 정도의 한학과 전통생활의 덕목인 생활 범절을 익혔다.

그렇게 규수 수업을 착실히 익히고 열여덟 살에 장흥 고씨 16세 종손이 될 항(杭) 씨와 혼인을 했다. 신랑은 그때 두 살 아래인 열여섯 살로 고등보통학교 3학년 학생이었다. 철 모르는 신랑을 의지할 수도 없는 새댁은 층층시하 어른들을 어떻게 모셔야 할지 막막하기만 했다.

그래도 한 가지 낙은 있었다. 당시 신문사에 근무하던 생가 아버지께서 가끔 격려의 편지와 함께 잡지를 보내주셨다. 어려운 시집살이를 터놓고 이야기할 상대도 없었던 터에 책은 유일한 벗이었다. 남편은 보통학교를 마치고 현 고려대학교인 보성전문학교를 거쳐 일본의 규슈제대로 유학을 갔다.

"남편 없는 시댁에서 보수 없는 가정부 노릇을 기약 없이 해야 했지요. 이 댁이 예사 집입니까? 큰 문중의 종갓집 며느리로 봉제사며 접빈객은 물론, 층층시하의 어른들 개성에 맞추며 살았지요. 그때는 옷이 무명과 명주천이어서 어른들 옷은 한 번 빨면 바느질을 다시 해야 했고 푸새며 다듬이는 낮과 밤이 없었어요."

남편은 방학 때 한두 번씩 손님처럼 다녀가는 것이 고작이었다. 오랜만에 만난 남편과는 어른들 앞이라 정담을 나눌 수도 없었다. 그래도 남편 오는 날은 음식을 만들어놓고 설레는 마음으로 기다렸다.

"무심한 성격이지만 유학 시절에는 매달 편지와 일본 잡지를 빼놓지 않고 보내주었어요. 내가 책을 좋아했으니 책을 보내면서 조금이나마 남편의 도리를 한다고 생각했는지 모르지요."

종부 기묘숙 할머니와 고명딸 고대희 씨가 담소를 나누고 있다.

남편과의 생활이 많지 않아서인지 결혼한 지 10년이 되도록 아이가 없었다. 손이 귀한 집안이라 어른들 걱정이 이만저만이 아니었다. 그러다 남편이 유학에서 돌아오던 해, 혼인한 지 10년 만에 첫아들을 낳았다. 집안은 물론 문중 경사라며 좋아했다. 그 뒤 둘째를 낳고 끝으로 딸을 낳았다. 그때가 종부로서는 일생에서 가장 행복했던 시절이었다. 남편은 졸업 후 은행에 다녔고, 일제강점기 말기라 어수선하기는 해도 남편과의 생활은 그렇게 행복할 수가 없었다. 모처럼 얻은 행복도 잠깐, 한국전쟁 한 해 전에 남편은 말 한마디 없이 집을 나간 뒤 소식이 없었다.

남편 기다리다 망부석이 되다

"숨이 막힐 것만 같은 그때의 세월은 하늘이나 알 겁니다. 하루 이틀, 한 달 두 달, 일 년 이 년, 애타게 기다렸지만 그 사람은 지금껏 소식이 없어요. 바람소리만 들려도 대문으로 달려나간 일이 한두 번이 아니지요. 차라리 죽기라도 했으면 포기가 쉬울 텐데…. 이제는 아이들이 제사를 지내자고 합니다만 내 눈으로 남편의 죽음을 확인하지 않고서는 안 된다고 했어요."

피를 말리는 기다림의 세월을 견디다 보니 말수가 적어졌고 웃음도 사라졌다. 몇 번인가 죽음도 생각했다. 하지만 남편이 그렇게 좋아하던 자식들은 누가 가르칠 것인가 하는 생각이 들자 정신이 바짝 차려지더라고 한다. 그때부터는 아무 생각 없이 농사짓는 데 온힘을 다했다.

그 당시 종부의 가슴을 뜨겁게 울렸던 풍경은 부부가 자녀들 손잡고 정겹게 걷는 모습이었다고 한다.

"내 귀한 자식들이 아버지 정을 모르고 자란다는 생각만으로도 가슴에 피멍이 들었어요. 그래서 더욱 공부를 시켜야겠다는 생각을 했지요."

넉넉지 않은 살림이었지만 차남 고철(취재 당시 58세) 씨는 의대 공부를 시켰고, 막내딸 대희 씨는 교수가 되었다. 장남 원희 씨는 가구점 대표로 훌륭하게 키웠다.

종부는 이제 관조의 삶을 살고 있다. 자식들 성공으로 편안한 삶이 되기도 했지만 나이 환갑에 만난 종교의 힘이 크다. 여동생의 권유로 원불교에 귀의하면서 새로운 삶을 얻었다. 정식교육이라곤 받아보지 못했던 종부가 책을 낼 수 있었던 것도 종교 때문이었다. 1981년간부 수련차 갔다가 수련 소감을 썼는데, 그 글을 본 사람들이 종부의 글 솜씨에 감탄했다. 이후로 손자 백일과 돌, 졸업식, 입학 시험 때마다 축하와 격려의 글을 보내기도 했고 외국에 다녀오면 기행문도 남겼다. 여권 신장에 관한 글도 썼다. 그렇게 한 편, 두 편 20년 동안 모은 글 90여 편이 책으로 묶여 나온 것이다.

"인생의 석양인 칠십 줄에 펜을 들어 구십을 바라보는 나이에 한 권의 책으로 묶이니 흡사 흩어졌던 인생이 묵직하고도 영롱한 정기로 응축되어 손안에 뿌듯하게 잡히는 듯하다"는 종부의 감회가 가슴에 와 닿았다.

설레는 마음으로 준비하던 삼계탕

"삼계탕은 남편이 무척 좋아했어요. 여름방학을 맞아 온다는 기별이 있으면 설레는 마음으로 삼계탕을 끓였어요. 객지 음식 먹다가 집에서 먹는 밥이니

◀ 종가가 자랑하는 별미 삼계탕.

▶ 굴비 장아찌.

◀ 제사에 빠지지 않고 올리던 각종 정과.

▶ 잔칫상의 단골 음식 녹두빈대떡.

이니 얼마나 맛있었겠어요. 먼 발치에서 보기만 해도 행복했지요."

이날은 종부의 남다른 음식 솜씨를 물려받은 대희 씨와 종가의 내림음식으로 음식점을 낸 최인순 씨가 종부가 일러주는 대로 삼계탕을 끓였다.

영계를 깨끗이 손질해 물기를 뺀 뒤 뱃속에 두 시간 넘게 물에 불린 찹쌀과 율무, 수삼, 대추, 검정깨, 황기, 은행, 호박씨를 넣는다. 손이 가더라도 대추는 먹기 좋게 미리 씨를 발라내고, 검정깨는 씻어 믹서에 갈아서 넣는다. 닭다리를 고정시킨 뒤 냄비에 닭을 담고 물 4컵을 부어 한소끔 끓어오르면 불을 약하게 줄여서 한 시간쯤 푹 곤다. 닭이 충분히 익으면 국물에 소금과 후춧가루로 간을 맞춘다. 작은 뚝배기에 국물을 담아 불에 올려 끓으면 닭을 넣는다. 닭 위에 송송 썬 파와 황백 지단을 고명으로 올리면 보기만 해도 군침이 도는 삼계탕이 완성된다.

명절이나 잔칫상에는 빠지지 않고 올렸던 음식이 녹두빈대떡이다. 녹두는 미지근한 물에 대여섯 시간쯤 불려 껍질을 씻어내고 물기를 뺀다. 믹서기에 녹두를 넣고 우려둔 치자물과 믹서가 돌아갈 만큼만 물을 붓고 간다. 김치는 속을 털어내고 송송 썰어 물기를 짠다. 돼지고기와 양파는 곱게 다진다. 숙주도 데쳐 물기를 짜 잘게 썬다.

갈아둔 녹두에 준비된 재료와 다진 파, 다진 마늘, 깨소금, 찹쌀가루, 밀가루, 부침가루, 소금을 넣어 반죽한다. 잘 달궈진 팬에 돼지기름을 넉넉히 두르고 반죽을 한 국자씩 떠놓고 그 위에 돼지고기 썬 것과 붉은고추, 썰어둔 파잎을 고명으로 올려 지진다. 가장자리가 노릇해지면서 바삭거리는 느낌이 들면 뒤집어서 익힌다. 양념장과 함께 낸다.

손님이 끊이지 않는 종가에서 별미로 내놓은 음식은 굴비 장아찌다. 중간 크기 굴비 20마리에 고추장, 물엿, 생강, 마늘, 정종을 준비한다. 굴비는

머리를 없애고 등을 세워서 방망이로 두들긴다. 통마늘과 납작하게 썬 생강을 고추장에 섞는다. 이때 물엿과 정종이 들어가야 누긋해진다. 양념 고추장에 굴비를 넣어 항아리에 담고 그늘에서 6개월쯤 숙성시키면 비린 맛이 없다. 먹을 때는 먹기 좋은 크기로 찢어놓는다.

종가의 음식은 이외에도 제사상에 올리는 도라지, 무, 연근, 홍당무 등의 정과가 준비되어 있다. 일 년에 열다섯 번의 제사 때마다 오르기 때문에 정과가 떨어지지 않는다.

무료교육으로 사회에 보답하는 대종가의 기품

보성 선씨 영홍공 종가

대궐이 부럽지 않은 보성 선씨 종가의 아흔아홉 칸 저택.

아흔아홉 칸 대갓집 안채의 호젓한 뒤뜰에 돌단을 쌓아 앉힌 장독대는 옛부터 서기 어린 신전이었다. 우리 할머니들이 정화수 한 그릇 떠놓고 소원을 빌던 제단이나 마찬가지인 장독대인 만큼 지극 정성을 다해 별도로 담을 두르고 대문까지 달아 빗장을 걸어두었다.

조심스레 빗장을 열고 들어다 보았다. 뚱뚱하고 키 큰 독들과 작고 아담한 항아리들이 옹기종기 줄지어 서 있다. 몸이 가장 큰 독 하나가 장독대 중심부에 놓여 있고, 그 독의 입구에는 짚으로 꼰 새끼줄 사이사이에 숯과 종이, 고추를 끼운 금줄을 쳐놓았다. 코선이 예쁜 종이 버선을 몸체에 거꾸로 붙여 놓아 잡신들이 얼씬하지 못하도록 장맛을 보호했다.

장독대 후미진 곳에는 홍시를 머리에 달고 선 키 큰 감나무 한 그루가 잎새를 떨구고 있고, 함초롬히 고개 숙인 구절초 한 무리도 장독대의 운치를 더하고 있다. 참으로 보기 드문 삶의 향기가 스민 풍경이었다.

이날 종부 김정옥(취재 당시 49세) 씨는 대학에 다니는 둘째 딸 소정(취재 당시 22세)에게 장 담그는 비법과 장독대 간수하는 방법을 일러주고 있었다. 속리산 남쪽 자락, 충북 보은군 외속리면에 있는 보성 선씨(寶城 宣氏) 영홍공(永鴻公)의 후손들이 살고 있는 종가다.

속리산 하면 법주사를 떠올리고 그 법주사 길목에는 신라 때 백제의 침략을 막기 위해 쌓은 삼년산성(三年山城)이 있다. 해발 800미터 고지의 아슬아슬한 열두 굽이 말티고개를 넘어야 속리산 관문을 통과한다는 것쯤은 상식이다. 이렇게 산으로 둘러싸인 깊은 골짝 마을에 대궐을 방불케 하는 아흔아홉 칸 전통 한옥이 있다는 사실은 참으로 뜻밖이었다. 게다가 그곳이 향교나

서원이 아니라 대갓집 후손이 종가를 지키며 가족과 함께 살고 있는, 사람의 훈기가 따뜻하게 느껴지는 집이라는 사실이 더욱 그러하다.

속리산 골짜기에 자리 잡은 아흔아홉 칸 저택

종가는 속리산 천왕봉 남쪽 기슭에서 발원한 물이 흘러 삼가 저수지에 모였다가 다시 삼가천을 이루며 경치 좋은 서원계곡을 만드는 들머리에 자리하고 있다. 이곳은 흔히 명당의 조건으로 내세우는 '연화부수형'에 해당하는 곳으로 풍수의 문외한이 보아도 감탄이 절로 나는 집터다. 동서남북에 있는 산들이 종가를 둘러싸고 집 앞에는 삼가천이 휘돌아 흐르며 솔숲이 울처럼 싸여 있는 곳에 대저택이 자리하고 있었다.

외속리 장내 삼거리에서 왼쪽 속리산 국립공원으로 난 505번 지방도로를 따라 45미터쯤 가면 길 왼편에 속리초등학교가 있고, 마주 보는 곳에 삼가천을 건너는 구름다리가 있다. 이 다리를 건너면 솔숲길이 나온다. 승용차 한 대가 지날 만한 좁은 길로 들어서면 종가의 안채로 바로 통할 수 있게 골목이 만들어져 있다.

집을 둘러싼 긴 담을 따라 돌아가면 널찍한 공간이 나오고 훤칠하게 높이 솟은 솟을대문을 만나게 된다. 이 문이 종가의 정문이다. 대문을 마주 보는 곳에는 종가에서 효자와 열녀가 났음을 기리는 정려각이 있다. 정려각 옆으로는 관선정 기적비(觀善亭 紀積碑)라 쓰여진 비석 하나가 서 있다. 가까이서 보니 이곳에는 종가의 서당인 관선정이 있었던 자리이고, 없어진 관선정 내력과 종가의 내력이 자세히 새겨져 있었다.

무료교육으로 사회에 보답한 진정한 양반

관선정 기적비에 따르면 종가가 이곳에 자리한 것은 명나라에서 사신 자격으로 우리나라에 왔다가 고려 때 귀화한 보성 선씨의 18세손인 영홍공으로부터다. 영홍공은 조선 말에 관직에 있었던 선비로 고종 때 일본에 나라를 빼앗기자 민족의 자존은 우리식 교육밖에 없다는 신념으로 육영 사업에 뜻을 두었다.

그런 아버지의 유지를 이어받아 이곳에 집을 짓고 서당을 차린 것은 선생의 아드님인 남헌 선정훈(南軒 宣政薰, 1888~1963) 선생이었다. 그는

1893년 동학 교도들이 갑오봉기 때 집회 시위하던 곳에서 서북 으로 조금 떨어진 이 자리에 터를 잡았다. 이때 그의 나이는 스물이었고 아버지로부터 이어받은 사업을 번창시켜 이 일대에서 제일가는 부자가 되었다. 그리고 전국에 유명한 목수를 불러 돈을 아끼지 않고 그의 안목대로 집을 짓기 시작해 3년 만인 1921년에 완공을 보게 된 저택이 바로 지금의 종가다.

종가는 세종 13년(1431) 처음 발표된 서민 10칸에서부터 대군 60칸까지 신분에 따라 집의 규모가 정해진 규제에서 해제된 시기에 지어진 건물이라 칸수에 제약을 받지 않았으며 집의 높이도 대궐 같다. 전통 가옥의 단아한 맛은 없었지만 생활에 불편함이 없도록 꼼꼼하게 살펴 넓게 지어진 건물이다. 세월에 따라 전통 한옥이 변한 모습을 보여주는 건축기법으로 지금도 건축과 학생들의 연구 대상이 되고 있다.

조상의 신주를 모시는 가묘(사당)와 안채, 사랑채로 구성된 이 댁은 건물마다 제각기 담을 둘러 독립가옥 형식으로 지었다. 살림집이 완성된 5년 뒤 1926년에는 집 앞에 관선정이란 개인 서숙(書塾)을 지어 전국의 유능한 수재들을 모으고, 전국에 수소문해 실력 있는 선생을 모셔와 학생들을 가르쳤다. 봄·가을로 각각 모집한 학도들에게는 숙식이며 교육비 전액을 면제해주었는데, 이는 사업의 이익을 사회에 환원하는 차원에서였다.

교과목은 국사와 유학의 경전들로 이루어졌으며 특히 앞서간 선현들의 민족정신과 항일의식을 배양하도록 노력했다. 이곳을 거쳐간 학생 수는 수백 명이고, 길게는 10년씩이나 머문 학생도 있었다고 한다. 그 육영사업은 14년

주렁주렁 매달린 곶감, 절구 따위가 전통생활을 이어가는 종가의 모습을 보여주고 있다.

종가에서 열녀와
효자가 났음을
기리는 정려각.

동안 계속되다가 1940년 제2차 세계대전이 일어나자 일제의 탄압으로 철거당했다.

그 후 1945년 관선정을 다시 경북 서령으로 옮겨서 복원 수학했고, 그 뒤 또다시 상주 화북면 동관리로 옮겨서 1951년까지 수학했다.

건물도 한국전쟁 때 없어졌다. 하지만 이 가문에서 은혜를 입고 공부한 사람들이 뜻을 모아 1951년에 관선정 학우회를 창립하고 서당이 있던 자리에 비석을 세워 장학사업에 평생을 바친 정훈 선생의 높은 뜻을 기리고 있다. 이 가문에서 공부한 대표적인 분은 1999년 타계한 한학자 청명 임창순(靑溟 任昌淳, 1914~1999) 선생이다. 비석의 글도 임창순 선생이 썼다.

『관선기적(觀善記蹟)』에는 학칙을 세세하게 기록했다. 해마다 2월과 9월로 입학기를 나누었고, 수강 전에 제자가 선생님께 드리는 인사법인 상읍례「홀기」를 알기 쉽게 그림으로 그린 「상읍례도(相揖禮圖)」를 싣고 있다.

그뿐 아니라 선생은 춘궁기 때면 멀리 중국까지 가서 식량을 구해 와 가난한 백성을 도와주었고, 세금을 대납해주는 등 자선사업을 펼쳤다. 이에 은혜를 입은 사람들은 선생 살아생전에 송덕비를 세워 고마운 뜻을 표하기도 했다.

종가에서는 선현의 뜻을 받들어 행랑채와 곳간채를 개방해 관선정 고시원을 운영하고 있다. 형편이 넉넉지 않아 최소한의 실비를 받고 있는데, 할아버지의 뜻을 그르치는 것 같아 죄송한 마음이라고 종부 김씨는 말한다.

사람이 여럿 들어갈 만큼 커다란 신령, 뒤주

대개 솟을대문을 들어서면 사랑채를 마주 보게 되는데, 이 댁은 대문을 들어서면 대문을 또 하나 거쳐야만 널찍한 사랑채 마당이 나온다. 사랑채는 'H'자형 평면으로 지어진 정면 8칸의 너비로, 들어서면 왼쪽에 큰사랑방이 있고 앞으로는 툇마루가 놓여 있다. 작은 사랑방과의 사이에는 우물 '정(井)'자로 놓여진 넓은 대청마루가 있다. 이 넓은 대청마루에는 분합문이 달려 있어 겨울에도 문을 닫고 난로를 피우면 따뜻하다. 대청마루에 이어 작은 방이 세 개, 이 방을 둘러싼 골방도 두 개가 있고, 약방으로 쓰였던 방 하나가 또 있다.

마당에는 늙은 소나무가 비스듬히 누워 있고, 그 노송 아래에 돌확을 놓아 수초를 키우는 아기자기한 모습도 볼 수 있었다. 사랑채 뒤편에 서 있던 키 큰 감나무에서 떨어진 홍시 몇 개가 옆구리가 터진 채 뒹굴고 있었다. 이

이 댁에서는 뒤주를 집을 지키는 으뜸가는 신령으로 여겨 제사를 모실 때는 먼저 뒤주 위에 성주상을 차려놓는다.

곳을 방문한 사람들이 향수를 느끼며 주워 먹도록 치우지 않은 모양이었다. 이가 시리도록 찬 홍시는 꿀보다 달았다.

안채로 가려면 사랑채를 에워싼 담 사이에 난 작은 샛문을 거쳐야 한다. 종부는 시집와서 3년 동안 바깥 사랑채에 나가보지 못했다고 한다. 그만큼 안채와 거리가 있기도 했지만, 안채 부인들이 사랑채를 내왕하는 것은 법도가 아니라는 것이 근세에까지 지켜져왔던 모양이다. 안채는 사랑채로 난 샛문 외에 중문이 동편에 있다. 이 문도 웬만한 종갓집의 솟을대문만큼 크다. 중문에 잇대어 지어진 곳간채와 행랑채가 'ㄷ'자로 줄지어 안채를 싸안듯 둘러서 있는데 20여 개의 방은 고시원으로 활용하고 있었다.

안채 안방에는 시어머니가, 건넌방은 며느리가, 날개방은 딸들이, 그 둘레 방들은 침모 등이 쓰도록 되어 있다. 대갓집의 면모가 그대로 드러나는 큰 솥들이 아직도 걸려 있는 예전 부엌은 지금은 사용하지 않는다. 대신 날개방을 현대식 부엌으로 개조해 쓰고 있다.

안채 대청에는 대대로 전해오는 세간들이 많이 보존되어 있었다. 사람이 여럿 들어가도 될 만큼 커다란 뒤주 두 개도 볼거리였다. 뒤주는 뚜껑을 열고 곡식을 퍼내게 마련인데, 이 댁의 뒤주 하나는 뒤주 옆에다 미닫이문을 달아 쌀이 뒤주 아래까지 내려가면 꺼내 쓰기 편하도록 했다. 뒤주를 이 댁에서는 집을 지키는 으뜸가는 신령인 성주(城主)로 여겼다. 제사를 모실 때는 먼저 뒤주 위에 성주상을 차려놓는다.

안채 대청문을 열면 담을 두른 장독이 보인다. 장독대를 지극하게 치장한 것은 음식의 기본이 되는 장맛이 행여 변할 것을 염려해서라 했다. 장독뿐 아니라 제주로 올릴 술독까지 여기에 있어 종가에서 사당 다음으로 신성하게 여기는 곳이다. 종부의 지시 없이는 함부로 드나들 수 없도록 빗장을 단 대문까지 달아두었다.

장독대는 장독을 놓아두는 구실을 넘어 종부들의 소망을 비는 신전이기도 했다. 동지 때는 팥죽을 쑤어 장독대에 올리고 절하며 일 년을 무사히 넘긴 것에 고마워하고, 정월 보름날은 찰밥을 차려놓고 한 해 소망을 기원했다. 이런 기원은 대물림하여 지금도 종부가 행하고 있다고 한다.

사당은 안마당 북쪽에 있다. 여기도 낮은 담을 두른 채 솟을삼문을 달아 함부로 출입하지 못하도록 했다. 사당채 오른쪽에는 제기 따위를 보관하는 제기고(祭器庫)도 있어 조상을 극진히 모시는 모습이 드러나 보인다. 종가는 설·추석 차례는 물론 기제까지 사당에서 모신다고 한다.

음식맛의 기본은 장맛

취재하러 간 날이 공교롭게도 종가의 차종손 선종완(취재 당시 19세) 군의 대학입시 이틀 전이라 참으로 조심스러웠다. 본인 못지않게 초조한 것이 부모 마음일 것이다. 하지만 염려했던 것과는 다르게 여유 있고 편안해 보였다.

종손 선민혁(취재 당시 54세) 씨는 추수가 늦어 들에서 돌아오지 못했고, 청주에서 대학에 다니는 둘째딸이 어머니를 도우러 와 있었다.

쉰을 바라보는 나이로는 믿어지지 않을 정도로 젊고 후덕한 종부는 정겹게 손님을 맞아주었다.

"3년 전 크게 수해를 입어 집이 절반이나 물에 잠겼어요. 가재도구는 물론 귀한 자료나 책들도 남아나지 못했습니다. 무엇보다 아까운 것은 장독대에 물에 들어가 시집오기 전부터 담가져 있었던 간장이 못 쓰게 된 거예요. 우리 집은 해묵은 간장이 여러 단지가 있었어요. 오래된 간장은 색이 까맣게 되어 깊은 맛이 있는데 이런 간장은 조림이나 양념장에 썼어요. 맑은 장국을 끓일 때는 색이 맑은 햇간장을 쓰고요. 우리 집의 특징이라면 제사에 쓰일 간장은 따로 작은 항아리에 떠서 보관하는 거예요. 그 간장을 제사상에 올려 조상이 음식을 잡수실 때 간을 보도록 하고 제사 음식을 만들지요. 시어머니께서는 제사 음식을 청결하게 준비해야 한다고 늘 말씀하셨기 때문에 간장도 그런 뜻으로 따로 담가두는 것 같았어요."

간장 이야기가 나오니, 장 담그는 비법이 궁금하지 않을 수 없었다. 종부는 별다른 비법이 없다고 했지만, 대종갓집의 장맛이니 예사롭지 않을 것

둘째 딸 소정에게
장맛의 비법과
장독대 간수하는
방법을 일러주고
있는 종부.

같았다. 우선 음력 10월 말쯤에 집에서 기른 콩을 하루이틀 물에 담갔다가 붉은 빛을 띠도록 무쇠솥에 삶는다고 한다. 삶은 콩을 절구에 찧어 20센티미터 정도의 정사각형 모양으로 빚으면 메주가 된다. 이 메주를 짚으로 엮어서 대청마루 위에 매달아 말린다. 날씨에 따라 보름에서 20일쯤 말리는데, 이때 바람에 날리는 각종 곰팡이균들을 메주가 품는다고 한다. 박스에 짚을 깔고 말린 메주 한 켜, 짚 한 켜로 켜켜이 놓아 따뜻한 아랫목에 보름 정도 두면 메주는 곰팡이 균으로 겉과 속이 까맣게 된다.

보통은 2~3월에 간장을 담그는데, 종가는 정월에 장을 담근다고 한다. 정월 중에도 손 없는 날을 택해 메주를 솔로 씻어 물기를 말리고, 장독은 짚을 태워 연기로 소독을 한다. 소쿠리에 소금을 받쳐두고 몇 번이고 물을 부어 간수를 빼는데, 간수에 달걀을 띄워보아 동동 뜨면 간이 맞는 것이다. 메주는 소독한 독에 넣고 소금물을 붓는다. 메주 한 덩이에 소금물 둘 정도로 조절하면 된다. 소금물에 메주가 둥둥 뜨면 그 위에 청정제 구실을 하는 숯, 군내와 균의 번식을 막아주는 붉은 고추, 단맛을 내는 마른 대추를 띄운다.

이후부터는 메주가 햇빛을 쬐도록 해가 나면 옹기 뚜껑을 열어두었다가 저녁이면 뚜껑을 덮는 일에 신경을 써야 한다. 60여 일이 지나면 메주와 소금물이 서로 섞이면서 초콜릿 색 간장이 장독 안에 가득하게 된다. 이때 대나무로 만든 모자처럼 생긴 '용수'를 거꾸로 박아 간장을 떠내 무쇠솥에 넣고 끓여 식힌 뒤 장독에 담아 보관한다. 30여 일이 지나면 먹을 수 있다.

간장을 떠낸 메주는 주물러 부수어 옹기에 담아 위에 소금을 뿌려둔다. 이것이 된장이 되는 것이다. 이후에도 날씨가 좋은 날은 옹기 뚜껑을 열어 햇빛을 쪼여야 장맛이 변하지 않는다. 우리 음식의 맛을 제대로 살리는 데 기본이 되는 장맛은 이렇게 정성스러운 과정을 거쳐 탄생하는 것이다.

같은 음식이라도 보기 좋고 맛있게

종부 김씨가 25년 전 서울에서 이곳으로 시집왔을 때는 닷새 동안 밤낮없이 잔치를 벌였다고 한다. 근동에 사는 사람들까지 이 댁의 잔치국수를 먹지 않은 사람이 없을 정도로 성대했다는 이야기를 오래전에 들었던 터라 종부를 만나니 친숙한 느낌이 들었다.

"학교만 다니다가 스물다섯에 시집와 지금껏 집을 떠나본 일이 없어요. 시아버지 형제분이 스물두 분이시고, 시집왔을 때는 시할머니·시아버지 등 어른들 식사 준비만 해도 하루가 모자랐지요. 거기다 10년 전부터 운영한 고

시원생들의 하루 세 끼 식사 준비도 만만찮아 어떻게 지내왔는지 세월을 잊을 정도입니다."

지금은 제사를 줄여 일 년에 기제사만 일곱 번 지낸다고 하지만 명절 제사며, 시제(時祭) 등 종가 며느리의 삶이 어떠했는지는 상상만으로도 벅찼다. 그런데도 종부의 모습은 밝고 고와 비결을 물었다.

"시집와 10년 동안은 이곳을 어떻게 빠져나가나 고민하며 울고 지냈지요. 그러다가 세 아이가 태어나고 어쩌지 못하는 환경에 처해지자 자구책으로 생각난 것이 '이것도 운명이거니 그 운명을 차라리 긍정적으로 받아들이자'는 것이었어요. 그때부터 최선을 다해 이 가문을 지켜나가야겠다는 긍지가 생겼고, 지금껏 열심히 살았다는 것밖에 비결이 없어요."

시집오던 길로 제사에 올리는 청주 담그는 일부터 제반 음식 준비를 책임져야 했다.

"본래 요리에 취미가 있었던 것 같아요. 어차피 만들 음식이라면 같은 음식이라도 보기 좋고 맛있게 응용해보려고 애썼습니다. 찾아온 손님을 극진히 대접하다 보니 소문이 났던 모양이에요. 그 소문 때문에 텔레비전에도 수없이 출연했고 여러 곳에서 요리 강의 요청이 들어오기 시작했어요."

운전을 배워 자신을 찾는 곳에 달려가서 열심히 가르치기도 했지만, 지난봄 시어머니가 돌아가신 뒤로는 집을 비울 수가 없어 외부 강의는 나가지 못한다고 했다. 종부는 특히 다과상 차림에 조예가 깊다.

딸 둘과 아들 하나를 두었는데 큰딸 소영(취재 당시 24세) 씨는 대학 졸업 후 혼인했다. 둘째는 어머니의 요리솜씨를 빼닮아 곁에서 많이 도와준다고 한다.

솔향 그윽한 솔차와 오븐에 굽는 닭구이,
맛나는 요리 재료가 되는 도토리

종가가 자랑하는 깨끗한 꿀색의 솔차는 향이 은은했고 알코올기도 조금 있었다. 한잔을 마시고 자고 나면 다음 날 몸이 가뿐해진다고 한다. 4월 하순쯤에 돋아나는 토종 솔잎을 따서 깨끗이 씻은 다음 잘게 썰어 채반에 늘어놓아 물기를 없앤다. 짧고 가는 것이 토종 솔잎이라고 한다. 솔잎과 같은 양의 영지버섯, 대추, 감초도 준비한다. 물기를 없앤 옹기 항아리에 재료를 켜켜이 담고 그 위에 꿀을 붓는다. 그런 다음 공기가 들어가지 않게 비닐로 단단히 덮

◀ 꽃잎을 올린
도토리전과
은은한 솔차.

▶ 담백하고 고소한
닭구이.

고 바람이 잘 통하는 그늘에서 숙성시킨다. 석 달 동안 두었다가 고운 베보자기를 체에 깔고 건지를 받쳐낸다. 솔액을 냉장고에 보관했다가, 마실 때는 솔액 반 잔에 좋아하는 과일즙 반 잔을 섞으면 맛과 효능이 곱이 된다.

양념을 고루 발라두었다가 오븐에 굽는 닭구이도 이 댁의 자랑거리다. 닭을 먹기 좋은 크기로 썰어 물기를 없애고 소금과 후추로 밑간을 한다. 밑간해둔 닭에 진간장, 물엿, 설탕, 참기름, 생강을 넣어 양념이 고루 배도록 주물러 두 시간쯤 냉장고에 두었다 오븐에 굽는다. 그릇에 담을 때 통고추와 실고추를 얹어주면 맛도 좋지만 보기에도 맛깔스럽다.

산에 지천으로 널린 도토리도 맛나는 요리 재료가 된다. 도토리 가루에다 전분을 조금 섞어 소금 간해 녹녹하게 화전반죽해 30분 정도 두었다가 동그랗게 빚어 약한 불에 지져낸다. 접시에 담을 때는 잘게 썬 파와 대추를 얇게 썰어 고명으로 올린다. 도토리전 위에 하얀 찹쌀가루 반죽을 구워 올린 후 꽃잎이나 국화잎을 올리면 모양이 곱다. 도토리전을 붙여 접시 둘레에 담고, 가운데에는 새우살을 볶아둔 새우쌈말이도 한 번 따라해봄직한 요리다.

이렇게 다양한 요리를 알려준 종부의 음식 솜씨는 시할머니의 서울 손맛과 친정인 전라도 손맛의 장점만을 물려받은 것이라 하니, 먹어보지 않아도 음식 맛은 짐작할 만하다.

문자향 서권기가
발산하는 학문의 맥

경주 이씨 국당파
초려 이유태 종가

근세의 훌륭한 한학자를 많이 배출한 용문서원.

교육도시로 불리는 충남 공주시 옥룡동, 경주 이씨 국당파 초려 이유태(草廬 李惟泰, 1607~1684) 선생의 종가에서는 지난 2월 이틀 동안 성대한 잔치가 열렸다. 이날은 12세 종손 이정우 씨가 회갑을 맞는 날인 데다 막내아들 상덕(취재 당시 24세) 씨의 사법고시 합격으로 더욱 빛나는 날이었다.

회갑이나 축하 잔치는 어느 집안에서나 있을 수 있는 일이지만 이 댁의 경우는 예사롭게 이루어진 자리가 아니었다. 이날 일곱 자녀와 여덟 형제들에게 축하의 술잔을 받은 이정우 씨는 무학 무재의 빈손으로 과수원을 일구어 사법고시 2명, 기술고시 1명, 대학교수 2명 등 열 명을 교육시킨 억척 한국인이었다. 세계에서 교육열이 가장 높다는 한국인의 초상인 것이다. '회초리와 솔선수범이 나의 교육방침이요, 낳아서 자식이 아니라, 만들고 구워야 자식'이라는 그의 교육철학은 평범한 것 같으나 평범하지가 않았다. 이날 팔순 노모의 지휘로 종가 대대로 차려지는 회갑상 차림을 볼 수 있는 귀중한 기회를 가졌다.

아침 여덟 시에 선조의 사당에 올리는 고유식(告由式)을 시작으로 이날 잔치가 시작되었다. 종가는 공주 시내에서 공주대교를 지나 왼 으로 4킬로미터쯤 가다가 오른쪽 길옆의 식당에서 우회전하여 산길로 접어들면 낮은 야산 둔덕에 배나무가 줄지어 심어져 있는 농장에 있었다. 이곳을 '배밭골'이라고도 하고 '왕촌마을'이라고도 한다. 배밭은 종가의 것으로, 이곳의 택시기사들도 다 알 정도로 명문가다.

종가의 들머리 배밭길에는 현수막이 세 개나 걸려 있었다. 1999년 사법고시에 합격한 종손의 동생 충우(취재 당시 36세) 씨와 1995년 기술고시에 합

12세 종손 이정우 씨의 회갑잔치. 종손은 자신의 회갑을 축하하기 위해 보내온 축수글을 가족들 앞에서 일일이 낭송하고 있다.

격한 셋째 아들 상혁(취재 당시 33세) 씨, 지난해 사법고시에 합격한 막내아들 상덕 씨를 축하하기 위한 플래카드였다.

문자향과 서권기가 발산하는 학문의 맥

종가 둘레에는 둔덕 같은 평평하고 예쁜 산들이 병풍처럼 빙 둘러쳐져 있어 자연이 종가를 위해 특별히 마련해둔 것 같은 포근한 기운이 풍겼다. 분지같이 생긴 이 마을에는 종가의 친척들이 몇 집 살고 있을 뿐 타성이 없는 한적한 동네였다. 종가에서 바라보이는 건너 산이 문필봉이고, 그 문필봉을 에워싼 야산들이 '산태극'이며, 종가의 들머리에 흐르는 금강이 굽이돌아 '물태극'이라 한다. 이런 곳에서는 문기(文氣)가 무르녹아 문자의 향기〔文字香〕와 서권기(書卷氣)가 발산하는 학문의 맥이 끊어지지 않은 길지라는 것이 지관들의 얘기다. 문외한의 눈에도 아늑하고 조용한 분위기가 글읽기 좋은 터임을 알 수 있었다.

종가는 솟을대문에 잇대어 지어진 문간채, 대문을 들어서면 왼쪽에 사랑채, 오른쪽에 곳간채가 있다. 대문을 조금 비껴 보이는 중문을 들어서면 안채가 자리 잡은 조선 후기의 양반가옥 형태에서 벗어나지 않았다. 하지만 종가에서 주목되는 건물은 안채 서편에 샛담을 두고 일각문(一角門)을 달아 안채에서도 드나들 수 있게 지은 서원이다.

서원은 단청이 깨끗한 네 채의 한옥으로, 밖으로 난 대문에 '용문서원(龍

사당 대신 안채 대청에 4대의 선조를 모신 벽감 앞에서 고유제를 지내고 있다.

門書院)'이란 편액을 걸어두었다. 이곳에는 종가에서 숭상하는 조선시대 대문장가인 초려 이유태 선생의 신주를 모신 명덕사(明德祠), 몸을 깨끗이 하여 제사 준비를 하는 재실인 존성재(存省齋), 강의실 중화당(中和堂), 초려 선생의 유물을 보관하는 미원당(微遠堂), 학생들이 합숙하며 공부할 수 있도록 한 건물 따위가 있다.

이곳은 본래 초려 선생이 책을 읽고 후학을 가르치던 서재였는데 한국전쟁 때 불타 없어진 것을 1970년부터 15년에 걸쳐 한 채씩 종손이 직접 복원한 것이다. 이 서원에서는 근세의 한학자들이 많이 배출되었다. 공주대학 한문학 교수인 백원철 씨, 서울대 박종근 교수 등이 몇 년씩 종가에 머물면서 종손의 조부로부터 사서(四書)는 물론 『맹자』 등을 공부했다. 지금도 방학 때면 한학에 뜻을 둔 학생들이 찾아와 종손과 종손의 당숙으로부터 천자문부터 『논어』에 이르기까지 한문 공부를 하고 간다.

주인공을 배려한 다리가 낮은 종가의 회갑상

숨을 쉬면 입김과 콧김이 선명히 보이는 추위였다. 이른 아침인데 서울을 비롯한 전국에서 찾아온 축하객들의 차가 종가 입구에 줄지어 있었다. 안채에 들어서니 대청 마루에는 벌써 회갑상이 차려져 있고 넓은 집 안팎으로 왁자한 사람 소리, 뒤뜰 아궁이의 연기, 무쇠솥에 피어오르는 따뜻한 장국 냄새가 잔치 분위기를 돋우었다.

도포에 갓을 쓴 노인들, 어른은 물론 어린아이들까지 남자들은 두루마

종손은 자신을 있게 한 팔순의 어머니 김선희 씨께 먼저 술을 올리고 절을 드렸다.

기를 갖추어 입었고, 60세 넘어 보이는 부인들은 모두 머리에 쪽을 지어 조선시대 생활 풍습을 보여주는 영화 장면 같았다.

지금은 집에서 회갑상을 차리는 곳이 흔치 않아 전통의 수연상(壽宴床)을 볼 수 있다는 기대가 컸다. 사진을 찍기 위해 박제된 상차림이 아니라 가족의 정성으로 마련된 수연상 차림이기 때문이다.

종가의 회갑상은 다리가 낮았다. 고배상(高排床)에 가려 주인공이 잘 보이지 않을 것을 배려한 것이다. 수연상은 높이 고이므로 고배상이라기도 하고 그 자리에서 먹지 않고 바라만 본다 하여 망상(望床)이라고도 한다. 상 뒤로는 종손의 맏딸 상완 씨가 수놓은 사군자 병풍이 쳐져 있었다.

종가의 상차림은 일일이 손으로 준비한 것으로, 웬만한 법도 있는 집안이 아니고서는 어림없는 일이다. 밤을 치고, 은행을 실에 꿰어 올리는 고임상은 숙련된 솜씨와 잔손이 많이 드는 일이다. 집안 부인들이 종가에 모여 며칠 동안 정성으로 준비한 전통 회갑상 차림을 참으로 오랜만에 구경할 수 있었다.

노모가 아들 내외에게 답례로 허리를 굽히다

의식은 고유제로 시작되었다. 사당이 따로 없는 종가에서는 안채 대청마루 동쪽에 벽장을 만들어 종손으로부터 4대 조상을 모셨다. 종손은 옥색 도포를 입고 머리에는 유건을 쓰고 안경을 벗었다. 안경 쓴 얼굴은 본래 모습이 아니기 때문에 조상이 알아보지 못한다는 것이다.

제례복 차림으로 종손은 신주를 모신 벽장문을 열고 두 번 절하며 신주에게 먼저 인사를 했다. 다음은 목향을 피웠다. 술잔에 술을 붓고 술잔을 들어 잠깐 올렸다 내려놓고 고유축을 읽었다. 조상들에게 오늘의 축제를 알리는 내용이다. 축을 읽은 다음 두 번 절하고 축문을 태운 뒤 벽장문을 닫는 것으로 고유식을 마쳤다.

종손은 제사복인 도포를 벗고 진회색 두루마기로 갈아입었다. 이어 큰상 가운데 노모 김선희(취재 당시 81세) 씨를 모셨다. 깨끗하고 기품 있는 노모는 미색 양단 저고리와 쪽빛 양단 치마를 단정히 입고 머리에는 쪽을 곱게 지었다.

가장 먼저 종손 내외가 노모에게 술잔을 올리고 큰절 두 번을 했다. 이날은 날씨가 몹씨 추워서 여자는 네 번을 절해야 한다는 가풍을 접어두고 두 번만 하기로 집안 어른들과 상의가 된 것이다. 노모는 아들 내외에게 허리를 굽혀 답례를 했다. 오늘은 종손의 회갑날이기도 하고, 아들이지만 종손의 절은 앉아서 받지 않는다는 예법에 따른 것이다.

종손은 노모와 같은 위치에 앉을 수 없다며 노모의 오른쪽에 옆으로 앉았고 부인은 노모의 왼쪽에 모로 앉았다. 오늘 노모를 상석에 모신 것은 어머님이 계시기 때문에 자신이 존재한다는 종손의 효심에서다. 종손에 이어 종손의 여덟 형제 내외가 노모에게 절을 올리고 형님과 형수에게 각각 두 번씩 절을 했다. 그다음은 종손의 자녀 4남 3녀 내외가 할머니에게 먼저 두 번 절하고 아버지와 어머니께 절을 각각 두 번했다. 7남매의 자손들인 손자·손녀 여덟 명은 친손과 외손을 구별해 손자부터 절을 받았다. 절하는 시간만도 30분이 걸렸다.

축의금 대신 정성스런 축수의 글

종가의 회갑에서 눈에 띄는 것은 하객들의 축수(祝壽) 글이었다. 보통은 금일봉이나 꽃다발을 보내는 데 반해 축사를 보내온 것이다. 친척을 비롯해 전국에서 보내온 축하 글이 수북이 쌓여 있었다. 정갈하게 표구까지 해 보내기도 했고 현대식으로 컴퓨터로 쳐서 인쇄해 온 축사도 있었다.

이렇게 보내온 축사는 일일이 낭송됐다. 발이 꽁꽁 얼 것 같은 추위도 아랑곳없이 노모를 비롯해 남녀를 가리지 않고 집안의 어른들이 앉은 자리에서 긴 축사를 읽는다. 축사를 읽는 동안 모두들 머리를 조아린 채 경청했다. 축사의 내용들은 종손의 일생을 지켜보면서 그의 덕을 치하하는 장문의 글도 있었고, 장수를 비는 짧은 한시도 있었다. 종손의 대쪽같이 곧은 성품을 표현해 사군자 중에 힘찬 대나무를 쳐서 보내기도 했다. 권력이나 재물보다 문장을 귀하게 여기는 선비집 후손다운 풍경이었다. 종손 자신도 자축하는 글을 한시 한 수에 담아 방문객에게 내보일 만큼 문장력이 뛰어났다.

"우리 집은 옛부터 글을 하는 집안이라 회갑 때는 물론 상례에도 많은 글을 받곤 했습니다. 할아버지가 돌아가셨을 때는 전국에서 보내진 만사(輓詞, 죽음을 애도하는 글)가 줄을 이었지요. 사람이 죽어도 그를 추모하는 글을 보냈고, 고희를 맞거나 회혼례 때도 글로써 축하를 했지요. 그런 글들을 모아 사후에는 자손들이 누구누구의 실기(實記)라는 이름을 붙여 책을 만들어 집안끼리 돌려보고서 좋은 문장은 따라 익히기도 했지요."

하객들은 금일봉이나 꽃다발 대신 정성 들여 쓴 축하의 글을 보냈다.

귀한 손자가 탄생하면 그 기념으로 할아버지는 과거에 급제한 진사나 생원 1000명을 찾아다니며, 『천자문』 가운데 한 글자를 써달라고 해 그 글로 『천자문』을 만든다고 했다. 이런 글은 구걸해서 만든 『천자문』이라 하여 『걸자천자문(乞字天字文)』이라고도 했다.

그 『천자문』을 돌상에 올려 돌잡히기를 하는데 이때 아기가 책을 먼저 들면 학문에 뜻을 둔 아이로 점치고 좋아했다고 들려준다. 그 아이가 서너살 때쯤이면 그 『천자문』으로 글을 읽게 되는데, 많은 사람의 정성이 깃든 책으로 공부하니 어찌 소홀할 수 있었겠는가 했다. 종손은 다행히 글하는 벗들이 있어 오늘 같은 좋은 날을 맞아 문장을 접할 수 있지만, 앞으로는 어려울 것 같다고 염려했다.

세계에서 문맹이 하나도 없다는 곳이 우리나라다. 그 배운 글을 옛사람들의 멋을 닮아 아름답게 활용하지 못하고 있지나 않은지 되돌아보게 되었다.

'내가 나가서 나라에 도움이 되지 못하면, 나가지 아니한만 못하다'

종가가 이곳에 터 잡고 살게 된 것은 종손의 12세 선조인 초려 이유태 선생이 57세 때부터이다. 초려 선생은 17세기 충청도 사림 오현 가운데 한 사람으로 추앙받은 인물이었다. 본관은 경주(慶州), 자는 태지(泰之)다. 편하게 부를 수 있는 호는 초려라 했고, 돌아가신 뒤 나라에서 그의 업적을 기려 내린 시호는 문헌(文憲)이었다.

선생은 충남 금산군 노동리에서 태어나 어려서 아버지를 여의고 어렵게 자랐다. 여덟 살 때는 칠언시를 즉석에서 지을 정도로 문장이 뛰어나 주위의 부러움을 샀다. 그의 총명함은 열여덟 살 때 조선시대 예학의 거두인 사계 김장생(沙溪 金長生)의 문하생이 되면서 더욱 빛을 발한다. 같은 문하생인 송준길(宋浚吉), 송시열(宋時

烈)과 친분이 두터워 한때는 그들과 뜻을 같이해 북벌계획을 도모하기도 했다. 인조 때는 세자의 스승과 동부승지를 지내는 등 그의 학문은 관직에 두루 쓰였다.

현종이 즉위하여 선생의 높은 학문을 전해 듣고 이조참판, 대사헌 등의 벼슬을 내렸으나 '내가 나가서 나라에 도움이 되지 못하면 나가지 아니한만 못하다'는 이유로 부임하지 않고 54세 때 지금의 종가에 낙향해 서원을 짓고 후학 양성에만 전념했다.

하지만 정치권에서는 선생을 그냥 두지 않았다. 의로운 일을 모른 채 못하는 의협심으로 장문의 상소로써 억울한 사람을 돕고, 잘못된 정권을 바로잡기 위해 충정 어린 상소를 올리지만, 집권층의 오해로 6년 동안 유배생활을 하게 된다. 유배지에서 풀려난 3년 뒤에 78세를 일기로 세상을 등진다.

저서로는 『초려집(草廬集)』과 관혼상제(冠婚喪祭)의 의례를 적은 『사례홀기(四禮笏記)』와 마을의 자치규약인 『초려향약(草廬鄕約)』 등이 있고, 선생이 영변에 유배되어 있을 때 후손들에게 가정일을 부탁한 가훈을 적은 『유고(遺稿)』는 유형문화재로 지정되어 있다.

열여덟 나이에 열다섯 식구의 가장이 된 종손

선생의 참다운 선비정신과 실학은 후손들에게도 이어졌다. 종손의 고조할아버지는 항일운동으로 전 재산을 몰수당하고 집안이 풍비박산이 났다. 창씨개

과수원을 일구어 동생과 자녀를 키우고 공부시킨 종손 이정우 씨와 부인 이선희 씨.

명을 하지 않은 것은 물론 일제의 신식 교육도 거부했다.

한학만을 후손에게 가르쳐 한학의 유풍을 지금까지 지켜올 수 있었지만, 신식 교육에 대한 거부는 해방 후 20여 년 동안 이어졌다. 종가의 어른들이 해방 후의 학교 교육 역시 일제의 교육과 마찬가지로 여겼기 때문이다. 종손은 물론 그의 형제 아홉 중 네 명은 그래서 무학이다. 집에서 할아버지로부터 한학을 공부했을 뿐이다.

종손도 열다섯 살까지 한문 공부를 하다가, 한문 공부 해서 벼슬을 얻어 국록을 먹지 못할 바에는 농사를 지어 가족들을 부양해야겠다는 생각으로 책 대신 지게를 지고 농사를 짓기 시작했다. 열여덟 살 때 두 살 위인 부인 이선희(취재 당시 62세) 씨에게 장가를 들면서 실제 종가의 가장으로서 책무가 지어졌다. 지금의 고등학교 2학년 나이였다. 본격적인 배농사는 군 복무를 마친 24세 때부터였다.

유산으로 받은 것은 논밭이 아니라 집 뒤 조상의 묘가 있는 선산 하나가 전부였다. 종손은 그 산을 개간해서 배나무를 심었다. 농기구가 발달한 시절도 아니어서 곡괭이로 손에 피가 나도록 땅을 파고 나무를 심었다.

배를 키우면서 배꽃의 생리를 보고 형제들은 물론 자손들을 교육시켜야겠다는 결심을 하게 된다. 배꽃은 자연의 이치대로 피지만 벌과 나비가 날아오지 않으면 열매가 맺어지지 않는다. 사람도 낳아서 사람이 아니라 교육을 시켜야 완전한 인격체로 사회생활을 할 수 있을 것이라는 생각을 굳히고 현대 교육을 완강히 거부하는 조부를 설득하기 시작했다.

"할아버지의 반대가 심했어요. 고심 끝에 당시 이장이었던 집안 어른과 상의해서 거짓으로 조부를 설득시켰지요. 이제는 의무교육 시대라서 초등학교에 보내지 않으면 세금이 많이 나온다고 말이지요."

결국 조부께 거짓말을 하고서 셋째 여동생인 만우(취재 당시 43세) 씨가 종가에서는 처음으로 제도교육을 받기 시작한다. 만우 씨는 초·중등 학교를 수석으로 졸업을 하고 공주사대부고에 합격하지만, 할아버지의 극심한 반대로 진학하지 못한다. 하지만 공부를 하고자 하는 만우 씨의 강한 의지로 이듬해 공주여고에 어렵게 입학할 수 있었고, 수석으로 졸업한 뒤 대학 진학의 꿈은 접어둔 채 공무원 시험에 합격해 직장생활을 하면서 방송대학을 졸업했다.

종손의 장녀인 상완(취재 당시 41세) 씨 역시 초·중·고를 수석으로 졸업하지만 동생을 대학 공부시키지 못했는데 딸이라고 다를 수 없다는 종손의 고집으로 진학하지 못하고 방송대학을 졸업했다. 지금은 남편과 종가의 농장 일을 돕고 있다.

매와 솔선수범이 교육방침

"지난 일이지만 생각만 해도 끔찍합니다. 동생과 자식놈들 네 명의 하숙비, 등록금을 낼 때는 빚도 많이 졌어요. 그래도 하나같이 학원 한 번 가지 않고 스스로 공부해 대학에 척척 붙었으니 어떻게 해요. 자식은 대학 공부 시키면서 동생들은 시키지 않을 수가 없잖아요. 고생 많이 했어요. 낳아서 자식이 아니라 만들고 구워야 사람이 되는 거죠. 진흙덩이가 가마 속에서 몇백, 몇천 도의 열을 이겨내야 단단한 그릇으로 구워지잖아요. 사람도 올바른 교육을 받아야 여문 사람이 되지요. 요즘 교육은 지식만 가르쳤지 사람을 만들어내는 교육은 아닌 것 같아요. 사람의 마음은 원래 명정한 것인데, 그냥 내버려두면 먹구름이 끼어 그 명정함을 덮게 되지요. 그런 먹구름을 걷어내는 게 교육입니다."

동생이든 자식이든 바른 길을 가지 않을 때는 엄하게 회초리를 들었다고 한다.

"깨달음을 얻고 병은 들지 않도록만 손댔지요. 그래서 부모의 매는 '약매'라 하지요. 방학이 되면 애들 불러놓고 낮에는 농장일 돕게 하고 저녁밥을 먹은 뒤 밤 열두 시까지는 한문 공부를 시켰어요. 아버지가 밤늦도록 한문책을 읽고 있는데 어느 자식이 공부하지 않겠어요?"

종손은 지금도 밤 열두 시까지는 손에서 책을 놓지 않는다. 이렇게 어렵게 교육시켜 열 명의 석사, 한 명의 박사, 기술고시 한 명, 사법고시 두 명을 배출했다.

"남들은 자식들이 고시에 붙어 축하한다고 하는데 나는 축하할 일이 10원도 없다고 말했어요. 꽃이 피면 열매를 맺어야 하는데, 열매는 또 씨앗을 품어야 하잖아요. 그 씨를 다시 심어 키워내야죠. 고시에만 붙으면 뭐 한답디까? 열매를 맺고 그 열매를 또 남들과 나눌 줄 알아야 해요. 열매를 나누지

◀ 당근, 무, 생강, 박고지, 호박고지를 한입 크기로 썰어 집에서 만든 조청과 물을 1:1로 섞은 것에 조린 정과.

▼ 달콤하면서도 매콤하기도 하고 씁쓸하기도 한, 채소와 레몬향으로 신선한 맛을 낸 굴무침.

▶ 소금 간 한 물홍어를 먹기 좋은 크기로 잘라 통깨, 실고추, 다진 파, 후춧가루로 고명을 올려 담백한 맛이 나는 홍어찜.

않으면 헛꽃을 피운 거나 같습니다. 오히려 어깨가 무거워지는 것을 느껴야 하지요."

종손은 자식 농사는 끝났지만 꿈 하나가 있다. 형편이 어려워 공부를 못하는 학생들에게 장학금을 주는 일과 집 앞에 닦아놓은 터에다 교육장을 지어 한문 공부는 물론 예의 범절을 익히게 하는 무료 서당을 여는 일이다. 종손의 끝없는 교육열은 내 식구만 출세하면 된다는 근시안적인 것이 아니라 이웃과 사회를 위한 데 있다는 점에서 새삼 감동스러웠다.

4부

검소한 제사상에 깃든 풍미, 멋과 맛의 어우러짐

봉화 정씨 삼봉 정도전 종가

진주 강씨 만산 강용 고택

고창 오씨 죽유 오운 종택

안동 장씨 경당 장흥효 종가

김해 김씨 사군파 양무공 김완 종가

창녕 조씨 명숙공 종가

밀양 손씨 인묵재 손성증 종가

의성 김씨 청계공 김진 종가

청주 한씨 서평부원군 한준겸 종가

연안 이씨 정양공 이숙기 종가

文憲祠

조선 건국을 디자인한 비운의 전략가
봉화 정씨 삼봉 정도전 종가

조선 개국공신이지만 태조 9년에 일어난 무인난에 이성계의 아들 이방원(태종)에 의해 목숨을 잃고 오랫동안 역적이라는 누명까지 썼다. 선생의 신원은 고종 때 이르러 회복됐고 문헌(文憲)이라는 시호(諡號)도 내려졌다.

인구 1000만의 거대도시 서울은 조선 건국의 아버지라 불렸던 삼봉 정도전(三峰 鄭道傳, 1337~1398)에 의해 그 터전이 닦였다. 군주보다는 나라를, 나라보다는 백성을 위하는 민본사상으로 역성혁명(易姓革命)을 일으킨 삼봉은 조선을 건국한 후 궁을 짓기 위해 한양도성을 설계했다. 그리고 궁의 이름은 물론 4대문 4소문 이름까지 일일이 지었다. 주변 산을 실측해서 도성의 범위를 확정 짓는 5부 52방까지 꼼꼼하게 그려 서울 창건의 주도적 역할을 했다.

삼봉의 이 같은 공적을 고맙게 여긴 태조 이성계는 자신의 곤룡포를 삼봉에게 입히면서 '유학에도 으뜸이요, 나라에 공도 으뜸'이라는 '유종공종(儒宗功宗)'이라는 글씨를 내렸다. 하지만 그는 태조 9년에 일어난 무인난에 이성계의 아들 이방원(태종)에 의해 목숨을 잃게 된다. 이후 조선 역사에서는 오랫동안 그를 외면했고 역적이라는 누명까지 씌웠다.

삼봉의 신원은 그가 떠난 지 467년 만인 고종 때에 이르러 회복되고 그 후손들에게 영원히 제사를 모시도록 문헌(文憲)이라는 시호(諡號)도 내린다. '붓을 든 손으로 문명을 개혁하고, 칼을 든 또 다른 한 손으로 썩은 왕조를 도려냈다'는 평가를 받고 있는 삼봉의 종가를 찾아봤다.

경기도 평택시 진위면 은산리의 종가 마을은 놀랍게도 삼봉의 후손들이 600여 년을 살아온 집성촌이었다. 조상을 빛내는 일이라면 자다가도 벌떡 일어난다는 20대 종손 정병무(취재 당시 66세, 봉화 정씨 종친회장) 씨와 종부 전미화(취재 당시 62세) 씨, 차종손 정일섭(취재 당시 34세) 씨 가족 3대를 만나 조상의 업적을 바로잡는 애환과 맛깔스런 솜씨로 조상을 빛내는 일에 일조를 하고 있는 종부의 요리 솜씨도 맛보고 왔다.

종가가 자리한 평택시 진위면 은산리 마을을 찾는 길은 경부고속도로 안성 휴게소 조금 못 미쳐서 오른쪽으로 들어서면 된다. 사방이 산으로 둘러싸여 아늑한 마을이지만 교통이 좋아진 이후 박스 같은 창고 건물을 빌려주면서 농사 대신 생활하는 농촌 풍경에서 더 이상 옛 모습은 찾을 수 없다. 그러나 봉화 정씨들의 600년 발자취가 서린 굽이진 정감 어린 오솔길이 나온다.

사당 문헌사(文憲祠)는 나직한 둔덕 가장 높은 곳에서 마을을 굽어본다. 단층 칠을 해 한층 신령스러움을 더했지만 최근에 세워진 건물이라 고풍스런 맛은 없었다. 삼봉과 함께 공부한 양촌 권근(陽村 權近, 1352~1409)이 평가한 내용을 토대로 1994년에 그린 영정을 모셔두고 불천지위(不遷之位)와 9월 9일 가을 향사를 모시고 있다. 사당 오른편에는 제관들의 휴식처인 재실도 산뜻하게 지어져 있고, 2004년에 준공한 기념관도 번듯하다. 삼봉 선생의 명성에 걸맞은 유적으로 거듭나기 위해 문중 사람들이 애쓴 모습이 역력히 나타나는 건물들이다.

사당 문헌사 주변 포근한 자리에 삼봉의 허묘(墟墓)를 만들어두었다. 역적으로 몰려 비참한 최후를 맞이한 선생의 묘가 반듯하게 있을 리 없다. 묘를 찾을 수 없어 후손의 도리를 다 하지 못하고 있다는 통한을 종손은 가슴에 묻고 있었다. 재실 민본재(民本齋)의 편액 글씨가 발길을 멈추게 했다. 도올 김

용옥 씨가 이곳을 다녀가면서 써준 글씨를 판각해뒀다는 것이다. TV 강의에서 삼봉 선생을 조명하게 된 도올은 종가 사람들과는 친숙하게 지낸다고 한다.

선생의 향취가 배어 있는 유물관을 눈여겨봤다. 조선을 건국하고 한양 도성을 설계하면서 전각 이름까지 일일이 명명해 오늘날 국제도시로서의 기초를 다진 삼봉이었다. 그가 혼신을 다해 역성혁명을 일으켰던 까닭은 요즘 사학자들에게 연구논문을 통해 '붓을 든 손으로 문명을 개혁하고, 칼을 든 또 다른 한 손으로 썩은 왕조를 도려냈다'는 평가를 받고 있다. 고려 말 도탄에 빠진 백성을 살리는 민본정치를 꿈꾸었던 그가 그 꿈을 실현하기도 전에 왕권을 거머쥐기 위한 태종의 욕망에 목숨을 빼앗긴다. 역적이라는 누명까지 씌워놓은 채 조선 역사에서는 정도전이란 인물을 폄하된 시각으로 대접했다.

그런 까닭에 변변한 유물이 남아 있을 리 없었을 것이다. 그러나 "훌륭

재실 민본재 앞에서 3대가 사진을 찍었다. 조상을 빛내는 일이라면 자다가도 벌떡 일어난다는 종손과 맛깔스런 솜씨로 조상 빛내는 일에 일조를 하는 종부, 이 댁의 다음 대를 이어갈 차종손 정일섭과 차종부 당여옥, 손주들도 함께했다.

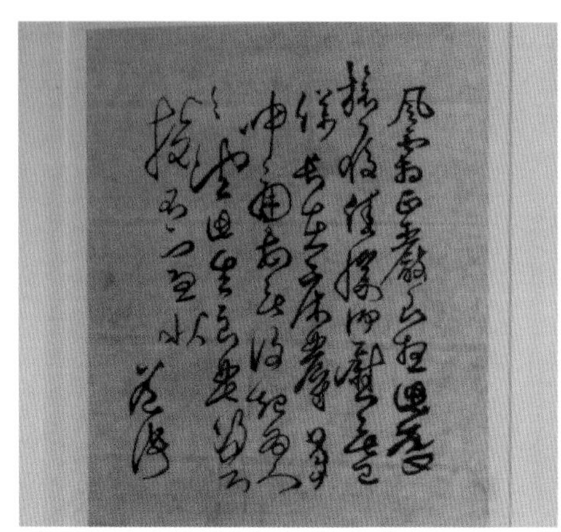

종손 정병무가 다른 문중의 책자에서 삼봉의 이름이 나오면 영인(影印)을 해오고 박물관은 물론 규장각과 청계천 고서점까지 뒤져 찾아낸 유물들이 유물관에 반듯하게 전시돼 있다.

한 조상은 훌륭한 후손이 만든다"라는 말을 실감나게 하는 이가 바로 삼봉의 20대 종손 정병무 씨다. 공무원으로 정년퇴직한 그는 전국 방방곡곡을 다니면서 삼봉에 관한 유물을 찾아냈다. 다른 문중의 책자에서 삼봉의 이름이 나오면 영인(影印)을 해오고 박물관은 물론 규장각과 청계천 고서점까지 뒤져 찾아낸 유물들이 유물관에 반듯하게 전시돼 있다.

수신제가 치국평천하

가을 그름 해사히 맑고
산은 둘러 적적한데
지는 잎 소리 없이
땅에 가득 붉어라.
다릿께에 말 세우고
돌아갈 길 묻노라니
모르겠네 이 몸 있는 곳
그림 속은 아닌지.

가을 산속의 풍광을 절묘하게 묘사한 삼봉 정도전은 이런 시재(詩才)뿐 아니라 이론가, 경세가로서의 타고난 자품이 있었다. 이색의 문하에서 학문을 닦은 그는 『조선경국전(朝鮮經國典)』을 비롯해 정치, 경제, 철학, 병법, 예악, 역학, 의서, 시문에 이르기까지 30여 종의 책을 펴냈다. 이런 글을 한데 묶은 것이 바로 『삼봉집』이다. 1397년 삼봉 생전에 맏아들 진(津)이 일부 시문과 저서, 중국 기행문 등을 수집해 2권으로 묶었으나 정조대에 와서 『조선

경국전』을 담아 『삼봉집』 을 보완, 편찬하라는 어명이 내려진다. 이에 경상도 관찰사인 정대용이 기존의 삼봉집에 누락된 시문과 서책을 추가해 14권 7책을 판각본으로 간행했다. 영구 보존을 위해 4대 사고(四大史庫)인 태백사고에 보관했던 목판본은 지금 유형문화재 제132호로 지정돼 종가의 유물관에 보관돼 있다.

"구한말 어지러운 시기에 누군가에 의해 대구 용연사에 보관했던 것을 종조부께서 마차에 싣고 이곳으로 옮겨 왔어요. 보관을 제대로 하지 못한 탓에 많이 잃어버렸어요. 그중 일부는 서울 인사동에서 찾아오기도 했고요."

유물관에는 정감 있는 필치로 써 내려간 서간문, 가훈 같은 어록도 있다. '집안에 화목한 기운이 가득하면 근심이 없어지고 즐거운 일만 생긴다'는 수신제가 치국평천하의 뜻을 후세에 남기기도 했다. 글씨를 잘 썼던 그가 남긴 친필 병풍에는 '예가 아니면 보지 말고, 듣지 말며, 말하지 말고, 행동하지 말지어다'라는 사물잠(四勿箴)도 눈길을 끈다. 이외에도 조선 개국원종공신단 서록권도 있었고, 시호 교지와 복훈 교지도 전시돼 있다. 동문수학했던 양촌

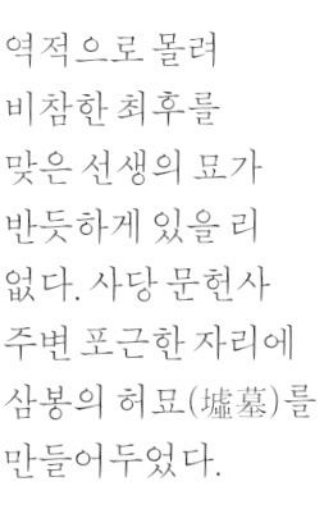

역적으로 몰려 비참한 최후를 맞은 선생의 묘가 반듯하게 있을 리 없다. 사당 문헌사 주변 포근한 자리에 삼봉의 허묘(墟墓)를 만들어두었다.

권근이 삼봉의 부인 최씨의 인품을 보고 칭송한 글도 인상적이다.

"남편을 섬기는 데 온순하며 의로웠고, 자손을 가르침에 자애롭고 엄격했다. 친척을 대함은 은혜롭되 두루 살폈으며 하인들을 거느림에는 엄하면서도 관대히 용서할 줄 알았다. 이것은 비록 천성이 아름다운 데서 우러나온 것이지만 역시 덕으로 대하는 데서 오는 것이라."

이 시대에도 새겨두면 이로운 구절들을 유물관 곳곳에서 볼 수 있다.

600년을 살아온 봉화 정씨 집성촌 마을

사당에서 걸어 5분 거리에 종가가 있다. 종손이 태어나고 자란 옛 건물은 1960년 화재로 소실되었다. 다시 지은 건물 지붕은 한옥이나 실내는 양옥의 편리함으로 꾸며놓았다. 종손은 조만간 종가를 옛 모습대로 복원할 계획이라고 했다. 얼마 전까지는 노모가 종가를 지켰으나 병환으로 지금은 비어 있다. 종손은 직장 때문에 한 시간 거리인 군포시 산본동에서 아파트 생활을 하고 있긴 하지만 조상의 신주가 모셔진 종가를 비울 수 없어 일주일이 멀다 하고 종가를 찾는다. 이날은 종부와 차종손 가족까지 종가에 내려와 왁자한 분위기가 종가다웠다.

거실 벽에는 종손이 공직생활 중에 받은 상장이 눈부시게 걸려 있다. 보건복지부 장관상을 비롯해 대통령상, 청소년연맹 훈장, 대한민국 훈장, 광명시민 대상 등이다.

"청소행정과장, 사회과장 등 시끄러운 자리에 많이 있었습니다. 시위 없이 민원 해결을 잘했다는 평가로 상을 주신 것 같습니다. 퇴직을 하고 보니

종가 거실 벽에는 종손이 공직생활 중에 받은 상장이 걸려 있다.

제대로 한 것도 없는데 과분한 상을 받았구나 싶어 부끄러웠습니다."

조상의 이야기라면 수백 년 전의 일도 어제 일인 양 정확한 햇수와 날짜를 기억하고 있는 종손은 봉화 정씨가 이곳에 살게 된 내력을 들려주었다.

"삼봉 할아버지께서는 세 아드님을 두셨습니다. 변을 당한 아버지의 소식을 듣고 현장으로 달려간 둘째 영(泳), 셋째 유(游)는 삼봉의 아들이라는 사실이 밝혀져 반란군의 손에 죽임을 당했습니다. 때마침 장손 진은 태조를 수행하여 함흥에 있는 석왕사라는 절에 가 있었기 때문에 화를 면할 수 있었습니다."

삼봉의 죄목은 두 가지였다. 강씨 부인의 아들 방석을 세자로 추대한 것과 세자를 보호하기 위해 한씨 소생의 이복형들을 죽이려고 했다는 것이다. 그러나 방석을 세자로 삼은 것은 태조의 뜻이었고, 방번 대신 방석을 추천한 것은 삼봉이 아니라 배극렴이었다. 삼봉은 태조의 명을 안 된다고 간하지 않고 따른 죄밖에 없다고 한다.

큰아들 진이 아버지의 비보를 듣고 시신이라도 찾을 요량으로 한양으로 급히 왔지만 태종은 그를 옥에 가두었고 다행히 목숨을 살려 전라도 수군으로 좌천시켰다. 그러다 태종 7년에 나주목사로 승진해줬고 세종 때는 지금의 서울시장 격인 한양부윤의 자리까지 올랐다. 종가가 평택에 자리 잡게 된 건 삼봉의 맏손자인 정래(鄭來) 때였다. 삼봉이 참사를 당할 당시 용인 현령으로 있던 정래는 할아버지의 참사 소식을 듣고 평택으로 몸을 숨겨 은둔처사로 일생을 마쳤다. 그 후손들은 이곳을 떠나지 않고 600여 년간 살아서 한때는 봉화 정씨들만 220가구로 집성촌을 이뤘다.

공무원으로 정년퇴직한 삼봉의 20대 종손 정병무 씨. 전국 방방곡곡을 다니면서 삼봉에 관한 유물을 찾아냈다.

삼봉 정도전의 영정.

"삼봉 할아버지의 신원은 고종 때 대원군이 경복궁을 중건하면서 그 설계자인 삼봉 할아버지의 공을 인정해 고종 2년(1865)에 관직을 회복시켰습니다. '법궁과 전각을 차례로 짓고 나니 정도전이 궁전의 이름을 정하고 송축하는 가사를 지은 것이 생각난다. 따라서 1000년 뒤에도 가슴 깊이 감동을 느끼게 하고 있으니 특별히 훈작을 회복시키고 시호를 내리도록 하라'고 했습니다. 영원히 제사를 모실 수 있도록 시호가 내려졌지만 그 영광을 받을 종손이 당시엔 없었어요."

삼봉의 손자로부터 9대까지는 대를 이어 종가가 있었던 것으로 족보에는 나타난다. 하지만 이후부터는 후손이 끊어진 상태다. 조선왕조 500년간은 삼봉에 대해 철저히 탄압하던 시대였고 후손들은 변변한 벼슬을 하지 못한 채 어려운 살림에 양자를 구하지 못하고 대가 끊어졌던 것이다.

"당시 종손을 정하는 데 어려움이 많았습니다. 고종은 예조에 어명을 내려 정도전의 종손을 찾으라고 명했습니다. 예조에서는 전국에 흩어져 있는

게신 민본재(民本齋)의 편액글씨가 발길을 멈추게 했다. 3년 전 도올 김용옥 씨가 이곳을 다녀가면서 써준 글씨를 판각해뒀다는 것이다.

봉화 정씨 문중에 통문을 보내 종손이 있으면 상경하라는 명을 내렸습니다. 한데 명예에 눈이 먼 몇몇 문중 사람들이 서로 종손이라 우기는 바람에 어려움이 더 많았습니다. 7년간의 우여곡절 끝에 최장파의 16대 손인 정응기 할아버지가 종손으로 결정됐습니다. 저의 5대조 되시는 분입니다."

이즈음 고종은 정도전을 가리켜 '주옥같은 마음, 공자 같은 생각, 이윤 같은 충심, 전설 같은 보좌심에 의해 행동했다'는 내용의 치제문(致齋文)과 함께 태조가 내린 '유종공종'이란 글을 다시 써서 내렸다. 그 글귀는 지금도 사당에 걸려 후손들의 자긍심을 높여주고 있다.

비견할 인물이 없었던 정도전

삼봉은 고려 충혜왕 시절 부친 정운경과 어머니 영주 우씨 사이에 3남 1녀 중 장남으로 출생했다. 자는 종지(宗之), 호는 삼봉(三峰), 시호는 문헌(文憲)이다.

그의 고조부는 봉화에서 호장(戶長)을 지낸 향리의 수장으로 그 지위가 세습되면서 세력을 떨쳤다. 부친 운경은 과거에 합격해 지금의 법무부 장관에 해당하는 형부상서를 지낸 인물로 명문가에서 태어난 것이다.

삼봉은 어려서부터 총명한 자품이 두드러졌다. 총민하고 학문을 좋아해 많은 책을 읽어 논리가 정연했다. 당대 최고의 석학 이색의 문하에 들어가 정몽주, 이숭인 등과 유학을 배웠고 19세 되던 해 뜻을 펼치기 위해 성균과 시험에 응시해 합격했다. 그해 경주 최씨 최습의 딸과 혼인을 했다. 그로부터 2년 후 문과인 진사에도 합격하면서 충주사록, 전교사주부 등 굵직한 벼슬살이를 도맡아 했다. 공민왕 19년에 성균관이 지어지고 삼봉은 성균관 박사에 천거돼 5년 동안 학관 겸직으로 일하며 유교적 정치이념인 성리학을 강론하면서 그의 정치사상이 정립되는 계기를 마련했다.

33세 때는 공민왕이 시해되자 명나라에 알릴 것을 주장하다가 친원파의 반목으로 나주로 유배를 떠나게 되었고 유배가 풀린 후에는 서울 삼각산 아래에 삼봉재를 짓고 후학을 가르쳤다. 그러다 권신들의 핍박으로 집이 헐리면서 부평, 김포 등지로 전전하며 유랑생활을 하기도 했다. 그러나 9년의 유배와 유랑생활을 통해 수많은 책을 펴낼 수 있었고, 고통받는 백성의 아픔을 직접 목격하면서 민본사상의 기본을 이루게 되었다. 개혁의지도 이때 다진 것으로 보인다.

42세 때 함경도 함주로 가서 이성계와 손을 잡은 후 삼군도총제부가 설치되자 우군총제사에 임명되면서 토지법인 과전법(科田法)을 실시해 조선 개국의 경제적 토대를 마련했다. 그로부터 전국의 토지는 공전(公田)이 됐고 귀족들의 농장은 몰수됐다. 그러다 보수 세력의 저항을 강하게 받고 봉화로 유배되기도 했다.

51세 때는 조준 등 53명과 함께 조선왕조를 개창하게 된다. 이때 이성계로부터 봉화백을 제수받음으로써 삼봉은 봉화 정씨 시조가 된다. 이후 도성 천도를 위해 인왕산, 백악산 등 4개의 산을 실측해서 도성의 범위를 정하고 궁궐과 종묘 건축을 설계하면서 경복궁 이름과 근정전, 사정전, 교태전 등의 궁궐 이름도 지었다. 태조 5년에는 도성의 흥인지문, 돈의문, 숭례문, 숙정문 등 4소문의 이름을 명명하고 한성부의 5부와 52방도 작명했다. 고구려의 옛 땅을 되찾기 위해 군사 편제를 개편해 군사 훈련을 독려하고 일본의 일기도와 대마도를 정벌하기 위한 병선(兵船)을 출동시키며 그의 꿈을 하나씩 펼쳐 나갔다.

한편 정권을 잡은 태조는 삼봉이 지은 병서에 의해 요동정벌을 위한 군사 훈련이 절정에 달해도 이에 응하지 않는 왕자와 장군들을 강하게 문책한다. 왕자와 절제사들의 사병들을 모두 혁파하여 공병화함에 따른 왕자들의 불만이 대단했다. 이로 인해 병권을 상실한 태조의 다섯째 왕자 방원의 역습으로 삼봉은 피살되고 충신과 세자를 잃은 이성계도 '함흥차사'라는 비화를 남긴 채 왕위를 물러나게 된다. 이때 삼봉의 나이 57세다. 찬란한 업적을 역사에 묻게 된 것이다.

훗날 세조 때의 대학자 신숙주는 선생을 평하여 "개국 초의 무릇 나라의 큰 규모의 일은 선생이 만들었으며 당시 영웅호걸이 구름처럼 모여들었으나 선생과 비견할 인물이 없었다"고 격찬했다.

혼인은 가문을 보고 한다

봉화 정씨 대종가 며느리, 공무원 아내, 이 두 가지 수식어를 평생 달고 다닌 종부 전미화 씨는 육순을 넘긴 나이임에도 다소곳하고 곱다. 행동거지는 남달라야 했고, 특히 말조심을 하면서 내공이 쌓인 덕분인지 여느 부인들과는 어딘가 다른 기운을 풍기고 있었다.

종부가 한상 가득 음식을 차려주었다. 청포묵무침과 북어구이.

종가 취재의 가장 어려움이 음식 부탁이다. 부탁할 때마다 종부의 마음을 움직이는 멘트를 준비하는데 이번에는 "도올 김용옥 씨가 이 댁 탕국 맛에 넋을 놓았다면서요?"라며 너스레를 떨었다. "일 년에 제사를 10번 이상 모셔보세요. 탕국 맛은 절로 있게 마련입니다"라고 종부가 응수했다. 그러면서 한상 가득 음식을 차려주었다. 지면을 통해 감사하다는 말을 드린다.

"시어머님께서는 음식 솜씨가 참 좋으셨습니다. 특히 '백일주'를 잘 빚었습니다. 노란색의 술은 제주로 쓰였습니다. 그리고 집안에 행사가 있을 땐 반드시 빚었습니다. 아이들 교육 때문에 따로 나가 살아서 어머니 솜씨를 제대로 배우지 못했습니다."

이 댁 탕국의 비책은 이렇다. 물에 다시마와 양지머리를 넣고 푹 삶는다. 고기가 익으면 다시마와 함께 건져 먹기 좋은 크기로 썬다. 무도 나박나박 썬다. 양지국물에 무와 고기, 다시마를 넣고 다시 끓인다.

봉화 정서방님들은 청포묵을 특히 좋아한다. 종부는 큰일이 있을 때마다 청포가루를 구해 와 집에서 직접 쑨다. 알맞게 쑤어 굳힌 청포묵에 데쳐서 참기름과 국간장으로 간한 미나리, 곱게 채 썰어 참기름과 집간장으로 간해 볶은 표고버섯, 가늘게 채 썰어 갖은 양념을 하여 볶은 쇠고기를 섞어 집간장과 소금, 참기름, 깨소금, 식초 등을 넣고 버무리면 끝이다.

고기의 연육작용과 단맛을 내기 위해 키위를 넣는 갈비찜은 이 댁의 또 다른 별미. 갈비는 물에 세 시간쯤 담가 핏물을 뺀다. 키위와 배를 강판에 갈아 준비한다. 여기에 진간장과 설탕, 마늘, 참기름, 후춧가루를 넣고 고기를 일 년에 열 번 이상 지내는 제사로 탕국 솜씨만큼은 자신한다는 종부의 음식 솜씨는 맛깔스럽다. 큰살림인데도 알아서 척척 한다고 시어머니의 칭찬이 대단한 차종부가 깔끔한 솜씨로 전을 선보였다.

잰다. 하루 정도 재워뒀다가 고기가 무르도록 익힌 다음 은행, 밤을 넣고 한 번 더 끓여낸다.

담백한 반찬으로 딱인 명태찜도 이날 상에 올랐다. 불린 명태의 물기를 거둔 다음 먹기 좋은 크기로 썰어 진간장에 들기름과 고춧가루, 물엿, 다진 파, 다진 마늘을 넣어 양념장을 만든다. 명태가 잠기도록 자작하게 양념장을 부어 하루 정도 재운 후 팬에 굽는다.

이날 며느리 당여옥(취재 당시 30세) 씨가 만든 느타리버섯전도 종부 후보생답게 간이 딱 맞고 모양도 예뻤다. 종가에 시집와서 힘들지 않느냐는 질문에 친정이 큰 종가는 아니어도 제사를 많이 모시는 맏집이라 일은 겁나지 않다고 했다. 큰살림인데도 알아서 척척 한다며 종부의 칭찬이 뒤따랐다. 종가의 혼인은 가문을 보고 하는 것이 이 때문이 아닐까 하는 생각을 해보았다.

풍류와 시정이 어우러진 고색창연한 현판

진주 강씨 만산 강용 고택

송이(松栮) 향기 솔솔한 산마을에 노을빛 춘양목으로 단아한 한옥을 앉힌 고택이 있다. 그 나무로 조상의 신주를 만들고 건물마다 아취 넘치는 이름을 판각해 걸고 나라 잃은 서러움을 달래다 못해 집 뒤 산록에 망미대(望美臺)를 쌓아 국운 회복을 빌었던 조선말 선비 만산 강용(晩山 姜鎔, 1846~1934) 선생이 살던 고택을 찾았다.

세월의 때가 묻었지만 그리 낡지 않아 더욱 빛나는 종가엔 종손 강백기(취재 당시 58세) 씨가 긍지로 내세우는 명인들의 화려한 현판 글씨가 마치 판각 전시장에 온 듯 눈부시다.

흥선대원군의 친필이 눈길을 끄는가 하면, 독립선언문을 낭독했던 33인 중 한 분이었던 오세창 선생의 글씨는 찬탄을 품게 한다. 2칸짜리 소박한 서재 앞에 걸음을 멈추고 보니, 한묵청연(翰墨淸緣)이라고 쓴 현판의 필체가 놀랍다. 이것을 영친왕이 8세 때 썼다니 아연해질 뿐이다. 글씨뿐 아니라 문장에 걸맞은 현판 테두리 장식은 예술적 필치에 멋을 더해주었다.

소백산 자락 1000고지에서만 자란다는 희귀한 봄나물 '산갓챗물'은 어디에서도 볼 수 없는 별미였다. 시어머님 입맛 돋우려고 며느리가 개발한 '무초절임'과 '당귀잎 장아찌'도 상큼한 봄 반찬이 될 듯했다.

경상북도 최북단 태백산령에 자리한 봉화군은 첩첩산중 마을이라고 볼 수 없을 만큼 아주 오래 전부터 사람들이 살았다. 종가가 있는 춘양면 의양리 등에는 선사시대 고인돌이 많아 고대인들이 삶의 둥지를 틀었던 자취를 보여준다.

대갓집의 면모가
그대로 남아 있는
11칸의 긴 행랑채
가운데 우뚝한
솟을대문에
들어서면, 넓은 사랑
마당을 가운데 두고
사랑채와 마주한다.

가 들지 않으므로 국가에서도 여기에 사고를 설치하였다"고 했다.

만산 고택엔 종손 강백기 씨와 그 부인 유옥영(취재 당시 54세) 씨, 그리고 노모 이원남(취재 당시 87세) 할머니가 살고 있다. 서울에서 대학을 다닐 때 외에는 집을 떠나본 일이 없다는 종손은 이른 나이에 부친을 잃어 직장 대신 집을 지켜야만 했다. 유가의 법도에선 봉제사를 받들고 노모를 모시는 일이 우선이다. 흩어진 글을 모아 문집을 만들고, 망가져가는 고택 보존을 위해 문화재로 지정되기까지 혼신을 다해 집을 지켰던 종손은 객지에서 직장생활을 하다 나이 들어 고향에 돌아온 종손과는 그래서 다르다.

보학에도 조예가 깊다. 1000년 전 조상의 이야기도 어제 일인 양 막힘이 없다. 집안 구석구석의 구조물에 대해 그 쓰임과 의미를 일일이 들려주었다. 회갑을 바라보는 나이가 무색하리만치 힘찬 언어에서는 종손으로 살았던 세월의 긍지가 묻어났다.

고택은 2004년 4월부터 예약을 하면 누구나 묵고 갈 수 있게 되었다. 종가 건물 중 가장 아름다운 '칠류헌'을 숙박시설로 활용할 수 있도록 했다. 인터넷으로 '만산 고택'에 들어가 예약하면 된다.

격조 높은 현판들의 묵향에 취하다

만산 고택의 특징은 무엇보다 공간마다 이름을 새겨둔 격조 높은 현판이다. 사랑채 전면에 걸려 있는 세 개의 편액 글씨 중 '만산(晩山)'과 '정와(靖窩)'는 선생의 아호(雅號)다. '만산'이란 두 글자는 흥선대원군 이하응이 그에게 호를 내리면서 써준 글씨다. 만산이 벼슬길에 있을 당시 서울 궁정동에 집을 짓고 살면서 대원군과의 친분이 일찍부터 두터웠던 까닭이다. 그 후 한일합방이 되자 만산은 통정대부 중추원 의관 벼슬을 버리고 향리로 돌아왔다. 그때부터는 만산이란 호 대신 정와라는 자호(自號)를 썼다. 나라 잃은 부끄러움으로 바깥세상과는 등지고 오직 자연과 벗하면서 자성하겠다는 뜻이다.

사랑채 처마 높이 걸려 있는 '존양재(存養齋)'는 앞서 말했던 오세창 선생의 글씨로, '타고난 심성을 온전하게 지켜서 훌륭한 심성을 기르는 곳'이란 뜻이 담겼다. 조촐한 서실에 걸려 있는 한묵청연(翰墨淸緣)은 영친왕이 8세 때 쓴 글씨로 '고아한 학문을 닦는 곳'이란다.

편액의 흥취를 최고로 높여주는 동별당 '칠류헌(七柳軒)'은 당대의 명필 해강 김규진의 글씨다. 도연명의 시구 오류(五柳)에서 이류(二柳)를 더해 월, 화, 수, 목, 금, 토, 일의 일곱 자리 별이름, 또 자미원의 북두칠성을 뜻한다

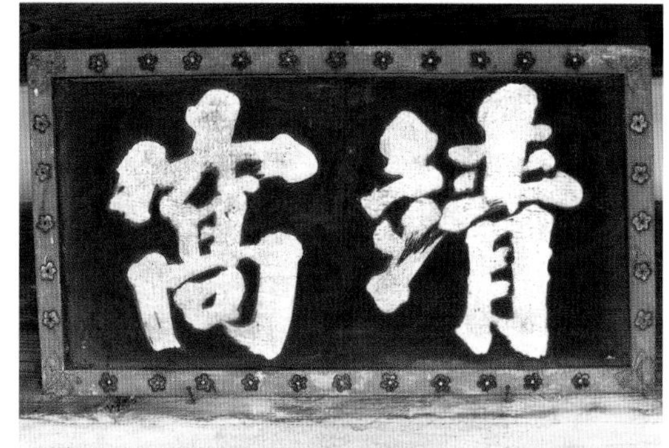

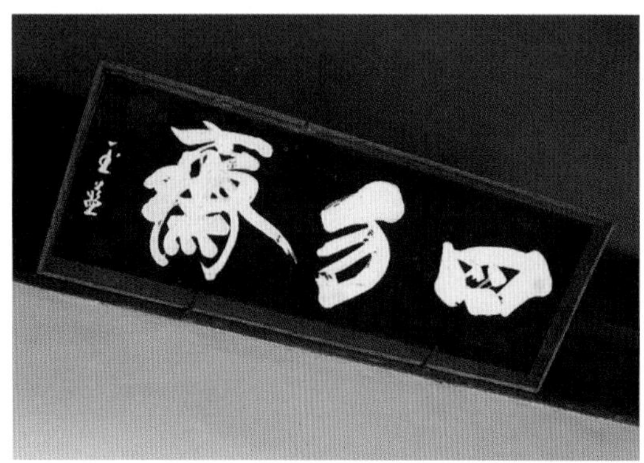

만산 고택은 공간마다 이름을 새겨둔 격조 높은 현판이 특징이다. 칠류헌, 백석산방, 만산, 정와, 존양재, 서실, 사물재 등 각기 다른 필체와 문양이 보는 이를 심오한 문자의 세계로 이끈다.

고 했다. 나라 찾는 마음이 하루도 소홀해서는 안 된다는 만산의 애타는 마음이 실린 글이다. 「백석산방(白石山房)」과 옥람 한일동이 쓴 「사물재(四勿齋)」라는 글은 보는 이로 하여금 심오한 문자의 세계로 이끈다.

"예(禮)가 아니면 보지도 말고, 예가 아니면 듣지도 말며, 예가 아니면 말하지도 말며, 예가 아니면 행하지도 말라"는 『논어』 구절에서 따온 '사물재'는 이 댁 사람들의 철학을 엿볼 수 있게 하는 현판의 백미다.

편액의 테두리 장식도 이채롭다. 대원군의 글씨 '만산'에는 임금이 사는 북쪽을 상징하는 박쥐문양을, 영친왕이 쓴 글씨에는 조선왕조의 상징 오얏문양을 새겼다. 만산의 또 다른 호 '정와'에는 국운이 회복되기를 기원하는 희망의 상징 나비문양이 있다.

만산 고택의 편액 전시는 여기서 끝나지 않았다. 종가 뒷동산 어귀에는 망미대 를 쌓아두고 그 옆에 태고정(太古亭)이란 편액을 걸고 시 한 수를 읊었다.

君臣大義古今同 군신간의 의리는 예나 지금이나 같거니
於死於生各盡忠 살거나 죽거나 그 충성 다할 뿐
林下高人難奪志 숲속 숨은 지사의 그 뜻 어이 앗으리요.
世間烈士幾損軀 목숨 버린 열사들은 그 얼마던가.
採薇貞節千秋仰 고사리 캐던 절개 천추 두고 우러르며
拾絮遺風百代隆 훌륭한 가문의 전통 백대 두고 높으리라.
望美臺前空灑淚 망미대 앞에 부질없이 눈물 뿌리니
青邱寒月照沈衷 청구의 차가운 달만 깊은 속마음 비치는구나.

나라의 주권을 일본에 넘겨주고 말았던 비통함과 임금과 나라에 대한 충절이 묻어나는 이 시를 보고, 조선 말 선비 위당 정인보 선생은 만산의 묘갈명에다 "애통한 마음으로 차마 읽지 못한다"는 글을 남겼다.

만산의 충절은 대를 이었다. 그의 외아들 강필(姜泌, 1878~1942)은 논밭을 팔고 근검절약으로 모은 돈 3000원을 독립자금으로 내놓은 사실이 일본 경찰에 알려져 옥고를 치르기도 했다. 그의 충절은 세상을 떠난 뒤에 독립유공자로 표창되었다.

진주 강씨들이 봉화에 입향한 것은 1636년이다. 병자호란이 끝나자 강흡(姜洽)과 강각(姜恪) 형제가 은거할 수 있는 곳으로 봉화의 법전에 세거지를 잡았다. 만산은 법전에서 춘양으로 분가해 온 후손이다. 그러기에 만산 고택은 엄격한 의미에서 종가라 할 순 없다. 하지만 5대 130여 년을 지켜온 옛

만산 강용 선생은
종가 뒷동산 어귀에
망미대를 쌓고
하루빨리 국운이
회복돼 언제나 푸른
소나무와 같았으면
좋겠다는 뜻을 담아
만취대(晩翠臺)라는
글귀를 바위에
새겼다.

정성스런 마음으로 오랜 세월 동안 고택을 지켜온 종손과 종부의 표정에는 여유롭고 넉넉한 마음 씀씀이가 엿보인다.

집이 있고 4대 봉제사를 모시는 집이어서 편리상 '작은 종가'라는 뜻으로 '종가'라는 용어를 사용했다. 진주 강씨들은 고구려 구국공신인 강이식(姜以式) 장군을 시조로 모시고 있다.

서로를 품어주며 오랜 세월 지켜온 고택의 안주인들

안채에 딸린 행랑채를 입식으로 고쳐 생활에 편리하게 만든 부엌에는 옛사람들의 지혜가 돋보이는 앙증스런 콩나물시루가 정겹다. 짚으로 만들어 물이 잘 빠지고 매달아놓을 수 있게 한 짚시루는 공간도 많이 차지하지 않으면서 부엌 장식이 됐다. 종부가 정성스레 키운 콩나물은 조상의 제사상에 오른다.

노환으로 기억을 잃어가는 시어머니를 모시느라 서울에서 공부하는 자녀들이 대학을 졸업할 때까지 4년 동안 한 번도 가보지 못한 종부는 그동안 방세를 올리지 않고 아이들을 돌보아준 주인에게 고마운 마음을 전하기 위해 직접 만든 강정을 포장하고 있었다.

한때 영남 일대에서는 알아주는 만석꾼 부잣집 자재들이 서울 변두리 지하 방에 세 들어 자취생활을 한다니 의아해진다. 사는 집을 팔아서라도 '원룸'이니 '아파트'를 구입해 편하게 공부시키는 지금의 부모들과는 달리 종손은 선대가 물려주신 재산은 털끝만큼도 손을 댈 수 없다는 신념이 강하다. 하

◀ 동짓날 안채 대청마루에 있는 성주 단지 위에 올려두고 집안의 안녕을 빈다.

▶ 봄을 가장 먼저 알리는 산갓나물.

지만 양반집 자손이라는 자존심 하나로 공부를 잘한 외아들 강석주(취재 당시 27세) 씨는 어려운 취직 문을 뚫고 며칠 전 산업은행 본점에서 근무하게 됐다며 좋아한다. 큰딸 연진(취재 당시 29세) 씨는 서울에 있는 명문여대에서 석사까지 마치고, 다시 교육학을 전공하기 위해 공부를 계속하고 있다. 둘째 딸은 대학 졸업 후 취직을 했다. 도회지 주부들처럼 자식들을 맘껏 돌보지도 못했지만 아이들이 잘 커주어 고맙고 대견하단다.

출입이 자유롭지 못한 시어머니는 어린아이처럼 며느리 치맛자락을 붙잡는다. 세수를 해도 "니 어데 갈라카노?" 옷을 갈아입어도 "나 두고 가지 마래이…" 하고 식사도 며느리가 자리에 없으면 들지 않는다. 그런 시어머니를 며느리는 지천하지 않고 오히려 가슴 아프게 생각한다.

벌족한 문중에서 시집온 노종부는 젊은 나이에 혼자되어 몸단속이 남다르다. 몸이 불편한데도 아들이 보는 데서 옷을 벗거나 자리에 눕지 않는다. 며느리가 목욕을 시켜드리려 해도 막무가내로 혼자 씻는다. 전통적인 양반집 마나님의 거동 그대로 생활하신 시어머니는 며느리와 함께한 세월이 많아서인지 딸보다 더 의지하고 챙긴다. 그런 시어머님을 두고 종부는 멀리 외출도 못 한다.

"시집올 때 친정어머님께서는 '시어머님을 대할 때는 친정 에미인 나를 대하듯 해라. 나를 생각하듯 시어머니를 모셔야 무탈하게 지낼 수 있다'라며 시어머님을 극진하게 모시도록 당부했습니다.”

고택의 안주인들은 대물림되는 종부 자리를 서로를 품어주며 그렇게 슬기롭게 지켜가고 있었다.

봄을 가장 먼저 알리는 산갓나물

해발 1000여 미터의 산 속 물가에서 자라는 산갓나물은 4월 10일께면 얼음을 밀치고 뾰족이 돋아난다. 얼음을 밀치는 힘 때문인지 산갓이 보이면 봄기운이 느껴진다. 노종부는 나른한 봄날 입맛이 없을 때는 산갓챗물을 어김없이 찾는다. 예전에는 아랫사람들이 깊은 산속에서 산갓을 캐 와 상노인들의 입맛을 맞추어주었지만 지금은 위험을 무릅쓰고 산갓을 캐 올 사람이 없다. 봉화장이 서면 가끔씩 할머니들이 소쿠리에 산갓을 캐 오는 경우가 있어 장날이면 빠지지 않고 나가서 산갓을 구해 온다고 한다.

크기가 민들레만 한 산갓의 뿌리는 버리고 잎은 깨끗이 씻어서 잘게 다진다. 끓인 물을 섭씨 70도 정도 식힌 다음 다져둔 산갓에 국물김치 담그듯 넉넉하게 물을 부어 하룻밤을 재운다. 다음 날 항아리 뚜껑을 열면 겨자 맛 같은 톡 쏘는 향기가 코를 맵게 한다. 보랏빛 국물도 우러나온다. 그 국물에 국간장과 식초 설탕으로 간을 한다. 그 외의 양념은 넣지 않는다. 산갓에서 우려진 톡 쏘는 매운 맛과 새콤달콤한 맛이 어울려 입맛을 당긴다. 산갓은 산에서 나는 ‘갓’이란 뜻의 이 지역에서만 부르는 식물명이지만, 식물도감에서 찾아보니 ‘는쟁이냉이(주걱냉이)’라고 적혀 있다.

이날 종가에선 산갓 맛과 비슷한 채소를 구해 와 챗물을 만들어주었다. 4월 산갓이 돋아날 때 다시 가서 반드시 그 맛을 보고 오리라.

봄기운 가득한 밑반찬, 무초절임과 당귀 고추장장아찌

산갓챗물 말고도 노 할머니 밑반찬으로 무초절임이 있다. 새콤달콤한 맛을 좋아하는 시어머니를 위해 며느리가 개발한 요리다. 단물이 많은 작은 무를 깨끗이 씻은 후 종잇장처럼 얇게 썬다. 무가 넉넉하게 잠길 만큼 물을 준비해 설탕과 뉴슈가, 소금으로 간한 다음 무에 붓는다. 하룻밤 지나면 먹을 수 있다. 마늘이나 파, 생강 등 아무 양념이 들어가지 않았는데도 달콤하고 시원하

무초절임과
당귀 고추장장아찌.

고 개운했다. 얇게 썬 무는 이빨이 튼튼하지 못한 노인들이 먹기에도 좋을 듯했다.

당귀 생산이 많은 골 깊은 산중 마을이어서 당귀 장아찌가 별미였다. 밥도둑이라는 당귀 장아찌는 4월 중순께 담그면 연하고 향기롭다. 당귀 잎이 돋아나면 뿌리는 도라지 정도가 되는데 이때 캐 온다. 뿌리는 껍질을 벗겨 방망이로 납작하게 만들어 햇볕에 꾸득꾸득하게 말린다. 씻어둔 당귀 잎도 물기가 가시도록 햇볕에 살짝 말린 다음 당귀 뿌리를 감싼다. 항아리에 고추장을 한 켜 깔고 당귀를 놓고 위에 고추장을 펴놓기를 반복하며 한 달쯤 둔다. 당귀에 간이 배면 먹을 때는 하나씩 꺼내 길이대로 쪽쪽 찢어서 참기름, 깨소금, 설탕 등을 넣어 고루 무쳐낸다.

우리 역사의 생생한 기록,
종가의 보물 122점

고창 오씨 죽유 오운 종택

종가는 해인사 가는 길의 첫 마을 맨 안쪽에 단아하게 자리 잡고 있다.

한 가문에 소장된 고문서와 전적 122점이 국가지정 문화재 '보물'로 선정된 예는 흔치 않다. 그 유물의 가치도 그러하지만 400여 년 동안 수많은 변란을 겪으면서 애지중지 지켜온 후손들의 지성스러운 마음 또한 보석처럼 빛난다. 관리 소홀과 문화재를 보는 눈이 어두워 일제강점기 때 수탈당하고 한국전쟁 때 우리 손으로 불태워졌던 소중한 유물들을 생각해보면, 한 가정에서 이처럼 많은 보물급 문화재가 지켜졌다는 사실에 존경을 보내지 않을 수 없다.

경북 고령군 쌍림면 송림리에 자리한 조선 선조때 문신이며 학자였던 죽유 오운(竹牖 吳澐, 1540~1617) 선생 종가에는 문화재 아닌 것이 없다. 종손 오주호(취재 당시 74세) 씨가 살고 있는 건물도 그러하고 조상의 영혼이 머무는 공간인 사당채도 그러하다. 문화재로서뿐 아니라 일제강점기 때는 민족교육의 요람이 되기도 했다. 고령 지역 3·1운동의 진원지로 역사의 현장이었으며, 한국전쟁 때는 노동당 사무실로 쓰이는 격변의 세월을 감당해냈다. 그러나 종가는 종가 사람들의 따뜻한 체온으로 지금도 살아 있는 건물로 빛나고 있다.

종부 여재분(취재 당시 69세) 씨가 지푸라기에 맨 실을 가지고 껍질 깐 삶은 달걀을 갖가지 꽃모양으로 만드는 슬기로움도 문화재급이었다. 비밀스런 손맛으로 만든 청국장 또한 맛 중에 맛이었다.

지금은 한갓 청정 딸기로 알려져 있지만, 한때는 대가야의 옛 서울이었던 곳이 고령이다. 한국의 고대문화를 찬란히 꽃피웠던 화려한 시절도 있었다. 그러기에 발길 닿는 곳마다 시간의 켜가 곱게 내려앉은 유물들이 여기저기 눈에 띈다.

선사시대의 유적으로는 양전동 바위 그림이 신비롭다. 지산동에 가면

산처럼 높은 가야시대의 고분을 볼 수 있다. 우리 음악의 정수 가야금을 만든 우륵의 고향이기도 하다. 고령토로 빚어진 평범한 막사발은 바다 건너 일본에서 국보 대접을 받고 있다. 해인사도 이웃에 두고 있다. 따뜻한 봄날에 최고의 문화유적 답사 여행지로 추천하고 싶은 고장이다.

술·담배 멀리하고 무릎 꿇고 지킨 유적

고령이 자랑하는 종가의 문화재는 조선시대의 생활상과 가족사는 물론 우리의 민속품도 감상할 수 있다. 종갓집 뒷산이 '가마골'이라 불리는 비밀을 캐는 재미도 있을 것이다.

가야 고국(古國) 옛 무덤 뫼인 듯 이어지고
허물어진 월기(月器)마을 남은 듯 스러진 듯
잔풀 무리무리 봄빛을 띠었건만
해 바뀌니 또 한 마을 가뭇없이 사라지네.

성리학의 대가이자 오운의 스승이었던 남명 조식의 시「월담정(月潭亭)」만큼 고령을 잘 표현한 글이 없을 듯하다.

광주대구고속도로(옛 88올림픽고속도로)에서 성산 나들목으로 접어들었다. 고령읍을 지나고 쌍림면소재지에서 해인사 가는 길의 첫마을이 바로 송림2동이다.

종가는 이 마을 맨 안쪽에 단아한 여인같이 얌전히 앉았다. 솟을대문도 그리 높지 않다. 안채인 정침을 중심으로 사랑채, 작은 사랑채, 조상의 공간 사당채와 유물관 등 양반 가옥의 규모는 여지없이 갖추고 있었지만 너무 티내지 않고 드러나 보이지 않아 소박하고 조촐하다. 사람도 집을 닮는다는데 종손과 종부의 모습이 조용하고 단아했다.

종손의 아버지는 7대 독자였다. 그래서 이 마을은 10여 가구가 오씨들일 뿐, 여느 집성촌 모습과는 다르다. 일가친척이 많지 않으니 종손 혼자 종가와 유물을 지키기에 어려움이 많다. 찾아간 날은 마침 일요일이어서 교수 발령을 기다리고 있는 큰아들 용원(취재 당시 37세) 씨 내외와 작은아들 내외, 손자 손녀가 왁자한 종가 풍경을 그려내고 있었다.

종손은 시간이 날 때마다 지게를 지고 뒷산에 가서 나무를 해 온다. 사랑채에 군불을 때기 위해서다. 예전 같으면 아랫사람들이 해야 할 일이지만 지금은 종손 몫이 됐다. 직접 키운 벌꿀 차의 감미로운 향취를 사랑채 따뜻한 아랫목에서 느껴보는 대접을 받았다.

종손은 1994년에 지정된 보물 지정서를 조심스레 내보였다. 그동안 수많은 어려움을 딛고 간직한 보람이 이 한 장의 종이에 담겼다며 유물 이야기를 꺼낼 때는 목소리에 흥이 배어났다.

"개인 소장으로 이만한 유물은 드물 것입니다. 우리 어머님께서 그 혹독한 한국전쟁 때도 지켰습니다. 다른 것 다 잃더라도 조상의 유품만은 지켜야 한다며 버들고리짝 하나에 중요한 유품들을 담아서 제가 지고 피난을 떠났습니다."

낙동강을 건너려다 실패하고 되돌아왔다. 할 수 없이 집 뒷산에 굴을 파고 신주는 물론 집의 모든 유품들을 묻어두었다. 나중에 인민군들이 방공호인 줄 알고 들어갔다가 이를 알고 불사르려는 것을 종손의 어머니가 무릎을 꿇고 그것만은 안 된다며 애원하고 빌어서 무사했던 일도 있었다. 그때 일을 떠올리면 지금도 등이 오싹해진다는 종손, 그 어머니의 지극한 정성이 아니었으면 참혹한 난리통에 유물 보존은 어려웠을 것이라고 한다.

유물을 들고 두 번씩이나 서울을 오르내리면서 30명의 문화재 전문위원들로부터 만장일치로 지정된 그 보물 지정서를 받은 날, 종손 부부의 감회는 남달랐다. 사당에 지정서를 올려놓고 '조상님들 은덕으로 마침내 국가에서 보물로 인정하게 되었다'며 큰절로 고유식을 했다.

수백 년에 걸쳐 간직해온 유물들은 하나하나마다 사연이 있을 것이다. 나라의 변란으로 먹구름 같은 날도, 관직에 출사하라는 교지(敎旨)를 받은 날처럼 가문의 영광으로 빛나는 날도 있었을 것이다. 그래서 유물관 이름을 운양각(雲陽閣)으로 지었다. 여기에는 종손이 장가갈 때 신부 집에 들고 간 나무기러기 한 쌍도 새색시처럼 수줍게 앉아 있다. 종부가 타고 온 가마도 영화롭던 종가 살림을 대변한다. 이때는 귀족이 아니면 개인 가마는 있을 수가 없었다.

곱디고운 청홍치마와 쌍가락지 넣었던 혼함도 있었다. 죽어서 관에 넣어 갈 혼인의 언약서인 혼서지를 담았던 나무함도 있다. 그 당시 자가용이었던 말안장, 사랑채 난방 구실을 했던 돌화로 등 조상들이 썼던 생활용품과 문적 등 830여 점이 유물관에 가득하다.

특히 보물로 지정된 '입암문서'는 1585에 작성한 것으로 조상의 재산 상태를 알 수 있을 뿐 아니라 당시 사회 경제사 연구에 중요한 자료가 된다. 호적단자는 오씨 가문의 통혼관계, 가족구성의 실태와 가족제도, 신분제도 연구에도 귀중한 자료가 됐다고 한다. 선조와 인조 연간에 걸쳐 발급받은 수십 장의 유지(有旨), 전령(傳令), 교지는 그 시대 인사행정제도 및 과거제도 연구에도 자료 가치가 높다. 선조 임금이 선생이 쓴 『동사찬요』의 문장을 아껴 하사한 내사본(內賜本) 『대학장구대전』과 예문관봉교의 직책에 있었던 손자 오익환에게 내린 『동문선(東文選)』도 종손이 각별히 여기는 유물이다. 특히 선생이 세상을 떠나자 광해군이 애석히 여겨 내린 제문(祭文)은 가문에 영광으로 귀하디귀한 문적들이다. 1620년 3월 왕이 선농(先農祭)제를 지낸 후 베풀던 잔치에 참석한 신하들이 왕의 덕을 칭송한 글을 모아 편찬한 『노주연송덕시(勞酒宴頌德詩)』는 하나뿐인 책으로 서지학적 가치가 높다. 이들 문적 122점 모두 보물 1203호로 지정되었다.

혹시나 습기가 차면 어쩌나, 좀이라도 생기면 큰일인데 노심초사하면서도 유물 보살피는 일을 평생 낙으로 여기는 종손은 외국여행 외에는 외박을 해본 일이 없다. 정신이 흐려지는 술도 마시지 않는다. 실수로 유물을 다칠까 봐 담배도 피우지 않는다.

"집을 떠나서는 잠시도 마음이 편치 않습니다. 내 눈으로 지켜야 마음이

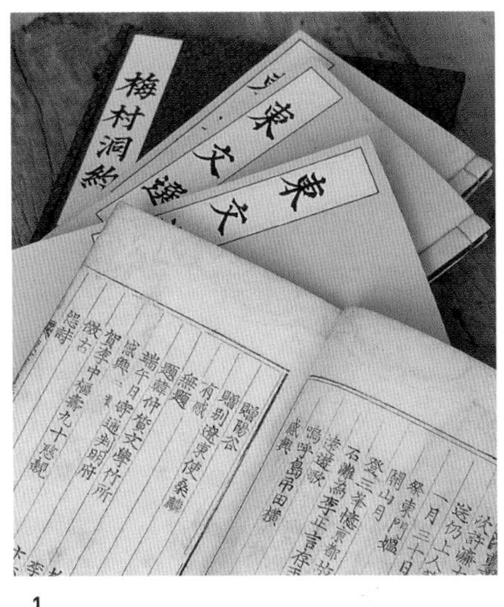

1

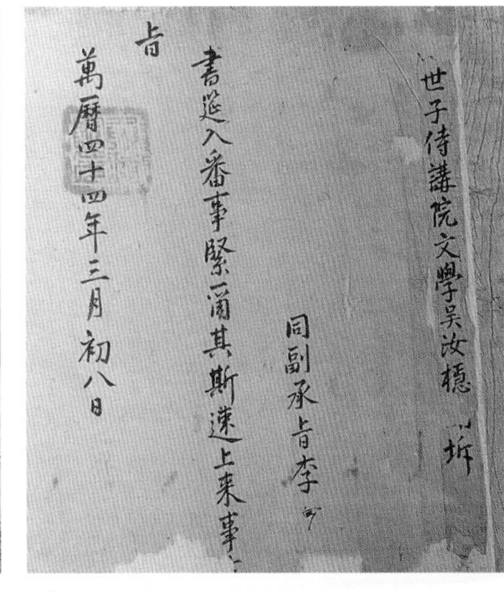

2

3

4

종손의 어머니가 지극한 정성으로 지켜온 유물 가운데 122점이 보물로 지정되었다.

1. 선조 임금이 오익환에게 내린『동문선』.
2. 관직 출사를 명받은 교지.
3. 종손이 장가갈 때 신부 집에 들고 간 나무 기러기.
4. 할머니가 손자에게 남긴 고령토로 빚은 매화병. '이 도자기는 특별히 간수하여 네 후세까지 물려주어라'라는 글씨가 돋보인다.
5. 사랑채 난방 구실을 했던 돌화로.

5

유물 122점이
보물로 지정받은 날,
종손은 조상님들
은덕이라며 큰절로
고유식을 했다.

놓여요. 그러나 내 대까지는 부모 모시듯 지키지만 다음 세대에는 관리를 잘 하는 국가에 맡겨야 하지 않을까 싶습니다. 자식들에게 짐을 지워주고 싶지는 않아요."

종손의 목소리는 어느새 잦아들고 있었다.

일생을 나라에 바친 오운 선생

조상 모시는 일을 종교로 생각하는 종손의 14대조 죽유 오운 선생의 본관은 전북 고창(高敞)이다. 고려 말 한림학사였던 오학인(吳學麟)을 시조로 경남 함안군 모곡리에서 아버지 오수정(吳守貞)의 둘째 아들로 태어났다. 어릴 때부터 남다른 자품으로 퇴계 이황과 남명 조식의 문하에서 수학했으며 명종 때는 사마시에 합격하여 생원이 된다. 이후 1566년에는 병과에 급제해 성균관의 여러 보직을 맡다가 충주목사를 거쳐 성균관 사성(司成)을 지낸다.

1589년 광주목사 직에서 사퇴하고 53세 때는 임진왜란이 일어나자 홍의장군으로 유명한 곽재우와 함께 노구에도 의병을 일으켜 수병장으로 활약한다. 이때 학봉 김성일을 만나 함께 혁혁한 전공을 세워 선무원종 1등공신에 오른다. 55세에는 합천군수를 제수받고 61세에는 『퇴계문집』을 간행한다. 1597년 정유재란 때 다시 공을 세워 도원수 권율 장군의 추천으로 통정대부에 오르고 명나라 장수를 접빈한다. 광해군 때는 공조참의에 임명되었으나 나이가 많다는 이유로 사양했다. 78세로 세상을 뜨자 광해군이 애석한 마음으로 제문을 내리고 병조참판으로 증직하게 한다. 선생은 『죽유문집』과 함께 조선 중기 남인의 역사인식이 반영된 『동사찬요(東史纂要)』를 저술하기도 했다. 영주에 있는 산천서원에 제향되어 추모하는 후인들의 제향을 받고 있다.

문장가 시어머니와 자녀교육에 힘쓰는 며느리

종손의 어머님은 여중군자(女中君子)였다. 경주 여강 이씨 집에서 시집와 택호가 경주댁이다. 외동아들이었던 남편을 만나 아들을 셋이나 낳은 것으로 종부로서의 소임은 넘쳐났다. 게다가 문장에도 밝아 가사집을 손수 짓고 글 모르는 집의 혼서지, 제문, 지방 등을 써줄 만큼 고령 일대에서는 소문난 문장가로 알려져 있다.

며느리 여씨에게도 살림 틈틈이 붓글씨를 가르쳤다. 붓을 놓지 않도록 가사집 등을 주며 '오늘은 요만큼' 쓰라는 숙제도 내주었다. 종부는 그런 시어머니를 마음속으로 존경했다. 전통만 고집하는 것이 아니라 현대 문물도 폭넓게 이해하는 사고를 가진 시어머니는 독자 집안에서 딸만 내리 셋을 낳은 며느리에게 가슴 아픈 소리 한 번 하신 일 없다. "낳다 보면 아들도 낳겠지" 하시면서 마음을 편하게 해주었다. 그렇게 기다려준 덕에 종부 여씨는 아들을 둘 얻었다.

그 귀한 손주에게 할머니는 돌아가시면서 선물 하나를 남겼다. 바로 고령토로 빚은 매화병이다.

"이 도자기는 특별히 간수하여 네 후세까지 물려주어라"라는 글씨와 함께 매화가지 하나도 얹어놓았다.

그 글씨를 바라보고 있자니, 작은 물건에도 의미를 담아 남기려 했던 사려 깊은 노종부의 마음씨가 종가의 유물을 지켜왔구나 하는 생각이 들었다.

종부에게는 늦게 얻은 아들이 귀하지 않을 수 없다. 조기교육이란 말이 흔하지 않던 시절에 이미 집에서 한글을 깨우치게 했고 할아버지가 한문교육을 시켰다. 중학교에 가기 전에 영어 알파벳 등 기초 교육을 시켰다. 그뿐 아니라 고등학교 졸업 때까지는 찬밥을 먹게 한 일이 한 번도 없었다. 아무리 바빠도 따뜻한 밥을 해 학교까지 날랐다. 학교뿐 아니라 방과 후 학원에까지 더운밥을 갖다 주는 정성 때문인지 이지 고맙게도 자식들은 공부를 잘해주었고 효성도 지극했다. 다섯 자녀들이 받은 상장과 성적표를 앨범으로 만들어 들춰 보는 것은 종부의 낙이었다.

분가해 사는 두 아들은 지금도 신변에 특별한 일이 있으면 사당에 가서 조상에게 고한다.

"가족의 화목은 넉넉한 살림에 있는 것이 아니라 어려운 가운데서 서로를 애틋하게 생각하는 마음이 중요하지요." 자녀들의 조기교육에 힘썼던 종부와 조상의 유물을 보살피는 일을 평생 낙으로 여기는 종손.

"가족의 화목은 넉넉한 살림에 있는 것이 아니라 어려운 가운데서 서로를 애틋하게 생각하는 마음이 중요하지요."

종손의 말에 공감이 갔다. 농사지어 빠듯한 생활에 자식 모두 대학 보내느라 허리띠를 졸라맸던 어려운 시절도 있었지만 그렇게 키운 자녀들이 모두 공직에서 활동하는 모습이 대견스럽고 흐뭇하다. 며느리들이 직장생활을 하기 때문에 지금도 친손자 외손자 할 것 없이 종부의 손으로 키운다. 남녀 가릴 것 없이 자신들의 재능을 살려야 하는 시대가 아니냐며, 종손은 며느리들의 직장생활에 오히려 협조적이다.

냉이숙채와 청국장, 꽃달걀 만드는 법

"뒷산 양지바른 곳에서 캔 냉이입니다. 콩나물과 무나물을 볶다가 물을 자작하게 부은 다음 끓으면 깨끗이 씻은 냉이에 소금을 뿌려 밑간을 해서 콩가루를 묻혀서 넣으면 됩니다."

냉이를 넣고 나서 뚜껑을 닫고 한소끔 끓어오르면 뚜껑을 절반 정도 열어 냉이 뿌리가 다 익도록 끓인다. 이때 시래기도 냉이와 같은 방법으로 넣으면 네 가지 나물이 된다. 냉이숙채는 음력으로 2월 1일 영동할머니를 맞이하는 날 먹는다. 이날 아침에는 밥솥에 가족들 수저를 다 꽂은 후 소지종이를 한 사람마다 태우면서 조왕신께 한 해 운세를 빈다. 그런 다음 나물을 넉넉한 그릇에 담고 따뜻한 밥을 넣어 청국장으로 간해 먹는 것은 이 지역 일대의 세시풍습이다.

종가에는 사철 청국장이 떨어지지 않는다. 자식들이 좋아하기 때문에 넉넉하게 만들어 집집마다 나누어 준다. 그래서 청국장 띄우는 일에는 일가견이 있다. 종부에게 청국장 만드는 법을 배워보았다. 요즘은 수입 콩과 우리 콩 구별이 잘 되지 않는다. 하지만 콩을 삶아보면 알 수 있다. 우리 콩은 푹 무르지만 수입 콩은 아무리 삶아도 메주콩같이 푹 삶아지지 않는다. 그리고 수입 콩은 발효가 잘 되지 않아 청국장 특유의 냄새가 적지만 우리 콩은 발효가 잘되어 냄새가 난다.

콩은 메주콩같이 푹 삶는다. 넓은 대소쿠리에 짚을 깐다. 그래야 곰팡이 균이 빨리 생긴다. 짚 위에 삼베 보자기를 깐 다음 삶은 콩이 따뜻할 때 베보자기에 싼다. 그런 다음 온돌방 바닥에 소쿠리가 닿지 않을 작은 받침을 놓고 그 위에 소쿠리를 놓은 다음 소쿠리 위에 두꺼운 이불을 폭 덮어씌운다. 이틀쯤 지나면 김이 나면서 진이 생긴다. 이때 한 번 뒤집어주어야 콩이 고루 뜬

냉이숙채.

꽃달걀.

다. 사흘 밤 정도 띄우면 먹기 좋은 상태로 콩이 뜬다. 그 콩에 소금 간을 하고 절구통에 찧는다. 콩을 절반 정도만 찧어야 씹히는 맛이 한결 있다. 청국장을 끓일 때는 멸치 다시 국물에 청국장을 넣고 무도 먹기 좋은 크기로 썰어 넣는다. 팔팔 끓으면 두부와 풋고추, 마늘을 넣고 먹기 직전에는 고춧가루를 반 수저 넣으면 맛이 훨씬 깔끔하다.

종가에서 키우는 씨암탉이 달걀을 낳으면 아껴두었다가 일 년에 12번 지내는 기제사에 올린다. 그냥 올리는 것이 아니라 삶은 후 껍질을 벗기고 예쁜 꽃모양을 만드는데 그 방법에서 옛사람들의 슬기가 엿보였다.

단단한 짚에 실을 매고 달걀 가운데 짚을 꽂은 후 실을 지그재그로 돌려가며 모양을 만들어서 절반으로 쪼개면 꽃무늬 모양의 달걀이 된다. 가운데 노른자에 붉은 고추를 잘게 썰어 올리면 영락없이 한 송이 달걀꽃이 된다. 종가는 혼례상이나 회갑상을 차릴 때면 꽃달걀로 상차림에 장식을 한다. 이때는 무를 절반으로 잘라 무위에 달걀을 둘러 담은 후 나무 꼬지로 고정시키면 움직이지 않고 그대로 있다. 예전에는 할머니들의 머리카락을 짚에 끼워 달걀 모양을 냈다. 실보다 더욱 깔끔하고 예쁘지만 먹는 음식을 머리카락으로 만드는 모습이 청결하게 보이지 않아 실로 대신한다고 했다.

光風亭

장씨 부인의 손맛을 되살리는 『음식디미방』의 본향

안동 장씨 경당 장흥효 종가

산허리 숲속에 우뚝 솟은 정자 광풍정. 경당 선생이 문도들과 시를 짓고 학문을 강론하던 유서 깊은 곳이다.

여름 향기 짙은 숲속 정자에서 무더위를 실어가는 바람에 온몸을 맡기다가 종가의 내림음식을 맛보는 날이면, 명문종가 기행이 더할 수 없이 행복해지곤 한다. 하물며 그 맛이 수백 년의 역사를 자랑하는 것임에랴.

350년 전 『음식디미방』을 썼던 안동 장씨 부인의 친정은 경북 안동시 서후면 성곡리에 있었다. 그가 태어나 19세에 출가할 때까지 기예와 학덕과 음식을 익혔던 고향마을이자 친정집인 경당 장흥효(敬堂 張興孝, 1564~1633) 선생의 종갓집을 추천한 분은 한문학자이자 박약회(博約會) 사무국장직을 맡고 있는 서수용 씨다. 안동 일대 종갓집 내력에 손바닥 보듯 훤한 그가 이 댁을 적극 추천한 것은 종부의 음식 솜씨와 은둔선비의 향취 어린 정자가 일품이기 때문이라 했다. 특히 이 댁의 칼국수 맛은 타의 추종을 불허한다고 했다. 어찌 맛과 멋을 이야기하면서 아직도 이 댁을 찾지 않았느냐며 안내까지 해주었다.

어쩌면 그 칼국수 맛은 『음식디미방』에 기록된 '난면'과 같은 요리법이 아닐까! 그렇다면 아득한 옛날 원조 '난면'의 맛을 그 후손들의 손맛으로 제대로 볼 수 있으리라는 기대에 들떠 불볕더위가 기승을 부리는 여름날 종가를 찾았다.

안동 시내를 벗어나 서쪽으로 길을 잡으면 송야교라는 다리가 보인다. 그 다리를 건너서 한참을 더 가면 서후면으로 가는 안내 표지판이 있다. 그 길을 따라가다 보면 서후면사무소 못 미쳐 산허리 숲속에 우뚝한 정자가 눈에 띈다. 광풍정(光風亭)이다. 한눈에 보기에도 출중한 이 정자는 장씨 부인의 아버지이자 성리학의 대가 경당 선생이 그의 문도들과 시를 짓고 학문을 강론하던 유서 깊은 곳으로, 문화재로 지정되어 있다.

겨울에는 두 칸짜리 온돌방에서, 여름에는 누마루에서 빛과 바람, 하늘과 달을 노래하며 인품을 닦던 선생과 그 제자들의 모습이 아련하다. 그 위 자연석 큰 바위에는 '경당선생제월대(敬堂先生霽月臺)'란 글을 파놓은 암각이 있고, 나중에 그 암각을 기념하기 위해 바위에 기대 앉혀 정자를 하나 더 지었다. 올려다보면 덩실한 두 개의 정자는 건물만으로도 시정과 기상이 넘쳐나 멋스럽다. 광풍정 조금 아래 오른편에는 선생의 신주(神主)를 모셨던 조촐한 사당이 그 무게를 더해준다. 사당은 신주가 없는 빈집이다. 신주는 종가로 옮겨져 있다.

종가는 안동 장씨들이 500여 년을 살아온 집성촌인 춘파마을에 있었다. 이 마을의 옛 지명인 춘파(春坡)는 봄 언덕이란 뜻이다. 종가는 바로 사당 앞에 있었다 한다. 그 옛집은 궁색한 초가였는데, 벼슬에 나가지 않고 글 읽고, 마음 닦고, 후학을 지도하던 선비의 곤궁한 삶이었으니 수백 년 세월을 지탱하지 못했다. 종가는 200미터 떨어진 지금의 터에 80여 년 전 옮겨 지었다. 안채, 사랑채, 사당채를 규모 있게 앉히고 지붕은 기와를 얹고 경당고택(敬堂古宅)이란 현판을 걸었다.

11대 종손 장성진(취재 당시 67세) 씨와 종부 권순(취재 당시 66세)씨, 차종손 영신(취재 당시 40세) 씨와 며느리 손연아(취재 당시 36세) 씨, 그리고 초등학교 5학년·4학년 두 손자와 사람꽃이라 자랑하는 4개월 된 손녀가 한집에서 산다. 안채 대청 바라지창으로 들어오는 달디단 바람에 스르르 잠든 아기의 고른 숨소리가 종가의 밝은 미래를 보여준다. 미래가 준비된 종가인 듯싶다. 사람의 향취를 풍기며 사람다운 삶을 엮어내고 있는 집이니 말이다.

시회를 열다, 차회를 열다

이날 정자 구경을 제대로 하고 싶다는 바람을 전했더니 문중 어른들이 모였다. 하얀 세모시 두루마기를 갖춰 입은 선비풍의 노장들과 종손은 모처럼 광풍정 누마루에서 다담상을 앞에 두고 조상들이 시회를 열듯 차회를 열었다.

종손이 몇 년 전 후두암 수술을 받았는데 지인이 다구 일습을 선물했다고 한다. 항암제 역할을 한다며 녹차 한 통과 함께였다. 종손은 몸에 약이 되어서 차를 마신 것이 아니라 마음의 멋을 나타내는 방법으로 차를 마셨단다. 투명한 찻잔에 파르스름한 녹차가 담기면 자신도 모르게 근심이 사라지고 정신이 맑아졌다. 종가문화를 알려고 오는 손님들 접대로도 시커먼 커피보다는 좋았다. 차 때문인지 지금은 건강을 되찾았다.

그래서 종손은 차 맛 나는 공간을 여럿 만들었다. 종가 뒷산에 나무를 베어내고 푸른 잔디를 심어 둘레에는 야생화를 심었다. 고목에다 손자들이 탈 그네도 매달아 가족 차회 자리를 마련했다. 여름 해가 서산으로 기울면 가족들은 여기서 논다. 밭에서 캔 감자를 삶아 다식으로 먹고 차를 마신다. 텃밭에서 무공해로 키운 노란 옥수수를 쪄서 다식 삼아 차를 마신다. 가끔은 살림 공간인 종가보다 산중에 떨어진 정자에서 마시는 차 맛이 좋아 종손이 손수 만든 버드나무 찻상과 차기를 들고 나선다.

그것은 단순히 풍광을 즐기기 위함이 아니라 정자 안쪽에 숨겨놓은 제영시(題詠詩) 때문이다. 주련시(柱聯詩)는 기둥에 연이어 붙여둔 시고, 제영시는 시회가 있을 때 여러 시제에 맞게 시를 지어 서까래 밑에 붙여놓은 시를 말한다. 광풍정에 걸려 있는 일곱 개 편액이 아니라 현판에는 문인들의 자질과 덕성을 드러내는 화려한 글씨와 문장이 있다. 흥에 겨운 시뿐 아니라 경당 선생이 후학들에게 내린 자치규약인 '백록동규(白鹿洞規)'도 있다. 백록동규는 중국의 주자가 제정한 서원의 학규로서 유교의 기본사상과 교육과 방법을 설명한 것이다. "부자유친(父子有親)하고 군신유의(君臣有義)하며 부부유별(夫婦有別)하고 장유유서(長幼有序)하며 붕우유신(朋友有信)이라."

350년 전 할머니 솜씨 그대로 만든 난면

고택을 어렵게 지켜가는 명분만 갖춘 집이 아니라 새 아파트에 입주한 사람들의 희망찬 모습 같은 활기가 느껴지는 집을 참으로 오랜만에 찾았다. 미래의 종손과 그 아우는 자전거 한 대로 학교를 오간다. 털이 보송한 아기손녀는 처음 보는 사람인데도 낯을 가리지 않고 방긋방긋 웃는다. 옹색한 아파트에서 엄마 혼자 키우는 아기보다 일찍부터 여러 사람 손에 익숙한 때문일 것이다. 이웃 부인들이 마실을 와 종부의 솜씨를 거들고 있었다.

종가 뒷산에서 주워 말려둔 도토리가루로 묵을 쑤고, 여름철이라 쉬이 쉬지 않은 증편도 만들었다. 이 증편은 『음식디미방』에 기록된 '증병법(蒸餠法)'으로 만든 것이다. '멥쌀을 불렸다가 가루를 빻아 막걸리에 물을 섞어 반죽해 부풀어 오르면 공기를 빼고 찐다'는 그대로 만들었지만, 모양만은 먹기 좋은 크기로 방울증편을 만들었다. 다식 만드는 구체적인 방법도 『음식디미방』에 나온다.

"볶은 밀가루에 참기름을 넣고 손으로 비벼 체에 내리고, 꿀을 넣고 반

종손과 종가의
어른들이 광풍정에
모였다. 하얀 세모시
두루마기를 갖춰
입고 다담상을 앞에
두고 차회를 열었다.

죽하여 한 덩어리로 뭉쳐지면 다식판에 꼭꼭 눌러서 박아낸다. 박아낸 다식은 수키와 위에 깨끗이 모래를 깔고, 위에 깨끗한 종이를 덮고, 그 위에 다식을 나란히 놓고 암키와로 덮어서 이를 달군 숯 위에 얹어놓고 암키와 위에도 달군 숯을 올려서 서서히 굽는다."

하지만 종가에는 송화와 볶은 콩가루, 볶은 흑임자가루를 꿀에 반죽해 다식판에 찍어내고 있다. 연대를 알 수 없는 다식판도 있다. 다식은 제상에도 오르고 다담상에도 올린다. 오징어를 예쁘게 오려 동동주 안주로 상에 올렸다. 찹쌀밥이 동동 떠 있는 동동주는 종부가 솜씨를 발휘해 빚었다. 수없이 모시는 일 년 제사에 그때마다 술을 빚어 올렸으니, 종가에서 술 빚는 일은 어려울 게 없다고 했다.

여기서 종부의 칼국수와 『음식디미방』의 '난면법(卵麵法)'을 비교해보면, 난면법의 레시피가 "계란을 풀어 물에 섞고 반죽하라"고 했으니 반죽하는 방법은 예나 지금이나 달라진 게 없는 셈이다. 국물 만드는 법에서는 『음식디미방』에는 꿩을 토막 내어 생강을 넣고 무르게 삶은 다음 그 국물에 간장을 넣어 간한다고 했던 점이 지금의 멸치 국물과 차이가 있다. 그 당시 내륙지방인 안동에서는 어쩌면 멸치보다 꿩고기 구하기가 쉬웠을지도 모를 일이다.

칼국수 상에는 국수만이 아니라 밥도 오른다. 모처럼 온 손님상에 달랑 국수만 올릴 수가 없으니 밥상 차림에서 칼국수는 국처럼 곁들여진다. 그러자니 밥 반찬이 열두 가지도 넘었다.

종부의 솜씨로 만드는 묵무침과 동동주. 시원한 동동주는 여름철에, 안동식혜는 겨울에 주로 만든다.

칼국수 상에는 국수만이 아니라 밥도 오른다. 그러자니 밥 반찬이 열두 가지도 넘었다.

이날 상에 오른 찬을 메모하다가 가짓수가 너무 많아서 다 적지 못하고 말았다. 명태 보푸라기와 명태 양념구이는 종가에선 언제나 준비된 밑반찬이다. 제상에 필수로 올리는 명태를 활용하기 때문이다. 그리고 종가 텃밭에 나는 푸성귀에 따라 계절별로 기본 찬이 달라진다. 여름이니 오이물김치, 오이냉국, 오이소박이 등 오이 요리가 다양했다. 밀가루를 묻혀 살짝 찐 풋고추찜은 아기고추로만 만들어서인지 양념장에 찍어 먹는데 혀에서 살살 녹았다. 여기다 가지나물, 상추와 깻잎쌈, 마늘장아찌가 올랐다. 큰손님일 경우 장조림과 조기찜도 오른다. 가을걷이 때 밀가루를 묻혀 말려둔 고추를 기름에 튀겨 물엿 소스로 맛을 냈는데 달콤하면서 매콤한 맛이 칼국수 맛을 돋우었다.

종부의 설명에 따르면 우리나라는 예로부터 밀농사가 많지 않았다. 그러기에 국수는 아주 귀한 음식으로 국수를 먹으면 그 맛의 즐거움으로 웃음이 절로 나온다 해서 '소면(笑麵)'이란 말도 있다. 긴 국수처럼 잘살기를 기원해 아기들의 돌상이나 혼례상, 특히 60회 생일잔치에는 반드시 올랐다. 지금은 기계국수가 나오지만 예전에는 손이 기계였다. 그렇기에 대갓집에서는 국수 맛으로 손맛을 가늠하기도 한다고 한다. 일행들 모두가 이날 350년 전 안동 장씨 할머니가 요리했던 '난면'을 먹으면서 혀의 미각이 되살아난 기분을 느꼈다.

혼례복 대신 상복 입고 예식을 올리다

안동을 본으로 한 종부 권순 여사는 혼례 때 혼례복을 입어보지 못한 아쉬움이 있다. 종손의 어머니가 돌아가고 얼마 안 돼 혼인식을 치르면서 종손이 상중이니 화려한 예복을 입을 수 없었다. 예로부터 상중에는 혼례를 하지 못하는 추상 같은 나라 법이 있지만 법도 예외가 있게 마련이다.

종가에는 당시 종손의 할머니와 어머니가 세상을 떠나 집을 지킬 안주인이 없었다. 신랑이 하얀 소복으로 장가들러 처가로 왔으니 신부도 흰옷으로 혼례장에 나갈 수밖에 없었다. 군복무 중이었던 27세 신랑과 25세 신부는 하얀 상복으로 혼례를 치른 후, 해를 묵힌 다음 시댁으로 오는 신행 때도 흰옷을 입고 가마를 타고 왔다. 시집와서도 탈상 3년 동안 흰옷만 입어야 했다. 젊디젊은 새색시가 허구한 날 소복으로 지내야 했으니 물색 옷이 얼마나 입고 싶었을까.

"3년 탈상 후 물색 옷을 입으려니 얼마나 쑥스럽고 어색한지 한동안을 그대로 흰옷으로 지냈지요."

종부는 지금도 혼자서 시장을 마음대로 나서지 못하는 규방의 법도를 지키고 있다. 바느질 한 땀도 규범을 정해둔 상례복은 물론 남편의 두루마기, 도포 등도 종부 손으로 만든다. 특히 음식은 한번 맛보면 그대로 따라 할 수 있을 만큼 솜씨가 탁월하다. 그러나 영해 할머니의 덕행이 하도 커서 감히 그분의 그림자에도 미치지 못한다며 질문마다 종부는 손사래를 치며 사양했다. 정부인 장씨 할머니는 여기서 200리 떨어진 영해로 출가했기 때문에 이곳에서는 영해 할머니라고 불린다.

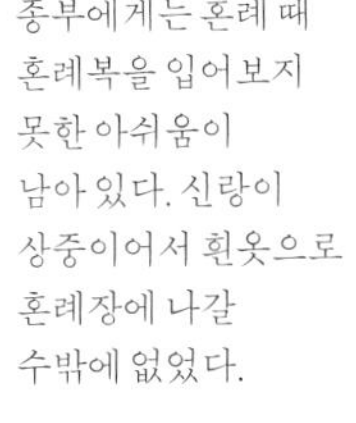

종부에게는 혼례 때 혼례복을 입어보지 못한 아쉬움이 남아 있다. 신랑이 상중이어서 흰옷으로 혼례장에 나갈 수밖에 없었다.

"다만 사소한 말 한마디라도 듣는 사람의 생각이나 입장을 반드시 헤아리고 난 뒤에 해야 한다는 것을 생활신조로 삼고 있습니다."

잠시도 그냥 있지 못하는 성품 탓에 몸에는 군살 한 점 없다. "살 빼고 싶은 사람들이여, 살을 빼려면 종부처럼 살라"고 권하고 싶다.

얌전해 뵈는 며느리 손씨는 늦둥이 딸을 낳아 어른들께 효도했다. 큰 병을 앓았던 시아버지를 모시기 위해 3년 전에 서울생활을 접고 종가에 와서 종부수업에 열심이다.

가문과 학문과 음식 맛을 이어가다

안동 장씨의 시조는 장정필(張貞弼)로 삼는다. 장정필은 중국 절강성에서 신라 진성여왕 6년(892) 때 아버지를 따라 우리나라에 오면서부터 안동에 자리 잡았다.

그의 나이 18세 때 당나라에 들어가 문과에 급제한 후 돌아와 후학을 가르치는 데 전념했다. 그러다 고려 태조 13년에는 김의평(金宜平), 권행(權幸) 등과 함께 군사를 일으켜 견훤군을 격파한 공로로 안동군에 봉해지면서 안동을 본으로 삼은 것이다. 그의 증손자가 바로 신라 때 바다의 왕이며 청해진 대사인 장보고 장군이다.

안동 장씨 문중에서 자랑으로 내세우는 학자는 바로 경당 장흥효다. 일찍이 학봉 김성일(鶴峯 金誠一, 1538~1593)과 서애 유성룡(西厓 柳成龍, 1542~1607)에게 공부한 퇴계학의 전통파로 알려진 인물이다. 선생은 평생 벼슬길에 나가지 않고 배운 학문을 몸소 실천하며 후학 양성에 주력했던 인물이어서 존경받고 있다. 그의 실천윤리의 이념은 '경당(敬堂)'을 자호를 삼은 것에서 짐작할 수 있다. 그리고 「세시자경(歲時自警)」이란 그의 시에서도 실천학적 사상인 '경'자의 의미가 보인다.

> … 경(敬)으로 마음 안을 곧게 하여
> 조심하고 두려워하는 공부를 그치지 않으며
> 의(義)로움은 마음 바깥을 방정히 하여
> 그 혼자 있을 때를 더욱 조심하노라.

자기를 수양하기 위한 학문은 일상생활에서 구하며, 마음으로 인격을 수양하는 방법은 경(敬)을 벗어나지 않는다. 경당이 일생 동안 힘써 노력한 것도 역시 이 '경(敬)'이라는 한 글자에 귀결된다. 그는 후세에 부덕의 귀감이라 일컬어지는 따님 한 분을 두었다. 그 당시 여자들의 이름은 호적에나 오를 뿐 크게 불릴 일이 없었기에 그저 장씨 부인으로 알려져 있다.

종손으로서 맡는 소임은 참으로 막중하다. 조상을 모시는 것, 시도 때도 없이 찾는 손님맞이도 그의 몫이다. 경당 종가를 찾은 답사 팀에게 내력을 설명하는 종손.

장씨 부인은 어릴 때부터 총명함을 보였다. 아버지가 강론하는 서당을 오가며 익힌 글로 10세 전후에 지은 「학발시(鶴髮詩)」, 「소소음(蕭蕭吟)」, 「성인음(聖人吟)」 등이 있으며, 그의 탁월한 시적 감각을 당시의 명필 정윤목(鄭允穆)이 극찬했다. 글씨 또한 남달라 남겨진 초서에 힘이 넘친다. 그림 재주도 뛰어나 민화풍의 호랑이 그림이 전해온다. 그러나 15세 이후 시문, 서화는 여자로서 할 일이 아니라며 바느질을 배우고 음식을 익혀 19세에 재령 이씨 석계 이시명(石溪 李時明, 1590~1674)에게 출가했다. 이시명은 아버지가 아끼던 제자로서 이미 혼인한 재취자리였지만 그 인품에 매료되어 외동딸을 출가시킨 것이다.

장씨 부인은 전처의 아들 한 명과 자신의 아들 여섯을 대학자로 키워냈고 특히 셋째 아들 갈암 이현일이 이조판서가 되면서 '정부인(貞夫人)'이란 교지를 받는다. 정부인 안동 장씨는 1999년 11월 여자로서는 신사임당 다음으로 문화인물로 선정되었다.

정부인 장씨를 경당 종가에서 내세우는 이유가 달리 있다. 외동딸인 자신이 출가한 뒤 후손이 끊어짐을 안타깝게 생각해 아버지에게 간곡한 청을 드려 계모를 들였던 것이다. 그 계모가 아들 둘, 딸 하나를 낳고 아버지가 세상을 뜨자 계모와 동생들을 영해로 이사 오게 해 장성할 때까지 거두어 대를 잇게 했다. 그 당시에 출가외인이 친정 식구를 챙기는 일은 쉽지 않았을 터이다. 무엇보다 아버지의 학문을 자식들과 손자대 또 그 손자대까지 잇게 한 것도 장씨 부인의 덕목에서 빠지지 않는다. 칠순이 넘은 나이에도 한글요리서 『음식디미방』을 써서 우리 음식의 정통성을 지금까지 전해준 점도 높이 친다.

콩가루 칼국수.

경당 종가의 음식을 찬찬히 챙겨보니, 시대에 따라 요리의 재료에 차이는 있어도 본 바탕은 『음식디미방』에 쓰여진 것이었다. 수백 년 종가의 기품과 옛 여인의 힘이 새삼 느껴졌다.

쫄깃한 맛이 일품인 콩가루 칼국수

종가의 대표음식으로 소문난 칼국수 만드는 법을 배워보자.

쫄깃쫄깃하고 야들야들하면서도 탄력 있는 반죽을 만들기 위한 포인트는, 밀가루 3과 콩가루 1을 비율로 잡아 여기다 홍두깨 하나를 밀려면 물에다 달걀 하나와 식용유 한 방울과 소금 약간을 섞는 것이다. 홍두깨 하나를 밀면 칼국수 아홉 그릇이 나온다니 레시피는 짐작할 수밖에 없다. 종부는 밀가루 반죽은 한참 치댈수록 차지며 반드시 미리 반죽해 숙성시키는 시간이 필요하다는 것도 강조했다. 또한 반죽이 너무 되면 차진 맛이 떨어진다.

이렇게 반죽이 준비되면 장정 두 사람이 겨우 들 수 있는 가로 1미터 35센티미터, 세로 72센티미터의 통나무 암반에 놓고 홍두깨로 민다. 종잇장처럼 얇게 밀어야 입안에서 스르르 녹는다. 다음에는 가루를 묻혀가며 곱게 채 썬다. 국수를 채 썰 동안 멸치 국물을 만든다.

멸치 국물은 물에 멸치와 다시마를 넣고 파뿌리도 넣는다. 재료들이 끓으면 건지는 건져내고 국간장으로 간한 다음 썰어둔 칼국수를 훌훌 털어서 넣는다. 가늘고 곱게 채 썬 국수는 한 번 끓으면 다 삶긴 것이다. 국수를 국물과 함께 뜬다. 사랑채에 내보낼 정식 국수상에는 달걀 황백 지단을 채 썰고, 다진 쇠고기도 볶고 채 썬 애호박도 볶아 올린다. 안채에서 편하게 먹을 때는 국물에 배추를 썰어 넣거나 먹기 직전에 부추를 넣으면 깔끔한 국물 맛이 일품이다.

호남 음식문화의 정수가 펼쳐지는 종가의 큰제사

김해 김씨 사군파 양무공 김완 종가

봄 기운이 천지를 감도는 2월 하순, 호남 음식의 정수를 맛볼 수 있다는 설레임을 안고 전남 영암을 찾았다. 이날 김해 김씨 사군파(四君派) 종가에서 조선 중기의 명장 양무공 김완(襄武公 金完, 1577~1635) 장군의 큰제사가 있었다. 종갓집 제사는 그동안 수없이 보아온 터이지만, 호남 음식의 정수가 이곳 제례 음식으로 남아 있다 해서 기대가 컸다.

14세 종손 김철호(취재 당시 65세) 씨는 영암군수로 재직하고 있었다. 아버지와 아들, 손자까지 임금이 내린 군의 칭호를 받아 사군파의 명예를 지키는 명문거족이라 전통의 제례 음식이 제대로 전승되고 있다고 한다. 종손은 특히 음식문화에 관심이 많아 왕인문화축제 때 이 지역에 산재한 종가 음식을 전시한 일도 있었다. 종가 제례 음식의 특징은 돼지머리가 오른 점, 양념한 배추김치와 바다가 가까운 탓에 아홉 가지 생선이 오른 점이 색달랐다. 훤칠하게 잘생긴 월출산 최고봉이 한눈에 들어오는 그림 같은 명당에 자리한 고색창연한 종가는 전남 영암군 서호면 화송리에 주소를 두고 있다.

남도의 소금강이라 일컫는 월출산과 영암아리랑으로 유명한 영암군의 자랑은 많다. 오랜 세월 켜켜이 쌓인 문화재와 천혜의 자연이 베푸는 미각 돋우는 음식, 그리고 군민들 손으로 두 번씩이나 뽑은 종손 군수도 자랑거리가 아닐 수 없다. 그는 정유재란과 이괄의 난을 평정한 공로로 드물게 왕가에서 내린 시호(諡號)를 받은 김완 장군의 장손으로 도덕성과 신뢰를 겸비한 인물로 군민들이 존경하고 따르는 군수였다.

그는 영암군에 산재해 있는 청동기시대의 마을터와 830여 기에 이르는 고인돌, 1000년 고찰인 도갑사를 비롯해 많은 문화유적과 유물을 발굴하고 보존하는 데 힘썼다. 그리고 그 문화를 알리는 일에 혼신을 다했다. 비록 문화재가 아니어도 옛집을 보수하는 데 지원을 아끼지 않았고, 서원 제사 등 선현들을 기리는 제수품 마련에도 군비를 보조했다. 향교에 필요한 예산도 군에서 모두 지원한다.

또한 영암문화의 정수를 보여주는 '영암왕인문화축제'도 해마다 개최해 전국에 알려져 있다. 벚꽃이 만개하는 4월 9일부터 12일까지 열리는 이 축제의 주인공 왕인박사는 백제시대 인물로 일왕의 초청을 받아 그 나라 태자와 백성들에게 글을 가르쳤으며 종이와 도자기 제작기술을 알려줘 일본의 '아스카' 문화를 꽃피우게 했던 분이다.

불꽃처럼 솟아오른 월출산 바위들이 만들어냈다는 가야금 산조의 창시자인 김창조 선생을 기리는 일에도 앞장섰다. 도자기문화센터도 설립해 역사교육 현장으로 보존하면서 한국 도자기의 역사성과 예술성을 이곳을 찾는 관광객들에게 알리고 있다.

먹거리로는 바닷가 개펄에서 잡히는 낙지와 한우갈비로 끓인 갈낙탕, 기름진 개펄을 먹고 사는 장뚱어탕과 세발낙지구이, 토하젓 등의 향토음식이 많은 이의 입맛을 매료시킨다. 이 지역에 산재한 종갓집의 음식을 축제 때 선보여 인기를 모으기도 했다. 선조들이 일궈낸 문화의 발자취를 아끼고 사랑하는 지도자를 모신 덕에 영암군은 문화의 고장으로 굳건히 자리매김하고 있는 것이다.

영암 문화의 정수를 보여주는 영암왕인문화축제. 벚꽃이 만개하는 4월 9일부터 12일까지 백제시대 인물인 왕인박사를 기리는 취지에서 열린다.

김완 장군의 기상이 빛나는 명가의 내력

월출산이 높다지만 소나무 아래 있고
푸른 물결 깊다 한들 모래 위에 흐르네.
끝없이 긴 풀을 잘게잘게 절단하니
칼 밖에 푸른 산이 점점 높아지더라.

김완 장군의 천재성을 엿볼 수 있는 7세 때 시 「월출산」을 읊조리며, 선생이 자라고 공부하고 벼슬하며 59세에 세상을 떠날 때까지 살았던 집, 그 집에서 후손들이 지금껏 살고 있다. 유서 깊은 종택 솟을대문에 도착한 것은 서산에 해가 기울 때였다. 종가는 영암읍에서 목포 방면으로 길을 잡아 구림동을 지나 학산 쪽으로 12킬로미터 거리에 있었다.

공조참의 벼슬에 있었던 선생의 조부 김사종(金嗣宗)이 터를 잡은 이래로 지금까지 500여 년 세월의 깊이를 느끼게 하는 집은 오래된 옷을 벗고 새 옷 단장에 한참이다. 고려 말에 두문동 72현이었던 판서공 김진문을 비롯해 존경하는 다섯 분의 위패를 모신 '구고사(九皐祠)', 보물로 지정된 김완 장군의 영정을 모신 영당, '부조묘(不祧廟)' 등 1200여 평 대지에 20여 채의 건물이 잘 가꾸어진 정원과 함께 앉고 서 있었다.

옛 종가는 생활하기에 불편한 점을 감안해 문중 분들의 정성으로 새로이 지었다. 그 대문에 붙은 문패에는 종손과 종부 민홍임(취재 당시 66세) 씨 이름이 나란히 있다. 유교문화를 지켜가는 다른 종가에서는 볼 수 없는 풍경

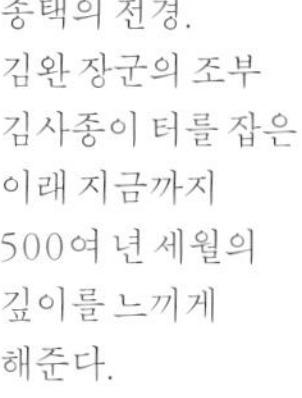

종택의 전경.
김완 장군의 조부
김사종이 터를 잡은
이래 지금까지
500여 년 세월의
깊이를 느끼게
해준다.

보물로 지정된 김완 장군의 영정은 영당에 모셔져 있다.

으로, 전통만 고수하는 것이 아니라 시대의 흐름을 수용하는 면모가 새로워 보였다. 군민들에게 부인의 인격을 존중하고 남녀가 평등함을 나타내기 위해 부부 이름을 같이 쓴 문패 달기 운동을 펼치기도 한 종손이었다.

첫인상에서 사람을 압도하는 강한 카리스마가 느껴지는 종손을 안채에서 만났다. "내가 살아 있는 동안은 조상의 숨결이 느껴지는 옛집에서 살아야 하는데 새집으로 옮기고부터는 건강이 좋지 않다네. 조상의 기운을 받지 못한 탓이지 싶어요."

종손은 일 년 전 새집으로 옮기고부터는 몸이 자주 아프고 얼마 전에는 큰 수술까지 받은 터라 평생을 살았던 집의 기운을 받지 못해서가 아닐까 하는 생각이 든다며 문중 어른들의 인사에 답하고 있었다. 종손이 애착을 갖고 지켜온 고택의 내력을 들려주었다.

종가에서 극진히 모시는 김완 장군은 광양현감을 지낸 아버지 김극조(金克祧)와 천안 전씨 사이에서 장자로 태어났다. 그를 잉태했을 때 호랑이가 품속으로 들어오고, 영암만 바닷물이 치마폭으로 몰려드는 상서로운 태몽을 꾸었기에 종가 앞 들녘의 지명이 '몽해(夢海)' 또는 '꿈바다'라 했다. 지금은 매립이 되어 끝없이 푸른 초원이 되었다.

장군은 어릴 때부터 힘이 세고 총명했다. 특히 문장이 뛰어나 7세 때 앞서 언급한 시를 지어 주위를 놀라게 했다. 한데 15세 때 아버지가 억울한 옥살이를 하다 세상을 뜨자 그 원수를 갚기 위해 무과에 응시해 합격한다. 무관으로서 정유재란 때는 남원, 구례, 곡성 등지에서 왜적들을 재패했으며, 이괄의 난에 토벌 선봉장으로 출전해 진압한 공로로 진무공신에 책록되고 학성군(鶴城君)에 봉해졌다. 그뿐 아니라 인조 임금은 왕명으로 선생의 영정을 그리게도 했다. 그 후 황주목사를 지내다가 잠시 휴가를 얻어 고향에 돌아가 쉬는 중 고택에서 59세의 아까운 나이로 세상을 뜬다. 임금은 충성을 다한 신하의 죽음을 애석히 여겨 병조판서를 추증하고 양무공(襄武公)이란 시호도 내린다. 그 아버지는 학천군(鶴川君)으로 추증했고, 아들은 해성군(海城君), 손자는 학임군(鶴林君)으로 사군파의 명가가 된 것이다.

문화를 살려야 고장이 빛난다

문화에 특별한 관심을 보이는 연유를 듣고 싶었다.

"조국 광복 후 어언 반세기가 흘렀습니다. 그간 여러 면에서 많은 변화가 있었습니다. 특히 외래 서양문화의 수입과 물질문명의 발달로 산업사회의 생활 패턴이 우리 사회를 지배하게 되면서 오랫동안 전승되어 온 전통문화와 조상에 대한 경로사상이 소홀해져 가고 있습니다. 그런 점이 안타까워 우리 고장에 산재한 문화유적을 발굴하고 훌륭한 위인들의 발자취를 챙겨서 후세들에게 남겨주어 문화민족으로서 긍지를 갖도록 하고 싶었습니다. 특히 이곳은 산과 들과 바다가 어우러져 사람 살기에 좋은 입지 조건을 갖춘 곳으로 선사시대부터 생활한 흔적들이 남아 있지요. 그래서 문화를 살리는 일이 바로 고장을 빛내는 길이라는 생각으로 군정에 임했습니다."

김해 김씨 사군파 종가의 종손이며, 영암군수인 김철호 씨를 양무공 김완 장군의 큰제사가 있는 날 만났다. 그는 서원 제사에 군비를 지원하고 영암왕인문화축제 등 지역 문화를 널리 알리는 데 있다.

청소년들에게는 문화재의 소중함과 선조들의 지혜를 일찍부터 체험하게 하기 위해 방학 때는 향교나 서원 등 종가를 답사하게 한다. 외지에서 오는 관광객을 안내하기 위해 군에서는 유적답사 안내요원도 양성하고 있다.

종손은 고령임에도 달변이었고 보학에 무척 밝아 집안의 내력이며 문화재에 대한 이론도 원칙이 서 있었다.

제사 음식을 통해서라도 우리 것을 지켜야

관심사인 제례 음식에 대해 질문을 했다.

"미각에도 DNA가 있다고 하지요. 그래서 한국 사람은 세계 어디를 가나 김치와 된장찌개를 잊지 못합니다. 하지만 이제는 그 독특한 입맛도 패스트푸드 같은 다국적 음식에 길들여져 점점 퇴색해가고 있어요. 그러기에 전통음식이 가장 많이 남아 있는 제사 음식을 통해서라도 우리 음식을 지켜갈 수밖에 없습니다."

23세에 종가로 시집와 2남 2녀를 두었다는 종부는 조용하면서도 후덕해 보이는 인상이었다. 친정이 해남이라 음식이 특별히 다르지 않았다며, 예전에는 종가의 음식도 의례에 따라 다양하게 구별되었다고 한다. 제례 음식은 모양을 내지 않고 네모 반듯하게 만드는가 하면 손님맞이 음식은 주안상 위주였다. 혼인이나 수연례의 가례(嘉禮) 때는 음식에 모양을 한껏 내서 솜씨 자랑을 했다. 일상식으로는 다양한 밑반찬을 준비했다고 한다. 시어머니가 계실 때만 해도 음식 하나하나에 들이는 정성은 대단했지만, 그 음식의 격식도 농업경제가 멀어져가고 일손조차 부족해 조상 대접하는 제례 음식만이 변질 없이 전해오고 있다고 들려준다.

"제례를 가리켜 형식주의에 치우친 봉건시대의 잔재라고 생각하는 사람들도 있어요. 그러나 이는 제례의 본래 의미와 뜻을 모르고 하는 말입니다. 조상의 제사를 통해 부모님께 효도하고 형제자매 간에 우애를 돈독히 하며 일가친척 간에 화목하여 가족애와 나아가 종족애까지 확대하게 하였으니 제사의 의미는 매우 숭고하다고 볼 수 있지요. 제례가 미신이나 우상숭배가 아닌 이유도 바로 여기에 있습니다." 종손은 제례의 의미에 대해 확고한 생각을 갖고 있었다.

제상의 차림은 크게 두 가지로 구분된다고 한다. 하나는 생식을 올리는 것이요, 다른 하나는 익은 음식을 올리는 것인데, 국가의 큰제사나 향교나 서원 제사에는 생식을 올리지만 일반인의 집안 제사에는 익은 음식을 올린다고 했다. 또한 넉넉한 집안에서 지나치게 초라하게 차리는 것도 불효이며, 어려운 집안에서 풍성하게 차리는 것도 불효라 했다. 제사 음식은 형편에 맞게 정성을 다하는 것이 만고의 진리임을 깨닫게 하는 대목이었다.

먹거리가 귀하고 물자가 부족했던 시절의 제사 음식은 영양을 골고루 섭취할 수 있는 기회였으며, 제례 음식 덕에 음식을 청결하게 하는 습관도 길들여져 위생적인 식생활에도 기여했다고 한다. 또한 제례 음식은 남겨두면 안 되고 그 즉시 많은 사람이 나누어 먹어야 복을 받는다고 했는데 이는 나눔의 덕목을 강조하는 선조들의 지혜로움에서 비롯된 것이었음도 느낄 수 있었다.

산해진미 오르는 종가의 큰제사

종가의 제례 음식은 종부의 지휘로 큰며느님과 문중 부녀회원 15명이 안채에서 장만했다. 정갈하게 준비한 음식은 밤 10시에 사인교에 담아져 제사를 모신 전사청으로 옮겨졌다. 밤 11시부터 제사상을 차리기 시작했다. 먼저 식어도 관계없는 음식부터 진설하기 시작했는데 신주로부터 1열 오른편에는 밥과 술잔과 미역국과 시접그릇이 있었고, 그 옆으로 초취부인 것과 재취부인의 것도 똑같이 놓였다. 제사에는 한 사람 분을 차리는 단설(單設)과 그 부인 것도 함께 차리는 합설(合設)이 있는데 이 댁의 큰제사는 합설이었다.

2열에는 희생물로 무쇠솥에 삶은 돼지머리가 올랐다. 소금, 생강, 양파, 청주를 넣고 푹 삶아 찬물에 헹군 다음 거피한 볶은 깨를 보기 좋게 뿌려서 올렸다. 돼지머리는 서쪽을 보게 놓았다. 눈과 입은 하늘을 향하게 하고 다리는 머리 아래에 두었으니 돼지 한 마리가 놓인 셈이다. 그 옆으로는 소고기를 양념해 석쇠에 구운 다음 대꼬치에 꽂아 육적(肉炙)으로 올렸다. 상어, 병어, 명태, 홍어, 조기, 농어, 민어, 도미, 숭어 등 아홉 가지 생선은 소금 간을 해서 말렸다가 부서지지 않도록 짚으로 하나하나 묶은 다음 무쇠솥에 찐다. 찐 생선은 짚을 풀어 담아서 어적(魚炙)으로 올린다. 예전에는 생선도 모두 석쇠에 구웠다고 한다. 채소적은 보이지 않았다. 그 옆으로 인절미를 아래에 놓고 그 위에 본편을 올려놓았다. 꿀도 있었다.

3열에는 해물과 고기, 무, 다시마를 넣고 끓인 다음 각각의 그릇에 담아 놓고 어탕(魚湯), 육탕(肉湯), 소탕(素湯)으로 구분했다. 탕 사이에는 쇠고기를 다져 구운 육전(肉煎)과 생선을 다져 만든 어전(魚煎)이 올랐다.

4열에는 말린 상어포를 올렸다. 어포 위에 말린 사슴고기(鹿脯, 녹포)를 올렸지만 이날은 준비하지 못했다고 한다. 그 옆에 산에서 나는 산채(山菜)로

"조상의 제사를 통해 부모님께 효도하고 형제자매 간에 우애를 돈독히 하며 일가친척 간에 화목하여 가족애와 나아가 종족애까지 확대하게 했으니 제사의 의미는 매우 숭고하다고 볼 수 있지요." 종손의 말에는 제례의 본래 의미와 뜻을 이어나가려는 의지가 담겨 있다.
산해진미가 오른 종가의 큰제사. 먹거리가 귀하고 물자가 부족했던 시절의 제사 음식은 영양을 골고루 섭취할 수 있는 기회였으며 제례 음식 덕에 음식을 청결하게 하는 습관도 길들여져 위생적인 식생활에도 기여했다고 한다.

지역적인 특성에 따라 바닷가의 풍부한 해산물로 아홉 가지 생선이 제상에 올랐다.

도라지와 고사리나물을 올렸고, 집에서 기른 가채(家菜)는 숙주나물과 시금치를 올렸다. 바다에서 나는 해채(海菜)는 듬북이를 올려야 하는데 구하지 못해 올리지 못했다고 한다. 이 나물들은 각각의 나무 제기에 담아 올렸다. 그리고 김치와 간장과 식혜도 이 열에 놓았다.

5열은 과일 줄로 신주로부터 오른편 순으로 대추와 밤, 곶감, 배, 사과, 유자를 올렸고, 조과류는 산자만이 올랐다. 모두 일곱 가지 과일이 올랐다. 종가의 제사 음식은 산, 바다, 들에서 나는 재료와 집에서 기른 재료 등이 올라 그야말로 산해진미(山海珍味)로 차려졌다.

종가 제사 음식의 특징은 다음과 같다.

첫째, 집에서 기른 돼지를 희생수로 올렸는데 머리에서 발끝까지 전체를 가마솥에서 찐 돈증(豚蒸)을 올린다. 아주 예전에는 소를 희생물로 올렸지만 종손이 어렸을 때부터 집에서 키우는 돼지를 올렸다고 한다.

둘째, 영암의 지역적인 특성에 따라 바닷가의 풍부한 해산물로 아홉 가지 생선이 올랐다. 고기를 찔 때 서로 붙지 않도록 짚을 씻어 말린 후 켜켜마다 놓았던 지혜도 색달랐다. 나물도 산채(山菜), 가채(家菜), 해채(海菜)로 구별해 의미가 있었다. 양념한 배추김치를 먹기 좋은 크기로 썰어 올린 특징도 있었다. 본래는 백김치를 올렸지만 미처 준비하지 못해 대신 양념한 배추김치를 올렸다는 것이다.

또 하나는 편이었다. 제기에 담은 편은 인절미가 아래로 가고 본편인 시루편이 위로 갔다. 일반적으로는 본편이 아래에 가고 인절미가 위로 가는 것과는 구별이 되었다. 제례복은 검은색이었으며 제례순서는 수백 년 전해오는 종가의 「홀기(笏記)」에 따라 진행되었다. 제사는 밤 12시에 시작되었고 참제자는 문중 분들이었다.

전통의 향취 그윽한
강릉 서지마을의 설맞이 풍경

창녕 조씨 명숙공 종가

해가 바뀔 때마다 우리 고유한 설 풍경을 대하며 경건하게 새해를 맞이하고 싶은 마음이 가슴 한 곳에 들어차 종가를 찾는 발걸음을 재촉한다. 수소문 끝에 강원도 강릉시 난곡동 264번에 주소를 둔 '서지뜰'을 찾을 수 있었다. 경포호수가 바라보이는 산 너머 고갯길을 굽이돌아 은둔 선비가 살기 알맞은 그곳에 종가는 산을 기대고 아늑하게 자리 잡고 있었다. 집이 사람을 닮았는지 사람이 집을 닮았는지 집도 사람들도 소박하고 따뜻했다.

시내로 나가는 교통편은 오로지 두발 자전거, 그 흔한 자가용도 이 댁에선 구경할 수 없다. 도무지 번잡한 세상에 노출을 꺼리는 종손 조옥현(취재 당시 60세) 씨를 설득하는 걸음만도 여러 차례였다.

진사 이상의 과거를 원치 않았던 명숙공(命肅公, 1712~1772)으로부터 9대 장손으로 이어와 종갓집이 된 사랑채와 안채를 비롯해 조상의 공간인 한 칸짜리 조촐한 사당채가 정겹다. 초가지붕의 농막 두 채도 이채로웠다.

솟을대문 대신 마을 초입에 세워둔 솟대의 모습도 종가에서만 볼 수 있는 풍경이었다. 안채에선 노종부 김상기(취재 당시 83세) 할머니와 종부 최영간(취재 당시 58세) 씨가 설날 세배 손님 100여 명에게 차려낼 음식을 미리 준비하고 있었다. 노종부가 애지중지하는 삼신(三神) 주머니와 시집올 때 가지고 온 장롱 문짝에는 여인의 도리를 빼곡히 적어놓은 아름다운 사연도 보였다. 뒷동산에는 조상들의 활터와 고인돌이 있다. 이보다 더한 볼거리는 노종부가 자신의 한평생을 담은 일기장의 문구였다.

조선시대 살림집으로 대표적인 선교장을 끼고 500미터 더 가면 난곡교라는 다리가 보인다. 다리를 건너지 말고 오른쪽으로 자동차 한 대가 겨우 다닐 수 있는 산길을 따라가다 보면 오른쪽에 '서지초가뜰'이란 작은 입간판이

종가에서는 요즘도
장작으로 군불을
때고 숯불화로를
난방용으로 이용하는
전통적인 겨우살이를
한다.

보인다. 그 길을 따라 산 아래 대나무, 소나무 푸르게 성성한 곳에 종가는 나직이 자리 잡았다.

유리 천장 아름다운 서재에서 이어가는 선비의 삶

진사집으로 불리는 종가는 과거에 급제한 인물이 났음을 상징하는 용머리 솟대걸이가 대문을 대신했다. 앞으로는 논밭이 펼쳐지고 사랑채와 안채는 추운 지방 가옥의 특징인 'ㅁ'자 형태를 갖추었다. 지금도 장작으로 군불을 때고 숯불화로를 난방용으로 쓰는 전통적인 겨우살이를 하는 이곳엔 부엌에 이어 광과 마구간도 그대로 있고 조상의 공간인 사당의 외짝 세살문이 소박한 종갓집의 조촐함을 더해주었다.

시내로 나가는 교통편은 오로지 자전거를 이용하며 번잡한 세상에 노출을 꺼리는 종손 조옥현 씨.

이 댁 건물에서 가장 눈길을 끄는 것은 뒷동산을 배경으로 활짝 펼쳐진 기와의 곡선보다 더 아름다운 유리 천장이다. 안채 뒤칸에 있는 서재방 가운데를 유리 천장으로 설계해 하늘이 보였다. 한 폭의 문인화를 보는 듯 소나무 가지가 하늘 가운데에 늘어져 있었다. 본래는 안채를 보호하기 위해 도장간이 있었는데 산불이 잦은 탓에 만일을 대비해 그 도장간을 개조해 만들었다는 종손의 전용 서재이다.

누대로 전해오는 휘귀한 책들로 문자향 서권기(文字香 書卷氣)가 넘쳐났다. 세종 때 편찬된 국보 142호 『동국정운(東國正韻)』도 종가의 선대들이 보관하고 있던 책으로 지금은 건국대학교 박물관에 소장되어 있다.

"술·담배는커녕 잡기를 전혀 모르는 분이에요. '먹고 입는 일보다 양심을 함양하고 덕성을 존중하라' 이르신 시할아버지의 유훈을 그대로 따르는 분입니다. 그래서 생각과 행동이 어긋남이 없어 때로는 갑갑할 때도 있지만 한편은 저런 분이 있기에 우리 가문이 올곧게 이어가지 않나 하는 생각도

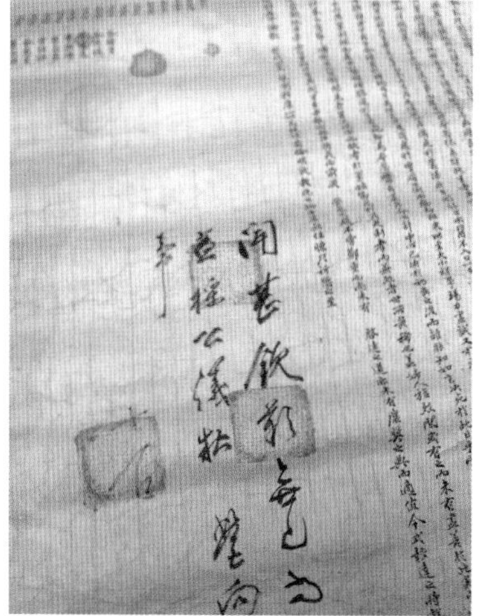

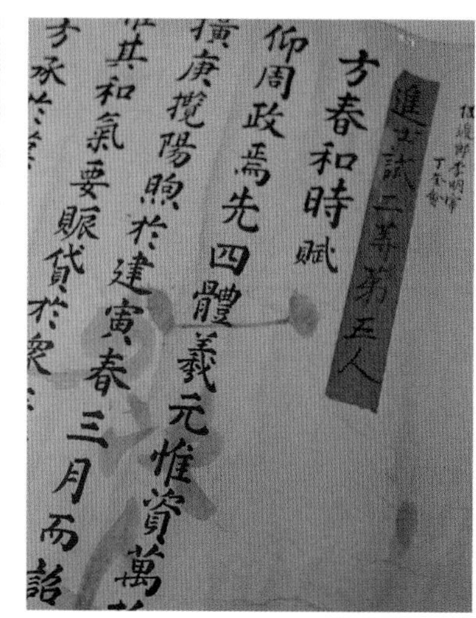

종손은 조상이 물려주신 문서며 서책들을 소중히 간직하고 있다. 오른쪽 사진은 과거 시험지. 오른쪽에 보이는 깨알 같은 글씨가 시험자의 신원에 대한 내용이고 덧붙인 종이는 채점표, 그 다음 줄이 시제(試劑)이다.

들어 이해하고 삽니다."

남편의 흉이라고 보지만 자신의 철학이 분명한 종손은 종부의 말처럼 요즘 시대 보기 드문 '선비의 삶'을 실천하고 있었다. 중앙대학교 사학과를 나와 직장생활 조금 한 것 외에는 대부분이 서지뜰 안에서 지냈다. 농사짓는 일 사이 책 읽고, 선대로부터 수백 년 이어온 대동계 등 7개나 되는 친목계에 참석하는 일, 문중 대소사에 종손으로서 도리를 다하는 일로 일관하고 있다. 그러자니 도덕성에 위배되는 거동은 있을 수가 없을 듯했다. 넓은 정원 곳곳을 장식한 수석들에서 종손의 취향을 짐작할 수 있었다.

예를 담은 시어머니 문장과 미문의 며느리 문장

노종부의 방 안에는 시집올 때 가져온 2층장이 있다. 윗장에는 저고리를 넣고 아랫장에는 치마를 넣는 법도 있는 이층장은 아래위로 문이 4짝이다. 문짝 안에는 친정아버지가 손수 적어 붙여준 여인의 거동 아홉 가지가 적혀 있다.

> 발의 거동은 무거워야 하며, 손의 거동은 공손해야 한다.
> 눈의 거동은 단정해야 하며, 입의 거동은 조용해야 한다.
> 소리의 거동은 안정해야 하며, 머리의 거동은 곧아야 한다.
> 기운의 거동은 엄숙해야 하며, 서는 거동은 유덕해야 하며,
> 낯빛의 거동은 밝아야 한다.

강릉에서도 예문에 밝은 집안으로 알려진 강릉 김씨 가문에서 16세에

노종부가 시집올 때 가지고 온 옷장 문 안쪽에는 여인의 행동거지에 대해 친정아버지가 손수 적어주신 글이 붙어 있다. 글을 읽고 짓는 것을 낙으로 삼는 노종부. 세상을 떠난 시어머니께 올리는 제문이 2미터가 넘는다.

시집온 노종부는 70여 년 세월 동안 서지뜰을 떠나본 게 열 손가락이 넘지 않는다. 전통 여인상의 교육을 받은 노종부에게는 번잡한 바깥세상보다 서지뜰에서의 생활이 편안하고 행복했다.

하지만 그 삶을 그냥 흘려보내지는 않았다. 심금을 울리는 일이 있을 때마다 홀로 앉아 소반을 놓고 쓴 글들이 여러 권의 일기장에 담겨 있다. 옛 말이 흥겨운 우리말과 풍부한 문장력으로 써 내려간 일기에는 2대 독자 가문에서 7남매 자식 낳아 키워 시집보내고 맏며느리 맞으면서 느꼈던 기쁨과 흥, 온갖 사연이 고스란히 배어 있다.

어른들 회갑, 고희 등을 축하하는 글월이며 이승과 저승으로 헤어지는 시어머님께 드리는 2미터가 넘는 두루마리 제문(祭文), 거기다 예의를 다하면서도 정감 있는 사돈서는 전통적인 규방가사의 4·4조 음률에 굽이굽이 사연들을 싣고 있다. 시집올 때 받았던 예물단자의 물목에는 특이하게도 지필묵이 많이 보인다. 아마도 종부의 탁월한 문재를 시댁에서도 눈치챘던 모양이다.

이제는 기억이 쇠퇴하고 붓끝에 힘이 없어 자신의 생각을 글로써 풀어내지 못하는 안타까움을 안으로 삭이고 있는 듯하다. 남편을 먼저 보낸 것 외에는 행복한 일생이었다고, 허리가 불편한 것 말고는 아직도 순정적인 감성이 나직한 말씨에 불씨처럼 남아 있었다.

강릉 일대에서는 이 댁을 두고 팔뚝만 있으면 문장이 나오는 집으로 소문이 날 만큼 며느님 강릉 최씨의 글 솜씨도 예사롭지 않았다. 26세 미니스커트 아가씨가 종갓집 며느리 되어 1남 1녀를 낳고 키우면서 시어머니 따라 봉제사와 접빈객을 치르다 보니 어느덧 거동이 시어머니를 닮아가고 있었다.

'금은보화보다 귀한 내 며느리'라 여기며 서툰 일에도 언제나 과분한 칭송을 내려주시던 시어머니께 드리는 감사의 편지, 호미질을 하다 자연에 순응해가는 자신에 놀라워하는 글, 잊지 못할 여행지에서 자녀들에 보낸 애틋한 편지 등이 풍부한 언어로 녹아 있었다. 고부의 글들을 한 자리에 묶어놓으면 아름다운 서지뜰의 가문과 내력, 전통적인 생활상을 한눈에 엿볼 수도 있을 것만 같았다.

서지뜰의 유래와 창녕 조씨의 내력

'서지뜰'이란 마을 이름은 어디서 유래되었을까. 경포호 서쪽에 있는 마을이라 해서 서지(西池)라 하기도, 또 쥐가 흙을 파는 형국이라 해서 서지(鼠墀)라는 지명이 유래되었다고 한다. 여기다 윗대 어른의 호가 혜재(蕙齋)이기에 혜재마을이라 부르기도 한다.

강릉에 창녕 조씨들이 살게 된 내력은 입향조 조철(曺哲) 선생에서 비롯된다. 임진왜란을 피해 이곳에 와서 율곡 선생의 이종사촌과 교류하다 풍광좋은 이곳을 떠나지 못하고 그대로 눌러앉아 400여 년이 흘렀다. 강릉부사였던 조하망(曺夏望, 1682~1747) 선생도 창녕 조씨로, 강릉 경포대를 중수하고 상량문을 지어 그 문장으로 격찬을 받았던 분이기도 하다.

창녕 조씨들의 시조에 관련된 전설 또한 특이했다. 신라 진평왕(眞平王, 626) 때 한림학사 이광옥(李光玉)에게는 예향(禮香)이라는 예쁜 딸이 있었다. 우연히 병을 얻어 위기에 처하자 지나던 스님이 창녕의 화왕산 정상에 있는 용지(龍池)라는 연못에 가 목욕재계하고 기도를 올리면 병을 고칠 수 있다고 했다. 시키는 대로 치료하자 병이 나았고 여기서 용자옥결(龍子玉決)이란 남자를 만나 잉태한 후 아들을 낳았다. 그런데 신기하게도 아이의 겨드랑에는 '조(曺)'자와 비슷한 점이 있었다. 이상하게 여긴 이광옥이 진평왕에게 고하니 왕은 이를 신기하게 여겨 조씨 성을 내리고 계용(繼龍)이라는 이름을 지어주었다. 계용은 매우 총명해 왕의 부마가 되었고 창녕 조씨 시조가 된 인물이다.

이후 창녕 조씨들은 신라, 고려를 거쳐 절개 높은 선비를 많이 배출했다. 대표적으로 조선 중엽의 인물인 남명 조식(南冥 曺植, 1501~1571) 선생은 학문이 뛰어났으나 벼슬을 탐하지 않고 초야에 묻혀 살면서 사림들에게 불의에 항거할 줄 아는 선비정신을 심어준 존경받는 인물이다.

종갓집의 차례상과 세배절

종갓집 식구들은 설날 아침 일찍 일어나 깨끗한 한복으로 갈아입는다. 그리고 노종부께 종손 부부가 먼저 평배로 세배를 드린다. 할머니는 행복한 한 해가 되라는 덕담을 내린다. 그리고 부부가 서로 한해의 안녕을 기원하는 의미로 입절을 한다. 그런 다음 자제분들의 세배를 받는다. 종가의 절하는 풍습은 큰절과 평배와 입절로 나눈다. 여자의 경우 큰절은 두 손을 눈높이로 올리고 책상다리를 하는 절로 시집올 때 시어른들께 하는 아주 귀한 절이라 했다. 평절은 부모님이나 집안 어른들께 드리는 절이고, 입절은 평교간에 나누는 절로 구분한다.

10시쯤이 되면 각자의 집에서 차례를 모신 친척들이 종가를 찾는다. 종가에서는 이때 사당에서 차례를 모신다. 사당에 모셔둔 4대조 신주 앞에 식어도 관계없는 과일 등을 먼저 차린다. 신주를 모시는 개독(開櫝)을 하고 종손은 분향강신(焚香降神)을 하고 나서 혼자 두 번 절한다. 다음은 떡국과 밥을 올리고 한 분마다 술잔을 올리는 헌작(獻爵) 순서이다. 고조부터 아래로 술을 올리고 제주와 참석자 모두 참신(參神)의 예로 두 번 절한다. 그런 후 삽

200여 명이 넘는 세배 손님을 맞이하기 위해 장만한 설 음식.

시정저(插匙正箸)와 유식(侑食) 후에 숭늉을 올린 다음 수저를 내리고 참석자 모두 조상을 보내는 사신(辭神)의 예로 두 번 절하는 것으로 차례 순서는 끝난다.

차례에 여자들은 참석하지 않는다. 친척들은 먼저 노종부께 세배를 올리고 같은 항렬별로 맞절을 하면서 덕담을 나눈다.

농경시대의 풍속이 녹아 있는 씨종지떡과 삼신주머니

사랑채, 안채가 번듯하게 있다 해도 200여 명의 세배손님을 맞기에는 턱없이 좁다. 마침 강릉시에서 종가에서 전해오는 음식을 외부 사람들에게 맛볼 수 있게 해주면 농막을 개축해주겠다는 제의를 했다.

집을 넓힐 욕심에서 승낙을 하고 1998년부터 '서지초가뜰'이란 전통음식집의 문을 열었다. 이곳에서 식사를 하면 후식으로 별미가 나오는데 이것이 종가의 별미 '씨종지떡'이다.

가을 추수를 하면 가장 먼저 수확한 쌀을 성주단지와 용왕단지, 목쌀단지에 나누어 담아 광에 간수한다. 그러다 정월달 초정일 날이면 일 년의 편안함을 기원하는 뜻으로 성주신에게 안택고사를 드린다. 이때 성주단지 쌀을 꺼내 세 가지 떡을 찐다. 팥시루떡과 백설기, 여러 재료를 한데 버무린 몽생이떡이다. 음력으로 7월 7석 날에는 용왕단지 쌀로 백설기를 쪄서 칠석제를 지낸다. 그리고 목쌀단지 쌀은 모심기를 할 때 밥을 해 일꾼들이 먹도록 하고, 남은 쌀과 남은 볍씨를 빻아 떡을 하는데 이것이 바로 '씨종지떡'이다. 씨종지떡은 쌀가루에 콩과 팥과 호박오가리, 햇쑥 등을 넣어 쪄내는데 모양을 내는 갖춘 떡이 아니라 일꾼들이 먹는 편한 떡이다.

농경사회에서의 삶은 무엇 하나 의미가 담기지 않은 것이 없다. 모심기를 할 때는 반드시 미역국과 삶은 통팥을 밥에 뿌려 먹는다. 이는 허리를 굽혀 일하다 모면 혈액순환이 제대로 되지 않을 것을 염려해 생긴 지혜다.

자손이 귀한 종가에는 삼신상에 큰 의미를 부여한다. 아기가 탄생하면 바가지에 창호지를 깔고 그해에 처음으로 길쌈한 베를 놓고 아들을 낳으면 활을 올려놓기도 한다. 무명주머니 세 개를 만들어 그 속에 쌀을 담아 안방 선반에 올려놓아 귀한 자식을 내려주신 것에 감사함을 삼신께 전한다.

종가의 설음식, 두견주와 두견차

설 한 달 전부터 준비하는 음식이 바로 제주(祭酒)로 올릴 두견주(杜鵑酒)이다. 이 술은 종가의 내림으로 일반 청주 만드는 기본과 같다. 찹쌀과 멥쌀을 섞어 고두밥을 쪄서 식힌다. 식힌 고두밥과 누룩을 잘 비벼 섞는다. 여기다 봄에 따서 꿀에 재워둔 진달래꽃과 깨끗이 씻은 솔잎을 넣어 섞은 다음 끓인 물을 식혀 부어 술밥을 만들어 항아리에 넣고 봉한다. 그런 후 25도의 실온에서 10일간 발효시키고 다시 18도 정도에서 열흘쯤 숙성시켜 술독에 용수를 박아 맑은 술을 뜬다. 찌꺼기 탁주는 정월 보름날 귀밝이술로 아랫사람들에게 내린다. 두견주는 옛 의서에도 기록될 만큼 약성이 뛰어난 건강주로 시할아버지 살아 계실 적 반주가 되기도 했다.

봄이면 넓은 서지뜰에는 갖가지 꽃이 핀다. 특히 봄을 알리는 진달래로 인해 서지 앞뜰과 뒤뜰이 온통 붉은 꽃빛으로 물든다. 이때 꽃을 따서 맑은 물에 헹구면 수술은 절로 떨어지고 꽃잎만 남는다. 그 꽃잎은 물기를 거두고 꿀에 재워두면 두견주와 두견차를 만들 수 있다. 두견차는 꽃잎과 시럽을 찻잔에 담고 뜨거운 물을 부어 마시면 된다. 설날 기름진 음식 끝에 마시는 두견차는 은근한 향기로 미각을 깔끔하게 마무리해준다.

집 뒤뜰의 100여 년이 넘은 감나무에서 딴 감은 제사용으로 곶감을 만든다. 남은 감은 묻어둔 항아리에 솔잎 한 켜, 감 한 켜로 넣어두면 솔향까지 스며들어 달콤하고 향긋한 홍시가 된다. 이것도 서지뜰 별미로 다과상에 오른다.

떡국상에 오르는 동치미 맛은 어디서도 볼 수 없는 특미이다. 동치미 국물은 소금물이 아니라 깊은 바다 가운데 물을 떠 와 증수시켜 붓기 때문에 소금 간을 전혀 하지 않아서 간이 삼삼하다. 무 또한 집에서 키우다 보니 농약을 주지 않아 작지만 맵싸한 맛과 달콤한 맛이 특별해 이 댁의 동치미 맛은 유별났다.

배추김치는 양념을 털어내고, 파는 길이대로 팬에 놓고, 메밀가루를 훌훌하게 반죽해 15센티미터 길이로 지져낸 메밀김치도 깔끔한 강원도 특미로 손꼽을 만했다. 주안상에 놓이는 신선로는 종가 뜰에 파릇하게 올라오는 냉이를 뜯어 부침해 썰어 넣어 봄맛을 느끼게 했다. 신선로 국물인 사태를 끓일 때는 무와 마늘 파를 함께 넣어 끓이고 기름을 걷은 후 청장과 소금으로 간을

종가의 설 음식
두견주와 두견차,
떡국.

맞춘다. 이 국물은 식지 않도록 질화로에 올려두고 모자랄 때 보충해주는 자상함도 있었다. 식혜와 수정과도 미리 준비해 사르르 살얼음이 얼도록 항아리에 담아 시원하게 마실 수 있도록 준비한다. 흑임자를 튀겨 만든 강정은 희고 검은색의 조화로움이 아름다워 따라 만들고 싶어졌다.

얼마 전까지만 해도 집 안에 있는 디딜방에서 떡국 떡을 만들었지만 지금은 방앗간에서 떡을 빼 와 해를 닮게 둥글게 썬다. 여기다 만두를 빚어 함께 낸다.

경남 제일의 손부잣집
칠첩반상의 풍미
밀양 손씨
인묵재 손성증 종가

99칸 고택에서 진귀한 칠첩반상을 맛보려는 마음으로, 밀양 아리랑과 영남루(嶺南樓)가 유명한 밀양 교동마을을 찾았다. 그곳에 가면 우선 우람한 기와집들이 들어차 있어 눈과 마음이 금세 즐거워진다. 이곳이 바로 밀양 손씨들의 집성촌이다.

이 가운데서도 만석꾼 집으로 불리는 99칸 고택은 조선 숙종 때 학문과 효자로 이름 높은 인묵재 손성증(忍默齋 孫聖曾, 1700~1756) 선생으로부터 12대가 살아온 종갓집이다. 곡절 많은 세월에도 열두 대문을 지킬 수 있었던 것처럼, 종가에는 품위 있는 칠첩반상의 격식과 옛 맛이 고스란히 살아 있어 우리 음식문화의 진면목을 보여준다.

게다가 이제는 누구든 마음먹기에 따라서 양반댁 사랑채에서 잊혀져가는 우리 고유의 밥상을 접할 수 있다. 5대에 걸쳐 150여 년간 경남 일대 최고 부잣집으로 알려진 손부잣집에서도 달라진 세상은 어쩌지 못해 종가를 유지할 수 있는 방안으로 '교동 한정식'이란 간판을 내걸었다. 그것은 대갓집 음식문화의 정체성이 고스란히 담겨 있는 11대 노종부 강정희(취재 당시 79세) 할머니의 손맛을 대물림하는 방법이기도 했다.

12대 종손 손영배(취재 당시 57세) 씨와 부인 양은주(취재 당시 52세) 씨 그리고 두 딸 3대가 함께 사는 손부잣집의 따스한 온돌방에서 하룻밤과 이틀 낮을 보내면서 법도 있게 차려진 전통외상(독상)의 진귀한 음식을 맛보고 왔다.

친근감 넘치는 99칸의 교동 손부잣집 사람들

산 많고 아름다운 고을
이름 높아 한 지방에 으뜸이라.
땅이 신령하니 인물 따라서 뛰어나고
들이 기름지니 해마다 풍년일세.
길은 배와 수레가 모이는 곳
풍속은 예의 있는 고을이라.
많은 유학자 촉군(蜀郡) 같고
뛰어난 경치 항주(杭州)보다 낫다네.

소한(小寒)이 지난 지 며칠 뒤라 천지가 얼어붙은 1월 8일, 서울에서 KTX를 탔다. 2시간 20분 만에 밀양역에 도착했다. 역에서 택시를 타고 교동 손부잣집에 가자고 했더니 더 묻지도 않고 15여 분 만에 종가의 솟을대문 앞에 내려줬다. 교동 손부잣집을 모르면 밀양 사람이 아니다. 서울에서 2시간 40분 만에 종가에 도착한 셈이다. 천리 길을 이렇게 빨리 올 수 있다니….

종가가 있는 교동은 기차역에서 영남루가 있는 남천강을 건너고 시가지를 지나 시청 가까운 곳에 있었다.

교동마을의 가장 큰 집, 밀양향교와 담을 사이에 두고 있는 종가.

이 마을에서 가장 큰 집, 밀양향교(密陽鄕校)와 담을 사이에 두고 있는 집, 올려다보면 덩실한 솟을대문을 살짝 비켜 달아둔 '교동한정식'이란 간판 때문에 열려 있는 대문을 들어서는데 크게 주저하지 않아도 됐다. 대문 안에는 또 대문이 있었다. 대문에 들어서면 누마루의 날개가 달린 큰 사랑채가 마주하고, 그 맞은편 중문을 통해 작은 사랑채가 별도의 공간을 이루고 있다. 추위 때문인지 사람의 인기척이 없어 넓은 사랑 마당을 지나 여러 개의 계단 위에 높이 앉힌 안대문으로 들어갔다. 열두 대문이라더니 건물마다 대문을 달아 공간 분리를 확실하게 해두었다. 볕이 잘 드는 정남향으로 앉힌 중압감 넘치는 일곱 칸의 안채도 대단한데 안채 마당 둘레에 행랑채와 고방채 등 부속건물들이 죽 들어서 있어 만석꾼 집의 면모를 여지없이 보여준다.

50여 년 전만 해도 서민들은 상상조차 할 수 없었던 목욕탕도 별채에 따로 있다. 지하실에는 냉장고 시설까지 해두었다. 술을 숙성시키는 창고도 있다. 사람이 몇 명씩이나 들어가도 될 아름드리 독들도 줄지어 서 있다. 안채 왼쪽 뒤편 높다란 곳에는 조상의 공간인 사당채가 종가를 상징하고, 큰 사랑채 마당 한편과 작은 사랑채 앞뜰에는 널찍한 정원을 꾸며놓았다. 꽃피는 계절에는 고택의 아름다움이 한층 빛나리라. 대지가 1000여 평이 되는 이 종가는 그 역사적 가치를 인정받아 지방문화재자료 제161호로 지정되어 있다.

집 안 건물들은 만석꾼 집다운 면모를 보여준다. 작은 사랑채 앞뜰에는 널찍한 정원을 꾸며놓았고 대문간채가 연결된다. 사랑채에는 유리로 덧문을 달아 추위에 대비했다.

발자국 소리를 죽여가며 집 구경을 하고 있는데, 안채에서 인기척을 들은 노종부 강정희 할머니가 반겨준다. 미리 연락을 해둔 터라 사랑채로 가자고 한다. 안채와 사랑채는 아파트 세 동을 거치는 거리보다 멀다. 사랑채엔 아들 내외가 거처하고 있다. 팔순을 눈앞에 둔 노종부는 주름살이 곱고 그윽하게 풍겨오는 대갓집 마나님의 품격이 돋보인다. 영어학원 강사를 지냈다는 차종부와 노종부께 평절로 인사를 했다. 예전 같으면 규방 깊숙한 곳에서 만나보기조차 어려운 대갓집 종부님들이다.

해가 서산으로 기울 때 외출했던 종손 손영배 씨가 들어왔다. 요즘 시대 같으면 재벌 2세쯤 되는 종손이다. 하지만 "먼 길 오시느라 수고했다"며 따스한 아랫목을 내주는 소탈한 인상과 정감 있는 목소리가 친근함을 느끼게 한다.

재물, 사람, 문장을 빌리지 말라

내세울 것 없다는 겸손으로 시작한 손부잣집 이야기는 밤이 늦도록 이어졌다. 손부잣집은 엄격한 의미에서 종가가 아니라고 했다. 여기서 12대로 이어 살고 있으니 소종가(小宗家)라면 모를까, 입향조로부터 대종가는 아니라는 것이다.

"우리 집은 걸출한 인물을 배출했거나 큰 벼슬을 내세우는 집안은 아닙니다. 그러나 인묵재 할아버지로부터 지금까지 지키는 네 가지 철학이 있습니다. 재물을 빌리지 말고, 문장을 빌리지 말며, 양자를 들이지 않도록 할 것이며, 벼슬을 크게 하지 말라는 것입니다."

네 가지 원칙은 평범한 듯하지만 실천하기는 어렵다. 우선 경제적 토대를 갖추려면 절약정신이 있어야 하는데, 종가에선 겹옷을 만들 때 속에는 반드시 조각 천으로 조각조각 기워 넣어 입었다. 종손의 5대조께서는 도산서원 원장을 지냈고, 그다음은 참봉 벼슬 정도로 더 높은 벼슬을 탐하지 않았다. 종손의 선친은 일본 와세다대학을 졸업했지만 벼슬보다는 직상생활을 신택했다. 종가는 효자 집안으로 이름이 나 있다. 그래서 부모 무덤에 시묘를 살았던 기록들이 비석 글에 남아 있다.

일제강점기 때 독립자금을 내놓을 때는 금고 문을 열어놓고 밀사가 돈을 스스로 가져가게 한 다음 도둑을 맞은 것으로 위장 신고를 했다. 일인들에게 독립자금을 내놓은 것이 발각되면 멸문이 되기 때문이다.

한국전쟁 때는 인민군이 교동 손부잣집을 불살라야 한다고 특명을 내렸지만 그 명을 거역하고 오히려 보호를 했다. 종가에 은혜를 입은 분들이 그렇게 했다. 인민군에 부역했다며 잡혀간 소작인을 종손의 할아버지가 앞장서서 구해줬고, 소작료를 후하게 주었기에 세상이 바뀐 지금에도 그 은혜를 잊지 못해 배추며 고추 등의 양념을 수확해 가져다준다는 이야기도 이어졌다.

인격과 바른 행실, 도덕적인 삶을 중요시하는 종손과 종부. 그런 신념이 있기에 지금까지 99칸의 종가를 지켜오고 있다.

12대에 걸쳐 양자를 들이지 않아 혈통이 깨끗한 것도 종가의 자랑이다. 창씨개명을 하지 않아 한국인의 자존심을 지켰고, 어려운 이웃을 감싸 안았기에 덕을 쌓을 수 있었다.

"예전에는 능력이 없어도 양반가문에서 태어나면 신분적 특권을 누렸지만 동학혁명과 갑오경장이 일어나면서 반상의 신분차별이 제도적으로 없어졌지요. 따라서 근세의 양반은 종전의 신분적 혈통 개념에서 도덕적 인격 개념으로 바뀌게 된 것입니다. 인격과 행신범절이 바르지 않거나 도덕적인 삶을 살지 않았으면 이렇게 변한 세상까지 우리 집이 남아나지 않았을 것입니다."

종손의 말마따나 수많은 국난 속에서 99칸 집이 무사한 것만으로도 명문가의 덕망을 엿볼 수 있다. 종가에 전해오는 2000여 점의 유물은 밀양시 박물관에 기증했다고 한다.

만석꾼 집안에서 한정식 주인이 된 내력

1944년 경북 봉화에 있는 진주 강씨 지주 가문에서 밀양 최부잣집 11대 종손 손병문(1990년 작고)에게 시집온 노종부는 당시 18세였고, 남편은 와세다대학 학생으로 종부보다 여섯 살 연상이었다.

시집왔을 때는 시조부, 시부모, 시삼촌, 시동생 등 4대가 한집에서 지냈기 때문에 식구가 수십 명이나 됐다. 드나드는 하인도 20명이 넘었다. 소작을 준 곡수를 매기러 다니는 사람만도 여럿이었다. 요즘의 자가용보다 더 귀한 인력거도 3채나 됐다.

시집온 지 일 년 만에 해방이 되었고, 이어 토지개혁을 실시하면서 지주 계급은 땅을 내놓아야 했다. 논밭 수천 마지기가 수십 마지기로 줄었다. 집안 일을 돕던 사람들도 모두 떠났다. 그렇게 세상이 바뀌고 살림살이는 줄었지만 남편은 각 기업체에서 스카우트 작전을 펼 정도로 능력이 있었기에 살림은 풍족했다. 한국전쟁 때도 종가는 무사했다. 워낙 주위에 인심을 얻었기 때문이다.

1969년까지 종가에서 살다가 시어른께서 집을 지키는 동안 남편의 직장과 자녀들 교육 때문에 서울 살림을 시작했다. 아들 둘에 딸 셋을 모두 서울에서 대학공부를 마치고 출가를 시켰다. 세월은 흘러 15년 전 남편은 세상을 떠났고 맏아들 내외와 함께 서울 살림은 계속되었다.

그러다 IMF 때 사업을 하던 맏아들이 큰 어려움을 겪게 되었다. 노종부는 고향에 가서 집이나 지키자며 아들·며느리를 설득해 돌아왔지만 집은 곳곳에 허물어지고 부서졌다. 다행히 우리 것을 소중히 여긴 밀양시장이 집을 보수하는 데 앞장서주었다. 문화재로 지정됐으니 보수하는 것은 당연한 일이겠지만, 그래도 각별히 신경 써주는 마음이 고마워 가양주인 방문주를 담그고 음식을 장만해 시장 일행을 초대해 대접했다.

종가의 특별한 음식 맛에 매료된 시장은 식당을 운영해보는 것이 어떻겠느냐고 권했다. 문화재로 지정된 고택인 데다 음식 맛이 워낙 뛰어나다 보니 외지 손님에게 자랑하고 싶은 마음이 앞섰던 것이다. 종가의 옛 부엌은 그대로 두고 행랑채에다 싱크대며 가스레인지, 심지어 유기 반상기며 상까지 구비해주면서 설득작전을 펼쳤다. 밀양의 대표적인 음식문화를 알리는 데 동참해달라는 간곡한 말에 못 이겨 '교동한정식' 간판을 내걸게 되었다.

노종부의 솜씨로 차려낸 칠첩반상 차림. 유기 반상기에 담긴 음식들은 전통의 격식을 갖추면서도 정갈하다.

효문화관 세우고 싶은 종손의 꿈

노종부에게는 교동한정식을 먹으러 오는 손님들이 그 옛날 사랑방 손님들만 같아 힘들다기보다 오히려 생기가 돈다. 집은 크고 식구가 적어 썰렁하던 참에 사람들이 찾으니 훈기가 돌았다. 사람 집에 사람이 찾아오는 것은 당연한 일이고 집을 찾은 사람에게 밥상 차려내는 일은 바로 사람 사는 도리라는 것이다.

종손 손영배 씨의 생각은 다르다. 본인이 무능해 어머님을 고생시키고 특히 조상님들 명예에 누가 될 것 같아 제사 때마다 죄송한 마음에 고개를 들지 못한다고 했다.

그동안 국내외 여러 손님이 다녀갔다. 입소문으로 부산에서 택시를 타고 오는 사람도 있고, 서울에서 음식을 연구하는 학생들도 찾아와 종가 음식에 감동하고 간다. 영국의 모 귀족이 다녀가면서 한국의 전통 생활문화를 접할 수 있는 좋은 기회였다며 고마워했다. 한국문화를 연구하는 한 교수도 우리 음식의 정체성을 맛보았다며 찬사를 보냈지만, 종손은 아직도 식당 주인으로서 손님을 대하는 것이 아니라 친지를 반기는 마음으로 손님을 맞는다.

종손의 꿈은 따로 있다. 효자로 이름난 인묵재 할아버지 묘 옆에 효문화회관을 지어 자라나는 청소년들에게 효를 심어주는 일이다. 그런데 그 선산에는 지금 천주교 건물이 들어서고 있어 안타까운 마음에 발만 동동 구르고 있다고 한다.

종가 사람들의 식사예절

"시조부님께서는 잠은 사랑채에서 주무셨지만 진지만은 반드시 안채 안방에서 드셨습니다. 사랑채에서 하던 일이 급할지라도 진지상 봐두었다고 말씀을 드리면 두루마기와 갓을 갖춰 손님처럼 차리고 오셨어요. 손님이 오시면 사랑채로 밥상을 차려 갔지만요. 그렇지 않을 때는 가족들을 죽 거느리고 제일

종가 안채 처마 아래 매달아둔 네모난 메주. 종가의 진귀한 음식 맛은 정성들여 담근 간장으로 간을 했기 때문일 것이다.

상석에 앉아서 식사를 천천히 하시면서 세상 돌아가는 이야기를 들려주셨습니다."

시조부와 시조모는 각각 독상을 차려드리고 시아버지도 독상으로 차렸다. 시어머니와 남편은 시동생과 같이 둥근상으로 차렸고, 동서들과 종부는 또 다른 상에서 식사를 했다. 이렇게 식구가 각자의 상에 다 둘러앉으면 시조부께서는 수저를 드셨다. 그리고 숟가락으로 국물이나 간장을 먼저 떠먹은 뒤에 밥을 떴다. 밥은 반드시 숟가락으로 떠먹었으며 숟가락은 밥을 다 먹을 때까지 상에다 내려놓지 않고 국그릇에 걸쳐놓았다. 국이 따로 없을 때는 밥그릇에 걸쳐둔다. 식사를 마쳤을 때 비로소 숟가락을 상에다 내려놓는다.

할아버지께서는 밥상머리에서 아이들이 음식을 뒤적거리거나 집었다가 놓았다 하지 않도록 모범을 보이셨다. 음식 그릇을 손에 들고 먹지 않도록 했고 기침이나 재채기가 나면 얼굴을 재빨리 옆으로 돌려 손이나 수건으로 입을 가려 옆 사람에게 침이 튀지 않도록 주의도 주셨다.

식사시간은 보통 한 시간 이상 걸렸다. 그 시간에 세상 돌아가는 이야기뿐 아니라 선조들의 이야기며 식사예절의 덕목을 챙겨서 일러주었다. 그런 시조부님이 노종부에게는 스승님 같았다. 텔레비전이나 신문이 없었던 시절에는 밥상머리에서 들려주신 시조부의 말씀으로 교양을 쌓은 것이다. 일제 때 학병으로 나간 남편 없이 혼자 있는 손부를 특별히 귀애해주셨기에 시조부님 제삿날은 정성스런 마음이 더해진다고 한다.

사랑채 손님은 남자들이 접대를 하지만 안채의 귀한 손님은 종부가 시중을 들었다. 시어머니께서 먼저 차린 것이 변변치 않다는 수인사를 하면 종부는 찬 음식이 담긴 그릇의 뚜껑부터 차례대로 두 손으로 벗겨 작은 소반에 가지런히 놓고, 더운 음식은 때를 맞추어 들여간다. 식사가 끝날 무렵이면 숭늉은 대접에 담아 쟁반에 받쳐 들고 가서 국그릇을 내려놓고 그 자리에 놓아 드린다.

진귀한 음식이 오르는 종가의 칠첩반상

노종부께서는 전통적인 밥상차림에는 법도가 있다고 했다. 반찬의 첩수에 따라 3첩, 5첩, 7첩, 9첩, 12첩이 있는데 '첩'이란 그릇에 뚜껑이 있는 것을 가리킨다. 뚜껑이 있는 그릇에 담긴 음식은 특별히 마련된 요리로 나물, 생채, 구이, 세 가지 요리가 뚜껑이 있는 그릇에 담기면 3첩이 된다. 만약 이 세 가

지 요리에 마른반찬과 전이 더해지면 5첩, 또 조림과 회가 더해지면 7첩이라 했다. 9첩, 12첩까지 상을 차려냈는데 요즘도 손님이 원하면 12첩까지 상차림을 해준다.

이날 칠첩반상 차림을 보고 싶다 했더니 추운 날씨에도 시장까지 다녀와서 노종부의 솜씨로 외상을 차려주었다. 종가에서는 독상을 외상이라 부른다. 시조부께서 받으시던 외상은 안채 대청 선반 위에 올려져 있다. 나주반과 함께 양반가에서만 사용했던 통영반이다. 길이가 61센티미터, 넓이 46센티미터, 높이 25센티미터로 외상 차림에는 크기가 알맞았다.

겨울에는 유기가 음식을 식지 않게 하고 몸에도 이롭다 해 여러 벌을 장만해두고 외상을 찾는 손님에겐 유기 반상기에 음식을 차린다. 이날 외상에 올려진 그릇은 모두 15기다. 크기에 따라 갖가지 진기한 음식이 담겨져 있었다. 그리고 국그릇을 제외하고는 모두 뚜껑이 있어 음식의 보온과 위생을 배려한 지혜도 엿보인다.

밥상 앞줄 오른쪽엔 고기와 무와 채소를 넣고 끓인 육개장이 있다. 그 옆에 밥그릇을 놓았다. 다음 줄에는 배추김치와 수란채국과 백김치가 올랐다. 세 번째 줄에는 전복초와 간장과 초장 그리고 초고추장이 있고 고등어자반이 있다. 그다음 줄에는 통도라지 강정과 육만두 그리고 갈비와 돔장과 약장이 올랐다. 계절에 따라 미나리강회나 오이선이 오른다.

두 사람이 한 상의 음식을 준비하는 데 걸리는 시간은 3시간이나 됐다. 작은 밑반찬 하나까지 즉석에서 만들어내는 탓이다. 여기다 상 위에 오르는 음식의 원가를 계산해봤더니 밥값보다 많았다. 이익을 바라고 하는 일이라며 대충 마련한 재료에 최소한의 시간을 들어 차려내고 말겠지만 교동 손부잣집 음식 맛을 보러 온 손님에게 그렇게는 할 수 없다고 한다. 찾는 사람들이 맛있게 먹고 옛 양반들의 문화와 전통을 느끼고 가는 것만으로 종가 사람들은 만족해한다. 손님이 많으면 이익도 생기지 않겠느냐며 웃는 모습이 정갈하다.

칠첩반상의 특징, 수란채와 육장 그리고 밑반찬 곤지

칠첩반상에 오른 음식마다 특이하지 않은 것이 없지만 특히 수란채국과 약장은 별미였다. 수란채국은 전주 이씨로 왕가의 후예였던 5대조 할머니께서 임금님 수라상에 올랐던 음식을 전해 주신 거라서 색깔이 곱고 정성이 많이 간단다.

싱싱한 달걀은 끓는 물에 소금을 넣고 깨뜨려 반숙 정도 되었을 때 꺼낸다. 달걀은 익기 전에 숟가락으로 달걀을 굴려 흰자가 노른자를 감싸도록 한다. 달걀을 건져 찬물에 헹궈 냉장고에 차게 둔다. 잣은 고깔을 떼고 분마기에 가는데 식초와 소금을 넣고 갈면 잣의 기름기가 그릇에 달라붙지 않는다. 믹서보다 분마기가 제 맛이 난다. 곱게 갈린 잣에 물을 붓고 다시 소금과 식초 설탕으로 지난해 냉장고에 넣어 차게 식힌다. 문어는 뜨거운 물에 데쳐서 해삼과 함께 먹기 좋은 크기로 채 썬다. 미나리와 파도 뜨거운 물에 살짝 데쳐서 먹기 좋은 크기로 썰어둔다. 다진 쇠고기는 양념하지 않고 팬에 그대로 볶아 둔다. 문어와 해삼 미나리 실파 쇠고기에 잣 국물을 부어 30분 정도 맛이 베게 한 다음 그릇에 달걀과 재료들을 담고 그 위에 실고추와 채 썬 석이버섯을 올린 다음 잣 국물을 부어낸다. 이 달걀 채국 맛은 최고의 재료와 온갖 정성이 깃든 음식이라 함부로 손대기조차 어려웠다. 그러나 맛본 후 혀가 감지해내는 그 맛은 황홀했다. 고소하고 새콤하고 달콤하고 구수했다.

수란채국.

전복초 중간 크기의 전복은 껍질과 분리해 소금물에 씻는다. 전복에 열십자로 칼집을 내고 물을 자작하게 부어 살짝 익혀낸다. 전복 익힌 그 물에 진간장과 꿀, 마늘, 생강, 참기름과 곱게 채 썬 파와 실고추를 넣은 양념장에 전복을 30분 정도 재어둔다. 양념 배인 전복은 석쇠에 구워 전복 껍질에 담아낸다.

약장 쇠고기를 곱게 다져 가볍게 불고기 양념을 한 후 전분가루를 넣어 3시간 정도 두었다가 사각형 모양으로 팬에 지진 후 사방 3센티미터 정도로 썬다. 간장에 정종과 꿀과 마늘, 생강, 후추, 실고추를 만든 양념장을 고기 위에 끼얹은 후 국물이 없도록 조린다. 이 약장은 주안상에도 올린다.

밑반찬 곤지 칠첩반상에는 올리지 않았지만 밑반찬으로 나온 '곤지'는 종부의 지혜로 만들어진 음식이다. 김장하고 남은 노란 배추 속을 5센티미터 길이로 썰어 햇볕에 일주일 정도 말린다. 무도 배추 길이로 채 썰어 햇볕에 말린다. 쥐포는 배추 크기로 찢는다. 다 말린 무·배추 말랭이는 물에 한 번 씻어 건져서 물기를 빼고, 까나리 액젓에다 찹쌀 풀을 끓여 넣고 고춧가루, 생강, 마늘, 검정, 깨, 꿀을 넣어 양념장을 만든 다음 배추와 무말랭이와 뱅어포를 넣어 버무린다. 2주일쯤 숙성을 시켰다가 먹으면 말려진 배추에 양념 맛이 배어 맛깔스런 밑반찬이 된다.

짜지 않고 감칠맛이 있는 종가 음식

종가 음식은 맵고 짠 경상도 음식과 달리 자극성이 없으면서도 음식마다의 개성을 나타내는 감칠맛이 있다. 특히 양반가의 음식이어선지 고기가 많이 들어가 맛을 내기 때문에 외국 사람들의 입맛에도 맞게 돼 있다. 음식은 조미료나 인공 향신료가 전혀 들어가지 않고 궁합이 잘 맞는 재료를 선택해 정성으로 맛을 내는 자연의 맛이다.

주안상　종가에는 가양주인 '교동 방문주'가 있다. 찹쌀과 누룩을 섞어서 빚는다. 집안에 잔치가 있거나 제사 때와 귀한 손님이 오면 담그는 술이다. 술 빛깔이 황금색이 돌아 황금주라는 이름으로 불리기도 하고 20일쯤 숙성시킨다 하여 '스무주'로도 불린다. 이 술 안주에는 쇠고기 육포가루와 삶은 달걀 노른자, 그리고 명태 보푸라기를 각각 꿀과 참기름으로 반죽해 다식판에 찍어서 올린다.

의성 김씨 청계공 김진 종가

전통문화의 원형을 엿볼 수 있는 성년식

수많은 종가를 방문했지만, 전통 관혼상제를 옛 격식대로 치르고 있는 집안을 찾는 마음은 무어라 표현하기 힘들 만큼 감격스럽다. 전통문화의 원형을 찾기가 무척 어렵기 때문이다. 서양의 파티를 본뜬 것이 분명한 요즘 젊은이들의 소란스런 성년식 모습에 눈살을 찌푸리던 차에 전통 관례를 치르는 자리에 함께하는 기쁨을 누리게 되었다.

2005년 3월 27일 경북 안동시 임하면 천전리에 있는 의성 김씨 대종택에선 종손 김창균(취재 당시 51세) 씨의 장남 관석(취재 당시 20세) 군의 관례(冠禮) 행사가 있었다. 종갓집 고택에서 미래의 종손을 위해 치러지는 전통 성년식은 유학의 본향이라는 안동에서도 보기가 쉽지 않은 일이기에 수많은 축하객과 50여 명의 촬영 팀으로 종가 뜨락이 왁자했다.

보물 450호로 지정된 청계공 김진(青溪公 金璡, 1500~1582) 선생의 고택 사랑채 마루에서 머리에 쓰는 관(冠)을 세 번 갈아 쓰고, 옷을 세 번 갈아입는 삼가례(三加禮)라는 격식을 갖추고서야 비로소 어른이 된 관석 군의 어엿하고 당당한 풍모에서 종가의 밝은 미래를 엿볼 수 있었다.

어른이 된 소감을 물었더니 어른스러운 대답이 돌아왔다.

"오늘의 감회는 몇 마디의 말로써 표현하기 무리인 것 같아요. 마음에 담아두고 조금씩 그 의미를 되새겨야 할 것 같습니다."

종손의 장남다운 성숙함을 보이는 관석 군은 일찍부터 미국에서 공부하다 4월 4일 군 입대를 위해 귀국했다. 나라의 부름에 응하려면 어른의 관문인 관례를 치러야 마땅하다는 문중 어른들의 권유로 이 행사를 치르게 된 것이라 했다.

5형제가 과거에 급제한 오자등과댁의 웅장한 고택

다양한 전통의 생활문화가 가장 많이 지켜지고 있는 안동에 사는 류영숙 할머니께서 연락을 주셨다. '내앞 종가'에서 사당고유(祠堂告由)가 있다는데 무슨 일인지 알아보라신다. 전국에 산재한 종가 규방에서 일어난 일들이 서울까지는 들리지 않아 동서남북으로 정보망을 쳐두었기 때문이다.

내앞 종가라면 내앞마을(川前洞)에 있는 의성 김씨 동족마을의 큰 종가를 말한다. 신라 56대 경순왕의 넷째 아들인 석(錫)을 시조로 받드는 가문이다. 고려 말엽에 김거두(金居斗)는 국운이 기울자 안동의 풍산에 내려오게 되었고, 후손 김만근(金萬謹, 1446~1500)이 임하에 살던 오씨 집안으로 장가들면서 이곳에 정착했다. 김만근의 손자인 청계공 김진이 식구가 번창하여 집을 넓히려고 터를 고르자, 어느 풍수가가 이렇게 말했다.

"살아서 벼슬을 하면 참판에 이를 것이나 자손 기르기에 힘쓰면 죽어서 판서에 오를 것입니다."

청계공은 자신의 벼슬보다 자손의 영예를 선택했는데, 그 후 아들 오형제가 모두 과거에 급제하여 오자등과댁(五子登科宅)으로 알려진 명문가를 이루었다. 특히 청계공의 넷째 아들인 학봉 김성일(金城一, 1538~1593)이 명나라에 갔다가 베이징의 상류주택 도본을 그려 와 완성했다는 고택은 그 유례를 찾을 수 없을 정도로 웅장하고 크다. 대청마루가 3단을 이루고, 부엌 위로는 2층을 매달아 건축가들의 연구 대상이 되고 있다.

위엄과 자존을 갖춘 집이라 가보긴 했지만, 이 유서 깊은 고택에서 특별

관례에 앞서 아버지 김창균 씨가 찾아온 손님에게 아들을 인사시키고 있다.

한 행사가 있을 때에야 글을 쓰리라 마음먹고 아껴두었던 곳이다. 수소문 끝에 정신문화원 연구원으로 있는 종손의 아우 김명균 씨에게 차종손의 '관례'가 있음을 확인했다. 무형의 문화유산인 관례를 취재할 수 있다는 행운에 흥분하지 않을 수가 없었다. 새벽 5시에 서울을 출발했다. 아침 10시 행사에 맞추려면 서둘러야 했다. 중앙고속도로가 개통되고부터는 서울 강남에서 출발하면 서안동 나들목까지 두 시간이 걸린다.

종가는 안동 시내에서 법흥교를 지나 반변천 줄기와 나란히 달리는 34번 국도를 타고 영덕 방면으로 가다가, 안동대학교를 지나고 임하 보조댐을 지나면 솔숲 우거진 호수 위의 작은 섬이 보인다. 그 섬을 지나 길 왼편 마을이 바로 내앞마을이다. 조용히 치르려는 종가 사람들의 뜻과는 달리 아침 일찍부터 마을 어귀까지 자동차가 숲을 이뤘다.

전통의식이 이어진 관례의 절차

● 사당고유와 행사장 설치

관례는 상오 10시 정각에 시작되었다. 먼저 사랑채 대청 북쪽에 병풍을 치고 돗자리 2개를 깔았다. 의례를 깨끗하게 하기 위해 손을 씻을 세숫대야도 두 개 마련되어 있다. 동쪽에 놓아둔 것은 관석 군을 도와줄 찬자(贊者)가 손을 씻을 때 쓰이고, 서쪽에 놓인 것은 관석 군의 관례에 가장 큰손님인 빈이 손을 씻도록 준비한 것이다. 관석 군이 갈아입을 옷은 마루 서쪽 창 밑에 놓았다. 그냥 놓아둔 것이 아니라 옷깃이 동향이 되어야 했고 웃옷의 깃은 북향을 보도록 놓아 옷 자리 하나도 소홀함이 없는 엄격하고 절도 있는 의식임을 나타냈다. 머리에 쓸 관인 유건, 갓은 서쪽 기둥에 남향을 보도록 했다. 남쪽은 양의 기운이 가장 강한 방향이어서 성숙함을 의미하는 듯했다.

관례는 사당고유로 시작되었다. 하얀 무명 바지저고리에 소매가 도포자락처럼 넓은 창의(氅衣)를 입은 의젓한 모습의 관석 군이 아버지와 함께 사당 문을 들어섰다. 종가에서 불천지위(不遷之位)로 모시는 청계공 선생 신주 앞에 대추, 밤, 곶감, 배 네 가지 과일과 술 두 잔의 안주로 대구포를 올렸다.

"창균의 장남 관석 군이 장성해서 오늘 관례를 올리옵기에 술과 과일로 삼가 뜻을 고한다"는 고유 축을 한 후 아버지와 관석 군은 두 번 절했다. 일반 가정에서도 특별한 일이 있을 때 할아버지에게 고하는 것과 마찬가지 의미다. 사당고유는 본래 3일 전에 하지만 종손의 직장 때문에 이날 행한 것이다.

◀ 관례는 사당고유로 시작되었다.

▶ 종가에서 불천지위로 모시는 청계공 신주 앞에 대추, 밤, 곶감, 배 네 가지 과일과 안주로 대구포를 올렸다.

▼ "창균의 장남 관석 군이 장성해서 오늘 관례를 올리옵기에 술과 과일로 삼가 뜻을 고한다"는 고유축을 한 후 아버지와 관석 군은 두 번 절했다.

● 큰손님을 맞이하는 예절

때 이른 모시 도포로 성장한 종손은 동쪽 섬돌 아래서 서쪽을 보고 섰다. 예로부터 동쪽은 주인의 방향이고 서쪽은 손님의 방향이기 때문이다. 종손의 형제들과 관석 군의 형제들도 한복으로 갈아입고 종손 뒤에 섰다.

이날 관석 군의 관례에 큰손님〔賓〕 역을 맡을 분은 안동 하회마을의 충효당 류성룡 선생의 14대 종손 류영하(취재 당시 77세) 씨다. 안동에서도 양대 산맥을 이루는 명문 중에 명문가로 격을 갖춰 모신 것이다.

관례에 모시는 빈은 관례를 하는 자식의 앞날에 교훈이 될 인격을 갖춘 분이라야 한다. 가문은 물론 개인으로서도 아무 하자가 없는 분이어야 한다. 학덕이 높고 예법에 밝아야 하며, 이혼을 해서도 안 되고 부인과 사별한 경우도 안 된다. 자식이 없어서는 더더욱 안 된다. 여기다 인품이 떨어지면 곤란하다. 류영하 옹은 이런 조건에 부합되는 덕망을 갖춘 분이다. 이렇게 심사숙고해 모시는 분을 최고의 손님이라 하여 손님 '빈(賓)'자를 쓴다. 전통관례의

◀ 관석 군의 관례 의식에 큰손님으로 하회마을의 류영하 옹을 모셨다. 대문 밖까지 마중 나간 종손이 두 손을 눈높이로 올려 읍례로써 빈을 맞이한다.

▶ 보물로 지정된 고택 사랑채 마루에 차려진 관례 행사장에서 빈과 주인이 마주 섰다.

용어대로 쓴 것이다.

사람의 일생 중에서 관례를 혼례보다 중하게 여긴 것은 바로 빈을 모시고 의례를 행하기 때문이다. 그러기에 전통혼인식에는 주례가 없다. 관례 때 빈은 지금의 혼인식 주례와 같은 역할이다. 자식의 어른 됨을 집행해주시는 빈을 맞이하는 종손은 주인(主人)이란 호칭으로 불린다.

어른이 거동을 할 때는 반드시 곁에서 시중드는 사람이 있게 마련인데 이런 분들은 찬자(贊者)라고 했다. 시간에 맞춰 빈이 들어서고 두 손을 맞잡은 주인은 손을 눈높이로 올려 허리 굽혀 인사를 한다. 손님도 허리 굽혀 맞잡은 두 손을 눈높이로 올렸다 내리면서 답례를 한다. 서서 하는 이런 인사를 가리켜 전통적으로 읍례(揖禮)라고 하는데, 앉아서 절할 수 없는 상황에서 드리는 극진한 예법이다. 주인이 먼저 마루에 올라 동쪽에서 빈의 방향인 서쪽을 향해 서고, 빈이 들어오면 두 사람은 다시 허리 굽혀 인사한다.

● 시가례(始加禮, 처음 시작되는 예)

삼가례(三加禮) 중 첫 번째 의식이다. 찬자는 빗과 망건을 가져와서 돗자리 가운데 놓았다. 그 앞에 관석 군은 꿇어앉고 빈도 관석 군의 서쪽에 꿇어앉으면 찬자가 관석 군의 머리를 빗겨 상투를 틀고 망건을 씌우고 일어난다. 이제 댕기머리 총각이 아니라 갓을 쓰고 유건을 쓸 수 있는 어른의 모습을 갖추기 위해 상투를 틀어 올리는 현장을 빈이 지켜본 것이다. 그리고 빈은 준비된 세숫대야에 가서 손을 씻는다. 깨끗한 몸과 마음으로 이 의식에 정성을 다하겠다는 뜻이다. 주인은 이 첫 번째 의식을 위해 수고해달라는 부탁으로 허리 굽혀 인사하고 빈도 답례한다. 찬자가 관석 군의 머리에 씌울 치포관(緇布冠)을 담은 상을 들고 가면 빈은 관석 군 앞에서 축사를 한다.

처음 시작되는 의식에서 관석 군의 머리를 빗겨 상투를 틀고 치포관을 씌워주기 전에 빈은 축을 읽는다.

"좋은 달 길한 날에 처음으로 성인의 옷을 입히니 어린 뜻을 버리고 성숙한 덕을 쌓아 길하고 복되며 수명을 오래도록 하도록 하여라."

축은 읽은 다음 빈은 관석 군에게 치포관을 씌워준다.

● 재가례(再加禮, 두 번째 행하는 예)

재가례란 두 번째 관을 씌우는 순서다. 관석 군은 창의를 벗고 선비들이 집에서 입는 심의(深衣)를 입고 나와 두 손을 높이 올려 빈에게 인사하고 꿇어앉는다. 빈은 세숫대야에 가서 다시 손을 씻고 의식장으로 돌아온다. 찬자는 선비들이 머리에 쓰는 유건(儒巾)을 담은 상을 들고 와 관석 군 앞에 놓으면 빈은 두 번째 축사를 한다.

"좋은 달 좋은 시간에 너의 옷을 거듭 입히니 위의를 존중해서 깨끗한 마음으로 덕을 닦아라. 조심하면 오랜 세월 만년까지 끝없이 복을 받으리라."

찬자는 관석 군 뒤에서 치포관을 벗겨 자리에 놓고 물러나면 빈은 치포관 대신 유건을 씌워준다. 관석 군은 감사하다는 인사를 읍례로 한다. 관석 군은 안으로 들어가 심의를 벗고 출입복인 도포를 입고 허리에 띠를 매고 나온다.

● 삼가례(三加禮, 세 번째 행하는 예)

세 번째 의식이다. 도포를 입은 관석 군은 빈에게 인사하고 그 자리에 꿇어앉는다. 앞의 의식과 같이 빈은 손을 다시 씻고 주인과 인사하고 관석 군 앞에 나간다. 찬자는 빈에게 갓을 드린다. 갓은 도포와 함께 선비가 나들이할 때 쓰는 모자인 셈이다. 빈은 삼가례 축을 한다.

"해의 바른 때와 좋은 달에 너의 옷을 거듭 입히니 형제와 함께 큰 덕을 이룩하면 늙어서까지 하늘에서 복을 내려주리라."

두 번째 의식에서 선비들의 일상복인 심의로 갈아입고 머리에 유건을 쓰고 있는 관석 군.

축을 읽은 빈은 갓을 씌워주고 찬자가 갓끈을 매어주면 관석 군은 일어서서 빈에게 읍례로 인사한다.

● 초례(醮禮, 술 마시는 예)

이제 성인의 복식을 다 갈아입었으니 빈이 내리는 축하 잔을 받는 순서다. 이 자리에서 술 마시는 기본예절도 익힌다. 술병과 술잔과 안주로 묵을 담은 접시가 올려진 상이 관석 군 앞에 놓였다. 묵을 안주로 준비한 것도 청빈한 선비의 상징이다. 찬자는 빈에게 술잔을 드린다. 빈은 그 술잔을 관석군 앞에 놓고 축을 읽는다.

"성인의 예를 마쳤기에 그 아름다움을 칭찬해서 맛깔스런 술을 내리나니 절을 하고 마음을 다져서 받아라. 그리고 너의 그 길하고 좋은 점을 잘 지켜라. 하늘이 아름답게 복 짓는 일을 하면 끝없이 잊지 아니할 것이다."

관석 군은 빈에게 처음으로 큰절 두 번을 한다. 이제 어른의 과정을 거쳐 도포를 입었기 때문에 절로써 인사를 드리는 것이다. 그런 후 빈으로부터 받은 술잔을 고개를 돌리고 마신다. 어른 정면에서 술을 마시지 않는 예법을 보여주는 것이다. 그리고 일어나서 빈에게 다시 큰절 두 번을 한다. 이때 손님도 답배 한 번을 한다. 이제 관석 군이 어엿한 성인의 과정을 거쳤으니 성인의 예로써 답배를 한 것이다. 관석 군은 의례 순서를 불러주신 김시홍(취재 당시 72세) 창홀께도 두 번 절한다. 창홀자도 한 번 절로 답한다. 술상은 치워졌다.

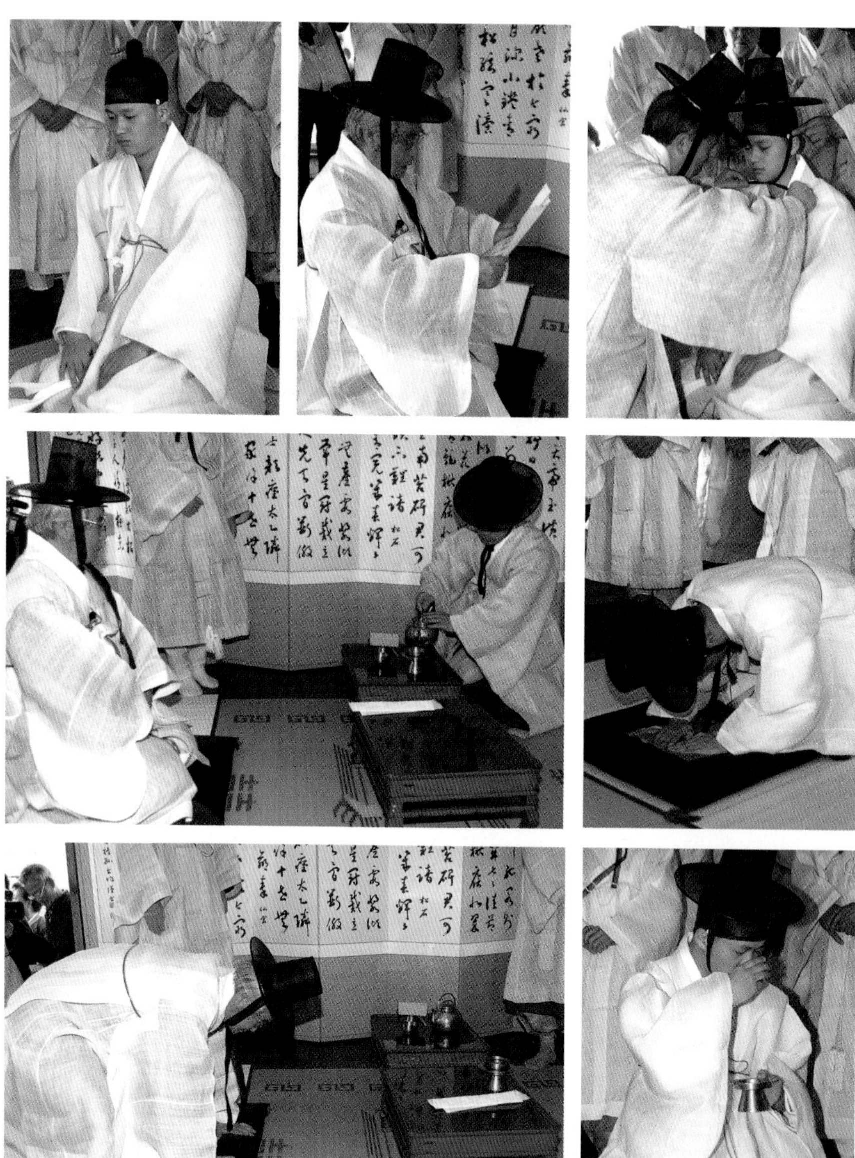

세 번째 행하는 예에서 선비들의 출입복인 도포를 입고, 머리에 갓을 씌우기 전에 축을 읽는다. 그리고 술 마시는 예절을 익히기 위해 빈이 술을 내리고 관석 군은 감사한 마음의 예를 절로써 나타낸다. 이때 빈도 답배를 한다.

● 수자례(受字禮, 자를 받는 예)

이제 자(字)를 받는 순서다. 지금부터는 부모님이 지어준 이름을 함부로 부를 수 없어 관례 때 성인으로서 편히 부를 수 있는 자를 내렸다. 빈은 관석 군의 자를 옳을 '의(義)'와 착할 '선(善)'으로 지었고 그 자에 대한 축을 읽었다.

"예의가 이미 갖추어졌으니 좋은 달 좋은 날에 너의 자를 명백히 고하니 그 자는 아름다운 선비에게 마땅하도다. 자를 받는 것은 축하할 일이니 길이 보존하여라."

관석 군은 자첩을 받고서 "제가 비록 불민하오나 어찌 감히 정성껏 받들지 않겠나이까"라며 말 인사를 한다. 그 후 자첩은 찬자에게 주고 일어서서 빈에게 두 번 절을 드린다. 이때 빈은 답배를 하지 않는다.

이것으로 관례는 마치고 관석 군과 그 아버지는 사당고유를 한다. 이때는 사당 문은 열지 않아 술상도 차리지 않았다. 사당 밖에 돗자리를 펴고 "창균의 아들 관석이 오늘 관례를 치르고 조상님께 인사드리러 왔습니다"라는 축을 읽고 두 번 절하는 것으로 사당고유를 마쳤다.

● 어른의 예로써 인사를 드리다

참석하신 일가친척 어른들에게 어른이 되었음을 알리는 인사를 드린다. 먼저 키워주신 부모님께 인사한다. 아버지는 동쪽에서 남쪽을 향해 앉고 어머니는 서쪽에서 남쪽을 향해 앉는다. 남자는 해가 뜨는 동쪽에 앉고 여자는 해가 지는 서쪽에 앉는 남동여서(南東女西)에 준하는 자리다. 관석 군은 아버지께 두 번 절하여 이날까지 키워준 은혜에 감사함을 표한다. 그다음에 어머니께 절을 하는데 어머니는 장남의 절을 앉아서 받을 수 없으니 일어서서 절을 받고 두 번째는 앉아서 절을 받는다. 이는 비록 자식이지만 조상을 받드는 장자의 예우로 앉아서 절을 받을 수 없다는 것이다. 그다음은 숙모, 친척들의 서열에 따라 큰절 두 번으로 어른이 되었음을 고하고 형제들과는 평절을 한다.

주인이 빈을 전송함으로써 장엄하고 엄숙하고 아름다운 분위기에서 치러진 관례는 40여 분 만에 끝났다.

관석 군은 몸이 불편한 할머니가 계시는 안채에 들었다. 먼저 절을 드려야 마땅하지만 사랑채에서 의식을 행하다 보니 늦어진 셈이다. 관석 군은 김효증(취재 당시 75세) 할머니께 큰절 두 번을 올렸다. 한복을 곱게 차려입은 노종부는 손자의 절을 받으면서 감회가 깊었다. 7년 전 남편과 사별하고 몸

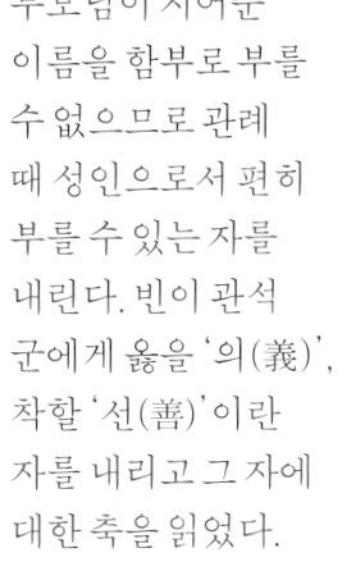

부모님이 지어준 이름을 함부로 부를 수 없으므로 관례 때 성인으로서 편히 부를 수 있는 자를 내린다. 빈이 관석 군에게 옳을 '의(義)', 착할 '선(善)'이란 자를 내리고 그 자에 대한 축을 읽었다.

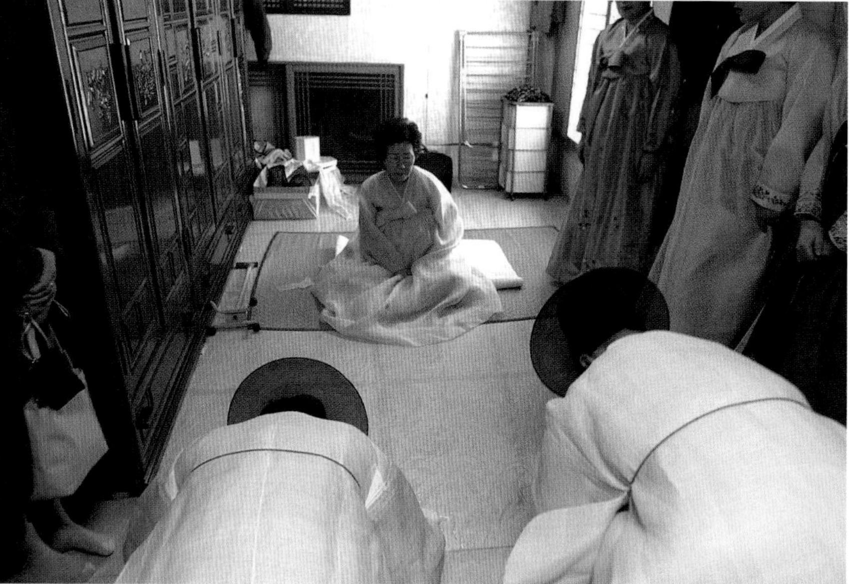

관례를 마치고 일가 어른들께 인사를 드린다. 가장 먼저 아버지께 두 번 절하여 이날까지 키워준 은혜에 감사함을 표한다. 두 번째로 어머니께 절한다. 다음은 삼촌들에게 인사를 드리고 마지막으로 안채에 계신 할머니께 큰절 두 번을 올렸다.

까지 불편했던 노종부는 눈에 넣어도 아프지 않은 손자를 가슴에 품고 살았다. 종손이 되려면 일찍부터 견문을 넓혀야 한다며 외국에 나가 있어 더욱 그립던 손자가 어느새 장성해 관례식을 치르고 어른으로서 예를 차리니 대견하기도 하고 안쓰럽기도 해 눈물을 보인다.

해방 두 해 전에 시집와 60여 년을 종가 안채에서 생활해온 노종부의 소임은 오로지 가문을 이어갈 자손이다. 이제 손자의 관례까지 보았으니 여한이 없다. 몸이 불편하지 않았으면 시집올 때 아버지가 직접 새겨주신 다식판에 오색 다식을 박아 손자의 관례를 축하하러 온 손님상에 올리고 싶었지만 마음과 달리 뒤풀이 잔치음식은 감주와 과일과 떡을 준비했고 식사는 외부에서 주문한 도시락이었다.

이날 의례를 총 지휘한 문중의 김시상(취재 당시 59세) 씨에 따르면, 여러 예서에 관례의식이 나와 있지만 문헌에 명시된 과정을 그대로 실행하기가 현실적으로 어려웠다고 한다. 『사례편람(四禮便覽)』에도 관례복식 등 그 예절이 소상히 기록돼 있지만 복식이 일반적이지 못하고 집안 구조도 달라서 참고만 했다고 한다. 이날 치른 관례는 종가에서 수백 년 동안 전해오는 이곳 풍속에 맞는 복식과 의식대로 행했다는 설명이다.

초가례 때 입은 창의는 두루마기보다 약간 더 격식을 갖춘 옷으로 준비했고, 재가례 때 입은 심의와 유건은 한국인의 상징 같은 선비의 삶을 살았으면 하는 염원을 담았으며, 마지막으로 도포와 갓은 관혼상제(冠婚喪祭)의 모든 의례 때 예복으로 또 출입복으로 필수이기 때문에 삼가례 복장으로 세 가지를 준비했다고 한다.

성년식은 언제부터 있었을까

새나 짐승의 어린것에는 벼슬과 뿔이 없지만 홀로 자립할 수 있는 시기가 되면 볏과 뿔이 생겨 의젓한 모습을 갖추게 된다. 무릇 살아 있는 생명체도 성장하는 과정이 이러할진대 인간에게도 미성년과 성년을 구분 짓는 시기에 성인임을 뜻하여 머리에 관을 씌움으로써 관례를 하고 성인으로서의 책무를 지우게 했다.

관례의 뜻을 새긴 1500여 년 전의 책 『후한서』에는 이렇게 나와 있다. 한편 2000여 년 전의 예절 책 『예기(禮記)』에는 다음과 같이 명시하고 있다.

> 갓을 쓰고 옷을 갖추어 입은 후에야 용모가 바르게 되며, 말하는 모양, 말의 소리 등이 순조로워진다. 그러기에 관례라는 것은 예절의 시초가 된다. 남자는 상투를 틀어 올리고 갓을 쓰기 때문에 관례(冠禮)라 하고, 여자는 머리에 비녀를 꽂아주어 계례(笄禮)라 한다. 관례의 시기는 남녀 각각 15~20세까지가 알맞다. 그리고 관례를 치러야만 자식 된 도리, 형제간의 우애, 신하로서 국가에 봉사하는 것 등 그 책무를 지울 수 있다.

우리나라는 고려 광종 때부터 관례를 시행한 것으로 나타나 있다. 이후로 왕가는 물론 사대부들도 관례를 치르면서 혼례보다 더욱 큰 행사로 여겼다. 특히 시집을 갈 수 없는 궁녀의 경우 어른의 나이가 되면 계례는 필수였다. 관례와 계례는 머리를 땋아내려 남녀 성별이 분별되지 않는 외모를 상투와 비녀로 현격하게 구분할 뿐 아니라 미성년의 옷차림과 관모를 크게 구별하여 성년으로 인식하게 하는 구실을 했다. 주위 사람들도 이때부터 이름을 함부로 부르지 않고 자를 부르며 의관정제를 갖추어 출입함으로써 당사자 스

자식교육을 잘 시켜 명문가로 가문을 일으킨 청계공 김진 선생의 초상화. 보물 1221호로 종가 영정각에 모셔져 있다.

스로도 성인의 긍지와 자부심을 가지고 행동거지를 조심하며 어린 티를 벗게 한다.

그러나 관례는 단발령이 내려지는 갑오경장으로 상투가 없어지고, 우리 옷 대신 양장이 생활복이 되면서 차츰 사라졌다. 그래도 전통예법을 지키려는 일부 종가에서는 혼인날을 받아놓고 도포를 입고서 사당에 고한 다음 일가친척을 찾아다니며 절하는 것으로 간소화된 관례를 치르곤 했다. 전통혼례식장의 신부가 머리에 비녀를 꽂고 족두리를 쓰고 나온 것만 보아도 혼인 전에 계례가 있었음을 알 수 있다.

정부 차원에서 성년식을 권장하게 된 것은 1973년부터다. 산업화 물결과 서구 문화의 유입으로 지나치게 자유분방한 젊은이들의 태도가 곧 성인으로서의 책임감이 없기 때문이라 보고, 사회인의 책무를 일깨워주고 어른 된 자부심과 용기를 북돋우기 위해 5월 셋째 월요일을 '성인의 날'로 정했다. 만 19세 성년이 되면 선거권은 물론이고 부모 동의 없이도 혼인을 할 수 있는 법적 조항도 만들었다. 흡연과 음주 금지도 해제되는 것은 물론이다. 하지만 성년식 날에는 각 지방의 향교에서, 또는 예절 단체에서 이벤트 형식으로 전통관례를 보여줄 뿐 성인이 되는 당사자들은 축하 하게이크와 꽃다발을 받는 정도다. 오히려 그동안 묶여 있던 제약에서 벗어나 친구들과 술을 과하게 마시는 등 성년식의 본뜻과는 달리 문제가 발생하는 경우가 많다.

참으로 보기 좋았던 의성 김씨 전통관례를 지켜보면서 이런 생각을 해보았다. 성년의 나이에 접어든 아들 딸을 둔 가정에서는 가족 친지들을 모셔놓고 준비해둔 한복을 입힌다. 옷을 입혀 성인의 외모를 갖추게 한 다음 부모와 친지들께 절을 드리게 한다. 인사를 받은 어른들은 교훈이 담긴 덕담을 내리면서 성년자의 내면적 덕을 쌓게 하는 조촐한 잔치를 열어보는 것도 바람직한 성년식 모습이 되지 않을까 싶다.

청주 한씨 서평부원군 한준겸 종가

『예기』의 혼례 풍습에 따른 인륜지대사의 엄중함

"혼례는 두 성씨가 합하는 것이다. 위로는 종묘를 섬기고 아래로는 후세를 잇는다. 그러므로 군자는 그것을 중히 여겨 혼례의 절차마다 주인이 사당문 밖에서 절하여 명을 듣는데, 이것은 공경하고 삼가서 혼례를 정중하고 바르게 여기는 까닭이다."

2000여 년 전의 책 『예기(禮記)』「혼례」 편의 기록이다. 놀랍게도 사당이 있는 종가에선 지금도 그 옛날 예법대로 혼례의 절차마다 조상을 모신 사당에 고해 인륜지대사의 엄중함을 지키고 있었다.

경기도 시흥시에 있는 청주한주 서평부원군 한준겸(西平府院君 韓浚謙, 1557~1627) 종가에선 15대 종부가 될 며느리를 맞이하면서 고례의 예법대로 '사당 차례'를 지냈다. 머리에는 족두리를 쓰고 소례복인 당의를 곱게 차려입은 신세대 종부 이승진(취재 당시 30세) 씨가 친정에서 준비해 온 음식을 차려놓고 큰절을 올리면서 시댁의 조상 앞에 맹세를 했다. 몸과 마음을 닦아 조상을 섬기고, 부부의 도에 어긋남이 없이, 부모에게는 효도를, 형제간에는 우애로써 가정의 화목을 지키며 일부종사하겠다는 무언의 약속이었다. 혼례의 참뜻이 무엇인지 생각게 하는 참으로 귀한 풍경이었다.

조선 16대 왕 인조의 장인이자 문신으로 추앙받고 있는 서평 부원군 한준겸 종가는 서해안 고속도로가 지나는 경기도 시흥시 거모동 745-1에 주소를 두고 있다. 이곳에는 한준겸 선생의 묘를 중심으로 한성좌윤 벼슬에 있었던 그의 아들 한회일(韓會一, 1589~1642)과 손자 한이성(韓以成, 1602~1634) 돈령부판관이었던 증손 한두상(韓斗想, 1627~1687) 등 4대에 걸친 가족묘와 한준겸 선생의 신도비도 있다. 청주 한씨 묘역은 '경기도 기념물 제163호'이다. 시흥시는 수도권에서는 보기 드문 종가를 시흥의 자랑거리로 내세우고 있다.

지난 1994년 서해안고속도로가 종가의 선산을 가로지르면서 종가와 묘소를 반으로 갈라놓았지만 그때 받은 보상금으로 쓰러져가는 옛 종가를 허물고 번듯한 종가건물을 다시 지었다. 3칸짜리 솟을 대문채와 사랑채이자 안채로 쓰이는 'ㄱ'자 한옥 한 채와 안채의 동북쪽에 자리한 정면 3칸 측면 1칸의 맞배지붕 양식으로 단청을 칠한 사당 문익사(文翼祠)를 앉혀 전통가옥의 형식으로 종가의 면모를 갖추고 있다.

쪽빛 하늘이 더없이 맑은 2004년 10월 6일, 종갓집 유천재(柳川齋)에는 서평부원군 문익공파 종친회 회장이자 불천지위 제사를 받드는 14대 봉사손 한걸택(취재 당시 62세) 씨와 부인 안윤자(취재 당시 62세) 씨가 며느리 맞이에 낯빛이 상기되어 있었다. 앞으로 제사 음식을 준비할 새로운 주부인 며느리를 사당에 계신 조상에게 선보일 '사당 차례' 준비로 분산한 가운데, 키가 크고 미인형의 새댁은 다홍치마에 초록저고리를 입은 채 앞치마를 두르고 아직은 낯설기만 한 시댁 부엌에서 서성이고 있었다. 신랑 병승(취재 당시 31세) 씨는 어른들 눈치를 보아가며 새댁 뒤를 쫓아다녔다.

종갓집 맏며느리 자리라는 사실에 겁먹지 않았느냐는 질문에 새댁은 대

종가를 굽어보고 있는 한준겸 선생의 가족묘에서 조선 중기의 장묘문화를 한눈에 볼 수 있다. 경기도 기념물 제163호로 지정돼 있다.

학 때 미팅으로 만나 7년 동안 사귄 터라 종부라는 직책에 그다지 흔들리지 않았지만 흔하지 않은 사당 차례에 올릴 폐백음식 준비로 친정어머니께서 힘들었을 거라고 했다.

여러 전문가의 조언을 받아 준비한 사당 차례 음식은 아홉 가지 과일과 아홉 가지 떡, 안주로 올릴 다섯 가지 생선과 쇠고기 적이었다.

쇠고기적 위에는 밤과 대추, 은행, 호두 등으로 화려한 고명을 올린 점도 특색 있게 보였다. 조선 16대 왕비였던 인렬왕비의 친정집이니 그 추상 같은 법도에 걸맞은 음식을 준비하자면 새댁의 친정에선 꽤나 신경이 쓰였을 것이다.

무언의 약속, 사당고유와 혼인이라는 말의 의미

오후 2시에 시작된 사당고유 의식을 위해 신부는 초록색 당의를 예복으로 입고 머리에는 족두리를 썼다. 신랑은 제례복으로 하얀 도포를 입고 머리에는 유건을 썼다. 예복을 갖춰 입은 참예자들은 결택 씨를 앞세우고 뒤이어 아들 명승 씨, 새댁과 시어머니, 시누이 순으로 사당쪽 문으로 들어섰다. 사당에는 문이 세 개 있었다. 들어갈 때는 동쪽 문으로 들어가고 나올 때는 서쪽 문을 이용한다. 가운데 큰 문은 신주를 모시고 나올 때와 신주를 모시고 들어갈 때에만 사용하는 신문(神門)이어서 아무나 사용할 수 없는 법도가 있다.

이날 사당고유 의식의 진행을 맡은 분은 문중 어른이신 한기재(취재 당시 80세) 옹이다. 제상에는 종가에서 준비한 생미나리 한 묶음이 놓여 있어 눈길을 끌었다. 머리와 잎 부분을 다듬고 붉은 실로 가운데를 묶은 다음 신부가 제상에 올리도록 했다. 이외에도 종가에서는 술과 과일과 포를 준비했고, 신부가 친정에서 가져온 떡과 적을 올리고 술잔도 준비됐다. 문장 어른께서는 종가에서 불천지위(不遷之位, 영원히 지내는 제사)로 모시는 한준겸 선조 내외분의 신독문을 열었다. 먼저 향을 살라 천상의 신을 모시는 분향(焚香)을 하고, 술잔을 모사에 부어 지하의 백을 불러 혼백을 함께 모실 강신(降神)을 했다. 이후는 참석자 다같이 절을 하는 순서인 참신(參神)례다. 이때 신부는 절하지 않고 미나리 접시를 들고 서 있었다. 절을 드린 후 문장 어른께서는 축문을 읽는다.

"여러 조상님께 고하옵니다. 금이효현손 결택지가 병승 군이 전주후인 이춘근지여식 승진 양과 혼인함으로써 저의 집안 종손·종부로서 첫 인사를 삼가 고하나이다."

522

'위로는 종묘를 섬기고 아래로는 후세를 잇는다. 그러므로 군자는 그것을 중히 여겨 혼례의 절차마다 사당에 고한다. 2000여 년 전의 책 『예기』의 「혼례」 편 기록대로 시집온 며느리에게 사당고유를 행하기 위해 종손이 사당문을 들어서고 있다.

신부가 친정에서 준비해 온 사당고유 음식. 아홉 가지 과일, 아홉 가지 떡과 술 그리고 안주로 다섯 가지 생선과 쇠고기 적이었다. 시댁에서는 언제나 푸른 삶으로 살아달라는 의미를 담아 가운데 붉은 실로 묶은 미나리 한 접시를 준비했다.

축문이 끝나자 새댁은 미나리 접시를 집사에게 주고 시누이의 부축을 받으며 큰절 네 번을 했다. 다시 미나리 접시를 받들어 제상에 올리고 또다시 네 번 절했다. 미나리는 사철 푸른 나물로 변하지 않을 신부의 마음을 나타내는 것이다. 신을 보내드리는 작별인사인 사신(辭神) 때는 신부를 비롯해 참석자 모두 절을 하고 신주의 독문을 닫는 것으로 '사당 차례'는 간단하게 끝났다.

새댁은 종가 안채 대청마루에 차려진 걸택 씨로부터 4대조께 '사당'에서 행하는 순서대로 의식을 치르면서 한씨 집안의 종부가 갖추어야 할 과정은 다 거친 것이다. 4대조의 신주는 한국전쟁 때 모두 무덤 옆에 묻었기 때문에 신주 대신 종이로 지방을 써서 모셨다.

종부는 하늘이 내린 사람이라 했던가? 늘씬한 몸매에 현대적인 미모를 갖춘 외모와는 달리 절하는 맵시며 조신한 행동거지가 종부의 자질을 타고난 사람처럼 보였다.

걸택 씨는 외아들이자 종손인 병승 씨의 혼례식만은 종가 마당에서 전통혼례로 치르고 싶었다. 하지만 혼례란 양가의 의사를 존중해야 하는 예식이어서 현대식으로 치를 수밖에 없었다. 그래도 여섯 과정으로 이루어지는 혼인의 절차마다 사당에 고유하는 것은 잊지 않았다고 한다.

1. 혼담(昏談): 남자 집과 여자 집에서 혼인에 대해 상의하다.
2. 사주(四柱): 신랑의 생년, 생월, 생일, 생시를 적어 신부측에 보내다.
3. 택일(擇日): 여자 집에서 혼인날을 정해 남자 집에 보내다.
4. 납폐(納幣): 남자 집에서 여자에게 폐백을 보내다.
5. 대례(大禮): 혼인식을 올리다.
6. 우귀(于歸): 신부가 시댁으로 시집을 간다.

"요즘은 결혼(結婚)이란 말이 통용되고 있지만, 우리나라의 헌법이나 민법 등 법률용어에서는 결혼이란 말은 쓰지 않고 반드시 '혼인(婚姻)'이라고 씌어 있습니다. 결혼이란 말뜻은 남자가 장가드는데 여자가 곁붙어서 따라간다는 뜻이 되기 때문에 남녀평등에 위배되는 단어지요. 아주 예전에는 부부가 되는 일은 양(陽)과 음(陰)이 만나는 날이 저무는 시간에 거행했기 때문에 날 저물 '혼(昏)'자를 썼습니다.『예기』나『주례』등 고래의 예법 책에는 모두 혼례(昏禮)라고 기록되어 있어요. 하지만 날 저물 '혼'자와 구분하기 위해 나중에 혼인할 '혼(婚)'자를 만들어 혼례(婚禮)라는 말을 사용하게 되었지요."

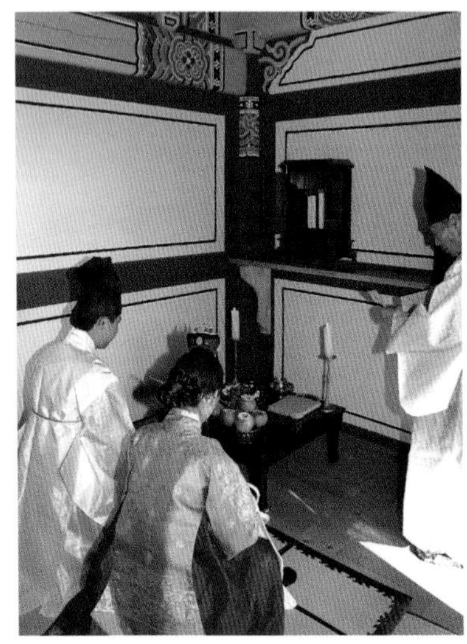
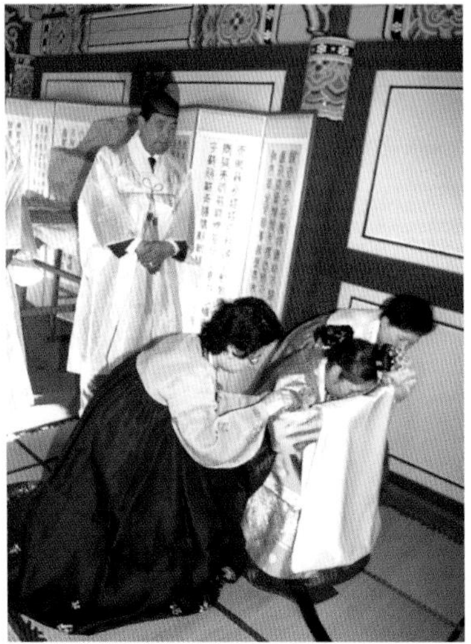
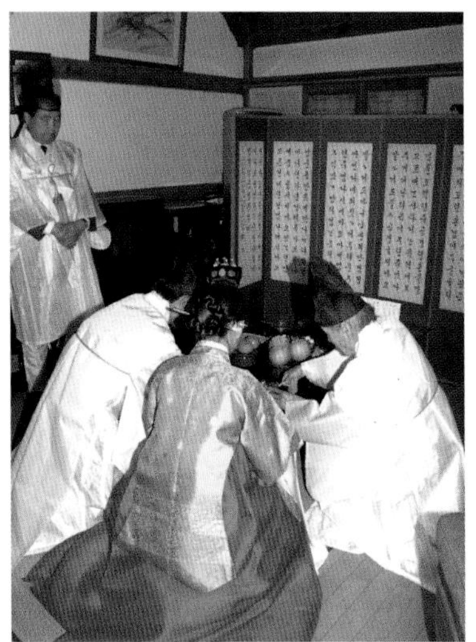

종가를 이어갈 병승 군이 전주후인 이승진 양과 혼인을 함으로써 조상님께 첫인사를 드린다는 축을 읽고 신부에게 큰절 네 번을 하게 한 뒤 술 한 잔과 미나리 접시를 올리도록 했다.

걸택 씨는 혼인의 용어부터 바로잡아야 한다며 결혼과 혼인의 글자풀이까지 해주었다. 애정과 신뢰를 바탕으로 한 두 인격체의 평등한 새 출발이 아니라 억대의 지참금 요구 때문에 예비신부가 자살을 하고 함값 시비로 신부가 목숨을 끊는 요즘의 혼인 풍습을 개탄하면서 소혜왕후의 『내훈』 혼례장에 기록된 예를 들며 혼인의 참뜻을 일깨워주었다.

"시집가고 장가들 때 재물을 논하는 것은 오랑캐의 도리이기에 군자는 그런 고을에는 들어가지도 않았다. 옛날에는 남자와 여자 집안 가족들의 덕행을 가렸지 재물을 가지고 예의라고 생각지 않았다."

끼니를 거를지언정 제사를 거른 적은 없다

걸택 씨는 그동안 불천위 제사를 모시고는 있지만 엄격한 의미에서 종손은 아니라고 했다. 문중에서는 걸택 씨를 실질적인 종손으로 부르지만, 자기는 제사를 맡아 지내는 자손일 뿐이라며 한사코 봉사손이라 겸양했다. 그가 종손 없는 종가의 봉사손이 된 내력은 불행했던 우리의 근세사와 함께 파란만장한 사연을 담고 있다.

54년 전 한국전쟁이 발발하던 시절, 종가의 13대 종손이었던 충현(忠鉉) 씨가 아들 없이 세상을 뜨자 그 아우님인 중현(中鉉) 씨가 종가에 들어가 종손 역할을 하게 되었다. 한중현 씨는 종손의 소임만 맡은 것이 아니라 큰아들 영택(寧澤) 씨를 형님의 양자로 입적시켜야만 했다. 그러나 당시 연세대학교 국문과를 나온 영택 씨는 혼인도 하기 전이었고 종손 노릇도 제대로 해보지 못한 채 전쟁통에 피살되고 말았다. 영택 씨뿐만 아니라 그의 두 동생도 이때

◀6·25 전쟁통에 총알이 날아다니는 소리가 들려오는데도 어린 걸택 씨를 깨워 조상의 제상 앞에 절을 하게 했던 돌아가신 어머니.

▶조상 섬기기를 목숨처럼 여겼던 그 어머님의 뿌리의식이 바로 우리 민족의 정신일 거라 말하는 걸택 씨와 부인 안윤자 씨.

실종되어 지금껏 생존을 모르고 있다. 한꺼번에 세 아들을 잃은 걸택 씨의 아버님도 그때의 상심으로 일찍이 세상을 떴다. 종가에는 초등학생이었던 걸택 씨와 노모만 남게 되었다.

종가의 불행은 여기에 그치지 않았다. 서울대학교를 졸업하고 모 국회의원 비서로 있던 걸택 씨마저 교통사고로 한쪽 다리를 잃었다. 하나 남은 아들마저 불구가 되었으니 노모의 가슴에는 한이 맺혔을 것이다. 하지만 걸택 씨가 기억하는 어머니는 그 여한을 한 번도 내색하지 않은 채 일생을 꼿꼿한 자세로 사시다가 6년 전에 세상을 떴다고 한다.

걸택 씨는 어려운 시절 끼니를 거른 일은 있어도 제사를 거른 적은 없다고 회상한다. 전쟁통에 총알 나르는 소리가 들려오는데도 어린 걸택 씨를 깨워 제사상 앞에 절을 하라 할 만큼 조상 섬기는 일을 목숨처럼 여겼던 어머니였다. 이러한 어머니의 뿌리 의식은 바로 우리 민족의 정신일 것이다. 그것을 보고 자란 걸택 씨로서는 조상의 기일(忌日)에는 정성을 다하지 않을 수가 없다.

걸택 씨에게는 세 딸과 외아들 병승 씨가 있다. 그 자신은 맏아들로 태어나지 않아 종손이 될 수 없었지만, 병승 씨는 문익공의 15대 종손으로 이제 혼인을 했으니 모든 제사를 주관하는 제주(祭主)가 된다. 제주자리는 아들에게 넘겨주더라도 자신이 살아 있는 한 종가는 지켜갈 것이라는 걸택 씨의 목소리가 의연하다.

종가가 터를 잡게 된 내력

자(字)는 익지(益之), 호는 유천(柳川), 본관은 청주인 한준겸 선생은 판관 벼슬에 있었던 아버지 한효윤(韓孝胤)의 셋째 아들로 지금의 서울인 한성에서

경기도 시흥시 거모동에 주소를 두고 있는 조선 제16대 왕비 인열왕후의 친정집 한준겸 종가는 수도권에서는 보기 드문 집이어서 시흥시의 자랑으로 내세우고 있다.

태어났다. 그는 어려서부터 책읽기를 좋아해 여섯 살에 글을 지어 주위를 놀라게 했다. 여덟 살의 어린 나이에 『승정원일기』를 막힘없이 읽어 예사롭지 않은 인물이 될 것으로 주위의 기대를 모았다.

23세 때는 생원시와 진사시험에 장원을 하면서 창창한 벼슬길에 올랐다. 하지만 벼슬자리의 명예보다 시를 짓고 글 읽는 일에 관심이 많은 타고난 자품이 선비였다고 한다. 이를 뒷받침하듯 그의 유고집에는 선조 임금이 시제(詩題)를 내어 글짓기를 하도록 했는데, 그가 수석을 차지해 '표범가죽'을 하사받았으며 문장에 뛰어나 '말안장'을 하사받은 일도 있었다는 기록들이 실려 있다.

32세 때는 금천현감 자리에 임명되었지만 효심이 지극한 선생이 노모를 두고 떠날 수가 없음을 전해들은 임금은 사가독서(賜暇讀書, 유능한 젊은 문신들을 뽑아 휴가를 주어 집에서 공부하게 하는 일)의 특혜를 주기도 했다.

한편 매사에 총명한 지혜로 대처했던 선생도 선조 22년에 일어난 정여립의 역모사건에 연루되어 옥살이를 했다. 이 때문에 원주로 이사해 농사를 지으면서 은둔생활을 했다. 하지만 그의 재주를 아깝게 여긴 임금은 다시 출사하게 해서 예조좌랑의 벼슬을 내렸다. 원주목사 시절에는 굶주린 백성을 구하는 데 힘써 백성을 위하는 관리라는 칭송을 들었다.

그가 벼슬길에 있을 때는 임진왜란, 이괄의 난 등 수많은 국란을 겪었는데 그때마다 임금을 따르며 호위하는 호종(扈從)의 소임을 맡았다. 함경도 관찰사에 재임할 때는 『소학』, 『가례』 등의 책을 간행 보급하여 백성들에게 학문의 길을 열어주는 교육에 열성을 보였다.

67세 되는 해에 인조반정이 일어나자 선생의 딸이 왕후로 책봉되었다. 인렬왕후(仁烈王后)가 바로 선생의 따님으로, 이 때문에 서평부원군에 봉해졌다. 왕가의 신뢰는 여기서 그치지 않았다. 그는 선조가 영창대군의 보필을 부탁한 '유교칠신(遺敎七臣)'의 한 사람이었으며 겸지춘추관사로 『광해군일기』 편찬에 참여한 업적도 남겼다.

71세 때 정묘호란이 일어나자 왕자를 전주로 호송했는데, 노구에 무리한 탓인지 병을 얻어 그해 7월 17일에 서울 회현동 자택에서 눈을 감았다. 묘소는 그가 잠시 은둔생활을 했던 원주 음지촌(陰池村)에 있었다. 그러나 어느 지관이 "이 묘터는 지세가 좋지 않아 후손에게 좋지 않으니 옮기는 것이 좋다"고 하자 그의 장남인 회일이 지금의 시흥시로 이장했다.

장묘문화를 한눈에 볼 수 있는 종가의 묘소

아들의 지극한 정성으로 치장된 묘소는 조선 중기의 장묘문화를 한눈에 볼 수 있게 해준다. 부부가 합장된 묘소 앞으로 묘표(墓標, 죽은 사람의 행적을 기리는 문장으로 돌에 새겨 묘 옆에 세움), 장명등(長明燈, 묘역에 불을 밝혀 사악한 기운을 쫓는 등), 상석(床石, 제물을 차리기 위해 묘소 앞에 마련해놓은 돌상), 향로석(香爐石, 향로를 올려놓는 돌상), 혼유석(魂遊石, 넋이 노는 돌이라는 뜻으로 상석과 묘 사이 직사각형 돌), 문인석(文人石, 묘 앞에 세우는 문신 형상의 돌), 망주석(望柱石, 묘 양 옆에 세우는 한 쌍의 돌기둥), 동자석(童子石, 사내아이 형상으로 묘 앞에 세우는 돌) 등이 잘 갖추어져 있다.

무엇보다 인조 때 세운 신도비는 푸른 돌로 만들어 생동감이 넘치고 조각도 뛰어나다. 높이가 3.35미터로 대형이지만 전체 비중이 안정감 있게 만들어져 지금도 많은 학자가 이 비석을 연구하고 있다. 신도비에 새겨 있는 비문은 이정구(李廷龜, 1564~1635)가 지은 명문장으로 꼽히며 글씨 또한 당대의 최고 글씨를 자랑하던 오준(吳竣, 1587~1635)이 썼다. 이런 이유로 비석은 문화재 수준 이상으로 평가받고 있다. 신도비는 서해안고속도로 건설로 1994년 본래의 자리에서 200미터 떨어진 지금의 자리로 옮겨졌다.

선생의 저서로는 『유천유고(柳川遺稿)』가 있다. 그의 학덕을 기려 신주는

인조 때 세운
한준겸선생의
신도비는 푸른 돌로
만들어 생동감이
넘치고 조각도
뛰어나다. 높이가
335센티미터로
대형이지만 전체
비중이 안정감이
있어 지금도 비석에
관심 있는 학자들의
연구 대상이 되고
있다.

함흥의 문회서원(文會書院)에 배향되었고 시호(諡號)는 문익(文翼)으로 종가의 후손들은 선생의 시호에 따라 문익공파 후손이라 했다.

청주 한씨는 우리 역사에서 오래되고 친숙하게 느껴지는 성씨의 하나이다. 한씨 세보의 출발점을 기자조선(기원전 115년)으로 적고 있기 때문이다. 청주 한씨의 시조 한란(韓蘭)은 고려 태조가 견훤을 정벌할 때 종군해 삼국통일의 초석을 다진 공으로 왕실과 인연을 맺으면서 권문 거족으로 등장한다. 특히 고려조와 조선조 전반기에 수많은 인물을 배출했다. 고려 때는 명인이 14명, 조선시대는 영의정과 좌의정이 13명이나 나왔고 왕비가 6명이나 되었다.

조선시대 청주 한씨의 대표적인 인물로는 한명회와 최대의 명필가로 알려진 한석봉을 꼽을 수 있다. 근세의 인물인 만해 한용운도 청주 한씨로 정신적인 귀족임을 긍지로 내세우는 가문이다.

연안 이씨 정양공 이숙기 종가

간소하고 검소한 제상 차림, 『가례증해』의 산실

4월 20일 곡우가 되면 남쪽의 차나무는 참새 혀 같은 새순을 피워낸다. 그 어리고 고운 잎을 뜯어 차를 만들면 맛과 향, 영양이 최고인 고급차가 된다. 차를 즐기는 사람들은 그래서 찻잎이 돋아나는 4월을 기다린다.

그런데 차는 기호음료로 마시기만 하는 것이 아니라 조상의 제사상에도 반드시 올려 신도 흠향하도록 했다. 200여 년 전에 논쟁 심한 가가례를 없애고 관혼상제(冠婚喪祭)의 사례(四禮)를 통일하고자 만든 『가례증해(家禮增解)』에는 조상이 돌아가신 기제사는 물론 설·추석 차례상에도 차를 올려야 한다는 내용을 자세하게 그려놓았다.

문화재로 지정된 이 책의 원본인 목판각 425매와 책을 펴낸 이의조(李宜朝, 1727~1805) 선생의 영정, 간행할 당시의 건물 명성재(明誠齋)가 그대로 남아 있는 경북 김천시 구성면 상원리 원터마을에 다녀왔다. 원터마을은 조선 성종 때 이시애의 난을 평정한 일등공신 이숙기(李淑琦, 1429~1489) 선생으로부터 500여 년간 그 후손들이 살아온 삶의 터전이다. 『가례증해』를 펴낸 이의조는 이숙기 선생의 후손이다.

귀한 손님에게만 대접한다는 실국수와 죽순산적 등 종갓집 내림음식도 미각을 자극했다. 무엇보다 예를 중시하며 자연의 질서대로 살아가는 따뜻한 사람들과 어울린 전형적인 농촌 풍경은 우리 모두의 고향 같아서 오랫동안 여운을 느끼게 했다.

연안 이씨들의 집성촌 원터마을을 찾아 나섰다. 김천 시내에서 거창으로 뻗은 3번 국도 길로 14킬로미터쯤 가다 보면 구성면소재지가 나온다. 여기서 1킬로미터 더 가면 오른쪽으로 방초정으로 드는 빗돌이 서 있고 빗돌 길을 따라 100미터 거리에 원터마을의 상징적 건물 방초정이 우뚝하다.

정자는 이곳에 터잡은 정양공의 후손으로 임진왜란 때 공훈을 세운 부호군 이정복(李庭馥)이 1625년에 건립했지만, 화재와 홍수로 유실된 것을 1787년에 『가례증해』를 펴낸 이의조가 현재의 건물을 중건했다.

방초정은 땅에서 2미터나 높이 세운 이층 누마루 정자다. 가운데는 방이 있는데, 이 방의 벽은 흙을 붙이지 않고 오로지 문으로만 둘러 있어 그 문을 걷어 올리면 사방이 확 트여서 뛰어난 풍경을 한 폭의 그림같이 즐길 수 있다.

정자 곳곳에는 자연의 순리에 따르며 인격을 닦고 삶에 운치를 더한 문객들의 글들이 편액으로 걸려 있어 건물의 값진 면모를 한층 돋보이게 한다. 정자를 건립한 선생은 「방초정 십경(十景)」을 지었는데 여기서 5경의 나담어화(螺潭漁火)는 방초정이 당시에도 강남의 명소였음을 전하고 있다.

나담에 고기잡이 불 밤새도록 밝으니
기러기가 달인지 의심하고 모래밭에 내려앉는구나.
돌아갈 때 사람들이 강남 경치를 묻거든
방초 높은 정자가 가장 유명하다 하여라.

정자 앞으로는 연못을 파서 인공적으로 작은 동산을 두 개나 만들어두

방초정 곳곳에는 이곳을 다녀간 문인들의 수려한 글이 편액으로 걸려 있다.

땅에서 2미터나 높이 세운 방초정. 이곳에 터를 잡은 정양공의 후손으로 임진왜란 때 공훈을 세운 이정복이 1625년에 건립했다가 화재와 홍수로 유실된 것을 후손인 이의조가 1787년 중건했다. 정자 곳곳에는 자연의 순리에 따르며 인격을 닦고 삶에 운치를 더한 문객들의 글이 사방에 걸려 있어 건물의 값진 면모를 한층 돋보이게 했다.

었다. 둘레엔 나이를 알 수 없는 수양버들이 구부정하게 누워 있고, 연못가에 심어둔 백일홍 등 아름다운 수목들이 운치를 더해 우리나라 정원양식 연구에 귀중한 자료가 되고 있다.

정자 옆으로 나란히 서 있는 두 개의 열녀비각은 정자를 세운 이정복에게 시집온 화순 최씨의 정려각이다. 17세에 혼인을 하고 임진왜란이 일어나자 죽어도 시댁에서 죽어야 한다며 신행을 오던 중 왜병을 만나 겁탈의 위기에 놓이자 종가를 30리 앞둔 연못에 몸을 던져 자결했다. 그 남편 이정복은 절개를 지키기 위해 자결한 부인을 기리기 위해 정자를 짓고 그 옆에다 열녀비각을 세워 넋을 위로했다는 이야기도 전해진다. 그리고 함께 목숨을 끊은 노비 석이(石伊)의 비석도 세워주었다. 신분사회였던 당시로는 흔치 않은 일이다. 그 옆에 서 있는 비각은 연안 이씨 집안으로 시집온 18세 어린 신부가 남편이 병으로 세상을 뜨자 식음을 전폐하고 단식 48일 만에 남편을 따라간 풍기 진씨 열행비다. '원터마을'은 조선시대 관영숙소가 있었기 때문에 생긴 이름이라 한다.

방초 옆에 있는 열녀비각은 방초정의 주인 이정복이 그 부인 화순 최씨를 위해 세운 정려각이다. 17세에 혼인을 하고 임진왜란이 일어나자 죽어도 시댁에서 죽어야 한다며 신행을 오던 중 왜병을 만나 겁탈의 위기에 놓이자 종가를 30리 앞둔 연못에 몸을 던져 자결했다.

도포를 갖춰 입은 입향조 이숙기의 18대 종손 이철웅(취재 당시 61세) 씨와 문중 어른들이 동구 밖까지 마중을 나왔다. 예를 중시한 집안인지라 앉아서 손님을 맞는 것은 예가 아님을 안다. 농협에 근무하다 정년퇴임했다는 종손 이씨는 어질고 부드러운 첫인상이 천생 종손다웠다. 갓과 도포로 예복을 갖췄지만 긴장되지 않고 어렵게 느껴지지 않는 문중 어른들의 따뜻한 표정에서 정겨운 사람의 향기를 느낄 수 있었다. 원터마을을 두고 인심 순후하고 예의 바른 사람들이 사는 곳이라 칭송하던 이유를 알 것 같았다.

내세울 것 없는 동네를 찾아 먼 길 오셔주어 고맙다는 종손의 인사말에 팔순이 넘은 문장 어른 이석영 씨가 한 말씀 거든다.

"조상이 살던 집과 조상의 신주를 모신 사당을 문화재로 지정만 해두고 종손은 도회지에서 사는 댁을 여럿 보았지요. 사람도 살지 않는 곳을 국비 낭비해서 으리으리하게 보수해두면 뭣해요. 99칸이나 되던 우리 종가는 한국전쟁 때 불탔지만 어디에도 하소연할 수가 없었어요."

"고택이 남아 있지 않으니 어쩔 수 없지만, 『가례증해』를 정리하고 후학을 양성했던 '명성재'는 200여 년이 된 고택인데도 무슨 이유인지 문화재로 지정되지 못하고 쓰러져가고 있어요. 이뿐 아니라 문화재로 지정 해둔 『가례증해』 목판도 예산이 없다는 핑계로 국역 번역을 하지 않으니 이런 경우가 어디 있습니까?"

예절 책 『가례증해』의 산실 명성재에서 조상의 업적을 자랑스레 여기는 문중 어른들. 순일한 모습에서 사람의 향취를 느낄 수 있었다. 이곳에서 태어나 한 번도 이 마을을 벗어난 일이 없는 사람들, 원터마을을 두고 인심 순후하고 예의 바른 사람들이 사는 곳으로 이웃마을에서 칭송하고 있다.

문중 어른의 말마따나 집성촌으로 소개받고 가보면, 친척들은 모두 객지로 나가고 종가만이 외로이 마을을 지키는 곳이 많았다. 출세한 사람들이 고향을 개발한답시고 산보다 높이 세운 아파트가 마을과 조상의 묘를 가로막는 세상이다. 정말로 귀한 문화재는 그 가치를 인정받지 못하고 사장되는 것을 안타깝게 바라볼 수밖에 없는 현실이 씁쓸할 뿐이다.

101세와 98세까지 장수한 종가 사람들

원터마을은 500년 세월 동안 수많은 재해를 입었다. 아름다운 정자 방초정을 떠내려 보낸 1723년의 대홍수, 1936년의 이른바 병자 대수해를 만나 마을 대부분이 물에 잠기는 바람에 가구 수도 줄고 옛집도 없어졌다. 한때는 300여 가구 모두가 연안 이씨들로 구성됐지만 지금 60여 가구만 남아 있는 것도 수많은 재해 때문이라 한다.

종가는 방초정에서 오른쪽에 있는 도랑길을 따라 골목길 안에 있다. 마을의 집들이 종가를 에워싸고 있는 셈이다. 솟을대문은커녕 대문 자체가 없는 종가의 대문 구실은 마당에 누워 있는 누렁이가 하고 있다. 낯선 사람을 보고도 소임을 잊은 채 누워서 일어나지도 않고 짖지도 않는다. 이 마을은 대문을 단 댁이 몇 집 안 된다. 모두가 친척인 탓도 있지만 사람을 경계하지 않는 마을 사람들의 심성 때문이다. 고택이 불탄 자리에 지은 안채 건물은 그냥 기와집이다. 본래의 모습으로 복원하기엔 경제적으로 어려워서 초라하지만 이렇게밖에 지을 수 없었다고 한다.

이 마을 대종가의 면모는 역시 안채 오른편 뒤쪽에 있는 사당 관락사(寬樂祠)에 있다. 이 사당은 여러 차례 재난에도 조상의 음덕인지 아슬아슬하게 피해를 면했다. 이곳은 종가 사람들은 물론 마을 사람들도 교회나 법당보다 더 신성시하는 성전이다. 종손은 아침저녁으로 문 밖에서 인사하고, 초하루 보름에 술 한잔을 올리고, 설과 추석에는 제철음식을 올려놓고 차례를 모시면서 선조가 남긴 『가례증해』 사당조에 있는 그대로의 예를 실천한다.

400여 평 넓은 흙마당 한쪽엔 간이부엌이 만들어졌다. 무쇠솥이 걸리고 비녀를 단정하게 찌고 한복을 차려입은 문중 할머니가 아궁이에게 불을 지피고 있다. 실국수를 삼기 위해서다. 손님 접대 준비로 분주한 종부 한영숙(취재 당시 60세) 씨는 내림음식 부탁이 가장 걱정스러웠다며 이날의 요리에 대해 자세히 설명해준다.

종손 이철응 씨와 종부 한영숙 씨. 101세에 세상을 떠난 시할머니와 98세로 돌아가신 시어머니를 10년 전까지 모시면서 봉제사 접빈객으로 35년간 종가 마당에서 종종걸음 쳤다는 종부의 밝은 미소가 정겹고 고맙다.

친정이 경주인 종부는 25세 때 한 살 많은 종손에게 시집을 왔다. 딸 셋과 아들 하나를 얻고 101세에 세상 떠난 시조모와 98세로 돌아가신 시어머님을 10년 전까지 모셨다. 일 년에 12번의 기제사와 설·추석 차례와 가을 시제 등 다달이 제사 음식을 준비하면서 35년 세월을 이 마당에서 보냈다. 힘들지 않았느냐고 물었더니 "종부로 시집올 때 각오한 일 아니냐"며 예사롭게 답하는 모습에서 절제된 인품이 느껴졌다. 울퉁불퉁한 바위조각이 석공의 정과 망치질을 통해 다듬어지는 것처럼 결국 사람도 종가라는 특수한 영역 안에서 정제되어 가는 것은 아닌가 하는 생각이 들었다.

관혼상제의 증해판으로 전국에서 유일한 책, 『가례증해』

마루에 상을 펴고 귀하게 올려둔 책 『가례증해』에 대한 이야기가 종가의 핵심이다. 책상 위에 올려진 9권 10책의 옛 책은 사람의 일생을 의미 있게 하기 위해 만든 관혼상제(冠婚喪祭)를 규범 있게 정리한 예절 책이다.

관혼상제는 수천 년 전부터 사람이 사람답기 위해 만들어진 의식을 규범화한 것으로, 21세기인 지금에도 형식은 달라졌지만 그 의미는 같아서 한국 사람이라면 누구나 이 의식을 행하고 있다. 그러기에 출간 이후 200여 년

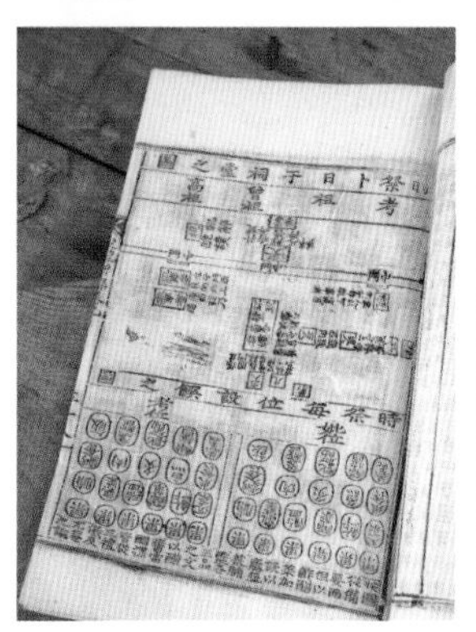

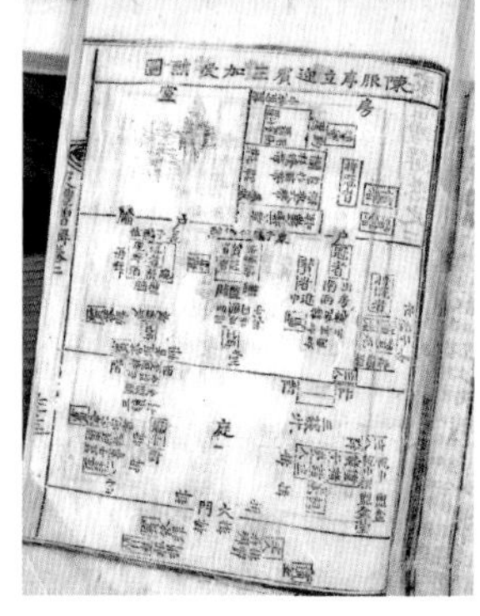

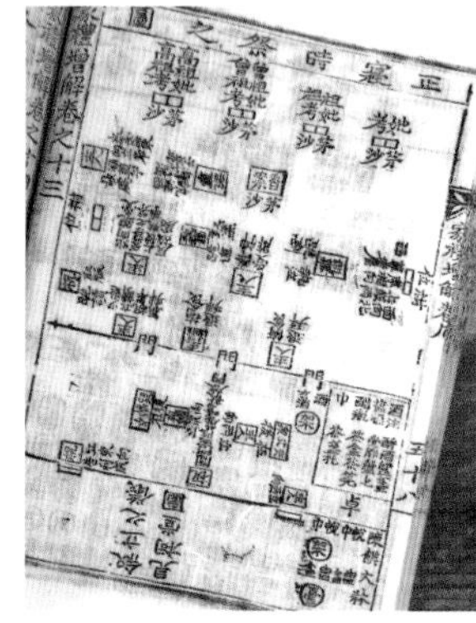

마을 들머리 숭례각에 소장돼 있는 『가례증해』 목판본. 가로 31센티미터 세로 21.3센티미터의 목판 425장이 『가례증해』의 원본이다. '관혼상제'의 예법을 전국적으로 통일시키고자 했던 것이 책을 펴낸 목적이었다. 이 책의 특징은 초하루 보름 사당 참배 때는 차를 올린다고 했으며 차를 넣어두는 차합과 가루차를 휘젓는 차선, 찻잔의 받침까지 그림으로 그려놓아 차례의 의미를 알게 했다. 기제사 때도 국을 내리고 차를 올린다 했다. 제사상 그림에는 과일만 표시돼 있지, 과일 이름이 없다. '홍동백서', '조율이시' 하는 것은 가가례의 풍속임이 드러나 보인다.

이 훨씬 넘은 지금까지 전통예법을 공부하는 사람들에겐 필독서로 읽혀지는 책이 바로 『가례증해』이다. 이 책에 대해서 한국전례원 원장 김정 씨는 이렇게 말했다.

"주자의 『가례(家禮)』를 바탕에 두고 우리나라 여러 예학자들의 예설을 꼼꼼하게 첨삭하고 해설한 관혼상제의 증해판으로 전국에서 유일합니다. 책상 위에 올려놓고 사전처럼 보고 있습니다."

책은 종손의 종 8대조인 이의조(李宜朝, 1727~1805) 선생이 펴냈다. 관혼상제 예법을 전국적으로 통일시키고자 했던 것이 책을 펴낸 목적이다. 이는 조선 후기를 지배한 최대의 정치적 사안인 예송논쟁(禮訟論爭) 탓에 관혼상제 예법이 가가례로 더욱 혼란스러워졌기 때문이다.

책을 처음 준비한 것은 선비로 일생을 보낸 이의조의 선친 이윤적 선생이다. 선생은 송나라 때 주자가 지은 『가례』에 바탕에 두고 퇴계 이황, 율곡 이이, 사계 김장생, 우암 송시열, 한강 정구 등 우리나라 쟁쟁한 예학자들의 예설을 더 보태서 정리를 하다 세상을 떠났다. 그러자 그 아들이 대를 이어 13년 만에 『가례증해』 초본을 완성했다.

완성된 초본을 가지고 다시 판각 준비에 들어갔는데, 가까이 있는 직지사 경내에 있는 느티나무를 구해 틀어지지 않도록 갈무리한 다음 판각을 잘하는 김풍해(金豊海)라는 분에게 부탁해 3년에 걸쳐 완성을 본 것이다. 그해가 1798년이니 선생이 세상을 뜨기 7년 전이다. 이런 판각은 그 작업이 방대해서 개인이 만들기엔 어려움이 많아 국가예산으로 만들기도 했지만 『가례증해』는 선생의 사비로 완성한 것이다. 이 책은 선생이 세상을 뜬 후 1824년에 간행되었다.

『가례증해』 목판은 마을 들머리에 있는 '숭례각(崇禮閣)'에 소장되어 있다. 가로 31센티미터, 세로 21.3센티미터 목판 425장이 원본이다. 앞뒷면을 합치면 850면이 되는 장문이다. 세로·가로 양끝에는 다른 나무를 씌워 뒤틀림을 막을 만큼 치밀하게 만들어져 있다. 글자가 고르고 정밀하게 새겨져 예술적 가치가 있다는 평가를 받아 경상북도 지방문화재 제67호로 지정되었다. 종손은 이 책을 영인하고 한글로 번역해서 쉽게 읽혀져야 하는데 그 경비 충당이 어려워 문중에서는 엄두를 못 내고 있다며 안타까워했다.

『가례증해』를 살펴보면 우리가 지금까지 제사상에 오르는 과일을 두고 홍동백서(紅東白西)니 조율이시(棗栗梨柿)니 하는 시비를 할 필요가 없다. 책 어디에도 과일 이름을 적어둔 곳이 없기 때문이다. 또한 조상이 돌아가신 날 모시는 기제사와 설·추석 차례상 차림과 제사 모시는 장소까지 다름을 확실하게 해두었다.

제사상 그림에 등장하는 차합, 차선, 차잔탁

권지 1에 있는 정지삭망속절출주독전가중서립지도(正至朔望俗節出主櫝前家衆敍立之圖)에는 초하루 보름에는 할아버지 할머니 두 분의 신주 앞에 각각 술 한 잔과 차 한 잔, 과일 한 그릇을 올리도록 한 간소한 상차림이 보인다. 초하루 보름이라면 설, 추석에 해당된다. 명절에는 사당에서 차례를 모시기 때문에 간단한 제물을 올리도록 명시한 점이 돋보인다.

제사의 근원을 살피지 않고 음식만 많이 올리면 복을 받는다는 기복사상만 전해와 제사상을 돈을 주고서라도 푸짐하게 차리려는 지금의 풍속은 제사의 본질과는 다르다는 점을 발견할 수 있다.

또한 권지 13에 있는 그림은 조상이 돌아가신 날 모시는 기제사 차림인데 제상 앞으로 놓인 술상에는 술과 차합(茶盒), 차선(茶筅), 차잔탁(茶盞托) 등이 나란히 그려져 있다. 기제사 때 국을 내리고 숭늉을 올리는 순서에 차가 올랐음을 그림으로 보여주고 있는 셈이다.

권지 13 뒷면에는 제상 차림의 음식 이름을 일일이 적어두었는데 할아버지·할머니 한 분마다 상차림을 따로 했다. 한 분의 상차림에는 신주로부터

500여 년간 이 마을 사람들의 정신적인 구심점인 사당 관락사. 종손은 이날 먼 곳에서 조상님의 이야기를 알려온 손님이 왔다는 고유를 하면서 사당문을 열었다. 아침저녁으로 문밖에서 인사하고 초하루 보름에는 사당고유를 행하고 설, 추석 때는 제철음식을 올리고 차례를 행한다는 종손은 『가례증해』의 기록대로 실천하려 애쓴다고 했다.

『가례증해』의 산실 명성재 옆 양지바른 곳에 잠들어 있는 이의조 선생의 묘.

첫째 줄 오른쪽에는 밥과 술잔, 수저와 초장과 국이 올려져 있다. 두 번째 줄에는 국수와 육고기와 적과 생선과 떡이 보이고, 세 번째 줄에는 포와 나물 한 접시, 그리고 생선젓갈과 채소초무침과 생선식혜 그리고 나박김치가 올랐다. 마지막 과일 줄에는 과일 이름은 없고 여섯 가지 과일만 올려져 있다. 간소하고 간결한 제상 차림이다.

선생의 영정이 모셔진 『가례증해』의 산실인 명성재는 종가 뒤 북쪽 언덕에 있다. 3칸짜리 소박한 건물을 짓고 책을 읽으면서 후학을 양성하던 선생의 모습이 봄볕에 아른거리는 우물도 그대로 있다. 재실 아래에 있는 구성초등학교에서 아이들의 낭랑한 글 읽는 소리가 명성재까지 들려온다.

재실이 있는 이 골짜기를 사람들은 도덕골(道德谷)이라 부른다. 예를 숭상하며 학문에 평생을 바친 선생이 살았던 곳이기 때문에 붙여진 이름이다. 나라에서는 그의 학문을 높이 평가해 참봉벼슬을 내렸지만 사양하고 평생을 글 읽는 선비의 도리를 지켰던 분이다. 그의 묘소는 명성재 오른편 양지바른 곳에 있다. 음력 3월 초정일에는 후학과 후손들이 모여 선생의 영정 앞에서 제사를 모신다.

손님상의 실국수와
일 년 밑반찬 죽순.

실국수와 종가의 밑반찬 죽순 만드는 법

실국수 시어머님 살아 계실 때 배운 실국수는 실처럼 가늘게 썰어야 하기 때문에 붙여진 이름이다. 실처럼 곱께 썰기가 쉽지 않아 특별한 손님상에만 올리는 음식이다.

밀가루 반죽은 30분 전에 한다. 반죽을 조금 떼서 커다란 안반에 놓고 홍두깨로 종잇장처럼 민다. 밀가루를 살짝 뿌려서 돌돌 만 다음 채 썰기를 한다. 한편에서는 실국수에 올릴 고명을 만들고 솥에는 국물을 만든다. 멸치와 다시마, 무, 양파, 표고버섯을 넣고 한 시간 쯤 끓여낸 다음 건지는 건져내고 썰어둔 국수를 넣어 재빨리 삶는다. 국간장으로 간을 하고 그릇에 담은 후 다진 쇠고기볶음과 표고버섯, 당근, 애호박채볶음과 달걀 황백 지단을 색 맞추어 올리고 실고추를 올려 낸다. 이 실국수는 국수가 가늘기 때문에 씹지 않아도 그냥 넘어간다.

종가 뒷산 대밭에서는 4월 말부터 죽순이 올라온다. 살림 솜씨 야무진 종부는 이 죽순을 잘 갈무리해 일 년 밑반찬으로 쓴다. 죽순은 생으로 먹으면 독이 있다. 그래서 껍질을 벗기고 가마솥에 넣어 두 시간 정도 삶는다. 삶은 후에는 물에 씻지 않고 그대로 식혀서 소금 간을 한 다음 냉동실에 보관한다. 필요할 때 꺼내 녹인 다음 30분 정도 물에 담가놓으면 소금기와 독성이 빠져나간다.

죽순석쇠구이 죽순은 반으로 갈라놓고 면보로 물기를 닦는다. 다시마 끓인 물에 멸치젓국과 고운 고춧가루, 참기름, 마늘, 생강. 설탕으로 양념장을 만든다. 미끄러운 죽순에 밀가루를 살짝 바르고 그 위에 양념장을 묻혀 석쇠에 앞뒤로 굽은 후 달걀 지단과 실파를 고명으로 올린다.

죽순무침 죽순은 길이대로 찢고 오이와 배는 채 썰고 실파도 썰어 한데 담은 후 국간장과 고춧가루, 깨소금, 식초, 설탕으로 양념해 버무린다.

죽순산적 죽순은 5센티미터 정도의 길이로 찢어서 소금과 참기름으로 간한다. 쇠고기도 고기 양념을 한다. 붉은 피망, 실파는 죽순 길이로 썬다. 꽂이에 색 맞추어 꿰어서 달걀옷을 입혀 팬에 굽는다.

5부

과거와 미래의 경계에서 펼쳐지는 현재진행형 통과의례

의성 김씨 학봉 김성일 종가

풍양 조씨 입재공 조대운 종가

은진 송씨 문정공파 큰 종가와 후손 송병하 종가

전주 최씨 문충공파 연촌 최덕지 종가

경주 최씨 백불암 최흥원 종가

연일 정씨 정응경 종가

현풍 곽씨 청백리공 곽안방 종가

나주 임씨 감무공 임탁 종가

일직 손씨 정평공 손홍량 종가

고성 이씨 임청각 이명 종가

鶴峰先生舊宅

누대로 전해오는 아름다운 예절과 제사문화

의성 김씨 학봉 김성일 종가

200여 평대지에 사랑채, 안채, 문간채, 사당과 풍뢰헌(風雷軒) 등 90여 칸의 건물이 아름다운 정원과 함께 앉아 있다.

이 땅에서 살고 있는 사람이라면 비록 종갓집이 아니더라도 가을 시제(時祭)에 한 번씩 참여했던 경험이 있을 것이다. 오랜만에 만난 친척들이 서로의 안부를 묻는 정겨운 풍경 하며 들놀이를 나온 양 흥겨움마저 감돌던 기억. 고향 뒷동산 묘소에서 제사를 지내고 맛있는 음식을 나누어 먹었던 일이 고향을 떠나 사는 사람들에게는 향수로 남아 있다. 추수가 끝난 음력 10월 상달에 일 년에 한 번 5대조 이상의 조상 묘소에서 지내는 제사를 지방에 따라 시사(時祀), 묘제(墓祭), 시제(時祭), 시향(時享)이라 부른다. 또 자손들이 모두 모인다는 점에서 회전(會奠)이라고도 한다.

아직도 우리나라 제사문화를 고스란히 지켜가고 있는 경북 안동. 그 안동에서도 명문가로 알려진 의성 김씨 학봉 김성일(鶴峯 金誠一, 1538~1593) 종가에서는 음력 10월에 지내는 시제를 9월 하순에 시사라는 이름으로 모시고 있다. 기제사를 모시는 4대조까지도 묘제에 포함시키고 묘제음식도 종가에서 준비하지 않고 묘역 아래에 있는 재사(齋舍)에서 문중 사람들이 함께 준비한다고 한다. 가히 문중 전체의 큰 행사다.

안동시 와룡면 서지리에 있는 학봉 선생의 묘제를 지내는 문중 어른 한 분께 소감을 물었다.

"제사란 조상을 공경하고 받드는 자리지만 한편은 위대한 인물의 후예로서 부끄럽지 않은 품격을 지녀야겠다는 다짐의 계기가 된다"며 이런 묘제는 친척들과 친교의 시간을 가질 수 있는 가문의 축제와 같다고 했다.

2002년 10월 26일 오전 10시, 학봉 선생의 가을 묘제를 모신다는 소식을 접하고 하루 전에 집을 나섰다. 40여 집의 종가를 다니면서 다양한 제사

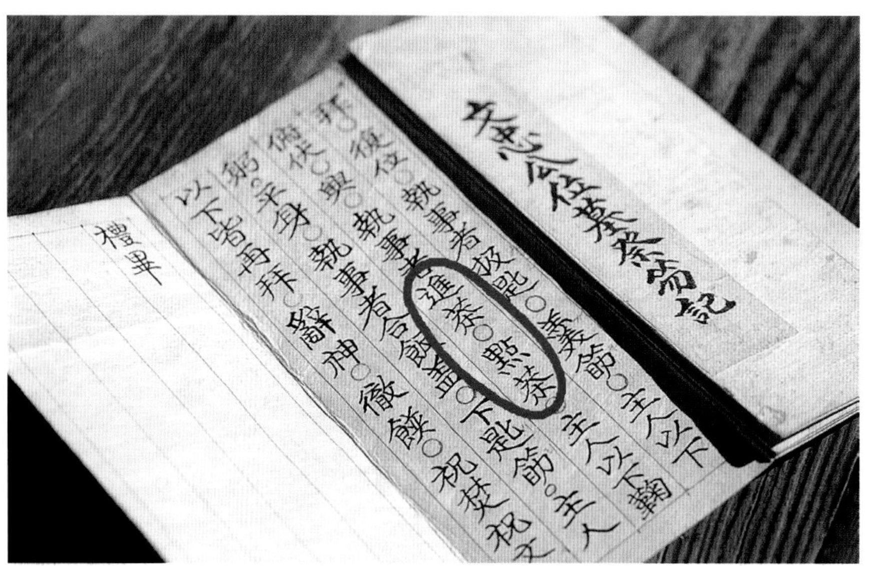

전해져 오는 묘제 「홀기」에는 국을 내리고 차를 올리라는 '진다, 점다'가 선명하다. 하지만 종가에서는 차 대신 물을 올렸다.

를 보았지만 묘소에서 지내는 묘제를 취재하기는 이번이 처음이다.

묘제 전날인 25일 밤 9시에 출발하여 안동에 도착해 여장을 풀 숙소를 찾았을 때는 새벽 2시가 가까운 시각이었다. 5시간 이상을 쉼없이 달려온 강행군의 막바지에 갑자기 간담이 서늘한 일이 벌어졌다. 자동차 바퀴가 그만 힘없이 주저앉고 말았던 것이다. 고속도로에서 문제가 생기지 않은 것만으로도 다행으로 생각하고 가슴을 쓸어내렸다. 아마도 그동안 찾아다닌 종갓집 조상님들의 음덕으로 이 정도에서 그쳤으리라는 생각에 감사한 마음이 든다.

제수품은 깎지 말라

학봉 선생의 가족 묘역은 안동 시내에서 10리 길로 도산서원 가는 길로 통하는 35번 국도를 타고 가면 나오는 곳이다. 아침까지 내리던 가을비는 걷히고 묘제 시간이 가까워지자 하늘이 맑게 개였다. 현란한 색으로 물든 단풍잎이 수북히 쌓인 야트막한 무은산(茂隱山) 자락에는 묘제를 모시기 위해 지었다는 300여 년 된 고옥이 중요민속자료로 지정돼 있다. 안채, 사랑채, 창고 등 규모를 갖춘 건물이다. 따로 재사가 있어도 지킬 사람이 없어서 그 힘든 제수장만을 종가에서 혼자 떠맡아서 하는 대부분의 종가에 비하면 아직도 재사에서 묘제를 준비하는 보기 드문 가문이다.

묘제에 참석하기 위해 전국에서 모여든 문중 사람들은 여기서 하룻밤을 묵으면서 몸과 마음을 청결히 한다. 잠자리도 서열에 따라 정해지는데 70대 이상은 상방에, 60대 노인들은 중방에, 그 이하는 하방에 들어간다. 방에 함께 들어갈 수 있는 기준은 '담배를 같이 피울 수 있는 나이'이다. 특히 종손에게는 밥상도 따로 차리고 반찬의 가짓수도 많으며 예우를 깍듯하게 했다.

학봉 선생의 묘제는 가문의 가장 큰 행사로 종가에서 문중회의를 거쳐 유사(有司) 네 명을 미리 뽑아 소임을 맡긴다. 유사는 아무나 되는 것이 아니다. 예법을 잘 알아야 하고 나이가 비슷해야 하며 초상을 당한 처지이면 안 된다. 까다로운 자격 요건이 있기에 유사로 뽑히게 되면 자랑으로 여긴다. 유사들의 소임은 제물 준비를 위해 시장을 보는 일과 음식을 장만하는 일 등 묘제가 끝날 때까지 모든 일에 책임을 져야 한다.

제사 음식은 하루 전에 유사들이 시장을 보아 준비하는데 그 비용은 묘제를 모시기 위해 마련돼 있는 전답에서 나온다고 한다. 제물을 구입할 때는 절대로 물건 값은 깎지 말아야 한다. 값을 깎다가 말썽이라도 생기면 조상에 대한 불경(不敬)이기 때문이다. 그리고 길에서 아는 사람을 만날 경우에도 인사 없이 지나쳐야 한다. 이야기를 하다 보면 제물에 침이 튈 수 있기 때문에 조심하는 것이다.

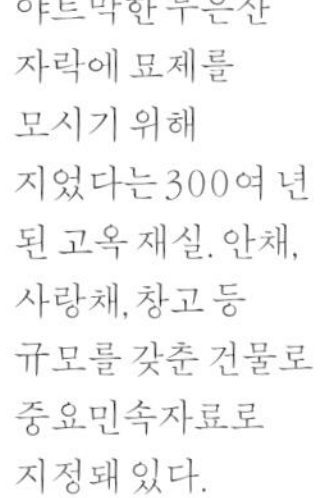

야트막한 무은산 자락에 묘제를 모시기 위해 지었다는 300여 년 된 고옥 재실. 안채, 사랑채, 창고 등 규모를 갖춘 건물로 중요민속자료로 지정돼 있다.

묘제음식 준비는 남자들의 몫

제수 장만은 유사들과 가까이 사는 문중 부인들이 와서 준비한다. 그러나 중요한 제물은 모두 남자 유사들이 맡는다. 이렇게 지극한 정성으로 마련한 제물은 밤부터 괴임을 해서 한지로 봉한 다음, 아침에 지게에 지고 묘소까지 조심스레 운반한다. 묘제 당일 이른 아침에는 재사 2층 누마루에서 문중 어른들이 모여 제관(祭官)을 뽑는다. 이를 분정기(分定記)라 했다. 분정자는 항렬과 나이를 기준해 15명 정도 뽑는다. 이 분정기는 묘제를 지낼 때 비석에 붙여놓아 담당자들의 착각으로 묘제 절차에 차질이 생기지 않도록 예방한다.

묘제는 10시가 넘어서야 시작되었다. 이날 묘제를 올릴 분은 학봉 선생의 고조부와 두 부인, 학봉 선생 내외분, 맏아들 내외분과 둘째 아들 내외분이다. 묘제는 학봉 선생의 고조부부터 시작되었다. 고조부의 묘제는 맏형이 모셔야 하지만 학봉 선생의 묘소와 가깝기 때문에 종가에서 주관하고 있다. 고조부의 묘제가 끝나자 학봉 선생의 묘제가 시작되었다. 제물 차리기를 마치면 참제자 모두 두 손을 모아 잡고 묘 앞으로 둘러선다.

전통적인 묘제를 지내고 산신제를 지내다

묘제 순서는 먼저 참제자 모두 두 번 절하여 신을 뵙는 예를 올린다. 그런 다음 분향을 하면 초헌관은 고개를 조아리고 술잔을 받아 상 아래에 술을 붓는

◀ 하루 전날 시장을 보아 제물을 준비하는데 대부분 남자 유사들이 도맡는다.

▶ 지극 정성으로 준비한 제물은 밤부터 괴임을 해서 한지로 봉한 다음 아침에 지게에 지고 묘소까지 운반한다.

강신을 한다. 초헌관만 두 번 절한다.

첫 잔을 올릴 초헌관은 학봉 선생의 14대 종손 김시인(취재 당시 86세) 할아버지다. 초헌관은 다시 술잔을 받아서 집사로 하여금 제상에 올리도록 하는데 이것이 초헌례이다. 그런 다음 밥뚜껑을 열게 한다. 그리고 술안주로 간적(肝縫, 간구이)을 올리고 나면 참제자 모두 부복하고 축관이 독축을 한다. 축이 끝나면 독축자 이하 모두 일어나고 초헌관만 두 번 절한다. 이어 두 번째 술잔을 올리고 안주는 육적(肉炙, 쇠고기구이)을 올린다.

세 번째 술안주는 어적(魚炙, 생선구이)을 올렸다. 세 번째 술잔을 올린 다음에는 집사가 수저를 밥에 꽂으면 참제자 모두 엎드려 부복한다. 부복시간은 조상이 아홉 수저 뜰 만한 시간으로 3분가량 된다. 축관이 기침을 세 번 하면 모두가 일어난 후 떡에 저분을 올린다. 「홀기(笏記)」에는 차(茶)를 올리라는 기록이 있지만 여기서는 국그릇을 물리고 물그릇을 올린다. 밥을 세 번 떠서 물그릇에 만 다음 모두 허리를 굽혀 있다가 바로 한다. 집사가 밥그릇을 덮는다. 참제자 모두 두 번 절하고 음식을 내리면 묘제는 끝난다.

묘 옆에는 북처럼 생긴 묘방석(墓倣石)이 있다. 일반적인 묘비는 네모난 돌인데 반해 둥근돌이다. 이 묘방석은 적지인 진주에서 돌아가신 선생을 지리산에 가매장했다가 이곳에 다시 모시기 위해 광을 파다가 나온 것으로 일곱 곳이나 징을 넣어 깨려 해도 깨어지지 않자 기이하게 여겨 한강 정구(寒岡 鄭逑, 1543~1620) 선생이 여기에다 선생의 행적을 써서 새긴 것이다.

학봉 선생의 묘제가 끝나면 집사 중 2명이 묘소 아래에 가서 조상의 묘소를 지켜준 산의 신에게 감사의 제사를 지낸다. 산신제의 제물 중 과일은 껍질을 깎지 않는 특징이 있다. 사과, 감, 밤, 대추 모두 껍질째이다. 떡의 가짓수와 육류의 가짓수도 묘제의 것과 같다. 간단한 진설을 마치고 집사자 중 한

◀ TV 프로그램 「성공시대」에서 '갓을 쓴 인터넷 사업가'라는 주제로 출연했던 차종손 김종길(취재 당시 61세) 씨.

▶ 맑고 청명한 가을날 조상님과 후손들 사이에는 들리지는 않지만 정겨운 덕담이 오고 갔을 것이다.

명이 헌관에게 술을 따라주면 그것을 놓고 헌관이 두 번 절하고 한 명은 옆에서 축을 읽는다. 축 읽기가 끝나면 술은 땅에 지우고 산신제는 끝난다.

그다음은 선생의 큰아들 내외와 작은아들 내외 순서로 지낸다. 묘제가 끝나면 모든 음식을 다시 재사로 가져와서 음복상을 받는다. 음복상에는 나물을 넣은 비빔밥이 올랐다. 육류와 생선 등의 날것은 종이에 싸서 집으로 가져간다. 훌륭한 조상의 제상에 오른 음식을 먹으면 큰 복을 받는다 하여 묘제 음식은 인기가 있다.

갓을 쓴 인터넷 사업가

묘제를 마치고 음복할 겨를도 없이 제사에서 30리쯤 거리에 있는 안동시 서후면 금계리 종가를 찾았다. 420년 전 학봉 선생이 45세 되던 해에 이곳에 자리 잡았다는 2000여 평 대지에 사랑채, 안채, 문간채, 사당과 풍뢰헌(風雷軒) 등 90여 칸의 건물이 아름다운 정원과 함께 앉아 있다. 여러 번 보수한 집이어서 고풍스런 분위기는 부족하지만 생활하기는 편해 보였다.

종가에 들어서니 손님들로 왁자했다. 서울서 온 답사 팀들이 안채 대청마루에서 점심을 먹고 있었다. 한복을 곱게 입고 긴 앞치마를 두른 채 밥상을 나르던 차종부 이점숙(취재 당시 62세) 씨는 찾아온 용건을 듣기도 전에 손을 이끌며 식사부터 하란다. 손님 접대가 극진하다는 소문대로 정겹게 대한다.

TV 프로그램 「성공시대」에 '갓을 쓴 인터넷 사업가'로 출연했던 차종손 김종길(취재 당시 61세) 씨도 한복 차림으로 손님을 접대하고 있었다. 취재 당시에는 삼보컴퓨터 부회장이었는데 '동탑산업훈장'과 '올해의 정보통신신인상'을 수상한 유명인사라는 선입견과는 달리 자상한 선생님 같은 인상이었다. 차종손 내외는 직장 때문에 서울에 살고 있지만 일 년에 절반은 종가와 서울을 오가며 생활한다. 종가에는 노종손이 살고 있다.

차종부 이점숙 씨는 퇴계 종가의 따님으로 두 분은 명문 중에 명문가의 혼사였지만 정작 본인들은 얼굴은커녕 사진도 보지 못하고 결혼했다고 한다. 딸만 넷을 두고 아들을 두지 못해 둘째 남동생의 아들을 양자로 들여 종가의 대를 이어갈 것이라 한다. 차종부 이씨에게 "아들을 얻을 때까지 더 낳지 그러셨어요"라고 했더니 "모두 다 가질 수는 없지요. 우리 때는 두 명 낳기 운동이 한창이었는데 4명도 무리였어요. 누구든 종가를 잘 보존하기만 하면 되지요"라며 기품 있는 미소를 보인다. 점심상은 푸짐했다. 집에서 키웠다는

조상의 묘소를 지켜 준 산의 신에게 감사의 제사를 지낸다. 산신제의 제물 중 과일은 껍질을 깎지 않는 특징이 있다.

고소한 상추와 채소를 섞어 만든 겉절이는 고기 맛을 돋워주었고 밤을 채 썰어 양념한 깻잎과 고들빼기 김치, 매실 피클과 더덕장아찌 등 대갓집 밑반찬답게 맛깔스러웠다. 후식으로 감주까지 내놓았다.

독립운동 자금으로 전 재산 내놓은 종가

종부의 소임이 제사와 접빈객이라지만 하루에도 수십 명씩 드나드는 분들께 일일이 식사와 차를 대접한다는 것은 쉬운 일이 아니다. 접빈객에게 극진한 대접은 종가의 내림이다.

"시어머님께서 살아 계실 때는 집에 어느 누가 와도 빈손으로 보낸 적이 없으셨지요. 따뜻한 밥을 지어드리지 못할 때는 옥수수 하나라도 쥐어 보내셨어요."

그 시어머니는 종손 김시인 할아버지의 아내 조필남(趙畢男) 씨다. 그분이 돌아가신 1993년에는 안동은 물론 인근 대구의 꽃집에까지 꽃이 동이 날 정도였다고 한다. 2000평 종가에 300여 개의 조화와 문상객만도 3000여 명에 달했다니 그 종부의 인품이 절로 짐작된다. 조씨 부인에 대한 이야기는 가문의 자랑이다. 영양 주실마을의 한양 조씨 집안이 친정인 조할머니가 종가에 시집왔을 때는 끼니조차 어려운 곤궁한 상태였다. 시아버지께서 대대로 전해오는 모든 재산은 물론 문중 재산까지 독립운동 자금으로 내놓으면서 일

종가의 구심점인
14대 종손 김시인
할아버지.

제의 감시를 피하기 위해 본인이 탕진한 양 위장된 삶을 살았던 것이다. 후에 그 자료들이 밝혀져 1995년 13대 종손이었던 김용환 씨는 건국훈장 애족장을 추서받았다. 그러나 종부는 낙담하지 않고 천성적으로 뛰어난 재주와 인품으로 아랫사람에게는 따뜻한 정으로, 집안 어른들께는 극진한 예로써 대하며 종가를 지혜롭게 꾸려나갔다.

종부에게 100여 명 문중분이 큰절을 올리다

문중 사람들은 종부의 인품에 감동되어 종가 살리기 운동이 펼쳐졌다. 400여 가구가 참여한 보종계(保宗契)가 만들어졌고 차종손의 대학 등록금도 보종계에서 마련한 장학금으로 다녔다고 한다. 이뿐 아니라 지손들이 종갓집 농사도 대신 지어주고 겨울철이면 땔감도 해다 주면서 종가일이라면 발 벗고 나섰다. 종가의 행사 때면 1000여 명이 모이는 강건한 집안으로 일으켜 세운 공을 조씨 부인에게 돌린다.

"문상객마다 슬픔의 눈물을 감추지 못하는 것을 보고 시어머님께서 얼마나 보람된 삶을 사셨는가에 고개가 절로 숙여졌습니다. 시어머님의 존경스러운 삶에 비하면 저는 그 발치에도 이르지 못하고 있습니다." 시어머니는 문장이 출중해 살아생전 며느리에게 "나의 만금보화 현부야"로 시작되는 애틋한 사랑의 편지를 적어 보냈다. 며느리는 그 시어머니의 편지를 소중히 여겨 장롱 깊이 넣어두고 때때로 꺼내 읽으며 교훈으로 삼았다. 이 댁에는 종가 여인들의 행실의 규범이 될 『여자 초학』이 전해져 내려오고 있다. 내용은 여

퇴계 선생이 제자인 학봉 선생에게 도학의 맥을 물려준다는 병명(屛銘)을 차종부가 3년 동안 한 땀 한 땀 수놓아 10폭 병풍으로 만들었다.

자가 시집을 가서 살아가는 데 필요한 행실에 관한 교훈과 부녀자가 지켜야 할 덕목 외에 여자가 알아두면 좋을 내용들을 담고 있다. 특히 글을 마치면서 구체적으로 글을 쓴 때와 부족하지만 잊지 말고 잘 보라는 당부의 말을 적고 있다.

명문종가로 지켜 갈 수 있었던 것은 가문을 떠받치는 기둥으로서 인품과 덕망과 지혜를 갖춘 종부가 있었다는 사실을 가르쳐주고 있었다. 실제 학봉 선생 종가에서는 종부의 권위를 존중하는 뜻으로 매년 정월 초하룻날 후손들이 차종부에게 세배를 드린다. 종가 사당에서 차례를 지낸 후 이어지는 신년 세배 때이다. 세배는 종가 안채 마루에서 시작되는데 후손들 가운데에는 지금의 종부보다 20년 이상 연장자도 있지만 나이와 상관없이 정초에 찾아와 차종부에게 세배를 드린다. 물론 차종부도 맞세배를 한다. 100여 명의 갓을 쓴 노인들이 대청마루에 줄 맞추어 앉아서 종부 한 사람만을 상대로 큰 절을 하는 아름다운 예절은 누대로 전해오는 종가만의 풍속이다.

거북등으로 만든 최초의 안경테

종가에는 선대의 유물 1만 5000여 점이 보관 전시되고 있는 운장각(雲章閣)이 있다. 민간 차원에서는 국내 최대 규모라 한다. 여기서 우리나라에서 가장 오래되었다는 안경테를 볼 수 있다. 학봉 선생이 명나라에 서장관으로 갔을 때 구입한 안경테는 거북등으로 만들어진 것이다. 이것 말고도 선생이 부인에게 보낸 마지막 편지도 가슴 찡한 감동을 준다. 유물관에는 명물이 또 하나 있다. 차종부가 3년 동안 한 땀 한 땀 수놓아 만든 10폭 병풍이다. 친정 선대인 퇴계 선생이 제자인 학봉 선생에게 도학의 맥을 물려준다는 병명(屛銘)인데 글자가 80자나 된다. 이 병풍은 선생의 불천지위(不遷之位) 제사 때만 사용한다고 했다.

우리나라에서 가장 오래된 안경으로 판명된 학봉 선생이 사용했던 안경과 안경집.

독립유공훈장 11명 배출한 애국자 집안

의성 김씨 학봉 김성일(鶴奉 金誠一, 1538~1593) 종가에서는 걸출한 애국지사들이 많이 배출되었다. 독립군에 군자금을 보내면서 파락호로 위장된 삶을 살았던 김용환(金龍煥, 1887~1946) 등 학봉의 직계 후손 중 독립유공훈장을 받은 인물만도 무려 11명이나 된다. 학봉 종가의 이 같은 구국정신을 존경해 오던 영남의 유림들은 일제강점기 때 총독부에 진정서를 내어 학봉의 묘소를 지켰던 일도 있었다.

서울 청량리에서 경북 안동까지 가는 중앙선 철도 노선이 학봉의 묘소를 관통하도록 설계된 사실을 알고 유림은 물론 문중 사람 수백 명이 진성서를 냈던 일이다. 일본인 책임자 아라키(荒木)란 사람이 그 진성서를 보고 학봉이 안동에서 존경받는 큰 선비임을 알고서 기꺼이 터널을 다섯 개나 새로 뚫어가면서까지 설계를 변경해 묘소를 옮기지 않도록 했다고 한다.

안동에서는 하회마을과 쌍벽을 이루는 의성 김씨 동족마을이 있다. 안동시 임하면 천전리 내앞(川前)마을이다. 시조는 신라의 마지막 왕이었던 경순왕의 넷째아들 김석(金錫)으로 고려 태조 왕건의 외손이었다. 이때 의성군으로 봉해져 본관이 의성이 됐다고 한다. 그 후손인 김만근이 안동 임하현의 오씨에게 장가들면서 처가가 있는 내앞마을로 옮겨 오게 되었고, 손자인 청계 김진(靑溪 金進, 1500~1580)의 다섯 아들이 모두 과거에 급제해 오자등과댁(五子登科宅)으로 불리는 융성한 집안이 됐다.

학봉 김성일은 김진의 넷째 아들로 문과에 급제했고 퇴계 이황의 문인으로 학문세계가 넓고 깊어 외국 사신으로 여러 차례 다녀오기도 한 출중한 인물이다. 임진왜란 때는 의병을 지휘해 승전으로 이끄는 큰 공을 세웠다. 56세에 적지에서 세상을 뜰 때까지 임금 앞에서도 직언을 하는 강직한 성품으로 420여 년이 지난 지금까지 충의를 골수로 한 도학자로 존경을 받고 있는 인물이다.

혈식군자의 예로 모시는 묘제

학봉 선생은 부인과 나란히 쌍분으로 모셔져 있다. 그 앞으로 놓인 상석(床石)에 제물을 진설한다. 부인과는 한 상씩 따로 차리는데 이를 각설(各設)이라 한다. 제주 왼편으로부터 대추, 밤, 모과를 놓았다. 모과는 군자의 과일이라 하여 종가에서는 귀히 여기는데 먹기 좋은 크기로 썰어 설탕에 재었다가 제기에 담고 사과, 배, 감 순으로 놓았다. 두 번째 줄에는 청채라 하여 배추나물을 올렸고 쌈이라 하여 소양을 놓았다. 그 옆으로 백채라 하여 콩나물과 무나물을 한 그릇에 볶아 담았다. 식혜를 놓고 편묵이라 하여 묵을 올렸다. 세

「무이구곡도(武夷九曲圖)」 학봉 선생이 선조 10년(1577) 중국 사신으로 갔을 때 가지고 온 것으로 주자가 살고 노래했던 무이산을 그린 그림.

학봉 종가의 묘제.

번째 줄에는 대구포를 아래에 놓고 그 위에 육포를 한 분에게 한 조각씩 올렸다. 그 옆으로 어육(魚肉)은 익히지 않은 날고기를 올린다. 이는 스승인 퇴계 선생을 따르는 혈식군자(血食君子)의 예로서 모시기 때문이란 뜻도 있고, 제사를 지낸 후 나누어 가지고 가서 요리를 하면 가족 모두가 음복할 수 있다는 실용성도 담겨 있다.

어육은 직사각 목기 제기에 명태를 바닥에 먼저 놓고 그 위에 고등어, 방어, 상어, 조기, 쇠고기, 닭 순으로 올린 다음 떨어지지 않게 묶는다. 그 옆으로 떡을 놓았다. 편틀에 거피한 팥 시루떡을 켜켜로 놓고 대추, 밤, 석이를 섞어 찐 백편과 파란 콩고물 묻힌 청절편, 경단, 부편, 잡과편, 송기송편, 화전, 주악, 검은깨를 묻힌 깨구리 등을 웃기떡으로 올렸다. 그 앞으로 꿀을 놓아 찍어 먹을 수 있도록 했다. 네 번째 줄에는 집에서 만든 국수를 올리고 그 옆으로 다섯 가지 탕을 놓았다. 육류와 명태, 문어, 무를 넣고 한꺼번에 끓인 후 각각 담는다. 다섯 번째 줄에는 밥과 콩나물국 그리고 수저를 놓았다. 술잔도 그 사이에 놓여졌다. 제기(祭器)는 유기와 목기였다.

풍양 조씨 입재공 조대윤 종가

400년 장맛을 전하고 있는 후손들의 뿌리 교육장

봄을 가장 먼저 알리는 꽃, 산수유나무에 에워싸인 오작당 종가.

'오작당(悟昨堂)'은 '잘못을 깨달아 뉘우치는 집'이라는 뜻으로 경북 상주시 낙동면 승곡리 132에 있는 풍양 조씨 입재공 조대윤(立齋公 趙大胤·1638~1705) 선생의 400년 된 종가 당호(堂號)이다.

정월 대보름을 하루 앞둔 2003년 2월 14일 말날(戊午), 봄볕 같은 따스한 햇살이 내리쬐는 오작당 안채 장독대에서는 종가 음식의 맛을 내는 장을 담그느라 분주하다. 이날은 장을 담기 좋은 길일로 시집간 두 딸도 모처럼 친정 나들이를 왔고 이웃에 사는 문중부인도 품앗이를 해준다.

종가의 일이라면 누구 할 것 없이 나서서 도와 주는 가풍은 장담그기 같은 소소한 집안일에만 해당되는 것이 아니라 20년을 이어온 '풍양 조씨 뿌리 교육'에서도 여실히 드러난다. 해마다 여름방학을 이용해 중학생부터 대학생 남녀를 대상으로 4박 5일 동안 대종가 양진당에서 무료교육을 실시하고 있다. 교육을 받은 학생이 자라서 강사로 참가하기도 하는데 자기 집안의 내력뿐만 아니라 우리나라 전통과 문화 전반에 대한 이해의 폭을 넓히고 훌쩍 커서 나가는 학생들이 많다고 한다.

경상북도의 군 중에서 가장 너른 평야를 가진 상주는 조선시대에 교통의 요지였다. 경상도에서 서울을 가려면 이곳을 거쳐 충북 영동이나 괴산을 통해 가야 했다. 그러기에 조선 세종 때에는 경상도 감영이 설치되기도 했는데 '경상도'라는 명칭도 경주(慶州)와 상주(尙州)에서 한 자씩 따와 만들었다고 하니 상주가 얼마나 큰 고을이었는지 짐작하게 한다.

이렇게 넉넉한 고장에 풍양 조씨들이 터 잡게 된 것은 임진왜란 때 의병장으로 활약했던 검간 조정(黔澗 趙靖, 1555~1636) 선생 때였다. 류성룡의 제자이면서 김성일의 조카사위가 되어 퇴계 학파의 맥을 이은 조정 선생은 상주 최초의 서원인 도남서원을 세우기도 한 선비였다. 향약(鄕約)을 실시하여 임진왜란 뒤 민심이 흉흉했던 향촌 사회를 성리학적 질서로 안정시키기도 했던 분으로 선생이 임진왜란 때 쓴 『임란일기』는 보물로 지정되어 있다.

뿌리교육의 터전 양진당과 오작당

검간 선생이 상주에 터를 잡고 1601년에 지은 집이 바로 '오작당'이다. 그후 선생의 둘째 아들 손자인 대윤이 오작당을 400미터 거리에 있는 지금의 자리로 옮겼고 '오작당'이 있었던 자리에는 '양진당(養眞堂)'이 지어졌다고 한다. 유형문화재로 지정된 '양진당'을 검간 선생 종가라 하고, 민속자료로 지정된 '오작당'은 입재공 종가라 부른다.

'오작당' 종가는 지금껏 후손들이 살고 있지만 '양진당'은 비어 있다. 그러나 '양진당'을 그냥 비워두지는 않는다. 해마다 8월 10일에서 15일까지는 전국에 흩어져 있는 풍양 조씨 후손들의 뿌리교육장으로 쓰인다.

"아마 전국에서 뿌리교육의 효시는 우리 문중이 아닐까 싶어요. 이것만은 우리 문중의 자랑거리입니다. 입학식 때는 사회인사들도 초청합니다. 장학재단도 설립되어 일년에 봄·가을 학기를 나누어 40명에게 주는 대학 등록금도 이때 수여합니다."

풍양 조씨들의 뿌리교육은 이들 가문의 후손들만이 아니라 우리나라 전체 학생들의 필수과목으로 채택하여 문화민족으로서 자부심을 갖도록 발전시켰으면 좋겠다는 생각도 해본다.

이렇게 넉넉한 고장에 풍양 조씨들이 터 잡게 된 것은 임진왜란 때 의병장으로 활약했던 검간 조정(黔澗 趙靖, 1555~1636) 선생 때였다.

양진당은 지금 생활하는 사람은 없지만 해마다 여름이면 풍양 조씨 뿌리교육의 장으로 활용되고 있다.

수백년 내력의 희귀한 장독대

종가는 봄을 가장 먼저 알리는 꽃, 산수유 나무에 에워싸여 있다. '일가유원(一家萸圓)'이란 편액과 '오작당'이란 당호가 걸린 종가의 사랑채에 들면 사랑채와 행랑채를 잇는 공간에 중문이 있어 안채로 들 수 있다. '일(一)'자형 안채가 단아하게 객을 맞는다. 동편에는 조상들의 공간인 두 칸짜리 조촐한 사당이 있고 서쪽에는 여자들의 공간인 부엌이 있어 전형적인 양반주택의 형식을 갖추었다.

안채 부엌 앞 오른편에는 우물터와 장독대가 있다. 우물은 18년 전 상수도가 들어오면서 메워져 수도꼭지가 두레박을 대신했지만 종가 건물과 함께 터 잡은 장독대는 긴 세월 동안 수많은 종가 사람들의 입맛을 챙겨주고 건강을 지켜주는 구실을 하고 있다. 사람의 수명보다 수백 년을 더 살아있는 장독대의 독들은 비록 비바람을 맞고 아무렇지도 않은 듯 태연하게 서 있지만 옹기를 연구하는 사람들의 눈으로 보면 박물관 유리관에 고이 모셔져야 할 귀한 독들이었다. 양반네 살림살이라지만 알뜰하기는 여느 집과 다를 바 없다. 금이 간 옹기들도 버리지 않고 철사 줄로 꽁꽁 동여매어 사용한다.

나이를 가늠할 수 없다는 다섯 개의 장독은 장을 담은 햇수에 따라 묵장, 햇장의 서열을 지키며 줄지어 서 있다. "예로부터 묵장과 햇장을 함께 섞으면 집안에 우환이 생긴다는 속설이 있지요. 간장은 묵힐수록 단맛이 좋아요. 첫아들 낳았을 때 시어머니께서 묵장으로 간을 맞춰 미역국을 끓여주셨는데 보약 같은 느낌이었습니다."

그래서 5년씩이나 된 장이 지금도 있다고 한다. 종부는 수많은 제사에 쓰여질 간장도 따로 떠서 작은 항아리에 정갈하게 보관한다고 했다. 된장도 오래된 된장, 햇된장을 구별해두었는데 해묵은 된장은 약이 없던 시절에는 상비약이 되기도 했다. 상처에 된장을 붙혀두면 지혈이 되고 상처가 빨리 아물었다. 요즈음에는 그 묵은 된장이 항암제가 된다고 해서 따로 간수했다가 몸이 좋지 않을 때는 이것으로 된장찌개를 끓여 먹는데 소화가 특별히 잘되는 것 같다고 한다.

장독뿐 아니다. 고추장 항아리, 막장 항아리, 집장 항아리 등이 옹기종기 모여 있고 각종 씨앗을 보관하던 씨앗독도 장독대에 있다. 또 제사 때와 손님 접대용으로 담갔던 가양주 술독도 여럿 있다. 크고 작은 떡시루도 장독대에 놓여 있다. 키작은 각종 젓동이도 키 큰 독들 사이에서 조화를 이룬다.

이들 옹기 외에도 종가에는 조형미의 극치를 이루는 2단짜리 특이한 독 두 개가 눈길을 잡아 끈다. 이 독은 독 전체 키의 5분의 2 선에서 개미허리처럼 잘록한 테를 둘렀고 꽃잎 모양의 연결사슬을 올려 바깥전을 만들었다. 그 안으로 또 하나 전을 만들어 전과 전 사이에 오목하게 생긴 둘레에는 물을 채웠다.

종가 대문에는 입춘대길(立春大吉), 건양다건(建陽多建) 이란 글귀를 붙혀 복을 빌었다.

◀ 나이를 가늠할 수 없다는 다섯 개의 장독은 장을 담은 햇수에 따라 묵장, 햇장의 서열을 지키며 줄지어 서 있다.

▶ 짚으로 꼰 새끼줄에 숯과 고추를 끼워 독 입구를 감아 부정한 기운이 들지 않도록 한다.

이렇게 해두면 단지 속에 있는 음식물이 변하지 않도록 온도 조절 역할을 하고 개미, 지네 등의 벌레들이 들어가는 것도 막을 수 있다고 한다. 가히 그 과학성과 기능성에 매료되지 않을 수 없다. 옹기 전문가들은 이런 조형은 청자나 백자에서는 흉내 낼 수 없다고 한다. 아마도 옹기쟁이들이 도예기술을 한껏 발휘해 만들었을 것이다. 희귀한 이층독은 쌀이 두어 가마 들어갈 수 있는 큰 독으로 하나는 집안의 터주신으로 모시는 '성주독'으로 쓰이고 있다.

장독대에 놓여진 것은 그 본래의 쓰임은 잘 알 수 없으나 종부의 시어머니 시절에는 겨울에 수정과나 감주를 담아두고 사랑채 손님들의 접대용으로 쓰였다고 한다. 본래의 뚜껑은 없어졌고 나무뚜껑을 덮어두었다. 종부의 기억에는 장독대가 독들만의 공간이 아니었다. 시어머니께서 이른 새벽에 일어나 월정수(月井水)를 떠다가 독 위에 올려놓고 가족의 편안함을 빌었던 신전이기도 했다. 그래서 장독은 바닥보다 높이 있고 제사상 모양의 방구형인 사각이라 한다.

명태밀가루찜과 마른 미나리나물

이날 장담그기가 끝나고 미리 준비한 보름 음식으로 차린 푸짐한 점심상이 나왔다. 잡곡밥과 아홉가지 나물, 청어구이, 냉이콩가루 된장국, 유채나물 겉절이, 돼지수육에 상추쌈까지 있었다. 종가의 특미로 올려진 명태밀가루찜은 종가의 내림음식이다. 이 요리를 만들려면 명태는 머리와 꼬리를 없애고 물에 불린 후 물끼를 꾹 짠다. 무는 곱게 채 썰어 소금 간을 한 다음 꼭 짜둔다. 밀가루를 걸쭉하게 푼 다음 채 썬 석이버섯과 검은깨, 다진 파, 다진 마늘과 짜둔 무를 넣는다. 집간장으로 간한 다음 명태 위에 발라서 찜통에 10분간 쪄낸다. 마지막으로 실고추를 고명으로 올린다.

상에 낼 때는 먹기 좋은 크기로 썰어 초간장과 함께 낸다. 무가 들어가 명태가 부드럽고 담백한 맛이 좋았다. 수많은 제사에 올려지는 명태포를 이렇게 근사한 요리로 만든 종부의 지혜가 돋보인 요리였다.

이뿐 아니라 아홉 가지 나물 중에 특이한 것은 마른 미나리나물이었다. 미나리꽝에서 제철에 다 먹지 못한 미나리를 살짝 삶아 말려두었다가 다시 삶아 나물로 볶아낸 것이다. 쫄깃하면서 미나리 특유의 향이 살풋이 났다.

2남 3녀의 자녀들은 모두 출가했고 종가에는 종손과 종부만이 살고 있다. 집앞이 바로 큰길이라 종가 구경 오는 이들부터 연구와 취재 등 수많은 사람이 드나들어 차 한잔만 내더라도 종부는 쉴 틈이 없다. 특히 전통가옥의 높은 문턱을 오르내리느라 힘든 종부를 위해 종손이 사랑채에서 직접 차를 타 손님에게 접대하는 것으로 아내 사랑을 실천하기도 한다.

수많은 제사에 올려지는 명태포를 맛깔스런 요리로 변신시킨, 종부의 아이디어가 돋보이는 명태밀가루찜.

경상도 특유의 무뚝뚝한 억양이지만 종손은 친화력이 있어 뵈는 인상으로 유머감각이 풍부하고 속정이 깊어 보였다. 종부가 일에 지쳐 힘들어하면 "종부는 아무나 하나. 고래등 같은 기와집의 안주인은 당신이 아니고 누구냐"라는 우스개로 피로를 풀어주는 자상한 분이기도 하다. 노년에 조상의 위업을 받들고 살 수 있다는 사실이 참으로 행복하다는 종손은 종가가 언제까지 지켜지겠느냐는 물음에 장남 조용권(취재 당시 42세) 씨까지는 가능하겠지만 손자대에서는 장담할 수 없다고 한다.

400년 장맛을 내는 장담그기 비결

식구가 적다고 장을 적게 담글 수는 없다. 장독이 큰 것밖에 없기도 하려니와 넉넉하게 담아야 아파트 생활하는 아들네 집과 친척들 집에 나누어 줄 수 있다. 그런데 딸들에게는 절대 간장이나 된장을 주지 않는다. 친정에서 장을 가져다 먹으면 딸네가 못산다는 속설 때문이다.

종부의 젊은 시절에는 마을 아낙들이 산에서 나물을 캐 와 종가에 가져오면 된장이나 간장을 한 바가지 퍼 주었던 기억도 있다. 살림이 어려워 장을 담그지 못하는 집들이 그때는 많았다. 나물을 무쳐 먹을 장이 없어 대갓집에 나물을 캐다 주고 된장이나 간장으로 바꾸어 갔던 것이다.

그 시절에 비할 바는 아니지만 지금도 콩 2말로 메주를 쑨다. 그러면 길이 15센티미터, 두께 10센티미터 정도의 메주가 열 덩이 정도 된다. 종가에는 오래된 메주 틀이 있어 레시피를 대신한다. 메주가 이 정도면 굵은 소금은 대두 12되가 든다. 물은 6동이를 잡는다. 요즘 양동이가 옛날 옹기물독과 용량이 같다. 식구가 많았을 때는 콩이 2말이면 물 10동이를 잡았는데 지금은 장맛을 위해 물을 적게 잡는다.

가을에 쑤어 겨우내 말린 메주는 흐르는 물에 담가 지푸라기로 솔을 만들어 문질러 씻는데 재빨리 씻어야 메주가 불어터지지 않는다. 광주리에 담아 물기를 빼고 햇볕에 이틀 정도 말린다.

종가에는 해마다 정월에 장을 담근다. 이때 담근 장은 변질의 우려가 없고 기온 차이로 서서히 맛을 내기 때문에 장맛이 좋다. 정월이라 해도 아무 날에나 담그는 게 아니다.

"시어머니께서는 신일(辛日)과 오행(五行)의 수일(水日)은 피해야 한다고 했어요. 신일은 장맛이 시다 하여 피하고, 수일은 장이 묽어진다고 해서 피해야 한다는 거지요. 가장 무난한 날은 말날인 오(午)일을 택하라고 했습니다."

장담기 하루 전에 소금물을 만드는데 먼저 넓은 그릇에 소쿠리를 놓고 소금을 조금씩 넣으면서 준비한 물을 붓는다. 아래로 소금물이 모이는데 막대기로 휘휘 저어가며 소금이 다 녹게 한 다음 침전물이 바닥에 가라앉도록 하룻밤을 재운다. 그런데 간이 문제다. 간을 보아 짜고 덜 짠 것을 가늠하기가 어렵다. 이럴 때 달걀을 간수에 집어넣어 달걀이 수면 위에 반 정도 떠올라 있으면 염도가 알맞은 것으로 친다. 간이 짜면 달걀이 더 위로 뜨고 싱거우면 가라앉는다. 지금은 염도계가 있다지만 종가에서는 옛 방식대로 달걀로 염도를 조절한다.

장 담그는 날 아침에는 장독을 소독한다. 짚에 불을 붙혀 연기로 독안을 소독하고 마른 행주로 깨끗이 닦아낸다. 닦아낸 장독에 메주를 차곡차곡 넣고 가라앉힌 소금물을 붓는다. 간수를 다 붓고 나면 메주가 둥둥 뜬다. 그 위에 청정제 구실을 하는 숯, 군내와 균의 번식을 막아주는 붉은 고추, 단맛을 내는 대추를 띄운다. 그리고 짚으로 꼰 새끼줄에 숯과 고추를 끼워 독 입구에 느슨하게 감아 조심하도록 한다.

그다음부터는 메주가 햇볕을 쬘 수 있도록 해가 나면 장독 뚜껑을 열어두었다가 저녁이면 뚜껑을 덮는 일에 신경을 써야 한다. 60여 일이 지나면 메주와 소금물이 섞이면서 까므스레한 간장이 장독 안에 가득하게 된다. 이때쯤 대나무로 만든 '용수'를 거꾸로 박아 간장을 떠내거나 메주를 먼저 조심스레 들어내고 장은 소쿠리에 받히기도 한다. 간장은 무쇠솥에서 달여내어 장독에 담아 보관했다가 30여 일 지나면 먹을 수 있다. 또 진장을 만들고 싶을 때는 따로 떠내 달일 때 검은콩과 검은 설탕을 조금 넣으면 달콤하고 고소한 진간장이 된다. 메주는 부수어 단지에 담고 그 위에 소금을 뿌려두면 된장이 된다. 이후에는 날씨가 좋은 날은 옹기 뚜껑을 열어 햇빛을 쪼여야 장맛이 변하지 않는다. 종가의 장맛 비결은 수입콩을 쓰지 않고 수입소금도 쓰지 않는데 있다. 그리고 볕이 잘 드는 장독대에서 장이 잘 익도록 정성을 다하는 것이 비결이라면 비결이라 했다.

담소를 나누면서 메주를 씻는 모습도 보기 드문 풍경인데 더욱 정겨운 모습은 11대 종손 조정희(취재 당시 70세) 씨가 종부 채춘식(취재 당시 68세) 씨를 도와 함께 장을 담그는 것이다. 종손은 짚을 태워 독을 소독하고, 그 짚

닦아낸 장독에
메주를 차곡차곡
넣고 가라앉힌
소금물을 붓는다.

종손과 종부가
간장을 담고 있다.
근엄하게 위엄만
차리는 종손의
모습은 볼 수 없다.

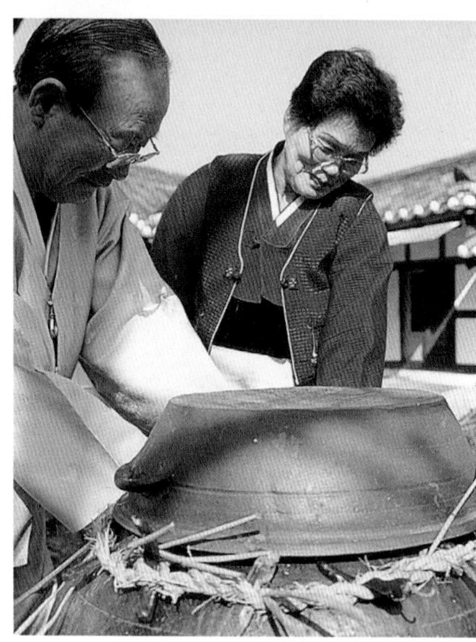

으로 꼰 새끼줄 사이사이에 숯과 고추를 끼워 장맛이 잘 나게 하는 액막이 금줄을 만들어 독 둘레에 느슨하게 걸어주었다. 그리고 사랑채에서 따뜻한 커피를 타 와 종부의 추운 몸을 녹여주는 애틋한 정성도 엿보였다. 일손이 턱없이 부족한 지금의 종가에서는 근엄하게 위엄만 차리는 권위적인 종손의 모습으로는 종가를 지켜내기가 무척 어려운 시대다. 종손도 변해야 종가가 살아남을 수 있다는 사실을 실감할 수 있는 종가였다. 그래서 더욱 훈훈한 사람의 향취가 느껴지기도 했다.

宋氏別廟

종부의 손끝에서 되살아나는
전통 다담상의 35가지 음식

은진 송씨
문정공파 큰 종가와
후손 송병하 종가

"이 세상 만물은 봄과 함께한다" 하여 동춘(同春)이란 호를 가진 송준길(宋浚吉, 1606~1672) 선생은 예학의 종장으로 성균관 문묘에 배향된 조선 효종 때 인물이다. 나라의 자존을 위해 북벌론을 강론하다 세상을 뜨자 1686년 숙종은 문정(文正)이란 시호(諡號)를 내려 그 뜻을 기렸다. 은진 송씨 문정공파는 선생의 시호에서 비롯된 것이다.

가문의 명예가 되는 시호를 받는 날 후손들은 축하차 오신 손님들을 위해 다담상을 준비했다. 무려 230상이나 차려 냈다고 하니 대단한 규모였으리라. 이 집안에서 전해오는 『덕은가승(德恩家乘)』에 기록된 다담상(茶啖床) 차리는 법을 보면 손님에 따라 대상(大床)과 평상(平床)으로 나뉘어졌고 대상에는 35가지 음식이, 평상에는 25가지 음식이 올려졌다.

320여 년 세월이 지난 지금도 그때의 다담상이 전해오고 있는지, 또 그 시절 사대부 집들의 다담상에는 어떤 음식과 차가 올랐는지 궁금하여 햇차가 선보이는 4월을 앞두고 설레는 마음으로 대전광역시 대덕구 송촌동 129에 있는 동춘당 큰 종가와 선생의 둘째 손자 송병하 종가를 찾았다.

대전 나들목을 지나 2킬로미터쯤 가면 교통표지판에도 '동춘당'을 안내하고 있다. 대전시가 문화유적의 대표지로 내세우는 곳인지라 안내판이 자세하다. 송촌마을, 선비마을로 불리는 지명에서 보여지듯 그 옛날은 이 일대 모두가 은진 송씨들의 집성촌이었다고 했다. 그러나 지금은 동춘당과 종택은 아파트 숲에 가려 도심 속의 섬같이 외로이 남아 있고 종가 주변은 공원으로 조성돼 시민들의 휴식공간으로 활용되고 있다.

종가 입구에서 오른쪽으로 보이는 건물이 동춘당이다. 동춘당은 조선 효종 때 대사헌과 병조판서를 지낸 송준길 선생이 관직을 물러난 후 거처하

던 별채 이름으로 보물 제209호로 지정되어 있다. '사철의 원기 가운데 봄이 으뜸이므로 만물과 봄을 함께한다'는 뜻으로 지은 자신의 호를 따서 '동춘당'이란 당호를 짓고 이곳에서 정치를 논하고 후학을 양성했던 곳이다. 동춘당이란 편액 글씨는 친척이자 학문의 동반자인 송시열(宋時烈, 1607~1689)의 글씨다.

도심 속의 섬같이 외로이 남아 있는 동춘당과 동춘당의 둘째 손자 송병하의 종가. 옛날 이 일대가 은진 송씨의 집성촌이었으나 도시 개발로 옛 모습은 거의 찾아볼 수 없지만 종가 주변을 공원으로 조성해 시민들이 우리 건축물의 아름답고 단아한 모습을 즐길 수 있도록 했다.

만물은 봄과 함께한다

동춘당 건물의 백미는 대청의 남쪽과 동쪽 벽면을 여닫는 문을 맹장지문짝으로 만들어 이 문을 접어서 들어올리면 바깥 자연과 하나되게 하는 멋스러움에 있었다. 6칸 중에 2칸은 온돌방을, 4칸은 마루를 놓았는데 마루와 방의 경계를 문으로 처리해 필요에 따라 이 문만 들어올리면 한 공간이 된다.

온돌방의 굴뚝을 바깥으로 달지 않는 것도 이 건물의 특징이다. 온돌방 아래 초석과 같은 높이로 연기 구멍을 뚫어놓아 유학자의 은둔적 사고를 표현했다는 전문가들의 평가다. 따뜻한 온돌방에서 편히 쉬는 것은 선비의 부덕으로 여겼던 선생의 사상이 배어나는 듯 굴뚝이 보이지 않았다. 80여 년 전만 해도 동춘당 앞으로 대문이 있었고 행랑채도 있었는데 세월의 무게에 모두 허물어졌고 그 자리를 담으로 둘러놓았다. 동춘당 출입 대문은 건물 뒤에 있었다.

동춘당의 긴 담과 사랑채 담 사이의 골목길을 따라 들어가면 대문이 있다. 대문에 들어서면 왼편에는 넓은 정원을 가진 'ㅁ'자 모양의 사랑채와 사랑채 뒤로 안채가 단아한 부인의 자태 모양으로 앉아 있다. 나즈막한 내외담도 만들어 사랑채 손님과 마주치지 않게 했다. 동춘당 출입문 앞으로는 종가를 상징하는 두 개의 사당이 있다. 별묘(別廟)와 가묘(家廟)가 그것이다. 별묘에는 동춘 선생의 불천지위(不遷之位, 영원히 모시는 제사)가 모셔져 있고 가묘에는 4대조 신주가 모셔져 있다. 건물마다 담을 쳐서 공간 분리를 해둔 점도 여느 종가에서 볼 수 없는 특징이다. 동춘 선생 고택은 대전광역시 유형문화재 제3호로 지정되어 있다.

동춘당 맹장지문, 자연과 하나되다

안채에서 만난 동춘당의 13대 종부 김정순(취재 당시 68세) 씨는 4남 1녀를 두었다. 이제는 모두 혼인해 분가했고 미혼인 막내아들 송영진(취재 당시 33세) 씨와 함께 종가를 관리하며 살고 있었다. 14대 종손 송성진(취재 당시 45세) 씨는 직장 때문에 서울에 있다. 차분하고 조용한 성품을 가진 종부는 설·추석 차례는 사당에서 지내며 아직도 한식 차례, 단오 차례, 동지차례를 지낸다는 예학자 가문다운 제례 풍습을 잇고 있다.

동춘당 선생의 큰제사 때는 다섯 가지 탕과 세 가지 적을 올리며 여덟 가지 과일을 올린다 했다. 1년에 기제사만 12번을 지낸다는 종부는 예전과는 달리 제사 음식이 많이 간소화되었다고 한다. 시아버님이 살아 계실 때는 술안주로 올렸던 숙장아찌며 배추선 등 귀한 음식을 준비하곤 했지만 이제는 손이 많이 가는 음식이라 만들지 않는다고 했다.

다담상 차림을 부탁해보았지만 정중하게 거절했다. 11년 전 종손과 사별한 종부는 '남편을 먼저 보낸 사람이 어찌 세상에 나설 수 있으며 더구나 다담상을 차려본 지는 오래된다'는 명분을 내세워 품위 있게 사양했다. 대갓집

동춘당 건물의 백미는 대청의 남쪽과 동쪽 벽면을 여닫는 문을 맹장지문짝으로 만들어 이 문을 접어 올리면 바깥 자연과 하나되는 멋스러움에 있다.

법도가 몸에 밴 종부로서는 당연한 거절이었다. 영진 씨도 종손이 아니어서 촬영에는 응할 수는 없다고 했지만 좀처럼 열지 않는 동춘당 맹장지문을 모두 들어올려 자연과 하나되는 동춘당 건물의 아름다움을 눈으로 확인할 수 있게 해주었고 사당 문도 열어서 보여주었다.

소대헌과 호연재

동춘당에서 나와 오른쪽으로 50미터 거리에는 대전광역시 민속자료 제2호로 지정된 동춘당의 둘째 손자 송병하(宋炳夏, 1646~1697)의 집이 있다. 첫 손자는 장손으로 동춘당 종가에서 살았지만 집이 번창해지면서 둘째 손자는 따로 분가를 시켰던 것이다.

이 댁은 동춘당과 달리 건물 전체가 단출해 보였고 단아했다. 대문을 잇는 낮은 담장 아래에는 영산홍을 심어 꽃이 필 무렵이면 꽃구경 오는 사람들로 문전성시를 이룬다고 한다. 대문에 들어서면 오른쪽과 왼쪽에 두 채의 사랑채가 기다랗게 놓여 있고 그 앞으로는 괴석으로 꾸며진 정원이 있다. 왼쪽의 큰 사랑채는 송병하의 둘째 아들인 송요화(宋堯和)의 호를 따 소대헌(小大軒)이라 했고, 오른편 작은 사랑채는 송요화의 아들 송익흠(宋益欽)의 호를 따서 오숙재(寤宿齋)라 했다. 더욱 관심을 끄는 것은 안채에도 당호가 있었다는 점이다. 소대헌의 부인 호연재 김씨가 살았던 집으로 김씨의 호를 따 호연재(浩然齋)라 했다.

무슨 아파트 몇 동 몇 호가 현대인들의 메마른 당호라면 옛사람들은 각자가 거처하는 집과 방에도 멋스런 이름을 지어 그 의미를 새기면서 삶의 공간을 그윽하고 서정적인 분위기로 연출했던 것이다. 이 댁은 바로 이웃에 있

별묘에는 동춘 선생의 불천지위가 모셔져 있다.

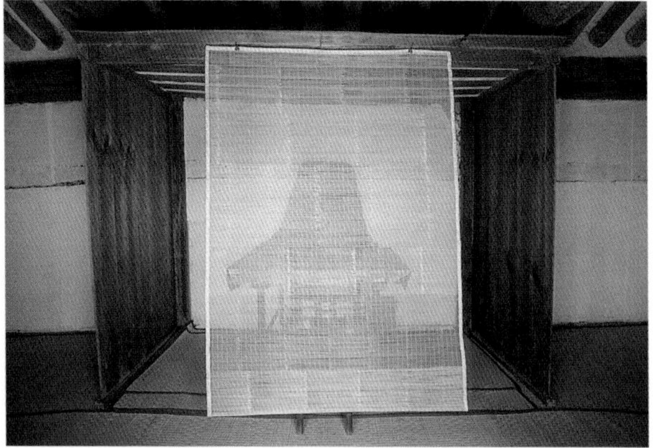

는 큰댁의 우뚝한 그늘에 가려 일반인들에게는 많이 알려져 있지 않지만 종손이 운영하는 선비박물관에 전시된 종가의 유물을 살펴보면 330년 종가의 역사가 한눈에 펼쳐진다.

문집은 물론 종갓집 며느리들의 음식 솜씨를 전수하는 요리책도 2권이나 있다. 조선시대 놀이기구인 상영도, 종가 식구들의 건강을 위해 탕약을 집에서 조제한 듯 50개의 서랍이 달린 약장도 있다. 그뿐만 아니라 남자들의 성년식인 관례(冠禮)는 물론 여자들의 성년식인 계례도(笄禮圖)도 남아 있다. 글씨를 잘 썼던 동춘당이 손자 며느리를 맞이할 때 보낸 혼서지며 200여 권의 책력에는 그날그날 중요한 사항을 기록한 200년치의 생활일기가 오롯이 전해오고 있다.

수많은 전쟁을 겪으면서도 어떻게 이 많은 유물을 간수할 수 있었을까. 조상의 유물을 목숨처럼 소중히 여겨 보관했던 종가 사람들에게 찬탄을 보내지 않을 수 없었다. 이런 유물들로 하여 가문의 정체성이 확고히 빛나고 아름다운 문장들은 후손들에게 긍지를 갖게 한다.

특히 이 댁에서 남녀의 편견을 두지 않고 자랑스럽게 내세우는 인물은 며느리였다. 병하의 둘째 며느리인 호연재 김씨가 그분이다. 호연재 김씨는 여성 특유의 섬세하면서도 서정적인 시를 많이 남긴 여류 문인으로서 허난설헌을 이어 조선 후기 여류 문학사의 맥을 형성한 분이다. 현재의 글에는 이 가문의 생활이 담겨 있고 그 시대의 사회상이 펼쳐져 있다.

연회에 나타난 다담상 음식 35가지

종가에는 11대 종손 송봉기(취재 당시 67세) 씨와 종부 윤자덕(취재 당시 66세) 씨가 구순의 노종부 송용억 씨를 모시고 있다. 1남 4녀는 모두 출가했고 큰집을 지키며 시아버지 대소변을 받아내는 종부. 안 그래도 힘이 부치는 종부에게 다담상 차림을 부탁한 것은 참으로 송구한 일이었으나 흔쾌히 음식을 만들어주어서 종부의 손끝에서 사라져가는 우리의 전통이 되살아나는 순간이었다. 종가에는 『우음제방(禹飮諸方)』과 『주식시의(酒食是儀)』라는 요리서가 전해온다. 이 두 책은 어느 한 사람이 기록한 것이 아니라 여러 대에 걸친 기록이다. 종손의 5대조인 송영노(宋永老, 1803~1881)의 부인인 연안 이씨가 처음 기록하기 시작한 요리서에는 100여 가지가 넘는 음식과 술 만드는 법이 실려 있다. 여성들을 위한 책이어서 한글로 되어 있다. 이 책에 나오는 송순주(松筍酒)는 종부들의 내림솜씨로 끊어지지 않고 이어져와 현종부 윤자덕 씨는 송순주로 대전시 무형문화재 9호가 되었다.

종부는 시어머니께 배운 차상 차림을 차려주었다. 이 댁 차상에도 차는 없었고 오미자 화채와 두텁떡이 올랐다. 종가에 전해오는 음식책에는 두텁떡이 '가진 두텁떡'이란 이름으로 실려 있다. 책에 실린 한글 그대로 두텁떡 만드는 방법을 옮겨본다.

"찹쌀 가루를 꿀물에 반죽하여 거피 팥 속을 꿀에 섞어 붉게 볶아 계피, 호두 가루와 섞어 꿀에 재워 대추만큼 뭉치고, 체 밑에 꿀·팥 볶은 것 펴고 그 위에 찹쌀가루 꿀에 버무려 화전같이 놓고, 소 뭉친 것 하나씩 그 위에 놓고 또 꿀 버무린 걸로 얇게 꽂 떡채로 하여 소마다 넣어 놓고 또 밤·대추·석이 채쳐 자옥자옥이 베어 그 위에 꿀 판 볶은 것 쌓아 모시 보자기 물에 축여 덮어 익게 쪄 쓰라"고 했다. 이 책에는 '매화차'가 보인다.

종가 제사 때는 반드시 집에서 담근 술을 올렸다. 봄에는 어린 솔순을

이 댁에서는 집에서 담근 술을 제사에 올린다. 봄에는 소나무 순을 따서, 가을에는 국화꽃을 따서 술을 빚는다. 이렇게 빚은 술로 일 년 내내 제사에 올린다. 사진은 어느 해 가을에 담근 국화주 술독.

따서 술을 담가 가을 국화주가 익을 때까지 쓰고, 종가 앞마당에서 피어나는 국화를 따서 국화주를 담가 송순주가 익을 때까지 쓴다. 그래서 종가 안채 대청마루에는 술이 다섯 말이나 들어가는 술독이 놓여 있다. 술이 익으면 용수를 박아놓고 제사에 올릴 술을 먼저 떠서 정갈하게 따로 간수하고 용수 그대로 두었다가 특별한 손님이 오면 술독에서 술을 떠서 종가의 특미 안주와 함께 낸다.

술안주는 배추선과 숙장아찌가 있었다. 동춘당 종가에도 있었던 음식이다. 이 음식은 종가의 음식책에도, 동춘당 연시 의 다담상에도 보이지 않지만 송씨 문중의 특미 음식임에는 틀림없다. 50여 집의 종가를 다녔지만 이런 음식은 처음이다. 손품이 많이 가는 고급 음식이었다.

문중에 전해오는 『덕은가승』에 기록된 동춘당 연시연(延諡宴)의 다담상 차림은 엄청난 규모의 음식이었다. 가짓수만 기록됐을 뿐 만드는 방법은 없었다. 그런데 이들 음식이 종가에는 많이 남아 있지 않았다. 수정과, 식혜, 잡과, 어만두, 잡채, 세면, 육회, 약과 등 손쉬운 음식만 남아 있을 뿐이다. 또 다담상(茶啖床)이라지만 차는 오르지 않았고 차 대신 식혜와 수정과가 올랐다. 평상(平床)은 대상에서 가짓수만 10가지 빠졌을 뿐 음식은 다르지 않았다. 조선시대 사대부가의 화려한 다담상에서 우리의 음식문화에 대한 자긍심이 느껴지기도 했다.

대전보건대학 김상보 교수는 충남향토연구회에서 발간하는 『향토 연구』지 제18집에서 “다담(茶啖)은 조선 왕조때 면(麵)을 위주로 해서 차린 반과상과 같은 것으로 「조선왕조의궤」 상에는 1609년에 처음 나타나는 것이다”라고 했다. 아래 음식 이름은 김교수가 『향토 연구』지에 발표한 「동춘당 선생의 연시연」에서 참고했다.

약과(藥果), 두제탕(頭蹄湯), 세면(細麵), 해삼증(海蔘蒸), 생복(生鰒), 어만두(魚饅頭), 잡채(雜菜), 세실과(細實果), 개자(芥子), 수정과(水正果), 중삼화(中蔘花), 죽합탕(竹蛤湯), 숙전복(熟全鰒), 생합회(生蛤膾), 잡전(雜煎), 생과실(生果實), 초장(醋醬), 식혜(食醯), 소삼화(小蔘花), 생선탕(生鮮湯), 전양초(煎臐炒), 육회(肉膾), 건정과(乾正果), 면종감(綿種甘), 사색잡과(四色雜果), 삼어탕(三魚湯), 족보지(足甫只), 절육(切肉), 혜수(醯水), 저육장방(豬肉長房), 난숙(卵熟), 과제탕(瓜諸湯), 저육숙편(豬肉熟片), 잡소육(雜燒肉), 황육어음적(黃肉於音炙)으로 모두 35가지다. 오랜 세월이 지나면서 그 원형이 남아 있지 않은 것이 못내 아쉬웠다.

● 배추선

겨자를 미지근한 물에 풀어서 뚜껑을 덮은 다음 따뜻한 곳에 하룻저녁 숙성시켜 매운맛이 나게 한다. 속이 노란 배추 한 포기를 가운데에 칼집을 넣어 두 쪽으로 나눈 후 흐르는 물에 배추가 부서지지 않도록 씻는다. 냄비에 물을 부어 펄펄 끓으면 배추를 넣어 적당히 무르도록 삶는다. 배추는 건져서 찬물에 헹군 다음 물기가 빠지도록 한다.

은행은 볶아 껍질을 까고, 호두는 미지근한 물에 하룻저녁 담가두었다가 속껍질을 벗기면 쉽게 벗겨진다. 이것을 절반으로 쪼갠다. 잣은 그냥 쓴다. 달걀은 황백지단으로 부친다. 석이는 뜨거운 물에 불려서 양손으로 비벼 안의 이끼를 말끔히 벗겨낸다. 고기는 잡채고기 크기로 썰어 고기 양념을 한 다음 볶는다. 고기가 다 익을 무렵 결대로 찢은 느타리버섯과 채 썬 양파를 넣고 한 번 더 볶은 다음 마지막에 3센티미터 길이로 썬 미나리와 실파를 넣고 씨를 뺀 홍고추도 채 썰어 색이 살아 있도록 살짝 볶은 다음 식힌다. 매콤하게 발효된 겨자에 진간장과 집간장, 소금으로 간을 맞춘다. 설탕과 참기름, 식초도 조금 넣어 새콤달콤하게 한다. 간이 잘된 겨자 소스에 잣과 은행, 호두를 넣는다. 볶아둔 고기, 채소, 달걀 지단과 석이버섯, 홍고추는 겉고명에 올릴 것은 골패 모양으로 썰고 나머지는 모두 채 썰어 겨자 소스에 섞는다.

물기 빠진 배추를 한 번 더 꼭 짠 다음 포기 사이마다 겨자 소를 놓고 5센티미터 길이로 썬다. 보기 좋게 겉고명을 색 맞추어 올린다. 이렇게 만든 배추선은 그릇에 담아 바닥이 따뜻한 온돌방에 하룻밤 정도 숙성시킨 후 상에 올린다. 달짝하고 말캉한 배추맛과 겨자의 매운맛, 고소한 잣이 어우러져 환상적인 술안주가 된다.

배추선.

584

술안주 숙장아찌.

● 술안주 숙장아찌

무 한 개를 기준하면 오이 3개, 홍당무 1개를 함께 준비하면 된다. 각각 4센티미터 길이와 5센티미터 두께로 썰어 소금 간을 한다. 이때 오이는 씨를 빼고 썬다. 간이 배었다 싶으면 물에 두 번 헹군 다음 면보에 싸서 맷돌로 하룻저녁 눌러놓아 물기를 쏙 뺀다. 쇠고기는 얄팍하게 채 썰어 불고기 양념을 해 하룻밤 재운다. 양파는 채 썰고 느타리버섯은 살짝 데친 후 결대로 찢어놓는다. 미나리와 실파도 채소 길이로 썬다. 달걀은 황백지단으로 붙혀 채 썰어놓고 실고추도 준비한다.

팬에 재워둔 쇠고기를 볶는다. 고기가 익었다 싶으면 양파와 느타리버섯을 함께 볶고 마지막으로 미나리와 실파를 넣어 색이 변하지 않게 볶아낸다. 냄비에 진간장과 설탕을 넣어 끓으면 무를 넣어 저어가면서 아삭하게 익혀 낸다. 그 간장을 다시 끓여서 당근을 익히고 또다시 장을 끓여 오이를 익힌다. 넓은 그릇에 재료 모두를 함께 섞은 다음 참기름과 깨소금, 실고추를 섞어 그릇에 담아 상에 올린다. 간장에 익힌다 하여 '숙장아찌'라는 이름을 가진 음식이다. 아삭하게 씹히는 무맛과 고기맛이 별미였다.

가장 오래된 조선시대 초상화가 간직된 곳

전주 최씨 문충공파 연촌 최덕지 종가

종가에는 입향조 최덕지 선생의 호를 따 이름 붙인 존양루와 존양당이 있고 안채에서 조금 떨어진 곳에는 선생의 초상화가 모셔진 영당이 있다.

종가 하면 제사를 먼저 떠올린다. 그러기에 종부는 제사 음식 준비로 날이 새고 진다 해도 과언이 아니다. 종부 자리에 시집가지 않겠다는 이유도 제사 때문이라 한다.

전남 영암군 덕진면 영보마을에 자리한 전주 최씨 연촌 최덕지(烟村 崔德之, 1384~1455) 선생의 종가는 제례 때마다 문중 사람들이 제사 음식 한 가지씩을 준비해 오고 종가에서는 제기에 음식을 담기만 하면 된다. 제사 음식을 나누어 준비하는 것은 어제오늘 일이 아니다. 수백 년 전부터 행하던 종가의 아름다운 전통이다.

조선시대 사대부 초상화 중 가장 오래되어 보물로 지정된 최덕지 선생의 영정이 모셔져 있는 영당에서 모시는 제사 음식은 바로 여러 후손들의 정성으로 차려진 것이다. 이뿐 아니라 이곳에 터 잡은 연촌 선생으로부터 22대째 이어져오는 유서 깊은 종가로 제사 때 입는 검은색 제례복, 다섯 가지 나물과 세발낙지로 요리한 비빔밥도 종가만의 별미였다.

노루 꼬리처럼 짧은 가을 햇살에 몸을 쬐는 노란 콩대, 붉은 수수대, 들깨단과 빨간 대추, 은행 등이 툇마루와 사랑채 누마루에 펼쳐 있어 풍요로운 가을 분위기가 물씬 느껴졌다. 호남고속도로를 통해 광주에서 나주길 13번 국도로 가다 보면 누런 벼이삭이 황금빛 물결로 일렁이는 들판이 시원하게 펼쳐진다. 아직도 저렇게 널찍한 평야가 있다니 보기만 해도 배가 부르다는 생각을 하다 보면 어느새 장대하고 아름다운 월출산(月出山)이 시야에 들어온다. 사방 100리에 큰 산이라고는 없는 들판에 마치 설악산을 떼어다 놓은 듯한 바위산이 떡 버티고 서 있는 이곳이 영암 땅이다. 영암은 그 지명의 유래도 신령스럽게 전해온다.

정답게 이름을
나란히 적은 대문의
문패처럼 40여 년
동안 다복한 삶을
가꾸어온 종손 부부.

550여 년 동안 장손만으로 가문의 대를 잇다

1972년에 펴낸 『영암군 향토지』에는 "월출산에는 세 개의 움직이는 큰 바위가 있었다…. 이 바위 때문에 영암에 큰 인물이 난다고 하여 이를 시기한 중국 사람들이 바위 세 개를 전부 떨어뜨렸는데, 그중 하나는 스스로 옛 자리로 올라가 앉았다. 그 신령한 바위가 내려갔던 자리라 하여 '영암(靈巖)'이라 전해온다고 했다"라고 되어 있다. 또 『동국여지승람』에는 신령스러운 바위라는 뜻을 지닌 영암은 바로 돌 때문에 생겼다고 적고 있다. 지명 탓인지 일본에 백제문화를 전했다는 백제 때 학자 왕인 박사와 풍수지리에 우뚝한 도선국사가 이곳 출신이다.

전라도 여러 곳에서 수령을 지냈던 최덕지 선생이 만년에 벼슬을 떠나 이곳에 집터를 정한 이유도 예사롭지 않은 영암의 기운 탓일 것이다. 그때 지은 그 집터에서 550년이 넘게 살면서 지금까지 가문의 장손만으로 대를 이어왔다는 사실만으로도 길지가 아니라면 어림없는 일이다.

좌청룡 월출산, 우백호 백용산

영암에서 강진과 영보 쪽으로 갈라지는 삼거리에서 영보 쪽으로 2차선 길을 가다 보면 예사롭지 않은 마을이 보인다. 500년 넘게 한곳에 살다 보면 가문이 번성할 수밖에 없고 집성촌이 자연스레 형성된다.

이 마을은 한때 200여 세대가 모두 전주 최씨 최덕지 선생의 후손들인 적도 있었다. 특히나 눈에 띄는 종가는 울창한 대숲에 싸여 있다. 대나무는 지조가 있는 선비가 살았음을 상징한다. 종가에서 보면 그 웅장한 월출산이

◀ 입향조 최덕지 선생의 초상화가 모셔진 영당이 종가의 가장 높은 곳에 자리하고 있다.

▶ 영당 앞으로는 선생의 목판본이 소장된 재실이 있다.

좌청룡(左青龍)이 되고, 백용산 형제봉이 우백호(右白虎)가 된다.

황금빛 들판이 문전옥답(門前沃畓)이 되고 그 앞으로 샛강이 흐르고 있다. 생명을 관장하는 곡식과 물이 넉넉해 보인다. 어쩌면 이런 곳에 집터를 정했는지 그 혜안이 놀랍기만 했다. 마을 어귀까지 마중 나와 반겨주는 종손 최연창 씨의 차분한 첫인상도 평온해 보이는 이 마을 분위기를 빼어 닮았다.

"우리 집은 특별한 것이 없는데 먼길을 오셨구먼요." 겸양의 인사를 건네는 종손을 따라 들어간 솟을대문은 큰길에서 텃밭을 지나서 있었다.

물밑같이 고즈넉해 보이는 고옥에 들어서면 가을 하늘을 붉게 수놓은 여러 그루의 감나무와 허리가 굵은 은행나무도 무거운 열매를 떨어뜨리고 있었다. 흐드러지게 핀 구절초 한 무리가 향기롭게 반긴다. 구석구석 가을 풍광이 펼쳐지고 있다.

가장 오래된 조선시대 초상화

대문을 들어서면 왼편에 입향조 최덕지 선생의 호를 따 이름 붙인 4칸의 존양루(存養樓)가 있고, 그 뒤로 지어진 5칸짜리 기와집은 사랑채 존양당(存養堂)이다. 최덕지 선생이 노년에 이곳에서 후학을 양성했다고 전하는 존양당과 존양루는 한국전쟁 때 허물어졌다가 집안사람인 우성건설 최주호 씨가 복원해주었다고 한다. 종가 사람들의 우의가 돋보인다. 그리고 6칸의 안채는 일자형으로 지어져 있다.

종가에는 27세에 해주 최씨인 24세 종부와 혼인해 일곱 남매를 두어 다복해 보이는 종손과 종부가 혼인 전인 두 아들과 함께 농사를 짓고 있다. 안채 왼쪽으로 돌아나가면 입향조 최덕지 선생의 초상화가 모셔진 영당이 가장 높은 곳에 자리했다.

조선시대 사대부 초상화 중 가장 오래된 영정(影幀)과 유지초본(油脂草本)이 모셔져 후손들이 하늘같이 받들고 있는 곳이다. 유지초본은 작가의 초안 과정이 여실히 나타나는 보기 드문 자료이다.

이곳에는 문종 임금이 하사했다는 조선시대 사대부 초상화 중 가장 오래된 영정(影幀)과 유지초본(油脂草本)이 모셔져 후손들이 하늘같이 받들고 있는 곳이다. 유지초본은 작가의 초안 과정이 여실히 나타나는 보기 드문 자료라 했다. 선생의 말년에 그려진 초상화는 머리에 쓴 모자가 몽골풍으로 이색적이다. 복장과 모자는 고려에서 조선시대로 넘어오는 과도기적 형태여서 당시 사대부의 한거한 모습을 볼 수 있다는 특징 때문에 보물로 지정돼 있다. 영당 앞으로는 선생의 목판본이 소장된 재실도 있고 정원에는 눈처럼 하얀 목화나무가 따사롭게 다가온다.

양반의 도덕성 지킨 최덕지 선생의 행적

전주 최씨는 시조를 달리하는 네 파가 있다. 최순작(崔純爵)을 시조로 하는 문열공파(文烈公派), 최아(崔阿)를 시조로 하는 문성공파(文成公派), 최균(崔均)을 시조로 하는 사도공파(司徒公派), 최군옥(崔群玉)을 시조로 하는 문충공파(文忠公派)이다. 네 파 선조 모두 전주에 봉군(封君)을 받은 인연으로 전주를 근거지로 가문이 번창하게 되어 본관을 전주 최씨로 부른다고 한다. 여기서 종가가 추앙하는 최덕지 선생은 문성공의 5세손으로 조선 초 태종 때 문과에 급제한 후 추천을 받아 사관이란 직분으로 관직에 입문했다. 이후 남원부사를 지내다 사퇴하고 고향에서 학문에 몰두했는데 정종 임금이 등극하면서 예문관 직제학(藝文官 直提學)이란 벼슬을 내려 조정에 출사하게 됐다.

고려사 편찬위원 33인 중 한 분이기도 한 선생은 노령으로 사직하고 종

가로 내려와 후학을 가르치며 여생을 마친 분이다. 550여 년이 지난 지금에도 영암의 녹동서원과 전주의 서산사, 남원의 주암서원 등에서 선생의 인품을 기리는 제향을 모시고 있다.

선생의 집안을 두고 5제학 집안이라 부르기도 하는데 부친과 두 분의 형님, 사촌까지 대제학과 부제학 벼슬에 올랐던 분들이다. 높은 벼슬뿐만 아니라 자신을 낮추고 어려운 사람을 배려하는 권력자의 도덕성을 중히 여기는 가문이라 명문으로 존경받고 있는 것이다.

검은색의 제례복과 나누어 준비하는 제례 음식

종가에는 사당이 따로 없다. 입향조의 영정이 모셔진 영당이 있기 때문이기도 하다. 한국전쟁 전에는 집안 벽장에 4대조 신주를 모시기도 했지만 지금은 지방을 써서 4대 봉제사를 모신다. 그러기에 음력으로 10월 정일에 지내는 선생의 제사날은 종가에서 가장 귀하게 여기는 날이다. 유림에서 주관하기는 해도 제물은 자손들이 준비한다.

이때는 미리 제사 음식을 맡는 유사라는 직분을 정하는데 생선과 육고기와 과일을 맡는 사람은 '어육과 유사'라 하고 쌀 한 섬으로 만드는 떡을 맡은 사람은 '편유사'라 하는데 문중 사람 서로가 조상의 제물을 준비하려 해서 제사상은 언제나 푸짐하다. 이렇게 준비해 온 음식을 종가에서는 제기에 담기만 하면 된다. 제사는 자시(子時, 밤 12시)에 올린다.

제사 음식 준비로 맏며느리 자리를 꺼려하는 지금의 세태에서 본받고 싶은 풍속을 종가에서는 오래전부터 실천하고 있었던 셈이다. 아주 오래전부터 내려오는 종가만의 특징적인 제사문화로 볼 수 있다.

또 하나 이색진 종가의 전통은 제례복이다. 일반적으로 옥색이나 흰 도포를 입기 마련인데 종가에서는 언제부터인가 검은 도포를 입는다. 검은색의 도포에 대한 내력을 들어보지는 못했다고 한다. 종부는 옥색 치마저고리를 입고 집안 제사에서는 종부가 두 번째 술잔을 올린다.

옛날에는 임금과 신하의 제례복이 달랐고 길례(吉禮)와 흉례(凶禮)의 제례복이 각각 달랐다고 한다. 제사는 길례에 속하고 흉례는 사람이 죽은 후 졸곡(卒哭, 100일)까지를 말한다. 제례복은 임금과 신하가 달랐지만 흉례인 상례 때는 왕이나 신하의 신분에 따라 제례복에 차이를 두지 않았는데 세상을 노루 꼬리처럼 짧은 가을 햇살에 몸을 쬐는 노란 콩대, 붉은 수수대, 들깨단과 빨간 대추, 은행 등이 툇마루와 사랑채 누마루에 펼쳐 있어 풍요로운 가을 분위기가 물씬 느껴졌다.

떠나면 신분의 차이가 없어진다는 의미를 담았던 듯하다고 종손은 풀이했다.

연천공 종가의 내림음식, 비빔밥

현대식으로 고쳐진 부엌에는 단아한 맵시의 종부와 영보마을 부녀회장 박희림 씨가 내림음식을 준비하고 있었다.

"지난봄 왕인벚꽃축제에는 다섯 가지 나물을 곁들인 낙지비빔밥과 소머리수육을 선보였는데 수육을 하려면 소머리 하나를 준비해야 하기 때문에 오늘은 낙지비빔밥에 우거지국을 준비했어요."

종가 취재에서 가장 힘든 부분이 음식 부탁이다. 대체로 나이 많은 종부들이 종가를 지키고 있어 더욱 그러하다. 종가에서 사람의 향취를 느낄 수 있는 유일한 것이 내림음식이기 때문에 언제나 그 부탁은 무리할 수밖에 없었다. 고맙게도 지금껏 모두 협조를 잘 해주었다.

종가의 특징적인 음식은 '세발낙지 나물비빔밥'. 발이 가늘다 해서 이름붙은 세발낙지는 영암의 특산물이다. 강진에서 유배생활을 했던 다산 정약용의 형님인 정약전이 쓴 『자산어보』에 "말라빠진 소에게 세발낙지 서너 마리를 먹이면 곧 강한 힘을 내게 된다"는 기록이 있을 만큼 영양가가 높다고 한다. 세발낙지와 찹쌀을 넣어 죽을 쑤어 환자가 먹으면 회복이 빨라진다고 한다.

낙지를 소금물에 씻어 뜨거운 물에 살짝 데친다. 그런 다음 먹기 좋은 크기로 썰어 마늘, 참기름, 소금으로 간한다.

무를 곱게 채 썰어 양념해 생채를 만들고, 숙주나물도 데쳐 마늘과 참기름, 소금과 파를 다져 넣고 무친다. 버섯은 마늘과 소금 간으로 살짝 볶고, 향기로 맛을 돋우는 취나물은 데쳐서 갖은 양념으로 무친다. 시금치도 데쳐서

무친다. 이렇게 양념한 나물을 그릇에 각각 담고 낙지도 담아 따끈하게 지은 밥을 놓고 고추장과 참기름을 듬뿍 넣어 비벼 먹는다.

여기다 멸치 국물에 된장을 풀고 무청을 무쳐 넣어 끓인 우거지국도 종가의 된장맛 때문인지 특별한 맛을 느낄 수 있었다. 뜨거운 국물이 덥게 느껴지는 여름철에는 오이냉국을 곁들인다.

만세운동의 발상지 영보정의 축제, 풍향제

종가의 자랑이자 영암군은 물론 호남 제일의 정자 '영보정(永保亭)'은 종가에서 100여 미터 거리에 있다. 최덕지 선생과 그 사위인 신후경 선생이 함께 건립한 이 정자는 정면 5칸, 측면 3칸의 팔작 기와집으로 네 귀의 추녀에 활주를 받치고 있는 건물의 특징이 있어 시도기념물로 지정되고 있다. 호방하게 씌어진 현판의 글씨는 한석봉 선생의 글씨라 전한다.

영보정은 일제강점기 때 청소년들에게 항일 구국정신을 교육한 장소였다. 그래서 이곳이 만세운동의 발상지로 알려져 있다. 이곳에서는 해마다 5월 5일 단옷날에 마을을 떠나 사는 사람들과 고향 사람들 사이에 만남의 장을 만들기 위해 영보마을이 주축이 되어 축제가 열린다. 태평성세를 기원하는 제를 영보정에서 올리고 민속놀이도 한다. 풍향제(豊鄕祭)라 했다. 이 제에서는 어려운 학생들에게 장학금도 전한다. 여기서 주목되는 것은 축제를 하기 전에 천지신명과 자연에 감사하고 이런이런 축제를 하겠다고 알리는 고유제(告由祭)를 올리는 모습이다.

대학축제, 월드컵축제, 영화축제 등 축제(祝祭)라는 용어는 흔하게 쓰고 있지만 그 축제에 앞서 천지신명께 드리는 제사를 모시는 곳은 흔히 볼 수 없다. 옛사람들은 아무리 작은 축제에도 겸손함을 담아내는 제사를 올렸는데 풍향제에서도 그것을 보여준다.

영보정에서 펼쳐지는 풍향제의 신주는 '천지신명'. 영암군수가 처음 술잔을 올리고 향교의 어른이 두 번째 술잔을 올린다. 또 풍향제 추진위원장이 마지막 잔을 올리면서 제물은 돼지머리만 익히고 나머지는 모두 날것이다. 오곡의 기본이 되는 기장과 쌀, 수수도 익히지 않고 그대로 올린다. 여기다 배추 한 포기와 무도 날것이고, 숭어 한 마리도 익히지 않고 올린다. 밤, 대추와 상어포를 올린다.

아침 9시에 영보정에서 '풍향제'를 모신 후 줄다리기, 용마름 틀기, 씨름, 그네뛰기 등 전통놀이를 한다. 이 마을 사람들은 물론 마을을 떠나 사는 사람들도 모처럼 모여 즐거운 한때를 보내는 뜻깊은 행사는 전국에서도 소문난 향토축제로 자리 잡고 있다.

경주 최씨 백불암 최흥원 종가

훈훈한 사람의 향취가 가득한 고택의 설풍경

입향조 대암 선생은 가난한 이웃을 위해 보릿고개 때는 곳간을 열어 배고픔을 면하게 했다. 후손들이 보본당(報本堂)을 지어 지금까지 이곳에서 제사를 모시고 있다.

대구시 동구 둔산동 옻골마을, 경주 최씨 백불암 최흥원(百佛庵 崔興遠, 1705～1786) 선생 종가 안채에서는 민족의 명절인 설날을 앞두고 명절음식 준비로 왁자했다. 가래떡을 둥글게 썰어 태양 모양의 떡국거리를 만들고 쌀강정과 종가의 별식인 피편(皮片)을 만든다. 13대 종부 김윤현(취재 당시 80세) 할머니의 가르침을 받으며 종부 이동희(취재 당시 54세) 씨와 문중 부인네들이 모여 앉아 담소를 나누며 차례 음식을 준비하는 모습은 요즘 시대에 참으로 보기 드문 정겨운 풍경이다.

종가 또한 대구에서 가장 오래된 조선시대 고옥으로 지방문화재로 지정된 곳이다. 400여 년을 지내오면서 이 마을은 자연스레 경주 최씨 집성촌이 되었다. 종가 차례에 참석하는 인원만 해도 100여 명이라는데, 그래선지 명절음식 전통이 오래오래 이어지고 있다.

특히 이 마을의 구심점인 종가에는 14대 종손 최진돈(취재 당시 56세) 씨 가족 3대가 살고 있는 보기 드문 종가다. 전통가옥의 불편함과 교통 때문에 노인들만 집을 지키는 종가에 비해 훈훈한 사람의 향취가 살아 있는 활기 넘치는 집이다.

대구에서 옛 살림집 중 가장 오래되어 첫손에 꼽히는 명가여서인지 경부고속도로 동대구 톨게이트를 빠져나가 오른편으로 가다 보면 '경주 최씨 백불암 종가'라는 안내표지판을 만날 수 있다. 그 안내를 따라 우회전하여 대구 비행장 동편 담을 끼고 들어가면 탱자나무 울타리와 돌담의 고샅길이 사극의 한 장면처럼 펼쳐진다. 골기와 한옥이 정취롭게 앉아 있는 종가는 골목 끝자락에 있다.

종가의 들머리에 서 있는 백불암 선생의 효자비각이 유서 깊은 마을임을 알리고 있다. 1000여 평의 대지에 앉은 건물들은 대문채와 함께 전통가옥의 규범에 따라 잘 배치되어 있다. 입향조를 모신 별묘와 백불암 선생의 사당, 재실로 쓰이는 보본당, 여자들의 공간인 안채와 남자들의 공간인 사랑채, 먹을거리를 보관하는 고방채 등이 있다. 특히 내외벽이 건물마다 설치되어 있어 남녀 내외가 엄격했던 영남지방 양반주택의 전형적인 모습을 엿볼 수 있다.

음양의 기운까지 세심하게 챙긴다

종가 마을을 이곳에서는 옻골(漆溪)마을이라 부른다. 종가의 돌담을 끼고 흐르는 시냇가에는 온통 옻나무가 자라고 있기 때문이다. 팔공산의 한 자락이 내려앉은 종가 뒷산에는 기이한 바위 하나가 종가를 수호하듯 우뚝하다. 대암(臺巖)이라 했다. 입향조 동집 선생의 아호(雅號)도 바위 이름을 따 대암이라 지었다.

대암봉의 모양은 거북이를 닮았다. 그래서 생구암(生龜岩)이라는 별칭이 또 하나 생겼다. 종가에서는 풍수지리학상 거북은 물이 필요하다 해서 마을 입구 서쪽에 연못을 팠다. 해가 지는 서쪽 방향에 연못까지 팠으니 음의 기운이 강할 것에 대비해 연못 주위에 느티나무와 소나무로 숲을 만들었다. 이뿐

살며시 들여다보이는 안채. 훈훈한 사람의 향취가 살아 있는 활기 넘치는 집이다.

아니라 동쪽에 떠오르는 양의 기운을 강하게 받기 위해 이곳에는 아예 나무를 심지 않았다. 이렇게 음양의 기운까지 세심하게 챙겨 앞날을 내다보고 정성을 들였기 때문인지 종가는 참혹한 한국전쟁도 피해 갔다.

선공고와 휼빈고 만들어 어려운 이웃을 도와주다

입향조 대암 선생은 조선조 17대왕 효종의 대군시절에 사부(師父)로 천거받은 분이다. 그의 6세손인 백불암과 백불암의 증손자인 지헌공도 정조와 고종 때 세자 사부로 천거받았지만 나아가지 않고 은둔처사로 살았던 선비정신을 종가에서는 자랑으로 여긴다.

대암공은 팔공산 자락에 있는 부인동 주민들이 세금을 내지 못해 곤장을 맞는 것을 딱하게 여겨 세금을 대납해주기도 하고 보릿고개 때는 곳간의 열쇠를 열어 배고픔을 면하게 했다. 이뿐 아니라 교육을 시켜 무지에서 헤어나게 한 공로로 유림에서는 숭정처사(崇禎處士)라는 유허비를 세워 칭송했고 보본당(報本堂)을 지어 지금까지 이곳에서 제사를 모시고 있다.

종가에서 받드는 백불암 최흥원 선생은 영남 사림으로서는 보기 드물게 실학정신을 생활 속에 뿌리내린 분이다. 5대 선조 대암공의 뜻을 따라 부인동 주민들에게 부인동동약(夫仁洞洞約)이라는 규약을 만들어 계(契)를 조직하

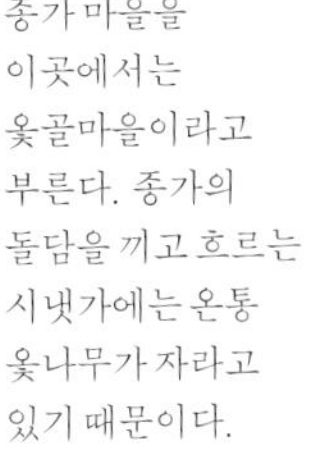

종가 마을을 이곳에서는 옻골마을이라고 부른다. 종가의 돌담을 끼고 흐르는 시냇가에는 온통 옻나무가 자라고 있기 때문이다.

영남지방 양반주택의 전형적인 모습을 엿볼 수 있다.

게 하고 그 돈으로 토지를 장만하게 해 소출을 보관하는 창고를 지어 '선공고(先公庫)'라 했다.

이 선공고로 하여 세금과 부역 공포에서 헤어나게 했으며 '휼빈고(恤貧庫)'를 만들어 보릿고개며 흉년을 이겨내는 지혜를 일러주는 농촌 계몽운동을 폈다. 양반들의 횡포와 세금수탈로 허덕이던 무지한 백성들에게 백불암은 어버이 같은 존재였다. 종가에서 20리 떨어진 부인동 주민들은 그때의 은혜를 잊지 못해 200여 년이 지난 지금까지도 종가일이라면 발 벗고 나선다.

노종부가 시집왔을 때는 잔치에 쓰이는 모든 음식을 준비해 왔고, 종손의 할아버지, 할머니가 세상을 떴을 때는 꽃상여를 만들어 받치기도 했다. '부인동동약'은 그 규약이 잘되어 있어 박정희 대통령 시절에는 새마을운동의 참고서적이 되기도 했다. 부인동 어귀에는 그 당시 교육의 장으로 쓰였던 강당이 아직도 남아 있고 '계'도 지금까지 이어지고 있다.

종가를 지키려면 생활비가 가장 큰 문제이다. 종가를 비워두고 떠나는 이유도 생활대책이 없기 때문이다. 하지만 종가에서는 오히려 후손들의 자녀교육비까지 마련해주고 있다. 65세 이상 노인들에게는 월 10만 원씩 용돈을 지불하고 있으며 길흉사 때는 그 경비도 보조하고 있는 보기 드문 문중이다.

선현들의 행적을 알리는 문집 발간도 열심이다. 또 문중 자녀뿐 아니라 어려운 학생들에게 장학금을 지불하기 위해 '백불암장학재단' 설립을 눈앞에 두고 있다. 종가의 이 같은 경비는 백불암 선생이 남겨준 땅에 도로가 생기면서 토지 보상을 받았기 때문이다.

이 돈으로 종가의 생활비가 충당돼 종손은 다니던 직장을 그만두고 종가일과 문중일에 전념하고 있다. '조상을 높이려면 종가를 보호해야 하고 종가가 없으면 뿌리가 흔들린다'는 문중 사람들의 보종의식도 뒷받침이 되어 보기 드물게 흔들림 없는 융성한 집안으로 자리 잡고 있었다.

400여 년간 한 번도 양자를 들이지 않고 종손의 큰아들만으로 이어온 기적 같은 종가에는 '나'를 생각하지 않고 오로지 가문만을 생각하는 종부들의 삶이 있었다.

54세의 나이가 전혀 믿어지지 않을 만큼 탄력 있는 피부를 가진 종부 이씨는 종가의 적통을 잇기 위해 40세에 아들을 낳았다. 딸을 내리 다섯이나 낳은 후다. 두 딸은 이미 시집을 갔고, 종손 후보 기척(취재 당시 15세) 군은 어느덧 중학생이 되었다.

1년에 15차례 지내는 제사 때마다 100여 명이 넘는 손님들, 하루에도 여러 차례 차려내야 하는 접빈상, 여염집 주부들의 상상을 초월하는 일과를 보내는 종부들의 삶은 '나'라는 존재를 잊어야 한다. 그럼에도 어떤 힘으로 저토록 고운 모습을 지닐 수 있을까? 생각만 바꾸면 된다 했다. 모든 것을 긍정적으로 받아들이면 힘이 든다는 생각조차 들지 않는다고 노종부는 온화한 미소를 지으며 말한다.

'조상을 높이려면 종가를 보호해야 하고 종가가 없으면 뿌리가 흔들린다'는 문중 사람들의 뒷받침에 힘입어 종손은 다니던 직장을 그만두고 종가일과 문중일에 전념하고 있다.

젊은 종부야 부엌을 입식으로 고쳐서 지금은 그나마 편하지만 17세에 종가로 시집온 노종부 시절에는 재래식 부엌에서 허리 펼

1000여 평의 대지에
앉은 건물들은
대문채와 함께
정통가옥의 규범에
따라 잘 배치되어
있다.

날이 없었다. 조부모와 시부모, 일곱 자녀들 식사 준비며 제사 때마다 시장을 다녀오려면 20리 길을 걸어야만 했다. 한복이 필수여서 밤새워 바느질도 해야 한다. 밭일도 그 당시는 종부의 몫이었다. 그런 세월을 살았는데도 팔순의 나이에도 건강하고 기억력이 비상했다. 집안 부인 한 사람이 노종부를 두고 말한다.

"우리 형님은 속이 하나도 없는 사람 같아요. 손님이 오면 먹던 밥을 차려내고 본인은 굶기가 예사였지요. 그런데도 짜증 한 번 내는 일이 없었습니다."

육체적인 노동은 그만두고라도 종부들에게 가장 힘든 것은 대 이을 아들을 낳는 일이다. 사람의 힘으로는 되지 않는 그 일을 종부 이씨는 딸을 다섯이나 낳으면서 다시 꿈을 가지고 지극한 정성을 들여 기어이 아들을 보았다. 그 소임을 거부 없이 받아들이는 종부를 두고 '종부는 하늘이 내리는 사람'이라고들 했다.

부부 맞절로 부부의 예를 차린다

종가 사람들은 설날 아침 6시쯤에 모두 일어난다. 종손은 몸을 청결히 하고 도포와 갓을 쓰고 사당참배를 한다. 이 사당참배는 설날뿐 아니라 종손의 일과이다. 참배 후 안채에서 준비한 떡국을 가족이 모여 먹고 나면 노모에게 먼저 세배를 올린다. 그런 다음 부부가 맞절을 한다. 새해에도 종가일에 전념할 수 있도록 서로가 도와달라는 의미가 담겼다. 그러고 나서 자녀들의 절을 받는다.

차례상은 불천위 제사 두 분과 4대조 제사를 합치면 모두 여섯 상이 된다. 여기다 재취한 분의 떡국까지 합하면 13그릇의 떡국을 올린다. 떡국 옆에는 탕도 13그릇이 된다. 어적(魚炙), 육적(肉炙), 소적(蔬炙)을 한 그릇에 담아 여섯 그릇이다. 마른안주인 포(脯)와 밤, 대추, 감, 배 네 가지 과일과 조과(造菓)인 강정, 약과도 오른다. 조기로 만든 식혜도 올린다. 이렇게 차례 음식을 준비해두면 지손들이 하나둘 종가를 찾는다. 지손들 집에서 차례를 모시고 오기 때문이다. 제관들에 의해 제물은 사당으로 옮겨지고 큰 사당인 별묘(別廟)부터 제사를 모시는 시간은 낮 12시가 된다.

명절 차례는 술을 한 잔만 올리고 축이 없기 때문에 기제사보다 간단하게 끝난다. 차사를 끝내고 떡국상을 받으면서 문중 사람들은 노종부와 종손께 세배하고 가문의 돈독함을 다지는 세배를 나눈다.

아랫사람들을 거느리던 예전과는 달리 종부들의 가장 큰 어려움은 일손 부족이지만 경주 최씨 최흥원 종가에서는 이것이 문제가 되지 않는다. 무슨 때가 되면 문중 부인들 모두가 자기 일처럼 거든다. 우애 있는 문중으로서 주위에 부러움을 살 만큼 종가일을 바로 자신의 일처럼 생각한다. 그러기에 종가 차례 때는 참석 인원만 해도 100여 명이 넘는다고 했다. 떡국 준비도 만만찮겠구나 싶었지만 차종부는 걱정하는 기색이 하나도 없다. 불천지위(不遷之位, 영원히 지내는 제사) 때 찾아오는 200여 명의 손님도 예사롭게 치러내기 때문이다.

특히 조상에게 올릴 떡국거리만은 시대가 아무리 바뀌어도 방앗간에서 썰어 오지 않는다. 가래떡 모양을 둥근 태양 모양으로 썰어야 하는 종가의 풍습도 있지만, 종부의 손끝으로 빚은 정성이 있어야 하기 때문이다. 떡국을 먹으면 나이 한 살 더 먹는다는 이야기가 바로 이 해를 닮은 가래떡 모양에서

기계로 썰면 금방인 것을 종가에서는 칼로 하나하나 정성을 다해 썬다. 노종부 김윤현 할머니는 옛날에는 가래떡 만드는 데 꼬박 3일이나 걸렸는데 지금은 일도 아니라고 말한다.

종가에서는 둥근해처럼 칼로 하나하나 정성을 다해 동그랗게 떡을 썰어 끓인다. 이 떡국은 해를 닮았다 해서 태양떡국이라 한다.

유래된 것이라는 노종부의 설명도 설득력이 있다. 특히 가래떡을 둥글게 썰 수밖에 없었던 옛 이야기도 들려주었다.

몇 년 전만 해도 설이 다가오면 집에서 가래떡을 만들었다. 쌀을 불려 디딜방아에서 가루를 빻아 체로 쳐야 하는데 강추위에 체가 얼어붙어 화롯불에 녹여야 했고, 바람에 떡가루가 날리지 않도록 병풍을 둘러치기도 하면서 가루를 빻았다. 또 가래떡은 떡을 잘 쪄야 하므로 떡을 찔 동안에는 안방 아랫목에는 여자들은 앉지도 못했다. 조왕신이 노하지 않아야 떡이 잘 쪄지기 때문이다.

이렇게 정성을 들여 찐 떡은 떡판에 놓고 기운 센 장정들이 떡메로 치면 아낙들은 바가지에 물을 떠놓고 떡메에 발라주면서 떡밥이 튀거나 눌어붙지 않도록 한다. 다 친 떡은 조금씩 떼어 손으로 비벼서 둥글고 길게 늘여서 하룻밤 정도 굳기를 기다린 끝에 썰게 된다. 이렇게 손끝으로 만들어진 가래떡은 가늘게 만들기가 쉽지 않다. 굵은 가래떡은 돈짝처럼 썰 수밖에 없다.

떡국떡은 이렇게 최소한 3일이 걸리는 손작업 끝에 만들어진다. 그래서 후손들의 정성이 담긴 귀한 음식으로 설 차례상에는 반드시 떡국을 올린다고 했다.

떡국맛은 육수가 맛있어야 한다는 기본 원칙이 종부의 손맛에는 그만 무색해진다. 이날 떡국을 맹물에 끓였는데도 국물맛이 매우 고소하고 담백했다. 떡국떡도 쫄깃쫄깃해서 노종부께 그 비결을 물었다.

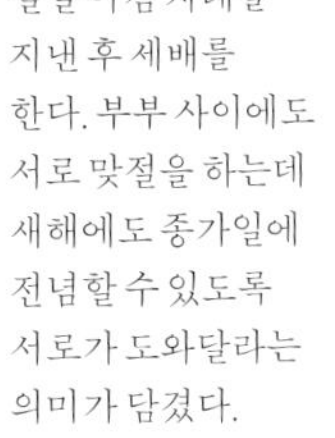
설날 아침 차례를 지낸 후 세배를 한다. 부부 사이에도 서로 맞절을 하는데 새해에도 종가일에 전념할 수 있도록 서로가 도와달라는 의미가 담겼다.

"어려웠던 시절에 무슨 고깃국물을 만들겠어요. 맹물에 끓여도 떡국을 먹을 수 있었던 것만으로도 좋아들 했지요. 수백 명의 떡국을 끓이는데 언제 사골에, 멸칫물을 따로 만들겠어요. 무쇠솥에 장작불을 지펴 펄펄 끓는 물에 불렸던 떡국을 넣은 다음 불을 높여 빨리 끓여내야 떡국떡이 쫄깃쫄깃하지요. 무엇보다 장맛이 좋아야 합니다." 여기에 다진 고기를 볶아 올리고 골패 모양으로 썰어둔 달걀 지단과 김도 부수어 올린다.

차례상에 올린 떡국은 퍼져서 맛이 없어지는데 종가에서는 이 떡국을 여러 사람이 먹을 떡국에 함께 넣어 끓인다. 조상이 흠향했던 음식이라 음복하는 의미도 되고 불은 떡국을 처리하기에 좋다는 지혜를 일러준다.

소껍질로 만든 별식, 피편

종가의 설 차례상에는 흔히 볼 수 없는 '피편(皮片)'이라는 이름의 별식이 올려진다. 피편은 족편(足片)과 같은 요리다. 어려운 살림에 소족은 어림도 없었지만 소나 상어 껍질 등은 손쉽게 구할 수가 있어 겨울철 영양식으로 만들었다. 소족이나 껍질류에는 '콜라겐'이란 아교질의 담백질이 많아 묵처럼 응고된다.

지금도 정육점에 부탁하면 소껍질을 구할 수 있다. 종가에서 만든 피편은 소껍질과 닭을 삶아서 만들었다. 닭은 좀 더 구수한 맛을 내기 위해서다. 종가의 피편 만드는 법을 현대 레시피로 정리해 보면 다음과 같다.

10인분 기준의 재료는 닭 반마리, 소껍질 600그램, 통후추·생강·통마늘 약간이 있어야 한다. 달걀 4개, 메추리알 10알, 석이버섯 6그램, 실고추 약간, 후추가루 약간, 다진 파 1큰술, 다진 마늘 1큰술, 잣 1큰술이 고명과 양념으로 들어간다. 피편을 찍어 먹을 양념장을 만들 때는 진간장 다섯 큰술, 물 1큰술, 식초 2큰술, 다진파 2작은술, 다진마늘 1작은술이 들어간다.

이렇게 재료 준비가 끝나면 만들기에 들어간다. 닭은 뱃속을 갈라 깨끗이 손질하고 소껍질은 정육점에 부탁해 다듬은 뒤 따뜻한 물에 담가 부드럽게 한다. 닭과 소껍질을 큰 냄비에 넣어 푹 잠길 정도의 물을 붓고 센 불에 끓어 오르면 거품을 걷어내고 낮은 불에서 세 시간 정도 더 끓인다. 도중에 통후추, 생강, 마늘 등을 넣으면 누린내가 안 난다. 끓일 때 저어주어야 껍질이 눌지 않는다.

고명을 만든다. 메추리알은 삶아 껍질을 벗기고 달걀 두 개는 황백으로 나눠 도톰하게 지단을 붙여 굵게 채 썬다. 석이버섯은 따뜻한 물에 담가 부드

소껍질로 만든
별식 피편.

럽게 해 씻은 다음 도톰하게 채 썬다. 실고추도 3센티미터 길이로 잘라놓는다. 볶은 깨도 준비한다. 잣은 다져놓는다.

소껍질이 허물허물해지면 국물을 조금 떠서 찬물에 굳혀본다. 굳혀질 정도의 농도이면 불을 끄고 닭과 소껍질은 건져낸다. 육수에 떠 있는 기름기는 창호지로 말끔히 거둔다. 기름기가 없어야 고소하고 부드럽다. 닭은 살을 발라내어 곱게 다지고 소껍질도 잘게 다진다. 국물에 다져놓은 고기를 넣고 다진 파, 다진 마늘, 후춧가루와 국간장으로 간한 다음 약한 불에서 눌지 않도록 저으면서 한 번 더 걸쭉하게 끓인다. 달걀 2개를 풀어서 섞은 후 불을 끈다. 다 끓인 피편은 한김 식혀서 네모진 넓은 그릇에 쏟아붓고 준비해둔 고명을 넣어 고루 섞는다. 완전히 굳기 전에 잣가루, 통깨, 실고추를 위에 뿌려 굳힌 다음 납작납작하게 썰어 간장과 곁들여 낸다.

또 기름진 음식이 많은 명절 때는 깔끔한 맛으로 메밀 묵채를 만든다. 묵채는 이 지방의 특미로 숙취에 그만이다.

묵은 5센티미터 길이와 2센티미터 넓이로 썰고 멸치 국물을 따로 만든다. 국간장에 파, 마늘, 고춧가루, 깨소금 등으로 양념장을 만든다. 그런 다음 달걀 황백지단을 채 썰어둔다. 그릇에 묵채를 담고 따뜻한 멸치 국물을 자작하게 붓고 양념장을 끼얹은 후 달걀 지단과 부숴놓은 김을 고명으로 올린다.

걸음 닿는 곳곳에 문화유산 가득한
학산마을의 정취

연일 정씨 정응경 종가

아직도 우리 고유의 민속신앙이 고스란히 지켜지고 있는 곳이 있다. 강원도 강릉시 학산마을 연일 정씨 정응경(鄭膺慶) 선생 종가다.

종가는 음력 3월 중 좋은 날을 잡아 가정의 길흉화복을 관장하는 성주신(城主神), 불의 신이며 음식맛을 관장한다는 부엌의 조왕신(竈王神), 그리고 재산을 지킨다는 지신(地神)에게 정화수 한 그릇과 시루떡을 차려두고 가정의 화평을 비는 고사를 지내고 있다.

전통한옥이 사라져가고 가족이라는 단어조차 희미해지는 시대에 선조들의 정신적인 근간이 되었던 가정 신앙을 소중히 여겨 그 풍습을 그대로 지속하고 있다는 사실은 주목거리다. 더욱 놀라운 것은 고사를 지내는 「축문」과 「명당경(明堂經)」이라는 오래된 기원문이 지금까지 남아 있다는 것이다.

연일 정씨가 이곳에 터를 잡게 된 것은 고려 충신 포은 정몽주(圃隱 鄭夢周, 1337~1392) 선생의 후손으로 강릉대도호부사를 지냈던 종손의 15대 선조 때라고 한다.

유형문화재로 지정된 종가에는 종손 정의윤(취재 당시 66세), 남진온(취재 당시 60세) 씨 내외와 노모 조경자(취재 당시 88세) 할머니, 그리고 출가하지 않은 정씨의 막내딸, 이렇게 3대가 살고 있었다. 이 댁에서 터주신 상차림을 볼 수 있었던 것도 귀중한 소득이었다.

동이 트기 전 새벽 여섯 시, 해발 832미터를 넘어야 하는 대관령 아슬아슬한 굽이길이 밤새 눈이 내려 자동차 체인까지 단단히 준비하고 나섰건만, 터널이 일곱 개나 뚫려 4차선 일직선으로 시원하게 확장된 영동고속도로가 걱정했던 일을 무색하게 만들었다. 길이 뚫리기 전보다 한 시간은 단축되었지만, 간이 옴줄옴줄하면서도 차창 밖 낭떠러지 운무 속에 펼쳐지는 정취로운 풍광에 탄성을 지르던 옛길보다는 못한 것 같다.

강릉시 구정면 학산마을은 대관령 산줄기가 학이 날개를 펼친 듯하여 붙여진 이름으로 '살아 학산이요, 죽어 성산'이라 불릴 만큼 사람 살기 좋은 곳으로 이름나 있다. 동해와 험준한 태백산맥을 껴안은 강원도 영동지방의 지리 요건으로는 이만한 넓은 들판이 흔치 않아 생겨난 말인 듯싶다. 그래서인지 강릉시 문화재로 지정된 전통 농요 「학산 오독떼기」가 이곳에서 비롯되었다고 한다.

특히 통일신라 말기 구산선문의 하나인 굴산사(掘山寺)를 세운 범일국사(梵日國師, 810~889)의 탄생 설화가 곳곳에 남아 있다. 처녀가 해가 떠 있는 우물물을 마시고 잉태하여 태어났다는 범일국사의 탄생 설화를 간직하고 있는 석천이 있고, 마을 뒷동산에는 범일국사로 전해오는 높이 2미터의 아름답고 화려한 부도가 있다. 굴산사가 있던 자리였음을 알리는 높이 5.4미터의 돌당간지주는 현재 남아 있는 것 가운데 가장 규모가 큰 것으로서, 부도와 함께 보물로 지정되어 있다.

당나라 유학승으로 고려의 세 임금이 국사로 모시려 했으나 마다하고 오직 굴산사에서 불법을 전파한 범일국사를 '대관령 국사서낭신'으로 신격화해 강릉 단오제 때 크게 제사를 모시고 있다.

대문에 봄을 알리는 입춘대길의 붓글씨가 선명한 종가.

◀ 장독을 중심으로 이 댁의 북쪽에 해당되는 안채의 뒤곁에 터주신을 모셨다.

▶ 사랑채 기둥마다 일필휘지로 쓴 명문장의 주련들.

대나무 숲에 포근하게 안긴 종가

이런 유서 깊은 마을 야산 둔덕에 골 깊은 기와지붕과 황토색 토담을 두른 종가는 쉽게 눈에 띄었다. 뒷동산 짙푸른 대나무 숲에 포근하게 안긴 듯 자리 잡은 종가는 뜻밖에도 양반집을 상징하는 솟을대문이 보이지 않았다.

한국전쟁 때 사당과 행랑채와 함께 불타버렸다고 한다. 지금은 사랑채, 안채, 별채만 복원되어 봄이 왔음을 알리는 '입춘대길'의 붓글씨가 선명한 중문이 대문 구실을 하고 있다.

사랑방에 드신 손님의 숙취까지 걱정되어 '책면'을 대접하는 종가이니만큼 사랑채에 드나든 접빈객은 예사롭지 않았을 것이다. 기둥마다 일필휘지로 쓴 명문장의 주련(柱聯)들이 빈객의 수준을 대변하고 있다. 종손의 선친께서는 해방 후 입법위원으로 활동했기 때문에 그 시대 지식인들이 모여 나라와 민족의 장래를 논하던 자리였음을 짐작하게 한다.

그 사랑채와 서당채로 쓰였다는 별채 사이에 난 중문을 들어서면 안채를 만나게 된다. 산간지방의 매서운 추위를 조금이라도 덜기 위해 입 '구(口)' 자 꼴로 지어진 네모난 마당이 티끌 하나 없이 깔끔했다. 주인의 정갈함이 엿보인다.

부엌은 생활에 편하도록 입식으로 고쳤고 안방도 넓혔다. 안채 오른쪽에 있는 창고를 개조해 현대식 화장실을 들였다. 안채 왼쪽으로는 사랑채로 연결하는 툇마루가 놓였다.

사랑채 마룻방은 종손으로부터 4대조의 신주를 모셨다. 『조선왕조실록』에는 신주를 모실 사당을 지을 것을 장려하면서 따로 사당을 지을 수 없다면 안채에 신주를 모시는 가묘를 마련해도 좋다는 기록에 따라 종가에서는 사당을 복원하기보다 사랑채 마루방에 신주를 모셨다고 한다.

유순의 종부 시어머니를 내세우다

단정한 집만큼이나 단아한 종부가 안채에서 반겨주었다. 30년 넘게 종가 살림을 했을 텐데도 딸네 집에 다니러 가신 시어머니가 계셔야 집안의 내력이며 내림음식을 자세히 알 수 있다면서 한사코 취재를 사양하던 종부와 안방에서 마주했다. 교직생활을 하다 정년퇴직한 종손은 이날 졸업식이 있어 출타 중이었다.

종부는 강원도 삼척이 친정이라 했다. 그 당시 프랑스 파리대학을 졸업한 개화된 친정아버지는 김구·김규식 선생 등과 남북 화합을 도모하던 사이였고, 그 가운데 시아버지도 함께였다. 이런 친분으로 대학 졸업 후 바로 종가로 시집와 삼남매를 두었다.

젊었을 적에는 교직에 있던 남편의 직장에 따라 나가 살다가, 20년 전

매일매일 사당을 정성스레 관리하는 종부 남진온 씨.

시아버지가 돌아가신 뒤 종가로 돌아와 지금껏 가을 시제까지 일 년에 기본 제사만 20번이 넘는 큰살림을 꾸려나가고 있다.

“올해 여든여덟이신 어머님은 어찌나 깔끔하신지 지금도 집안일을 저보다 잘하세요. 음식 솜씨가 참으로 뛰어나십니다. 사랑방 손님상에 올리는 책면이며 곶감떡과 두감주 등은 시어머니 손끝이 닿아야 제맛이 납니다. 저는 어머니가 시키시는 대로 했을 뿐이어서 자신 있게 음식을 만들 수가 없어요.”

집안 어른을 먼저 내세우는 겸손함이 몸에 밴 종부였다. 하지만 솜씨가 없으면 만들 수 없어 보이는 곶감떡의 맵시에서 종부의 음식 솜씨가 예사롭지 않음을 느낄 수 있었다.

다락에 모신 성주신, 터주신 그리고 조왕신

“제가 시집왔을 때만 해도 우리 집은 봄, 여름, 가을, 겨울 계절마다 좋은 날을 잡아 안택을 했습니다. 자손이 귀해 양자를 들인 일이 많아서인지 가신을 섬기는 정성이 남달랐던 모양입니다. 선조들께서는 종가 터를 내주어 절을 짓게 하여 자손 번창을 빌었고, 시어머니께서는 남편을 잉태한 뒤 집 안에 있던 우물 옆에 용왕 단지를 모시고 매일같이 아들 낳기를 기원하셨답니다. 하늘에 닿을 지극한 정성으로 귀한 아들을 얻었으니 그 믿음이 얼마나 컸겠습니까.”

하지만 일 년을 두고 수십 번씩 지내야 하는 제사만도 벅찬데 가신까지 모시자니 힘이 들어 일 년에 한 번으로 줄였다고 한다. 집안의 가장 큰 신인 성주 단지는 본래 안채 대청 천장에 하얀 종이로 신체를 만들어 걸고 그 아래에 두었는데, 집을 수리하면서 성주 단지를 다락에 올리고 신체는 없앴다고 한다.

남의 집 다락까지 올라가 성주 단지를 보았다. 쌀 반 가마니는 넉넉히 들어갈 만한 커다란 옹기 단지였다. 독에 채워진 쌀은 쌀벌레가 생기는 여름에는 꺼내 먹고 가을에 추수를 하면 다시 채워 넣는데, 예전에는 아무리 쌀이 떨어져도 성주 단지의 쌀은 손을 대지 못했다고 한다. 곡식이 귀하던 시절 쌀단지를 신성시한 뜻도 있지만, 흉년을 대비한 비상 식량이었던 셈이다. 선조들의 놀랄 만한 생활의 지혜가 이 성주 단지에 녹아 있는 것이다.

부엌의 조왕신은 불의 신이다. 대갓집에서 불씨를 꺼트린다는 것은 가

다락에 고이 모셔져 있는 집안의 가장 큰 신성주 단지.

문의 흥망성쇠가 달린 일로 여겨 그 불을 신성시하여 생겨난 풍습으로 보고 있다. 그뿐만 아니라 음식 맛을 관장하여 가족의 건강과 수명을 돌보는 신으로 여겨 우리네 할머니들은 이른 아침에 일어나면 부엌의 부뚜막에 정화수를 떠놓고 합장하여 절한 뒤 하루를 시작했던 것이다.

또한 조왕신은 여자들의 공간인 부엌에 모셔진 까닭에 여신으로 여겨졌고, 아기를 점지시킨다 하여 삼신이라고도 했다. 종가에도 부엌을 고치기 전에는 조왕신을 모시는 자리가 있었다.

터주신은 간장, 된장, 고추장 등 발효 식품을 저장하는 장독을 중심으로 이 집의 북쪽에 해당되는 안채의 뒤꼍에 모셨다. 농사를 짓던 예전에는 벼나 쌀을 담은 단지나 항아리를 터주의 신체로 모셔두고, 그 위에 볏짚으로 엮은 이엉을 원뿔 모양으로 덮어 뒤뜰에 두기도 했다. 지금은 농사를 짓지 않아 없앴고, 고사를 지내는 것으로 대신한다고 했다.

금줄 치고 지내는 고사

"이 마을 다른 집에서는 정월에 안택이라 하여 가신을 모시는데 우리 집은 음력 3월 초순에 길한 날을 받아 고사라는 이름으로 안택을 지냅니다. 고사

대문 입구부터 깨끗한 황토를 뿌리며 고사를 준비하는 종부 남진온 씨.

를 모시는 날은 새끼줄에 숯과 흰 종이, 솔잎 등을 꽂은 금줄을 대문에 칩니다. 그리고 대문 입구에서부터 깨끗한 황토를 뿌려줍니다."

부정한 사람이 출입하지 못하게 한 뒤 이날 안주인들은 목욕재계하고 하루 종일 고사상에 올릴 시루떡을 찐다. 쌀이 한 가마씩이나 들어가는 큰 시루에 떡을 찌는 일은 보통 일이 아니다. 이렇게 많은 떡을 쪄서 고사를 지낸 뒤 마을에 돌려 나누어 먹는다.

별미를 쉽게 맛볼 수 없었던 시절에는 양반집 고사떡이 얼마나 맛있는 간식이었을까? 하늘과 땅신이 돌봐 얻은 곡식으로 떡을 만들어 신들에게 대접하고, 그 음식을 어려운 이웃이나 아랫사람들에게 나누는 지혜로운 방법이었다.

종가의 장독에는 그 큰 시루들이 그대로 있었다. 지금은 먹을 사람이 없어 작은 시루에 찐다고 한다. 성주신에게는 팥시루떡을, 터주신에게는 백설기를, 조왕신에게는 새앙이라 하여 작은 솥에 밥물이 넘지 않도록 조심하여 지은 밥을 올린다.

술 대신 정화수로

종부가 정성스레 차린 터주신 상은 안채 뒤 장독 옆에 차려졌다. 깨끗한 황토를 뿌린 다음 멍석을 깔고 네모진 상을 놓았다. 고사는 날이 어둑어둑해지고 나서 시작되었다.

문중의 남자 어른이 제주가 되어 도포와 유건으로 복장을 갖추고, 먼저 촛불을 켠 뒤 목향을 피우고 두 번 절하고 축문을 읽는다. 대대로 전해오는 축문은 자손 번창과 오곡 풍년을 기원하는 내용이다. 더불어 가축들의 전염병이 없기를 기원했다.

축을 읽은 다음에는 명당경(明堂經)을 읽는다. 이 명당경도 종가에서 전해오는 것이다. 하늘에 계신 황제님께 수명장수를 빌었고 땅의 황제에게는 재물과 복을 달라는 기원이 적혀 있다. 동서남북 중앙의 모든 신들과 하늘의 별들에게까지 소망을 기원한다. 경을 다 읽으면 제주가 두 번 절하는 것으로

◀ 종가의 내림음식인 청량음료 책면.

▶ 자연색으로 물들여 색깔 고운 곶감떡.

의식이 끝난다.

이 가신 제사는 터주신에게 먼저 하고 성주신, 조왕신 차례다. 성주상에는 팥시루편을 올리고 터주신과 마찬가지로 밤과 대추를 올린다. 나물을 익히지 않은 채 올리는 것은 다르다. 무생채와 생미나리를 각각 접시에 담고, 북어 세 마리도 한 접시에 담는다. 그리고 만물의 근원인 정한수 한 그릇을 올린다.

조왕신에게는 푸름과 생명력을 상징하는 생미나리를 접시에 담아 올리고 소금도 한 접시 담는다. 숯도 올린다. 술 대신 맑은 정화수를 올린다. 새앙솥에 지은 밥을 떡 대신 올리고 의식은 모두 터주신과 같이 한다.

곡식을 넣어두는 곳간신에게는 떡시루를 놓고, 종부의 밥그릇에 정화수 한 그릇을 올린다. 이때는 종부가 제주가 되어 혼자서 절을 여러 번 한다.

대개 고사의 제주는 여자들이지만, 종가에서는 남자가 제주라는 점이 특이했다. 또한 술 대신 정화수를 올린다는 점도 이채로웠다. 밤도 껍질째 올리며 굽이 없는 접시에 제물을 담는 것도 일반 제사와는 달랐다. 이 가신 고사는 집안에 초상이 나면 3년 탈상 때까지 지내지 않는다고 했다.

대개 우리 토속신앙이라면 무조건 멸시하고 등한시하는 경향이 있다. 하지만 지금도 건물을 지을 때나 큰 행사를 앞두고는 돼지머리를 올려두고 고사를 지내는 것으로 면면히 이어져오고 있다.

이 가신 신앙은 농경시대로 정착된 생활을 하게 되면서부터 집을 중요시해 지켜왔던 풍습이었다. 집터를 다지면서 터주신을 모시게 되었고, 대들보에 상량문을 쓰게 되면서 집안에 가장 큰 신으로 성주신을 모시게 된다. 솥을 걸고 불을 피워 밥을 짓게 되면서 불의 신으로 조왕신을 모셨다.

이렇게 같이 살며 집안을 지켜주는 신들에게 새해가 시작되면 시루떡을 해놓고 정화수 한 그릇으로 고사를 지낸다. 한 해 동안 가족들의 무사함을 빌고 풍년을 기원하는 애틋한 정성이 깃든 가정 신앙이었다.

주거 형태가 아파트로 바뀌면서 우리 정체성이 스며 있는 토속신앙이 사라져가는 이때 종가의 가신 모시기는 지난 일에 대한 구술적인 추적이 아니라 실제 행하고 있다는 것에 무게를 더해주고 있다.

자연 청량음료 책면과 아름다운 곶감떡

봄철에 피곤을 덜어주는 청량음료 책면과 아름다운 모양과 맛까지 일품인 곶감떡이 이 집안의 내림음식이었다.

책면은 사랑채 손님들의 숙취를 돕는 일등공신이기도 하다. 칡가루를 물에 훌훌 풀어서 놋쟁반에 한 술 떠서 얇게 펴고 끓는 물에 중탕하며 익힌다. 반쯤 익으면 더운물 속에 푹 담가 익힌다. 말갛게 익으면 꺼내 찬물 속에서 얇은 조각을 떼어내어 채로 곱게 썰면 매끄러운 칡국수가 된다. 이것을 꿀을 탄 오미자 국에 띄우고 잣도 동동 띄운다. 오미자는 찬물을 부어 하루쯤 우려내야 한다.

곶감떡은 이름만 곶감이지 주재료는 찹쌀과 멥쌀이다. 찹쌀 7, 멥쌀 3을 섞어 물에 불려 소금을 넣고 방앗간에서 가루로 만든다. 봄에 뜯어 데쳐서 냉동실에 넣어둔 쑥을 꺼내 물을 조금 붓고 믹서에 갈아 푸른색을 만들고, 가을에 피는 맨드라미 꽃대를 거꾸로 매달아 말렸다가 자잘한 꽃잎을 따서 찬물에 우려내면 다홍색이 된다. 또 봄철에 지천으로 피어나는 지단화를 말렸다가 분쇄기에 갈면 노란 꽃가루가 된다. 이 3색 가루를 각각 쌀가루에다 섞어 찬물로 개어 빛깔 고운 세 가지 색 반죽을 만든다.

반죽은 밤톨만큼 떼어 둥글게 만든 뒤 은근한 불에 화전 굽듯 펴서 굽고, 그 위에 삶은 밤에 꿀을 섞어 만든 고명을 올린다. 또다시 반죽을 새알심 크기로 빚은 다음 누에 모양으로 끝을 뾰족하게 두 개를 만들어 두 쪽을 맞붙여 태극 모양을 만든 뒤 고명 위에 올려 앞뒤로 지져낸다. 꿀에 담갔다가 그릇에 담을 때 웃고명으로 석이버섯채, 대추채, 밤채, 곶감채를 올린 다음 잣가루를 뿌린다.

종가의 터주신
상차림.

곶감떡은 만들기는 까다로우나 자연의 색을 이용했기 때문에 무척 아름다웠다. 모양도 예뻐 폐백 음식이나 회갑상에 올린다고 한다.

종가의 터주신 상차림

안채 뒤 장독 옆에 깨끗한 황토를 뿌린 다음 멍석을 깔고 네모진 상을 놓는다. 상 위에는 수저 없이 젓가락만 터주신의 오른쪽에 놓고, 그 옆으로는 맑은 정화수 한 그릇을 올린다.

쇠고기를 날것으로 토막 내어 접시에 담아 올린다. 그 앞줄에는 하얀 무나물과 푸른 미나리 나물을 한 그릇에 담아 올리고 북어 다섯 마리도 놓는다. 끝 줄에는 밤과 대추를 껍질째 한 접시에 담는다. 양옆으로는 촛대를 올렸다. 제상 앞으로는 백시루편을 시루째 놓는다. 시루 앞으로 향상을 놓아 향로와 향합을 올려둔다.

전통 성인식 맥을 잇는
장중하고도 아름다운 관례

현풍 곽씨
청백리공 곽안방 종가

봄꽃이 아름다운 현풍 곽씨 종가.

조선조 500여 년 동안 충신·효자·열녀비가 12개나 세워진 문중이 있다. 바로 경북 달성군 현풍면 솔마을의 현풍 곽씨 문중이다. 효자비 하나만 있어도 대대손손 자랑이라 할 조선시대 유교의 제도권에서 보면 이 문중만큼 도덕적인 가문도 흔치 않다. 그런 까닭에 지금도 전국의 청소년들에게 산 교육장이 되고 있다.

이 500년 종가에서 지난 4월 13일 종손 곽태환(취재 당시 54세) 씨의 외아들 재명(취재 당시 대학 1년) 군이 관례(冠禮)를 치르는 큰 행사가 있었다. 조선 세조 때 청백리로 녹선된 곽안방(郭安邦) 선생의 20세손으로 예전 같았으면 제후국의 왕자나 다름없는 27개 종파의 상징적인 인물의 성년식이다. 요즘 젊은이들도 나라에서 정한 성년의 날에 삼삼오오 모여서 나름대로 성년 의식을 치르기는 하지만, 즉흥적인 데다 상술이 결합한 가벼운 통과의례에 지나지 않는다. 그래서 유서 깊은 가문에서 치러지는 전통적인 관례식을 볼 수 있었던 것은 좀처럼 얻기 힘든 기회였다.

화창한 봄날 종가 재실 대청에서 문중 사람들 주관으로 치러진 이 관례는 종가답게 예서의 절차에 따라 화려한 조선시대 복장을 세 번이나 갈아입으며 진행되었다. 그리고 머리에 관을 세 번 쓰는 삼가례(三加禮)와 성인으로서 또 하나의 이름인 자(字)를 받는 의식과 관례를 치른 뒤 고하는 사당 차례까지 엄숙하게 치러졌다.

서울에서 종가를 가기 위해 경부고속도로를 따라 서대구로 들어가면 부마고속도로를 만나게 된다. 부마고속도로로 현풍 입체교차로로 빠져나오면 바로 삼거리가 나오고 여기서 오른쪽으로 승용차로 5분쯤 가면 경상북도 문화재로 지정된 현풍 곽씨 12정려각이 오른쪽에 보인다.

이 정려각은 500여 년 전부터 이곳에 터를 잡고 살던 현풍 곽씨 일문에서 충신·효자·열녀가 나와 나라에서 표창하는 글 12개를 모아둔 곳이다. 정려각 옆에는 3미터가 넘는 돌에 '충효세업 청백가성(忠孝世業 淸白家聲)'이라 새겨져 있고, 그 왼편에 '솔례(率禮)마을'이라 쓰인 작은 빗돌이 서 있다. 솔란 종택의 앞산 모양이 엎드려 절을 올리는 형상이어서 붙은 이름이라고 한다. 이 빗돌을 좇아 고샅길을 가다가 오른쪽 길로 들어가면 종가가 나타난다.

충신·효자·열녀비가 12개나 세워진 종가

종가에는 양반댁을 상징하는 솟을대문이 없다. 사립문 같은 소박한 현대식 대문을 달았지만 이것도 잠그는 일이 거의 없다. 이 마을 80여 가구 모두가 곽씨 성을 가진 사람들이어서 한 가족처럼 지내기 때문이다. 종가에 들어서자 주인의 취향을 보여주는 갖가지 꽃나무가 반긴다. 춘란, 자목련, 산수유, 백일홍, 꽃잔디 등 2800평이나 되는 대지 여기저기에 심어진 꽃나무에서 피어난 봄꽃 향기가 온 집안을 은은히 감싸고 있었다.

사랑채와 안채는 옛집을 헐고 그 자리에 전통과 현대의 장점을 살려 다시 지어졌으며, 안채 오른편 쪽대문으로 들어가면 1650년에 지어진 재실이 종가의 품위를 더해주고 있다. 재실에는 '포산고가(苞山古家)'란 당호가 걸려 있다.

안채 뒤쪽에는 곽안방 선생의 신주를 모신 사당이 옛 모습 그대로 남아

삼강오륜을 실천한 현풍 곽씨 일가의 12정려각.

있다. 곽안방 선생은 세조 때 이시애의 난을 토벌한 공로와 당시 청렴한 공무원들에게 포상하는 청백리상으로 불천위 제사에 모셔진 분이다.

사당 입구에는 400세 넘은 백일홍 두 그루가 종가에서 일어난 수많은 이야기를 품은 채 서 있다.

한때는 9대가 한집에서 살았다고 해서 구거당(九居堂)으로 알려진 안채에는 차종손의 관례를 돕기 위해 도포와 유건을 쓴 문중 어른들이 일찍 도착하여 서로 인사를 나누고 있었다. 집안의 안부를 물으며 담소를 나누는 모습에서 진한 전통의 향기가 느껴졌다.

혼례보다 크게 치르는 성인식

열일곱 살에 동갑내기 신랑에게 시집와서 64년 동안 종가를 떠나본 일이 없다는 노종부 김두교(취재 당시 81세) 할머니는 영화 「집으로」의 주인공 할머니보다 더 정겹고 친근한 모습으로 손님을 반겼다. 손자의 관례식 때문에 몸이 불편한 것도 잊은 듯 보였다.

"금지옥엽 키운 보람이 있어 나 죽기 전에 이런 경사를 보게 되었어요. 혼인이야 공부 마치고 직장 잡을 때까지 아직도 멀었지만, 이제 어른의 관문으로 들어가는 관례를 치른다니 저승에 가서도 조상을 뵈올 면목이 섰습니다."

지난 1976년에 남편을 여의고 일 년에 열다섯 번의 제사를 비롯해 종가의 큰살림을 맡아온 애환이 골 깊은 주름살에 쌓였지만, 당당하고 품위 있는 자세에서 종부의 권위가 묻어난다.

"예전에는 장가가기 며칠 전에 관례를 치렀어요. 신랑집에서야 혼인식보다 관례를 더 크게 쳤지요. 우리 집안은 양반 집이라 갑오경장 때 머리를 자르지 않고 고집스레 상투를 고수했어요. 그러니 관례식은 당연했지요. 집안 어른 중에 덕을 갖춘 분을 주례로 모시고 상투를 올리고 어른으로서 지켜야 하는 도리를 듣고 자(字)도 받았어요. 그리고 사당에 가서 어른이 되었음을 고하는 사당 차례도 했어요. 우리 집은 큰집이라 집안 사람들의 관례 때는 반드시 찾아와 사당에 고유를 하고 갔지요. 그리고 형편껏 음식을 마련해 동네 어른들 모셔놓고 잔치도 했어요. 그때야 어렵던 시절이라 지금처럼 관복을 입지 못해서 도포에 갓을 쓰고 했어요. 사는 게 힘들어 우리 아들들은 예전의 예법을 다 챙기지 못했지요."

노종부 김교두 할머니.

노종부의 기억 속에서 예전의 관례는 혼인만큼 중요한 의식이었다. 사람이 평생을 살아가면서 치러야 하는 통과의례인 '관혼상제'의 첫머리에 관례가 놓여진 까닭도 어른의 책무를 지우는 관례를 치르지 않고서는 혼례를 치를 수 없었기 때문임을 알 수 있다.

종가의 이번 관례는 종손의 부인 이형자(취재 당시 53세) 씨가 서둘러서 이루어졌다고 한다. 부엌에서 만난 소종부 이씨는 호리호리한 몸매의 미인형으로 서예와 다도 등 우리 것에 남다른 관심을 갖고 있었다.

"대구 향교에서 성인식을 봤어요. 올해 대학에 들어간 우리 아들에게도 관례를 해주고 싶었어요. 이왕이면 삼가례(三加禮) 복식을 다 입히고 싶었는데 다행히 서울의 우리차문화원에서 옷을 빌려준다기에 하게 되었어요. 그리고 문중 어른들에게 의논을 드려서 허락을 받았지요."

종부도 아들의 관례식 준비로 상기되어 있었다. 관례는 점심 뒤에 시작되었다.

아름답고 장중한 전통의 관례

먼저 재실 대청에 돗자리를 깔았다. 그리고 그 옆방은 옷을 갈아입는 방으로 썼다. 문중 어른 한 분이 이날의 집례를 맡아 「홀기」를 부르고 있었다. 참석자 모두 조선시대 예복인 도포에 유건을 썼다.

종손은 사흘 전에 아들의 관례를 이미 사당에 고해 조상님께 알렸다고 한다. 그리고 문중 어른께 주례를 부탁드렸다.

집례자의 해석에 따르면 이날 관례 의식의 순서는 조선 후기 예학자인 도암 이재(陶菴 李縡, 1680~1746)의 『사례편람』 「관례」 편과 집안 대대로 전해오는 가풍을 바탕으로 꾸몄다고 했다.

먼저 종손 내외가 재명 군의 성년식을 주관할 문중회 회장 곽동우(취재 당시 76세) 씨께 자식의 관례에 주례를 맡아준 데 대한 감사의 절을 했다. 주례도 맞절로 답했다. 남녀 내외법이 엄격했던 예전에는 아버지 혼자 주례를 맞이했지만, 지금은 부모가 함께 주례를 맞이한다.

본격적인 관례가 시작되었다. 어른으로서 갖추어야 할 세 가지 복장을 갈아입을 때마다 머리에 관을 씌우며 그때마다 주례가 교훈의 말을 내리는 삼가례가 시작되었다. 삼가례는 시가례, 재가례, 삼가례, 다례축, 명자축, 사당 차례 등 크게 여섯 번의 의례로 이어졌다.

● 시가례(始加禮)

삼가례 중 첫번째 의식이다. 재명 군이 사내아이의 평상복인 초록색 사규삼과 복건을 쓰고 주례 앞에 꿇어앉았다. 시중을 드는 집사가 복건을 벗기고 재명 군의 머리를 빗겨 상투를 틀고 망건을 씌운다. 이때 주례는 상투에 씌우는 치포관을 들고 나와 재명 군 앞에서 축사를 한다.

"좋은 달 좋은 날 처음으로 관을 씌우니 너의 어린 마음을 버리고 성숙한 덕을 따라 길하게 오래 살고 네 큰 복을 더욱 크게 하여라."

축을 읽은 후 주 는 치포관을 재명 군에게 씌우고, 도와주는 사람은 비녀를 꽂았다.

● 재가례(再加禮)

재가례란 두 번째 관을 씌워주는 의식이다. 재명 군은 흰 바탕에 검은 테를 두른 심의(深衣)를 입고, 허리에는 대대라는 띠를 두른 뒤 그 위에 오색 끈을 묶어 늘어뜨렸다. 심의는 조선시대 학문이 높은 선비들의 일상복이다. 머리에는 홑겹의 흑사로 만든 복건(福巾)을 쓰고 나왔다. 주례는 재명 군 앞에서 재가 축사를 했다.

"좋은 달 좋은 날에 거듭 네 관을 씌우니 너의 위엄 있는 모습을 신중히 하고 너의 덕을 잘 닦아 만년토록 오래 살아 큰 복을 받아라."

재명 군이 큰 소리로 "삼가 받들겠습니다" 하고 답하자 주례는 머리에 쓴 복건을 벗기고 관복을 입을 때 쓰는 관모를 씌워주었다.

● 삼가례(三加禮)

마지막 관을 씌우는 순서에는 선비가 입는 일상복을 벗고 벼슬아치들의 대궐 출입복인 북청색 관복을 입었다. 이 관복은 100여 년 전 개화기에 접어들면

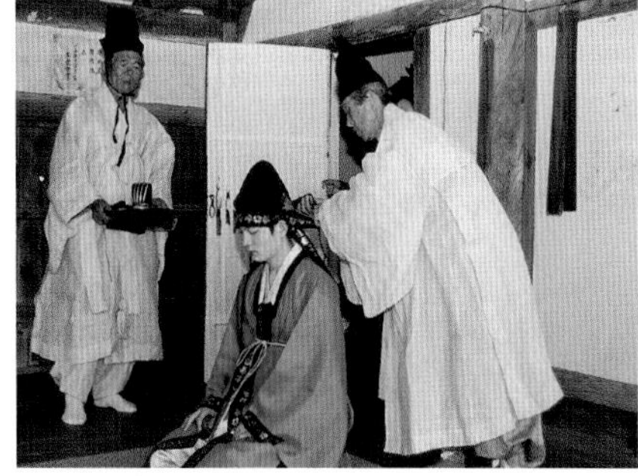
1

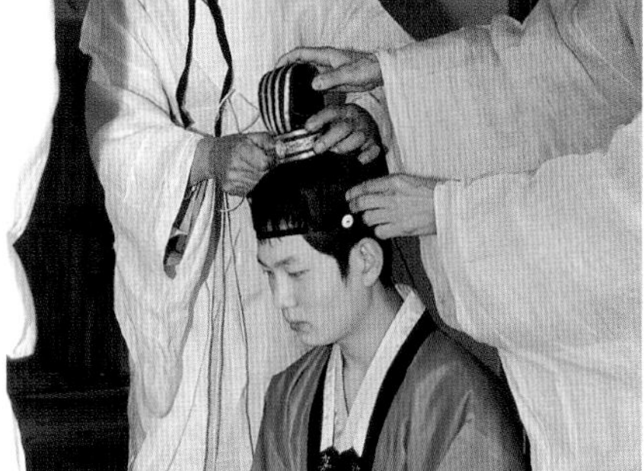
2

3

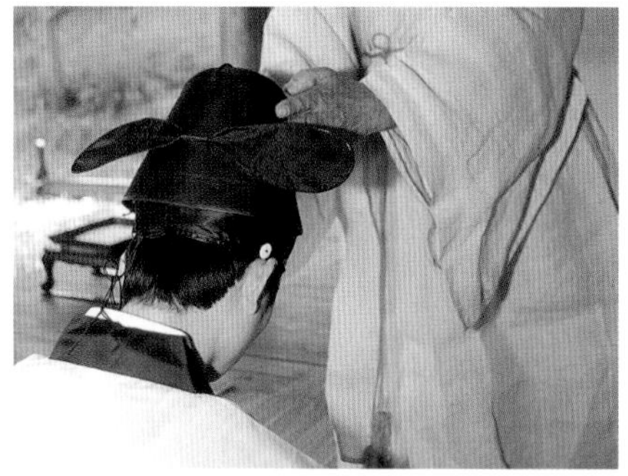
4

5

6

시가례 의식은
아이의 복건을 벗고
어른으로서 처음으로
상투를 트는
의식이다(사진 1, 2).

재가례 의식은
복건을 벗기고
관모를 씌워주는
의식이다(사진 3, 4).

북청색 관복을 입은
재명 군에게 복두를
씌운다(사진 5).

연두색 앵삼을 입은
재명 군에게 차를
내려 성인됨을
축복했다(사진 6).

사당에서 어른의 과정을 통과했음을 알리는 고유식을 올렸다.

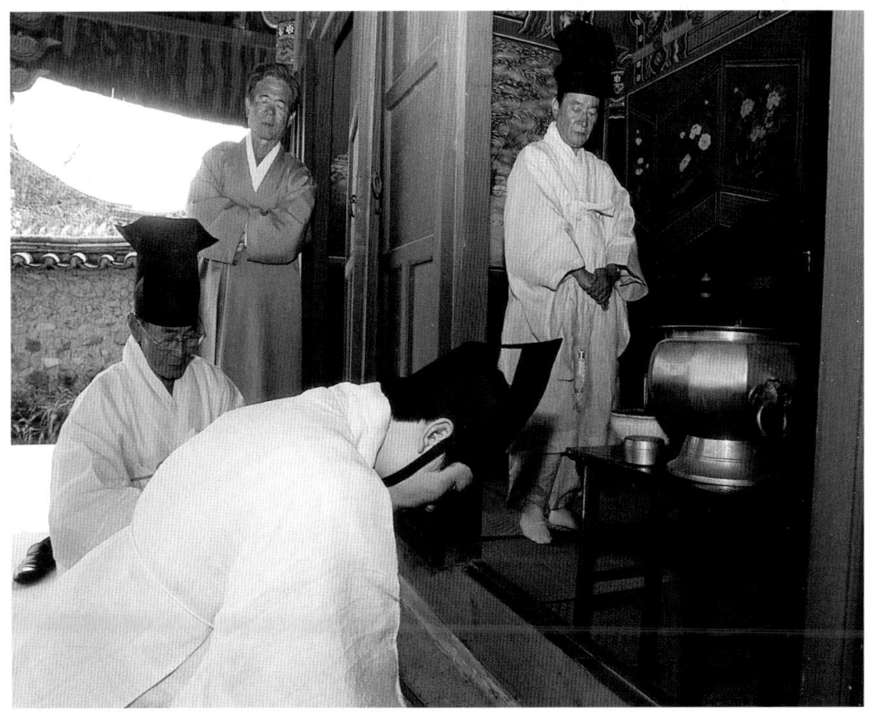

서 양복으로 대치한 이후 지금은 전통 혼례복으로 쓰이고 있다. 의젓한 모습으로 앉아 있는 재명 군에게 주례는 삼가례 축사를 했다.

"성인으로서 갖추어야 할 관을 다 씌워 너의 덕을 이루게 하였다. 형제간에 우애 있고 부모에 효도하며 나라에 기둥이 되는 사람으로 수명장수와 만복을 누리기 바란다."

이렇게 축사를 한 다음 주례는 재명 군에게 복두를 씌웠다. 복두는 사모와 비슷한 용도로 쓰였다고 한다. 예전에는 과거에 합격하면 이 복두에 어사화를 달고 금의환향했다.

● 다례축

삼가례를 마치고 예서대로라면 초례(醮禮)라 하여 술을 내리는 순서인데, 이날은 차를 내렸다. 재명 군이 관복을 벗고 연두색 앵삼(鶯衫)을 입고 나왔다. 이 앵삼은 유생이나 진사, 생원이 입는 옷으로, 과거에 급제한 사람이 어사화를 복두에 꽂고 3일 휴가할 때도 입었다. 앵삼은 색깔이 앵무새와 닮았다고 하여 붙은 이름이다. 관자 앞에 찻상이 놓이자 주례는 다례축을 읽었다.

"백초의 으뜸으로 칭송받는 차를 마시게 되면 몸에도 이로울 뿐 아니라 맑은 정신으로 사물을 바로 보는 판단력이 생기며 대인관계의 예의범절도 자연스레 익히게 된다. 옛사람들은 주도를 일러주었지만 차가 이롭기에 오늘 너에게 차 한 잔을 내려 성인됨을 축하한다."

종손 곽태환 씨와 종부 이형자 씨가 관례를 마친 아들의 절을 받고 있다.

재명 군은 "삼가 일생 동안 명심하겠습니다"라며 큰소리로 대답했다. 이어 재명 군은 찻잔을 빈 그릇에 세 번을 나누어 따르고 나머지 차를 마셨다. 땅에다 먼저 드리는 것은 오늘 이 자리가 있기까지는 천지신명의 도움이 컸다는 것에 감사하는 뜻이다. 재명 군은 성인의 관문을 무사히 통과할 수 있도록 도와준 주례께 정중하게 큰절을 두 번 올리며 감사의 뜻을 전했다. 주례도 답배를 했다.

● 명자례(命字禮)

예전에는 부모님이 지어준 이름을 함부로 부를 수 없어 관례 때면 성인으로서 편히 부를 수 있는 자(字)를 내렸다. 주례는 재명 군의 자를 수봉(守奉)으로 지었고 그 자에 대한 축을 읽었다.

"너의 관례를 축하하며 성인으로서 갖추어야 하는 자를 지어 그 뜻을 설명하겠으니 새겨듣고 이 자에 흠이 가지 않는 행동으로 일생을 살아주기 바라네."

지킬 '수(守)'는 가문을 잘 지키라는 뜻이며 받들 '봉(奉)'은 조상의 신주를 잘 받들라는 뜻이다. 재명 군은 "제가 비록 불민합니다만 힘써 노력하겠습니다"라고 답하고는 절로써 고마움을 표했다. 이것으로 관례의식은 끝나고 부모님은 주례께 감사하다는 뜻으로 절하여 인사했다.

● 사당 차례

재명 군은 제사 때 입는 도포로 갈아입고 머리에는 유건을 썼다. 과일과 술을

사당에 차려놓고 부모님과 함께 어른의 과정을 통과했다는 고유식을 올렸다. 이때도 고유축이 있었다.

사당 차례를 마친 재명 군은 이제 어른의 예절로 할머니와 부모님께 큰 절을 올렸다. 그리고 도와주신 분들께도 절로 인사를 했다. 참석자 모두 재명 군의 관례를 축하하며 다과상을 마주하고 덕담을 나누었다.

관례를 마친 재명 군에게 소감을 물었다.

"처음에는 어른들께서 시키는 일이니 그냥 따라 했을 뿐인데 지금은 이렇게 정중한 의례를 치르고서야 비로소 어른이 되는구나 하는 뿌듯한 생각이 듭니다. 뭔지 모르게 책임감이 느껴진다고 할까요. 새삼 부모님께 감사하고 앞으로는 모든 일에 성실해야겠다는 생각이 들었어요."

180센티미터가 넘는 큰 키에 하얀 피부로 누가 봐도 귀공자 모습인 재명 군은 이날 화려한 조선시대 남자 복식이 너무나 잘 어울렸다. 무엇보다 진지한 자세로 의례에 임하는 태도가 '역시 종손이 될 인물은 하늘이 내리는구나' 하는 생각을 들게 했다.

전날 밤까지 내리던 비도 이날은 멈추고 불청객 황사도 날리지 않은 화창한 봄날이었다. 마침 강남 갔던 제비가 돌아온다는 삼월삼짇날을 이틀 앞둔 삼월 초하루 길일이었다. 기와솔 피어난 고옥에서 화려한 관례복을 입고 장중하게 행하는 관례식은 한 폭의 조선시대 풍속화를 보는 듯 아름답고 뜻깊었다.

시원하고 맛깔스러운 과일김치와 후식 오방차

노종부는 쉰이 넘은 며느리를 '우리 집 젊은이'라 했다. 그 며느님 음식 솜씨가 보통이 아니라며 은근히 자랑을 한다.

할머니의 자랑은 이날 점심으로 먹은 면상에 오른 과일김치 한 가지만 맛보고 실감할 수 있었다. 사과, 배, 파인애플, 밀감 등을 갈아서 거기다 새우젓갈을 넣고 붉은 생고추를 갈아넣어 양념한 배추김치는 시원하면서도 맛깔스러웠다. 짜지 않아서 국수를 말아 먹어도 잘 어울렸다.

후식으로 나온 다과상에는 몸에 좋은 오방차가 나왔다. 오방차는 인삼과 마를 다린 물에 꿀을 넣어 단맛을 내고, 노란 송화를 꿀에 반죽해 덩이째 찻잔에 띄우고 가루차를 뿌린 것인데, 인삼 특유의 씁쓰레한 맛과 꿀의 달짝지근한 맛이 잘 어우러진 품격 있는 차였다. 치자물 들인 노란 약식과 주치뿌 다과상에 오른 음식들. 치자와 가루차 등 자연 재료로 색을 곱게 들인 약식과 다식, 육포, 깨강정 등 집에서 손수 만든 과자를 대접했다.

리로 만든 붉은 약식, 가루 차로 만든 녹색 약식을 작은 은박지 컵에 담은 삼색 약식은 나들이 도시락으로 좋아 보였다. 백련의 붉은색과 솔잎가루의 푸른색 등 갖가지 자연색을 물들여 만든 다식도 아름다운 모양만큼 맛 또한 일품이었다.

신세대 종손의 아름답고도 엄숙한 전통혼례 광경

나주 임씨 감무공 임탁 종가

3000여 평 대지에 안채, 사랑채, 사당으로 구성된 종가.

여덟 살 어린 나이에 막중한 대종손의 임무를 맡게 되었다. 나주 임씨 31세손이자 대종손인 아버지가 돌아가셨으니 나이와는 상관없이 32세 대종손 자리에 설 수밖에 없었다.

'8세 이상은 부모가 돌아가면 성복(成服)을 한다'는 전통에 따라 어린 종손은 삼베로 만든 상복을 입고 아버지 채영(취재 당시 37세) 씨의 상주가 되었다. 대종손의 상례였으니 예법은 장엄하고도 위엄이 넘쳤다. 어린 상주였지만 의례 중에도 가장 복잡한 상중 예법을 섭종(攝宗)을 맡았던 작은할아버지의 지시에 따라 의연하게 해냈다. 할머니가 돌아가셨을 때도 삼년상을 치르는 효성을 보여 집안 어른들이 입을 모아 칭송할 정도였다.

한 해에 수십 차례 지내는 제례에도 어린 종손은 주인이 되어야 했다. 또래 소년들이라면 벌을 서는 듯 여길 만한 자세로 두 손을 맞잡고 한 시간여 동안 엄숙하게 서 있어야 했다. 종손이라면 숙명적인 이 소임은 종손이 이 세상을 버릴 때까지 변함 없이 계속될 것이다.

나주 임씨 32세 대종손 임정열(취재 당시 29세) 씨는 30여만 나주 임씨 8개 종파의 상징적인 인물이다. 여기다 600여 년간 한 번도 양자를 들이지 않고 종손의 자손으로만 대를 이어온 기적 같은 전통을 가진 가문의 얼굴이다. 그런 그를 전남 나주시 다시면 회진리에 있는 종가를 찾아가 만났다.

"저도 머리에 노랑물 들이고 싶었습니다."

유행에 민감한 나이니 어찌 그런 생각이 들지 않을까. 하지만 언제나 문중 어른들이나 어머니가 먼저 떠올라 자제하는 것에 길들여져 있을 뿐, 종손이라 하여 스물아홉 살이 쉰 살 생각을 하는 것은 아니라고 한다.

"종손이라고 다르지 않아요"

수자원공사 연구원으로 대전 대덕단지에서 일하는 종손을 나주 종가에서 만났다. 마른 체격에 이지적인 분위기가 풍기는 미남이었다. 자라면서 예의범절이 몸에 배어서인지 양복보다 한복이 더 잘 어울릴 것 같은 선비 풍모를 지녔다. 지금껏 70~80대 할아버지 종손만 취재하다가 젊은 신세대 종손이라는 것만으로도 신선했다.

"지난 1월 텔레비전에서 퇴계 선생 댁의 종손 3대 이야기를 보았습니다. 그 댁의 차종손도 제 또래였는데, 지금은 자유롭게 자기 일을 하지만 언젠가는 종손의 소임을 위해 고향에서 살아야 한다는 생각을 떨치지 못하는 것 같았어요."

직장생활을 무리 없이 하려다 보니 휴가도 여느 사람들처럼 즐기는 데 쓰지 못하고 일 년을 나누어 제사 지내는 데 써야 한다는 것 등 많은 것에 공감을 했다고 한다.

"결혼을 하면 어떻게 될지 몰라도 아직까지는 종손이라는 이유로 크게 불편한 일은 없었어요. 오히려 학교 다닐 때도 그랬고 사회생활하면서도 주변에서 제 입장을 알고 제삿날을 먼저 챙겨주는 배려를 받고 있지요."

휴일이라 뿌리찾기 교육을 위해 가족과 함께 쉼 없이 찾아오는 문중 사람들이 귀찮을 법도 한데, 정겨운 미소로 반갑게 맞이하는 모습에서 우애 있고 화합이 잘되는 문중으로 소문이 난 이유를 알 것 같았다.

양복보다 한복이 더 잘 어울릴 듯한 신세대 종손 임정열 씨.

"우리 문중에서 첫째로 내세울 것은 600여 년 동안 종자 종손으로 이어진 것과 지금의 종부랍니다. 우리 종부는 인물도 좋을 뿐 아니라 경주 이씨 익제파 후손으로 예의범절이며 똑똑한 인품으로 자녀들을 잘 키운 것만으로도 종부의 소임을 훌륭히 한 셈입니다. 젊은 나이에 혼자되어 마음 고생이 얼마나 심했겠어요. 종가의 형편이 넉넉지 않아 어려운 생활을 하면서도 싫은 내색 한 번 하지 않았어요."

그 많은 제사 음식을 정성껏 준비해 조상을 지성껏 받드는 일이며 문중 사람들에게 늘 웃음으로 대하는 태도는 참으로 모범이 될 만하다고 화수회 중앙종친회 상임부회장 임균택 씨는 만나자마자 종부 자랑부터 했다.

"우리 가문이 융성하려니까 저렇게 심덕 좋은 사람이 들어왔어요. 사실 인물이 하도 좋아서 종부가 젊었을 때는 다른 마음을 먹을까 봐 불안한 생각도 들었답니다. 우리 종부 치하 좀 해주세요." 점잖은 문중 어른께서 저토록 칭찬을 하는 종부는 어떤 분일까? 종가에서 만난 종부 이화주(취재 당시 57세) 씨는 후덕한 인상과 기품 있는 자태의 미인이었다.

친정집이 경주 이씨 문중으로 사당을 모신 소종가였다고 한다. 아버지의 권유로 스물여섯에 시집을 왔는데, 사람들이 많이 드나들고 제사를 많이 지내는 집에서 자라서인지 특별히 어렵다는 생각은 들지 않았다고 한다. 신접살림은 남편의 직장이 있던 광주에 차렸다. 광주와 나주를 왕래하면서 살림을 했지만, 몇 년 전에 돌아가신 시어머니가 크고 작은 일들을 주관해서 힘들지는 않았다고 한다. 그러다 결혼한 지 8년 만에 어린 삼남매와 시어머니, 나주 임씨 대종부라는 소임만 맡겨진 채 흔히 말하는 미망인이 되었다.

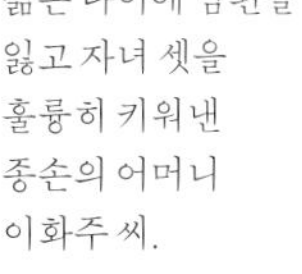
젊은 나이에 남편을 잃고 자녀 셋을 훌륭히 키워낸 종손의 어머니 이화주 씨.

"자식을 데리고 혼자 살아가는 삶이 얼마나 힘든 일

이었으면 '아직 죽지 않은 사람'이란 뜻을 가진 미망인이란 칭호가 붙었겠습니까."

종부는 하늘이 무너지는 아픔을 삭히면서 집안의 대들보인 어린 종손을 바르게 키워야겠다는 생각만으로 지냈다고 한다. 다행히 과외 한 번 시킨 일 없는데 자녀들이 장학금을 받아 오고 속썩이는 일 없이 커주어 고생한 보상을 받은 셈이라 여긴다. 두 아들은 서울에서 대학을 다녔고 딸아이는 어머니 곁에 있어야 한다며 성적이 좋았는데도 지방 대학을 다닐 만큼 효성이 지극했다. 전남대학 약대 대학원을 나와 조교로 있다가 한 달 전에 서울로 시집을 갔다고 한다.

"기독교 집안이라 처음에는 망설였지만, 제사 때마다 나를 도와주느라 고생한 딸이 안쓰러웠는데 제사를 모시지 않는다니 다행으로 여기고 혼인을 시켰어요."

"어머니 딸은 제사 모시지 않는 편한 집안으로 시집보내고서 며느리는 제사를 모셔야 한다니 형평성에 어긋나지 않습니까?"

옆에 있던 종손이 어머니께 우스갯소리를 했다.

"그래서 2년 전에 작은할아버지께서 큰 결단을 내리시지 않았니. 불천위와 아버지 제사만 두고 할아버지, 고조, 증조 제사는 4월 5일 청명 한식날을 '조상의 날'로 정해 하루에 모시도록 했지…."

어머니와 아들이 모처럼 나누는 정담을 들은 지 일 년이 지난 어느 5월, 종가로부터 종손의 혼인 소식이 날아들었다.

웨딩마치 대신 장구·피리 소리로

유서 깊은 가문의 전통혼례를 취재할 수 있다는 건 행운이었다. 종가 수십 군데를 찾아갔지만 전통혼례를 접하기가 쉽지 않았다. 혼례란 양가가 만나는 상대적인 것이어서 아무리 전통을 지켜가는 종가라 해도 전통혼례를 고집할 수는 없었던 모양이다.

혼인날 이른 아침, 종가 안채 앞마당에는 아침 일찍부터 차일을 치고 휘장을 두르는 등 분주한 발걸음들이 잔치 분위기를 돋우었다. 병풍 앞으로 신랑·신부가 백년가약을 언약할 대례상(大禮床)이 놓였다. 대례상 위에는 촛대 한 쌍을 올려놓고, 수수·콩·조·팥을 각기 그릇에 담아 올렸다. 목화씨 한 그릇과 밤·대추·곶감도 각각 그릇에 담았다. 곡식은 부(富)를, 목화씨는 의복을, 밤·대추·곶감은 장수와 다남(多男)을 의미한다.

음식 하나하나에도
의미가 있는
전통 혼례상.

항아리 한 쌍에 아름다운 꽃을 장식해 잔치상의 화려함을 더했다. 종부가 시집올 때는 지화(紙花)를 꽂았는데 요즘은 구하기가 어려워 종가 뜰에 피어난 생화를 썼다고 한다.

봉황 대신 닭 암·수 한 쌍이 다리가 묶인 채 마주 보고 앉았다. 청·홍실, 쪽바가지 한 쌍, 술잔 두 개도 올려졌다. 신랑 신부가 손을 씻는 데 쓰는 세수대야도 한편에 있다. 합근례(合巹禮) 때 사용할 술상도 마주 보고 놓였다.

멀리서 또는 이웃에서 온 축하객과 구경꾼 700여 명이 종가 마당에 가득 들어차 종가의 막중 대사를 함께 기뻐해주었다. 이날따라 하늘도 유난히 맑아 축복을 내리는 듯했다.

서양식 웨딩마치 대신 장구, 북, 아쟁, 피리, 거문고 장단이 넓은 종가 마당에 생음악으로 은은하게 울려퍼졌다. 이렇게 하늘과 땅, 사람들이 축복하는 가운데 나주 임씨 대종손 임정열 씨의 백년가약 혼례식은 시작되었다.

신부는 꽃가마 타고, 신랑은 흑마 타고

신부 정현영(취재 당시 29세) 양이 꽃가마를 타고 와 안채에서 기다리고 있는 가운데, 사모관대(紗帽冠帶)가 무척 어울리는 신랑이 흑마를 타고 대문 앞에서 내렸다.

집례를 맡은 문중 어른 임충규 씨는 혼례 순서를 적은 「홀기」에 따라 아름답고 엄숙한 혼례의식을 진행했다. 이 「홀기」는 종가에서 전해오는 혼례예법에 따른 것이다.

신랑은 말에서 내려 부채 같은 체면(遮面)으로 얼굴을 살짝 가린 채 대문에 들어섰다. 사람들의 눈길이 몰리면 부끄럽게 마련이라 얼굴을 가리는 풍습이 내려온다고 한다.

신랑은 흑마를 타고 와 대문 앞에서 내렸다.

신랑을 도와주는 찬자에게 안내받아 신랑이 전안례(奠雁禮)를 올렸다. 전안례란 신랑이 나무로 만든 기러기를 들고 가서 혼례를 치르기 전에 상 위에 놓고 절하는 의식이다. 짝을 바꾸지 않는 기러기를 상징적으로 앞세워 평생토록 헤어지지 않고 다복하게 잘살겠다는 언약의 뜻으로 하늘에 고하는 것이다.

신랑은 전안례를 마치고 초례청으로 가서 혼례상의 동쪽에 섰다. 동쪽은 해가 뜨는 곳으로 남자를 상징하고, 서쪽은 해가 지는 방향으로 여자를 상징한다. 음양오행에서 비롯된 것이다.

드디어 원삼족두리에 이성지합(二姓之合)이라 씌어진 한삼을 두른 아름다운 신부가 수모(手母, 시중 드는 사람)의 부축을 받으며 오색 비단의 행보석(行步席)을 밟고 아치형 꽃문으로 입장했다. 현대식 웨딩드레스를 입은 신부가 청초한 아름다움이라면, 전통 혼례복을 입은 신부는 수줍은 화려함이었다.

마주 보고 섰다가 꿇어앉은 신랑·신부는 각각 찬자와 수모의 도움을 받아 손을 씻는 형식을 취했다. 성스러운 혼례식에 임하면서 몸과 마음을 정결하게 한다는 의미를 담고 있다. 신부는 손을 씻는 흉내만 내고 소맷자락 밖으로 손을 내놓지 않는다. 손을 씻은 신랑과 신부는 서로에게 절을 주고받으며 예를 표했다. 절을 받을 때 신랑은 서서, 신부는 자리에 앉아서 받았다. 남자는 양(陽)이므로 서서 신부의 절을 받지만, 여자는 음(陰)으로 앉아서 신랑의 절을 받는 것이다.

그러고는 술잔과 표주박에 각각 술을 부어 마시는 근배례(巹拜禮)를 행했다. 찬자와 수모는 사기잔의 술을 신랑과 신부가 마시기 전에 땅에 세 번에 걸쳐 나누어 부었다. 천지신명에게 혼인의 언약을 하는 의식이다. 이렇게 나

원삼족두리에 한삼을 두른 신부.

술잔과 표주박에 술을 부어 마시는 근배례를 행하고 있다.

누어 마시는 술은 부부로서의 인연을 맺는 것을 의미한다. 두 개의 표주박으로 나누어 마시는 술은 부부의 화합을 의미한다. 반으로 쪼개진 표주박은 그 짝이 이 세상에 하나밖에 없으며 둘이 합쳐짐으로써 온전한 하나를 이룬다는 데서 유래한다.

종가의 전통혼례 순서

이어 현대 예식을 접목해 예물 교환과 축사 등도 있었다. 사진 촬영을 하고 나서 초례상을 치운 다음 그 자리에서 신부가 시부모에게 정식으로 첫인사를 올리는 현구고례(見舅姑禮)를 올렸다. 이것을 폐백(幣帛) 드린다고 한다. 전통대로라면 신부가 신랑집으로 가는 신행(新行)을 하여 신랑집에서 드리는 예가 이에 속하지만 이미 신랑집에서 혼인을 했으니 그대로 폐백을 받기로 했다고 한다.

신부는 이날 시어머니께 올릴 폐백음식으로 편포와 대추, 밤, 구절판, 술을 준비했다. 종손과 일찍 사별한 종부는 병풍 앞에 혼자 앉았다. 신부는 시어머니께 큰절 네 번을 했다. 이날은 신부가 평생을 모실 시부모에게 처음으로 인사드리는 자리라, 옛 풍습에 따라 신랑은 같이 절하지 않고 서 있었다. 며느리의 절을 받은 종부는 아들을 낳으라는 뜻으로 대추를 치마폭에 던져주었다. 신부는 촌수와 항렬에 따라 차례대로 인사를 드렸다.

이날 신랑의 예복인 사모관대와 신부가 입은 원삼족두리는 종손의 아버지와 어머니가 예복으로 입었던 종가의 내림옷이다. 사모관대는 조선조 벼슬아치의 관복으로 초기에는 당상관에 한했으나 이후 당하관에게도 착용이 허용되었다. 단령포의 색과 혁대의 장식 재료, 흉배(胸背)의 도안에 따라 품계가 가려지기도 했던 남자들의 예복이다. 600년 대종가에서는 높은 벼슬을 했던 선대들이 많았기 때문에 그분들이 입었던 관복이었을 것이다.

신부가 입은 원삼족두리도 종부들이 시집올 때 대대로 입었던 예복이다. 신랑집에서 이 예복을 함에 넣어 신부댁으로 보내면, 신부는 혼인식 때 입은 뒤 신행 올 때 시댁으로 입고 와 폐백을 드린다고 한다.

"전통혼례대로라면 신랑이 말을 타고 신부집으로 가서 혼례를 치러야겠지만, 신랑이 종손이라서 문중 사람들이 많이 참석하기 때문에 종가에서 치르게 되었습니다." 종부 이화주 씨는 무엇보다 신세대답지 않게 전통혼례식에 따르겠다는 며느리가 너무나 기특하다며 대견해했다.

이날 문중 부인들의 도움으로 700여 하객에게 일일이 점심 대접을 했다. 참으로 보기 드물게 아름답고 흥겨운 잔칫집 분위기에 젖을 수 있었던 하루였다.

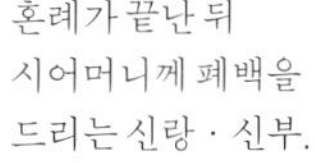
혼례가 끝난 뒤 시어머니께 폐백을 드리는 신랑 · 신부.

명당 중 명당, 600년 종가터

종가가 이곳에 터를 잡게 된 것은 나주 임씨 9세손인 감무공 임탁(監務公 林卓)부터라고 한다. 감무공은 고려 충신 두문동 72인의 한 사람으로 고려가 망하자 이곳에 은둔하면서 본관을 나주로 정했다. 본래는 관향이 '회진'이었는데, 회진이 나주에 속하게 됨으로 종가의 관향도 '나주'가 되었다.

회진은 삼국시대에는 견훤이 죽군성(竹軍城)이란 토성을 쌓고 백제국을 세운 유서 깊은 곳이다. 후에 태조 왕건이 영산강 줄기를 타고 들어와 격전 끝에 나라를 빼앗아 백제로서는 천추의 한으로 남아 있는 곳이기도 하다. 우리나라에서 관향에 종가가 남아 있는 곳은 안동 하회마을의 하회 류씨, 예안리의 예안 이씨 등이 있지만, 600여 년 동안 아직도 150여 호의 집성촌이 남아 있는 곳은 드물다. 그만큼 종가는 나주 임씨의 자존심이 되고 있다. 특히 조선 왕가에서도 어려웠던 종손 종자로만 종가를 이어나갈 수 있었던 것은 종택이 명당 중에 명당이었기 때문이라고 한다.

고려가 망하자 벼슬을 버린 감무공은 몸을 숨길 은둔처를 찾았다. 이때 함께 있던 72현 중 한 사람이 풍수지리에 밝아 종가의 터를 잡아주었다. '자손이 번성할 곳'과 '재물을 이룰' 두 곳 중에 정하라고 했을 때 감무공은 망설이지 않고 자손이 번성한다는 갈마음수(噶馬飮水) 터인 이곳에 둥지를 틀었다. 그러고는 향후 100년간 벼슬길에 나가지 말라는 유훈을 남기면서 학문에 열중하는 은둔 선비로 살았다.

그 충의와 학문의 피는 후대에서 빛을 발해 후손들은 자연스레 벼슬길에 나가게 되었다. 종가의 중흥조로 추앙받아 불천위로 모셔져 있는 감무공으로부터 6세손인 우후공 평(虞候公 坪)은 병마우후(兵馬虞候)라는 벼슬길에 올랐고, 그의 자손들은 좌승지나 광주목사가 되는 등 집안이 번성했다. 또한 거북선을 설계한 사람도 종가의 후손이며, 호방한 문장가로 이름 높은 백호 임제(白湖 林悌, 1549～1587)도 종가에서 태어났다.

"제물은 여섯 가지를 넘기지 말고 정성은 다하라"

영산강 줄기가 휘돌아 나가는 3000여 평 대지에 안채, 사랑채, 사당을 짓고 갖가지 모양 좋은 수석과 연못, 나이테 굵은 나무들로 꾸며진 아름다운 정원이 펼쳐져 있다. 사랑채와 본채는 100여 년 전에 개축하여 아직은 튼실해 보였다.

안채 마루 위에 걸려 있는 '청고근졸(淸高謹拙)'이란 종훈(宗訓)에서 조선 500년 동안 수많은 당파에 한 번도 휩쓸려본 적이 없다는 종가 사람들의 청고한 삶도 엿볼 수 있었다.

사당은 600년 세월을 지탱하지 못하고 허물어져 1986년에 다시 지었다고 한다. 수백 년 되었다는 사당 열쇠를 보는 특별한 기회를 가졌다. 손님이 올 때마다 종손은 사당 문을 열어 선조 할아버지께 향을 피우고 절하며 먼 곳에서 손님이 왔음을 고했다.

사당에는 신주를 가운데 두고 좌우에 편액 두 개를 신주처럼 걸어놓았는데, 다른 곳에서는 볼 수 없는 것이었다. 신주 오른쪽에 걸려 있는 편액은 불천위로 모셔진 신주의 아드님인 붕(鵬)이 1553년 광주목사로 있을 때 지은 글이다. '장묘우문(藏廟宇文)'이란 이 글은 기울어가는 종가를 일으켜 세운 아버지의 공덕을 후손들이 기리도록 한 것이다. 이후 문중에서는 430년간 이 사당에 해마다 제사를 모시면서 가문의 화목과 우애를 다지고 있다.

영원히 제사를 모시라는 뜻의 불천위는 나라에서 공이 큰 분을 기리기 위해 내리는 '국불천위'가 있고, 향교에서 유생들이 정하는 '향불천위'가 있지만, 가문에서 선조를 기리는 불천위는 흔치 않다. 종가의 불천위는 후손이

나주 임씨들의 자존심이 깃든 종가의 사당.

정한 것으로 지극한 효성의 상징과 파종보다 대종가로 똘똘 뭉친 나주 임씨들의 자존심이다.

신주의 왼쪽에는 1619년 당시 문중 어른들이 정해놓은 '문중입의(門中立議)'라는 제사예법을 적은 편액이 걸려 있었다. 참석자의 수결(手決, 지금의 사인)까지 해두었다.

"한식과 추석에는 제수를 갖추어 축문을 읽고 토신(土神)에게 제사 지내라. 설과 단오에는 제수를 대략 갖추어 술도 한 잔을 올리되, 축을 읽지 말고 토지신에게도 제사하지 말라"고 일러놓았다.

그리고 제물도 설과 단오 제사에는 세 가지 포 한 그릇, 식혜 한 그릇, 국수 한 그릇, 떡 한 그릇, 고기적 한 그릇, 술 한 병으로 적어놓았다. 덧붙이는 글에는 자손이 태만하여 제사를 봉행치 아니할 때는 그날로 그 집 노비 중에서 두목을 잡아다가 태회초리 50대로 처벌하라 했다. 제물은 모두 여섯 가지를 넘지 않았지만 정성만은 다하라고 당부하고 있었다. 보기 드문 귀중한 자료이다.

종가에는 또 하나 작은 사당이 있다. 종손의 아버지 신주를 모신 곳이다. 원래는 종손의 위로 4대를 모셨는데 종손의 아버지 신주만 남기고 모두 묻었다고 한다.

사당 뒷문으로 100여 미터 가면 전라남도 기념물 제112호로 지정된 영모정(永慕亭)이 있다. 이 영모정은 종가의 정신적 기틀을 바로 세운 귀래정 임붕(歸來亭 林鵬)이 선비들과 시회를 즐기던 곳으로, 조선 중종 때인 1520년에 세운 정자라 한다. 처음에는 귀래정이라 불렀으나 1555년 후손이 재건하면서 조상을 사모하는 마음을 담아 영모정이라 이름지었다고 한다. 이 정자에서 내려다보면 영산강이 푸르게 흐르고 정자나무 그늘에는 초등학교 3학년에 다닌다는 한 소녀가 「심청가」를 구성지게 부르고 있었다. 역시 나주가 예향임을 실감케 했다.

나주 팔진미의 토하젓과 홍어찜

토하(土蝦)는 민물에서 자라는 새우다. 영산강 유역에서 자라는 민물새우로 담근 토하젓은 나주가 배와 함께 자랑하는 특산품이기도 하다. 종가의 내림음식도 당연히 토하젓을 내세운다. 누대로 전해오는 종부들의 손맛이 녹아 있는 토하젓 담그는 비법을 배워본다.

새우를 항아리에 담고 그 위에 새우 양만큼 굵은 소금을 하얗게 얹는다. 소금이 녹을 정도의 물을 뿌려 그늘진 곳에서 한 달간 삭힌다. 곰삭은 새우와 같은 양의 찹쌀밥을 분마기에 간다. 간 새우에 고운 고춧가루와 다진 생강, 다진 마늘, 다진 실파, 잘게 썬 생강잎, 깨소금, 찧은 풋고추 따위로 양념하면 바로 먹어도 된다. 일주일쯤 그늘에 삭히면 새우의 비린 맛은 없어지고 단맛이 나며 맛이 깊어진다. 토하젓을 담글 때 반드시 논새우를 쓴다.

남도 음식에서 홍어는 빠질 수 없는 재료다. 하루쯤 삭힌 홍어를 먹기 좋은 크기로 썰어 솥에 찐다. 미나리를 살짝 데쳐 홍어 길이로 썰어 접시 바닥에 파랗게 깐다. 그 위에 홍어를 올려놓고 초간장을 끼얹으면 보기만 해도 군침이 도는 홍어찜이 완성된다. 미나리의 향긋함과 매운 맛이 살짝 밴 홍어를 초간장에 찍어 먹는 맛은 별미 중의 별미였다.

일직 손씨 정평공 손홍량 종가

최초로 추석에 차를 올린 대종가의 제례상

혜산서원 앞에 서 있는 600년 된 차나무는 그 자체만으로 천연기념물 감이다.

밀양의 명지라 일컬어지는 다죽리를 감싸고 있는 앵봉 아래 자리 잡고 있는 혜산서원(惠山書院). 그 앞마당에 3미터 키에 곁가지 둘레만 어른의 다섯 아름이 족히 넘는 우람한 나무가 서 있다. 바로 일직 손씨 대종가의 상징인 600년 된 차나무다. 유서 깊은 차나무는 세월을 잊은 듯 늦가을에 피워낼 꽃 망울을 수없이 매단 채 푸른 잎새를 자랑하고 있다.

차나무는 종가의 재실인 혜산서원뿐 아니라 종가를 빛낸 조상들의 덕목을 기린 신도비 옆에도 한 그루, 다원서당(茶院書堂) 연못가에도 한 그루 있다. 혜산서원 차나무가 1세라면 두 그루는 2세, 3세인 셈이다.

종가에 오래된 차나무가 자라고 있다는 놀라운 얘기를 들은 것이 1986년이었다. 종가의 한 후손과 함께 차를 마시다 자랑 삼아 하는 말을 듣고 곧장 종가를 찾았다. 600년이나 된 차나무를 보고는 입을 다물지 못했다.

600년 수령은 그 자체만으로도 천연기념물 감이다. 차의 종주국이라는 중국의 운남성 서쌍판납의 대차수(大茶樹)가 1700년의 나이를 뽐내고 있지만 이곳의 차나무와는 비할 바가 아니다. 운남의 차나무는 키가 20미터 넘는 대엽종이고, 종가의 것은 키가 작은 소엽종인 데다 자생한 것이 아니라 종가가 이곳에 터를 잡고 놓은 주춧돌과 함께 후손들이 정성껏 키운 나무이니 더욱 각별한 의미가 있다. 12년 전에 작고한 16세 종손 손특수 씨는 처음 만났을 때 차나무의 내력을 이렇게 말했다.

"중국에 살던 선조가 고려로 옮겨 오면서 가져온 것이라는 이야기도 있고, 일직 손씨 4세손인 정평공이 집안에서 키우던 것을 재실로 옮긴 것이라 전해오기도 하지만, 이 차나무의 쓰임새에 대해서는 알 수가 없었습니다."

다만 대대로 조상 모시듯 정성을 다해 키우는 나무라는 것만 알고 있을 뿐이라고 전했다. 당시 종가에서는 차나무라는 걸 모르고, 안동 일직에 있는 '타양서원(陀陽書院)'에서 가져온 나무라 하여 '타나무'인 줄 알고 있었다.

600살 된 차나무

그 뒤 종가 취재 때 차례에 차를 올리는지 물었지만 그렇지 않다는 대답을 들었다. 그렇다면 제사 순서를 적은 「홀기」를 보자고 했다. 지금의 종손이 옛 「홀기」를 옮겨 적었다는 「홀기」에는 차를 올린다는 언급이 없었다. 그도 그럴 것이 그동안 차를 올리지 않았으니 '진다(進茶)'나 '점다(點茶)'를 중요하게 여기지 않았을 것이다.

혹시 옛 「홀기」가 남아 있지 않는지 궁금해하자, 종손은 장롱 깊숙이 넣어둔 「홀기」를 보여주었다. 누렇게 빛바랜 200년 전 「홀기」는 종손의 19대조인 「격재선조묘향홀기(格齊先祖墓享笏記)」와 20세조의 「고사공묘향홀기(庫使公墓享笏記)」였다. 여기에는 국을 내리고 차를 올리는 진다·점다 순서가 있었다. 그때서야 종손은 제실 앞에 있는 차나무를 선조들이 왜 그토록 소중하게 여겼는지에 대해 숙제가 풀리는 듯하다며 좋아했다.

종손 손태철 옹과
맑은 찻빛을 닮은
종부 안경현 할머니.

맑은 찻빛을 닮은 칠십 넘은 종부의 조용한 미소

일직 손씨 27세 대종손 손태철(취재 당시 72세) 옹과 종부 안경현(취재 당시 72세) 할머니는 종가의 차나무가 세상에 알려진 후 여기저기에서 찾아오는 사람들에 시달려 취재 자체를 거절해오던 터였다. 하지만 1987년 6월, 종가에 묻혀 있던 600년 된 차나무의 존재를 지상에 알렸을 때의 인연으로 반갑게 맞아주었다.

두 분은 60여 년 전 종손이 학생 시절이던 19세에 혼인해 3남 1녀를 두었다. 장남은 부산에서 직장생활을 하고, 종가에는 두 분만이 호젓하게 노년을 보내고 있었다. 오랜만에 들린 종가에는 전에 볼 수 없었던 아름다운 찻자리 풍경이 생겨났다. 지난봄 종가의 차나무에서 딴 잎으로 만든 차라며 김이 모락모락 나는 차를 내놓은 것이다.

"이게 바로 우리 집 찻잎으로 만든 찹니다. 재미 삼아 조금 만들어봤어요. 올해는 비가 적어 찻잎이 많이 피지 않았어요. 4월 20일 곡우 무렵과 그 다음 5월 초 두 차례 만들었어요. 잎을 따서 그늘에 두었다가 손으로 쓱쓱 비벼 방 안에다 종이를 깔고 바싹 말린 거예요. 맛이 어떤지 모르겠어요."

차를 내는 노종부의 조용한 미소가 맑은 찻빛을 닮았다.

"차인들은 물을 70도로 식혀서 차관에서 차를 우려야 한다지만, 우리는 그냥 주전자 물이 끓을 때 차를 조금 넣고 끓여 숭늉처럼 마시고 있습니다."

찻잎을 펄펄 끓였는데도 쓴맛이 없었다. 600살 고목에서 난 찻잎치고는 부드럽기 그지없었다. 옛 할머니들의 손맛을 오랜만에 느껴보았다. 차맛

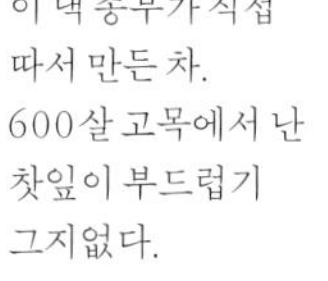

이 댁 종부가 직접 따서 만든 차. 600살 고목에서 난 찻잎이 부드럽기 그지없다.

도 맛이려니와 바람결에 묻어나는 솔향과 주변의 풍광이 차맛을 더욱 나게 했다.

차맛은 분위기가 한층 돋우는 법인데 이만한 찻자리는 지금껏 앉아보지 못했다. 멀지도 가깝지도 않은 거리에 그다지 높지 않은 앞산자락이 그림처럼 펼쳐져 있다. 좌청룡, 우백호로 앉은 산들도 포근했다. 뒷산 이름은 봉황새가 앉은 형세로 앵봉이라 했으니, 이곳에 터를 잡은 선대의 안목에 그저 놀라울 뿐이었다. 무엇보다 이런 경관들이 종가의 마루에서 한눈에 조망된다는 사실이다.

종가가 자리하고 있는 지명도 경남 밀양시 산외면 다죽리(茶竹里) 다원동(茶院洞)으로 종가와 차의 인연이 예사롭지 않다.

최초로 추석 제례상에 차 올린 종가

취재를 간 때는 민족의 큰 명절 추석을 앞두고 있었다. 추석 제사를 '제례(茶禮)' 지낸다고 하는데, 그 '차례'라는 어원이 생각해보면 바로 차가 있어 생긴 말이라는 것을 알 수 있다. 차 한잔을 올리고 간략하게 모시는 제사가 제례라는 것을 안다면, 제물 준비가 버거워 제사를 피하는 신세대 주부들에게는 솔깃한 이야기가 될 것이다. 600년 차나무와 함께한 대종가의 제례상에는 어떤 음식을 올리는지, 술 대신 차가 오르는지가 가장 궁금했다.

"차나무가 집 안에 있고 제례에 차를 올리라는 조상의 글도 있지만, 그동안 제사에 차를 올리지 않았어요. 예전에는 어땠는지 모르지만 저는 보지 못했습니다. 하지만 이번 추석부터는 우리도 차를 올릴 것입니다. 봄에 차를 만들었으니 조상님께 고해야지요."

거절당하기 십상일 거라는 생각으로 마음 졸이며 제례상을 부탁드렸는데, 예상 외로 쉽게 승낙이 떨어졌다.

먼저 추석은 햇것을 올리는 천신제(薦新祭)로, 햇과일과 햇곡식으로 만든 음식을 올려야 한다고 했다. 수입 과일은 올리지 않는 것이 조상에 대한 예의라 했다. 신토불이(身土不二)는 곧 신토불이(神土不二)로, 돌아간 조상이 생전에 살던 땅은 서로 다른 것이 아니기 때문이다.

기본 과일은 밤, 대추, 감, 배 네 가지다. 햅쌀로 빚은 송편은 할아버지, 할머니 두 분을 합설(合設)한 경우 두 그릇을 놓아야 한다. 이날은 한 그릇을 놓았는데, 4대 조상을 모시다 보면 한 그릇을 올려도 무방하다. 나박김치 두

다원서당 앞의
아름드리 차나무.
후손들의 정성스러운
보살핌을 받고 있다.

햇과일과 햇곡식으로 만든 음식을 올린 종가의 추석 차례상.

그릇도 올렸다. 술은 한 잔 올린다. 술안주는 쇠고기 적 한 가지만으로도 충분하지만 이날은 도미 한 마리, 조기 한 마리와 쇠고기 산적이 올랐다. 종갓집 상차림이 너무 허술하다 여길 것 같아 이렇게 차렸다고 한다. 마른안주로 북어 한 마리와 문어 다리 하나, 육포가 올랐다. 하지만 북어 한 마리로 족하다고 한다. 여기다 차 한 잔과 다식 한 접시가 올랐다.

종가의 제례상 음식을 정리하면 과일과 적, 송편, 나박김치, 마른 포, 차 한 잔과 다식 한 접시 모두 일곱 가지였다. 의외로 단출한 상차림이었다.

"우리가 어릴 때는 먹을 것이 귀하던 시절 아닙니까. 그러니 어른, 아이 할 것 없이 제삿날을 기다렸지요. 양반집 제삿날은 10리 안팎에서 다 알아요. 지금도 30여 호가 우리 문중 집들이지만 예전에는 더 많았어요. 그 사람들이 제삿날 모이면 음식이 웬만해서야 되겠어요? 거기다 제상에 올렸던 음식을 나누어 봉투에 담아 가져가도록 합니다. 이 음식은 조상이 내리는 복으로 믿고 문중 사람들이 꼭 챙겨 가요. 하지만 지금은 먹을 것이 흔하고 아이들은 피자나 햄버거를 제사 음식보다 더 찾으니 제물을 많이 차릴 이유가 없지요."

화려한 병풍 대신 정갈한 백지 병풍으로

추석 제례는 본래 사당에서 모시는데 종손이 직장을 따라 노부모를 모시고 종가를 떠나 살았기 때문에 신주들은 무덤 옆 오른쪽에 모두 묻었다고 한다. 그런 연유로 신위를 써서 신독에 붙이고 안채 마루에서 지낸다. 설, 추석은 4대조를 모셔야 하므로 네 상의 상차림이어야 한다. 양위 분을 한 상에 차리는 것을 합설이라 하는데, 합설로 네 상을 차리되 의례는 한 번으로 그친다.

종가에는 보기 드물게 누렇게 빛바랜 열두 폭 백지 병풍이 있었다. 화려한 그림이나 글씨를 쓴 병풍은 조상이 꺼릴 수도 있어 정갈한 백지 병풍을 제병으로 쓴다고 했다. 병풍을 둘러치고 병풍 앞 가운데 신위를 모시는 교의(交椅)를 놓았다.

"요새 사진을 보면 신위가 제상에 올려져 있는데, 이런 짓은 불경 중의 불경입니다. 조상을 모독하는 겁니다."

먼저 신위를 모시고(사진 1) 술을 올린다(사진 2). 부복하여 조상이 아홉 수저 드실 만큼 기다리고 종부는 차를 우린다(사진 3). 조상께 차를 올린다(사진 4).

신위를 제상 위에 올리는 것은 조상에게 상 위에 앉아 드시라는 것과 같으니 피해야 한다는 것이다. 교의 앞에 제상을 놓았다. 종손은 도포와 갓을 썼고 종부는 맑은 옥색 제례복을 입었다. 종손은 축문이 없고 술은 한 잔만 올리는 것이 추석 제례의 특징이라 했다. 이 밖에 종가의 제례는 몇 가지 특

1

2

3

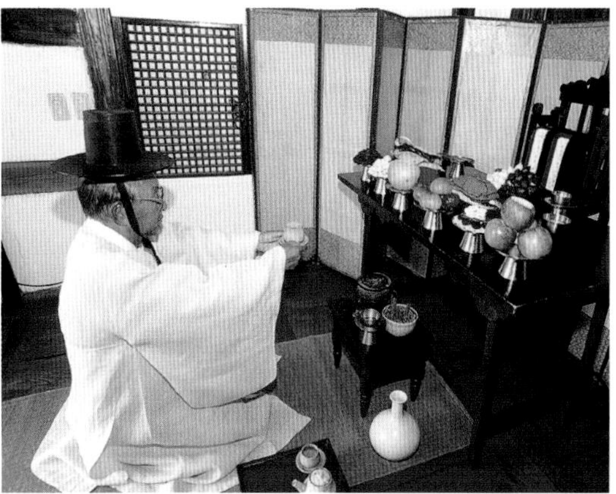

4

제사 때 차를 올리는 '진다점다' 순서가 기록된 손씨 집안의 「홀기」.

징이 있었다.

먼저 모사(茅沙)가 특이했다. 보통 모사는 모래 위에 띠를 한 개 세우는데 반해 종가는 세 개를 세워 삼각형을 이루게 했다. 이는 메 '산(山)'자 형태로 무덤을 상징하는 것이라 했다. 또 술을 다 마셨다는 뜻으로 술잔을 돌려놓는 것도 이 댁의 특징이었다. 낮제사여서 촛불도 켜지 않았다. 제례상에 차를 올리는 것도 흔히 볼 수 없는 모습이었다.

"추석상 차림의 제례 음식은 『삼국유사』의 「가락국기」 편에 보입니다. 여기에도 차를 올리라는 기록이 있어요. 삼국을 통일한 661년에 신라 문무왕께서는 '가야는 망했지만 수로왕은 나의 외가쪽 선조니 제례를 잇도록 하되 정월 3일과 7일, 5월 5일과 8월 15일에 술과 단술, 떡, 차, 과일, 밥 모두 여섯 가지 제물을 놓으라'고 했어요. 놀라운 것은 1500년이 지난 지금도 그때 음식을 그대로 차리고 있다는 것과 차를 올린다는 대목입니다. 우리 차가 이렇게 오래전부터 제사에 올랐다는 사실을 이제야 알았습니다. 그뿐만 아니라 조선시대 예학의 태두인 사계 김장생이 지은 『가례집람』을 보면 초하루 보름 제례에는 신주를 중심으로 오른쪽에 술잔을, 왼쪽에는 찻잔을 놓고 잔 앞쪽에 과일 한 접시를 올려놓고 있어요." 종손은 제례상 차림이 변해야 제사가 이어질 것이라는 말도 잊지 않았다.

공민왕이 직접 초상화를 그려준 명신

일직 손씨 문중을 명가로 빛낸 인물은 고려의 충선왕(1308~1313) 때부터 공민왕(1351~1374)까지 여섯 임금을 섬긴 정평공 손홍량(靖平公 孫洪亮, 1287~1379)이다. 정평공의 본성은 순(荀)이었는데 고려 현종(1009~1031)의 이름 순(詢)과 발음이 같아 시조 응(凝) 때 손으로 고쳐 왕으로부터 사성(賜姓)받은 성씨라는 기록이 『신증동국여지승람』에 있다.

정평공은 안동군 일직마을에서 태어나 스물한 살 때 문과에 급제하고부터 요직을 두루 거쳐 재상에까지 올랐으며, 명나라 사신으로 다녀오기도 한 인물이다. 65세 때 관직을 물러나 고향인 안동에 있을 때 홍건적의 난을 피해 온 공민왕을 극진히 모시는 등 92세로 세상을 뜰 때까지 최장수 명신으로 알려져 있다.

공민왕은 그의 충절을 표창하기 위해 정평공이란 시호를 내렸으며, 그의 초상화를 손수 그려 용머리가 새겨진 지팡이(궤장, 几杖)와 함께 하사했다. 후손들은 왕의 각별한 총애를 받은 선조의 영광을 길이 빛내기 위해 곳곳에 정평공의 유허비를 세우고 서원에 신주를 모셔 배향하고 있다.

지금껏 있었다면 보물 중에 보물이었을 초상화는 안동의 임하사에 모셨다가 공의 9세손이 밀양 재약산에 안영암을 짓고 옮겨 봉안했는데, 임진왜란 때 없어졌다고 한다. 다시 그려진 모사본은 종가의 사당 숭덕사(崇德祠)에 모셔져 있다.

정평공이 세상을 뜨자 고향인 안동 일직면 송현리에 타양서원을 세워 그를 추모했다. 그 뒤 정평공의 증손자인 손관(孫寬)이 대구부사로 부임하면서 밀양시 용활동으로 옮겨 올 때, 타양서원에 있던 차나무를 옮겨 와 심었다. 손관의 후손 손호(孫顥)가 4000평 부지에 13동 건물(지방문화재 제279호)을 지금 자리에 짓게 되면서 선조를 모신 혜산서원에는 안동에서 가져온 차나무를 심었다. 다원서당을 짓고서 그 나무의 씨앗을 받아 심고, 후에 세운 신도비에도 종가의 상징인 차나무를 심었을 것이라는 종손의 추정이었다.

정평공과 차나무가 어떤 인연이지는 문중에 남은 기록이 없으니 알 길이 없다. 하지만 우리나라 차의 역사를 살펴보면, 차가 가장 성했던 전성기가 고려 때다. 이때는 노인을 받드는 일에도, 나라의 임금이 벼슬 높은 신하를 치하하고 위로하는 데도 차가 쓰였다. 사람들이 서로의 정표로 주고받는 예물로도 썼다. 심지어 신하가 죽으면 임금이 수많은 차를 내릴 만큼 차는 두루

정평공 손홍량의 초상화. 원래의 초상화는 그를 각별히 총애한 공민왕이 직접 그려 하사했는데, 임진왜란 때 없어지고 모사본만 남았다.

두루 쓰였다. 왕건의 책사 최지몽이 세상을 뜨자 왕이 많은 차를 하사했다는 기록이 『고려사』에 남아 있다. 정평공 역시 나라에 큰 공을 세웠던 명신으로 임금이 차를 하사했을 가능성도 있고, 문중에서 그 뜻을 살려 서원에 차나무를 심었을지도 모를 일이다.

그뿐만 아니라 『동국여지승람』을 보면 조선 8도의 토산품을 소개하는 대목에서 차의 산지로 밀양을 첫째로 꼽아두고 있다. 그의 후손들이 다죽리에 종가 터를 정한 것도 차나무와 무관하지 않을 것이다.

고난의 일생을 받아 든 독립유공자들의 정신이 깃든 곳

고성 이씨 임청각 이명 종가

지난 2005년(을유년) 8월 15일은 해방 60년째를 맞이한 뜻깊은 해였다. 반백년 하고도 20년을 넘겼으니, 해방 당시의 감동을 생생하게 기억하는 사람들은 점점 사라져간다. 하지만 나라 찾는 일에 목숨을 바친 독립유공자 후손들은 아직도 깊은 상처를 치유하며 대를 잇고 있다.

경북 안동시 법흥동에 있는 고성 이씨 임청각(固城 李氏 臨淸閣) 종가는 대한민국 임시정부 초대 국무령을 지낸 석주 이상룡(石洲 李相龍, 1858~1932) 선생의 생가이자 친족 9명이 훈장을 받은 충의의 종가다. 임청각 17대 종손이었던 석주 선생은 최고의 문벌을 자랑하는 99칸의 대저택에서 하인을 60여 명이나 풍요롭고 안락한 생활을 뒤로한 채 나라 찾는 일에 나서서 고난의 일생을 보냈다. 외아들 준형(濬衡, 1875~1942)과 하나뿐인 손자 병화(炳華, 1906~1952)도 구국활동을 하여 3대가 나란히 훈장을 받은, 그 예가 드문 가문이다. 조선 중종 때 형조좌랑의 벼슬에 있었던 이명(李洺)이 1519년에 지었다는 유서 깊은 종가는 개인집으로는 규모 및 연대 면에서 가치가 있어 보물 제182호로 지정되었다.

나라의 부침과 함께한 종가는 독립자금 마련을 위해 한때 팔아넘겨지기도 했지만, 후손들이 정성으로 되찾아 현재는 '충의의 집 고택 체험장'으로 거듭났다. 석주 선생의 증손자 이항증(취재 당시 66세) 씨는 안동시와 함께 이웃마을 천전리에 위치한 독립운동기념관과 연계해 청소년들의 테마 학습 체험 프로그램을 개발하고 있다. 국보 제16호 7층 전탑과 안동의 명물 월영교, 민속박물관 등이 가까이 있어 더없이 좋은 관광명소가 될 수 있을 것이다.

기차 소음에 흔들리는 보물 제182호, 임청각

임청각은 안동역에서 승용차로 5분 거리에 있으나 보물로 지정된 문화재를 찾아가는 길치고는 초라하기 짝이 없다. 더욱 기막힌 것은 대문 앞이 바로 중앙선 기찻길이다. '기찻길 옆 오막살이'라는 노랫말은 있지만 99칸 기와집이 기찻길과 맞닿아 있다는 이야기는 들어보지 못했다. 마중 나온 이항증 씨가 어이없어 하는 필자에게 철길이 놓인 까닭을 설명해주었다.

"생각해보세요. 독립운동을 위해 일가족이 서간도로 망명한 집이니 일인들한테는 눈엣가시 같았겠지요. 그들은 중앙선 개통을 명분으로 내세워 솟을 대문과 행랑채를 헐어버리고 그 자리에 철로를 놓았습니다. 집의 맥을 끊어버리려는 속셈이었지요. 99칸이었던 임청각이 70여 칸으로 줄어든 것도 그 때문입니다. 그나마 몇 년 전에 방음벽을 쳐놓아 소음이 조금 줄어들긴 했지만 기차가 지나갈 때마다 집이 흔들리고 옆 사람 이야기도 잘 들리지 않습니다." 점잖아 보이는 이항증 씨의 목소리에서 어느새 분노가 배어난다.

500여 년 유구한 역사를 지닌 종가의 대문을 헐고 철길을 놓다니 참으로 어처구니가 없다. 하긴 경주에 있는 신라 왕 무덤 앞으로 기찻길을 내어

보물로 지정된 고택을 가로질러 놓인 철로.

민족의 맥을 끊으려 했던 그들이 아니던가! 그뿐 아니라 전국 산야 곳곳에 지맥을 자르기 위해 쇠말뚝까지 박아놓았다. 그도 모자라 이제는 독도를 자기네 땅이라고 우기는 파렴치한 행동까지 서슴지 않고 있다.

조상의 위패를 땅에 묻고 떠난 망명길

대문 안으로 들어섰다. 산세를 따라 지어진 임청각의 정자 군자정(君子亭)이 우뚝하게 다가오고, 군자정 옆으로는 담박한 선비의 취향마저 느껴지는 하얀 수련이 제철을 만나 피어난 조촐한 연못이 있다. 돌계단을 딛고 올라선 대청마루에는 퇴계 선생이 손수 쓰신 '임청각'이란 편액이 걸려 있어 고택의 무게를 더해준다. 종가에서 긍지로 내세우는 석주 선생의 사진도 크게 걸려 있다. 100여 명이 앉을 수 있는 군자정 넓은 마루는 안동 선비들의 문화공간이자 강학을 했던 학문의 장으로, 임진왜란 때는 명나라 군사들이 주둔했던 역사의 현장이기도 했다. 안동에 수해가 나면 이재민들의 피난처로 내놓기도 했다.

군자정 마당에서 서쪽으로 안채를 높게 앉혔다. 삼정승이 태어난다는 우물방 태실은 안채 동쪽 방이다. 여기서 석주 선생이 태어났다고 한다. 지금의 대통령에 해당하는 초대 국무령이었던 인물이 태어났으니 기념할 만한 명당이다. 철학자 도올 김용옥 씨는 이 방에 3일간 머물면서 '임청각은 조선 민족 정기의 근원'이란 글귀를 남겼다.

정침마당에는 수백 년 동안 종가 사람들의 생명수였던 석간수가 솟아나는 우물이 있다. 산의 지기가 모인 물이라서 이 물을 마시면 부귀를 누린다는 속설도 전해지는 신령한 우물이다. 안채는 한 채만 있는 게 아니다. 안마당을 둘러싼 사잇담에 난 작은 대문을 열고 들어가면 또 한 채의 안채가, 작은 안채에서 서쪽으로 난 쪽문으로 들어가면 또 작은 안채가 있다. 4대가 함께 살았던 대가족 형태의 집 구조를 여실히 보여주는 종가다. 건물마다 높낮이를 달리한 다섯 개의 아담한 마당도 있다. 쓰임새에 따라 건물의 위치, 방의 구조와 쪽마루 배치, 디딤돌까지 달리한 건축미에 감탄사가 절로 나온다. 종가는 '일(日)'자와 '월(月)'자가 합쳐진 계단식의 집으로 쓸 '용(用)'자형 집이라고 전문가들은 말한다. 19대 종부 허은(許銀) 씨가 임청각 안채를 지키다가 1996년에 홀연히 세상을 떠났고, 이후 혼자 된 셋째며느리가 큰 집을 지키다 병을 얻어 지금은 관리인을 두고 이항증 씨가 집을 돌보고 있다.

▲추위를 막기 위해
눈 '목(目)'자형으로
앉힌 안채.

▼(왼쪽) 백련이
피어 있는 연못.
▼(오른쪽) 석간수가
솟아나는 우물.

"할아버지께서는 망명길에 오르시면서 '나라를 지키지 못한 사람이 어찌 조상의 신주를 제대로 모실 수 있겠느냐'며 신주를 모두 땅에 묻고 떠났습니다. 그래서 사당은 비어 있는 상태입니다. 불천지위(不遷之位)를 모시는 별묘(別廟)도 있었지만 그 건물도 허물어졌습니다. 임청각 종가로서의 삶은 조상의 위패가 땅에 묻힌 그날로 사실상 끝이 난 셈이지요. 20대까지 양자 없이 적손으로만 이어온 것도 우리 집안의 자랑이었는데 그것이 제 큰형님 대에서 멈췄습니다. 큰형님이 아들 없이 세상을 떠나셨고 그 후 넷째 형님의 아들이 큰형님의 양자로 들어가 그곳에서 제사를 모시고 있습니다."

임청각에서 가장 높은 곳에 앉혀진 사당은 민족의 수난과 운명을 같이 한 종가의 아픔을 품은 채 유유히 흐르는 강물을 굽어보고 있었다.

11대 종손 허주 이종악이 화폭에 담아둔 임청각의 옛 모습

임청각이 이곳에 자리 잡은 연대를 밝혀놓은 이는 11대 종손이었던 허주 이종악(虛舟 李宗岳, 1726~1773)이다. 그는 임청각을 대대적으로 중수하면서 남긴 임청각 중수기에 창건 연대를 밝혀놓았다. 그리고 집의 구조도 설명했는데 안채, 사랑채, 별당, 정원, 행랑, 사당을 구비한 안동의 대표적인 사대부 가옥으로 그 규모는 99칸으로 전한다.

아버지 영조가 아들인 사도세자를 뒤주에 가두던 시절의 기복 심한 권력보다 문화와 예술에 더욱 심취했던 풍류선비 허주는 그림과 글씨에 능해 자신의 집 임청각을 화폭에 담았다. 그는 벗들과 쪽배를 타고 닷새 동안 반변천을 따라 유람을 다녀와서 12승경을 12폭의 화폭에 담은 유람기를 남겼다. 1폭 '동호해람(東湖解纜)'이란 주제의 그림은 집 앞에서 배를 타고 떠나는 풍경이다. 때는 1763년 4월이었고, 넘실대는 푸른 강물 주위로 수양버들이 늘어선 풍경 뒤로 언덕 위에 웅장하고 수려한 모습의 임청각이 보인다. 뱃놀이를 즐겼던 허주는 쪽배를 타고 강을 유람할 때 반드시 거문고와 서책 그리고 차기(茶器)를 싣고 다닌 운치 있는 선비였다. 허주(虛舟)라는 호도 자신이 지었다. 문장에도 뛰어나 여러 수의 시와 글씨, 전각에도 일가를 이룬 예술인이었다. 그가 애장했던 거문고와 글, 그림 등 많은 작품은 종가에서 소장해오다 지금은 정신문화원에서 위탁 관리하고 있다.

고성 이씨 대종가인 임청각이 안동에 정착하게 된 것은 경상감사의 사위였던 이증(李增) 때부터다. 이증은 산수가 아름다운 처가가 있는 안동에 정

11대 종손 허주
이종악이 그린
임청각.

착하면서 1478년에는 안동의 12원로와 함께 우향계(友鄕契)를 만들어 입향의 계기를 마련했다. 이증은 5명의 아들을 두었는데 둘째 아들 굉(肱, 1414~1516)은 1998년에 출토되어 조선판 「사랑과 영혼」으로 우리의 가슴을 뜨겁게 했던 귀래정파(歸來亭派)의 종가가 되었고, 셋째아들 명(洺)은 임청각이 되었다.

풍류를 즐겼던 의좋은 두 형제가 지은 아름다운 정자는 이중환의 『택리지』에도 소개되고 있다. 당호 임청각은 도연명의 『귀거래사』에서 따온 것이라 한다.

독립운동에 바친 임청각의 매매 문서

1910년 경술국치가 강행되었다. 비보를 접한 석주 이상룡 선생은 서간도 망명을 결심하고 집안의 하인들에게는 보상금을 지급하여 방면한다. 노비 해방은 안동의 양반 집안에서는 처음 있는 일이어서 찬반론의 구설수에 올랐다.

"공자, 맹자는 시렁 위에 얹어두고 나라를 되찾은 뒤에 읽어도 늦지 않다"며 1911년 1월 5일 석주 선생 일가는 삭풍이 몰아치는 허허벌판 만주로 망명길에 올랐다. 선생을 따랐던 동지와 친인척 50여 가구와 함께였다. 이 망명은 항일광복운동에 불을 댕기는 계기가 되었다. 만주에 정착하자 개간과 영농에 종사하는 경학사(耕學社)를 창설하고 신흥무관학교를 설립했다. 최초의 만주지역 항일단체로, 우리나라 역사를 서술한 『대동역사(大東歷史)』를 펴내어 전쟁에 나갈 청년들에게 무관 교육을 시켰다. 이어 광복의 터전을 닦기 위해 서간도를 개척하고 남북만주와 연해주에서 생겨난 독립군과 항일단체를 통합해서 통의부도 설립했다. 이런 운동으로 자금이 부족해진 석주 선생은 망명생활 2년 후 아들 이준형에게 임청각과 문중산을 팔아 독립자금을 마련하도록 했다.

"할아버지께서 독립을 향한 열정과 신념이 남다르지 않고서야 수백 년 조상이 지켜온 종가를 팔겠다는 결정을 내리기는 쉽지 않았을 것입니다. 조상 대대로 전해오는 종가와 문중 산을 팔면서까지 나라 찾는 일에 투신했던 그 정신은 구국활동에 큰 활력소가 됐을 것입니다."

석주 선생의 증손자 이항증 씨는 지금 임청각 명의를 바로잡는 일에 전념하고 있다. 매매계약서에는 3명의 문중 사람 이름으로 되어 있었는데 몇 대가 흐른 지금에는 수십 명의 이름으로 상속되어 도장을 받는 일이 무척 어렵다. 하지만 문중 사람 모두 대종가 찾는 일에 협조적이어서 잘될 것이라 했다.

조상이 물려준 집과 땅을 팔고 자신은 물론 형제들과 아들, 손자까지 나라 찾는 데 전부 바친 석주 선생은 1925년 상하이 임시정부의 개정 헌법에 따라 초대 국무령에 선출되지만 다음 해에 사임을 표한다. 이때 임시정부의 분열을 겪은 석주 선생은 서간도로 되돌아가 만주 내에서 광복단체의 통합운동을 펼친다. 하지만 일제에 의해 만주국이 성립돼 더욱 어려운 국면을 맞이한다. 설상가상으로 동지들이 피살되었다는 비보를 접한 석주 선생은 오랫동안 식음을 전폐하다 75세로 세상을 떠나면서 21년간의 망명생활을 마감한다. 그날이 1932년 5월 12일이었다.

"내가 떠난 후라도 해방되기 전에는 유해를 고향으로 가져가지 말라"는 유언을 남겼지만 가족들은 선생의 유해를 모시고 귀국길에 오른다. 하지만 일인의 감시로 유해를 고향으로 모시지 못하고 그곳에서 장례를 치렀다. 대신 아들 준형과 손자 병화 일가족은 선생의 유언대로 고향 임청각으로 돌아와 삼년상을 치렀다. 일인들은 석주 선생의 제문까지 검열하면서 가족들의 행동을 일일이 감시했다. 그뿐만 아니라 일가족 호적을 모두 없애버렸다. 무호적으로는 학교에도 갈 수 없고 아무 일도 할 수 없었다.

임청각에서의 생활이 일인의 감시로 하루도 편할 날이 없자 일가족은 30리 떨어진 돗질이라는 마을로 이사한다. 그곳은 선산이 있고 재실이 있어 농사를 짓기에 편했다. 하지만 이곳까지 따라온 일인들의 감시는 더욱 심해

규모, 연대 면에서 가치가 있어 보물로 지정된 임청각.

집안의 귀중한 문서를 보관했던 귀집이 천장.

졌고, 손자 병화마저 감옥에 잡혀가자 석주 선생의 외아들 준형은 유서를 써 놓고 자결한다. 아버지의 비서 역할로 임청각과 땅을 팔아 독립운동자금을 마련하고, 한중 유대 강화와 대일 공동 투쟁을 위해 중앙당 만주성 위반석현(中央黨 滿州省 委盤石縣)의 책임자로 일했던 그가 그토록 소원했던 해방을 보지 못한 채 67세에 한 많은 생을 스스로 마감한 것이다.

'주권 없는 나라에서 하루를 더 살면 수치만 더할 뿐'이라며 아버지 석주 선생 곁으로 먼저 떠난다는 절명시를 남긴 채 자결한 것이다.

솔잎을 씹어 먹고 곡식을 먹지 않으려 하는데
내 평생 회고하니 감개가 무량하다.
엉성한 재능으로 큰 은혜 저버린 것 한탄하고
부질없이 병든 몸으로 깊이 숨는 것 배우네.
하늘은 이 땅에 봄 돌아오려는 기미 아직 멀고
상전벽해로 변화되는 시운을 마침내 보게 되네.
귀머거리 벙어리로 구차하게 사는 것 도리어 가소롭나니
우리 아버님 따라 저세상으로 가련다.

핏자국이 선명하게
남은 이준형의 유서.

그는 1990년 건국훈장 애국장이 추서되어 대전국립묘지에 안장되었다. 그가 죽고 3년 뒤 조선은 해방을 맞이한다. 그러나 해방의 기쁨은 짧았다. 석주 선생의 손자 병화는 남과 북의 이념이 갈라지려는 어지러운 시국을 바로잡겠다는 일념으로 서울로 이사를 했다. 편치 않은 서울생활도 잠시, 6·25전쟁이 발발해 충남 아산으로 피란을 간다. 일제 때 받은 고문에 자신이 추구했던 사상과 이념이 현실에서는 이루어질 수 없다는 절망까지 더해 가슴병을 앓고 있던 이병화는 50도 되기 전에 세상을 떠난다. 어려운 피란처에서 종손의 장례는 몹시 초라한 모습으로 치러졌다. 하지만 후손들의 노력으로 1990년에 건국훈장 독립장이 추서되어 그 역시 대전국립묘지에 잠들어 있다.

『아직도 내 귀엔 서간도의 바람소리가』

파란만장한 임청각 종가 이야기는 1996년에 90세로 세상을 떠난 석주 이상룡 선생의 손자며느리이자 19대 종부인 허은 씨의 회고록 『아직도 내 귀엔 서간도 바람소리가』에 기록돼 있다. 허은 씨의 친정과 시집은 모두 우리나라의 해방을 위해 부귀영화를 버리고 조국을 택했던 집안이다. 그러기에 그녀의 한평생은 가시밭길이었다. 종부의 친정 큰할아버지인 왕산 허위는 전국 의병의 정신적인 지주로, 서울에서 일본군을 치기 위해 열 번이나 진군하다 실패하고 체포돼 서대문 감옥에 수감되었고, 이후 사형수 1호로 형장의 이슬로 사라졌다.

허은 종부가 8세이던 해에 가족은 만주로 망명을 떠났다. 만주에서 성장한 그녀는 16세에 임청각 19대 종손 이병화와 혼인식을 올렸다. 그러나 남편은 독립운동을 하느라 몇 년씩 집을 비웠고, 어린 신부는 시할아버지 수발과 맏며느리로서의 도리를 다하느라 잠시도 쉴 새 없이 일을 해야 했다. 삭풍이 몰아치는 만주 벌판에서 물에 젖은 나무로 밥을 짓느라 매운 연기를 쏘이다 생긴 눈병이 하루도 가시지 않는 고달픈 생활의 연속이었다. 하지만 큰일 하시는 어른들을 모시는 보람에 뿌듯해했던 일생이었다고 회고했다.

그의 회고록에는 어려운 살림 때문에 고기반찬 대신 간장에 멸치 넣고 푸욱 찐 무찜을 어른 상에 올렸던 이야기, 피란 시절에 먹을거리가 없어 쑥에 쌀가루를 섞어 미음을 끓이고 밀가루를 쑥과 함께 섞은 쑥수제비를 먹으면서 자식들의 굶주린 배를 채웠다는 이야기가 나온다. 쑥이 없을 때는 서해 바닷물이 빠져나가면 돋아나는 '나문쟁이'라는 빨간 풀을 삶아 먹었다는 이야기

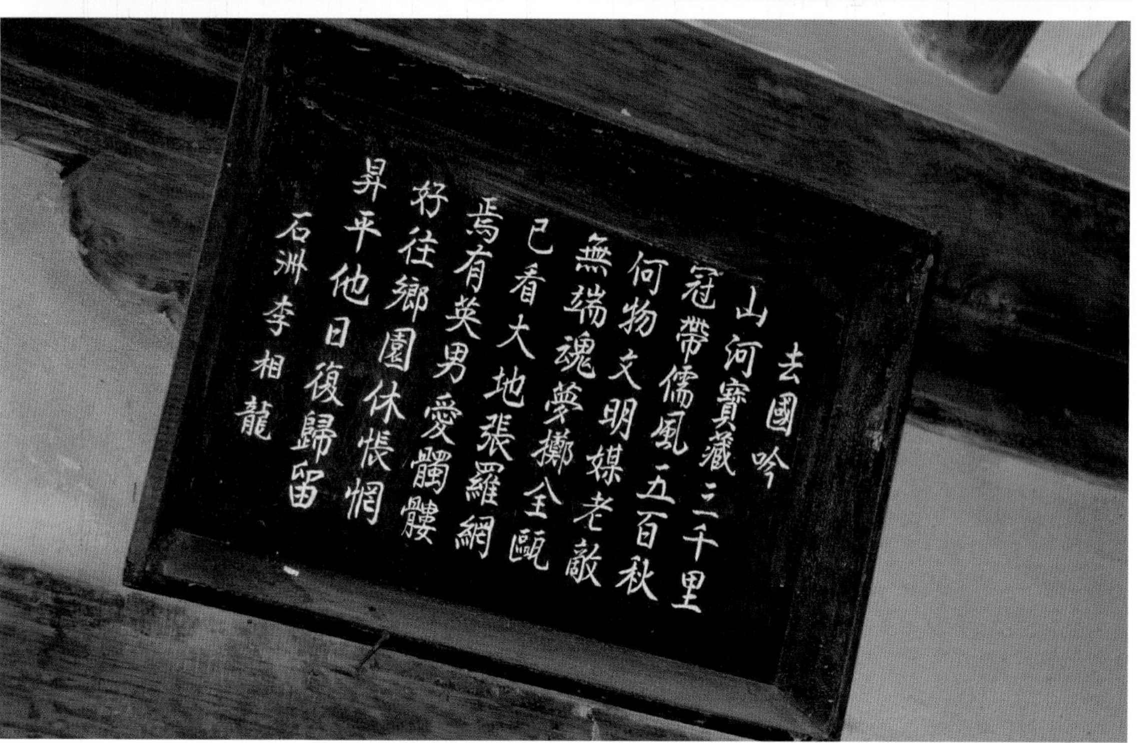

좋은 세상 오면 다시
돌아오겠다는 석주의 시,
「거국음」

도 있다. 막내아들 도증은 배가 고프면 천자문을 소리 내어 읽으면서 배고픔을 면했다. 세상에서 가장 비참한 심정은 먹을 것이 없어 자식을 굶기는 어미 마음이라고 썼다. 공부를 시키기 위해 자식들을 보육원에 보냈던 일도 삭혀지지 않는 한으로 남았다.

종부는 2대 외동으로 내려오던 집안에 아들을 여섯이나 두어 석주 선생을 기쁘게 해드렸지만 그 여섯 아들 중 셋이 종부 살아생전에 먼저 세상을 떴고 둘째아들은 6·25전쟁 때 행방이 묘연해져 지금도 생사를 알 수 없다. 다섯째 항증 씨와 중앙고등학교 교장으로 재직했던 도증 씨가 종가의 후손으로 남아, 1962년 건국훈장 국민장이 추서되었던 석주 선생 유해를 간도에서 모셔와 국립서울현충원에 안장하는 큰일을 했다. 그리고 황급히 떠나는 망명길에도 챙겨 갔던 조상의 문집과 유물들을 정리해 번역 작업을 하느라고 분주한 일상을 보내고 있다.

겨레의 선각자요, 선비의 본보기이며 광복 투쟁의 등불이었던 석주 선생의 손자며느리 허은 씨의 회고록은 불행했던 우리 근세사의 산 역사이며 큰 재산이다.